TOWARD A COMPREHENSIVE
CHRISTIAN APPROACH

통합적 심리치료

Integrative Psychotherapy

마크 맥민 · 클락 캠벨 지음 | 전형준 · 남병철 옮김

기독교문서선교회

기독교문서선교회(Christian Literature Center: 약칭 **CLC**)는 1941년 영국 콜체스터에서 켄 아담스에 의해 시작되었으며 국제 본부는 영국의 쉐필드에 있습니다.

국제 CLC는 59개 나라에서 180개의 본부를 두고, 약 650여 명의 선교사들이 이동도서차량 40대를 이용하여 문서 보급에 힘쓰고 있으며 이메일 주문을 통해 130여 국으로 책을 공급하고 있습니다.

한국 CLC는 청교도적 복음주의 신학과 신앙서적을 출판하는 문서선교 기관으로서, 한 영혼이라도 구원되길 소망하면서 주님이 오시는 그날까지 최선을 다할 것입니다.

Integrative Psychotherapy:
Toward a Comprehensive Christian Approach

Written by
Mark R. McMinn & Clark D. Campbell

Translated by
Hyung Joon Jun & Davis Nam

Copyright © 2007 by Mark R. McMinn & Clark D. Campbell
Originally published in English under the title as
Intergrative Psychotherapy
by InterVarsity Press
Translated and used by the permission of InterVarsity Press
P.O. Box 1400, Downers Crove, IL 60515-1426

All rights reserved.

Korean Edition
Copyright © 2016 by Christian Literature Center
Seoul, Korea

추천사 1

신학과 심리학을 통전적으로 연결하는 획기적인 복음주의 심리학의 전문서적

김영한 박사
기독교학술원 원장, 한국복음주의신학회 회장 역임

한국에 성경적 상담학을 본격적으로 소개한 백석대학교 전형준 박사가 회장으로 섬기는 "성경적 상담학회"에서 아주 비중 있고 학구적이며 복음주의적이면서 균형 잡힌 클락 캠벨(Clark D. Campbell)과 마크 맥민(Mark R. McMinn)의 저서 『통합적 심리치료』 (Integrative Psychotherapy)를 번역 출간하게 된 것을 축하한다. 추천자는 1997년 숭실대학교 기독교학대학원을 설립하고 그 이듬해 대학원 내에 목회 상담학과를 설치하였다. 그 이념은 신학과 심리학을 통합하고자 한 의도였다. 이 통합적 의도가 오늘날 미국의 기독교 심리학를 대표하는 이 책의 두 저자에 의하여 실현된 것을 보면서 기독교 학자로서 기뻐하는 바이다. 추천자는 2016년 4월 1일 성경적 상담학회 초청으로 백석대학교에 온 클락 캠벨(Clark D. Campbell)의 노련하고 성숙한 기독교 임상심리학 강의를 만끽한 경험을 가지고 있다.

본서는 신학과 심리학을 통전적으로 연결하는 획기적인 전문서적이다. 이미 스위스의 정신과 의사 폴 트루니에(Paul Tournier)가 신학과 심리학을 종합하는 통찰의 착상을 제시했으나 개관에 그쳤다. 본서에서 미국의 복음주의 심리학을 대표하는 로즈미드 심리학 대학원장인 클락 캠벨과 조지폭스대학원 임상심리학 교수 마크 맥민(Mark R.

McMinn)이 신학적 통찰에 기반하여 심리학을 임상적으로 구체적으로 연결시키는 시도는 하나의 탁월한 성과라고 말할 수 있다.

맥민과 캠벨은 인간에 대한 기독교적 이해, 말하자면, 인간 조건과 그리스도 안에서의 하나님의 은혜, 그리고 그의 백성들에 대한 부르심에 관한 철저한 성경적 이해 안에 그 기초를 두고, 비평적으로 심사숙고를 하며, 인지적이고 관계적인 임상 전통들을 파헤쳐 나가며, 상처 입은 사람들과 함께 심리치료 개념화와 개입의 방향을 보여주는 지혜를 찾고 있다. 두 저자의 의도는 감사의 글에서 나타나 있다.

> 본서는 심리학과 기독교 교리를 일관된 심리치료 모델로 함께 가져오려는 노력의 한 결과물이다. 그러한 각고의 노력은, 오로지 성경학자들과 신학자들이 우리의 삶에서 가진 역할 때문에 가능한 일이었다.

두 학자는 복음주의 신앙을 기반으로 하여 인간심리를 기독교 세계관에서 성경적으로 접근하고 있으며 30년간의 경청과 연구, 그리고 모델 개발 경험을 바탕으로 하여 인간 심리치료를 향한 통합적 기독교적 접근(Toward A Comprehensive Christian Approach)을 하고 있다.

두 학자는 먼저 내담자들의 심리적 고통을 경청하면서 상담자로서 이들과 소통하면서 인간 심리를 임상학자로서 이해하고 있을 뿐 아니라 신학을 공부하고 기독교 신앙생활을 하면서 인간 심리에 관한 통합적 견해를 제시하기에 이르렀다. 그러면서도 자신들의 통합모델을 절대화하지 않는 학문적 겸손함을 보여주고 있다. 두 학자가 시도하고 있는 통합적 심리치료 접근은 오늘날 비성경적 인본주의 심리학이 시도하는 자연주의적 접근이 지니는 비기독교적 세계관이 도외시한 인간 심리의 영적 차원을 드러내 주고 있다.

두 학자는 기독교 신학의 틀 안에서 행동적, 인지적, 그리고 대상관계치료 모델들을 통합하고 있는 본질적으로 중요한 연구의 성과를 제시해주고 있다. 이들은 성경적 신앙과 기독교 정신을 최근의 행동과학의 성과를 통합하고, 그리고 이론적이고 학문적인 것과 목회적이고 임상적인 것을 통합하고 있다. 이 저서는 단지 임상심리학자만이 아니라 기독교 신학자들도 인간의 심리세계를 이해하기 위하여 읽어야 할 인간 심리에 관한 중요한 신학적 통찰을 제시해주는 책이다.

　본서는 기독교 심리치료사가 된다는 것이 의미하는 바가 무엇인지에 대한, 그 모든 것에 관한 이해를 풍성히 하는 데에 이바지하는 연구물이다. 6백 쪽이 넘는 방대한 저서를 번역한 전형준 박사와 남병철 박사의 노고에 치하를 드리고 싶다. 본서를 임상심리학자들과 심리학도들뿐 아니라 신학자들과 목회자들과 신학도들, 그리고 기독교 심리학에 관심을 가진 지성인들과 젊은 학생들에게 필독서로 추천하고 싶다.

2016년 5월 15일

추천사 2

김준수 박사
아세아연합신학대학교 기독교 상담학 교수
한국복음주의상담학회 회장 역임

　우리나라에 기독교 상담이라는 학문이 들어 온지도 수십 년이 흘렀고 그 동안 많은 신학교들이 기독교 상담학과를 개설해서 학생들을 교육하고 배출하였다. 그러나 과연 기독교 상담이 무엇인지에 대한 논란은 아직까지도 현재 진행형이다. 신학교에서 기독교 상담이라는 과목을 가르치면서 그 내용은 심리학만으로 채워져 있는 경우가 비일비재하다. 그리고 진정 기독교 상담학 과목을 위해서 사용할 만한 교과서도 찾기 힘든 것이 현실이다. 막상 상담을 기독교적으로 해야 한다고 주장하는 사람들도 구체적으로 어떻게 하는지에 대해서는 분명하게 제시하지 못하고 있다. 그래서 많은 사람들이 기독교 상담의 당위성을 주장하면서도 실제적인 기독교 상담의 방법은 찾기 힘든 것이 현재 한국 기독교 상담의 현 주소이다.
　본서는 통합적 기독교 상담의 실제를 잘 보여주고 있다. 기독교 상담을 어떻게 할 것인가는 상담을 공부하는 모든 그리스도인들이 고민하는 주제이다. 그러나 많은 기독교 상담은 신학과 성경은 배제되어 있고 심리학만 있어서 균형을 잃어버렸다. 이러한 안타까운 현실에서 본서는 기독교 교리와 자원들을 심리학 이론과 잘 통합하여서 구체적인 상담의 방법들을 설명하고 있다. 통합적인 기독교 상담을 단지 원론적인 차원에서 논의하고 피상적인 제안을 하기보다는 구체적인 방법과 사례들을 통해서 잘 설명하고 있다.

본서의 저자 중 한 사람인 마크 맥민(Mark McMinn)은 이미 한국에도 여러 번 방문해서 강의도 하였으며 그의 다른 저서들도 출판되어서 호응을 받았다. 이번에도 공저를 통해서 기독교와 심리학을 어떻게 통합하는지를 실제적으로 잘 보여주고 있다.

또한 본서의 역자 중 한 사람인 백석대학교 전형준 박사는 그 동안 백석대학교와 백석대학원에서의 강의와 글을 통해서 우리나라 기독교 상담의 발전을 위해서 많은 공헌을 해 왔다. 본서가 기독교 상담을 공부하는 사람들과 상담의 현장에서 땀을 흘리며 영혼을 치유하는 상담자들에게 오아시스와 같은 생수가 되기를 기원한다.

추천사 3

오윤선 박사
한국성서대학교 기독교 상담학 교수
한국복음주의상담학회 회장 역임

 기독교 상담은 인간이 사회집단을 이루어 생활하기 시작한 아담 시대부터 존재해 왔지만 전문적인 학문 분야로서 정체성을 확립하기 시작한 것은 20세기에 이르러서 목회상담(Pastoral counseling)과 기독교 상담(Christian counseling)이 자리매김을 하면서부터이다. 그리고 기독교 상담에서 통합에 대한 논의가 시작된 것은 1954년에 프리츠 쿤켈(Fritz Kunkel)이 「종교과정으로서 심리치료」(Journal of Psychotherapy as a Religious Process)라는 학술지에 "종교와 심리학의 통합"(The Integration of Religion and Psychology)이라는 논문을 실으면서 시작되었다.
 기독교 상담을 위한 틀로서 심리학과 신학을 조화시키려는 통합운동은 크게 세 단계를 거치며 발전하여 왔다.
 첫 번째 단계는 1950년대부터 1975년까지의 시기로, 기독교 심리학자들 가운데 심리학에 대하여 우호적인 관심을 기울이면서 기독교와 심리학의 관계에 대하여 기초적인 개념을 소개하는 글들을 쓰기 시작하는 단계이다.
 두 번째 단계는 1975년부터 1982년까지의 시기로, 심리학과 신학이 어떻게 통합될 수 있는지를 보여주는 각종 모델이 소개되면서 기독교 심리학이 뿌리내리기 시작한 단계이다.

세 번째 단계는 1980년 초·중반부터 현재까지로, 통합의 실제적인 단계이다. 이때부터 '학문 간의 통합'(interdisciplinary integration), 즉 신학과 심리학의 통합에 대한 논의는 활발하게 이루어지게 되었다.

한국 기독교 학자들 또한 40여 년 전부터 학문의 구조를 밝히는 노력을 활발히 진행하면서 꾸준히 통합에 대한 논의를 해오고 있다. 하지만 복음주의적 입장에서 균형 있는 통합적용 프로그램 연구가 아직도 미흡하기에 지속적인 관련 연구가 앞으로의 과제로 남아 있다고 할 수 있다. 이러한 시점에서 포괄적인 기독교적 접근법을 통한 치료 모델을 제시한 마크 맥민(Mark R. McMinn)과 클락 캠벨(Clark D. Campbell)의 『통합적 심리치료』(Integrative Psychotherapy)가 백석대학교 전형준 박사와 남병철 박사에 의해서 한국어로 번역 출판되어 많은 독자들에게 유용한 정보를 줄 수 있게 되어 매우 기쁘게 생각한다.

본서는 두 저자가 지난 50년간 임상현장에서 과학으로서의 심리학을 소화하고 신학을 하며 기독교 신앙으로 살아오면서 얻은 열정과 지혜의 산물이다. 특히 본서는 기독교 신학의 틀 안에서 행동적, 인지적 그리고 대상관계치료 모델들을 통합하고 포괄적인 대안을 제시하는 연구물로서 상담현장에서 매우 유용하게 사용될 수 있는 현장용 교재일 뿐만 아니라 포괄적인 통합연구에 귀중한 자료로서도 의미가 있다고 본다. 따라서 기독교 상담심리학을 공부하는 학도들에게 필독서로서 적극 추천하고자 한다.

추천사 4

안경승 박사
아세아연합신학대학교 기독교 상담학 교수
한국복음주의상담학회 회장 역임

    기독교 인지상담학자로 한국에 몇 권의 책이 번역되면서 독자에게도 알려진 마크 맥민(Mark R. McMinn과 Clark D. Campbell 공저)의 책이 이번에 백석대학교의 전형준 박사와 남병철 박사에 의해서 번역 출간되었다. 제목은 『통합적 심리치료』(*Integrative Psychotherapy*)이고 원서 상에는 "포괄적인 기독교적 접근을 위한"이라는 부제가 있다. 맥민은 미국심리학회에 속한 임상심리사로서 그동안 기독교와 심리학의 통합을 위한 연구를 지속해 왔다. 이전의 그의 저서를 통해 확인하게 되는 강조점은 '인간의 인지적 변화,' '관계,' 그리고 '영성' 등이었다.
    그러나 맥민의 꾸준한 통합적 노력과 통찰력 있는 관점에도 불구하고 조금은 아쉽게 여겨졌던 면이 그의 접근방법에 대한 신학적 근거였다. 심리학적 접근에 대한 신학적 배경과 성경적 기초를 분명하게 하는 것은 쉬운 일이 아니다. 더구나 기독교적 통합치료를 제안하는 것은 일반 상담적 이해만이 아니고 튼튼한 성경적 이해를 바탕으로 해야 하는 어려운 작업입니다. 그런데 본서는 이 모든 의구심, 부족함과 어려움으로 인한 갈증과 한계를 극복하고 있다.

저자가 통합적 치료를 위한 근거로 삼은 것은 '하나님의 형상' 개념이다. 전통적으로 이해해온 하나님의 형상에 대한 이해를 개괄하면서, 그는 세 가지 측면(기능적, 구조적, 관계적)에서 인간을 이해하고 이것이 곧 세 가지 통합적 치료로 자리 잡을 수 있다고 제안한다. 이 땅을 다스리고 통치하도록 피조된 우리가 그 기능을 다하지 못하게 될 때, 여러 해결 중심적이고 실제적 도움을 주는 상담적 기법과 도구는 유익하다. 비교적 단기적 상담으로 해결할 수 있는 기능적 어려움은 인간의 구조적 문제에 기인한다. 인간의 이성과 도덕을 주관하며 해석적 역할을 담당하는 인지구조의 변화를 필요로 한다. 여기서 기독교적 인지치료의 근거를 마련한다.

더 나아가 저자는 이 모든 인간의 구조와 기능적 영역에 대한 회복의 출발점으로 관계적 측면을 주시한다. 결국 어떤 관계를 맺었고 또 맺어 가느냐가 그 모든 영역의 변화의 근본적 토대로 기능하다고 지적한다. 그래서 기독교 통합치료는 시간이 갈수록 기법이 아닌 관계에 중심을 두고 새로운 관계 경험을 상담사를 통해서 경험하는 것이 필요하다고 설명한다. 그러면서 관계에 대한 성경적 접근방법과 일반 치료이론의 핵심요소를 적용해 본다. 저자는 하나님의 형상의 기능, 구조, 관계를 다루면서 각 영역에 적용되는 일반치료의 강점과 약점을 분석한다. 그리고 다양한 증상중심적 치료, 인지치료, 관계중심적 상담을 아우르는 기독교적 통합치료사의 틀을 마련하고 있다.

본서는 어디까지 그리고 무엇이 기독교 상담이냐는 질문에 중요한 답을 제시하고 있다고 생각한다. 즉 그리스도인들에 의해서 어떤 상담기법이 왜 그리고 무슨 근거에서 활용될 수 있겠는가에 대한 터전을 마련하고 있다. 게다가 이 근거 위에 어떻게 상담해야 할 것인가에 대한 풍성한 실체적 대안을 주고 있다. 번역에 수고해 주신 전형준 박사와 남병철 박사께 감사하며 기쁨으로 추천한다.

추천사 5

제임스 벡(James R. Beck) **박사**
덴버신학대학원 상담학 교수

"훌륭한 학자로 높이 평가를 받아온 두 저자들은 그리스도인 치료사들에게 임상 치료소에서 어떻게 신앙과 사역을 통합해야 하는가에 대한 유용한 하나의 모범을 제공하였다. 그들의 치료 모델은, 다양한 수준의 인간 갈등에 대한 이해와 개입의 필요성에 대한 이해를 반영하고 있기 때문에 특별히 값진 것이다. 맥민(McMinn)과 캠벨(Campbell)은 만족할 만한 심리학과 만족할 만한 신학의 훌륭한 통합을 보여주는 책을 내 놓았다."

· · · · ·

스텐톤 존즈(Stanton L. Jones) **박사**
휘튼대학 심리학 교수

"본서 『통합적 심리치료』(*Integrative Psychotherapy*)는 탁월한 저작이다. 인간 조건과 그리스도 안에서의 하나님의 은혜, 그리고 그의 백성들에 대한 부르심에 관한 철저한 성경적 이해 안에 그 기초를 두고, 맥민(McMinn)과 캠벨(Campbell)은 비평적으로 심사숙고한다. 또한 인지적이고 관계적인 임상 전통들을 파헤쳐 나가며, 상처 입은 사람들과 함께 심리치료적 개념화와 개입의 방향을 보여주는 지혜를 모색한다.

본서는 두 저자의 여러 해 동안의 우정과 서로 상이한 관점을 반영하고 있으며, 각자가 뛰어난 학자이면서 동시에 뛰어난 임상치료사임을 그대로 보여주는 연구 결과물이다. 본서는 심도 깊은 통합적 사고를 통하여 무엇이 가능한지 독자의 이해를 심화시켜 주는 저작이며, 그리고 기독교 심리치료사가 된다는 것이 의미하는 바가 무엇인지, 이 모든 것에 관한 이해를 풍성케 하는 데에 공헌하는 연구물이다."

제프레이 테렐(C. Jeffrey Terrel) 박사
미국 심리학연구센터 원장

"기독교 상담사들과 심리학자들은 수년간 통합에 대해 논의를 해 왔다. 맥민(McMinn)과 캠벨(Campbell)은 우리들에게 그런 작업을 어떻게 이해하는지 하나의 모델을 제공해 주고 있다. 본서 『통합적 심리치료』(Integrative Psychotherapy)는 신학적으로 건전하고, 관계적으로 민감하며, 그리고 경험적으로 매우 정교한 저작물이다. 상담과 심리학 분야에서 가장 중요하고 폭 넓게 사용될 책들 중에 하나가 될 것이 분명하다."

리챠드 버트만(Richard E. Butman) 박사
휘튼대학 심리학 교수, 『현대심리치료법과 기독교적 평가』
(Modern Psychotherapies and Modern Psychopathologies)의 공동 저자

"본서는 기독교 사상과 심리학의 통합에 관한 문헌에 있어서 가장 중요한 한 연구물이다. 이와 같이 중요한 책이, 시기적절하게 출간되었다!"

에버렛 워싱턴(Everett L. Worthington Jr.)
『용서와 화해』(Forgiving and Reconciling)의 저자

"맥민(McMinn)과 캠벨(Campbell)은 오십 년 이상, 심리학적, 심리치료적, 그리고 기독교적 임상경험들을 기독교적 심리치료에 집중해 오고 있다. 그 오랜 기간을 기다려 온 가치는 분명히 있었다! 최고의 임상 과학에 관해 묘사하고 있는『통합적 심리치료』(Integrative Psychotherapy)는 현재까지 저술된, 문자 그대로 포괄적인 기독교적 접근법이라는 치료 모델에 가장 가깝다. 두 저자의 열정 또한 잘 조화를 이루는 본 심리치료 저서는 분명히 필독해야 할 고전이 될 것이다."

· · · · ·

브랜디 리부쉬(Brandy Liebscher) 박사
심슨대학교 심리학 부교수

"모든 사람들이 통합에 대해 이야기할 동안, 맥민(McMinn)과 캠벨(Campbell)은 실제로 통합 작업을 했다. 그들의 책은 읽기 쉽고, 기독교 정신과 심리학 사이의 복잡한 관계에 대한 이해를 희생할 필요가 없는 실천적인 책이다. 본서『통합적 심리치료』(Integrative Psychotherapy)는 가장 정교한 통합의 한 본보기이다.

맥민(McMinn)과 캠벨(Campbell)은 사고하기와 관계하기가 어떻게 창조세계에 대한 하나님의 사랑의 반영인가를 증명해 보이고 있다. 이들은 인지적이고 대상관계치료에 의해 제공된 전통적인 치료법들을 통합하고 있다. 하지만 이들은 치료법적 관계의 구속적 특성을 강조함으로써 그것을 훨씬 더 넘어서고 있다. 만일 당신이, 기독교 정신의 부요한 전통을 존경하면서, 현대 심리학 분야에서 이룩된 최근 연구된 상담의 한 모델을 찾고 있다면, 이 책이 바로 그것이다!"

씨앙-양 탄(Siang-Yang Tan) **박사**
풀러신학대학원 심리학 교수

"맥민(McMinn)과 캠벨(Campbell)이 공동으로 저술한 『통합적 심리치료』(Integrative Psychotherapy)는 기독교 신학의 틀 안에서 행동적, 인지적, 그리고 대상관계치료 모델들을 통합하고 있는 본질적으로 중요한 연구물이다. 본서의 결론 부분에 있는 어떤 점에 동의하지는 않지만(예를 들어, '영적 방향을 통합적 심리치료와 통합하는 것은 아니다'라는 언급에 동의하지는 않지만), 나는 본서를 필독서로 적극 추천하는 바이다."

· · · · ·

폴 레이건(Paul S. Regan)
"기독교심리학연구협회(Christian Association for Psychological Studies)" 실행이사

기독교심리학연구협회로서, CAPS는 통합의 분야에 있어서 세상의 빛을 보게 된, 가장 발달한 연구물을 찾는 데에 지난 50년 이상이라는 기간을 진지하게 소비했다. 이론적인 차원에서 맥민(McMinn)과 캠벨(Campbell)은 기독교 신앙과 기독교 정신을, 행동과학에서 가장 최근의 사고들과 통합을 하고 있을 뿐만 아니라, 그들은 이론적이고 학문적인 것들을 목회적이고 임상적인 것들과도 역시 통합을 하고 있다.

IVP 출판사와 협력하여 첫 작품으로 내놓은 본서 『통합적 심리치료』(Integrative Psychotherapy)는 폭넓은 지적인 독자층에게 이론과 실제에 대한 적용을 제시하는 가장 중요하고도 발전된 통합연구물의 출판으로서 상호 간의 헌신을 증명해 보이는 훌륭한 작품이다.

렉스 존슨(Rex E. Johnson) **박사**
탈봇신학대학원 목회상담학 교수

  클락 캠벨 박사는, 심리학과 신학의 통합이라는 주제들에 대해 늘 고민하시고, 더 나아가 이에 관한 저술 활동에 있어서, 기독교 심리학 전문가들 사이에서 이미 인정받은 지도자이다.

  심리학을 비기독교적이라고 생각하거나, 이단적이라든가, 심지어 그보다 더 나쁜 것으로 여기는 기독교인들의 염려들에 대답을 주면서, 그는 경험으로 확증된 진리를 받아들이게 하는 어떤 관점을 보호하는 전사와 같이 활동하는 격려자이다. 왜냐하면 진리는 하나님 안에서 기원을 두고 있기 때문이다. 그리고 그것이 왜곡된 것이 아니라, 경험적으로 검증할 수 있을 때, 비록 성경에 기록되어 있지 않을지라도 받아들여질 수 있는 것이기 때문이다. 좋은 심리학과 좋은 성경 연구는 손에 손을 맞잡고 같이 걸어가는 것이다.

· · · · ·

써니 송(Sunny Song) **박사**
탈봇신학대학원 목회상담학 교수

  목회 상담을 전공하는 학생들이나 목회 현장에서 상담 사역을 감당하시는 분들이 가장 경계하고 고민하는 것은 인본주의 사상에 근거한 상담 이론을 어디까지 수용해야 하는가이다. 이런 혼돈스러운 상황에서 통합적 심리 치료는 성경이냐, 인본주의에 근거한 학설이냐의 흑백 논리에 치우치지 않도록 밸런스를 잘 잡아주는 점에 있어서 무척 마음이 놓인다. 안심하고 목회 상담을 통합적이며 포괄적으로 공부할 수 있도록 도와주며 또한 임상에 적용할 수 있도록 구체적으로 집필해주어 고맙다. 기독교 상담이나 심리 상담을 공부하는 대학원생들에게는 필독서이다.

샬롯데 반오옌 비트블리엇(Charlotte VanOyen Witvliet) 박사
호프대학교 심리학 교수

"마음을 끌고 영감이 있는 본서 『통합적 심리치료』(Integrative Psychotherapy)는 사려 깊은 그리스도인 치료사들에게 필독서이다. 맥민(McMinn)과 캠벨(Campbell)은 이론적으로 풍부하면서, 신학적 근거에 입각한 치료 모델을 제공해 주고 있다. 두 저자가, 실제 사람들에게 귀 기울이며, 과학으로서의 심리학을 소화하며, 신학을 공부하고 기독교 신앙으로 살아가며 함께 살아온 지난 수십 년 동안 얻은 지혜의 종합을 반영해 주는 저작물이기도 하다. 이론과 실제가 풍부하고 선명한 본서는, 통합적 심리치료에 대한 우리의 접근법을 적극적이고도 강하게 그리고 새롭게 만들 것이다."

역자 서문

『통합적 심리치료』(Integrative Psychotherapy)는 미국 바이올라대학교(Biola University) 로즈미드심리학대학원(Rosemead School of Psychology)의 학장이신 클락 캠벨(Dr. Clark D. Campbell) 박사와 미국 휘튼대학(Wheaton College) 교수이신 마크 맥민(Dr. Mark R. MacMinn) 박사가 공동 저술한 역작이다.

역자가 본서를 처음 접하게 된 것은 미국 바이올라대학교 탈봇신학대학원(Talbot School of Theology)의 목회 상담학 교수이신 써니 송(Dr. Sunny Song) 박사의 소개로 알게 되었다. 송 박사님과는 방학기간을 이용하여 바이올라대학교에서 연구하는 기간 동안에 만나게 되었다. 특히, 탈봇신학대학원에서 2011년부터 해마다 개최하는 "탈봇 가정사역 컨퍼런스"에서 위기상담학의 대가이신 노만 라이트(Dr. Norman Wright) 박사의 세미나에 참여하면서부터였다. 그때 송 박사를 소개받은 후에 매년 한국은 백석대학교에서, 미국은 탈봇신학대학원에서 상담컨퍼런스를 개최하며 상담사역에 동역하게 되었다. 그러던 어느 날 송 박사가 본서를 선물하며, 한국어로 번역해 줄 것을 간곡히 요청하였다.

사실 역자는 통합주의를 추구하는 기독교 상담학자가 아니다. 역자는 성경적 원리의 상담학을 지향하는 성경적 상담학자요, 개혁신학을 바탕으로 신학과 상담을 연구하는 개혁주의 실천신학자이다. 본서를 받아들고 처음에 번역을 망설였던 이유가 거기에 있었다. 본서의 내용과 역자의 성경적 상담자로서의 입장이 정확히 일치하는 것은 아니다. 그럼에도 불구하고 본서의 내용을 검토해 본 결과, 본서는 상담과 심리치료효과를 입증하는 데 신학적 주제를 발견하고자 노력하였고, 예수 그리스도 안에 계시된 하나님의 형상 개념의 토대 위에 기독론을 강조하고 있다는 사실을 발견하였다. 이에 용기를 내어 본서를 번역하게 되었다.

본서는 심리학 이론과 신학을 함께 다루고 있는 통합주의 이론의 한 본보기라고 할 수 있다. 본서의 두 저자는 그들의 임상 기간에 발달시켜온 공통적인 이론적 체계를 제공한다. 특히, 본서는 신학적 차원에서 통합적이며, 저자들은 상담과 심리치료 방법의 효과를 입증하는 데 신학적 주제를 찾고자 노력한다.

본서에서 제시하고 있는 통합적 심리치료는 목회사역을 위하여 의도된 모델로서 포괄적인 기독교적 접근을 시도하고 있다. 본서의 일곱 가지 특징을 살펴보면 다음과 같다.

첫째, 기독교 정신과 심리학 양자를 함께 숙고하고 있다는 것이다.

둘째, 하나님의 형상인 내담자에 대하여 기능적, 구조적, 관계적 관점으로 접근한다는 것이다.

셋째, 포괄적인 접근으로 길을 만들고 있다는 것이다.

넷째, 과학적 관점을 취하고 있다는 것이다.

다섯째, 그리스도 안에서 완벽히 계시된 하나님의 형상 개념을 토대로 기독론을 강조하며 예수 그리스도 안에 뿌리를 두고 있는 치료법이라는 점이다. 이점이 가장 마음에 와 닿는 부분이었다.

여섯째, 그리스도인과 비그리스도인 양자 모두에게 사용할 수 있는 상담이론이라는 점이다.

일곱째, 다른 학자나 상담 전문가들의 논평이나 비평 그리고 평가를 환영하고 있다는 점이다. 이렇듯 본서는 기독교 상담을 전공하는 학부생과 대학원생, 박사 과정 학생, 그리고 목회자와 상담자들에게 깊은 통찰을 주는 필독서가 되리라 믿어 의심치 않는다.

끝으로 본서가 나오게 되기까지 고마운 분들을 기억하길 원한다. 먼저, 본서를 번역하도록 허락해준 클락 캠벨(Clark D. Campbell) 박사님과 마크 맥민(Mark R. MacMinn) 박사님께 감사드린다. 또한, 본서를 함께 번역하기에 수고를 아끼지 않은 성경적 상담학회의 통번역 전문가인 남병철 박사님께 깊이 감사드린다.

기독교대학의 글로벌 리더를 선도하며, 세계적인 기독교 명문대학으로 자리매김한 백석대학교에서 차세대 기독교 지도자들을 양성할 수 있도록 기회를 주신 백석학원 설립자 장종현 박사님께 감사드리며, 따뜻한 사랑으로 지도해주시는 백석대학교 최갑종 총장님께 감사드린다. 그리고 본서의 한국어 번역판 출판에 기쁨으로 추천사를 보내주신, 클락 캠벨(Clark D. Campbell) 박사와 렉스 존슨(Rex Johnson) 박사님께 감사드리며, 본서를 소개해 주시고 추천사를 보내 주신 써니 송(Sunny Song) 박사님께 깊이 감사드린다.

본서의 출판을 축하하시며 귀한 추천사를 보내주신 숭실대학교 설립원장이시며 한국복음주의신학회장을 역임하신 김영한 박사님께 감사드립니다. 또한, 아세아연합신학대학교 기독교 상담학 교수이며, 한국복음주의상담학회 회장을 역임하신 김준수 박사님과 안경승 박사님께 감사드리며, 한국성서대학교 기독교 상담학 주임 교수이며, 한국복음주의상담학회 회장을 역임하신 오윤선 교수님께 깊이 감사드립니다. 이분들의 추천사로 본서가 더욱 빛나게 되었습니다. 본서의 한국어판을 출판하도록 허락해 준 미국 IVP 출판사와 본서를 아름다운 서적으로 출판되도록 수고를 아끼지 않은 CLC 박영호 사장님과 임직원들께 감사드린다.

남편을 위해 기도와 격려를 아끼지 않았으며, 두 자녀를 훌륭한 하나님의 사람으로 양육한 사랑하는 아내 한영승과 미국에서 패션 디자이너의 꿈을 이루어가며 열심히 학업에 정진하고 있는 장녀 전예지(Jane Jun)와 아빠에게 보람과 기쁨을 안겨주는 너무도 사랑스러운 차녀 전예은(Grace Jun)에게 감사한다. 저의 아내와 자녀들을 통하여 그리스도의 장성한 분량에 이르도록 성장해 갈 수 있음에 감사드린다. 무엇보다 하나님의 사랑과 주 예수 그리스도의 은혜와 성령의 위로하심에 감사드리며, 모든 영광을 성삼위 하나님께 돌려드린다.

본서를 통하여 성경적 관점으로 심리학과 상담을 보는 시각이 열리기를 바라며, 성경과 신학에 근거한 기독교 상담의 발전과 이를 통한 한국 교회의 건강이 회복되기를 간절히 열망한다.

2016년 2월, 바이올라대학교에서

전 형 준 識

감사의 글

인생 여정에는 뜻하지 않은 사건들과 전환점들이 있는데, 그 가운데 몇 굽이들은 우리의 우정과 본서에 반영되어 있다. 결혼한지 얼마 되지 않아 가족들이 오레곤 주 북서부의 작은 농촌 마을에 정착했을 때, 우리의 삶의 여정은 처음 교차하였다. 우리 두 사람은 죠지팍스대학(Geroge Fox College)에서 정신능력에 대해 가르쳤으며, 클락이 설립한 "벨리심리협회"(Valley Psychological Associates)라는 임상병원에서 일했다(당시 우리는 얌힐 카운티[Yamhill County]에서 유일한 심리학자였다).

우리 두 사람의 동료 간의 협력 관계는 따뜻하고 확실한 우정으로 발전했고, 이제 어느 덧 30째 접어들고 있다. 어떤 취지에서, 마크는 13년이라는 제한된 기간 동안 일리노이의 휘튼대학(Wheaton College)으로 떠났지만, 이 책이 출판되기 직전에는 오레곤 주로 다시 돌아올 것이다. 죠지팍스대학은 현재 죠지팍스종합대학교(George Fox University)가 되었고, "벨리심리협회"는 현재 많은 심리학자들이 소속되어 있는 성장하는 심리치료 병원이 되어 있다. 그리고 뉴버르그(Newberg)의 작은 농촌 마을은 현재 포틀랜드(Portland)의 한 교외가 되고 있다는 느낌이 점점 더 든다. 오늘날까지도 우리의 우정은 세월과 변화의 시험 가운데서도 변하지 않았다.

통합적 심리치료에 대한 우리들의 생각을 구체화하는 데에 우리의 동료들의 도움이 있었다. 마크가 휘튼대학에 체류하는 동안, 많은 재능있는 학자들과 임상의(醫)들과 나란히 연구하는 기회를 가졌다. 그들은 Stanton Jones, Richard Butman, Robert

Gregory, Francis White, Robert Roberts, Barrett McRay, James Wilhoit, Katheryn Meek, Amy Dominguez, Helen DeVries, Natalia Yangarber-Hicks, Michael Mangis, Elizabeth Hillstrom, Robert Vautin, Joan Laidig Brady, J. Derek McNeil, Sally Schwer Canning, Terri Watson, Carlos Pozzi, Donald Preussler, Cynthia Neal Kimball, Kelly Flanagan, Trey Buchanan, William Struthers, Darlene Hannah, John Vessey, Raymond Phinney, James Rogers이다.

클락 역시 지금까지 그의 동료들과의 수많은 교류를 통해 유익을 얻었다. 그 중 몇 분을 거명하자면, Wayne Adams, Rodger Bufford, Nancy Thurston, Mary Peterson, Kathleen Gathercoal, Bob Buckler, Brad Johnson, Carol Dell Oliver, Katherine Ecklund, Leo Marmol, Sally Hopkins, Jim Foster and Claire Russunen 등이다.

본서는 심리학과 기독교 교리를 일관된 심리치료 모델로 함께 가져오려는 노력의 한 결과물이다. 그러한 각고의 노력은 오로지 성경학자들과 신학자들이 우리의 삶에서 가진 역할 때문에 가능한 일이었다. 저자인 우리는 어떤 신학적 실수가 본서의 다음 페이지들에 나타난다 하더라도, 이 분들 중 그 누구도 그것을 관련시키고 싶지 않다.

Timothy Phillips, Walter Elwell, Gary Burge, Dennis Okholm, Paul Anderson, Tim Tsohantaridis, Gerald Wilson, Daniel Treier, Mark Husbands, Larry Shelton, Robert Webber, Carl Laney, Robert Hughes, Ronald Allen and Robert Cook 등 신학자들의 우정과 가르침과 저술 그리고 지도편달에 대해 감사드린다. 이 리스트에는 남자가 압도적으로 많다. 이는 복음주의 신학의 학문성과 우리가 맺어온 동질적 동료 관계에 실망스런 어떤 면을 의미한다. 그러나 여전히, 본 저자들은 이 훌륭한 학자들의 지혜와 이 분들과의 준비과정에 대해 감사드린다. 이 분들은 우리로 하여금 현 세대의 심리학 훈련이 제공하는 것 이상을 생각하게끔 도움을 주었다.

대학에서 가르치는 분에게, 무엇이 그의 혹은 그녀의 일 중 최고인가라고 물어 보라. 그러면 당신은 십중팔구 학생들에 대한 무언가를 듣게 될 것이다. 내일의 지도자들과 함께 연구하는 것은 지극히 좋은 명예요 특권이다. 많은 우리 학생들이 다양한 단계에서 쓰여진 본서의 초고들을 읽어주었고, 격려의 말들과 개선을 위한 제안들을 제공해 주었다. 본 저자인 우리는 그 학생들과 그들의 아이디어들에 감사드린다.

본 저자들은 지난 25년 이상 동안, 낡아가는 임상 기록들로 수많은 서류함들을 가득 채우기에 충분한 정도로 많은 심리치료 내담자들을 경험했다. 이들 중 많은 내담자들이, 괄목할 만한 용기와 지혜와 통찰력과 복원력 그리고 집요한 불굴의 의지를 가진 사람들이 되었다. 이 책에 있는 유용한 임상적 충고가 무엇이든, 그 충고들의 상당 부분은, 임상심리치료사로의 우리의 역할로, 우리가 섬기는 특권을 가졌던 그 사람들로부터 우리가 배운 덕분이다.

우리가 속한 "기독교심리학연구협회"(The Christian Association for Psychological Studies, CAPS)가 막 50년이 되어 간다. 실행 감독인 폴 리건(Paul Regan)과 위원회장인 제프리 테럴(Jeffrey Terrell)은 우정으로, 그리고 CAPS와 IVP 출판사(InterVarsity Press) 간의 마케팅 제휴관계를 맺음으로 우리 저자들을 격려해 주었다. CAPS는 견고한 조직체이다. 일시적으로 화려하기보다는 옹골차고, 일시적 유행을 좇는 변덕스러움보다는 뿌리를 내리고 요동하지 않는 부동의 단체이다. 우리는 심리학과 기독교 신앙에 관련된 사람들에게 이 단체를 '훌륭한 전문가들의 고향'으로 추천한다. 이 책이 IVP와 CAPS 간의 도서 시리즈의 시작을 하게 된 것은 특권이요 명예로 생각한다.

IVP가 뛰어난 복음주의 출판사의 명성을 지닌 데는 충분한 이유가 있다. 비공식 루트를 통해 본 저자들은, 본서의 편집인 개리 디오(Gary Deddo)가 조직신학 박사 학위 소지자임을 알았다. 처음 그 사실은 다소 위압적이었다. 그러나 우리는 개리 박사가 인내와 친절로 그의 지식을 균형 있게 대조 비교하고 있다는 것을 알았다. 그와 함께 일하는 것은 기쁨이었다. 마크의 좋은 친구이며 IVP 마케팅 감독인 제프 크로스비(Jeff Crossby)는 지금까지 개인적인 격려자이며, 그리고 IVP/CAPS 도서 시리즈를 결실하게 한 주요한 논객(論客)이었다. 제프처럼 하루에 삼백 개의 이메일을 받는 사람이 어떻게 그 동안 대단히 많았던 우리의 질문들에 그렇게 즉각적인 답을 할 수 있는지 이해하기가 어려울 정도이다. 또한 우리는 본서의 초고를 읽고 유용한 권고들을 해 주었던 익명의 두 교정자들께 감사드린다.

끝으로, 우리들의 친구들과 가족들은, 지금까지 우리들에게 엄청난 만족과 후원의 원천이었다. 우리 두 축복받은 남자들은 날마다 하나님께서 우리 인생에 보내 주신 그 관계들에 대해 감사드린다.

마크는 스물여덟 살이며 타고난 저술가인 아내 리사(최신작은 『만족한 영혼』(The Contented Soul, IVP, 2006)에 의해 활기를 찾고 위로받고 있다. 그들의 성숙한 자녀들―래(Rae), 사라(Sarah) 그리고 미건(Megan)—은 큰 기쁨이다.

 수년간에 걸쳐 클락은 공군 군목인 그의 동생 마크와 7~8가지의 통합 아이디어에 대해 토론하며 유익을 얻었다. 그는 이 프로젝트 내내 그를 후원해 온 기도 그룹—Joe and Jamie O'Halloran, Steve and Glenda Gilroy, Tom and Dorie Byrd, and Hugh and Sue Anderson—에 또한 감사를 드린다. 클락은 그의 아내 도넬의 사랑 속에 격려와 도전을 받았으며, 그리고 최선을 다하였다. 그녀는 그들의 28년간의 결혼 생활 여정에 있어서 지금까지 진정한 동반자였다. 그들의 자녀들—에른(Erin), 브라이스(Bryce), 그리고 알렉스(Alex)—는 그들의 삶을 윤택케 했으며 하나님의 한층 더한 축복의 증거이다.

목 차

추천사 1 (김영한 박사 / 기독교학술원 원장) / 5

추천사 2 (김준수 박사 / 아세아연합신학대학교 기독교 상담학 교수) / 8

추천사 3 (오윤선 박사 / 한국성서대학교 기독교 상담학 교수) / 10

추천사 4 (안경승 박사 / 아세아연합신학대학교 기독교 상담학 교수) / 12

추천사 5 (제임스 벡 박사 외 8인) / 14

역자 서문 / 20

감사의 글 / 23

서론 / 28

제1장 기독교적 토대 / 38

제2장 과학적 토대 / 85

제3장 심리학의 혁명 / 114

제4장 통합적 심리치료와 개입의 영역들 / 161

제5장 사정평가와 사례 개념화 / 203

제6장 증상중심 개입들 이해하기 / 248

제7장 불안장애치료에 증상중심 개입들 적용하기 / 303

제8장 도식중심 개입들 이해하기 / 334

제9장 우울증치료에 도식중심 개입들 적용하기 / 385

제10장 관계중심 개입들 이해하기(번역 약함) / 441

제11장 관계중심 개입들 적용하기 / 488

제12장 결론적인 생각들 / 540

색인 / 554

서론

훌륭한 상담사들은 말하기보다는 경청한다. 신앙심 있는 저술가들도 똑같다. 저자들은 경청하는 일에 수많은 세월을 보내고 있으며, 심리치료의 통합적 접근의 기회들과 도전들을 이해하려고 노력해왔다.

우리는 동료들에게 귀 기울여 왔다. 이와 같은 야심찬 서적은 초판 표지에 두 명의 저자 이름을 올릴 수 있지만, 지난 수년에 걸쳐 우리들을 가르치고, 멘토링하고, 용기를 북돋우어 주고, 비평하고, 영감을 주었던 수많은 사람들의 지혜와 연구를 반영하는 것이다.

심리학과 기독교 신앙을 통합하려는 현대의 움직임은 신실한 많은 남녀 그리스도인들의 지지를 받았다. 우리도 그들의 영향을 받았으며, 그들을 우리의 친구로 부를 수 있는 특권을 부여받았다. 여러 학자들이 지난 70여 년 동안 중요한 통합 작업을 해왔으며, 신뢰할 수 있는 대학원 과정들이 생겨났고, 사려 깊은 그리스도인 임상의(醫)들이 심리학과 신앙 모두에 효과적인 치료를 제공했다. 또한 교회 공동체들은 심리학적 원리들의 도움을 받았고, 유용한 책들이 저술되고 과학적 학술지들이 생겨났으며, 기독교심리학연구협회(CAPS)가 심도 있게 성장하여 수적으로도 불어났다.

심리학은 하나의 학문으로서, 여타 학문들보다도 신앙과 학문의 통합을 심사숙고하는 일을 더욱더 잘 수행해 왔다. 본서 저자들이 『통합적 심리치료』(*Integrative Psychotherapy*)라는 책을 구성할 수 있었던 기초는 바로 헌신된 많은 학자들, 임상의들, 목회자들, 저술가들 그리고 교육자들의 통찰력과 고된 작업으로 형성된 토대이다.

우리는 학생들에게도 귀 기울여 왔다. 심리학과 기독교 신앙은 고등교육에 있어서 중요한 힘이 되었다. 즉, 기독교 대학들은 학부생들을 통합과 성격이론들의 모델들로 교육하고 있고, 대부분의 신학대학원들은 상담 과목들과 학위 과정을 제공하고 있으며, 수많은 석사 과정들은 기독교 상담이나 심리학 학위를 수여하고 있으며, 다양한 통합에 기초한 박사 프로그램들은 학생들을 자격을 갖춘 심리학자로 훈련시키고 있다.

학생들은 통합을 공부하기 위해 종종 엄청난 희생을 치른다. 그들은 기독교 세계관 위에 세워진 심리치료에 대한 통합적 접근법을 배우기 위해서 열정을 가지고 훈련에 임하지만 너무 자주 비성경적 세계관으로부터 도출된 다양한 심리학적 모델들과 형식적 신학 수업을 제공받으면서, 세상으로 나가 배운 내용을 잘 통합하라는 임무만을 요구받아왔다. 대부분의 학생들이 졸업 후, 통합작업을 거의 하지 않는다는 점은 우리에게 너무나 당연한 일로 인식되어 있다. 그들이 심리학과 기독교 신앙에 대한 중요한 정보를 배웠으나, 자신들이 무엇을 공부하게 되었는지는 배우지 못했다. 즉 그들은 자신들이 배운 것이 상담과 심리치료로 이어질 수 있도록 심리학과 기독교 신앙의 통합방법은 배우지는 못하고 있다.

본서의 저자인 우리는 목회 사역에 헌신된 목회자들과 그외 다른이들에게도 귀를 기울여 왔다. 복잡한 도시지역들의 대로변 교회들부터, 거대한 건물들을 가진 교외의 초대형교회 단지들과 시골 마을의 예배당에 이르기까지, 목회자들과 교회 리더들은 고통받는 교구 식구들을 위해 도움을 구해야 하는 공통된 도전에 직면해 있다.

우리 교회 교인들의 영혼 돌보는 데 도움을 얻기 위해 내가 신뢰할 수 있는 사람은 누구인가?

흔히, 마을 건너편에 있는 기독교 심리학자나 기독교 상담사는 신뢰할 수없는 것으로 보인다-즉, 양의 탈을 쓴 늑대로 비성경적인 심리학적 세계관을 받아들이고, 목회자들로부터 환자 추천을 간청하여 이를 시험삼아 해보려는 사람으로 판명난다.

아마 그 문제점은 임상치료사들 중 일부에 대한 이야기만이 아니다. 많은 경우에 이들 치료사들은 단지 통합을 기반으로 하는 대학원이나 신학교에서 배운 대로 수행하려는 졸업자들이기 때문이다.

우리 저자들은 내담자들에게도 귀를 기울여 왔다. 고통 중에 있는 사람들은 어려운 문제들을 극복하기 위하여, 그리고 낯선 이에게 그들의 문제들을 인정하기 위해 엄청난 위험을 무릅쓴다. 어떤 잠재적 내담자들은, 아직도 전화번호부책 페이지를 손가락으로 훑고만 있거나, 혹은 마우스로 슈퍼페이지닷컴(superpages.com, 인터넷 전화번호 사이트)을 쭉 훑으며 클릭만 하고 있을 수도 있다.

그러나 대부분의 내담자들은 더 신중하게 선택한다. 그들은 친구, 목회자, 내과전문의에게 말을 하고, 특정한 질문들을 던지면서 자신들이 필요한 시기에 믿을 만한 돕는 자를 찾을 수 있다.

"저는 좋은 상담자를 찾고 있습니다. 아는 분 있으세요?"

자주 그들은 말을 덧붙여 도움 요청을 마무리한다.

"그리스도인이어야 합니다."

왜냐하면 일반 대중은 심리학적 공동체보다 종교적인 문제들에 더욱 익숙하기 때문이다(Shafranske, 1996). 내담자들은 기독교 임상의라고 스스로 말하는 임상치료사들을 찾아 가서 도움을 요청할 때, 치료사들이 상담치료에서 신앙이 매우 하찮게 여겨지는 것 때문에 놀란다.

우리는 비판자들에게도 귀를 기울여 왔다. 성경적 상담자들은, 통합주의자들이 성경과 기독교 교리를 충분히 심각하게 고려하지 않는다고 비평한다. 통합 운동을 하는 우리 대다수는, 기독교 상담자들을 순진하고 지식이 없다고 비난함으로 대응한다. 애석하게도, 통합주의자들은 비판자들의 책과 논문들을 읽어 보지도 않거나, 상담자들과의 성경적 관계를 발전시키지도 않은 채 자주 그렇게 반응한다.

혹자는, 누가 이런 환경 아래에 정말 순진하며 무지한가라며 질문할 수 있다. 우리 기독교 심리학자들은 너무나 자주 그들의 비평들을 들어 보지도 않은 채 비난만 해 왔다. 그래서 우리는 변화와 성장의 가능성을 저버렸다.

우리 두 저자들은 교회 관련 예배와 임상실습, 심리학과 신학 서적 읽기와 연구하기, 그리고 임상심리학 박사 과정 학생들을 가르치는데 많은 날을 보내왔다. 『통합적 심리치료』(Integrative Psychotherapy)는 기독교 신앙과 심리학 양자 모두에 충실한 심리치료 모델을 명확하게 말하려는 우리의 노력을 대표하는 책이다. 본서를 저술하는 데에만 거의 삼 년이 걸렸고, 본서 뒤에 감춰져 있는 생각들은 거의 삼십 년간의 경청과 연구, 그리고 모델 개발 경험에 의한 것이다.

1. 한 통합 모델

'통합'이란 논쟁의 여지가 있는 개념이다.

혹자는 심리학을 전혀 거부하고, 전적으로 성경적인 도움을 제공하는 기독교 모델을 찾으려 한다. 이것은 야심찬 노력이고, 우리가 칭찬하는 일이지만, 성경뿐만 아니라 창조 질서 속에서 진리를 간과하고 있는 것처럼 보인다. 이러한 상담가들은 오로지 성경만 바라봄으로써, 현대 과학을 통한 배움의 가능성을 미리 배제시킨다. 결과적으로, 더욱 성경과 일치하는 것으로 여겨지는 접근법을 존중함으로 인해 다양한 조건들을 다루는 놀라운 과학적 진보는 간과되는 것이다(이것에 대한 매력적인 논의를 위해서는 Jones, 2001, 그리고 Powlison, 2001을 보라).

어떤 이들은 신앙의 중요성을 최소화시키며 통합을 거부한다. 실제로, 어떤 이들은 정신과의사들로서의 자신들의 역할에 동화되어 자신들의 기독교 신앙이 적합하지 않다고 생각하는 것처럼 보인다. 기초적 증거들은 기독교 계통의 박사 과정 졸업생들이 그들의 임상활동 중, 비기독교 과정 졸업생들보다 영적 개입들을 꺼리는 경향이 있음을 보여준다(Sorenson & Hales, 2002).

이것은 좋은 소식일 수 있다. 만일 상처를 받기 쉬운 내담자에 대한 영적 개입이 자칫 오용될 민감한 방식을 기독교학교 졸업생들이 인지하고 있다면 그렇다. 하지만 그것은 또한 나쁜 소식일 수도 있다. 만일 기독교학교 졸업생들이 애초에 자신들을 기독교 대학원으로 이끌었던 영적 세계관을 다소 배제하고 있다면 말이다. 오늘날 기독교 심리학의 많은 부분이 그 통합적 초점에 있어서 균형을 잃으므로(Beck, 2003), 심리학과 기독교 사상 모두에 접근하는 데 실패했다.

『통합적 심리치료』(*Integrative Psychotherapy*)는 두 가지 차원, 즉 신학과 이론의 차원에서 통합적이다. '신학적 통합'이란 말의 의미는, 기독교 심리치료는 반드시 사람들에 대한 기독교적 관점으로 시작되어야 한다는 것이다. 기독교 신앙이 그 출발점이다. 근본적인 기독교 세계관 위에 기독교적 심리치료가 근거하고 있다. 심리학은 일단 충분한 기독교적 토대가 세워지기만 하면 상당한 도움을 제공한다. 다양한 이론적 접근법이 지닌 가치를 발견하고자, '이론적 통합'을 통해 심리치료의 문헌에 나타난 일반적 경향을 언급한다.

예를 들면, 순수 인지치료사를 찾아보기는 극히 드물다. 애착이론(attachment theory)을 존중하는 인지치료사나 초기 증상의 경감을 목적으로 다양한 인지적이며 행동학적 기법들을 뽑아 사용하는 심리역동 치료사를 발견하는 것이 훨씬 더 일반적이다. 어떤 단일 이론의 한계들을 인식하면서 통합적 모델들이 전문가들 사이에 점점 인기를 모으는 추세다. 통합적 심리치료 모델에서 본 저자들은 행동주의, 인지주의, 관계주의 임상의 모델들을 통합하고 있다.

두 가지 차원들 중 어느 한 측면에서, 우리 모델이 심리치료에 대한 통합적 이해의 첫 시도라고 말하는 것은 지극히 과장된 것이다. 많은 분들이 이론적 통합 모델들을 발전시켜 왔다(Norcross & Goldfried, 2005). 어떤 분들은 기독교 상담과 심리치료를 위한 모델들을 개발해 왔으며, 그 중 몇몇 모델들은 탁월하다. 상담사들, 목회자들과 학자들은 치유기도와 기독교 상담에 대한 유용하고 혁신적인 접근법들을 발전시켜 왔으며, 또한 세속모델들에 대한 기독교적 평가들을 제공하거나, 심리학에서부터 얻은 통찰력들이 간헐적으로 묻어나는 성경적 상담모델들을 제공해 왔다.

그러나 이런 모델들 중 어느 것도 통합적 교육 프로그램들 내에서 탁월성을 획득하지는 못했다. 왜냐하면 때때로 이런 모델들은 세속이론들 위에 성경 구절들을 몇 구절 인용하는 식으로 기독교 교리를 수박 겉핥기식으로 대충 스쳐 지나갔기 때문이거나, 혹은 현대 심리학 이론과 과학의 진보들을 간과하고 있기 때문이다. 통합적 심리치료의 독특성은 이론적이면서도 신학적인, 그래서 양자의 통합을 함께 제공한다는 데 있다.

2. 양극단 피하기

"모든 길에는 도랑이 두 개 있다"라고 글을 쓴 사람이 누구이든 그는 현대 고속도로와 배수 시스템 이전에 살았던 사람임에 틀림이 없다. 이 말을 현대식으로 바꾸어 "모든 거리를 달리는 두 대의 차는 자신의 경계선들을 가지고 있다"로 바꾼다면, 그 금언(金言)이 가지는 격언의 효과를 결코 발휘하지 못한다. 그러나, 심지어 도랑이 없는 교외와 도시 지역들에서조차, 그 은유는 영속적 값어치를 지닌다. 우편과 좌편의 경계선들 사이를 달리도록 만들어, 부적합하고, 광신적이며, 무책임한 사람들로 전락시켜 버리는 양극단들을 회피하는 것이, 삶의 많은 부분에서 필수적이다. 기독교 심리치료 모델을 세우고자 하는 본서의 임무는 여러 가지 가운데 두 도랑들을 피하는 것이다.

한 극단에는 본 저자들이 기독교 상담, 기독교 심리치료, 기독교 목회상담을 위한 유일한 올바른 모델을 개발했다는 것을 암시하는 위험이 있다. 비록, 본서의 저자인 우리는 본서에서 제시된 임상치료 접근법이 신학적으로 심리학적으로 건전하고 효과적이라고 믿는다 할지라도, 기독교 상담에 대한 유일한 참 접근법을 발견했다고 주장하는 사람들의 행렬들에 동참하려는 기대는 조금도 없다.

기독교 심리학이나 기독교 심리치료의 유일한 체계란 없으며, 앞으로도 그렇다. 성경은 개인적 차이를 설명하는 단일한 하나의 인격 이론만을 가르치지 않는다. 그러한 것은 당연히 성경의 목적이 아니다(Jones & Butman, 1991). 그리고 성경 외에 여타 어떤 권위도 모든 그리스도인들이 동의할 수 있는 상담의 토대를 절대로 제공할 수 없다.

역사는 그리스도인들이 서로에게 동의하는 것이 얼마나 어려운 일인가를 증명한다. 양자의 팽팽한 논쟁이 과학적 근거 위에서도 이루어질 수 있다. 이용 가능한 정신 치료학적 패러다임들이 많이 있지만, 어떤 하나의 접근법이 엄청나게 탁월하다고 주장할 만한 근거를 제시하는 학술적 증거란 현재까지는 없다(Nathan, Stuart & Dolan, 2000). 이처럼 본서를 정교하게 구성하는 저자들의 여행에 직면한 도전들 중 하나는 통합적 심리치료가 심리치료에 대한 '유일한 기독교적 접근이다'라고 전달하는 것을 조심하는 것이다. 그렇지 않기 때문이다. 통합적 심리치료는 현대 심리학뿐 아니라 기독교 신학과 영성으로 특징되는 심리치료에 대한 한가지 접근법에 불과하다.

우리는 이미 나머지 극단에 대해서도 언급을 했다. 이것은 궁극적으로 우리 학생들, 교회들, 내담자들, 그리고 비평가들을 실망시키는 극단이다. 일부 기독교 상담의들과 성경적 상담가들은 진정한 통합적 심리치료의 가능성을 포기하는 것에 만족하는 것처럼 보인다. 우리 주위에 심리학과 기독교 사상 두 영역들 안에서 어지럽게 소용돌이 치는 공존할 수 없는 이론들과 사상들이 매우 많이 있는데도, 어떻게 그런 작업이 성취될 수 있는지 그들은 의아해 한다. 그들은 통합주의자라기보다는 오히려 분리주의자들이다.

본 저자들은 다음의 두 양극단들을 피하려고 노력해 왔다. 한 극단은 모든 그리스도인들이 어떻게 심리치료를 행해야 하는가에 대해 오랜 기다림의 정답의 베일을 우리가 벗기고 있다고 제시함으로써 우스꽝스럽게 우리들의 과대망상을 자극하는 극단이고,

그리고 다른 하나는 신앙을 심리학으로부터 분리시키려는 극단이다. 또한 두 극단의 한 가운데서 책임 있고 유용한 심리치료 접근법을 구성하려는 시도를 삼가하려고 했다.

물론 이것도 쉬운 작업이 아니다. 우리는 통합적 심리치료를 지지한다. 그것은 우리가 가치를 두는 두가지 토대들, 즉 기독교 신앙과 과학 위에 세워지기 때문이다. 기독교 교리는 통합적 심리치료를 위한 관념론적 구조를 제공한다. 반면에 확실한 과학적 기반을 가진 심리치료 방법들은 감성적 지식, 인지적 지식, 행동학적 지식, 그리고 관계적 지식 패턴들을 규명하고 수정하는 수단을 제공한다.

3. 도전에 대한 응답

격언들은 넘치도록 많다. 그래서 우리 저자들은 취지에 맞게 두 가지 격언들을 통해 서론에 대한 결론을 맺고자 한다.

첫 번째 격언은 좋은 책을 좋은 친구에 비유한다. 만일 그렇다면, 『현대 심리치료법들: 포괄적 기독교적 평가』(Modern Psychotherapies: A Comprehensive Christian Appraisal, Jones & Butman, 1991)라는 책은 많은 기독 심리학자들과 그들의 학생들에게 좋은 친구가 되어왔다. 스탠튼 존스(Stanton L. Jones)와 리처드 버트만(Richard E, Butman)은 현대 심리치료법들에 대한 예리한 기독교적 평가를 제공한다. 그들은 책 시작 부분에서 건설적 통합의 두 단계를 기술한다.

첫 번째 단계는 두 저자들이 그들의 책에서 놀라울 만큼의 성취를 일궈낸 비판적 평가이다. 곧, 기독교 친화적 관점에서 다양한 심리치료법들을 의도적으로 바라보는 것이다.

두 번째 단계는 기독교적 토대를 기반으로 한 새로운 심리치료이론을 세우는 것이다. 두 저자들은 그들의 책을 통하여 도전하고 있다.

> 진지한 독자는 이 책의 부적절함을 발견할 것으로 우리는 예상한다. 왜냐하면 이 책은 많은 접근법들의 장점을 지적하면서도, 인간 본성의 이해를 위한 어떤 접근법도 지적하지 않고 끝내기 때문이다. 이러한 사려 깊은 독자에게

> 우리 모두가 그토록 원하는 포괄적 기독교적 접근법의 개발을 위한 대화에 참여할 것을 도전한다!(p. 23)

두 번째 격언이 여기서 대두된다. 그것은 천사들(그리고 다른 피조물들이)은 무서워 밟지 못하는 장소로 돌진해 들어가는 바보들에 대한 것이다. 우리가 함께 심리학을 가르친 45년과 임상실습으로 보낸 50년의 세월은 우리를 바보로 만들어 버렸든지, 아니면 존스(Jones)와 버트만(Butman)이 제안한 대화에 함께할 만한 충분한 자신감을 우리에게 주었다. 아마도 둘 중 하나가 될 수 있다. 본서는 기독교 신앙과 심리학 두 가지 모두를 진지하게 받아들여서 기독교 상담가, 심리학자, 사회사업가 그리고 목회자로 하여금 사역으로 상처 입은 사람들을 섬기는 데 도움이 되는 정신치료 요법을 분명하게 설명하려는 노력의 산물이다.

처음 네 장들은 통합적 심리치료를 위한 이론적 틀(frame)을 확립하는 부분이다.

제1장은 복음주의적 개신교의 관점에서 바라 본 기독교 교리의 개관을 제공하며, 하나님의 형상(Imago Dei)으로 지음 받았다는 것이 무엇을 의미하는지에 대한 세 가지 신학적 관점들에 특별히 주목한다. 하나님의 형상에 대한 세 가지 관점들은 통합적 심리치료의 세 가지 영역들-기능적 영역, 구조적 영역, 그리고 관계적 영역-과 부합한다.

제2장은 심리치료에 관한 과학적 발견들의 개관이다. 이 장은 이론적 순수주의자들을 겸손하게 할 것이다. 왜냐하면, 어떤 정신치료 접근법도 다른 이론에 대하여 엄청난 우월성을 주장할 수 없다는 것을 증명해 보이기 때문이다.

소위 인지적 혁명은, 제3장에 인지치료요법의 개관과 기독교적 비평과 나란히 기술되어 있다. 이것은 중요한 작업이다. 왜냐하면 통합적 심리치료의 처음 두 영역들이 현대 인지치료법과 밀접히 연관되어 있기 때문이다.

제4장에서 우리는 처음 세 장들에서 발전시킨 교리적, 과학적, 그리고 이론적 관점들을 흡수하면서 통합적 심리치료의 이론적 개관을 제공한다.

일단 이론적 토대를 구축한 후, 우리 저자들은 다음 일곱 장들에서 통합적 심리치료의 적용을 깊이 생각한다.

제5장은 평가와 사례 개념화(case conceptualization)의 간략한 개관이다.

제6장과 제7장은 기능적 영역들로 알려진 증상에 초점을 맞춘 개입들에 대해 기술

하고 있다. 우리는 불안장애들(anxiety disorders)을 치료하는 데 특별한 주의를 기울인다. 왜냐하면 그런 장애들이 기능적 영역 개입들에 매우 적합하기 때문이다.

구조적, 즉 스키마에 초점을 둔 통합적 심리치료의 영역은 제8장과 제9장의 핵심 내용이다. 우리는 스키마에 초점을 둔 개입들을 기술하는 문맥에서 우울증 치료를 논한다.

제10장과 제11장에서, 변화를 촉진하는 데 있어서 치료의 관계성에 중점을 두면서 통합적 심리치료의 관계적 영역을 살펴 볼 것이다. 비록 관계성에 초점을 둔 개입들이 많은 적용점을 지닌다고 해도, 우리는 특히 성격장애(personality disorders)의 치료에 특별한 주의를 쏟았다.

제12장은 요약을 하면서, 본서의 저자들은 심리치료에 대한 우리의 통합 접근법에 대한 다양한 도전들과 한계점들을 규명하면서 본서 내내 강조한 통합적 초점을 반복한다. 우리는 본서가 야심과 겸손 두 가지가 반영되도록 의도했다. 그래서 우리는 수행해야 할 더 많은 작업들이 있음을 인정하면서도, 심리치료의 통합적 모델에 대한 소망이 있음을 확신을 가지고 제안하는 바이다.

참고문헌

Beck, J. R. (2003). The integration of psychology and theology: An enterprise out of balance. *Journal of Psychology & Christianity, 22,* 20-29.

Jones, S. L. (2001). An apologetic apologia for the integration of psychology and theology. In M. R. McMinn & T. R. Phillips (Eds.), *Care for the soul: Exploring the intersection of psychology and theology* (pp. 62-77). Downers Grove, IL: InterVarsity Press.

Jones, S. L., & Butman, R. E. (1991). *Modern psychotherapies: A comprehensive Christian appraisal.* Downers Grove, IL: InterVarsity Press.

Nathan, P. E., Stuart, S. P., & Dolan, S. L. (2000). Research on psychotherapy efficacy and effectiveness: Between Scylla and Charybdis? *Psychological Bulletin, 126,* 964-81.

Norcross, J. C., & Goldfried, M. R. (2005). *Handbook of psychotherapy integration* (2nd ed.). New York: Oxford University Press.

Powlison, D. (2001). Questions at the crossroads: The care of souls and modern psychotherapies. In M. R. McMinn & T. R. Phillips (Eds.), *Care for the soul: Exploring the intersection of psychology & theology* (pp. 23-61). Downers Grove, IL: InterVarsity Press.

Shafranske, E. P. (1996). Religious beliefs, affiliations, and practices of clinical psychologists. In E. P. Shafranske (Ed.), *Religion and the clinical practice of psychology* (pp. 149-62). Washington, DC: American Psychological Association.

Sorenson, R. L., & Hales, S. (2002). Comparing evangelical Protestant psychologists trained at secular versus religiously affiliated programs. *Psychotherapy: Theory, Research, Practice, Training, 39,* 163-70.

제1장
기독교적 토대

최근 수십 년 만에 심리학과 상담은 엄청난 주목을 끌었다. 심리학과 상담 분야의 대학원 과정들이 주요 대학들과 기독교적 환경에서 급격하게 늘어났다. 1973년에 미국심리학협회(the American Psychological Association: APA)는 118개의 박사 과정 프로그램들을 공인했다. 2001년경에는 그 수가 불어나서 346개 박사 과정들이 공인받았다(Peterson, 2003). 오늘날 미국심리학협회 회원 수는 20세기 초보다 대략 천 배 더 커졌다.

미국심리학협회와 미국사회사업가협회(the National Association of Social Workers)는 현재 십만 명 이상의 회원을 가지고 있고, 미국상담협회(the American Counseling Association)의 회원 수는 오만 명을 초과한다. 심리학자들과 상담가들이 저술한 수많은 책들이 대중들의 주목을 사로잡았고, 심리학자들의 견해들은 라디오와 텔레비전의 전파들을 타고 거실로 들어왔으며, 심지어 사람들은 밤에 발을 따뜻하게 하기 위하여 인터넷상에서 프로이드의 슬리퍼를 구입할 수도 있다.

물론 이러한 변화들은 기독교 신앙에 영향을 미쳐왔다. 많은 교회들이 심리상담 센터를 가지고 있거나, 혹은 그 마을의 정신과의사들과의 광범위한 환자추천 정보 네트워크를 가지고 있다. 목회적 돌봄의 모델들이 눈부시게 변화했다. 대부분의 신학대학원들이 현재 목회적 돌봄 영역에서 심리학적 이론들과 실습들이 깊게 포함된 교과목들을 가르치고 있다.

교회 내에서의 가르침 역시 영향을 받았다. 우리 세대는 지난 과거 시대보다도 더 많이 개인적인 이야기들, 감정들, 발달 과정들, 그리고 어린 시절 경험들을 듣는다. 평신도 상담 사역들과 후원 그룹들이 많은 교회에 세워지고 있고, 오늘날 소그룹 모임들은 성경 공부 그 이상을 하고 있다. 어떤 이들은 교회에 대한 심리학의 영향에 슬퍼하기도 (Bulkey, 1994) 하지만, 다른 사람들은 그것을 조심스럽게 받아들여 왔다(Collins, 1988; McMinn & Dominguez, 2005).

적어도 조금은 기독교 신앙 역시 심리학에 영향을 미쳤다. 현재 임상심리학 분야에서 7-8개의 박사 과정이 변별력을 갖춘 기독교 대학들에 설치되어 있으며, 대부분은 미국심리학협회의 공인을 받았다. 미국심리학협회는 최근 몇년 동안 영성에 관한 다양한 서적들을 출판했다.

이들 중 많은 책들이 기독교 심리학자들에 의해 각 장들이 쓰여졌으며(Miller, 1999; Miller & Delaney, 2005; Richards & Bergin, 2000, 2004, 2005; Shafranske, 1996; Sperry & Shafranske, 2005), APA는 심지어 본서가 기술하고 있는 심리치료에 대한 기독교적 접근법을 증명하는 심리치료 비디오를 출시하기도 했다(McMinn, 2006). 이제 종교는 APA 내의 다양성 가운데 중요한 하나의 흐름으로 간주되고 있고, 헌신된 수많은 기독교 심리학자들은 APA의 심리학종교분과와 전국의 심리학 전문학교들, 프로그램심의회(the National Council of Schools and Programs of Professional Psychology: NCSPP)와 같은 유관 조직들 안에서 주요한 지도적 역할들을 수행해왔다.

심리학과 종교 간의 모든 상호기능에도 불구하고, 지금까지도 유력한 성격이론과 상담이론들이 기독교 신앙에 의해 많은 영향을 받지 않았다는 것은 유감스러워 보인다. 새로운 기독교 심리학자에게 자신의 이론적 방향에 대해 물어보라. 그러면 당신은 십중팔구 인지-행동 치료(cognitive-behavioral therapy), 대상-관계이론(object-relations theory) 혹은 가족 체계(family system)에 대해 뭔가 듣게 될 것이고, 그들의 이론적 관점이 기독교 교리의 영향력에서 벗어난 꽤나 소박한 이론일 가능성이 높을 것이다.

혹자는 상담에 대한 기독교적 대안들을 명확하게 발달시킴으로서 반응해 왔다. 우리는 이런 대안들을 존경하지만, 쉽사리 다른 극단으로 치우치게 된다. 즉, 상담에 대한 기독교적 대책에만 너무 의존해서 결국 현대 심리학의 과학적, 이론적 발전을 간과하는 극단으로 치우친다.

저자인 우리들이 통합적 심리치료에 관해 책을 쓰는 이유는 기독교 신학과 심리학적 과학으로 충만하게 알려진 치료방법의 제공이 가능하다고 믿기 때문이다. 두 지식 영역을 경쟁상대로 보기보다는 오히려 본 저자들은 두 가지가 중요한 관점들을 제공한다는 전제를 출발점으로 삼고 있다.

1. 상호기능으로서의 통합

비록 기독교 신앙과 심리학의 통합이 수 세기를 거슬러 올라가는 오랜 역사적 기원을 가지고 있다 할지라도, 현대적 통합은 심리학으로부터 신학적, 철학적 뿌리를 제거하려는 사람들에 대한 반작용으로 1800년대 중반부터 시작되었다. 1900년대 후반, 이런 움직임은 확연히 심리학적이고 학문적 전문성으로 통합되었다(Vande Kemp, 1996, p. 77). 오늘날의 통합적 저술들과 훈련 프로그램들의 급격한 증가는 진실로 경이롭다. 학교, 교회, 그리고 상담심리학 임상에서의 실천 방법에 영향을 미치고 있다.

그러나, 상담이나 심리학에 종사하는 모든 사람들이 통합적 접근을 수행하는 데 관심을 가지는 것은 아니다. 신앙과 심리학 사이의 관계를 해석해 내는 다양한 방법들이 있다. 그 중 몇 가지 방법은 통합적이지만 어떤 것들은 그렇지 않다. 그 기준(litmus test)은 상호기능이 바람직하고 가능하다고 인식되는 정도이다. 곧, 존스(Jones, 1994)가 심리학과 기독교 사이의 "건설적인 관계"로 일컫은 정도를 의미한다.

상담과 사람에 대한 우리의 입장이 기독교 신앙과 현대 심리학 모두에 어느 정도까지 영향을 받아야 하는가?

혹자는 신앙이면 충분하고 심리학은 부적합하거나 위험하다고 믿는다. 어떤 이들은 심리학으로 충분하며, 신앙은 상담소에서 배제되어야 한다고 믿는다. 통합주의자들은 신앙과 심리학 사이의 어떤 종류의 상호작용이 성격과 상담의 포괄적 이해를 얻기 위한 최고의 방법이라고 믿는다. 이것은 심리학이 기독교 신앙과 똑같은 권위를 지닌다는 것을 말하는 것이 아니라, 이해와 지혜가 양자 모두에서 다 발견될 수 있다는 것을 말하는 것이다.

비유로, 자동차 내의 온도 체계를 고려해 보자(도표 1.1을 보라). 연속체의 한 쪽 끝에는 뜨거운 공기가 있고 다른 쪽 끝에는 찬 공기가 있다. 종종 사람들은 원하는 효과를 얻기 위해 뜨거운 공기와 찬 공기를 섞는다. 기후는 단지 한 가지 공기만이 이용 가능한 경우보다 두 공기의 자원들을 모두 섞을 수 있을 때 더욱 바람직하고 순응 가능해진다. 비록 일부 그리스도인들이 심리학은 뜨거운 공기 다발이라고 성급하게 말하며, 일부 과학자들도 종교에 대해 똑같이 답할지라도, 이 같은 반응이 이 비유의 핵심은 아니다.

이 비유에서 우리는 두 가지 정보의 원천들을 고려한다. 심리학과 기독교 신앙이 그것들이다. 최적의 균형을 이루기 위하여, 우리는 어느 정도까지 두 체계로부터 나온 그런 "공기"를 혼합해야 하는가?

또는 우리는 한 정보의 원천만을 신뢰해야 하고 다른 정보의 원천은 신뢰하지 말아야 하는가?

상호기능은 사람들의 영혼을 위한 돌봄이 두 원천으로부터 나오는 진리를 함께 제시함으로써 최상으로 수행될 수 있다는 전제를 의미한다.

영혼 돌봄에 대한 다른 접근법들은 도표 1.1의 연속체를 따라 관찰될 수 있다. 그 연속체의 한 쪽 끝에는, 영혼을 위한 돌봄을 위해서 배타적으로 기독교 신앙을 신뢰하는 사람들이 있다. 많은 성경적 상담사들은 그들 자신들을 연속체의 이곳에 가까이 위치시킬 것이다. 그리고 실제로 그들은 현대의 많은 심리학자들이 주장하는 자연주의적 세계관의 전제들을 받아들인 사람들에게 중요한 교정수단을 제공한다.

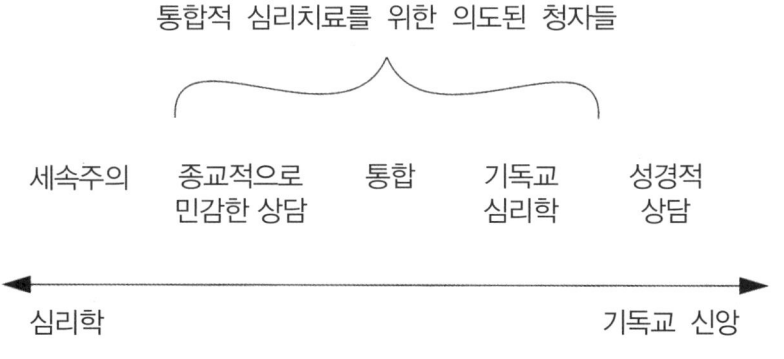

도표 1.1 심리학과 기독교 정신에 관한 관계 안에서의 통합적 심리치료

이 연속체의 다른 끝에는, 종교를 자신들이 제공하는 심리학적 봉사에서 중요하지 않고 부적합한 것으로 간주하는 분리주의자들이 있다. 비록 일부 분리주의자들과 성경적 상담사들이 통합적 심리치료에 관한 본서에서 일부 흥미를 가질 수 있을지라도, 그들 대다수는 기독교 신앙과 심리학을 섞으려는 우리의 희망이 좌절감을 주는 일임을 알게 될 것이다.

우리가 본서를 저술하는 것은 그 연속체의 가운데 부분에 속한 사람들을 위한 것이다. 통합적 관점은 도표 1.1의 가운데 부분에 있다. 이것이 가장 지지할 수 있는 입장으로서 우리가 견지하고 있는 바이다. 통합주의자들은 기독교 신앙과 심리학이라는 두 가지 원천들로부터 진리를 찾고자 시도한다. 기독교적 심리학은 심리학을 역사적 기독교 신앙의 렌즈들을 통하여 바라보는 상대적으로 새로운 학문의 움직임이다(Johnson, 2007). 비록 기독교적 심리학의 옹호자들이 심리학 이론과 과학에 대한 우리들의 친근함에 대해 이의를 제기한다 할지라도, 그들은 십중팔구 통합적 심리치료가 흥미롭고 다양한 방면들에서 유용하다는 것을 발견하게 될 것이다.

도표 1.1에서 나머지 범주는 종교적으로 민감한 상담이다. 오늘날의 많은 상담사들과 심리치료사들은 주로 주류에 속하는 이론들과 상담 기법들로 훈련받지만, 내담자들의 종교적 문제들도 조정해왔으며, 상담 과정에서 이러한 문제들을 숙고하기를 원하고 있다. 종교적으로 민감한 상담사들은, 기독교 신앙과 성경의 권위에 대한 우리 저자들의 전제들 중 일부가 골칫거리로 보이지만, 십중팔구 통합적 심리치료 원리들이 그리스도인 내담자들과 함께 일하는 데 있어서 유용함을 알게 될 것이다.

2. 기독교 세계관으로 시작하기

본서와 같이 심리치료에 대한 기독교적 접근법을 구축하는 통합적 노력물은 반드시 어떤 시작점을 가지고 있다. 어떤 통합주의자들은, 본서의 저자들이, 동일한 권위를 가진 두 개의 기둥들-즉, 특별계시와 일반계시-위에 이런 모델을 세워야만 한다고 논쟁할 것이다(특별계시는 성경을 통해 드러나고, 그리고 예수 그리스도의 삶으로 보여진 하나님의 진리이며, 일반계시는 창조세계를 통하여 드러난 하나님의 진리를 말한다). 결국, '모든 진리는 하나님의 진리이다'라고 우리 저자들은 들어 알고 있다. 이 금언(金言)은 상당히 많은 짓궂은 악영향과 오해를 야기시켜 왔다.

의심의 여지없이, 하나님께서 존재하는 모든 진리를 제정하셨고, 그 진리가 성경뿐 아니라 창조세계 내에서도 발견될 수 있다는 것은 사실이지만, 그 두 진리의 원천들이 인생 전반에 걸쳐 내내 동일한 권위를 가진다는 명제를 반드시 추종해야 하는 것은 아니다. 일반계시는 성경에 언급되지 않고 남겨진 문제들에 대한 더 권위 있는 계시이다. 예를 들어, 소형전산기의 중앙처리장치, 혹은 세균성 폐렴은 일반계시가 주목할 부분이다.

그러나 매우 중요한 문제들을 포함한 인생의 많은 쟁점들이 성경 안에 언급되어 있다. 이 대목에서 현명한 그리스도인은 일반계시보다 특별계시에 더 큰 신뢰를 둔다. 이처럼, 동기부여, 영적 갈구, 관계적 필요, 회개, 용서 등 인간 본성의 이해에 관한 문제들에 대해서는, 기독교 신앙의 진리들이 우리 저자들의 이해의 기반을 형성하고 있다. 일반계시 역시 유용하다. 그러나, 동일한 가치의 진리로 간주되면 안 된다. 왜냐하면 일반계시적 정보들을 포함한 모든 창조세계는 타락해 있고, 죄의 영향으로 물들어 있기 때문이다. 존스와 버트만(Jones and Butman, 1991, p. 403)은 "기독교 진리는 근본적으로, 기본적이면서 심도 깊은 수준에서, 인간의 문제들, 목표들, 그리고 변화 과정들뿐만 아니라, 인간에게 흔히 있는 주체 문제를 개념화하고 이해하는 방식들의 변형을 주장한다"고 말한다.

현대의 통합적 학문 운동이 70, 80년 전에 확립되었을 때, 진정한 통합이 일어나려면, 신학과 심리학 이 두 가지가 동등한 지위를 가져야만 한다는 글을 대하는 것이 어려운 일이 아니었다. 만일 그것이 의미하는 바가, 이 두 영역이 다른 하나의 영향에 개방되어야 한다는 것을 언급하는 것이라면, 우리 저자들은 거기에 동의한다.

하지만 그 의미가 그 둘이 똑같은 권위를 가진다는 것을 주창한 것이라면, 본서의 저자인 우리는 동의할 수 없다. 책임있는 기독교 심리치료가 일어나려면, 기독교적 세계관이 반드시 기초석을 제공해야만 하고 그 토대 위에 통합 체계가 구축되어야 한다. 가족치료와 심리역동 그리고 정보처리를 이해함에는 큰 유익이 있지만, 그 중 어느 것도 책임 있는 기독교 심리학을 위한 인류학적 필수 토대를 제공하지는 못할 것이다. 인간을 이해함에 있어, 성경과 책임있는 신학적 평가정보로 온전히 특징지어진 기독교가 가장 우선시되어야 한다.

심리학 분야의 영향력 있는 연구 중 제목이 "결국 중요한 관건은 데이터이다"(Nathan, 1997)라는 논문이 있다. 그러한 주장은 극단적으로 단순하며, 오해하기 쉬운 주장이다. 결국 중요한 전제와 세계관의 가정에서 벗어나, 고려될 수 있는 데이터란 존재하지 않는다. 최종 분석들은 종종 처음 전제들과 크게 다르지 않다. 왜냐하면 그 두 가지는 세상의 작용방식에 대한 구체적 신념들 위에 세워졌기 때문이다. 만약 우리가 기독교 심리치료를 구축해야 한다면, 초기의 전제들에 깊은 주의를 기울이는 것이 의무이다. 왜냐하면 우리가 어떤 최종 분석들을 도출하더라도 이 전제들이 심대한 영향을 미칠 것이기 때문이다.

제1장은 세 가지 기독교적 핵심 테마들–창조, 타락, 그리고 구속–에 기반한 기독교적 인류학적 개관을 간략하게 제공한다. 이 장에서 우리 저자는 통합적 심리치료 모델을 세워 나갈 기초를 세운다. 본서를 기독교 교리에 대한 토론으로 시작하는 것은 겉치레적인 작업이 결코 아니다. 이 책에서 제안하는 기독교적 토대들을 별개의 문제로 하면서 인간 본성이나 심리학을 이해한다는 상상을 하는 것은 어렵다. 제임스 패커(J. I. Packer, 1973, p. 19)는 그것을 잘 기술하고 있다.

> 하나님에 대하여 아는 것은 우리 인생을 살아가는 데 있어서 결정적으로 중요하다. 런던 행 비행기에 태워보내서 트라팔가 광장에 설명도 없이 홀로 남겨두는 것이 아마존 부족 사람들에게 잔인하듯이, 영어나 영국에 대해 아무것도 모르는 누군가에게 영국에서 자신을 돌보라고 홀로 남겨두는 것이 잔인하듯이, 만일 우리가 현재의 그분의 세상되심과 그 세상을 경영하시는 그 하나님에 대해 아는 것 없이 이 세상에서 살아가려고 노력한다면, 우리는 우리 자신들에게 잔인하다. 하나님을 알지 못하는 사람들에게 세계는 낯설고, 미쳤고, 고통이 가득한 장소가 되었다. 그리고 그 속의 삶은 실망스럽고 불쾌한 일이 되었다.
>
> 하나님에 대한 배움을 무시해 보라! 그러면 당신은 당신 스스로에게, 예전처럼, 방향 감각도 없이, 당신을 둘러싸고 있는 것이 무엇인지 이해도 못한 채 눈에 가리개를 한 상태로 인생 내내 실족하여 넘어지고, 갈 바를 몰라 어정거리는 형벌을 선고하게 될 것이다.

3. 창조

창조에 대한 토론들은 때때로 지구가 현재 몇 살인가, 창조세계가 문자 그대로 7일 만에 생겨났는가 아니면 그렇지 않은가, 그리고 시간이 시작된 이래 변화하는 지구 환경에 창조론이 어느 정도까지 순응하고 있는가라는 시시한 논쟁으로 이어지곤 한다.

그러나 우리가 창조세계의 웅장함을 보려고 몇 발자국만 뒤로 물러선다면, 이런 질문들의 중대성은 시들어 버릴 것이다. 영원한 존재이신 하나님께서 무로부터 유를 창조하셨다(Sproul, 1992).

풀과 하늘, 악어들과 칵커 스패니엘 개들, 바람과 바다, 홍관조들과 바퀴벌레들, 땅과 그 땅에서 나오는 모든 것을 주목하라.

사람이 보고, 만지고, 냄새 맡고, 듣고, 맛보는 모든 것은 성경의 첫 구절인 "하나님이 천지를 창조하시니라"(창 1:1)라고 말씀하셨기 때문에 존재한다는 것을 우리는 안다. 창조는 심오한 함축 의미들을 가진다. 그것은 인간은 피조물이고 하나님은 창조주시라는 의미이다.

우리 인간은 범신론자들이 주장하듯, 하나님의 영적 본질의 파생적 결과물이 아니라, 하나님에 의해 손수 만들어진 유한한 물질적 창조물이라는 것이다. 그리고 인간은 그 하나님에게 전적으로 의존적이라는 의미이다.

"인간은 자율적으로 또는 독립적으로 존재하지 않고, 하나님의 피조물로서 존재한다" (Hoekema, 1986, p. 5).

창조신학은 인간 주위에 선함과 질서가 존재한다는 것을 의미한다. 인간은 일반계시를 연구함으로써 하나님에 대해 뭔가 배울 수 있다. 왜냐하면 우리 주위의 모든 것—즉, 원소 주기표, 화성학(和聲學), 예술, 환상, 삼각법, 광합성, 음식, 빛 등등—은 하나의 거룩한 기원을 갖기 때문이다. 창조는 인간이 수 세기에 걸쳐 여러 이단들에게 연료를 공급한 영지주의를 배격함을 의미한다. 영적 존재이신 하나님께서 물질세계를 창조하시고 보시기에 좋았다고 하셨다.

인간의 육체와 주위의 물질계는 본유적으로 나쁠 수가 없다. 왜냐하면 그들은 선하신 분에 의해 순전하게 창조되었기 때문이다. 또한 창조 교리는 하나님께서 확실히 영광스러우신 분임을 드러낸다. 인간의 본성을 포함한 자연의 기막히고 놀라운 장엄함은 하나님의 위엄과 영광을 반영한다.

"그는 경배와 찬양과 그리고 순종의 대상임에 틀림없다"(Erickson, 1985, p. 378).

1) 하나님의 형상으로 만들어짐

아마도 창조에 대해 가장 독특한 것은 인간이 하나님의 형상(즉, *Imago Dei*)으로 창조되었다는 성경적 주장이다. 이것은 인간이 하나님에 대하여 나머지 창조계에 나타나 있지 않는 무언가를 반영하는 존재임을 의미하며, 인간이 하나님을 대표하며 하나님의 관심거리를 위한 대사들로서 세상을 위해 부름받은 존재라는 것을 뜻한다(Hoekema, 1986). 이것은 심리치료사들에게 심오한 함축 의미를 가진다. 유능한 임상의라면 누구나 내담자를 존귀한 인간으로 대할 가능성이 크다. 그런 임상의는 내담자의 이야기를 경청할 것이고, 감성들을 공식 확인할 것이고, 내담자의 상실들을 진정으로 돌볼 것이다. 우리가 이렇게 하는 이유는, 인간이 본유적 존귀함을 지니고 있으며 존경과 돌봄을 받을 가치가 있는 존재임을 믿기 때문이다.

그러나 왜 그런가?

내담자들을 존중하며, 존경하는 것이 중요하도록 만드는 것은 무엇 때문인가?

무엇이 우리 각 사람을 가치 있게 만드는가?

기독교 세계관에서 인간 존엄의 근거는 하나님의 형상으로 창조된 존재로부터 유래한다. 모든 인간은 적자생존의 의미 이상을 가지며, 자연도태로 진화한 복잡한 뉴런신경체계 이상의 의미를 지닌다. 각 사람은 사랑하시는 하나님의 형상으로 만들어진 창조된 존재다. 그리고 그리스도인 임상의들은 다른 인간 안에 있는 하나님의 위엄을 인식하는 것 너머의 단계로 부름받은 존재들이다. 즉 우리는 다른 사람들을 치료할 때에 하나님의 성품을 나타내는 대사들이다.

하나님의 형상은 수 세기에 걸쳐서 신학자들의 주목을 받아왔다. 에릭슨(Erickson, 1985)은 하나님의 형상에 대한 여러 관점들을 세 가지 범주들로 나눈다. 기능적 관점, 구조적 관점, 그리고 관계적 관점이 그것들이다. 하나님의 형상에 대한 이런 관점들과 심리학 역사 내에 있는 주요 체계들 사이의 평행선을 살펴보는 것은 인상적인 일이다. 심리학도 기능적, 구조적, 관계적 관점을 가지고 있으며, 비록 이 용어들이 신학자들과 심리학자들에게 정확히 같은 것을 의미하지 않더라도, 본질적으로 중첩된 부분은 있다. 그것은 마치 심리학자들과 신학자들이 인간을 이해하기 위해 함께 체계적인 노력을 기울여서 유사한 범주들을 만들어 냈다고 하는 것이 합리적인 것처럼 보인다.

(1) 기능적(Functional)

기능적 관점은 하나님의 형상을 인간의 행동, 특히 창조세계를 관리하는 것과 관련된 행동들 속에 드러나 있는 것으로 간주한다. 우리는 창조 이야기에서, 그리고 다시 시편 8편에서 하나님의 형상의 기능적인 면모를 본다.

> 하나님이 자기 형상 곧 하나님의 형상대로 사람을 창조하시되
> 남자와 여자를 창조하시고
> 하나님이 그들에게 복을 주시며 그들에게 이르시되
> 생육하고 번성하여 땅에 충만하라, 땅을 정복하라,
> 바다의 고기와 공중의 새와 땅에 움직이는
> 모든 생물을 다스리라 하시니라(창 1 : 27-28, 개역한글판).

> 저를 천사보다 조금 못하게 하시고
> 영화와 존귀로 관을 씌우셨나이다
> 주의 손으로 만드신 것을 다스리게 하시고
> 만물을 그 발 아래 두셨으니
> 곧 모든 우양과 들짐승이며(시 8:5-7, 개역한글판).

기능적 관점은 우리가 선한 창조세계를 관리함에 있어서 하나님의 대리인들로서, 직분을 다하는 청지기들 혹은 관리인들로 행해야 함을 강조한다. 혹자는 인간이 창조세계에 대한 전문적 지식을 행사해야한다는 지배권을 강조한다. 우리는 중력에 반항하며 자연적 기후 풍토에 견디는 웅장히 건축적 업적에서, 원하는 음식들을 생산하기 위해 땅을 기경하는 데서, 그리고 하나님의 대리인이 아니었으면 먹이사슬 속에서 인간보다 여러 단계 높았을 동물들을 우리가 길들이는 지배권에서, 인간의 능력을 분명히 본다.

다른 이들은 청지기직, 곧 인간이 하나님을 대리하여 이 세상을 잘 관리해야 한다는 점을 강조한다. 우리는 환경을 잘 유지하고 보호하는 노력 속에서, 생기 넘치고 비옥한 토지를 유지할 목적으로 곡물을 윤작하는 데서, 그리고 동물들을 사랑하고 돌보는 등등의 행동들에서 인간의 능력을 본다.

우리가 지배권에 대해 생각하든, 청지기직에 대해 생각하든, 창조세계의 관리자가 되는 것은 절제를 요구한다. 신선하게 구워진 파이를 가진 개가 홀로 남게 된다면, 그 파이가 남아날 가능성은 없을 것이다. 하지만 인간은 충분한 설명이 주어지면, 자신의 행동을 제어하고 훈련할 능력을 가지고 있기에, 그 파이를 남겨둘 수 있을 것이다.

창조세계 관리는 개인적 충동제어와 다른 사람들이 자신의 충동제어를 돕는 사회적 구조물의 창조와 필연적으로 연관되어 있다. 그리고 그렇게 우리는 땅을 기경하고, 곡식을 뿌리며, 추수를 하고, 대지의 풍성함을 보며 기쁘게 잔치를 베풀고, 타인의 손실 발생에 대해 누군가 기뻐하며 잔치하는 것을 막기 위해서 사회적 관행과 정부들을 만들고, 땅을 경작하여 계속 소출을 내게 한다. 이 모든 일들에 있어서 우리는 하나님의 형상으로서 역할을 하는 것이다.

20세기에 들어서며 심리학은 윌리엄 제임스(William James)와 그의 동료들의 연구로 인기를 누렸던 기능주의학파의 사상을 포함하면서(그러나 이 학파 사상에 한정되어 있지 않은) 기능에 강조점을 가지게 되었다(기능주의의 철학적 토대들은 더 거슬러 올라가서 적어도 아리스토텔레스까지 간다). 심리학에서 기능주의자들은 사람을 자기 역할을 다하는 것과 적응하는 것과 관련된 정신활동관찰에 관심을 가졌다. 이것은 심리학자들이 복잡한 경험들을 체계적으로 연구하려고 요소들을 더욱 세분화했던 초기 심리학 실험실의 구조주의와 대조되는 입장이다.

누구든지 자신의 발가락을 찌른 후 앉아서 그 아픔이 정확히 무엇과 같은가를 심사숙고하는 빌헬름 분트(Wilhelm Wundt)와 같은 구조주의자를 상상할 수 있다.

그의 발가락, 그의 위, 그리고 그의 머리 속에는 어떤 감각들이 일어났었을까?

대조적으로, 윌리엄 제임스(William James)라면, 자신의 발가락을 찌른 후 아픔의 기능을 관찰했었을 것이다.

어떤 종류의 지각들, 동기들, 감성들, 그리고 행동들이 그 아픔과 연합되었을까?

그 아픔이 제임스로 하여금 비명을 지르고 뭔가를 치고 싶도록, 혹은 한쪽 구석에 웅

사무실에서 1.1: 하나님의 형상과 수용의 자세

만일 우리가 하나님의 형상으로 만들어진 존재에 대해 알기 원한다면, 들여다볼 최상의 역할 국면은 예수 그리스도의 삶이다. 예수님은 하나님의 완벽한 형상이며, 인간의 형태로 나타나셨다(골 1:15).

로마서 15:7에서 사도 바울은 믿는 자들에게 "이러므로 그리스도께서 우리를 받아 하나님께 영광을 돌리심과 같이 너희도 서로 받으라"고 가르치고 있다. 하나님의 흠없는 형상이신 그리스도께서, 가장 큰 나약함과 고군분투 가운데 있는 우리들을 받아들이셨다. 그러므로 그와 똑같은 사랑과 불쌍히 여기는 영으로 우리는 다른 사람들을 받아들이라고 부름 받고 있다.

제임스: 나는 너무 창피해. 온라인 도박이 내 인생을 접수해버렸어. 그래서 나는 불과 며칠 전 내가 18,000달러 비자카드 대금 청구서를 받을 때까지만 해도 그것을 알 수 가 없었어. 그런데 최악의 일은 내가 그것을 췌릴에게 비밀로 해 왔었다는 사실이야. 그녀는 재정 문제에 있어서는 나를 항상 믿어주었어. 그런데 이제 그녀는 무엇을 해야 할지 몰라해. 우리는 바닥을 쳤어. 우리는 날마다 논쟁하고 엉엉 울고 싸우고 있어. 나는 여태껏 그렇게도 허전하고 마음이 상하고 상실감을 느낀적이 결코 없었어.

마크: 듣자하니 너희 두 사람에게 위기인 것 같군. 아픈 감정들과 몇몇 어려운 현실들을 직면하는 시기 말이야.

제임스: 내가 이런 일에 연루되다니 정말 나는 믿을 수가 없어. 도박은 그냥 재미로 시작했었어. 단지 일종의 온라인 오락으로 말이야. 그러나 어떻게 해선지 나는 계속 더욱 더 깊이 빠져들고 있었고, 그 땐 더 이상 재미는 없었지만, 나는 잃은 것을 모두 메우기 위해 계속 해야만 했었어. 난 이런 일이 어떻게 벌어질 수 있었는가 내 자신에게 계속 묻고 있어.

마크: 지금까지의 너란 사람은 지금 현재의 진정한 너란 사람은 아닌 것 같구나.

제임스: 그렇고 말고. 나는 절대적으로 변하기를 바란다. 나는 변할 필요가 있어. 그리고 난 췌릴의 신뢰와 사랑을 다시금 얻기를 원해. 난 상상도 할 수 없을 정도로 이 일이 그녀에게 너무나도 끔찍하게 틀림이 없어.

마크: 그래 맞아. 나도 이번 일이 췌릴에겐 엄청난 충격일 거라 확신해. 그녀의 두 눈에 있는 아픔을 보니 대단히 많이 마음이 상해 있는 것이 틀림없어.

제임스: 아, 얼마나 내가 그녀에게 상처를 주었는지 보는 것이 모든 것 중에 최악이야.

> 이 시기는 이기심과 충동성에 대해 제임스에게 직면할 때가 아니다. 그는 이미 자신의 범죄들의 무게에 의해 상해 있다. 제임스는 돌봄과 받아들임, 즉 누군가 그의 아픔의 깊이를 이해하려고 노력하는 사람이 필요하다. 나는 그의 행동을 받아들이거나 너그러이 봐주는 것 없이 제임스를 받아들이고 돌봐줄 수 있음을 주목하라.

크리고 앉아서 엉엉 울고 싶도록 만들었는가?

기능주의자들에게 내면 상태는 언제나 인체 기능하기와 연관되어 고려된다. 기능주의는 실용적이어서, 늘 경험에 의거하여 누군가의 개념이나 신념의 "현찰가"(cash value)를 고려한다. 심리학의 기능주의학파와 행동주의학파는 20세기를 지나면서 점차 합쳐져 오늘날 두 학파는 급속히 성장하고 있는 진화론적 심리학의 영역으로 합병되고 있다.

얼핏, 기능주의의 신학적, 심리학적 관점들이 꽤 다르게 보일 수 있지만, 그들은 중요한 유사점들을 공유한다. 이 둘은, 본질, 즉 인간됨의 구조를 탐구하기보다는 어떻게 인간이 기능하는가에 더 관심을 갖는다. 이 둘은 어떻게 인간이 자신들의 환경에 관련을 짓고 적응하는가를 숙고한다. 즉, 이 두 학파는 인간 행동을 면밀하게 들여다본다.

임상심리학자들과 다른 정신과의사들은 종종 사람들이 자신들의 삶들과 환경에 대한 지배권을 획득하도록 돕는다. 한 젊은 여성 사업가는 자신이 임원회의에서 보고서를 발표할 때 극도로 염려하며 말을 더듬는다는 것을 발견한다.

상담 조언 1.1 : 실용적인 관심들을 기억하라.

인간 행동에 관한 기능적 관점은, 고통 가운데 있는 사람을 대할 때 기억하는 것이 중요하다. 숨막힐 듯한 우울증이나 쇠약하게 하는 염려 문제로 도움을 얻기 위해 정신치료 단계로 들어온 성인들의 경우, 그들은 자신들의 어린 시절 기억들이나 초등학교 시절 친구 관계들에 대한 이야기로 시작하기를 원치 않을 수 있다. 그들은 지금 작용하는 도움을 원한다! 진료 초기에 이러한 기능적 관심들을 언급하는 것이 보통 최선이다. 이것이 친밀한 관계 구축과 즉각적인 위기 해소, 그리고 내담자에게 유능함을 보여 주는 데에 도움이 된다. 만일 내담자가 선택한다면, 기저에 깔린 성격과 발달상의 요인들을 찾아 조사할 시기는 나중이 될 것이다.

임상의는 여성 사업가의 불안 장애를 숨쉬기와 이완 훈련, 내부감각 수용노출법(interoceptive), 그리고 실제노출법(*in vivo* exposure, 7장을 보라)이라는 배합 요법을 통해 극복하도록 돕는다. 심지어 이 치료를 신학적 작업으로 보지 않는 심리학자에게조차, 그 요법은 하나님의 형상(*Imago Dei*)의 기능적 시각에 대한 유사성을 가지고 있다.

(2) 구조적인(Structural)

하나님의 형상에 대한 구조적 관점은 오랜 중요한 신학적 역사를 가진다. 그래서 많은 현대 복음주의 신학자들이 하나님의 형상(*Imago Dei*)에 대한 구조적 관점을 계속 신봉하고 있다(예, Erickson, 1985). 이 사상은 인간 본성이 하나님 본성의 무언가를 반영한다는 것이다. 인간 성격에 구축된 위엄 있고 고귀한 무언가가 있다. 우리는 정의를 위해 울부짖을 때마다, 합리적으로 사고할 때마다, 깊이 느낄 때마다, 자비를 베풀 때마다, 관계를 갈망할 때마다 하나님의 형상의 구조적 면모를 본다.

> 하늘에서 땅까지 훑어볼 때, 미래를 과거와 연결할 때, 이전 세월의 기억을 간직할 때, 자기 자신의 기술로 된 창조물들을 구체화할 때, 더 나아가, 깜짝 놀랄 만한 발견을 할 때, 그리고 매우 많은 놀라운 예술을 발명할 때 영혼의 신속하고 융통성 있는 움직임들은 하나님의 작인(作因)이 사람 안에 있다는 분명한 지시들이다…사람은 [sic] 자신 주위에 그리고 자신과 함께 결코 지워질 수 없는 불멸의 인(印)을 지니고 다닌다는 것 외에 우리가 무슨 말을 하겠는가?(Calvin, 1559/1997, p. 54)

하나님의 형상(*Imago Dei*)에 대한 구조주의적 관점은 전형적으로 인간 도덕 혹은 이성의 능력을 강조한다. 연구하고, 분석하고, 숙고하고, 선택하고, 말하고, 가치를 두고 그리고 분별하는 인간의 능력은 전지(全知)하신 우리 하나님의 많은 성품들을 반영한다. 창조세계를 바라보고 규칙적인 조화로움에 경탄하라. 물리학의 질서, 천문학의 예언력, 호학의 간명성, 생물학의 상호연결성을 주목하라. 하나님의 이성적, 도덕적 진수(眞髓)는 사방 도처에 있다. 그리고 우리 인간들은 이 주도적 창조자의 형상으로 지어졌다.

인간의 배우는 능력, 즉 어떻게 인간이 짧은 몇 년간의 기간에 스스로도 어떻게 할 수 없는 유아에서, 언어를 가진 아장아장 걷는 아이로, 글을 아는 초등학교 학생으로 진전해 가는지 생각해 보라. 인간은 경이적으로 만들어져 있다!

하나님의 형상의 반영으로서의 인간들의 이성적인 능력들은 역사상 과대평가되고 그리고 뜨겁게 논쟁된 부분이다. 2세기에 이레니우스(Irenaeus)는, 형상을 이성적으로 사고하고 선택하는 인간들의 자연적인 능력으로 기술하고, 닮음을 아담과 이브가 성장해 갈 수 있었던 초자연적 성숙으로 묘사함으로써, 하나님의 형상(image)과 하나님을 닮음(likeness)을 구별했다(창 1:26-27을 보라). 아담과 이브가 범죄했을 때, 그들은 그 닮음을 상실했지만, 그 형상은 여전히 보유했다. 그런 까닭에, 하나님의 닮음을 알아보는 유일한 방법은 그리스도를 바라보는 것이다. 그리스도는 그 형상(완전한 사람됨)과 그 닮음(완전한 신성) 두 가지를 다 소유했던 분이었다.

기독론에서 크게 흥미를 끄는 이레니우스의 이 개념이 중세 스콜라 신학자들의 주장인 인간의 이성(하나님의 형상)이 상대적으로 죄로 더럽혀지지 않은 반면 선에 대한 인간의 생득적 능력은 원죄로 손상되었다는 제안에 의해 과장되었다. 이 개념이 가진 문제점은 인간 이성에 대한 낙관주의이다. 그것이 제안하는 바는 인간이 여러 방면에서 고투하는데, 이미 인간은 닮음, 즉 그리스도께서 가졌던 도덕적 능력을 상실했지만, 적어도 아담, 이브, 그리고 그리스도와 유사한 이성적 사유능력은 보유하고 있다는 것이다.

우리가 정말로 그러한가?

종교개혁으로 인해 여러 가지 변화가 왔다. 칼빈, 루터, 그리고 다른 종교개혁가들은 하나님의 형상과 닮음, 이 용어들이 단지 같은 개념을 기술하고 있다고 주장하면서 이런 구분의 해체를 도왔다. 하나님의 형상에 대한 다양한 상(相)들—즉, 이성적, 도덕적, 사회적 등등—은 아담과 이브의 성품으로 축소되었을 뿐, 모든 것들이 죄로 인해 손상되었다. 이제는 유일한 하나의 형상만이 존재할 뿐이다. 그래서 종교개혁가들은 인간의 이성에 대한 더욱 냉철한 관점을 제공했다. 그 관념은 그들의 선조들이 생각했던 것과 같은 신적 이성과는 동떨어진 것이다.

> ### 상담 조언 1.2 : 진료소에서의 이성
>
> 사람들이 더 이성적으로 사고하도록 돕는 것은 치료의 중요한 목표이다. 심리적 불화는 사람들이 극단적이고 비이성적인 사고에 의해 휩쓸릴 때 더 악화된다. 우울증에 빠진 내담자는 그녀 자신을 쓸모없고 사랑스럽지 않은 존재로 볼 것이다. 중독증 내담자는 그가 원하는 때 아무 때나 멈출 수 있다고 말할 수 있다. 위기에 빠진 남편과 아내는, 그 상황이 상대편의 잘못이라고 각자 믿고 있을 것이다. 임상의사들은 내담자들이 더욱 이성적으로 상황을 보도록 돕는다.
>
> 그러나, 마치 중세 신학자들이 인간 이성을 과대평가했었던 것처럼, 바로 그렇게 일부 임상의사들도 역시 이성을 너무나 높이 들어 올려서 관계적, 감성적, 그리고 문화적 문제점들에 대해 충분한 주의를 주는 데 실패하는 것처럼 보인다. 그리고 일부 임상의사들은 그들 스스로가 잘못된 사고를 하기 십상이라는 것을 망각하고 있다. 한 임상의에게 이성적으로 보이는 것이 다른 임상의에게는 완전히 비이성적인 것처럼 보일 수 있다. 한 유명한 인지 임상의사는, 성적 에너지를 결혼 관계로 가져가는 데 도움이 된다고 논쟁하면서 한 때 간통을 장려했다. 그의 충고는 그 때 그에게 이성적으로 보였으나, 대부분의 다른 임상치료 전문의사들과 사실상 모든 그리스도인 임상치료사들에게 그것은 비이성적으로 보인다.

심리학자들 역시 인간 본성에 대한 구조적 관점을 발달시켜왔다. 그 범위는 19세기 말 구조주의로 알려진 사유학파에서부터, 인지과학, 정보처리, 그리고 인지요법을 갖춘 현대의 매력적인 인지심리학파에 이르기까지 다양하다. 하나님의 형상의 실체를 따로 떼어 내기 위하여, 일부 신학자들이 인간 정신(psyche)을 절개하려고 시도했던 것처럼, 일부 심리학자들도 인간 경험의 특별한 구조들을 연구 조사하려고 시도했다. 또한, 연구의 중요한 영역으로서 신학자들이 이성에 정착했던 것처럼, 심리학자들도 인간 이성이라는 주제에 주의를 집중해 왔다.

인지과학을 근거한 정보처리 모델들에 주로 기반해 있는(Safran & Segal, 1990) 현대 인지요법(contempory cognitive therapy)은 사람들이 이성적으로 사고하는 것을 배울 수록 더 건강해진다고 가정한다. 우울증이나 불안, 혹은 관계적 갈등에 사로잡혀 있을 때, 사고는 타협한다.

우울증에 빠진 사람은 세상을 검은 비구름을 통해 바라본다. 불안해 하는 사람은 미래를 공포나 염려의 감정들을 기반으로 평가한다. 곤란에 처한 커플은 부정적인 한 측면은 보지만, 긍정적인 것들은 보지 못한다. 효과적인 인지치료는 그리스도인을 고려하든 하지 않든, 사람들이 자신의 이성적 능력들을 구조화해서 스스로 직면한 환경들에 대해 더욱 분명하게 사고하도록 돕는 일에 매우 자주 관계한다.

하나님의 형상에 대한 역사적 논점들을 반추해 볼때, 우리는 현대 인지요법이 인간 이성에 대해 매우 낙관적인 관점에서 시작되었음을 알게 된다. 인지요법에 관한 가장 초기의 저작들을 읽을 때, 올바르게 사고하는 것을 배우는 것이 모든 정신건강 문제들의 해결책이라는 감은 누구든 얻을 수 있다. 하지만 적어도 많은 인지 임상치료사들의 경우에 있어서 세월이 이런 종류의 낙관주의를 부식시켰다. 여전히 이성이 중요하게 고려되지만, 그것이 효과적인 치료 제공을 위해 고려해야 할 유일한 요소는 아니다.

(3) 관계적(Rational)

많은 현대 신학자들은 하나님의 형상(Imago Dei)에 대한 구조적 관점에서 관계적 관점으로 옮겨갔다. 에밀 브루너(Emil Brunner), 칼 바르트(Karl Barth), 스탠리 그렌츠(Stanley Grenz) 그리고 여러 다른 신학자들은 인간의 관계적 본성이 하나님의 관계적 성품의 반사라고 오늘날까지 강조해 왔다. 하나님의 형상(Imago Dei)은 명사라기보다는 오히려 동사라는 것이다. 구조주의적 관점에서 전제된 것처럼, 각 개인이 하나님의 형상을 내포하고 있는 것이라기보다는 오히려, 하나님과 우리가 서로서로 사랑하는 관계들에 종사할 때, 우리 인간은 집단적으로 하나님을 형상화하는 것이다.

"성경 전반에 걸쳐 명백하게 나타나 있듯이, 신적인 형상은 주로 개인적이지 않고 공유된 즉, 관계적인 것이다"(Grenz, 2000, p. 213).

하나님의 형상(Imago Dei)의 관계적 관점은 하나님의 관계적 성품의 증거로서 삼위일체 하나님 안에서의 의사소통을 강조함으로써 논의를 전개하고 있다(Balswick, King & Reimer, 2005; Barth, 1945/1958; Grenz, 2000). 삼위일체 하나님께서는 창세기 1:26에서 "그리고 하나님이 가라사대 '우리의 형상을 따라 우리가 사람을 만들어 우리 자신들처럼 되게 창조하자'"(NLT, 1996)라고 말씀하셨다.

바르트(1945/1958)는 이를 가리켜 인간 창조에 반영될 신격 내부의 원형을 예증하는 "거룩한 대화"(divine conversation, p. 183)라고 일컫는다. 하나님은 한 분으로 된 세 사람들이신 것처럼, 인간들도 남자와 여자로 창조 되어 관계 속에 함께함으로서 온전하게 된다.

> 하나님은 자신의 본을 따라 사람들을 만드시고, 그는 그들을 남자와 여자로 창조하셨다(창 1:27. NLT, 1996).

바로 하나님의 그 본성은 바르트가 나-너 관계(I-Thou relationsh 통합적 심리치료)를 고려한 것에서 관찰된다. 즉, 남자와 여자 그 누구도 그 자신들 안에 하나님의 형상을 내포하고 있는 것이 아니라, 서로서로에게 그들 자신이 관계됨 속에 그것을 담고 있는 것이다.

똑같은 방식으로, 인간들은 하나님과 계약 관계 속에 존재하도록 창조되었다. 게다가 무엇보다도 주요한 점은 하나님의 형상(*Imago Dei*)의 관계적 관점의 중심 근거는 그리스도를 바라봄에 있다. 만일 우리가 인간성 안에 있는 하나님의 형상을 이해하기를 원한다면, 그 최고의 방법으로 죄로 물든 적이 결코 없으신 하나님의 유일한 인간 형상이신 예수님을 바라보는 것이다.

골로새서 1:15은 "그리스도는 보이지 않으시는 하나님의 보이는 형상이다"(NLT)라고 기록하고 있다. 예수 안에서 우리는 그의 이웃과 하나님을 완벽하게 사랑한, 심지어 십자가 위에 자기 자신의 생명을 희생을 해도 좋을 정도까지 사랑을 실천하신 분을 본다(롬 5:6-8을 보라). 예수님은 인간의 모습으로 하나님의 관계적 형상을 드러내셨다.

관계적(상호 인격적) 관점은 심리학, 특히 심리역동(psychodynamic) 분야에서 현재까지 탁월한 관점이다(Sullivan, 1953). 대상-관계이론(object-relations theory)을 포함한 심리역동이론의 최근 개선안들은 인간 병리학과 치료 이해에서 오직 관계적 접근을 보인다(Kernberg, 1976; Benjamin, 1996). 인간 본성에 대한 관계적 관점은 애착이론(attachment theory; Bowlby, 1990)과 같은 인간 발달이론들에서도 역시 명백하다. 일부 심리학자들은 상호 인격적 차원을 인지치료에 도입했다(예를 들어, Safran, 1998; Safran & Segal, 1990). 관계적 치료를 향한 인지치료의 이런 추세에 우리는 박수갈채를 보낸다. 통합적 심리치료는 기독교적 수정안이며, 지난 이십 년 전에 출현한 사상들을 더욱 발전시킨 진전물이다.

다양한 신조들을 가진 심리치료사들이 치료에 도움이 되는 관계성의 중요성을 강조하는(예를 들어, Norcross, 2002) 반면, 기독 심리치료사들은 관계성들에 대한 하나님께서 주신 우리의 소명을 인정함으로써 한 단계 더 멀리 내딛고 있다. 인간은 관계하도록 지음 받은 존재이다. 그러므로 우리는 본이 되신 그리스도, 곧 완벽하게 사랑을 하신 바로 그 한 사람을 바라본다. 기독교적 심리치료의 동기부여와 그 중심에는 놀랍고 위엄 있는 진리의 주장이 자리하고 있다. 즉, 하나님께서는 인간이 상상할 수 있는 것 이상으로 우리들을 사랑하시며, 그리고 우리들을 관계적 존재로 창조하셨다는 것이 그것이다. 우리는 서로서로에게 관계를 가질 때에 즉, 서로를 용서하는 사랑, 인내하는 사랑, 그리고 소리 높여 불평하는 인생의 소란함에도 지속되는 사랑의 관계를 가질 때에 하나님의 형상에 유사한 어떤 것을 경험한다(Tjeltveit, 2006). 관계를 형성하려는 열망이 우리 영혼에서 이뤄져야 한다.

상담 조언 1.3: 속도 제한 단계

약사들은 "속도 제한 단계"에 대해 이렇게 말한다. 이것은 일련의 직렬 종속 반응 가운데 가장 느린 화학적 반응이다. 전체 화학 반응 과정은 속도 제한 단계보다 결코 더 빨리 진행될 수 없다.

치료에 도움이 되는 좋은 관계 설정은 속도 제한 단계와 같다. 제아무리 기술적으로 숙달된 임상치료사라 하더라도, 그들 역시 다른 사람들과 잘 관계할 필요가 있다. 일단 신뢰와 친밀감이 따뜻하고 수용적인 치료적 관계 속에 설정되고 나면, 내담자가 치료에서 진전을 보일 개연성이 더욱 크다. 혹자는 관계성 그 자체가 치료 과정에서 낫게 하는 요소라고 논증할 것이다.

---

2) 기능적, 구조적, 그리고 관계적(Functional, structural, and relational)

하나님의 형상은 복합적이어서 단순한 설명이나 단순 범주화를 허용하지 않는다. 이제 방금 기술한 세 가지 관점들 중 하나를 선택하기보다는 오히려, 아마도 세 가지 관점들 모두에서 가치 있는 진의(眞意)가 발견될 수 있다고 본다. 존스와 버트만(Jones and Butman, 1991, p. 44)도, "하나님의 형상에 대한 절대적 의미를 찾기 위해 다투기보다는, 오히려 하나님의 형상으로 창조된 존재가 의미하는 바가 이 세 가지와 그 이상의 것이라는 결론을 내리는 것이 이 시대에 현명해 보인다"라고 제안한다. 마치 진지한 임상의

가 특정한 하나의 이론에 집중하듯, 신중한 기독교 신학자도 하나님의 형상(Imago Dei)에 대한 한 가지 관점에 주안점을 둘 가능성이 있다. 그러나 여전히 세 가지 관점 모두에서 가치 있는 진의(眞意)를 찾는 것이 합리적이다.

하나님의 형상에 관한 호크마(Hoekema, 1986)의 유용한 학술 논문은 주요 관점들 각각에 신빙성을 부여하고 있다. 호크마는 기능과 구조가 밀접히 연관되어 있다는 것을 논증한다.

> 우리가 사람 안에 있는 하나님의 형상을 단지 사람의 인격과만 연관이 있고 그의 행함과는 상관없는 것으로 여겨야만 하는가, 혹은 사람의 행위와만 연관이 있고, 그의 인격과는 아무 상관이 없는 것으로 간주해야만 하는가? 또는 사람의 인격과 그의 행함 둘 모두와 연루되어있다고 생각해야 하는가?……우리가 두 가지 양상을 다 유지할 필요가 있다는 것이 나의 확신이다. 왜냐하면 하나님의 형상은 전인을 포함하는 것이기 때문에, 그것은 사람의 구조와 사람의 기능 둘 다를 포함하는 것임에 틀림없다. 예를 들어, 독수리는 비행함으로써 공기를 관통하여 스스로를 추진해 나간다. 이것은 독수리가 가진 기능의 하나이다. 그러나 만일 독수리가 날개가 없다면 비행할 수 없었을 것이다. 날개는 독수리의 구조들 중 하나이다(p. 69).

이와 유사하게, 누구든 관계적 양상들을 위해서 인간 성품의 기능적 혹은 구조적인 양상들을 거절할 필요는 없다. 호크마는 그리스도가 창조세계에 대한 그의 지배권 역시 증명해 보이지만, 하나님과 이웃을 향하도록 명령받았다라고 지적한다. 기도(하나님과의 관계)하기 위해 아침 일찍 일어나셨던 그 분이 또한 궁핍하고 억눌린 자들의 친구가 되신(이웃과의 관계) 그 분이었고, 그리고 아픈 자들을 고치시고 물 위를 걸으셨고 군중들을 먹이셨고 폭풍우를 잠잠케 하셨던(창조세계에 대한 지배권) 그 분이셨다. 여기에서 호크마는 하나님의 형상(Imago Dei)의 관계적 양상과 기능적 양상을 연결시킨다.

통합적 심리치료는 도표 1.2에서 동심(同心)의 원들로 보여준 세 가지 관점 모두를 받아들인다. 바깥 원, 즉 통합적 심리치료 내의 첫 번째 개입영역은 어떻게 사람이 복잡한 환경에 관하여 기능하는가와 관련있다. 어떤 의미에서 각 사람은 아담과 이브에 부여되었던 경영적 도전에 직면해 있다. 우리 모두는 우리 주위의 창조세계에 관하여 온당하게 기능하라는 부름을 받았다. 대중 앞에서 말을 할 때 극단적인 공포를 경험하는 사람은 환경적 요구에 관하여 잘 기능하지 않고 있으며 아마도 심리치료사에게 도움을 구하러 찾아 올 수 있다. 그러면 그 임상의는 사상과 행동들에 초점을 둘 것이다. 왜냐하면 이것은 기능적인 문제이기 때문에 그렇게 치료하는 것이 옳다.

그러나 인간의 사상과 행동들은 언제나 구조적 능력들—도표 1.2에서 두 번째 원이 이를 나타내는 것으로 통합적 심리치료에서 두 번째 개입영역이다—의 정황 속에서도 존재한다. 잘 기능하기 위해서는 하나님의 형상의 존재론적 본질을 반영하는 이성적이며 도덕적 능력들을 요구된다.

예를 들어, 대중 앞 연설에 대해 공포를 느끼는 내담자도 여전히 그 방밖으로 도망치지 않는 이성적이고 도덕적 지각(知覺)을 갖고 있다. 이 점은 여타의 동물 세계에서 관찰되지 않는 인간의 고유한 무언가를 증명해 준다. 인간은 더 큰 이야기를 이해하고, 쾌락을 추구하고 고통을 회피하는 욕구들을 뛰어넘는 그리고 심지어 인내를 요구하는 불편 속에 있을 때에도 삶의 환경이 주는 의미를 찾는 인지능력을 가지고 있다. 어떤 사람들은 삶의 의미를 찾는 자신들의 노력들이 부족할 때 치료를 위해 찾아온다.

도표 1.2에서 통합적 심리치료 내에서 세 번째 개입영역인 안쪽 원은 관계적 영역이다. 삶의 도덕적이고 이성적 구조들, 곧 어떻게 우리 인간이 의미를 찾는가 하는 영역은 언제나 하나님 그리고 다른 사람들과의 관계라는 정황 속에 굳게 깊이 파묻혀 있다. 브루너(Bruner), 바르트(Barth), 그리고 다른 신학자들은 이점을 신학적으로 논하지만, 사회학도 우리를 똑같은 결론으로 이끌고 있다(Andersen & Chen, 2002). 이성적으로 사고하는 인간의 능력, 하나님의 형상(Imago Dei)에 대한 구조적 관점에서 최고봉으로 여긴 것조차도 관계에 의해 구체화된다. 문화, 사회적 관습, 가족배경 그리고 친한 친구들 이 모두가 우리가 이성적이라고 생각하는 것과 비이성적이라고 생각하는 것에 영향을 미친다.

어떤 사람은 끼니로 개고기를 먹는 것을 이성적이라고 간주하지만, 반면 다른 사람은 개를 데려다가 털을 다듬어주고 매주 목욕을 시키는 것이 온당하다고 생각한다. 혹은 심지어, 개가 유난히 조용하다 싶으면 애완동물 치료사에게 데려가는 것이 이성적이라고 판단한다. 이와 같이 본질적으로 이성에 대한 폭넓은 여러 관점들은 우리가 문화라고 일컫는 현재와 과거의 관계가 형성하는 복잡한 그물망에 의해 구체화된다.

기능적 행동, 인지적 평가, 그리고 관계성에 대한 인간의 능력은 통합적 심리치료 논의 내내 명확히 드러난다. 그것은 이 통합이론의 효과적인 치료를 하기 때문이 아니라 우리 인간이 어떻게 하나님에 의해 창조되었는가에 대한 중요한 실체들을 이 특징들이 반영하기 때문이다. 최초 진료 단계에서, 통합적 심리치료는 기능적 관점에 가장 큰 비중을 둔다. 그러나 치료가 진행됨에 따라 구조적, 관계적 관점이 우세할 때, 비록 세 가지 개입영역들 사이의 이동이 일반적으로 발생하지만, 기능적 개입은 중요하지 않게 될 것이다.

4. 타락

기독교 신학에 따르면, 인간 역사의 크나큰 비극은 인간의 죄악으로의 타락이다. 도표 1.2에는 그 전체에 크레용으로 갈겨쓴 낙서들이 있어야만 한다. 왜냐하면 하나님 형상의 아름다움은 이미 파괴되었고, 인간의 반역의 결과로 손상되었기 때문이다. 죄문제에 관해, 비록 지면상 불과 몇 개의 관찰서적(觀察書籍)들만 여기에 언급되지만, 많은 책들이 집필되었다(예를 들어, Berkouwer, 1971; McMinn의 인쇄 중인 책, Moroney, 2000; Taylor, 2000).

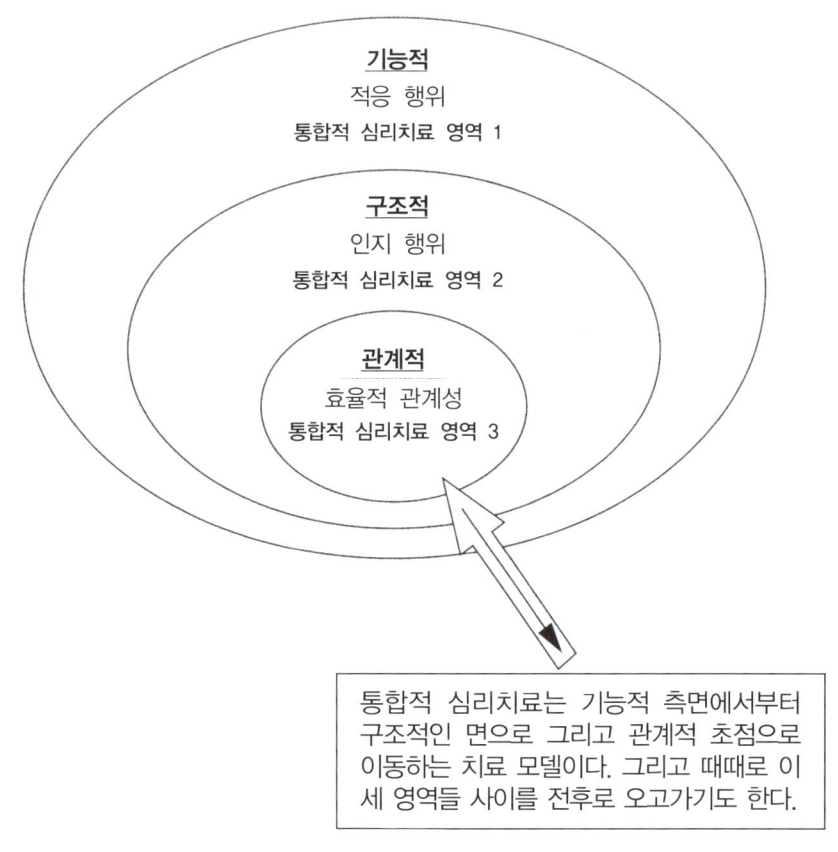

도표 1.2. 통합적 심리치료와 하나님의 형상의 세 관점들

1) 부인(否認)을 넘어, 펠라기우스주의를 넘어

죄 문제에 대한 하나의 접근방식은 부인(否認)이다. 현대 정신건강 선언문에서 죄란 총애에서 벗어나 타락했다는 개념이다. 그래서 많은 심리치료사들은 "나도 괜찮고 너도 괜찮다"(I'm okay, you're okay)는 전제(Harris, 1973)를 가지고 역할 수행을 한다. 그러나 문제를 부정하는 것으로 문제를 제거할 수 없으며, 때때로 그런 방법은 문제를 악화시킨다. 어거스틴(Augustine, 398/1986)은 "내가 내 자신을 죄인이라 정죄하지 않았기 때문에 (내) 죄를 더욱 고칠 수 없게 되었다"라고 회고했다. 파울리슨(Powlison, 2001)과 몬로(Monroe, 2001), 그리고 여러 학자들은 기독교 심리학자들이 죄와 같은 성경적 개념들을

배제하도록 심리학적 이론과 기법을 강조해 왔음을 지적했다. 이것은 심리학의 세계에서 일상적으로 듣는 경고이다(예를 들어, Menninger, 1973; Mowrer, 1960).

통합적 심리치료에서 본 저자인 우리는 죄를 범하는 인간의 타고난 성품을 심각하게 간주한다. 죄를 심각하게 간주한다는 것은 치료 과정이 혹독한 심판과 생색의 장이 된다는 것을 의미하지 않는다. 정반대로, 죄와 삶 속의 깨어진 사건들의 모습을 정직하게 탐구하고, 그리고 혼란스러운 삶에 사랑과 이해를 확대하려는 것이다. 임상의들은 내담자들보다 높은 곳에 서는 것이 아니라, 내담자와 함께 서야 한다.

죄에 대한 다른 접근법은 죄를 단순히 구체적인 행동 기준의 위반으로 간주하려는 방식이다. 이 접근법은 세심하고 명료하게 사람들이 어떻게 행동해야 하고, 행동하지 말아야 하는지 열거한 리스트-작성으로 이어진다. 험담, 간통, 우상 숭배, 살인, 도적질, 그리고 더 많은 항목들이 리스트 목록의 "하지 말아야 할 일" 항목에 적혀있을 것이다. 친절, 관대, 용서, 불쌍히 여기는 마음, 십일조 드리기, 그리고 이와 유사한 것들이 "해야 할 일" 항목에 적혀 있을 것이다. 비록 이런 입장이 부분적으로 기독교 사고방식과 일치할지라도, 죄가 단지 정신력과 선택의 문제라 제시하는 한, 온전한 것일 수 없다.

펠라기우스는 인간은 죄 없는 삶을 살아갈 능력이 있다는 5세기의 관점을 옹호하며 활동했다. 펠라기우스주의(Pelagianism)으로 알려진 이 견해는 각 사람이 아담과 이브가 직면했었던 것과 똑같은 선택의 문제에 직면하며, 각자는 죄의 유혹에 예라고 할지 혹은 아니오라고 할지 아담과 똑같은 자유의지와 도덕적 능력을 가지고 있다고 주장한다. 그러나 어거스틴은 창조세계가 타락했을 때 발생한 일들로 인해 인해 현재의 인간성은 원죄 상태로 살고 있다고 논쟁하며 동의하지 않았다.

어거스틴에 따르면 죄는 더 이상 자유의지의 선택에 제한을 받지 않는다. 이것 역시 타락의 전반적 상태들 중 하나다. 어거스틴(398/1986)은 "당신의 눈에는 그 누구도 죄로부터 자유하지 않습니다. 심지어 이 땅위에 산지 겨우 단 하루 밖에 되지 않는 갓난아기조차도 자유하지 않습니다"(p. 7)라고 고백하였다. 비록 펠라기우스주의는 16세기 전에 이단으로 공식 폐기되었지만, 펠라기안의 관점들은 아직도 기독교 신앙이라는 회랑 안에서 잠행하고 있다.

> ### 상담소에서 1.2 : 우리들의 말에 주목하기
>
> 비록 기독교 임상치료사들이 내담자들과 상담을 할 때 죄문제에 대해 생각한다 할지라도, 상담 중에 죄라는 단어 자체를 사용하는 것이 현명한 경우는 극히 드물다. 죄는 사람들을 조정하기 위해 강압적 노력 속에 사용하는 표현이거나, 즐거움에 대한 동일한 의미로 여겨져 이미 하찮은 언어가 되었다.
>
> 그러나 죄라는 단어를 사용하지 않고서도 치료사들은 내담자에게 도전하여 결국 성령의 확신으로 인해 상담실을 나서도록 할 수 있다.
>
> 멜린다: 그녀(엄마)는 나에게 온갖 설교를 다했어. 아무래도 나는 이제 그 누구와도 같이 잠자지 말아야겠어. 그녀는 그 문제에 대해 정말로 숨 막혀 하고, 우리 아빠도 마찬가지야. 그분들(부모님)이 내가 스물두 살이고 내 자신의 결정들을 할 수 있다는 것을 깨닫지 못하는 것 같다는 말이야. 그것이 마치 그분들이 인생 내내 지금까지 완벽한 부모님이었다는 것은 아니야. 그분들도 자신들의 어리석은 짓들을 해왔거든.
>
> 클 락: 너희 부모님이 너의 성적 선택에 지적할 때 정곡을 맞춘 것처럼 보인다.
>
> 멜린다: 그래 맞아. 내 말은 나는 이제 부모님과 같이 살지도 않는다는 거야. 내가 무엇을 하든, 하지 않든 그것은 부모님의 문제가 전혀 아니란 말이야.
>
> 클 락: 난 네 부모님의 말씀들이 왜 그렇게 많이 상처를 주었는지 궁금해. 왜냐하면 그분들은 네가 스스로에게 묻고 있던 몇 가지 질문들을 들려주고 있었기 때문이지.
>
> 멜린다: 그게 무슨 말이야?
>
> 클 락: 1분 전에 너는 마이클과의 두 번째 데이트에서 잠을 잔 너의 선택으로 인해 불쾌해 보였어. 그런 후 너는 너희 엄마의 반응에 대해 언급했지. 나는 네가 너희 엄마가 그런 말들을 하기 전에 이와 동일한 (불쾌한) 감정들을 느끼지 않았나 궁금해.
>
> 멜린다: (눈물이 솟구치며) 아마도, 나도 모르겠어.

죄의 부인이든 펠라기안적 관점이든 어느 것도 궁극적으로 만족스럽지 못하다. 그리고 양자는 기독교 전통 밖에 있다. 통합적 심리치료는 이 두 관점들보다 더 큰 어거스틴의 이해 위에 기초한 통합 모델이다. 어거스틴은 죄를 상태이자 행위로 본다.

(1) 상태로서의 죄

때때로 신학자들이 원죄라고 일컫는 죄의 상태는 개인적인 잘못된 선택들에 선행한다. 죄는 일련의 행동일 뿐 아니라, 어떤 상황, 즉 창조세계의 질서에 직접 영향을 미치고 인간 존재의 제(諸)양상을 손상시키는 상태이다. 인간은 불가피하게, 우리가 잘못된 선택들을 하기 전에 이미 죄의 타락으로 오염된 죄인들이다(Bloesch, 1978; Erickson, 1985; Packer, 1993; Sproul, 1992). 구현된 창조세계에 거스려 무언가가 심각하게 정도(正道)를 벗어났다. 그래서 현재 우리가 사는 세상에서 창조의 모든 부분이 죄의 저주로 부패되었고, 오염되어 있다. 평화, 온전함, 그리고 흠 없음의 상태를 의미하는 희브리어 샬롬이 깨어졌다(C. Plantinga, 1995).

이런 의미에서 자유의지와 개인적인 결심이 충분하지 않다는 뜻이다. 이제 모든 개인들이 위대한 지상명령(the Great Commandment)을 뒤집어엎고, 하나님과 이웃보다 자신을 사랑한다(A. Plantiga, 2000). 원죄 때문에 인간의 열정들은 왜곡되고, 우리의 사고는 올바르지 않는 방식으로 자신을 섬기게 되고, 우리의 육신은 병에 걸리고 부패하기 쉬워진다. 결국 인간은 역시 범죄하기 쉬운 타인들에 의해 야기된 손상 가운데 살아간다(McMinn, 2004).

죄의 상태 속에서 사는 것은 창조주와 피조물 사이의 올바른 관계의 단절(斷折)도 의미한다. 에덴동산에서 하나님과 담화를 나눈다는 생각은 지금까지 인간의 경험에서 볼 때, 거의 이해조차 할 수 없는 것이다. 인간의 하나님과의 의사소통은 우리가 어떤 노력을 하더라도 그것을 완전히 올바르게 만들 수 없을 정도로 매우 심각하게 깨어졌다. 하나님을 알고자 하는 인간의 유일한 희망은 은혜로 손을 뻗치시어 우리가 깬 관계를 회복하시려는 하나님의 열심 안에서 발견된다.

원죄성에 대해 죄책감을 느낄 이유가 없다. 왜냐하면 이 슬픈 사태의 상태는 단지 모든 것의 존재 방식이 되었기 때문이다. 죄책감이란 잘못된 행위들(아래에 논하고 있음)에 대한 반응으로서 상당히 합리적인 것이다. 그러나 죄책감은 죄의 상태에 도움이 되지 않으며 잠재적으로는 파괴적인 반응현상이다. 정신력이 아무리 강해도 영적으로 아무리 많이 성숙해도, 유전공학이 아무리 크게 발달해도 인간의 죄된 본성을 결단코 제거할 수는 없다.

어거스틴이 쓴 'non posse non peccare'(죄를 짓지 않을 수 없는)라는 어구 뜻은 우리 인간이 범죄하지 않는 것은 불가능하다는 의미이다. 인간은 뒤틀려져서 반역의 성향과 우리 자신의 욕망을 타인의 요구보다 상위에 두는 성향을 가지고 태어난다. 만일 인간의 희망이 죄없음의 상태를 성취하는데 있거나, 혹은 인간의 선한 의도들과 행위들로써 하나님과의 관계를 회복하는 데에 있다면, 우리 각자는 사형을 언도받고 어찌할 바를 모르는 존재자가 되어 있을 것이다. 하지만, 감사하게도 우리의 희망은 하나님의 은혜 속에 있다.

(2) 행위로서의 죄

죄는 인간의 행위 속에서도 역시 관찰된다. 창조계 전체가 죄악 상태에 존재하기 때문에, 인간은 이기적 선택들과 개인적인 관심거리들을 쉽게 하나님과 이웃보다 상위에 두는 경향이 있다. 때때로 죄는 충동적 열정에서 기인하기도 한다. 이것은 C. S. 루이스(Lewis, 1952)가 죄를 범하는 동물적 충동들로 기술한 것이다. 자부심이 조장되고, 타자를 희생하고서라도 개인적인 이득을 성취할 목적으로 악이 도모되는 상황에서 저질러지는 여타의 죄는 더욱 계산적이 된다. 루이스는 이것을 악마적 죄라 명명하고, 비록 그는 곧바로 이 두 가지 죄들을 짓지 않는 것이 최고라는 각주를 달았지만, 인간의 동물적 본성에서부터 나타나는 죄들보다 더 악하다고 간주한다.

기독교 신학은 '모든 사람이 범죄했다'라고 가르친다.

> 모든 사람이 죄를 범하였으매 하나님의 영광에 이르지 못하더니
> (롬 3:23, 개역 한글판).

교회는 그리스도를 따르는 이들을 범죄로부터 지키기 위해서 여러 가지 지침 시리즈들, 예를 들어 구약의 십계명(출 20장), 고대 교회의 일곱 가지 치명적 죄들, 혹은 예수님의 산상수훈(마 5-7장)을 역설해 왔다. 이것들은 그리스도인들이 어떻게 살아야 하는지를 위한 경계들을 설정하기에 중요하고 좋지만, 우리 그리스도인들도 여기에 미치지 못한 삶을 산다.

우리 스스로가 죄를 범할 뿐만 아니라, 우리가 죄 범함을 당하기도 한다. 죄는 두 방향으로 이동한다. A라는 사람으로부터 나와서 B라는 사람을 해치는 방향과 B라는 사

람으로부터 나타나서 A라는 사람을 상하게 하는 방향이 그것이다. 양자 모두 우리 인간이 창조되면서부터 즐기도록 되어 있는 정신건강과 관계들을 황폐화시키는 결과들을 초래할 수 있다.

그런데 A라는 사람, B라는 사람, 여기에 더하여 집단적인 악을 행할 능력이 있는 7, 8억명의 다른 사람들이 집단적인 문화와 사회 속에서 살아간다는 점을 인정하는 것 또한 중요하다. 이 점은 죄가 한 개인의 행동의 목록에 국한되어 있지 않다는 것을 우리에게 상기시킨다. 즉, 단체들 역시 개인과 다른 기관을 상하게 할 죄악된 행위들을 할 능력이 있다. 예식예배에서 가장 강력한 기도문들 중 일부는 억압적인 사회 체제들 가운데 공유된 전제들과 사회에서 일상의 활동에 단지 참여함으로써 다른 사람들을 상하게 하는 우리의 집단적인 능력을 인정하면서 인간의 협력적 죄를 고백하는 내용이다.

인간의 죄악된 상태에 대해 죄책감을 느끼는 것에는 별 의미가 없지만, 죄책감은 죄의 행동들에 대한 기대되는 당연한 반응이다. 인간이 하나님의 도덕적 뜻을 위반할 때, 우리는 하나님과 다른 사람들과 관계에서 거리감을 경험하며, 또한 우리를 비참한 후회의 상태에서 우리를 하나님께로 돌아가게 하는 내적인 상황을 감지한다. 우리가 우리의 죄를 하나님께 고백하고, 우리의 죄악됨을 인정할 때, 우리 삶과 하나님과의 관계 속에서 우리는 하나님의 용서와 치료와 변화의 희망을 부여받는다. 이스라엘 왕 다윗은 한 시편에 이것에 대해 기록했다.

> 내가 토설치 아니할 때에 종일 신음하므로 내 뼈가 쇠하였도다(시 32:3).

> 주의 손이 주야로 나를 누르시오니 내 진액이 화하여 여름 가물에 마름 같이 되었나이다(셀라)(시 32:4).

> 내가 이르기를 내 허물을 여호와께 자복하리라 하고 주께 내 죄를 아뢰고 내 죄악을 숨기지 아니하였더니 곧 주께서 내 죄의 악을 사하셨나이다(셀라)(시 32:5).

> 이로 인하여 무릇 경건한 자는 주를 만날 기회를 타서 주께 기도할지라 진

실로 홍수가 범람할지라도 저에게 미치지 못하리이다(시 32:6).

주는 나의 은신처이오니 환난에서 나를 보호하시고 구원의 노래로 나를 에우시리이다(셀라)(시 32:7).

심리학자들은 때때로 죄책감에 대해 신경과민적이며, 건강하지 못하다는 딱지를 붙여왔다. 과도하고 비현실적인 죄책감의 경우 이것은 분명한 사실이다. 그러나 모든 죄책감에 파괴적이라는 딱지를 붙이는 것은 건강하지 못한 신학이며 최근의 과학적 증거에 따르면 좋지 못한 심리학이다(Tangney & Dearing, 2002). 죄책감은 뉘우침과 다른 사람에게 끼친 고통에 대한 슬픔으로 연결될 때 인간적인 기능에 있어서 건설적인 역할을 할 수도 있다. 진정 현대 심리학자들은 사람들이 뉘우칠 능력이 없어보일 때 염려한다. 왜냐하면 그런 경우는 종종 반사회적 성격장애를 가진 경우이기 때문이다.

2) 왜 죄문제가 중요한가

죄에 대한 어거스틴의 관점은 다음 여러 가지 이유들 때문에 기독교 임상전문의들에게 중요하다.

첫째, 어거스틴의 관점은 인간의 약점들을 부인하고 왜곡하며 우리 자신들과 타자들을 기만하려는 인간성을 기독 임상전문의들이 이해하는 데 도움을 준다. 인간은 죄악된 상태로 존재하기 때문에 자신의 죄를 알아보는 것은 어렵다. 신학자들은 이것을 죄의 순수 이성적 효과(the noetic effects of sin)라 지칭한다(Moroney, 2000). 그 의미는 죄가 모든 것들 중에서도 특히 인간의 타락한 조건과 하나님의 필요성에 대해 인간의 눈을 어둡게 한다는 것이다.

우리가 죄인이라는 것을 인정하기보다 타자들을 비난하기 쉽다. 그래서 때때로 심리치료사들은 부지중에 이것의 힘을 빌리는 경우가 있다.

둘째, 죄가 의미하는 것은 죄가 단지 인간의 기능보다 훨씬 더 많은 것을 망친다는 것이다. 인간의 구조적 능력들과 관계성들도 손상을 입어 왜곡되었다.

> ### 상담 조언 1.4 : 수치와 죄책감
>
> 죄를 범한 후, 아담과 하와는 자신들의 벌거벗음을 무화과나무 잎으로 가렸고, 그 이후로 수치가 인간 삶의 일부가 되었다. 죄로 물든 세상에서 인간은 수치감에서 우리 자신들과 다른 사람들을 결코 완전히 해방하지 못할 것이다. 그러나 우리는 자신들의 수치감에 덜 빠져들도록 사람들을 도울 수 있다. 때때로 우리는 사람들을 도와 타자 지향적인 죄책감의 경험으로 자기 지향적인 수치감을 대신하도록 할 수 있다. 수치심은 자기-초점화되어 있고, 그리고 심리학적으로는 파괴적인 경향이 있는 것이다. 죄책감은 타자-초점화되어 있고 심리학적으로 유용할 수 있는 것이다. 아내의 기분을 상하게 한 남편은 "난 정말 심한 놈이야, 남의 기분을 그렇게도 모르고 이기적인 녀석이야"라고 생각할 수 있다. 수치심에 기반을 둔 이런 종류의 사고는 도움이 되지 못한다. 왜냐하면 그것은 자기-초점화되어 있는 중상적(damaging)인 사고로서, 역설적으로는 재공격의 가능성을 증가시킬 수 있기 때문이다.
>
> 만일 내담자가 아내의 경험을 "아내는 내가 점심 먹으러 나타나리라 기대하고 있었어. 그래서 내가 오지 않았을 때, 아내는 십중팔구 자신이 별거 아니고 버림받은 느낌이 들었을 꺼야"라고 생각할 수 있다면 더욱 도움이 될 것이다. 이제 그 내담자는 죄책감을 경험하고 있다. 이것은 그가 그의 아내에 대한 공감을 쌓아 올리는 데, 그리고 앞으로 더 사려 깊은 행동으로 이끄는 데 도움이 될 수 있다. 죄책감에서 주요한 감정은 자신에 대해서가 아니라, 상대에 대한 슬픔이다.

펠라기우스주의가 인간은 선 또는 악을 선택할 능력을 보유하고 있다고 주장하는 데 반해, 어거스틴은 죄가 모든 것, 즉 관계, 생물학적 요소, 감성, 인지기능, 이성, 계획적 변화를 위한 능력, 그리고 이상 등등에 영향을 준다고 주장한다. 죄는 변화와 성장을 어렵게 만드는 이유이며, 게다가 치료를 복잡하게 만드는 이유이다.

어느 누구도 다른 사람들에게 어떻게 역할을 더 잘 감당할 수 있는지 간단히 가르칠 수 없고, 그것이 치료적 효과를 나타낼 것이라고 가정할 수는 없다. 왜냐하면 죄악된 상태에 있는 인간은 자기인식과 자기변화에 저항하기 때문이다. 인간은 심지어 좋은 변화들에도 저항한다. 죄악된 교만의 상태에 있는 인간은 자신의 약함을 고백하고 도움과 변화를 받아들이기보다는 오히려 오만하며 비참한 존재가 된다.

셋째, 어거스틴의 관점은 우리에게 죄로 물든 세상 속에서 삶의 해(害)를 피할 수 없다는 점을 상기시킨다. 자동차 파괴경기(demolition derby: 자동차들끼리 충돌하며 완주하는 경기-역주)를 상상해보라. 수십 개의 박살난 자동차들이 허둥지둥 주위를 맴돌며 달리고 있고, 자기 자동차가 손상을 입을 때 손상을 가하는 다른 자동차들에게로 역행하는 모습을! 그런 전투가 사납게 계속 될수록, 자동차들은 한 대씩 파괴된다.

비록 우리가 저와 같은 자동차 파괴경기 참가자들처럼, 해(害)하고자 의도적인 노력을 하지는 않는다 하더라도, 우리 인간은 계속 사람들에게 돌진하여 자신의 교만과 이기심과 자만심으로 그들에게 상처를 입힌다. 충돌할 때마다 우리는 타자에게 입히는 것만큼의 해를 우리 자신도 입는다. 물론, 우리만 그 경주에 참가한 유일한 운전자들은 아니다. 다른 운전자들 역시 주위를 펄쩍펄쩍 뛰어다니며 부딪히면서 자신들과 타자들에게 해를 입히고 있다.

죄는 귀속적 영향력을 지니고 있다. 심리치료사들은 이것을 날마다 본다. 어느 날 나의 첫 번째 내담자는 어린 시절 성적 학대라는 세월 속에 그 기인(起因)을 가지고 있는 만성우울증으로 고군분투하는 여성이다. 그녀는 다른 사람의 죄에 의해 상처를 입었다.

두 번째 내담자는 자신의 배우자에 대한 비통함과 용서치 못함의 세월 속에 얽매여 있는 남자이다. 그는 아내의 죄에 의해 상처를 받았고, 현재 그는 보응하겠다는 자신의 죄악된 욕구들을 가지고 그 상처를 복잡하게 만들고 있다.

세 번째 내담자는 수치심과 죄책감에 휩싸이기도 전에 자신의 자녀들에게 분노로 소리치는 어머니다. 그녀는 자신의 죄악된 격노를 제어할 도움을 구하고 있다.

네 번째 내담자는 한 신사 분으로 그의 어머니는 호통치는 것을 결코 제어하지 못한다고 한다. 그는 어머니의 죄에 의해 상처를 받았고, 현재 그는 어머니의 주변에 대해 염려와 분노를 간헐적으로 느낀다고 한다. 심리치료사들은 날마다, 분기마다, 죄의 결과들을 본다.

넷째, 죄에 대한 어거스틴의 관점은 죄와 심리학적 문제들 사이의 순진한 연결을 차단한다. 만일 우울증이 죄의 결과인가에 대한 질문을 받았다고 상상하자. 만일 질문을 하는 사람이 죄에 대한 단순한 이해를 가지고 있다면, 주어진 그 질문은 "자신의 개인적인 죄 행위의 직접적인 결과로 사람들이 우울하게 됩니까?"이다. 이 질문에 대한 대답은 어거스틴의 관점에 기초한 질문인 "인간의 죄의 상태, 죄악된 행동들, 그리고 죄악된 세상에서의 삶의 귀속적 영향력의 결과로 사람들이 우울하게 되는가?"라는 질문과는 상당히 다르다.

후자에 대한 기독교적 답변은 물론 틀림없이 "네, 그렇다"이다. 인간 세상의 죄악됨이 없다면, 전쟁, 남용, 이혼, 압박, 하나님에 대한 반항, 나쁜 부모노릇, 육신적 병, 반역적 선택들, 그리고 여타 모든 형태의 상함의 실재(實在)들이 없다면, 샬롬은 결단코 산산 조작이 나버리지 않았을 것이다. 우울하게 되거나 불안해하는 이가 아무도 없을 것이고, 신경전달물질의 결핍이나 다른 화학적 불균형도 없을 것이고, 백혈병이나 에이즈(AIDS)로 죽는 이도 없을 것이며, 사자들과 어린 아이들이 신록이 무성한 언덕들 위에서 장난치며 뒹굴고 놀 것이다.

그러나 어거스틴의 질문에 '네'라고 답을 할 때, 개인적인 선택들과 심리학적 문제들 사이의 극단적으로 단순화하여 연결을 당연시하는 일부 사람들은 잘못된 것이다. 죄에 대한 이런 미숙한 관점은 때때로 목회자, 기독교 상담사, 그리고 심리치료사에게 도움을 구하는 사람들에게 꽤나 해를 끼쳐 왔다(몇몇 기독심리학자들은 치료에 대한 이런 극단적 단순화의 접근법에 대해 성경적 상담사들을 비난해 왔다. 하지만, 그렇게 대응할 때, 그들은 종종 대다수의 성경적 상담사들을 특징지우는 그런 깊이와 지혜, 그리고 신학적인 지적 세련됨을 이해하는 데 실패하고 말았다).

이론적으로 말하면, 그리스도인 심리치료사들은 인간 세상의 단절(斷折)됨을 인정하며, 뭔가가 심각하게 잘못되어 있다고 주장하기에 충분히 용감하다. 그러나 죄의 문제는 복잡하다는 것을 기억하자. 죄는 행위일 뿐 아니라 상태이며, 죄는 여러 세대 동안 삶의 표면에 파문을 일으키며 장기적으로 귀속하는 영향력을 가지고 있다. 예수님은 간음 중에 붙잡힌 여인을 비난할 기회를 가졌지만, 그 대신 무릎을 꿇고 모래에 글을 쓰셨다. 이것은 아마도 세상에 깊이 찔린 상처에 대한 슬픔의 반영일 것이다. 글을 쓰고 일어섰을 때, 예수님은 죄 문제의 복잡성을 단순한 한 명령문으로 전달하셨다. 그러자 한 사람씩 그녀를 비난하던 자들이 살금살금 사라졌다.

All right, stone her. But let those who have never sinned throw the first stones!

좋아요, 그 여자에게 돌을 던지시오. 하지만 죄를 결코 지은 적이 없는 사람들이 먼저 돌들을 던지시오!(요 8:7)

예수님은 그를 따르는 이들을 판단과 정죄하는 입장(立場)으로 부르시기 보다는 변화를 위해 이해, 불쌍히 여김, 그리고 희망이라는 합당한 입장(立場)으로 부르신 것이다.

그 여자가 자신의 고발자들 중 아무도 그녀를 정죄하기 위해 남아있지 않다고 말씀드렸을 때, 예수님은 그녀를 쳐다보셨고, 그 여자의 상한 상태에 대해 불쌍히 여기셨다. 그리고 십중팔구 변화보다도 돌로 쳐죽이기를 선호하는 법정적이면서 자기 의로 가득한 바리새인들에 대해 깊은 슬픔을 경험하셨다. 그 다음에 예수님은 "나도 너를 정죄하지 아니하노니 가서 다시는 죄를 범치 말라"(요 8:11)고 말씀하셨다.

예수님의 동정적인 마음이 자신의 마음을 움직여 간음과 스스로 의로움이란 죄들을 인정하도록 하셨고, 그뿐 아니라 그 여자와 종교지도자들 모두를 하나님의 사랑을 더 잘 반영하는 삶을 살도록 부르신 것이다.

상담 조언 1.5: 진실과 은혜

예수님에 대해 가장 주목할 만한 것들 중 하나는 진리와 은혜의 사람(요 1:14)이 되는 그의 능력이었다. 타락한 상태에 있는 인간은 한 방향 혹은 나머지 다른 한 방향으로 전향하는 성향을 가지고 있다. 일부 임상치료사들은 자신들의 내담자들 삶 속에 있는 죄악된 선택들에 대해 매우 직접적이고도 직설적이다. 그러나 그들은 자주 은혜와 그리스도의 용접을 증명하지를 못한다. 또 다른 임상치료사들은 은혜롭고 친절하다, 그러나 그들은 때때로 도덕적 질문들이 제기되었을 때, 진리에 대해 말을 못한다.

예수님은 하나님의 형상에 대한 완벽한 그림을 우리들에게 제공해 주시는 분이신데, 심리치료에 종사하는 사람들을 포함한 모든 그리스도인을 위한 본이어야 한다. 모든 진료 상담 시작마다 이렇게 간단한 기도를 드리는 데 노력하라.

"주여, 당신은 죄인인 저에게 그와 같은 은혜를 오늘날까지 보여주셨습니다. 간구하오니 당신께서 제가 당신의 사랑하는 자녀들에게 이번 다가오는 약속 시간에도 은혜와 진리로 사역하도록 허락하여 주시옵소서."

5. 구속

혹자들은 기독교적 삶이 얼마나 우울해야 하는지 지적하면서 죄에 대한 기독교적 이해를 지금도 비판한다. 즉, 항상 실존의 문제점들만을 바라보고 세상의 악에만 늘 머무는 우울한 삶이라고 말이다. 비록 일부 그리스도인들이 이 함정에 미끄러지기도 했지만, 아무 것도 진리에서 멀어져서는 안 된다. 죄에 대한 두 번째 교리는 은혜에 대한 굳건한 이해를 위한 길을 닦아 놓고 있다. 즉, 그것은 그들 자신들의 노력으로서는 별 볼 일 없는 사람들에게 주신 하나님의 '공로 없이 주신 은총'이다. 주일학교 학생들이 외우기로 약속하는 여섯 글자인 "하나님이 세상을 이처럼 사랑하사"(For God so loved the world)라는 글귀는 기독교 신앙의 토대를 확증한다. 우주의 처음이자 마지막 진리는 하나님께서 인간을 사랑하신다는 것이다.

인간을 사랑하시는 하나님의 정황 가운데서 바라본 죄에 대한 교리가 바로 기독교의 위대한 희망이다. 왜냐하면, 그것이 구속, 즉 하나님께서 우리 인간을 예수 그리스도의 속죄 사역을 통하여 죄의 속박에서부터 다시 사셔서(buying back), 그들의 죄 가운데 잃어버린 자들과의 올바른 관계를 회복하시는 가능성을 여는 것이기 때문이다. 그러므로 우리 인간은 위의 여섯 글자 이상을 알게 된다.

> 하나님이 세상을 이처럼 사랑하사 독생자를 주셨으니 이는 저를 믿는 자마다 멸망치 않고 영생을 얻게 하려 하심이니라. 하나님이 그 아들을 세상에 보내신 것은 세상을 심판하려 하심이 아니요 저로 말미암아 세상이 구원을 받게 하려 하심이라(요 3:16-17).

기독교적 이야기는 우울하지 않고, 희망과 생명과 가능성으로 가득 차 있다. 사도 바울이 이 죄악된 상태를 "오호라 나는 곤고한 사람이로다. 이 사망의 몸에서 누가 나를 건져내랴"(롬 7: 24)라고 비난할 때, 충분히 음울한 것처럼 들린다. 그러나, 그 다음 바울은 자기 자신의 질문에 계속적으로 답을 한다.

> 그러므로 이제 그리스도 예수 안에 있는 자에게는 결코 정죄함이 없나니, 이

는 그리스도 예수 안에 있는 생명의 성령의 법이 죄와 사망의 법에서 너를 해방하였음이라(롬 8:1–2).

그리스도 안에 계시되고 하나님의 은혜와 진리에 의해 변화된 사람들을 위한 희망의 리듬이 있다. 즉, 우리 인간은 우리의 죄악된 여건을 자각하고, 그것을 인정하며, 예수 그리스도의 사역으로 인해 우리 죄가 다 용서받았음을 기억한다. 이것을 우리는 믿음으로 받아들인다. 그것은 극적인 시작을 하는 사람들 위해 우리 삶에 때때로 메아리치는 거대한 구원의 리듬이다.

인간은 하나님으로부터 반복적으로 탈선한다. 그리고 은혜로 하나님은 우리를 다시 회복된 관계로 부르신다. 심지어 그리스도를 믿지 않는 사람들도 구원의 역사 속에 내포된 이성적 리듬을 통해 유익을 얻는다. 곧 인간의 관계성이 죄와 이기심으로 깨졌음에도 불구하고, 고백, 용서, 그리고 화해를 통해 회복되는 것이다. 어떤 사람이 다른 사람에게 상처를 주고 나서, 그 잘못을 고백하고 용서를 구한다. 그러면 그 관계는 회복된다. 이런 것이 그 유익이다. 대체로 자각하지 못하지만, 창조주의 일반은총을 드러내며 세상은 이런 리듬을 따라 움직인다.

상담 조언 1.6: 구속의 희망

하나님은 우리를 속량하시고, 하나님과의 흠 없이 완전한 관계로 우리를 회복시키시는 데 적극적으로 관계하신다. 하나님은 최고의 사랑으로 하지만 엄하신 가차 없는 방식으로 우리를 추구하신다. 이러한 사상은 임상치료사에게 큰 희망을 준다. 죄, 즉 절망, 혼돈, 그리고 혼란의 영향으로 삶이 찢겨진 내담자들을 만나는 바쁜 날 한 가운데에서도, 내담자들에 대한 하나님의 적극적인 구속적 추구를 생각하면 희망적이다. 내담자가 사랑스러워 보이지 않고, 대단히 방어적이며, 대단히 정신 이상적이거나 혹은 어떤 다른 방식으로 멀리 있는 것처럼 보일 때, 구속의 과정 속에서 그 사람에 대한 하나님의 적극적인 갈망을 생각하면, 희망과 갱신된 공감이 찾아온다. 진정한 의미에서, 구속은 회복적이고 하나님의 구속적 사역에 대한 반성적 숙고는 정력이 소진된 날에 원기를 회복시키는 휴식을 가져다줄 수 있다.

수세기 동안 로마 가톨릭교회는 화해성사(聖事)를 실천해 오고 있다. 이 성사에서 죄를 고백하고, 용서를 부여받고 그리고 희망을 회복한다. 기독교 지도자들은 사람들이 자신들의 약함과 비행을 고백하고, 자신들이 거슬려 죄를 지어온 방식들을 호명하며, 용서를 받고 다른 범죄자들을 용서해 화해하기 원한다는 사실을 인지한다. 죄악된 상태에서 인간은 분노와 비난과 원한의 층에 숨어 있는 구속에 대한 갈망에 옷으로 숨길 수 없고, 치유되기를 갈망한다.

일반인들보다 종교적이지 않은 성향을 가진 심리치료사들은(Shafranke, 1996) 이런 단순한 고백과 용서의 리듬이 주는 힘을 인식하는 데 종종 실패한다. 죄와 나쁜 행위의 언어를 인정하지 않는 사람들도 용서, 은혜 그리고 화해의 가능성을 방해한다. 선도적인 심리학자 스탠리 그래함(Stanley Graham)이 상담과 임상심리학자들에게 다음의 말을 한지도 벌써 지금으로부터 이십 년도 더 되었다.

> 치료 과정의 초기에 환자는 좋은 말과 나쁜 말을 사용하기 시작한다. 그리고 이런 표현들의 강도를 약화시키는 것은 임상의로서의 우리의 구체적인 의도하는 바이다. 왜냐하면 그 표현들은 개인 내면에 있는 가치 체계와 연결되어 있고, 그 체계가 현재의 스트레스 상태로 이끈 것이기 때문이다.... 우리 임상의들은 좋고 나쁜 감정 표현을 약화시키는 업무를 종합적으로 뛰어나게 수행했다. 그런데 이러한 가치 개념들을 환자의 자기용납과 평화를 허용하는 합리적 정의들과 대체시키는 업무 수행에는 매우 빈약했다 (Graham, 1980, pp. 370-71).

심리치료에 대한 기독교적 관점은 옳음과 그름, 좋은 것과 나쁜 것, 죄와 용서, 단절(斷折)과 구속과 같은 개념들에 대한 여지를 만들어 준다. 인간들은 죄인들과의 관계 속에서 죄인들로서 날마다 살아간다. 그러므로 언제나 상처, 투쟁, 그리고 오해가 존재한다. 그러나 이런 죄의 수렁이 두려움과 불신으로 사람을 가두어 둘 필요는 없다. 왜냐하면 그것은 은혜와 용서를 바라볼 기회를 제공하기 때문이다.

1) 그리스도 중심적 관점

특별계시에 의해 고지(告知)된 구속에 대한 기독교적 관점은 그리스도 중심적이다. 그와 같은 진술은 얼핏보기에는 항상 참이거나 불필요한 공술(供述)이다. 그럼에도 불구하고, 그것은 영성이 자주 불분명하고 초라하게 정의되어 있는 현대 우리 사회에서 강조하는 중요한 요지이다.

많은 심리학자들과 상담사들이 오늘날 영성에 관심을 가지고 있다. 그러나 인간의 영성 추구의 명확한 본질, 혹은 인간이 희망과 구속을 발견할 수 있는 곳에 대해 어떤 특정한 진리주장을 하는 데에 관심을 가지고 있는 전문가는 거의 없다. 기독교 신앙은 그 면밀한 구체성에 있어서 탁월하다. 하나님의 구속 사역의 절정은 예수 그리스도의 속죄(贖罪) 사역에서 일어났다.

수 세기에 걸쳐, 그리스도의 속죄 사역의 본질에 대한 다양한 기독교적 관점들이 명확히 언급되어졌다. 어떤 관점은 그리스도의 사랑을 강조하고, 어떤 관점은 그리스도의 성육신을 강조하며, 어떤 관점은 그리스도의 희생적 죽음을 강조한다. 속죄에 대한 모든 기독교 이론들의 공통 테마는 그것들이 예수님에 초점을 두고 있다는 것이다. 골로새 사람들에게 편지를 쓰고 있는 사도 바울은 분명하게 그리스도 중심적인 구속에 대한 그의 관점을 명확히 하고 있다.

> 아버지께서는 모든 충만으로 예수 안에 거하게 하시고, 그의 십자가의 피로 화평을 이루사 만물 곧 땅에 있는 것들이나 하늘에 있는 것들을 그로 말미암아 자기와 화목케 되기를 기뻐하심이라. 전에 악한 행실로 멀리 떠나 마음으로 원수가 되었던 너희를 이제는 그의 육체의 죽음으로 말미암아 화목케 하사 너희를 거룩하고 흠 없고 책망할 것이 없는 자로 그 앞에 세우고자 하셨으니(골 1:19-22).

속량(贖良)하시는 이 그리스도는 성육신하신 하나님이고, 태초에 하나님과 함께 존재하셨던 그 영원하신 말씀이다(요 1:1-4). 그리스도를 통하여 만물이 창조되었고 유지되고 있다(골 1:17).

만일 하나님이 죽었거나 멀리서 바라만 보고 계시면서 인간의 일상사에 대해 많은 관심을 가지고 계시지 않는다면, 임상의들이 사람들을 도와 기분을 더 좋게 돕고, 더욱 활기찬 성질을 개발하여 그들의 몇 해 밖에 남지 않은 혹은 수십 년 남은 인생을 즐기도록 만들 수도 있지만, 그러나 모든 인생의 궁극적인 종말은 비극적이다.

대조적으로, 만일 그리스도가 죄로 깨어진 세상을 유지하시는 데에 적극적이시고, 그렇다면 그 목표는 인간이 할 수 있는 만큼 장수하며 행복하게 생존하는 것일 뿐만 아니라, 새롭게 하시는 하나님의 사역에 적극적으로 참여하고 축하하는 데에 있다.

아름다움이 고난의 한 가운데에서조차도 발견될 수 있고, 축하할 수 있다. 애통함은 웃음에게 양보할 수 있고, 죄인들은 용서 받을 수 있고 그리고 사로잡힌 수치심은 자비의 기쁨으로 바뀔 수 있다. 희망은 그리스도 중심적 세계관 내에는 풍성하다.

2) 하나님이 그리스도 안에서 계시하셨다.

수 세기 동안 명확히 언급되고 확인된 성경적 기독교 신앙은 하나님을 초월자이면서 내재자로 본다. 하나님은 창조세계 위에 그리고 그 너머에 계신다. 그러나 또한 하나님은 창조세계와 연결되어 인간과의 관계 속에 남아계시기를 선택하신 분이다. 하나님은 알려지기를 선택하셨고 그래서 성경(특별계시)과 자연(일반계시) 두 가지를 통한 공개를 선택하신 분이다. 모든 것 중 가장 위대한 계시는 성육신에서 발견된다.

> The Word became human and lived here on earth among us
> 말씀이 육신이 되어 여기 땅 위 우리 가운데 거하시매(요 1:14).

완전한 하나님이시며 완전한 인간이신 예수님이 우리 가운데 살기 위해 오셨다. 그는 진정한 고통을 입으셨고, 진짜 땀을(그리고 종국에는 피를) 분비하셨으며, 진정한 죽음의 모습으로 죽으셨다. 그는 죽음에 대한 자신의 승리를 자신의 육신적 부활과 승천을 통하여 증명하셨다. 그리고 현재에도 그 분은 지속적으로 물질세계 안에 머무시면서 우리 인간과 같은 존재자로 계시고, 중보 사역을 계속하시면서, 그리고 온 천지를 다 함께 붙들고 계심으로 관계를 맺고 계신다(골 1:17).

하나님의 성육신은 심리치료에 대한 함축 의미들을 가지고 있다. 하나님은 창조세계와 연결된 상태로 계시기 때문에, 우리는 하나님께서 인간의 고난을 아시며 돌보시고 계시다는 것을 확신할 수 있다. 이 점은 하나님이 여전히 창조세계를 사랑하시며, 나음과 온전함을 보시고자 열망하신다는 것을 의미한다. 우리 인간은 음식과 예술과 춤과 스포츠와 성(性)을 축하할 수 있고, 모든 좋은 것들이 자비심 많고 사랑이 깊으신 하나님에 의하여 창조되며 유지되기 때문에 더욱 더 많이 경축할 수 있다.

이것은 하나님의 구속적 돌보심이 하루 밖에 못 사는 영적인 실체들에 한정되어 있지 않다는 것을 의미한다. 하나님은 물질성(materiality)을 사랑하셔서, 깨어지고 부러진 부분이 어디든지 그 부위가 회복되는 것을 보시기를 갈망하신다. 하나님은 의약품이 아픔을 경감하고, 굶주린 어린이들을 먹이며, 인간을 위한 서식지에 가난한 자들을 위해 집들이 건설되고, 수명이 더 길어지고, 심리치료가 불안 증세들을 안정시킬 때 기뻐하신다.

하나님은 일반계시를 통하여 자신을 드러내시기 때문에, 우리 인간은 두려움 없이 세상에 대한 연구에 종사할 수 있다. 임상의들은 과학을 온 마음으로 받아들일 수 있고 과학적 발견들을 사용하므로 곤란에 처한 개인이나 가족들과 함께 그들의 치료 작업을 강화할 수 있다. 하나님은 물질세계를 사랑하셔서 우리를 선한 청지기가 되도록 부르신다.

그러나 하나님은 또한 물질세계를 초월해 계신다. 그래서 하나님의 열심은 우리에게 위로뿐 아니라, 마음을 올바르게 하신다. 이 점에 있어서 하나님의 법은 자연법보다 더 위대하다. 무엇이 자연적으로 다가오고 그 후에 그것을 행할 것이라고 결정하는 것은 충분치 않다. 인간이라면 누구나 하나님께서 무엇을 올바르다고 여기시는지 심사숙고해야 한다. 그리스도인들은 거룩하도록, 곧 마치 하나님께서 없는 것처럼 삶을 살아가는 사람들과 구별되도록 부름받았다. 더구나, 비록 일반계시가 하나님을 이해하는 한 방법이라고 하더라도 그것은 충분한 해명은 아니다.

일반계시는 우리로 하여금 하나님이 존재하시며, 자연과 인간에 대한 무언가 위엄있고 아름다운 것이 있다는 것을 알게 해주기엔 충분한 계시이다. 하지만 그것은 우리에게 하나님의 본성에 대해 가르쳐 주기엔 충분치 못한 계시이다. 일반계시는 단절(斷折)로 인해 더럽혀졌다. 그래서 우리 인간이 과학의 어떤 발견을 통해서는 하나님께서 의도한 사물들이 존재하는 방식이라는 결론에 결코 이르지 못한다. 하나님의 작정하심은 창조세계가 그 자신 스스로 될 수 있는 것보다 더 이상이 되게 하는 것이며, 속량된 하나님과의 관계를 통하여 에덴의 영광을 향하여 돌아가는 것이다(고전 15장). 이 '텔로스'(telos; 궁극적 목적)는 창조세계 그 자체 내에서는 찾을 수 없으며 특별계시로 드러난 하나님의 작정들 속에서만 알 수 있는 것이다.

그러므로 심리치료에 대한 기독교적 접근법은 일반계시 그 이상을 고려하도록 우리에게 요구한다. 특별계시는 현대 과학적 발견들과 심리학적 이론 너머의 더 큰 진리 문제들에 역점을 두며 다루고 있다. 내담자가 잘 느끼고 기능하도록 돕는 것은 좋은 목표이나, 그것이 기독교 심리치료사들이 자신들의 직업상 가져야 할 유일한 목표는 아니다. 우리는 도덕적 선택, 영적인 갈망 그리고 성격 형성이라는 문제들 역시 진지하게 생각해야만 한다.

간략히 말해, 기독교 심리치료는 우리 모두가 그리스도 안에서 드러나고, 그리스도에 의해 우리에게 중재된 거룩한 삶을 통해 변화되기를 추구할 때 성화에 대한 의식적 자각과 필수적으로 중대하게 연결된다.

3) 구속과 희망

태초에 하나님은 인간을 위한 완벽한 처소(home)를 창조하셨다. 그것은 틀림없이 기쁨과 아름다움과 선함의 장소였다. 많은 점들에 있어서 오늘날의 세계도 여전히 그 세계와 같다.

예컨대, 오늘날에도 좋은 음식과 좋은 친구들에서, 어제의 기억들과 내일의 희망들 속에서, 자녀들과 배우자와 부모님 안에서, 꽃들을 심고 봉우리 피어나기를 관찰하는 데서, 새들의 노래 소리에 잠을 깰 때에, 시각 예술과 춤과 음악에서, 독서와 글쓰기에서 기쁨이 발견된다. 기쁨(joy)은 풍성하고 삶은 풍요롭다. 하지만 그런 세상 역시 죄로 오염되어 있다. 그래서 기쁨은 고투와 아픔으로 손상되었다. 어떤 이들에겐 그 아픔이 압도적이다. 어떤 이들은 너무나 불공평한 대우를 받아서 삶의 기쁨이 트라우마를 극복하고 계속 존속할 수 있다고 상상하기도 어렵다. 본능적으로 인간은 사물들이 올바로 되기를, 즉 그들이 태초에 있었던 그 방식으로 있기를 갈망한다.

그리스도인들로서 우리는 적어도 세 가지 적절한 반응을 보인다.

첫째 반응은 세상을 회복되고 유지될 만한 값어치가 있는 좋은 곳으로 보는 것이다. 그리스도인들은 우리가 할 수 있는 어떠한 방식으로라도 삶을 경축해야만 한다. 그리고 다른 사람들을 그 축하의 일부로 초대해야 한다. 하나님은 물질세계를 사랑하신다. 그러니 우리 그리스도인들 역시 그래야만 한다. 그리스도인 임상의들은 개인과 가족들에게 그리고 공동체에 온전함을 회복하도록 도와줌으로써 훌륭한 청지기 정신을 증명해 보여야 한다.

둘째 반응은 신앙 안에서 우리 그리스도인들은 하나님께서 깨어진 세상에서 구속사적으로 역사하신다는 철썩같은 신념을 견지(堅持)하는 것이다. 하나님은 모든 곳에서 역사하신다. 심지어 고통과 침묵에도 그리고 치료사무실에서도 분명히 역사하신다. 어떤 사람이 임상의의 도움으로 공황 장애라는 숨막히는 감금 상태에서부터 정상으로 인도될 때 하나님께서 역사하신다. 한 상처 입은 성인이 술 문제를 인정하고 치료센터의 문에서 마음이 흔들릴 때 하나님께서 역사하시고 계시는 것이다. 부부가 화해하고, 우울증에 빠진 내담자들이 더 낳은 기분을 갖게 되며, 사회적 불안 문제들이 약화될 때, 우리 그리스도인들이 그것을 알든 알지 못하든 그리고 하나님의 임재를 인정하든 하지 않든 하나님은 역사하고 계신다.

이것을 한 단계 더 깊이 고려해 보자.

우리의 치료들이 효과적이지 않을 때도 하나님은 또한 역사하시고 계신다. 하나님은 공황발작이 한참 진행 중인 가운데서도, 공황장애의 치료 중에 역사하시는 만큼이나 분명히 역사하고 계신다.

> 이제는 나 곧 내가 그인 줄 알라
> 나와 함께 하는 신이 없도다
> 내가 죽이기도 하며 살리기도 하며
> 상하게도 하며 낫게도 하나니
> 내 손에서 능히 건질 자 없도다!(신 32:39)

하나님께서는 모든 곳에서 그리고 언제나 역사하신다. 상처 입을 때에도 그리고 치료

중에도, 종종 유한함 속에 있는 우리가 이해할 수 없는 방식으로 역사하시고 계신다.

세 번째 반응은 우리가 우리 자신들을 히브리서 11:13의 "또 땅에서는 외국인과 나그네로라 증거하였으니"에서처럼, 외국인과 나그네로 보는 것이다. 왜냐하면, 우리들의 인생 목적지는 궁극적으로 "영원히 계속될 측량할 수 없는 위대한 영광"(고후 4: 17)인 새 하늘과 새 땅이기 때문이다. 비록 우리 그리스도인들도 천국이 무엇과 같은지 완전히 이해할 수는 없지만(Roberts, 2003), 모든 우리의 내적 충동들이 우리를 거기로 오라고 한다.

불의가 더 이상 존재하지 않는 곳, 우리가 질병과 죽음에 대항해 고투를 벌이지 않는 곳, 관계성이 투쟁과 오해로 깨어지지 않는 곳 그리고 무엇보다도 하나님의 사랑을 충만히 경험하는 곳인 천국에 있기를 바라는 우리 영혼의 본질적 갈망이 있다(McMinn, 2005). 그리스도인에게 이것은 신경과민적 소원이거나 의미가 있는 망상이 아닌, 기독교 신앙의 위대한 희망이다.

상담 조언 1.7 구속적 반응

대학원에서 우리는 내담자들에게 반응하는 레파토리들을 훈련받는다. 예를 들어, 부연하기, 반사하기, 해석하기, 요약하기 등등이 그것들이다. 전문 서적에도 구속적 반응에 대해 기술된 것은 극히 드물다. 구속적 반응이란 방금 열거한 모든 것들을 포함할 수 있다. 하지만 그것을 구속적 반응으로 만드는 것은 바로 내담자의 반응에 있다. 구속적 반응은 내담자들을 온전함, 즉 자신들의 문제들과 관련하여, 그들 스스로에 대한 더욱 완전한 관점을 가지는 방향으로 움직여 간다. 내담자가 자신의 죄책감과 수치심의 수렁에 빠져 있을 때, 구속적 반응은 그녀를 은혜와 그녀와 그녀 자신의 문제들에 대한 하나님의 관점이라는 더욱 완전한 그림을 이해하는 방향으로 움직이는 반응일 것이다. 내담자가 완전히 자기 자신으로만 가득 차 있어서, 다른 사람들에 대한 그의 행동의 영향을 전혀 인정하지 않으려 할 때, 구속적 반응은 그에게 이러한 통찰력을 불러일으키는 반응이다. 아마도 이런 종류의 반응은 가르칠 수는 없지만, 누구라도 치료 상담 내내 하나님의 말씀을 심사숙고할 때 이런 반응은 나타날 수 있다. 때때로 상담 도중에 하나님께 구속적인 반응을 요청하는 순간적인 묵상 기도도, 임상의가 내담자에게 제공하는 새로운 반응을 가져올 수 있다. 때로 구속적 반응은 침묵인 경우도 있다. 임상의가 내담자와 깊은 생각으로 연결될 때이다.

치료실에서 1.3.: 하나님은 역사하시고 계신다.

임상의는 반드시 영적 충고를 하는데 특별히 그것의 반응이 없거나 혹은 내담자가 경험하고 있는 그 고통을 경시한다고 감지될 때 신중해야만 한다. 그러나 여전히 내담자들에게 하나님께서 역사하신다는 사실을 상기시켜 줄 많은 기회가 있다. 치료는 가르침이나 설교와는 다른 것이다. 그러므로 내담자의 이야기에 관해 이런 점을 계속 의식하는 것이 중요하다.

팸: 나는 지금 현재 내 자신을 잃어버린 기분이 들어요. 여러 달 동안 우울증에 걸리고 나니, 마치 나는 내가 누구인지 더 이상 모르는 것 같아요. 일터에서도 별로 큰 기쁨이 없어요. 집에서의 상황은 고달파요. 그래서 나는 정말이지 내 자신이 좋은 아내 혹은 좋은 어머니라고 생각하지 않아요. 나는 단지 아무 것도 아닌 그런 존재예요.

마크: 당신은 바다에서 허우적거리며 몸부림치는 사람 같군요. 당신이 누구인지 정의할 어떤 기준도 없이 말이죠.

팸: 네 정확히 그래요. 난 그저 정처 없이 떠밀려 표류해 다니죠.

마크: 혹은 적어도 그런 느낌으로 살아가고 있지요.

팸: 맞아요. 제 말은 그런 식으로 제가 느끼고 있다는 거예요. 그러나 내 생각엔 정말로 상황이 그런 식이라고 생각해요. 전 제 삶의 뜻을 이해할 뿌리도 없고, 정체성도 없고, 정신적 지주도 없어요.

마크: 당신이 우울증을 경험할 때 우리는 감성적인 합리적 사고의 힘에 대해 전에 이미 이야기를 나눴지요. 만일 어떤 문제가 구체적인 방식으로 느껴지면 그것이 그런 식이라는 것을 당연한 것으로 여기는 것이 자연스럽죠. 당신의 삶 속에 어떤 확고부동한 의지할 것들이 있어요?

팸: 글쎄요, 신앙 같은 거 말이군요. 하지만, 나는 현재 하나님으로부터도 역시 멀리 떠나있는 것 같아요.

마크: 그것 역시 감성적인 합리적 사고같이 들리네요. 만일 우리가 할 수 있다면 그 사고의 밑을 파헤쳐 봅시다. 당신은 현재 하나님으로부터 멀리 떠나 있다고 느끼고 있어요. 그 점에 대해서 하나님은 무어라 말씀하셔야 할 것 같아요?

팸: 그거 재미있네요. 당신이 말을 할 때, 나는 『몬테크리스토 백작』에 나오는 한 대사 구절이 생각납니다. 에드몬드가 "난 하나님을 믿지 않아"라고 말을 하자, 그 노신부는 "그런 건 문제가 되지 않아. 하나님은 너를 믿지"라고 대답을 주죠.

마크: 듣고 보니 거 참으로 위대한 사고입니다.

팸: 네, 그래요. 내가 그 영화를 봤을 때 내 눈에 눈물이 났던 것이 기억나네요..

그리스도인 임상전문의들은 내담자들의 현재와 과거의 의미를 알고자 그들의 삶의 이야기를 듣고자 요청하기 때문에, 미래도 중요하게 고려해야 한다. 천국은 그리스도인의 텔로스(*telos*)이다. 즉, 이 닻은 현재에 대한 새로워진 관점을 승인하는 주요 거점이다. 천국의 약속은 그리스도인들로 하여금 명랑하게 살고, 소유물, 업적, 그리고 회의 안건에 힘들게 붙들려 살지 않게 한다.

6. 결론

통합적 심리치료는 신학과 심리학에 뿌리를 두고 있다. 이 장에서 본 저자인 우리는 통합적 심리치료의 신학적 상정 내용들에 대한 간략한 개관을 제공했다. 인간은 사랑을 주시는 하나님의 형상으로 창조되었고, 이 형상 개념은 기독교 신학자들에 의해 여러 가지로 조망되어 왔다. 일부 신학자들은 창조세계를 다스리라는 하나님의 명령을 강조하여 하나님의 형상(*Imago Dei*)을 기능적으로 기술한다. 또 어떤 신학자들은 인간들 안에 하나님의 형상임을 분명히 알 수 있는 구체적인 자질, 즉 하나님 성품의 본질을 규명하여 이성적이고 도덕적인 능력들로 가장 자주 드러난다고 기술한다. 아직도 또 다른 부류의 신학자들은 그 형상이 본질적으로 개개인 내부에 포함되어 있는 것이 아니고, 관계속에서 현시된다고 주장한다.

통합적 심리치료 모델은 이 세 가지 관점들 모두를 받아들여 변화의 기능적 관점에서 시작하고, 그런 후 필요할 때 구조적 개입들 단계로 이동하며, 최종적으로는 관계적 개입의 단계로 나아간다. 죄를 부인하거나 혹은 죄에 대한 너무나 단순화된 관점에 안주하기보다는 오히려 통합적 심리치료모델은 죄는 상태이면서 행위라는 어거스틴의 관점에 토대를 두고 있다. 이 관점은 기독교 심리치료사들을 이해와 자비 그리고 수용이라는 정당한 입장(立場)으로 불러내는 관점이다. 왜냐하면, 죄가 온 창조세계를 오염시키고 모든 각 개인에 영향을 미치기 때문이다.

모든 창조세계가 황폐화된 것은 아니다. 하나님은 아직도 여전히 창조세계를 사랑하시고, 회복시키시고 그리고 유지하시고 계신다. 그러므로 우리 인간들은 사랑하는 하나님의 두 손 안에서 깨어진 형상 소지자들인 죄인들로서 역설의 상태에서 살아간다. 그 하나님은 우리들의 상함에도 현존하시고 그리고 우리들의 나음에도 임재하셔서 우리들에게 희망을 제공하시는 분이시다.

참고문헌

Andersen, S. M., & Chen, S. (2002). The relational self: An interpersonal social-cognitive theory. *Psychological Review, 109,* 619-45.

Augustine. (398/1986). *The confessions of St. Augustine* (H. M. Helms, Trans.). Brewster, MA: Paraclete.

Balswick, J. O., King, P. E., & Reimer, K. S. (2005). *The reciprocating self: Human development in theological perspective.* Downers Grove, IL: InterVarsity Press.

Barth, K. (1945/1958). *Church dogmatics* (Vol. 3, Part 1) (J. W. Edwards, O. Bussey & H. Knight, Trans.). Edinburgh: T & T Clark.

Benjamin, L. S. (1996). *Interpersonal diagnosis and treatment of personality disorders.* New York: Guilford.

Berkouwer, G. C. (1971). *Studies in dogmatics: Sin.* Grand Rapids, MI: Eerdmans.

Bloesch, D. G. (1978). *Essentials of evangelical theology: God, authority, & salvation* (Vol. 1). Peabody, MA: Prince.

Bowlby, J. (1990). *A secure base: Parent-child attachment and healthy human development.* New York: Basic Books.

Bulkley, E. (1994). *Why Christians can't trust psychology.* Eugene, OR: Harvest House.

Calvin, J. (1559/1997). *Institutes of the Christian religion* (H. Beveridge, Trans.). Grand Rapids, MI: Eerdmans.

Collins, G. R. (1988). *Can you trust psychology? Exposing the facts & the fictions.* Downers Grove, IL: InterVarsity Press.

Erickson, M. J. (1985). *Christian theology.* Grand Rapids, MI: Baker.

Graham, S. R. (1980). Desire, belief, and grace: A psychotherapeutic paradigm. *Psychotherapy: Theory, Research and Practice, 17,* 370-71.

Grenz, S. J. (2000). *Renewing the center: Evangelical theology in a post-theological era.* Grand Rapids, MI: Baker Academic.

Harris, T. A. (1973). *I'm OK—you're OK.* New York: Avon.

Hoekema, A. A. (1986). *Created in God's image.* Grand Rapids, MI: Eerdmans.

Johnson, E. L. (2007). *Foundations for Soul Care.* Downers Grove, IL: IVP Academic.

Jones, S. L. (1994). A constructive relationship for religion within the science and profession of psychology: Perhaps the boldest model yet. *American Psychologist, 49,* 184-99.

Jones, S. L., & Butman, R. E. (1991). *Modern psychotherapies: A comprehensive Christian appraisal.* Downers Grove, IL: InterVarsity Press.

Kernberg, O. (1976). *Object-relations theory and clinical psychoanalysis.* New York: Jason Aronson.

Lewis, C. S. (1952). *Mere Christianity.* New York: Macmillan.

McMinn, M. R. (2004). *Why sin matters: The surprising relationship between our sin and God's grace.* Wheaton, IL: Tyndale House.

McMinn, M. R. (2005). *Finding our way home: Turning back to what matters most.* San Francisco: Jossey-Bass.

McMinn, M. R. (2006). *Christian counseling* [video in APA Psychotherapy Series]. Washington, DC: American Psychological Association.

McMinn, M. R. (in press). *Sin and grace in Christian counseling.* Downers Grove, IL: InterVarsity Press.

McMinn, M. R., & Dominguez, A. D. (Eds.) (2005). *Psychology and the church.* Huntington, NY: Nova Science Publishers.

Menninger, K. (1973). *Whatever became of sin?* New York: Hawthorn Books.

Miller, W. R. (Ed.) (1999). *Integrating spirituality into treatment: Resources for practitioners.* Washington, DC: American Psychological Association.

Miller, W. R., & Delaney, H. D. (Eds.) (2005). *Judeo-Christian perspectives on psychology: Human nature, motivation, and change.* Washington, DC: American Psychological Association.

Monroe, P. G. (2001). Exploring clients' personal sin in the therapeutic context: Theological perspectives on a case study of self-deceit. In M. R. McMinn & T. R. Phillips (Eds.), *Care for the soul: Exploring the intersection of psychology & theology* (pp. 202-17). Downers Grove, IL: InterVarsity Press.

Moroney, S. K. (2000). *The noetic effects of sin.* Lanham, MA: Lexington Books.

Mowrer, O. H. (1960). "Sin": The lesser of two evils. *American Psychologist, 15,* 301-4.

Nathan, P. E. (1997). In the final analysis, it's the data that count. *Clinical Psychology: Science & Practice, 4,* 281-84.

Norcross, J. C. (Ed.) (2002). *Psychotherapy relationships that work: Therapist contributions and responsiveness to patients.* New York: Oxford University Press.

Packer, J. I. (1973). *Knowing God.* Downers Grove, IL: InterVarsity Press.

Peterson, D. R. (2003). Unintended consequences: Ventures and misadventures in the education of professional psychologists. *American Psychologist, 58,*

791-800.

Plantinga, A. (2000). *Warranted Christian belief*. New York: Oxford University Press.

Plantinga, C., Jr. (1995). *Not the way it's supposed to be: A breviary of sin*. Grand Rapids, MI: Eerdmans.

Powlison, D. (2001). Questions at the crossroads: The care of souls and modern psychotherapies. In M. R. McMinn & T. R. Phillips (Eds.), *Care for the soul: Exploring the intersection of psychology & theology* (pp. 23-61). Downers Grove, IL: InterVarsity Press.

Richards, P. S., & Bergin, A. E. (Eds.) (2000). *Handbook of psychotherapy and religious diversity*. Washington, DC: American Psychological Association.

Richards, P. S., & Bergin, A. E. (Eds.) (2004). *Casebook for a spiritual strategy for counseling and psychotherapy*. Washington, DC: American Psychological Association.

Richards, P. S., & Bergin, A. E. (2005). *A spiritual strategy for counseling and psychotherapy* (2nd ed.). Washington, DC: American Psychological Association.

Roberts, R. O. (2003). *Exploring heaven: What great Christian thinkers tell us about our afterlife with God*. San Francisco: HarperSanFrancisco.

Safran, J. D. (1998). *Widening the scope of cognitive therapy: The therapeutic relationship, emotion, and the process of change*. Northvale, NJ: Aronson.

Safran, J. D., & Segal, Z. V. (1990). *Interpersonal process in cognitive therapy*. New York: Basic Books.

Shafranske, E. P. (Ed.) (1996). *Religion and the clinical practice of psychology*. Washington, DC: American Psychological Association.

Sperry, L., & Shafranske, E. P. (Eds.) (2005). *Spiritually oriented psychotherapy*. Washington, DC: American Psychological Association.

Sproul, R. C. (1992). *Essentials of the Christian faith*. Wheaton, IL: Tyndale House.

Sullivan, H. S. (1953). *The interpersonal theory of psychiatry*. New York: W. W. Norton.

Tangney, J. P., & Dearing, R. L. (2002). *Shame and guilt*. New York: Guilford.

Taylor, B. B. (2000). *Speaking of sin: The lost language of salvation*. Boston: Cowley.

Tjeltveit, A. C. (Ed.). (2006). Love, psychology and theology [special issue]. *Journal of Psychology and Theology, 34*(1).

Vande Kemp, H. (1996). Historical perspective: Religion and clinical psychology in America. In E. P. Shafranske (Ed.), *Religion and the clinical practice of psychology* (pp. 71-112). Washington, DC: American Psychological Association.

Integrative Psychotherapy

제2장
과학적 토대

심리학자들 사이에 다음과 같은 오래된 농담이 있다.

> 당신은 세 명의 심리학자들에게 특정 내담자를 어떻게 치료할 것인가에 관한 그들의 관점을 물어 볼 수 있는데, 그러면 당신은 네 가지 선택들을 얻게 될 것이다.

이 농담 안에는 가장 중요한 진리의 핵심이 있다. 심리학자들은 많은 견해들, 모델들, 기술들, 그리고 이론들을 제공해 왔다. 이 모든 것들이 사람들에게 도움이 된다고 생각된다. 하지만 나쁜 소식은 이 기술들과 이론들 중 많은 것들이 그들의 주장들을 옹호할 과학적 증거를 결여하고 있다는 것이다(예를 들어, 극심한 공포치료[primal scream therapy] 혹은 신경언어 프로그램[neurolinguistic programming]이 있다). 반면, 좋은 소식은 심리학자들이 어떤 치료법들이 최고의 효과가 있는지 발견하기 위해서 계속 새로운 치료법을 시험한다는 점이다. 심리학적 치료의 다양한 접근법들이 효과적이다. 이런 점은 때때로 학생들, 임상전문의들, 그리고 내담자들로 하여금 그들이 어떤 접근법을 추구할지 그 선택을 어렵게 만든다.

매우 폭넓게 받아들여진 상이한 이론들이 하나의 경우에 적용될 수 있다고 생각해 보자.

짐은 물류창고 주임으로서의 자신의 위치에 대한 불안이 점점 더 커져만 가고 있다. 그는 8년 동안 이 직책을 담당하고 있고, 더 출세할 수 없는 자리로 알고 있다. 특별히 그에게 좌절감을 안겨주는 사람은 지나친 요구를 하면서도 비협조적인 그의 사장으로 짐의 일이 보상받을 가치가 없다고 확신하는 것처럼 보인다. 짐은 좌절감의 문제를 해결하려고 산더미처럼 쌓여가는 불안과 우울증을 처리할 방법들을 여러 상담사들과 상담한다. 그는 자신에게 지나친 요구를 하는 사장과 격려하지 않는 그의 아버지와 사이의 유사점에 초점을 맞추어 한 임상의와 상담한다. 그 임상의는 짐이 사장에 대한 그의 치환된 반응들(displaced reactions)을 보는 통찰력을 얻음으로써 유익을 얻기를 희망한다.

또 다른 임상의는 짐이 자신의 업무의 비관적이며 보람이 없는 면들만을 바라보도록 만든 자기패배적 사고들에 초점을 둔 잘 구성된 8회의 상담 프로그램을 제공한다. 이 임상전문의는 짐의 사고의 변화가 변화된 감정들과 행동으로 이끌 것이라 기대한다.

세 번째 임상전문의는 짐이 자신의 보스와 대면하여 그의 직무의 몇 가지 중요한 변화를 단호하게 요구해야 할 것을 공공연히 지지한다. 이 임상전문의는 행동의 변화들이 짐의 직업 환경의 변화들을 조장(助長)할 것이며 확실히 그의 감정들도 바꿀 것이라 기대한다.

이 접근법들 중 어느 것이 짐에게 가장 도움이 될 것인가?

이 방법들 중 뭐라도 그에게 도움이 되겠는가?

혹은 짐이 상담이나 심리치료는 다 회피한채, 이 상황을 다룰 영적인 수단들, 즉 더 많은 기도하기, 인도함을 구하기, 그리스도의 충만함을 경험할 목적으로 금식하기, 자기희생과 봉사라는 태도를 육성하기 등에 초점을 맞추어야 하는가?

제1장에서 우리 두 저자들은 교리가 심리치료에 대한 어떠한 기독교적 접근법의 이해를 위한 근본적인 배경을 제공한다고 주장하였다. 임상심리학자들로서 우리는 과학적 방법들을 갖춘 심리치료를 연구, 조사, 평가하도록 훈련하였고 헌신했다. 때로 과학적 방법으로 훈련받은 심리학자들은 영적인 방법들을 아는 것에 대해 얕잡아보는 언급들을 하기도 한다. 마치 과학이 성경을 부적합한 적으로 여긴다는 것처럼 말이다.

역(逆)으로, 기독교 상담사들은 가끔 과학적 연구의 중요성을 경시한다. 마치 성경이 모든 질문에 매우 철저히 답을 해주고 있기에 더 이상 우리 주변 세상을 관찰할 필요가 없다는 듯이 말이다.

본서의 저자인 우리는 과학과 성경 두 가지 모두, 상담과 심리치료에 대한 신뢰할 만한 기독교적 접근법을 확립하는 데에 중요하다고 여긴다. 기독교 신앙은 기독교 임상전문의를 위한 근본적인 세계관을 제공하며, 심리치료에 대한 과학적 연구에 무엇이 효과적인지, 언제 그리고 왜 그런지를 우리들에게 알려줄 잠재력을 가지고 있다. 양적, 질적 연구방법론들은 계속 발전하여, 이제는 불분명하게 보이는 심리치료사 세계에 대한 유용한 통찰력들을 제공할 수 있다.

심리학적 과학자들은 기독교 신앙과 심리학의 통합에 대해 말을 많이 하지 않는 경향이 있고, 통합에 관심을 가진 과학자들은 과학에 대해 말을 많이 하지 않는 경향이 있다. 이것은 과학과 기독교 신앙 두 가지가 겸손의 미덕으로 공통된 뿌리들을 가져야 한다는 입장에서는 불행한 나뉨이다. 아이러니컬하게, 대부분의 사람들은 과학자들이나 기독교 신학자들이 특별히 겸손하다고 생각하지는 않지만, 두 접근법들이 내재적으로 겸손한 세계관 위에 기초하고 있다고는 간주한다.

제1장의 개관처럼, 기독교 신앙은 인간의 단절(斷折)성의 편재적 상태를 당연한 것으로 받아들인다. 죄의 지성적 영향이 의미하는 것은 인간의 본성 자체는 눈 먼 상태이고, 무엇이 진리인지 결정하는 인간 고유의 경향성은 신뢰할 수 없음을 말한다. 우리는 겸손하게 특별계시의 기준에 맞추어 연약한 인간적 이성을 우리 신념들을 상정된 내용들과 비교하여 시험해 봐야만 한다. 인간의 성경에 대한 개인적 해석들이 쉽게 왜곡될 수 있기 때문에 이것이 개인적 모험일 수만은 없다.

역사를 통해 우리가 보는 것은 대화를 위해 그리스도인들이 함께 나아왔으며, 그 결과 드러난 진리의 집단적인 이해가 확립되었다는 것이다. 역사적인 종교회의(예를 들어, 니케아[Nicea], 칼케돈[Chalcedon], 그리고 트렌트[Trent] 종교회의 등. 이보다 훨씬 더 많다)는 이러한 집단적인 진리 규명과 확인의 과정을 보여준다. 종교회의들은 신학적 겸손, 즉 우리 인간들 중 아무도 자기 재량으로 진리를 올바르게 분별하기에 충분히 거룩하거나 지혜로운 자가 없다는 점을 인정하는 것에서 태동한다.

이와 유사하게, 과학은 인간의 관념이 경험적 타당성을 획득하지 않으면 전혀 신뢰될 수 없다는 가정 위에 기초하고 있다. 관념들은 잘 정의된 조건 속에서 시험 받고 결론은 통계적 확률에 근거하여 도출된다.

　신학의 경우에서처럼, 과학도 개인적 노력 그 이상이다. 이론적으로 말하면, 과학적 발견은 한 실험실이 아닌 많은 실험실에서 반복되고 과학공동체 안에서 인정된 것이다. 과학의 과정 속에서 세워진 겸손이 존재한다. 왜냐하면 과학적 방법이 어떤 외적 기준들에 근거하지 않을 경우, 모든 개인들이 틀린 결론에 도달할 것임을 사실로 받아들이기 때문이다.

　비록 기독교 신앙과 과학 양자가 모두 겸손을 필요로 하지만, 그들은 다른 외적 기준들에 의존해 있다. 신학자들은 특별계시에, 과학자들은 일반계시에 의존한다. 그러나 그리스도인들에게 두 가지는 계시의 합법적인 형태들이기에, 과학적 방법들 혹은 발견들을 두려워할 필요가 없는 것이다.

1. 심리치료 효과

　심리치료효과는 심리학적 개입들을 반대하는 그리스도인들에 의해 공격 대상이 되어왔다. 슬프게도, 이것의 많은 부분은 낙후된 정보와 틀린 정보에 근거해 왔다.

　심리치료 효과에 관한 첫 연구들 중 하나는 1952년에 한스 아이젠크(Hans Eysenck)의 지도로 이루어졌다. 그는 심리치료에 관한 24가지 연구에 대한 검토 결과를 출판했으며, 비치료 제어군들과 비교할 때 심리치료 효과를 지지할 연구증거는 없다고 결론내렸다. 심리학계에서 그의 결론은 도발적이면서 논쟁의 여지가 있었고, 그 결과 그의 발견들은 많은 연구자들에 의해 방법론적 근거들 위에서 건전한 비판을 받았다(Bergin, 1971; Lambert, 1976을 보라).

　하지만, 문제가 되는 아이젠크의 연구는 한 존경받는 심리학자의 보고서였다. 그 내용은 심리치료가 효과 없다는 선입견을 지지하기 위해 일부 기독교 저술가들이 필요로 했다는 증거들이었다(아이젠크[1952] 연구에 관한 그들의 관점을 위해서는 Bobgan & Bobgan[1987]을 보라. 또한 반응을 살펴보려면 McMinn & Foster[1990]를 보라). 아이젠크의 연구 보고서에 이어, 그 후 심리치료에 관한 수백 편의 연구 결과들이 수십 년 안에 수행되었다. 메타분석(meta-analysis)으로 알려진 통계적 절차의 적용은 수 많은 연구들을 통해 발견된 사항들을 종합하는 분석을 가능케 했다.

스미스(Smith)와 글라스(Glass) 그리고 밀러(Miller, 1980)는 획기적인 메타분석으로서 과학적 문헌들, 곧 정기 학술지들, 관련 서적들, 미출간 논문들, 그리고 기타 자료들을 정련(精練)하여, 475가지의 심리치료 연구 결과들을 찾아서 분석하는 공헌을 했다. 그들 연구의 결론은 심리치료가 효과적이라는 것이었다. 도움을 원하는 모든 사람들에게 완벽히 효과적이지는 않지만, 그 저자들의 결론은 교육이 우리 자녀들을 위해 효과가 있는 만큼, 약이 우리의 질병에 효과적인 만큼, 또는 사업이 이윤을 내는 만큼 심리치료가 적어도 그 정도의 좋은 효과는 있다는 것이다. 메타분석의 장점은 그 연구와 함께 다른 많은 연구의 효과들도 평가를 한다는 데 있다.

상당량의 일단(一團)의 문헌에는 심리치료 효과를 지지하지 않는 소수의 연구들이 있고, 실제 삶보다 크고 극히 진기한 성공 비율을 제공하는 여러 다른 연구들도 있다. 양 극단에서 연구물들을 살펴보면 심리치료 효과에 대한 우리 이해를 쉽게 왜곡시킬 수 있다. 이런 작업이 바로 일부 기독교 저자들이 몇 편의 연구들을 자기 형편에 맞게 고른 다음 심리치료가 결코 효과가 없다고 결론지을 때 해왔던 연구이다.

메타분석은 우리 연구자들의 충동을 자제해서 상당량의 연구 결과인 치료그룹들을 동일한 연구 결과인 제어그룹들과 비교함으로써 얻으려는 결과만을 찾는 연구분석법이다.

상담 조언 2.1: 확신하는 낙관주의

만일 내담자가 "이 방법이 제게 도움이 될 거라고 당신은 확신하십니까?"라고 물으면, 임상치료사는 무엇이라 말해야 하는가?

대개의 경우, 온당한 대답은 낙관적인 대답이다. 연구는 효과가 있다고 강력하게 제안하지만, 그러나 심리치료가 도움이 될 것이라는 절대적인 확신을 누구나 할 수는 없다. 왜냐하면 치료가 모든 사람들, 모든 문제에 다 효과적인 것은 아니기 때문이다. 그러나 여전히 희망적일 이유는 충분히 있다. 효율성과 효과성 이 두 연구들은 심리치료가 대부분의 사람들에게 그리고 다양한 문제들에 효과적이라는 사실을 제안한다.

그 결과들은 효과규모로 보고되는데, 대략적으로 말하자면 이것은 표준편차와 유사한 표준단위로 표현된 제어그룹들의 평균과 치료그룹들의 평균 사이의 거리를 의미한다.

60년 이상 축적된 연구, 즉 수백 편의 제어연구들, 수천 명의 환자들, 그리고 공개되는 많은 문제들을 지닌 다양한 치료방법적 접근들을 사용하는 임상치료사들의 연구는 심리치료가 효과가 있음을 보여주었다(Asay & Lambert, 1999). 수많은 심리치료 연구 결과들에 대한 메타분석적 검토들은 심리치료의 평균 효과규모가 0.82임을 보여주었다. 이 수치규모는 치료 받은 사람들의 평균이 치료 받지 않은 80%의 사람들보다 증상이 덜하다는 것을 가리킨다.

심리치료에 대한 효과규모는 심리적 장애들에 대해 공통적으로 처방된 약물들의 효과규모와 비교했을때 더욱 의미가 있다. 패러완(Faraone, 2003)은 이 약물 처방들에 대해 다음과 같은 공통효과 규모를 보고했다(숫자가 크면 클수록 효과가 더 크다). 주의결핍 활동과다장애에 대한 즉시-방출 흥분제(immediate-release stimulants: 예를 들어, 리탈린[Ritalin])는 0.91이고, 우울증과 강박장애에 대한 선택적 세로토닌재흡수억제는 0.50이며, 정신분열증에 대한 비정형항정신병치료제(예를 들어, 리스페리오돈[Risperiodone])는 0.25이다. 이 연구 보고서 상황에서 심리치료에 대한 평균 영향규모는 꽤 상당해 보인다.

심리치료 결과에 대해 평가하는 대부분의 연구 조사물들은 효력연구조사들로 알려져 있다. 이런 연구조사들은 다양한 요인들, 즉 내담자 인구 통계학, 내담자에 대한 진단들, 치료 변항들, 그리고 개입 기록 원안물들을 주의 깊게 통제한다. 그렇기 때문에 조사결과들은 개입요소들만의 탓일 수 있다. 게다가 제어와 비교그룹들은 개입효과들을 더 구체화하기 위해 사용된다. 심리치료 결과를 평가하는 이 모델은 약물효과를 평가하는 데에 사용된 것과 똑같은 모델이다. 효력연구들의 장점은 면밀히 통제되는 수준 높은 연구실의 질에 있다. 이 접근법의 약점은 그것이 "실제 세계" 특징이 결핍되어 있다는 데 있다. 예를 들어, 심리치료의 현실세계에서 일부 내담자들은 너무나 세심하게 조사되어 단 하나의 진단만 있을 뿐, 이전의 심리학적 문제나 학대의 역사도 가지지 못한다.

심리치료 결과측정에 대한 다른 접근법은 심리치료 소비자들을 조사함으로써 이뤄진다. 이런 개관 조사들은 효율성연구(effectiveness studies)로 알려져 있다. 비록 주의 깊게 효과연구(efficacy studies)를 제어하기에 부족한 면이 있지만, 이런 연구들은 어떻게 전형적인 내담자들이 심리치료에 반응하는지를 보여주는 확실한 장점이 있다. 샐리그만(Seligman, 1995)은 심리치료 서비스를 받았던 사람들이 심리치료에 대해 인지한 효과들을 『소비자 보고서』(Consumer Reports)라는 개관 조사서로 펴냈다.

환자들은 "그들이 심리치료를 통해 매우 실질적인 도움을 받았고, 장기치료가 단기치료보다 상당히 더 효과적이며, 그리고 심리치료만 받는 것이 효과 면에서 약물과 심리치료를 동시에 받는 것과 다르지 않다"라고 지적했다. 더군나 어느 특정 심리치료 모델이 다른 것과 비교하여 특정 장애에 대해서 더 효과적이지는 않다고 지적했다. 이와 같이 다양한 연구방법들은 심리학적 장애들의 고통에서 해방시키는 개별적 방법으로서 심리치료에 분명한 효과를 나타내고 있다.

상담 조언 2.2 : 자료들을 수집하기

일부 치료사들은 자기 자신들의 치료 결과에 대해 추적 조사하는 것이 유용하다고 알고 있다. 불안, 우울증, 영적 건강 혹은 관계성 질문서를 치료의 처음과 끝에 줌으로써, 또는 마지막 상담에서 만족도 개관 조사를 실시함으로써, 치료사들은 자신들이 제공한 진료의 성공률을 계속 추적할 수 있다. 이것은 때때로 건강 보험업자들과 계약할 때, 혹은 여타 정신건강 자격증을 획득하는 데에도 유용할 수도 있다. 자기 자신들의 진료 결과 데이터를 수집하는 치료사들에게 있어서, 치료에서 좋은 효과를 보인 사람들뿐만 아니라, 모든 내담자들로부터 정보를 수집하는 것은 중요한 일이다. 그렇지 않으면, 그 연구의 진실성이 의심받을 수 있다. 임상 진료에 있어서 치료 결과를 기록에 관한 더 많은 내용은 폴 클레멘트(Paul W. Clement, 1999)의 책 『성과와 소득』(Outcomes and Incomes)을 보라.

확실한 연구 문헌들의 지원을 통해서 전문가들은 더 이상 심리치료가 심리적 장애들을 치료하는데 효과적인 방법인지 아닌지에 대해 의문을 제기하지 않는다. 지금 현대 연구자들은 다른 질문들에 대한 대답들을 찾고 있다.

예를 들어, 그 질문들은 다음과 같다.

특정 장애들에 어떤 종류의 심리치료가 가장 효과적인가?

긍정적인 결과들이 얻으려면 얼마나 많은 심리치료가 필요한가?
그런 긍정적인 결과들은 얼마나 오랫동안 지속되는가?
효과적인 심리치료의 구성 요소들은 무엇들인가?

2. 심리치료 모델들

전통적으로 심리치료 분야의 대학원 교육은 다양한 학파들의 사상을 섭렵하는 것이다. 학생들은 심리치료의 주요 체계들이 인성에 대한 주요 이론에서 성장 발달했다는 점을 우선 알게 된다. 이와 같이 학생들은 이러한 이론들 예를 들어, 심리역동, 내담자 중심적, 인지적 그리고 행동적 모델 등을 배우게 되며, 졸업 전에 이들 이론적 동향들 중 하나를 지지하게 된다. 학생들은 자신들의 인턴쉽 인터뷰 때와 더 나중엔 주자격증평가시험 때에 그들 자신의 이론적 성향을 기술할 것을 요구받는다.

대부분 주(state)들은 심리학자들에게 박사 후 교육(post-doctoral education)을 요구하고 있고, 이들 연속되는 교육 과정들이 일반적으로 구체적인 치료 모델과 기술에 초점을 두고 있다. 이런 연수과정의 하나에 참여하는 것은 방금 특정 장애를 치료하는 최고의 (아마 하나 밖에 없으며 유일한) 방법을 배웠다는 인상을 당신에게 준다.

일부 사람들은 특정 심리학 이론의 매우 열렬한 지지자가 되어, 그 이론을 세계관으로 받아들인다. 우리 저자들 중 한 사람이 최근에 심리학자들의 모임에 참석했다. 그 모임에서 어떤 열광적인 참석자는 "심리분석이 저의 정당(政黨)입니다"라고 선포했.

가끔 특정 이론이 일부 심리학자들에게 정치적 이데올로기, 역사적 지혜 그리고 영적 이해를 대체할 정도로 중요하다고 여겨진다. 우리가 제1장에서 논의했듯이 심리학에서 누군가의 이론적 설득이 아니라 건전한 교리가 세계관에 대한 더 나은 중심점을 제공한다.

흥미롭게도, 심리치료의 한 모델 혹은 한 종류가 여타의 것보다 더 우월하다는 증거는 거의 없다. 여러 심리학자들이 그들 자신들의 이론적 모델들을 진작시키는 엄청난 열의와 열정에도 불구하고, 치료에 대한 대다수의 접근법들이 대규모 메타분석적 연구들에서는 모두 성공적이다(Wampold, Mondin, Moody, Stich, Benson & Ahn, 1997).

심리분석적, 대상관계적, 행동적, 인지적 그리고 가족적 임상치료사들은 자신들의 모델과 기술에 대한 열렬한 신봉자이다. 그러나 이 모델들 중 어느 것도 심리치료의 전국적 모델로서 다른 모델보다 더욱 효과적이라고 밝혀진 것은 단 하나도 없다. 심리치료법들 사이에 유사한 성과들의 발견은 오래 전에 로젠쯔바이그(Rozenzweig)가 "도도새의 평결"(dodo bird verdict)이라고 정의했고, 루보르스끼, 씽어, 그리고 루보르스끼(Luborsky, Singer, and Luborsky, 1975)에 의해 상세히 설명되었다. 이 어구는 "모두가 이겼다. 그러니 모두가 반드시 상들을 타야 해"라고 누군가 선포한 대목이 있는 『이상한 나라의 엘리스』(Alice in Wonderland)에서 유래한 표현이다.

대부분의 심리치료 연구자들에게 사실이라고 인정되는 "도도새의 평결"에도 불구하고, 인지치료사와 인지행동 치료사들은 최근 몇 년 사이 탄력을 얻었다. 이런 치료법들 중 일부는 쓰미쓰(Smith)와 글라쓰(Glass) 그리고 밀러(Miller)가 그들의 메타분석을 1980년에 보고했을 때부터 지금까지 특히 최근 들어 발달했다.

이들의 분석들은 현재 합리적-정서적 행동치료(Rational-Emotive Behavior Therapy[REBT])로 알려진 알버트 엘리스(Albert Ellis)의 이성적, 감성적 치료법(Rational Emotive Therapy)도 포함되었다. 그러나 아론 벡(Aaron Beck), 쥬디쓰 벡(Judith Beck), 아더 프리만(Arthur Freeman), 잭클린 퍼슨즈(Jacqueline Persons), 데이비드 발로우(David Barlow), 도날드 메이첸바움(Donald Meichenbaum), 사무엘 터너(Samuel Turner), 마크 레이네키(Mark Reinecke), 크리스틴 패데스키(Christine Padesky), 마이클 마호니(Michael Mahoney) 그리고 일부 학자들의 최근 발달 상황들은 포함하지 않았다.

인지치료와 인지행동치료가 두각을 보이는 데에는 여러 이유가 있다. 우선, 그것은 장기치료보다 인지치료와 같은 단기치료를 연구하기가 더 쉽기 때문이다. 그리고 인지치료와 인지행동치료는 그 자체가 연구조사에서 사용되는 증상에 기초한 성과측정치수에 매우 적합하며, 특정 장애들, 예를 들어 우울증, 불안장애들, 성격장애와 경계선 성격장애와 다양한 문제에 효과적임이 증명되었기 때문이다(Chambless et al., 1998).

연구 자료를 고려해 볼 때, 다른 이론에 대해 어떤 특정 이론의 패러다임이 우월하다고 선언하는 것은 합리적이지 않다. 심리치료 영역에서 최근 전개된 주장은 심리치료 모델의 통합을 지지하며(Norcross & Goldfried, 2005), 통합적 심리치료모델은 이와 유사한 통합적 시도이다.

통합적 심리치료는 두 가지 차원에서 통합적이다.

첫째, 기독교 사상을 심리학적 이론과 실천으로 통합한다.

둘째, 심리학 안에서 다양한 이론적 관점들을 통합한다. 통합적 심리치료는 인지치료 관점에 상당한 중점을 두지만 또한 대상관계 간의 심리치료와 가족치료를 포함하는 관계심리학 이론에 더욱 의지하고 있다.

3. 심리치료 기간

만화영화 "개미"(Antz)의 첫 부분에 나오는 목소리를 들으면, 우디 알렌(Woody Allen) 같은 Z라는 이름을 가진 신경과민증 개미가 등장한다. 이 개미는 인생의 다양한 정신외상증들을 탐구하면서 누워 있다. 그는 육체적 불만을 갖고 있다. 왜냐하면 그는 자신 몸무게의 열 배 이상은 결코 들어 올릴 수 없기 때문이다. 그는 유기라는 문제와 고투하고 있다. 왜냐하면 그의 아버지는 그가 유생(幼生) 시기에 때 떠났기 때문이다. 또한 그는 주목 받기를 대단히 갈망하고 있다. 왜냐하면 그는 오백만 가족 구성원 중 둘째이기 때문이다.

Z는 몸의 이미지부터 출생 순서에 이르기까지 긴 문제 리스트와 씨름하며 치료사무실에 오래 동안 누워있을 것이라고 누구나 짐작한다.

이러한 치료의 모습이 얼마나 현실적인가?

전통적으로, 심리치료는 수년을 지속할 수 있는 장기치료 과정으로서 이해되었다. 비록 심리치료의 어떤 형태들(예를 들어, 심리분석)은 여러 해가 소요되지만, 심리치료 시간일정표는 지난 이십 년 동안 엄청나게 줄어들었다.

몇 달 혹은 몇 주로 치료 기간을 단축하는 데에는 건강관리 시스템의 등장, 더욱 개선된 지식을 바탕으로 생활하는 대중, 단기 심리치료 모델의 발달, 더욱 효과적인 향정신성 의약품들의 발달 그리고 성격 변화보다는 오히려 증상 완화에 초점을 두는 것을 포함하여 여러 가지 이유들이 있다. 그 원인과 상관없이, 오늘날 시행되는 대부분의 심리치료는 간소화되는 경향이 있다.

> **치료실에서 2.1: 시간제한 설정하기**
>
> 일부 내담자들은 임상치료사가 7,8년 동안의 집중적인 치료를 추천할까 우려하기도 한다. 이러한 공포심은 치료에 대한 부정확한 미디어의 묘사와 내담자가 타인으로부터 들은 이야기에 의해 가중된다. 치료관계를 위해 특정기간을 제시함으로써 답하는 것이 종종 현명하다.
>
> 빌 : 이 치료는 얼마나 오래 걸립니까? 저는 사람들이 수년간 치료사에게 간다고 들었습니다. 그런데요, 전 그런 치료엔 전혀 관심이 없습니다.
> 마크: 네, 그 중요한 질문이네요. 치료 기간이 더 오래 지속될 때가 있다 하더라도, 거의 대부분의 치료는 몇년보다 짧은 몇 주간 혹은 몇 달간 지속됩니다.
> 빌 : 영원히 계속되는 그런 치료는 전 원치 않아요.
> 마크: 맞아요. 우리는 그 점에 같은 의견입니다. 아마 우리가 특정한 시간표, 예를 들어 8회의 상담치료시간표에 동의하는 것이 좋겠어요. 그런 후, 마지막 상담시간에 이런 대화를 다시 해보도록 하죠. 그만해도 된다고 우리가 동의할 수도 있고 혹은 우린 여전히 해야 할 뭔가가 있다고 동의할 수도 있겠죠. 어느 경우든, 우리가 문제를 해결해가면서, 이 진료과정에서 당신이 얼마나 오랜 시간을 투자하기를 원하는가에 대해 우리가 계속 관심을 가지고 이야기를 나누도록 할 거예요.
> 빌 : 듣고 보니 좋은 계획입니다. 전 단지 8주가 8년으로 변하지 않기만을 바래요.
> 마크: 네, 당신의 염려를 듣자하니, 이런 질문들을 하시는 당신이 현명하다고 생각합니다. 우리는 지금 8년이 아니라, 8회의 치료시간표에 대해 이야기를 나누고 있어요.

램버트(Lambert, 2004)는 심리치료 대부분의 연구가 최장 14주 동안 한 주에 한 번 시행되는 치료를 조사한다고 보고한다. 실제 치료 환경에서 시행되는 심리치료는 평균 다섯 번의 상담으로 이뤄진다. 처음 몇 번의 상담에도 변화가 없던 내담자들 중 거의 절반이 여덟에서 열 번째 상담에서 중대한 개선을 보이며, 75%는 스물여섯 번째 상담에서 개선을 보인다(Kadera, Lambert & Andrews, 1996). 이처럼 축적되는 연구들은 대부분의 심리치료 기간이 몇 년이 아닌 몇 주 혹은 몇 달임을 의미한다.

통합적 심리치료는 실제 심리치료 실습의 현장에서 발생하는 상대적으로 가벼운 치료법에 잘 맞는다. 또한 더욱 넓은 개인적 통찰과 변화를 추구하는 내담자들을 위한 장기치료 모델로도 기능한다. 치료 기간은 이 책 제 4장에 기술되어 있는 개입영역(domains-of-intervention) 접근법과 연결되어 있는 문제이다.

4. 심리치료의 지속적 효과

심리치료가 정서 문제들을 가진 사람을 영구히 치료하는 것으로 개념화되서는 안되지만, 일반적으로 그 효과는 영구적이다. 연구 결과를 보면, 대부분의 내담자들은 치료 유익을 상당 기간 유지하는 경향이 있다고 한다. 변화를 자신의 노력 탓으로 돌리는 내담자의 경우는 더 그렇다고 한다(Lambert & Bergin, 1994). 게다가, 내담자들은 그들의 문제점들이 장기적인 어려움이 아닌 상황적 원인들과 연관되어 있을 때, 그리고 실질적인 사회적 지원을 받고 있을 때 더욱 지속적 유익을 얻는 경향이 있다.

물론 재발하기 쉬운 특별한 상황들이 있다. 약물남용, 거식증, 특정 유형의 우울증과 성격장애가 그렇다. 전형적으로 이 장애들은 복잡한 원인들이 있고 생화학적 혹은 신경학적 결정 인자들과 연관되어 있다. 비록 심리치료효과가 많은 내담자들의 경우에 오래 지속되는 것처럼 보이지만, 일부 내담자들은 쉽게 재발하는 경향을 가지고 있어서 지속적인 돌봄이나 차후 증상발현에 대한 치료가 필요할 것이다.

경고는 당연하다.

치료 과정이 완결된 후 치료사가 다시 내담자를 진료하는가 아닌가로 심리치료의 장기적 효과를 판단하면 안된다. 이것은 두 명의 가설적, 풍자적 임상치료사들을 예로 증명할 수 있다.

그로스만(Grossman) 박사는 밉살스러운 인물이고, 불쾌한 임상치료사로 자신의 내담자들을 별로 좋아하지 않는 의사다. 그는 그들을 비난하고, 너무 빨리 충고를 해주며, 불쾌한 숨을 쉬어대는 인물이다. 그는 모든 내담자들을 평균 5회 만나며, 그 후로 다시 찾는 내담자는 극히 드물다.

다음은 굿하트(Goodheart) 박사로 그는 친절하고, 민첩한 치료사다. 그는 내담자에게 귀를 기울이며, 미팅을 시작할 때에 내담자들에게 커피를 제공하고, 그들 삶의 세세한 부분까지 기억하고, 그들의 치료에 대해 깊은 노력을 기울인다. 그녀는 모든 내담자들을 평균 14회 만나며, 그들은 그 다음에도 종종 치료를 더 받으려고 다시 찾아온다.

순수 연구의 관점에서 보면, 누구나 그로스만 박사가 굿하트 박사보다 더 좋은 치료사라 논박할 수 있다. 그는 내담자와 적은 치료상담을 필요로 하고, 일단 내담자들 상태가 호전되면 결코 다시 그의 도움을 필요로 하지 않기 때문이다.

물론 우리가 아는 더 좋은 의사는 바로 굿하트 박사이며 더 좋은 치료사이다. 이것은 그녀의 내담자들이 진료소에 더 오래 머무르고, 필요가 생겼을 때 다시금 그녀에게로 돌아오기 때문이다.

통합적 심리치료는 관계적, 기술적 기교들의 균형을 잡으려는 노력을 보인다. 만약 올바르게 수행되면, 많은 내담자들이 치료에 빠르게 반응할 것이고, 장기적인 변화를 이룰 것이다. 하지만, 일부 내담자들은 추가적 돌봄을 위해 다시 돌아올 것이라는 점을 깨닫는 것 또한 중요하다. 이런 일은 실패가 아닌, 관계적 성공으로 보아야만 한다.

5. 변화 과정들과 단계들

심리치료모델들이 다른 전문용어를 사용하고 있으나, 다양한 모델들이 유사한 변화 과정을 권장한다는 많은 증거가 있다. 프로챠스카와 디클레멘트(Prochaska and DiClemente, 1983)는 심리치료에서 변화 과정들의 몇 가지 공통점을 의식적 상승(consciousness raising), 카타르시스(catharsis), 자가재평가(self-reevaluation), 반대조건부여(counterconditioning) 그리고 자극통제(stimulus control)라고 묘사했다. 이 과정들은 여러 치료법에서 다른 방식들로 수행되지만, 이 모든 과정들은 한 가지나 다른 방식으로 기능할 것이다.

실제적으로 말하면 모든 심리치료법들은 내담자들이 자신들을 더욱 자각하도록(자가재평가) 하고, 특별한 변화의 초점들을 인식하도록(의식적 상승) 하는 데 도움을 준다. 프로챠스카와 노르크로스(Prochaska and Norcross, 1994)가 지적한 점은 심리치료법들이 변화 과정보다 변화의 내용에서 더욱 차이가 난다는 것이다.

나아가 프로챠스카와 디클레멘트(Prochaska and DiClemente, 1983)는 성품변화들과 관련된 단계들을 규명했다. 그들은 변화단계가 개인의 자연스런 환경, 성격 변화를 위해 설계된 특별 프로그램 혹은 개별치료요법에서 발생하는지 여부를 보여주는 증거들을 제시했다. 규명된 단계들은 사전정관(靜觀)(Precontemplation-변화의 의도가 없음), 정관(靜觀)(Contemplation-행동을 취할 의도), 준비(Preparation-즉각적 행동을 취할 의도), 행위(Action-구체적 행동으로 실행하기), 유지(Maintenance-퇴행을 피할 단계들)이다.

치료개입에서 향상된 성공은 치료 시작 이전에서 내담자의 상태수준을 평가했을 때 얻어진다(Prochaska and DiClemente, 1983, 1984, 1985; Prochaska, DiClemente, Velicer & Rossi, 1993). 그런 다음, 적절한 치료전략들은 변화의 단계에 따라 내담자의 문제점을 다루는 데 그 목적이 있다.

예를 들어, 새로운 행동들을 적극적으로 이행하는 것은 사전정관(靜觀)(Precontemplation) 단계에 있는 내담자에게 이치에 맞지 않는다. 이런 내담자는 현 상태를 유지하며 자신과 가족에 대한 부정적인 결과들을 짚어보는 것이 유익할 것이다. 결국, 이런 맞춤 접근법에 관한 경험적 증거는 용기를 주며, 흡연 중독 같은 다양한 약물장애를 가진 내담자들에게 대부분 유용할 것이다.

6. 심리치료의 일반요소들

연구자들의 관심은 심리치료의 어떤 구성 요소들이 가장 효과적인가를 결정하는 것이다. 지난 20년 이상의 기간 동안, 모든 심리치료법내에는 변화를 일으키는 주요한 구성 요소들로 보이는 구체적 공통 요소들이 존재한다는 것이 점점 더 분명해지므로 인해 특정 이론적 접근법만을 열렬히 지지할 수 없게 되었다. 우리는 일반적으로 현대 심리치료의 특정 기술이나 모델들이 그 성과를 위해 적절한 영향을 주고 있음을 알고 있다.

비록 지지자들이 심리역동, 인지-행동학적, 가족 그리고 많은 다른 치료모델들이 심리치료성과의 원천이라는 자신들의 확신을 주장하며 계속 목소리를 낼지라도, 이 연구는 다른 관점을 시사해준다.

진료소에서 2.2: 출발점으로 돌아간다?

치료는 대개의 경우 효과적이고 일반적으로 지속적이며 장기적인 유익을 가져다준다. 그러나 이것은 사람들이 결단코 이전 상태로 퇴행하는 단계를 밟지 않는다는 것을 의미하지는 아니다. 종종 치료사들은 내담자들과 함께 그들이 진전되고 있는지 확인하기 위해 치료효과촉진을 위한 미팅을 계획한다. 어떤 경우엔, 내담자들이 치료 완료 후에 몇 번의 추가 진료를 받기 위해 전화 요청을 하기도 한다. 이같은 시기에 내담자에게 재확신을 주는 것이 좋다. 단지 퇴행단계를 밟고 있다는 이유가 이전의 모든 치료가 무(無)로 되었다는 것을 의미하지는 않는다.
다음 전화대화를 고려해 보자.

클락: 여보세요, 진이세요?

진 : 여보세요. 제게 전화를 다시 주셔서 감사합니다. 무슨 일이 있었는지 저도 잘 몰라요. 이번 주 전까지만 해도 정말 저는 잘 해오고 있었어요. 그런데 이런 우울감이 다시 시작되었어요. 저는이것을 다 극복했다고 생각했어요.

클락: 그런 우울감이 다시 찾아왔다는 것이 매우 실망스러울 수 있어요. 당신은 우울한 상태에 있군요. 참으로 유감입니다. 그러면 우울하게 된 것에 대해 우울하게 느끼시겠군요.

진 : 바로 그렇습니다. 나는 다시 출발점에 돌아온 것 같아요. 6개월간의 치료 후에는 어떤 것도 배운 것이 정말로 없는 것 같아요.

클락: 그런 식으로 우울증을 느끼는 것은 당연한 것입니다. 우울증은 매우 끈질긴 것일 수 있어요. 그러나 이미 당신은 그것과 싸울 몇 가지 도구들을 알고 있는 상태예요. 아마도 우리가 몇 번 더 만날 계획을 세워야 할 것 같아요. 그러면 우리는 당신을 담당 내과의사를 만나도록 돌려보내야 할지에 대해 대화를 나눌 수 있어요.

진 : 듣고 보니 고무적이네요. 선생님께서 저를 기꺼이 다시 만나주실 것을 알게 되니 기뻐요.

클락: 오, 물론 만나지요. 당신이 이 문제를 해결하도록 돕기를 학수고대합니다.

안심시키고 감정을 나타내지 않는 어조는 침착한 말투이고, 이런 상황에서 도움이 된다는 점을 유의하라.

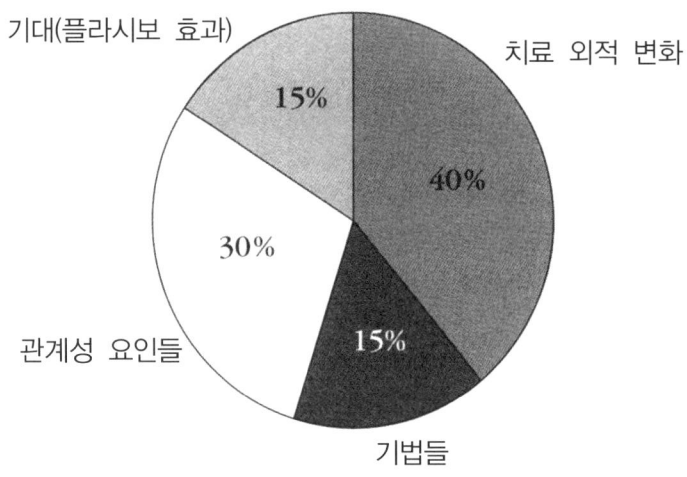

도표 2.1. 심리치료성과연구

연구 문헌에서 도출된 내용은 공통적 요인으로 인정된다. 이것들은 모델이나 기술과는 상관없이 성과를 설명하는 것으로 모든 심리치료에 존재하는 그런 요인들이다. 램버트(Lambert, 1992)는 여러 저자들에 의해 자세히 설명된 네 가지 공통요인들을 설득력 있게 기술했다(Hubble, Duncan & Miller, 1999; Duncan, Hubble & Miller, 1997; Miller, Duncan & Hubble, 1997; Lambert, 2004).

네 가지 공통요인들은 다음과 같다.

(1) 내담자/치료 외적 요인들
(2) 관계성 요인들
(3) 희망/기대 요인들
(4) 모델/기법 요인

도표 2.1은 이런 요인들과 각 요인들이 심리치료성과에 이바지하는 정도에 대한 램버트(Lambert)의 정도측정치를 보여준다.

1) 내담자/치료외적 요인들

관리자들이 대학원 공부를 시작하는 학생들의 초기 임상훈련 중에 발견하는 것은 학생들의 태도이다. 임상훈련생들은 종종 내담자들의 심리적 건강회복이 진행되지 않으면 좌절감을 느낀다. 진전이 느리고, 증상들은 오히려 강화되거나 내담자가 치료에서 이탈한다. 대학원생들이 이런 "실패들"을 상담지식, 기술 또는 경험의 결핍 탓으로 돌리는 것은 매우 자연스러운 일이다. 지식, 기술, 경험, 이 모두가 중요하지만, 이런 "실패"는 치료요인들보다 대부분 오히려 내담자요인들 때문이다.

내담자/치료외적 요인들은 내담자에게 영향을 미치는 내적, 외적 특징들과 연관되어 있다. 내적 요인들엔 지식, 동기, 인내, 신념, 감정관리 등과 같은 요소를 포함한다. 외적 요인들엔 사회적, 재정적, 공동체적 지원을 포함한다. 이것은 내담자들에게 계속적인 정서적, 영적 자양물을 공급하는데 도움되는 역할을 하는 종교단체의 동참과 지지를 포함한다.

어떤 내담자들은 금방 맞닥뜨린 심각한 상실이나 변이(變移)를 경험한 채 상담하러 온다. 또 다른 내담자들은 다년간의 복잡한 스트레스 문제들을 치료하기 위해 온다. 혹자들은 학대 가족의 출신이고, 혹자들은 가정에서 끊임없는 사랑과 돌봄을 받았던 사람들이다. 어떤 이들은 변화를 위해 도움이 필요한 정서적 문제들을 지니고 있다고 믿으며, 또 다른 이들은 자신들 속에 있는 문제는 보지 못한채, 피로에 지친 배우자의 요청에 순응해 단순히 심리진료소를 찾는다.

전통적으로 심리학자들은 이런 중요한 내담자 요인들을 인식해 왔지만 심리치료성과에 미치는 영향력의 범위는 평가절하되어 왔다. 램버트(Lambert, 1992)는 이러한 요인들이 심리치료성과 중 40%의 이유를 설명한다고 산정하고 있다.

개인적 회복 능력과 사회적 지원같은 내담자 요인들의 힘들은 왜 일부 사람들은 심리치료 없이도 좋아지는지에 대한 있음직한 이유이다. 아세이와 램버트(Asay and Lambert, 1999)는 좋아진 사람들의 평균 43%가 약간의 치료나 전혀 치료받지 않았음을 시사하는 여러 연구에 대해 보고했다. 얼마나 빨리 그들이 회복되었고, 얼마나 오랫동안 그 회복이 지속되었는지는 불명확하다. 하지만 사람들은 자기 자신들이 가진 많은 원천들을 통하여 정서적인 어려움에서 회복될 수 있는 것으로 보인다.

> **상담 조언 2.3 : 교회는 육체와 영혼에 유익하다.**
>
> 사회학자들은 교회의 동참이 육체적, 정신적 건강을 증진하며, 사람들을 이른 죽음으로부터 보호하는 다양한 방식을 발견하고 있다(Koenig, McCullough & Larson, 2001: Powell, Shahabi & Thoresen, 2003). 뿐만 아니라, 교회 공동체는 자주 영적 희망과 삶의 의미를 증진하며, 고립과 상실의 시기동안 사회적 지원을 제공한다. 이 모든 이유로 교회의 동참이 내담자/특별치료의 중요한 요인으로 고려되어야만 한다. 내담자를 강제로 교회에 출석시키는 것은 적절치 못하지만, 교회 출석에 대해 물어보고, 현재 어떤 교회에도 연결되어 있지 않은 내담자들에게는 교회에 다닐 가능성을 생각해 보도록 점잖게 용기를 북돋우는 것은 가치 있는 일이다.

지난 20년 동안 공식 심리치료를 제외하고도, 내담자들에게 필요한 도움을 제공하는 자가-치료 문헌과 더불어 지원 그룹들의 활용 가능성에 대한 논문들은 크게 증가했다. 이것은 사람들을 위해 정서적 문제의 치료를 돕는 교회의 강력한 역할을 설명하는 데도 도움이 된다. 교회는 도움을 위한 영적 원천들과 사회지지망을 제공하므로 개인들이 삶의 의미나 목적을 얻도록 돕는다. 이 모든 요인들은 심리적 문제들로부터 회복하는 데 유익하다.

치료유형 결정에 있어서 내담자진단의 중요성은 크게 주목받고 있는 연구현안이다. 많은 심리치료사들은 정확한 진단에 의존하여, 심리치료로 인한 개선 가능성과 심리치료의 본질을 결정하는 것을 돕는다. 진단이 내담자 요인이자, 회복을 포함하는 문제이지만, 상대적으로 심리치료성과에는 영향력이 거의 없어 보인다. 이처럼, 내담자진단은 다양한 이유로 중요하지만(5장을 보라), 심리치료성과를 결정하는 데 있어서 상대적으로 그 중요성은 미약하다.

2) 관계성 요인들

가끔 대학원생들이 실망하는 이유는 임상훈련 초기에 기본관계기술들 개발에 초점을 둘 때다. 경청하기, 공감하기, 반영하기 그리고 자기인식 등은 심리치료사들이 사용하는 일반적이며 기초적인 관계기술들이다. 일부 학생들은, 이런 기술들이 초보적이기에, 실제노출법 혹은 인지적 재구성과 같은 기법들을 중점적으로 배워야 한다며 염려한다.

이 학생들은 심리치료는 매우 복잡한 것이며, 자신들은 특정한 이론적 지향(志向)을 채택해야 하며, 관련 치료기법들에 정통해야만 한다는 강한 신념을 갖고 있다. 그런 유혹은 치료관계를 기본 요소로 보는 것이다.

치료사의 이론적 지향(志向)과 상관없이, 치료관계는 치료성공에 중요한 요인이다. 비록 일부 모델들은 상대적으로 관계에 강조점을 덜 두지만(예를 들어, 관계-정서 행동치료), 대다수 모델들은 치료사와 내담자 사이의 친화(親和)관계의 돋움효과를 강조한다. 관계성 요인들은 돌봐주기, 공감해 주기 그리고 적은 것에 올바른 이름을 부르는 감성적 지지가 포함된다. 이러한 요인들이 심리치료성과연구에서 보면 성공의 30%를 차지한다.

1957년에 칼 로저스(Carl Rogers)는 심리치료의 변화를 위한 여러 필요충분조건들을 가정했다. 그 가정들 중엔 수용(acceptance), 공감과 진정성(empathy and genuineness)이 포함되어 있었다. 수용이란 타인이 내 말을 듣고 있다는 느낌, 존경받는다는 느낌, 가치있게 평가받고 있다는 느낌을 활성화시킨다. 공감은 치료사의 말들과 그 기저에 깔린 감정과 갈등도 이해받고 있다는 느낌을 촉진한다. 더불어, 치료사의 진정성 또는 협력성(協同性)은 정직과 일관성을 주고 받는다. 그러면 내담자는 치료사를 신뢰할 수 있기에 아픈 문제들을 터놓고 토론할 수 있다. 로저스(Rogers)는 이 태도들이 매우 강력하므로 치료상 변화의 충족요인들이 된다고 믿었다.

수십 년간의 연구와 반성은 이 태도의 필요성을 지지하는 것으로 보이나 충분조건은 되지 못한다. 다시 말해서, 치료사의 이런 관계적 자질들이 성공적인 심리치료의 본질적 특질들이지만, 그것들이 변화와 성장을 초래하기에 항상 충분한 것은 아니다.

효과적인 치료가 되기 위해서는 내담자가 이 요인들을 느껴야 한다는 사실은 의미심장하다. 치료사가 그런 태도들을 가졌고 내담자와 소통했다고 믿는 것으로는 불충분하다. 오히려, 내담자가 이러한 특징들을, 즉 수용, 이해, 안전함을 경험해야 한다.

3) 희망/기대 요인들

사람들은 매 주 큰 돈을 들이면서 한 시간을 허비하려고 치료사사무실을 찾지 않는다. 그들은 더 좋은 느낌과 작용에 대한 희망으로 방문한다. 더 좋아짐에 대한 그들의 기대는 그 사람들이 진정으로 더 호전되는 이유들 중 하나이다.

　기대효과는 때때로 플라시보 효과로 일컬어지는 것으로, 내담자들이 그들의 상태가 효과적으로 치료되고 있다는 신념에서부터 나온다. 사람들은 보통 플라시보 효과의 중요성을 경시한다. 그러나 그것은 약물들에 대한 반응을 포함하여 모든 종류의 변화에 있어서 실질적인 역할을 한다. 기대와 희망 요인들은, 사람들은 더 좋아질 것이며 치료사는 지식과 기술이 있기에 더 밝은 미래에 희망이 있다는 신념을 포함한다. 램버트(Lambert, 1992)는 이 요인들을 심리치료성과의 다양성 중 15%의 이유로 정리했다.

　1973년에 제롬 프랭크(Jerome Frank)는 『설득과 치료: 심리치료 비교 연구』 (Persuasion and Healing: A Comparative Study of Psychotherapy)라는 제목의 후대 발전에 강한 영향을 끼친 중요한 책을 출판했다. 이 책에서 프랭크(Frank)는 다양한 문화권의 광범위한 치료 관행, 종교적 진료, 신념치료, 샤머니즘의 무당 의식 그리고 심리치료를 포함해 기술했다. 그는 이런 많은 진료들이 치료 의식, 일종의 치료를 제공하는 전문가, 치료를 원하는 의지와 희망을 가진 사람 그리고 치유와 관련된 모든 사람들의 기대를 포함하는 공통 요소들을 가지고 있음을 보여주었다. 이러한 요인들은 다양한 치료진료 속에 공통되며, 치료의 성공에 강력한 영향력을 행사한다.

상담 조언 2.4: 기술을 넘어서

많은 상담교과서는 치료의 따뜻함과 동정심을 표현하는 방법에 대한 특정한 조언들을 담고 있다. 치료사는 내담자가 괴로운 특별한 기억들에 마주칠 때 감정이 쏠리게 하는 것, 또는 내담자가 울고 있을 때 더 부드러운 목소리를 사용하라고 배운다. 이 모든 조언들이 유용하지만, 그런 기법들은 돌봐주는 마음과 동정심의 대체물은 결코 될 수 없다. 효과적인 치료사들은 진정으로 염려하지만, 단지 염려를 표현하는 기교들만 배우지는 않는다. 내담자들은 순수한 염려와 기술에 기초한 염려의 차이를 구분할 수 있다. 만일 진지한 동정심이 자연스레 우러나오지 않는다면, 그것은 다음과 같은 신호다. 내담자의 이야기에 더욱 귀를 기울여야 한다는 것, 내담자의 현재의 어려움들에 이바지한 성장발달적이고 환경적인 요인들을 숙고해야한다는 것 그리고 진료 상담과 관계없이 내담자를 위해서 더욱 열정적으로 기도해야 한다는 것이다.

과도한 스트레스와 소진(燒盡)됨에 직면한 치료사들은 순수한 동정심보다 매일 기술에만 의존하고 있음을 알게 된다. 이같은 시기에 치료사들이 영적, 감성적 도우미를

> 찾는 것, 감독자의 도움을 받는 것 그리고 임상활동에서부터 휴식을 취하는 것을 고려하는 것이 중요하다.

기대, 희망, 신념은 너무 강한 요인들이므로 그 효과가 호전률로 측정되어 왔다. 램버트와 웨버 그리고 사이키즈(Lambert, Weber and Sykes, 1993)는 효과크기측면에서 플라시보 효과의 발견들을 요약 정리했다. 플라시보처방을 받은 내담자의 평균호전율이 처방관리가 없는 참여자들보다 66% 이상 더 좋아졌다. 이 호전률은 심리치료를 받은 내담자의 평균호전률이 처방관리가 전혀 없던 피실험자들보다 80% 이상 좋아진다는 것을 보여준 다양한 심리치료성과연구의 맥락에서 관찰되어야만 한다. 이런 보고들은 희망과 기대 그리고 신념이 치료적 성과에 미치는 강한 영향력을 지적하는 연구들이다.

상담 조언 2.5: 희망을 측정하기

수년간 심리학자들은 희망없음의 정도만을 측정해 왔다. 오늘날엔 희망을 측정하는 방법들이 있다. 사람의 현재의 희망상태를 측정하는 간단한 장치로, 스나이더(C. R. Synder)와 그의 동료들의 국가희망척도(State Hope Scale)가 사용될 만한 것이다(Snyder, Sympson, Ybasco, Borders, Babyak & Higgins, 1996). 그것은 온라인상에서도 이용가능하다(http://www.psych.ku.edu/facultu/rsnyder/state.htm#State %20Hope).

스나이더(Snyder)와 동료들은 어린이를 위한 기질상 희망척도도 개발했다(Snyder et al., 1997). 어린이들의 기질상 희망척도도 온라인상에서 이용가능하다(http://www.psych.ku.edu/faculty/rsnyder/child.htm#Child%20Scale).

4) 모델/기법 요인들

램버트(Lambert, 1992)는 희망/기대효과와 함께 모델과 기법 요인들도 심리치료성과들 중 15%를 설명한다고 보고했다. 이 요인들엔 다양한 심리치료 요법에서 사용되는 특별한 절차들이 포함된다. 이런 예들엔 점진적 이완(弛緩), 최면술, 생체자기제어, 감정의 전이해석, 꿈분석, 행동의 우발적 배열, 사고정지, 역기능적 사고추적, 독단적 훈련 등이 포함된다. 이 요인들은 이론적 근거와 설명, 특정 치료들이 제공하는 구조를 포함한다. 특정치료모델과 동일한 방식으로 정확히 적용된 방식이 행동변화로 연결된다는 개념으로 심리치료사들이 전통적으로 훈련 프로그램에서 강조했던 것이 이런 요인들이다.

때로 대학원생들은 학부과정 임상훈련을 마친 후 5년간 박사 과정 임상훈련을 해야 하며, 그 다음 1년 혹은 2년의 박사후과정의 임상훈련을 해야 한다. 게다가 임상훈련의 많은 부분이 치료성과 중 겨우 15%만을 설명한다는 점을 깨닫는 것은 그들을 낙담시키는 일일 것이다.

하지만 이 사실이 처음 들을 때만큼 그리 우울하게 들리지는 않을 것이다. 그들이 받은 훈련 대부분이 심리치료결과 중 15%만을 설명한다 하더라도 그것은 여전히 실질적 공헌을 한다. 또한 일부 특정기법들은 특정장애에 효과적임이 증명되었다, 그러므로 기법들이 동일하게 중요하다는 것은 아니다.

효과적인 기법의 한 예는 특정 공포치료에 있어서의 노출이다(7장에서 논의한다). 병적 공포증을 가진 내담자들은 이러한 기법으로 최소 수준의 불안을 유지하면서 천천히 체계적으로 두려움의 물체나 상황에 노출된다. 이 과정은 이런 소모적 장애들을 치료하는 데 있어서 종종 다른 기법들보다 효과적임이 증명되었다.

심리치료에서 변화를 설명하는 공통 요인들의 본질이 그리스도인들을 너무 놀라게 하는 것은 아니어야 한다. 성경과 기독교 전통은 변화를 이해하는 데 있어서 공통-요인 접근법을 지지하는 것으로 보인다. 변화는 단지 올바른 교리를 이해함으로(비록 이것이 중요하지만), 또한 사람의 삶의 방향과 질을 형성하는 다양한 요인들에 의해서 발생된다.

예를 들어, 사도들은 현재 환경의 재해석을 통한 희망을 자주 가르쳐졌다. 그리스도는 산상수훈설교에서 다양한 개인적인 영적 특징이 충만한 삶으로 인도하는 데 중요하다고 가르치셨다. 마찬가지로, 의미 있는 관계들, 곧 지원과 용기를 북돋움 그리고 훈계는 기독교 공동체를 위해 필수적이다. 기도, 고백, 묵상 그리고 예배와 같은 구체적인 방식들도 성장을 위해 필수적인 것으로 기술되어 있다. 이러한 삶의 공통 요소들은 누구나 이용가능한 것이기에, 우리가 직면하고 있는 부정적인 사건들을 견디며, 거룩한 성격을 촉진하는 데 도움이 되는 것으로 여겨진다.

7. 경험적으로 옹호된 치료법들

건강관리에 여러 개입법의 효과를 증명하기 위한 강한 움직임이 지난 20년 이상 있어 왔다(Deegear & Lawson, 2003). 증거에 기초하거나 경험적으로 검증된 치료법(ESTs)으로 다양하게 지칭된 이 방식은 효과를 증명한 의학적 또는 정신적 건강개입들이다(Nathan & Gorman, 2002). 오늘날 미국심리학회(APA)의 제12분과(임상심리학회)에 의해 구성된 팀은 실제 장애치료에 효과적인 경험적 치료개입사례를 상세히 기록하고 있다.

효과적인 치료 목록에 포함되기 위해서는 특정한 개입은 반드시 엄격한 관련기준을 충족시켜야만 한다. 경험적으로 지지받는 치료법들은 성격상 대부분의 경우 인지-행동치료이다.

"그 리스트에 따르면 지금까지 ESTs의 방대한 다수, 곧 60% ~ 90% 사례들이 인지-행동치료들이다"(Norcross, 2004, p. 13).

비록 기법들이 심리치료의 전반적인 성과들 중 작은 공헌에 불과하나, 인지-행동기법들은 최상의 연구지원을 받는다.

모든 심리치료들의 효과적인 구성성분들을 결정하는 것이 특정 장애에 대한 가장 효과적인 치료법들을 결정하는 것과는 다르다. 즉, 심리치료에서 공통 요인들의 중요성을 드러내는 것이 특정 요인들(기법들)이 중요하지 않다는 것을 의미하지는 않는다. 모든 심리치료법들은 효과 면에서 동일하다는 로젠츠바이그(Rozenzweig, 1936)의 도도새 찾기에서의 언급은 약물이 질병치료에 효과적이라고 언급하는 것과 같다. 하지만, 분명한 것은 일부 약물은 특정 질병만을 치료하기 위한 것이라는 사실이다. 그리고 우리가 이 수준에서 정밀 조사할 때, 일부 약물은 특정 질병에 대해 다른 약물보다 더 효과적인 것은 분명하다.

다양한 인지치료개입들이 특정 장애에 도움이 된다고 증명되었고(Butler & Beck, 2001), 여러 메타분석적 연구는 인지-행동방법들이 다른 심리치료방법들보다도 더 알맞은 성과를 낸다는 것을 보여 주었다(cf. Shapiro & Shapiro, 1982; Robinson, Berman & Neimeyer, 1990). 일반적으로 인정하듯, 이런 발견은 부분적으로 인지-행동치료가 연구계획서로 쉽게 변환될 수 있다는 상대적 편의성 때문이다. 그러나 이것이 연구 문헌에서 인지치료의 성공의 위대함을 완전히 설명할 수는 없다.

최근 연구들은 인지-행동치료가 노년기 성인들의 불안증상들에 대한 협력적 상담보다도 더 효과적이고(Barrowclough et al., 2001), 공포스러운 공격을 받은 내담자들을 위한 정서중심치료보다 더 효과적이며(Shear, Houck, Greeno & Masters, 2001), 트라우마에서 살아난 성인 생존자들을 위한 협력적 상담보다 더 효과적이고(Ehlers & Clark, 2003), 우울증에 대해 퇴행방지약물보다 더 효과적임이 밝혀졌다(Butler & Beck, 2001). 인지치료에 대한 기독교적 접근법들은 다른 비종교적 인지치료 접근법들보다 더 우월하다는 것을 증명하지는 못했다(Johnson, 1993; McCullough, 1999; Worthington & Sandage, 2001).

인지-행동치료는 광범위하게 연구되었고, 이런 형태의 심리치료효과에 관해 많은 메타분석들이 수행되었다. 버틀러, 채프만, 포만 그리고 벡(Butler, Chapman, Forman, and Beck, 2006)은 최근에 엄격한 방법론을 논증했던 6가지의 메타분석들을 검토했다. 그들의 발견들은 인지치료가 성인과 청년의 단극우울증, 일반화된 불안장애, 공황장애, 사회적 공포증, 외상 후 스트레스장애, 그리고 유년시절 우울증과 불안장애들에 매우 효과적임을 보여준다(전체적인 평균 효과 크기= 0.95).

게다가, 인지-행동치료는 거식증(多食症)에 효과적이며(평균 효과 크기=1.27), 정신분열증치료에 있어서 약물에 대한 보조치료로서 효과적이다(평균 효과 크기=1.23). 인지치료는 결혼스트레스, 분노, 유년시절 신체적 장애들과 만성통증증후군에 효과적이다(평균 효과 크기=0.62). 인지치료는 성범죄자들을 치료하는 데엔 비교적 덜 효과적이다(평균 효과 크기=0.35).

8. 결론

이 장을 시작하면서 우리 저자들은 좌절을 안겨주는 업무 속에서 불안과 우울증을 경험한 짐(Jim)의 상황을 고려했다.

짐의 문제에 대해 어떻게 적절히 개념화 할 것인가?

비록 그같은 복잡한 인간 문제에 역점을 두고 다룰 공식이 없지만, 심리학적 연구 문헌에서 이용 가능한 어떤 지침은 있다. 짐의 배경과 자원들 그리고 특성들에 대한 세심한 평가는 치료사가 짐의 기대, 곧 자기 자신과 세상 그리고 변화 과정에 대한 희망과 신념의 정보를 산출하게 한다. 현명한 치료사는 이러한 정보를 사용하여, 적절한 변화 단계에서 짐의 개인적 자원들을 더욱 더 강화하려고 의도된 건전한 치료 관계를 강화하기 위해 사용할 것이다.

치료에서 사용된 특정한 기법들과 상관없이, 짐은 분명히 호전되었다. 성공적인 성과에 대한 그의 가능성을 증가시킬 요인들은 그의 심리학적 자원들과 사회지원 시스템, 치료사와의 적극적 신뢰관계, 성공적 치료에 대한 자신의 긍정적 기대, 그리고 치료사가 사용한 구체적인 기법들을 포함한다.

비록 다른 많은 치료에 대한 접근법들도 도움이 될 수 있었지만, 짐의 불안과 우울증에 대한 인지-행동접근은 그의 특정증상들을 완화시키는 데 큰 도움을 주었다. 치료과정에서 짐은 어떻게 자신의 고통(distress)이 표준인지치료 영역을 훨씬 넘어서는 주제들인 자신의 직업이나 가족 혹은 신앙, 과 연결되는지 이해하면서 더 많은 도움을 요구할 수도 있다.

우리가 본서에서 기술하는 통합적 심리치료는 인지치료기법들에 뿌리를 두고 있지만, 전적으로 그렇지만은 않다. 이 분야의 연구 문헌들로 우리 저자들은 인지치료의 개입에 확신을 가지게 되었다. 그러나 그것 역시 겸손을 요구한다. 왜냐하면 치료에 대한 많은 다른 접근법들도 효과적이기 때문이다.

제4장에 기술된 개입영역들 접근법은 심리치료에 대한 다양한 이론적 접근법들을 통합하고, 건강한 심리치료관계의 중요성을 강조하며, 치료사들이 다양한 변화 단계들에 익숙하기를, 그리고 얼마나 많은 변화가 요구되는가를 결정하는 데 있어서 내담자들과 함께 협력적으로 진료할 것을 요구한다.

참고문헌

Asay, T. P., & Lambert, M. J. (1999). The empirical case for the common factors in therapy: Quantitative findings. In M. A. Hubble, B. L. Duncan & S. D. Miller (Eds.), *The heart and soul of change: What works in therapy*. Washington, DC: American Psychological Association.

Barrowclough, C., King, P., Colville, J., Russell, E., Burns, A., & Tarrier, N. (2001). A randomized trial of the effectiveness of cognitive-behavioral therapy and supportive counseling for anxiety symptoms in older adults. *Journal of Consulting and Clinical Psychology, 69*, 756-62.

Bergin, A. E. (1971). The evaluation of therapeutic outcomes. In A. E. Bergin & S. L. Garfield (Eds.), *Handbook of psychotherapy and behavior change: An empirical analysis* (pp. 217-70). New York: John Wiley & Sons.

Bobgan, M., & Bobgan, D. (1987). *Psychoheresy*. Santa Barbara, CA: Eastgate Publishers.

Butler, A. C., & Beck, J. S. (2001). Cognitive therapy outcomes: A review of meta-analyses. *Tidsskrift for Norsk Psykologforening, 38*, 698-706.

Butler, A. C., Chapman, J. E., Forman, E. M., & Beck, A. T. (2006). The empirical status of cognitive-behavioral therapy: A review of meta-analyses. *Clinical Psychology Review, 26*, 17-31.

Chambless, D. L., Baker, M. J., Baucom, D. H., Beutler, L. E., Calhoun, K. S., Crits-Christoph, P., Daiuto, A., DeRubeis, R., Detweiler, J., Haaga, D. A. F., Johnson, S. B., McCurry, S., Mueser, K. T., Pope, K. S., Sanderson, W. C., Shoham, V., Stickle, T., Williams, D. A., & Woody, S. R. (1998). Update on empirically validated therapies, II. *The Clinical Psychologist, 51*, 3-16.

Clement, P. W. (1999). *Outcomes and incomes: How to evaluate, improve, and market your psychotherapy practice by measuring outcomes*. New York: Guilford.

Deegear, J., & Lawson, D. M. (2003). The utility of empirically supported treatments. *Professional Psychology: Research & Practice, 34*, 271-77.

Duncan, B. L., Hubble, M. A., & Miller, S. D. (1997). Stepping off the throne. *The Family Therapy Networker, 21*, 22-31.

Ehlers, A., & Clark, D. M. (2003). Early psychological interventions for adult survivors of trauma: A review. *Biological Psychiatry, 53*, 817-26.

Eysenck, H. F. (1952). The effects of psychotherapy: An evaluation. *Journal of Consulting Psychology, 15*, 319-24.

Faraone, S. V. (2003). Understanding the effect size of ADHD medications: Implications for clinical care. *Medscape Psychiatry & Mental Health 8*(2). www.medscape.com/viewarticle/461543.

Frank, J. (1973). *Persuasion and Healing* (rev. ed.). Baltimore: Johns Hopkins University Press.

Hubble, M. A., Duncan, B. L., & Miller, S. D. (1999). *The heart and soul of change: What works in therapy.* Washington, DC: American Psychological Association.

Johnson, W. B. (1993). Outcome research and religious psychotherapies: Where are we and where are we going? *Journal of Psychology and Theology, 21,* 297-308.

Kadera, S. W., Lambert, M. J., & Andrews, A. A. (1996). How much therapy is really enough?: A session-by-session analysis of the psychotherapy dose-effect relationship. *Journal of Psychotherapy: Practice and Research, 5,* 1-22.

Koenig, H. G., McCullough, M. E., & Larson, D. B. (2001). *Handbook of religion and health.* New York: Oxford.

Lambert, M. J. (1976). Spontaneous remission in adult neurotic disorders: A revision and summary. *Psychological Bulletin, 83*(1), 107-19.

Lambert, M. J. (1992). Implications of outcome research for psychotherapy integration. In J. C. Norcross & M. R. Goldfried (Eds.), *Handbook of psychotherapy integration* (pp. 94-129). New York: Basic Books.

Lambert, M. J. (Ed). (2004). *Bergin & Garfield's handbook of psychotherapy and behavior change* (5th ed.). New York: Wiley.

Lambert, M. J., & Bergin, A. E. (1994). The effectiveness of psychotherapy. In A. E. Bergin & S. L. Garfield (Eds.), *Handbook of psychotherapy and behavior change: An empirical analysis* (4th ed.) (pp. 143-89). New York: John Wiley & Sons.

Lambert, M. J., Weber, R. D., & Sykes, J. D. (1993, April). Psychotherapy versus placebo. Poster presented at the annual meetings of the Western Psychological Association, Phoenix, AZ.

Luborsky, L., Singer, B., & Luborsky, L. (1975). Comparative studies of psychotherapies: Is it true that "everybody has won and all must have prizes"? *Archives of General Psychiatry, 32,* 995-1008.

McCullough, M. E. (1999). Research on religion-accommodation counseling: Review and meta-analysis. *Journal of Counseling Psychology, 46,* 92-98.

McMinn, M., & Foster, J. (1990). *Christians in the crossfire.* Newberg, OR: Barclay Press.

Miller, S. D., Duncan, B. L., & Hubble, M. A. (1997). *Escape from Babel: Toward a unifying language for psychotherapy practice.* New York: Norton.

Nathan, P. E., & Gorman, J. M. (2002). *A guide to treatments that work* (2nd ed.). New York: Oxford University Press.

Norcross, J. C. (2004). Empirically supported treatments (ESTs): Context, consensus, and controversy. *The Register Report, 30,* 12-14.

Norcross, J. C., & Goldfried, M. R. (2005). *Handbook of psychotherapy integration* (2nd ed.). New York: Oxford University Press.

Powell, L. H., Shahabi, L., & Thoresen, C. E. (2003). Religion and spirituality: Linkages to physical health. *American Psychologist, 58,* 36-52.

Prochaska, J. H., & DiClemente, C. C. (1983). Stages and process of self-change of smoking: Toward an integrative model of change. *Journal of Consulting and Clinical Psychology, 51,* 390-95.

Prochaska, J. H., & DiClemente, C. C. (1984). *The transtheoretical approach: Crossing traditional boundaries of change.* Homewood, IL: DowJones/Irwin.

Prochaska, J. H., & DiClemente, C. C. (1985). Common processes of change in smoking, weight control, and psychological distress. In S. Shiffman & T. Wills (Eds.), *Coping and substance abuse.* New York: Academic Press.

Prochaska, J. H., & Norcross, J. C. (1994). *Systems of psychotherapy: A transtheoretical analysis* (3rd. ed.). Pacific Grove, CA: Brooks/Cole.

Prochaska, J. H., DiClemente, C. C., Velicer, W. F., & Rossi, J. S. (1993). Standardized, individualized, interactive and personalized self-help programs for smoking cessation. *Health Psychology, 12,* 399-405.

Robinson, L. A., Berman, J. S., & Neimeyer, R. A. (1990). Psychotherapy for the treatment of depression: A comprehensive review of controlled outcome resources. *Psychological Bulletin, 108,* 30-49.

Rogers, C. R. (1957). The necessary and sufficient conditions of therapeutic personality change. *Journal of Consulting Psychology, 21,* 95-103.

Rozenzweig, S. (1936). Some implicit common factors in diverse methods of psychotherapy. *American Journal of Orthopsychiatry, 6,* 412-15.

Seligman, M. E. P. (1995). The effectiveness of psychotherapy. *American Psychologist, 50,* 965-74.

Shapiro, D. A., & Shapiro, D. (1982). Meta-analysis of comparative therapy outcome studies: A republication and refinement. *Psychological Bulletin, 92,* 581-604.

Shear, M. K., Houck, P., Greeno, C., & Masters, S. (2001). Emotion-focused psychotherapy for patients with panic disorder. *American Journal of Psychiatry, 158,* 1993-98.

Smith, M. L., Glass, G. V., & Miller, T. I. (1980). *The benefits of psychotherapy.* Baltimore: Johns Hopkins University Press.

Snyder, C. R., Hoza, B., Pelham, W. E., Rapoff, M., Ware, L., Danovsky, M., Highberger, L., Rubinstein, H., & Stahl, K. (1997). The development and validation of the Children's Hope Scale. *Journal of Pediatric Psychology, 22,* 399-421.

Snyder, C. R., Sympson, S. C., Ybasco, F. C., Borders, T. F., Babyak, M. A., & Higgins, R. L. (1996). Development and validation of the State Hope Scale. *Journal of Personality and Social Psychology, 70,* 321-35.

Wampold, B. E., Mondin, G. W., Moody, M., Stich, F., Benson, K., & Ahn, H. (1997). A meta-analysis of outcome studies comparing bona fide psychotherapies: Empirically "all must have prizes." *Psychological Bulletin, 122,* 203-15.

Worthington, E. L., Jr., & Sandage, S. J. (2001). Religion and spirituality. *Psychotherapy: Theory, Research, Practice, Training, 38,* 473-78.

제3장
심리학의 혁명

1968년 비틀즈가 "당신은 혁명을 원한다고 말하고 있다"(You say you want a revolution)라는 제목의 노래를 부르고 있을 때, 심리학은 자신의 조용한 혁명에 종사하느라 바빴다. 스키너(B. F. Skinner)의 근본적 행동주의와 그의 선구자들은 1960년대에 그 절정을 이룬 뒤 쇠약해졌다. 1950년대에 심리분석의 관심이 급상승했으나 그 영향력은 60년대와 70년대를 걸치면서 위축되었다. 구학파들이 추진력을 상실했을 때 인지심리학이라는 새로운 학파가 혁명적인 연구와 임상실습을 시작했다(R. W. Robins, Gosling & Craik, 1999). 그 변화는 인지 혁명으로 알려졌다.

연구자들은 인과적 속성, 사회적 의미들, 의존적인 사람들, 낙천주의, 정보처리, 경험적 평가에 의한 문제해결 방식, 사회적 인지기능과 태도변화 같은 인지현상들을 연구 조사하기 시작했다. 임상실습도 변했다. 행동주의 치료사들은 강제로 블랙박스 문을 연 후, 사고와 신념 그리고 자극과 반응사이에 있는 가치기준이라는 방대한 영역을 살펴보기 시작한다. 일부 정신분석 치료사들은 성격 변화를 위해 요구된 수년간의 집중적인 치료로 각성했으며, 새롭고 더 빠른 변화의 인지 패러다임을 탐구하기 시작했다. 임상과학자들은 새로운 인지치료효과들을 연구하기 시작했으며, 그 결과들은 고무적이었다. 인지치료를 위한 종합시설들이 미국 전역에 있는 주요 도시들에 등장했다.

오늘날 우리는 인지적 개입들이 전제되며 만연되기까지한 혁명 이후의 상황에서 살고 있다. 오늘날 우리는 정신병원 치료 프로그램에는 판에 박힌 듯, 환자들의 사고재조정을 도와주는 인지치료 그룹이 포함되며, 심리학 분야에서는 대학의 임상훈련프로그램이 공인받기 위해 과학에 기초된 인지적 개입들을 반드시 가르쳐야만 하고, 인지치료 원리들에 입각한 자조(自助) 서적들이 넘쳐나고, 보험회사들은 종종 단기적 인지접근법들을 사용할 것을 명령하는 세상에 살고 있다.

통합적 심리치료는 기독교적 세계관으로부터 시작하며, 하나님의 형상(*Imago Dei*)에 대한 세 가지 관점들에 대응하는 세 가지 다른 개입영역들을 필요로 한다. 처음 두 개 입영역들은 인지치료에 밀접하게 결합되어 있다. 그러므로 기독교적 관점에서 인지치료를 세심하게 검토하고 비평하는 것은 중요하다.

이 장에서 우리 저자들은 먼저 인지적 혁명으로부터 출현한 인지치료들의 기본적인 상정 내용들을 개관한 후 비평하고자 한다.

1. 인지치료법의 개관

인지치료법들은 보통 두 가지 넓은 범주들로 나뉘어져 있다.

의미론적 인지치료법(Semantic cognitive therapies)은 인간이 자신에게 말하려고 사용하는 단어들과 자신이 어떻게 더 좋게 느끼도록 자기-대화를 바꿀 수 있는가에 초점을 두고 있다.

구조적 인지치료법(Constructivist cognitive therapies)은 우리의 자기-대화 너머를 바라보며, 인간이 실재에 대한 자신의 경험을 세우는 방법들을 심사숙고한다. 즉, 어떻게 가치기준, 상정 내용, 신념으로 자신의 삶의 방향의 형태를 만들어 가며, 얼마나 적극적으로 삶의 사건들을 해석하는가를 고려한다.

1) 의미론적 인지치료법

감정들을 삶의 사건들과 연결짓는 것은 매우 당연하다. 어떤 사람이 속도위반 딱지를 받고 난 후, 그 날 종일 짜증과 실망감을 느낀다. 그리고 당연히 속도위반 딱지가 그 감정들을 야기했다고 여긴다. 또 어떤 사람은 배우자로부터 선물을 받고, 그 날 저녁을 만족감과 행복감 그리고 사랑받고 있다는 느낌을 가지며 보낸다. 그리고 당연히 그 선물이 좋은 저녁을 만들었다고 여긴다. 사람들은 자주 자신들의 감정들을 통제하기보다, 오히려 삶의 환경탓으로 돌린다(도표 3.1.를 보라).

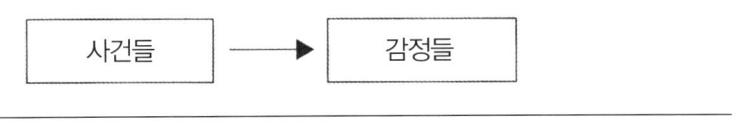

도표 3.1. 감정들의 원인에 대한 인간의 일반적 가정

의미론적 인지치료법의 전제는 사건들과 감정들 사이의 이 단순한 연결이 과정이라는 본질적인 부분을 간과한다는 점이다. 인간은 세상의 사건들을 정확하게 평가하고 난 후, 정확한 응답을 하는 논리에 맞는 기계이면서 동시에 능동적인 해석자이다.

경험이 없는 두 명의 스키어들이 언덕 위에 서 있다. 한 사람은 염려를 하고 다른 한 사람은 짜릿한 감격을 느낀다. 두 사람이 똑같은 사건에 직면하지만, 그들의 감정들은 완전히 별개의 것이다. 왜냐하면 그들은 자신들의 상황을 다르게 해석하고 있기 때문이다. 한 사람은 이것은 정말 재미있을 거야라고 생각하고 있다. 나머지 한 사람은 이것이 쏘니 보노(Sonny Bono)가 죽었던 방식아냐?라고 생각하고 있다.

첫 번째 사람의 평가는 행복감이라는 감정에 이르게 되고, 다른 사람의 평가는 공포라는 감정에 이르게 된다. 동일한 한 가지 상황에 대한 이 두 스키어들의 사정(查定)은 의미론적 인지치료법의 근본적인 전제를 반영하는 평가이다. 생각은 사건과 감정 사이에 개입한다(도표 3.2를 보라).

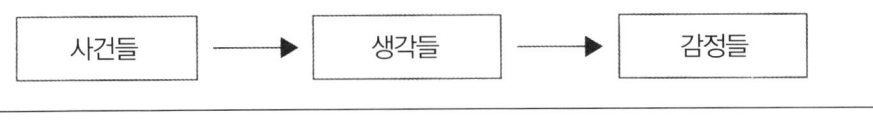

도표 3.2. 인지치료의 근본적인 전제

인지치료사들은 그들의 내담자의 사고와 사고의 패턴들의 평가하도록 돕는다. 다음

에는 이것이 그들의 감정들에 대한 더 큰 통제력을 준다.

앞의 예로 돌아가, 두 번째 스키어가 불안을 부추기는 어떤 인지내용들을 조정한 후에는 스키타는 것을 좋아하게 되는 당연한 일이다.

합리적-정서행동치료(Rational-Emotive Behavior Therapy[REBT])의 제창자이자 인지적 혁명의 개척자들 중 한 사람인 알버트 엘리스(Albert Ellis)는 이 전제를 명확히 설명하기 위해 ABCs을 사용한다. 철자 A는 활성화되고 있는 사건을 나타내고, 철자 B는 신념을, 그리고 철자 C는 결과적인 감정을 나타낸다(Ellis & Harper, 1997). 엘리스의 모델은 모든 의미인지치료에 공통적인 사건-사고-감정 공식에 대응한다.

어떤 사람이 속도위반 딱지를 받고(A), 그 후 이 경찰관들은 어리석다. 왜 그들은 그들의 시간을 나쁜 놈들 잡는 데에 쓰지 않는가? 혹은, 그렇게 빨리 달리다니 나는 참 바보야. 내가 무슨 생각을 하고 있었지? 난 이 벌금을 결코 낼 수 없어!와 같은 신념들을(B) 가지고 불필요한 화를 낸다. 그리하여 그는 그 날의 나머지를 여러 가지 상호기능들과 활동들을 하는 데 있어서 불쾌한 생각이 만연한 채 불행한 상태(C)로 지낸다.

또 다른 사람도 속도위반 딱지를 받는다(A).

치료실 안에서 3.1: 방향성 있는 반영

대부분의 치료사들은 내담자들에 대한 적극적인 경청과 돌봄의 소통을 목적으로 대응과 재진술을 활용하고 있다.

죠이스: 어제 제 자동차가 멈췄어요, 바로 고속도로 한 가운데에서 말예요. 전 도저히 믿을 수가 없었어요! 타이밍이 어떻게 그렇게 나쁠 수가 있는 거죠?
마 크: 오 저런~ 정말 힘드셨겠군요. 더군다나 그것도 도로 교통이 혼잡한 한가운데서 말이에요.

인지치료에서 치료사는 내담자가 말하고 있는 내용을 가만히 대응하고 있다. 그러나 그것은 기저에 깔린 사고기능들에로 주의를 끌어가기 위한 한 방법이다.

죠이스: 어제 제 자동차가 멈췄어요, 바로 고속도로 한 가운데에서 말예요. 전 도저히 믿을 수가 없었어요! 타이밍이 어떻게 그렇게 나쁠 수가 있는 거죠?

> 마　크: 오 저런~ 정말 힘드셨겠군요. 그래서 당신은 거기에 있었군요. 주저앉은 자동차와 함께 도로 교통이 혼잡한 한가운데에서 꼼짝달싹 못하고 말이죠. 그래서 이런 부정적 감정들과 생각들이 당신에게 퍼부어지기 시작한 게로군요.
> 죠이스: 네, 맞아요. 제 말은요, 저는 차를 도로 갓길로 댈 수 있었어요. 그런데 그 때 저는 운전석 위에 앉아 몹시 취한 채 그냥 움츠러 들어버렸어요. 그리고 통제할 수 없이 눈물이 흐르기 시작했었죠. 제 말은요, 내가 어떻게 이번 견적을 지불이나 할 수 조차 있을까? 한 가지 비용이라도 말이에요? 그런데 왜 이런 일이 지금 일어나야만 했을까요? 그것도 내 인생에 다른 여러 문제들 한가운데에서 말이에요?
> 마　크: 바로 그런 상황이었었군요. 당신은 술에 몹시 취해 있으면서 "난 정말 이제 단 한가지 일도 더 감당할 수 가 없어"와 같은 말을 하고 있었던 거로군요.
>
> 치료사가 공감을 소통하기 위하여 재진술의 기법을 사용할 수 있음에 주목하라. 하지만 동시에 여전히, 부정적인 감정들에 부추기는 생각들 쪽으로 대화의 방향을 슬쩍 끌어 가고 있는 것을 볼 수 있다.

그러나 다른 결과를 가지고 그 날의 나머지 일과를 한다. 그녀는 실망감의 즉각적인 급상승을 느끼고, 그런 후 그녀 자신에게 일들이 잘 풀려 나갈 것이라고 다짐하여 말한다(B).

이런 위반딱지를 받는 것은 매우 나쁜 일이다. 또한 골치 아픈 일이다. 하지만 내가 너무 빨리 달릴 때 이런 일이 발생한다고 생각한다. 음, 그래. 그런 일이 세상의 종말을 뜻하는 것은 아니지.

15분 후 그녀의 감정은 상당히 정상적으로 되돌아오고, 상대적으로 정상적인 일상으로 계속 생활해간다(C).

어떤 사람은 자신의 배우자로부터 선물을 받고(A) 그녀 자신에게 그것은 돈낭비며 단지 그가 그녀를 대하는 정떨어지는 방식에 대한 은폐공작에 불과하다고 말한다(B). 그녀는 결국 성난 감정이 들고 만다(C). 또 다른 사람은 비슷한 선물을 받은(A) 다음에 얼마나 관대하고 친절한 여성과 그가 결혼했는가를 숙고하며 그 날 저녁을 보낸다(B). 그는 만족과 기쁨을 느낀다(C).

똑같은 사건이 본질적으로 심하게 다른 감정들로 이어질 수 있다. 이것은 한 사람이 어떤 신념들을 사용하여 그 사건을 해석하는가에 달려있다.

엘리스는 A-B-C로 그치지 않는다.

그는 문제시되는 비이성적 신념들을 나타낼 철자 D와 수정된 인지적 효과를 나타낼 철자 E를 추가한다. 속도위반 딱지를 받은 후 그 도로를 계속 운전하면서 그 건강한 사람은 침착하게 이성적 생각으로 통제가 힘든 비극적 생각을 논박할 줄 안다. 그 효과(E)는 더 좋은 기분과 더 좋은 일과로 나타난다.

아론 벡(Aaron Beck)의 인지학습치료에서도 유사한 전제가 발견된다(Beck, Rush, Shaw & Emery, 1979). 벡은 인간이 삶의 상황들에 응답할때, 자동으로 일어나는 역기능적 사고(dysfunctional automatic thoughts[DATs])라는 역병에 걸려있다고 제안한다. 역기능적 사고(DATs)는 인간이 필요 이상으로 더 나쁜 감정이 들도록 만든다. 즉 더 우울하도록, 더 스트레스 받도록, 더 염려하도록, 더 화를 내도록, 더 죄책감이 들도록 한다. 치료사는 내담자를 도와 하루 종일 일어나는 비이성적, 역기능적 사고에 대항하여, 데이비드 번즈(David Burns, 1999)가 "정신적 유도"(mental judo)라고 부르는 싸우는 기술들을 배우게 한다. DATs를 이성적 반응들로 대체시킴으로써, 내담자는 원치않는 감정상태에 대한 통제력을 얻는다.

상담 조언 3.1 : 우리가 설교하는 것을 실천하기

인지치료 원리들은 내담자들과 치료사들에게 유용한 원리들이다. 몇 시간동안 과장된 생각들이 불쾌한 감정들로 이끄는 방식들을 찾아보면서 당신의 생각들을 탐구해보라.

1. 상황이 실제모습보다 정말 더 끔찍하게 보이는가? 무의식 중에 커피를 쏟은 것이 당황스럽고 불편하게 만든다. 그 당시 느낀 것처럼 지금도 그것이 불편한가?
2. 다른 사람들이 무슨 생각을 하고 있는지 당신이 안다고 상상하는가? 아마 누군가 당신을 평소보다 더 오래 쳐다보고 있기에, 당신은 자신의 옷의 색깔이 안어울리든지, 당신 이빨 사이에 뭔가가 끼어있다고 가정하게 된다. 그 외에도 다른 가능한 설명들은 많다.

> 3. 당신은 미래에 일어날 어떤 나쁜 사건에 대해 예상하고 있는가? 아마도 당신은 당신이 차를 세차했기 때문에 비가 올 것이라고 가정한다. 혹은 당신은 다가오는 시험에서 낙방하리라 확신한다. 부정적 성과들의 예견은 단지 불안을 증가시킨다. 인간들 중 누구도 장래에 무슨 일이 일어날지 알 수 없다.

엘리스의 접근법과 벡의 접근법 사이의 유사점들이 두드러진다. 이들은 두 접근법 모두 삶의 상황들이 주는 자동평가과정들을 유발하며 이런 평가들은 정서적 반응을 결정한다는 것을 가정한다. 게다가 이런 평가들은 유연하다. 즉, 평가들은 달라질 수 있고, 감정에 대한 더 큰 통제력을 개개인에게 주도록 형성될 수 있다.

이런 점에서 인지치료는 각 사람을 통제의 자리에 두는 요법이다. 엘리스와 벡이 할 수 있다고 제안한 것처럼, 자신들의 신념을 변화시키는 것을 배운 사람들은 때마다 자신들이 지니고 다니는 감정들도 바꿀 수 있다. 감정들은 생각을 관리함으로써 통제될 수 있다. 자신에게 상황이 혹독하고 불유쾌하다고 말하기보다 오히려 운이 없는 상황이라고 말하는 것을 배울 수 있다. 삶에서 불운은 참을 수 없다고 믿는 대신, 불편한 것들이 불가피하지만 처리할 수 있다고 믿을 수 있다.

누구나 절대 필요한 것들과 해야 하는 일들로 채워진 목록을 가지고 삶을 살아가기보다, 오히려, 의무 사항에 대해서 융통성 있는 사고를 할 수 있다. 과거의 잘못들에 대해서 자신 혹은 타인에게 고함치기보다, 인간의 어리석음에 미소를 지으며 살아갈 수 있다.

벡의 접근법이 엘리스의 접근법과 많은 유사점들을 공유한다 해도, 벡과 다른 학자들(예를 들어, Freeman & Davis, 2003; Young, 1999)도 그릇된 사고를 이해하기 위해 수직적 차원을 부가했다(도표 3.3을 보라). 사람들은 불쾌한 감정들에 이바지하는 자동적/무의식적 사고방식을 가진다는 주장은 충분히 합리적이다.

하지만 이 생각들은 어디에서 기인하는가?

무엇이 그들을 자동적으로 반응하게 만드는가?

자동적/무의식적 반응들이 감정들을 결정하는 데에 왜 그렇게 많은 힘을 발휘하는가?

이런 질문들에 대답하기 위해, 벡과 다른 많은 인지치료사들은 인간은 완전히 의식적인 자각상태 아래에서 작동하는 근본 신념들을 소유하고 있으며, 이 신념들은 인간이 자동적으로 일어나는 특별한 생각들에 쉽게 감염되도록 만든다고 믿는다.

이 근본 신념들은 자동적으로 떠오르는 생각들과 구별될 수 있다. 왜냐하면 후자는 의식표면에 존재하며, 증거에 의해 쉽게 논박될 수 있고, 상황적으로 구체적이기 때문이다.

예를 들어, 만약 한 학생이 다가오는 기말 시험에서 꼭 실패하게 될 것이라고 믿는다면, 이 생각은 한 상황(그 기말시험)에만 국한되며, 쉽게 드는 생각이지만(심지어 자극하는 것도 없이, 그녀는 자발적으로 그녀 친구들에게 말할 수 있다), 자신이 지금까지의 시험에서는 실패해 본적이 거의 없다는 점과 이번 시험을 대비하여 꽤나 부지런히 공부하고 있다는 점을 기억하므로 그 생각을 쉽게 떨쳐버릴 수 있다.

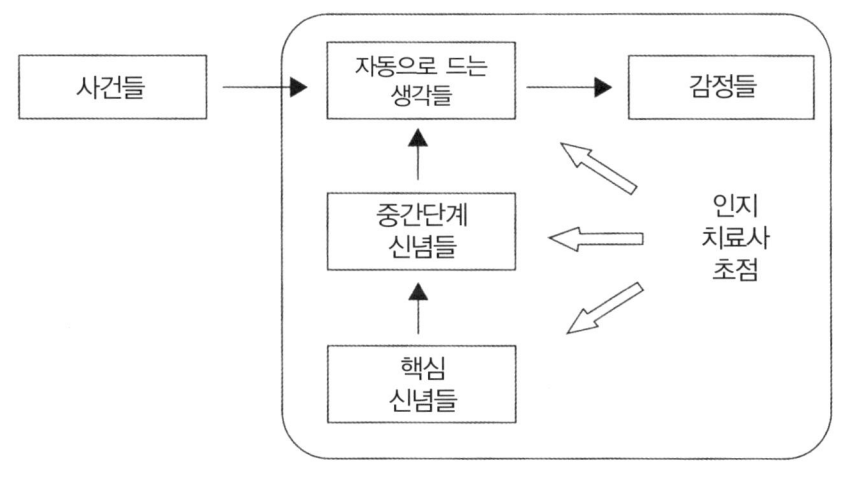

도표 3.3. 수직적 차원이 부가된 인지치료

DATs와 대조적으로, 더 깊은 차원의 신념들은 하나의 특정 상황 이상의 경우에 적용되며, 의식적인 접근 가능성이 떨어지며, 반증에도 쉽게 논박되지 않는다. 대개 염려가 많은 학생은 시험에 대해 불안증에 걸리기 쉽다. 그 여학생은 삶의 모든 국면에서 분명 대단히 성공적이어야 한다고 의식적, 혹은 무의식적으로 믿고 있기 때문이다. 그녀가 자신 앞에 놓인 특정한 시험에 대해 염려하는 것보다도 이런 일반적인 신념이 변화에 더욱 저항적일 것이다.

벡은 이러한 더 깊은 수준들의 사고를 층별로 개념화한다(Needleman, 1999을 보라). 자동적으로 떠오르는 생각 밑에는 중간단계 신념이 있다. 중간신념은 암묵적 규칙들의 형태(예를 들어, "나는 내가 시도하는 모든 것에서 성공적이어야만 해"), 만약–그러면 진술 형태(예를 들어, "만약 내가 엄청난 거래를 성사시킨다면, 그러면 사람들이 나를 감복해 하고 사랑할 거야"), 혹은 주요 목표 형태(예를 들어, "나는 틀림없이 성공적인 전문 직업인이 되어만 해")를 취하고 있다.

가장 깊은 수준의 신념은 가장 일반적인 수준에서 기능하는 것이며, 무의식 속에 거의 완벽히 파묻혀 있기에, 핵심 신념 혹은 부적응적 기저상정 내용들이라 불리우며, 증거를 가지고 논박하기가 극도로 어렵다. 가장 깊은 신념들은 대부분 자기 이미지와 우리 주위 세상에서의 신뢰나 불신과 관련된다.

예를 들어, 자신을 근본적으로 흠이 있고 사랑받을 수 없는 존재로 여기는 사람은 우울증에 걸리기 쉽다. 왜냐하면 그의 핵심 신념이 불편하게 만드는 중간신념들과 역기능적인 자동적 생각들을 생성할 것이기 때문이다. 친구나 치료사가 그에게 사랑스럽고 선하다고 말하면서 기운을 북돋우려고 노력하기도 한다. 그러나 그와 같은 재확신들이 도움을 줄 개연성은 없다. 핵심 신념들은 변화에 매우 저항적이기에, 변화가 그리 쉽지 않을 것이다.

벡(Beck)은 핵심 신념들이 도식들(schemas)로 알려진 인지적 의미들 안에 묻혀있다고 규정한다. 도식은 삶의 환경에 의존하여 활성화되거나 혹은 비활성화된다. 시험불안증을 가진 학생의 경우로 돌아가서 볼때, 그녀는 시험 삼일 전까지는 특별히 염려를 느끼지 않는다. 그 후에 그 도식이 활성화된다. 그녀는 자신의 핵심 그리고 중간신념들에서 흘러나오는 DATs를 가지기 시작하고, 예견 가능한 특정 감정들이 생겨난다(예를 들어, 불안과 공포). 이런 감정들과 생각들은 그녀에게 동기를 부여하여 공부하도록 하고, 그녀는 의식적인 기제(mechanism)들을 발달시켜 행동 변화에 초점을 둠으로써 그녀의 화난 감정들을 관리한다(예를 들어, "나는 매일 밤 자정까지 공부할 거야. 그런 다음 새벽 5시까지 잠을 잔다, 그런 후 수업시간 때까지 공부한다"). 일단 기말시험 주간이 끝나기만 하면, 그녀의 도식은 비활성화되고, 학기를 마치는 기간 동안 그녀는 평화와 휴식을 경험한다.

이것은 도식활성화와 비활성화의 상대적인 정상적 과정의 예를 보여준다. 하지만,

만약 이 도식이 일정치 않은 시간에 활성화되거나 혹은 위기상황이 끝난 후에도 쉽게 비활성화되지 않는다면 어찌될 것인가?

> ### 상담 조언 3.2: 생각의 아래 쪽을 주목하기
>
> 내담자의 생각속에 있는 주제들을 찾아라. 그 주제들은 종종 더 깊은 차원의 가치관이나, 내담자안에 혼란을 야기하고 있는 어떤 전제를 반영하고 있기 때문이다. 예를 들어, 세 번째 상담에서, 당신의 내담자 저스틴은 자신이 얼마나 하나님을 실망시켰었는지에 대해 논한다. 다섯 번째 상담에서, 그는 자신이 어떻게 결혼을 다 망쳐놓았는지 그리고 자신의 아내를 볼 때마다 자신이 지금까지 얼마나 나쁜 남편이었는가 하는 것에 관해 상기된다고 고백한다. 여섯 번째 상담에서, 그는 자기 회사 사장에 대한 분노, 즉 사장이 자신의 좋은 일들은 아는 척도 안하면서, 항상 실수들에 대해선 얼마나 비난을 해 대는가에 대해 고백한다.
>
> 기민한 치료사라면 저스틴에게는 용서가 큰 주제이며 용서에 대한 그 자신의 갈망이 다소 자기 중심적인 방향으로 향해 있음에 주목해야 할 것이다. 직접적인 상황들 바로 아래에 있는 더 깊은 주제들을 탐구하는 것이 유익할 것이다.

대부분의 학생들은 중요한 시험이 다가온다면 자신들의 "경고단계" 도식이 활성화되길 바란다. 왜냐하면 그것이 그들에게 동기를 부여하여 그 시험을 준비하도록 하기 때문이다. 마찬가지로, 우리는 만일 우리가 숲 속에서 굶주린 곰과 맞닥뜨린다면 "묘안끌어내기" 도식이 활성화되길 원한다. 왜냐하면 그것이 우리로 하여금 우리들의 자원들에 동기를 부여하여 그 상황을 대처해 나가도록 이끌기 때문이다. 하지만 우리는 똑같은 경고단계나 묘안 끌어내기 도식들이 우리들이 고속도로를 운전하거나 또는 친구와 조용한 점심을 즐기고 있을 때 갑자기 나타나기를 원치 않는다.

공황장애를 가진 사람들은 외견상 임의의 순간들에 활성화된 원치 않는 도식들을 가지고 있는 것이다. 마찬가지로, 우리가 다른 사람을 상하게 하거나 혹은 침해하는 어떤 일을 저질렀을 때, 우리 대부분은 양심의 가책도식을 중요하게 여긴다. 하지만, 우리는 양심의 가책 도식이 임의적으로 활성화되길 원치 않는다. 임상치료가 필요한 우울증으로 고생하는 사람들은 자주 이유없이 깊은 수치심을 경험한다. 그럴 경우 심리치료의 한 가지 목표는 그들을 도와 도식비활성화에 대한 의식적 통제력을 더 가지도록 하는

것이다.

의미론적 인지치료법은 이해하기가 수월하다. 그리고 어떤 의미에서, 그것들은 언제나 자체의 단순성에 의해 괴롭힘을 당해왔다. 만일 인지치료법이 처리한 것처럼(Bloom, 1992; Kenardy & Adams, 1993) 컴퓨터 연산자가 심리치료 접근방식을 복제할 수 있다면 인간 변화의 복잡성이 지나치게 단순화될 것이다.

2) 구조적 인지치료법

1980년대 후반과 1990년대 초기에, 구조적 인지치료법으로 알려진 참신한 대안 요법이 등장했다(더 많은 정보를 원한다면 1993년 4월 판 *Journal of Consulting and Clinical Psychology*를 보라). 더 오래된 의미론적 인지치료법들은 단선적(單線的)(도표 3.2를 보라) 모델로서 실재는 변하지 않으며 실재에 대한 지각기능들이 인간의 감정과 행동을 결정한다고 전제한다.

그러나 만일 외부의 실재와 인간의 지각기능 사이의 관계가 실제로 동적이며 쌍방향적이라면 어떻게 되는가?

아마 인간의 생각이 감정에 영향을 미친다는 전제는 전체 이야기의 겨우 절반에 불과할 것이다. 감정도 인간의 생각에 영향을 미칠 수 있다.

만일 실재 그 자체가 때로 인간의 생각과 감정들에 의해 형성된다면 어떻게 되는 것인가?(도표 3.4를 보라)

예를 들어, 재리드(Jared)라는 한 내담자는 다른 사람들이 자신을 필연적으로 거부한다는 신념을 가지고 있다고 가정해 보자. 의미론적 인지치료법은 이것을 정도를 벗어난 신념으로 여길 것이고, 재리드를 도와 그의 신념의 타당성을 테스트하는 개인적인 실험들을 수행할 것이다. 결국 재리드는 진실을 알게 될 것이고, 비록 일부 사람들이 그를 거부할지라도 모든 사람들이 그를 거부한다는 것은 사실이 아님을 깨닫게 될 것이다.

결과적으로, 재리드는 기분이 더 좋아지며, 타인들과의 상호활동들에 대한 확신을 얻을 것이다.

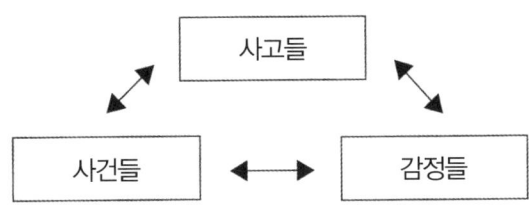

도표 3.4. 구조적 인지치료법들은 사건들, 사고들, 감정들 사이의 쌍방향적 상호기능을 당연한 것으로 가정한다.

구조적 인지치료법은 이와 똑같은 많은 것들을 할 것이지만, 신념들과 실재 사이의 쌍방향적 관계 역시 심사숙고할 것이다. 다시 말해, 의미론적, 구조적 치료사 둘 다 어떻게 재리드 자신의 삶의 사건들을 해석하는지에 관심을 가질 것이다. 하지만, 구조주의자들은 다른 사람들과의 관계 속에서 자신의 발진하는 삶을 어떻게 이해하는지 그리고 자신의 해석들이 사건들 자체를 어떻게 바꾸는지도 관심을 가질 것이다. 거부당함에 대한 재리드의 예상이 실제적으로 그의 경험들을 바꿀지도 모른다.

재리드는 존(Jon)이라는 새 친구가 있다. 어느 오후 늦은 시각에 재리드는 존에게 전화를 해서 이렇게 말한다.

"존, 당신도 알다시피, 내가 당신 목소리를 들은 지가 한참 되었어요. 그래서 나는 우리 둘 사이에 만사가 올바른지 확실히 하고 싶을 뿐이야. 난 당신이 나 혹은 그 어떤 것의 기분을 상하게 하지 않았어요, 그렇죠?"

존이 재리드에게 만사가 좋다는 재확신을 주면, 재리드는 우정에 대한 존의 헌신적 약속에 대해 그 다음날 다시 질문할때까지, 재리드는 좋은 기분을 유지한다.

재리드는 존에게 재확신을 받기 위해 다시 전화를 건다. 존은 재리드씨에게 재확신을 주지만 개인적으로 재리드의 불안증에 대해 짜증이 난다. 이런 일이 날마다 매주마다 일어나서 전화기에 찍힌 발신자의 이름이 재리드일 때, 존은 짜증을 내면서 결국 무시해버리게 된다. 곧 그들은 서로에게 연락하지 않게 되고, 결국 재리드는 '사람들은 필연적으로 자신을 거부한다'라는 자신의 신념이 옳다고 결론을 내린다.

재리드는 현실에 대한 해석자일 뿐만 아니라, 자기 현실의 건설자이다. 그의 자기-대화는 변화될 필요가 있을 뿐만 아니라, 다른 사람들에 대한 과도한 집착이 관계에 대한 자신의 기대를 어떻게 파괴하고 있는지도 알 필요가 있다.

구조적 인지치료법은 앎의 적극적인 본성을 강조한다.

"인간경험에 대한 구조주의적 관점은 관계 속에서 발전하는 자신에 의한 의미있는 행동을 강조하는 관점이다"(Mahoney, 2003, p. 5).

인간의 신념은 수동적 이해나 현실에 대한 오해를 전혀 반영하지 못한다. 그들은 실제적으로 현실을 변화시키며, 문화적 환경이라는 맥락 안에서 타자와의 관계에 의해 형성되고 변화된다. 이것은 모든 독자가 성경학자들이 만든 학문 분야인 해석학을 가지고 본문에 대한 해석전략을 어떻게 가져오는지를 고려하는 학문 분야와 밀접하게 결합되어 있다. 해석학자들에게 친숙한 한 격언이 있다.

"독자는 본문 안에 있고 그리고 본문은 독자 안에 있다."

그러므로 우리가 성경의 한 본문에 접근할 때, 우리 자신의 경험과 선입견 그리고 편견을 우리가 해석 중인 그 본문에 가져가지 않을 수 없다. 독자는 본문 안에 존재한다. 물론, 본문 역시 우리의 경험과 선입견 그리고 편견에 영향을 미칠 것이다. 본문은 독자 안에 존재한다. 똑같은 방식으로, 우리 인간 각자는 우리의 세상 안에서 적극적인 참여자이다. 우리의 해석과 신념 그리고 행동으로 항상 뭔가를 모양 짓고 바꾸며 그리고 우리 주위의 사건들에 의해 언제나 형성되는 존재이다.

가장 극단적인 구조주의자들은 모든 지식과 실재는 사회적 관행, 문화적 가치, 개인적 경험 그리고 사고패턴 등과 같은 인간행위들을 통하여 구축된다고 소리친다. 이것은 인간적 인지자의 외부에 있는 객관적 실재에 대한 여지를 남겨놓지 않는다.

이런 이유로, 많은 그리스도인들은 포스트모더니즘과 구조주의의 극단적인 표현들을 회의적으로 바라보았다. 그러나 모든 구조주의가 그렇게 과격하고 극단적이지는 않다. 사람은 인간행위들이 매일 삶의 실재적인 사건들에 영향을 미친다는 것을 인정하면서도 여전히 외적권위와 진리를 믿을 수 있다. 게다가, 신약의 서신서들은 그리스도 안에 있는 우리들의 정체성에 대한 신념들을 굳게 견지함으로써 우리 그리스도인들이 우리 자신들을 변화시킬 수 있고 적어도 어느 정도는 우리 주변 세상도 바꿀 수 있음을 당연한 것으로 여기고 있다. 예를 들어, 베드로는 자신의 독자들을 도와 그리스도 안에서 그들의 정체성을 확립함으로써 그들의 사고를 형상화한다.

> 너희가 전에는 백성이 아니더니 이제는 하나님의 백성이요 전에는 긍휼을 얻지 못하였더니 이제는 긍휼을 얻은 자니라. 사랑하는 자들아 나그네와 행인 같은 너희를 권하노니 영혼을 거스려 싸우는 육체의 정욕을 제어하라 (벧전 2:10-11).

그러나 베드로는 그리스도 안에 있는 이런 종류의 정체성은 그리스도인들이 살고 있는 세상에 대해 외적 영향력을 지닌다고 계속 말한다. 즉, 다른 사람들이 "하나님께 영광을 돌리도록"(벧전 2:12) 돕는 영향력과 "어리석은 사람들의 무식한 말을 잠잠케 하도록"(벧전 2:15) 돕는 영향력이 그런 것에 속한다.

더 많은 예들을 성경에서 끄집어 낼 수 있다.

핵심은 개인적 가치기준과 실재에 대한 인식들이 결국 현실 그 자체를 바꾼다는 전제를 그리스도인들이 받아들일 수 있고 받아들여야 한다는 것이다. 그러나 그리스도인들은 모든 실재들이 인간적 행위에 의하여 형성된다고 제창하는 과격한 구조주의자들처럼 그렇게 극단적인 입장에 설 수는 없다.

왜냐하면 그리스도인들은 객관적으로 인간의 사고와 인지를 넘어, 불변하여 존재하는 초월하신 하나님을 믿기 때문이다. 최신 흐름에 대한 정보에 정통함에도 불구하고, 포스트모더니즘과 구조주의에 대해 환호하며 갈채를 보내지는 않는다. 이런 주장들은 의미론적 인지치료법의 단순한 단선성(單線性)에 도움이 되는 교정안을 제공하고 있지만, 너무 극단적으로 되어 초월적 진리의 부정으로 연결될 수 있다.

구조적 인지치료법은 발전하는 역사, 감정, 문화, 동기 그리고 실재의 사회적 구성을 통해서 인지치료에 새로운 차원들을 더했다. 구조주의자들은 1990년대 초에 전성기에 달했다(Beck, 1993; Ellis, 1993; Haaga & Davison, 1993; Mahoney, 1993; Martin & Sugarman, 1993; Meichenbaum, 1993; Neimeyer, 1993; C. J. Robins & Hayes, 1993). 그리고 같은 시기에 심리치료 연구자들은 인간경험을 지나치게 단순화시킨 의미론적 인지치료사들의 관점을 겸손케 하는 강력한 증거를 제시했다(예를 들어, Jones & Pulos, 1993).

구조적 인지치료는 이 분야에 종사하는 많은 이들에게 용기와 희망을 준 요법이었다. 그러나 그것은 건강관리와 관련된 경제 동력의 약화로 인해 곧 힘이 떨어지기 시작했다. 관리의료가 정신건강관리를 포함한 건강관리를 질식시키기 시작할 때, 단기 개입이 점점 강조되었다. 물론 시간을 들여 맥락안에서 내담자의 이야기를 확인하는 것보다, 발전된 시스템을 통해 심리치료를 수행하는 것이 훨씬 더 빠르다. 구조적 인지치료는 이러한 경제적 도전에 직면하여 추진력을 잃었다.

1990년대 초에, 미국심리학협회의 한 분과인 임상심리학회(The Society of Clinical Psychology)는 제 2장에서 간략히 기술했던 연구팀에게 임무를 위임했다.

그 연구팀은 경험적으로 타당한 치료절차들, 즉 효과 면에서 경험적 증빙이 분명한 치료방법들을 규명하는 기념비적 연구를 책임졌다(Chambless et al., 1996; Chambless & Hollen, 1998; Critis-Christoph, Chambless, Frank, Brody, & Karp, 1995; Task Force, 1995을 보라). 그 연구팀은 치료의 보상유무를 외부자인 보험회사들이 결정하는 것보다 관리의료 회사들이 규정하는 것이 더 낫다는 논리로 관리회사들을 선택하려 했다.

그 결과는 효과가 문서로 입증된 치료절차 목록이었다. 목록상에 있는 대부분의 치료법들은 다양한 문제들에 대한 행동적, 인지적 개입이지만, 최근의 구조적 치료법은 시작된지 얼마 안되었기에, 과거의 의미론적 치료법이 누렸던 확고한 연구지원을 받을 수 없었고, 그 때문에 그 목록에 포함되어 있지 않다. 연구팀의 목록은 심리학의 현장에서 강력한 영향력을 미쳤고, 그 결과 구조적 인지치료법은 현재까지 거의 들어 보지 못하게 되었다. 존경받는 전문가들과 연구자들이 주의를 환기시켰음에도 불구하고(예를 들어, Garfield, 1996; Havik & VandenBos, 1996; Messer, 2004; Silverman, 1996; Wampold & Bhati, 2004), 동력은 의미론적 인지치료법에게로 되돌아갔다. 왜냐하면, 쉽게 자료화가 가능했고 실험실의 환경에 연구될 수 있기 때문이다.

옛 이야기들 역시 구성될 수 있으며, 구조적 인지치료법의 흥망성쇠에 대한 이런 설명이 그 분야의 다른 종사자들에게는 다르게 들릴 수 있다는 점을 우리 저자들은 인정한다. 이야기의 전말이 무엇이든, 우리는 구조적 인지치료법에 대해 오늘날 많이 들어 보지 못했고, 그 상실을 유감스럽게 느낀다.

> **상담 조언 3.3: 치료 메뉴얼들 그리고 당신**
>
> 단지 치료 메뉴얼이 있는 치료법들도 제12분과의 타당한 경험적 치료절차목록들에 포함될 수 있다. 치료 메뉴얼은 단계별 안내서로, 치료사가 심리 치료를 잘해내는 과정을 밟아가는 데 도움을 준다.
>
> 많은 경험있는 치료사들은 자신의 진료에 치료 메뉴얼/편람(便覽)을 사용하는 의견에 반대한다. 메뉴얼은 창조성을 질식시켜 버리고 인간변화과정을 형식화시키며 기계적인 것으로 보이게 만들기 때문이다. 심리치료는 함께 보조를 맞추어 페인트칠을 하는 것과 같다.
>
> 치료메뉴얼의 틀에 박힌 사용은 번거롭고 숨이 막히지만, 메뉴얼이 도움이 될 수 있는 시기도 분명히 있다. 새로운 치료 접근법을 배울 때에, 훌륭한 메뉴얼과 훌륭한 감독관 둘 다 유용할 수 있다. 가끔 치료 메뉴얼들이 내담자의 상담 기록부들과 함께 나오기 때문에 노련한 치료사들과 함께 상담을 하는 내담자들에게 유용하다.
>
> 치료 메뉴얼들의 사용 가능성을 열어 두라. 적어도 임상훈련 기간 동안과 그 이후 심리치료경력을 통틀어 지속적으로 치료메뉴얼 사용가능성을 열어 두라.

2. 인지치료 비평하기

인지적 혁명은 특별히 그리스도인들에게는 좀처럼 가시지 않는 의문을 남긴다.

어떤 인지치료의 전제들이 수용될 수 있으며, 어떤 전제를 부정적으로 보아야 하는가?

우리 저자들은 인지치료의 우려점들을 논의한 후 강점들을 간략히 논의하면서 이 장을 시작하였다. 본 저자들인 우리가 규명한 염려들 중 일부는 모든 심리치료사들이 숙고해야 하는 것들이다. 그리고 다른 몇 가지 염려는 사람에 대한 기독교적 관점에 동의하는 사람들이 특히 고려해야 할 점들이다.

1) 인지치료 전제의 강점

인지치료법의 여러 강점들 중 으뜸은 상식적 호소라는 점이다.

심리학자들에게 도움을 청하는 쇠약해진 사람은 이해가 힘든 접근법들과 말을 쓸데

없이 에둘러하는 사람들을 거부한다. 인지치료는 참신하다. 왜냐하면 사리에 맞고 설명하며 이해가 쉽기 때문이다. 인지치료의 가장 기본적 전제는 인간이 세상을 이해하려고 사용하는 어휘들이 우리 감정과 행동들을 형성한다는 것이며, 이 전제는 주류문화의 한 부분과도 같은 것이기에 일반상식처럼 보인다.

예를 들어, 그 다음번 표지판이 한 낡은 집 바로 앞에 나타났다. 이 지역은 저 집을 제외하면 교외에 위치한 어느 고소득층 동네로 보이는 곳이다. 새 집 주인은 그 집을 허물고 그 자리에 새 집을 지을 계획을 했다.

이 집은 철거해야 할 필요가 있습니다. 질문이 있으시면,
교외 건축과 555-2050로 연락 주세요.

첫 눈에는 특별히 놀랍거나 색다른 점이 이 표지판에 없다. 그러나 누구라도 주의깊게 살펴보면, 인지치료의 전제들이 작동하고 있음을 알게 된다. 하루 일과 끝에 "음, 난 이제 오늘 일과를 마무리하고 이제 내 건물을 향해 갈거야"라 말하는 사람을 우리들 가운데 상상하기가 어렵다. 혹은 친구들을 방문하면서 "너는 정말 아름다운 건물을 가지고 있구나"라고 말할 가능성은 없다. 그것을 건물이라고 부르는 것은 우리로 하여금 곧 해체될 것이라는 사실에 대응하도록 돕는다. 건물을 해체하기보다 가정을 파괴하는 것이 더 어렵다.

마켓팅 담당자들은 은행에서 인지치료전제를 활용했다. 주요 아이스크림제조사가 가격은 여전히 같은 상황에서, 자사 제품들을 2쿼트 사이즈에서 1.75쿼트 사이즈로 바꾸고 회사들이 더 작아진 아이스크림을 "공간을 절약하는 새로운 사이즈" 제품이라며 시장에 내놓았다고 하자. 소비자들은 더 비싼 아이스크림을 사게 됐지만 기분은 좋다. 왜냐하면 그 신제품들이 소비자들의 냉동고에 더 잘 어울리기 때문이다.

마찬가지로, 어느 식당이 두 가지 오렌지쥬스를 제공한다고 하자. 큰 사이즈와 더 큰 사이즈 두 종류를 판매한다. 작은 오렌지쥬스를 큰 사이즈라고 명명하는 것은 소비자들이 오렌지쥬스 가격을 인식하는 방식을 바꾸어 놓는다. 이 점은 작은 컵, 중간 컵 그리고 큰 컵 사이즈보다는 오히려 키 큰 컵, 대(大)자 컵, 그리고 벤티 사이즈 컵(역주-대(大)자 컵 인 grande 사이즈보다 더 크다. 보통 20ounces 정도임)으로 커피를 판매하는 인기 있

는 커피숍에도 그렇다.

　이 모든 예들과 일상에서 관찰될 수 있는 더 많은 예에서 우리는 인지치료의 근본적인 전제가 작동하고 있음을 목도한다. 말을 바꿈으로 그리고 말의 변화에 의해서 사고의 변화가 일어나고, 그에 의하여, 현실에 대한 사람의 경험이 바뀐다. 일상에 이런 전제들이 많기에 그것은 인지치료 개념들을 기술하고 이해하기 쉽게 만드는 요인이다.

　또한, 인지치료는 호소력이 있다. 그것은 목표 중심적이기 때문이다. 만일 내담자가 도시 서편에 있는 자신의 집에서 도시 동편에 있는 일터로 운전을 못하도록 방해하는 다리공포증(bridge phobia)을 가지고 있다면, 그녀는 첫 상담에서 "그러니까, 당신의 어린 시절 경험들에 대해 제게 말하세요"라고 시작하는 치료사를 환영하지 않을 것이다. 상식적으로 내담자는 자신이 중심이 되고, 목표지향적 접근법이 자신들의 공포증을 약화시키는 데 도움이 되리라 희망하며 진료받으러 온다. 다시 말해, 만일 치료사가 개인의 성장, 정서적 탐구 혹은 유년시절의 경험에 과도한 시간을 할애하면, 내담자들은 그런 치료접근법이 짜증날 수 있다는 것이다. 인지치료는 시간-제한적이다. 때로 사람들은 심리치료관계의 한계를 정해 놓지 않은 두려움 때문에 도움을 거부한다.

　치료사 사무실에 첫 방문이 향후 7,8년 동안 매주 방문할 것이라는 예상과 바로 연결되는가?

　많은 사람들은 성인 삶의 대부분을 진료상태에 머물고 있는 이들의 이야기들을 듣고 있다. 그리고 그들은 자연스레 이런 사고를 거부한다. 인지치료는 전형적으로 현재 가지고 있는 대부분의 문제들을 치료하기 위해서 12회~20회의 상담을 요구한다. 이 사실은 장기적 진료과정을 거부하는 사람들에게 재확신을 주는 대목이다.

　존스와 버트만(Jones and Butman, 19991)은 인지행동치료가 기독교 세계관과 일치한다는 여러 가지 사항들을 명확히 언급하고 있다. 인지치료와 기독교 이 둘은 제한된 자유와 부분적인 결정론을 당연한 것으로 여긴다.

　그들은 인간 이론이 가정하는 극단적 자유와 독립성과 과격한 행동주의에서 발견되는 극단적 결정론사이에 위치한다. 또한, 기독교와 인지치료법 이 두 가지는 사람의 생각에 대한 어느 정도의 인간적 대행을 당연하다고 여긴다. 인간이란 무엇을, 어떻게 사고하는가에 대한 어느 정도의 통제력을 행사하는 능력을 가진 책임을 다할 수 있는 피조물이다. 그러나 기독교와 인지치료 모두 물질성이 중요하지 않다거나 혹은 적합하지 않다고 제안할 정도로 비현실적이지는 않다.

인간은 생물학적으로 제한된 존재다. 그러므로 사고하는 인간의 능력은 신경생리학과 신경해부학 그리고 이전의 학습역사 등에 의해 영향을 받는다. 성화(聖化)과정에 연결된 인지기능과정들이 인지치료와 기독교 사이의 양립성이라는 또 다른 영역을 제공한다. 물론, 치료는 성화가 아니다. 그러나 양 체계들 내에서의 성장은 사람이 건강한 방향으로의 변화를 촉진하기 위해 생각과 행동들에 대한 개인적 통제력을 행하는 것을 가정한다.

상담 조언 3.4: 인간의 대리행위

심리치료의 일부 모델들은 과도하게 결정론적이어서 개인의 선택의 여지를 거의 남겨두지 않는다. 치료사들은 내담자들이 유년시절이나 이전 학습패턴들의 영향에 묶여 더 이상 자신들의 행동들, 사고 그리고 감정들에 대해 선택을 할 수 없다고 여기는 함정에 빠진다. 인지치료는 인간의 대리행위에 대한 상정 내용들 측면에서도 참신하다. 과거 환경들이 아무리 어려웠다고 할지라도, 내담자들은 새로운 방식들로 생각하고 행동하기를 선택할 수 있다.

기독교도 선택권을 인간이 소유하고 있음을 전제한다. 인지치료법과 기독교적 성화의 목적은 동일하지 않다. 그러므로 서로의 치료법을 혼동하지 말아야 한다. 그러나 여전히 공통된 전제를 인식하는 것은 중요하다. 인지치료와 기독교는 양자 모두 사람이 선택권을 소유하고 있고, 선택은 결과를 포함하고 있다는 점을 가정한다. 성경에는 인간들이 선택하도록 부름 받았다고 반복해서 기록되어 있다.

> 내가 오늘날 천지를 불러서 너희에게 증거를 삼노라 내가 생명과 사망과 복과 저주를 네 앞에 두었은즉 너와 네 자손이 살기 위하여 생명을 택하고(신 30:19).

> 많은 재물보다 명예를 택할 것이요 은이나 금보다 은총을 더욱 택할 것이니라 (잠 22:1).

> 너희 자신을 종으로 드려 누구에게 순종하든지 그 순종함을 받는 자의 종이 되는 줄을 너희가 알지 못하느냐 혹은 죄의 종으로 사망에 이르고 혹은 순종의 종으로 의에 이르느니라(롬 6:16).

> 심리치료사들은 과거에서 기인된 상처들은 종종 현재 상황을 아프고 어렵게 만들 수 있지만, 우리는 인간이 혹독한 상황 한 가운데에서조차도 건강하고 거룩한 선택을 하는 능력을 가지고 있음을 결코 잊지 말아야 함을 깨닫도록 내담자들과 함께 공감해 주는 것은 좋은 일이다.

인지치료의 또 다른 강점은 제2장에서 토론한 것처럼, 그것의 효과를 지지하는 과학적 증거에서 발견된다. 인지치료법의 개입들은 우울증, 공황장애, 일반화된 불안장애, 사회적 공포증, 과민대장증후군, 만성통증, 게걸증, 정신적 외상 후 스트레스장애, 강박장애, 물질남용과 의존, 경계선 성격장애 그 외 여러 가지 장애들에 성공적으로 적용되었다(Chambless et al., 1998). 심리학은 과학적 방법들과 결론들에 상당한 확신을 두는 학자들과 전문가들로 이루어져 있는 학문이며, 인지치료법을 지지하는 많은 과학적 증빙들은 실제적이며 강력한 것들이다.

인지혁명은 과학적 연구에 견고하게 뿌리내려져 있다. 그러므로 연구 실험실 안에서 측정될 수 있는 것들(예를 들어, 자기-보고된 증상완화)에 대해 말하자면, 인지치료법은 열정적으로 찬성될 수 있는 요법이다. 그러나 일부 사람들은 성미도 급하게, 심리치료의 모든 중요한 것들이 다 실험 연구실에서 쉽게 측정되지는 않는다는 점을 덧붙인다.

2) 인지치료법의 전제가 가진 염려

모든 심리치료법은 이데올로기적, 이론적 토대 위에 세워져 있다(Jones & Butman, 1991). 심리역동치료법은 프로이드의 심리분석이론, 그것의 현대적 수정안인 신프로이드학파 신봉자들, 그리고 대상관계 이론자들의 전제들 위에 기초를 두고 있다. 행동치료법은 고전적, 조작적 학습이론에서 유래한다. 인본주의치료법은 인간성을 연구하는 칼 로져스(Carl Rogers)와 아브라함 매슬로우(Abraham Maslow)같은 현대심리학자들의 이데올로기들에 맞추기 위해 교묘하게 만들어진 요법이다. 현대가족치료법의 많은 부분은 가족체계이론과 체계과학 위에 그 기초를 두고 있다.

벡(Beck)과 엘리스(Ellis)의 인지치료법은 임상적 실용주의에서 발생했으며, 이들은 통찰중심치료 훈련을 받았으나 환자에 대한 치료에서 관찰된 느린 진행률은 이들을 실망시켰다. 그래서 서로 독자적으로 연구하던 벡와 엘리스는 사람들에게 새롭고 다른 방식으로 사고하는 것을 가르침으로써 증상들을 완화시키는 좀 더 빠른 방법을 발견했다. 결국 인지치료법의 실습에는 이론적 공백이 다소 존재한다.

이상적으로 말하면, 심리치료법들은 세밀하게 전개된 인격이론에서 등장했다. 그러나 그런 과정이 인지치료로 퇴보되었다. 심리치료법들이 먼저 나왔으며, 그것은 임상적 실용주의에서부터 발생했다. 그리고 오늘날 우리는 어떤 이론적 받침들이 인지치료실습과 가장 부합하는지를 구분해 내는 임무를 부여받은 것이다(도표 3.5를 보라).

물론, 참된 이론적 공백을 지닌채 기능할 수 있는 치료법은 없다. 왜냐하면 이론적 상정 내용들이 결과적으로 치료법과 부합하도록 발전되기 때문이다.

어떤 이론적 토대들이 인지치료를 설명하기 위하여 발달되었는가?

이 질문에 답할 수 있는 적어도 세 가지 가능한 방법들이 있다. 사회적 학습이론, 정보처리이론, 그리고 실용적 합리주의가 그것이다.

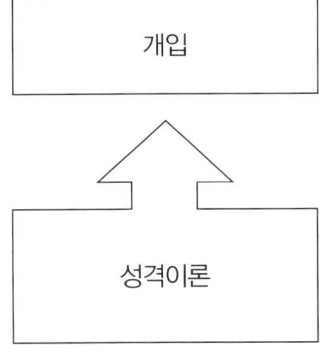

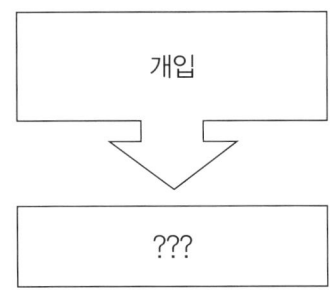

도표 3.5. 이론과 실습 사이의 관계

(1) 사회적 학습이론과 인지치료

혹자는 인지치료가 반두라(Bandura, 1986), 미스첼(Mischel, 1973) 그리고 여타 학자들의 사회학습이론 위에 기초한다고 말한다. 사회학습이론은 행동주의적 이론에서부터 발생했지만, (상호결정주의로 알려진) 결정주의보다 더 부드러운 형태를 띠고 있으며, 인간의 행위에 대한 여지를 더 많이 두고 있는 학습이론이다.

존스와 버트만(Jones and Butman, 1991)이 기독교적 관점에서 인지치료를 평가했을 때, 인지치료가 사회학습이론과 밀접하게 결합되어 있다는 전제를 가지고 임했다. 이런 상정 내용은 여러 가지 이유에서 이치에 맞는 가정이다. 인지치료과 사회학습이론은 유사한 철학적 상정 내용들을 공유하고 있으며, 그들은 20세기 후반이라는 비슷한 시기에 발생했고 극단적 행동주의보다 더 안정적인 적응요법이라는 점들을 공유한다.

이런 공통성들이 있지만, 우리 저자들은 인지치료와 사회학습이론 사이의 연결을 그렇게 확신하지 않는다. 왜냐하면 대부분의 사회학습이론가들은 인지치료 분야의 주요 거장들이 발달시킨 임상 적용에 특별한 관심을 갖지 않으며, 대부분 인지치료사들은 사회학습이론을 자신들의 연구의 이론적 기반으로 동일시하지 않기 때문이다.

물론, 관련성은 존재한다. 이를테면, 사회학습이론과 인지치료는 인지혁명기간 동안에 발생했다는 것과 인간적 선택과 환경적 불확정성 사이의 상호관계를 강조한다는 점 그리고 일부 심리학자들이(예를 들어, 도날드 메이첸바움[Donald Meichenbaum]의 초기 저작에서) 두 움직임에 영향을 미쳤다는 점이다. 그러나 오늘날 다작으로 영향력 있는 인지치료사들, 곧 아론 벡(Aaron Beck)과 알버트 엘리스(Albert Ellis) 그리고 심지어 최근 저술에 따르면 도날드 메이첸바움(Donald Meichenbaum)조차도 경우에 따라 상대적으로 사회학습이론과는 거의 관계가 없다.

아론 벡(Aaron Beck) 혹은 알버트 엘리스(Albert Ellis)의 저작들을 페이지마다 정독하면, 누구라도 이 저자들이 사회학습이론가들의 작업에 특별한 관심을 갖고 있음을 알게 된다. 마찬가지로, 사회학습이론가들도 현대 인지치료 실습에 상당히 투자한 것처럼 보이지 않는다. 사회학습이론과 인지치료 사이의 연결은 이론과 실천 사이의 상호협력보다도 역사적이고 이데올로기적 우연의 일치에 더 근거하고 있는 것처럼 보인다.

(2) 정보처리이론과 인지치료

인지치료의 이론적 근거를 개념화하는 두 번째 방법은 인지과학, 특히 정보처리이론의 초기 형태로 눈을 돌리는 것이다. 싸프란과 씨갈(Safran and Segal, 1990)은 비록 그 연결의 부적절성을 급하게 지적하고는 있지만, 인지치료의 실천은 정보처리이론 위에 그 근거를 두고 있다고 말한다. 정보처리이론은 도표 3.6에 그것의 가장 단순한 형태로 묘사되어 있다.

도표 3.6. 정보처리이론

정보는 환경으로부터 획득되고 인지처리체계를 통하여 걸러진 후 결과물로써 특정한 감정들과 행동들이 표출된다. 벡과 엘리스의 체계와의 연결성은 분명하다. 즉 정확한 이성적 처리는 비이성적인 역기능적 처리보다도 더욱 호의적 성과로 이어진다.

현대 인지치료사들이 쓴 책들을 잠깐 보거나 그 속의 그림들을 훑어보기만 해도, 현대 인지치료실습과 이 단순한 정보처리이론 사이에 연관성이 드러난다. 이성적 사고는 좋은 성과로 이어지고, 비이성적 사고는 나쁜 성과로 이어진다는 것이 상정 내용이다 (여기서 우리는 인지과학에서 발달된 세부화되며, 세련된 형태들의 정보처리이론, 즉 기억의 과학적 연구, 사고 과정, 언어, 지성 등등의 발전을 가진 이론과 인지치료의 기초를 형성하는 단순하고 단선적인 이론 사이를 구별해야만 한다.)

훌륭한 인지치료법의 정신으로 인지적 개입들과 정보처리이론 사이에 있는 이런 연결 하부에 있는 전제들을 시험해 보자. 아래에 기술된 각각의 전제는 궁극적으로는 사회과학과 기독교 신학 혹은 둘 중 하나에도 맞서지 못한다.

① **그릇된 전제: 건강한 사람들은 이성적으로 사고한다.**

만일 건강이 합리적 정보처리과정에서 발견되는 것이 사실이라면, 그것은 당연히 건강한 사람들이 매우 합리적이어야 한다는 결과가 된다. 하지만 이것은 실제와 부합하지 않는다. 아무리 건강하고 대단히 기능적인 인간이라도 엄청나게 비합리적이 되기 쉽다. 심리학자 다니엘 카니만(Daniel Kahneman)은 2002년에 인간의 비합리성에 관한 연구로 노벨상을 수상했다.

사람들은 15달러짜리 커피 메이커를 살때 5달러를 절약하기 위해서 마을을 가로질러 운전해 가겠지만, 그러나 75달러 스웨터를 살때 5달러를 절약하려고 도시 반대편까지 운전해 가지는 않을 것이다. 어느 방법을 택해도 결과는 5달러를 절약하는 것이다. 그러나 인간들은 그와 같은 결정들에 대해 합리적으로 생각하지 않는 경향이 있다. 아모쓰 뜨베르스끼(Amos Tversky)와 함께 한 카니만의 초기 작품은 그 중에서도 특히 건강한 개인들 사이에 존재하는 모든 종류들의 인간의 비합리적인 것들을 논증하고 있다. 뜨베르스끼와 카니만(Tversky and Kahneman, 1982)의 시나리오들 중 한 편에서 각색한 다음의 상황을 상상해 보자.

> 뺑소니사고시 한 목격자가 체크무늬 택시가 한 보행자와 부딪히는 것을 본다. 그 체크무늬 택시회사는 그 도시 택시들의 10%를 운영하고 있으며, 노란 택시회사가 그 택시의 나머지 90%를 소유하고 운영한다는 사실이 판명된다. 사고 난 밤과 유사한 조건 하에서 실험할 경우, 그 목격자는 그 시간에서 택시 색깔의 80%를 정확히 판독할 수 있다. 이런 증인을 신뢰할 수 있는가?

뜨베르스끼와 카니만은 많은 사람들이 실제로 노란 택시일 개연성이 가장 클 때에도, 체크무늬 택시가 그 사고에 연루될 80%의 확률이 있다고 말한다는 점을 발견했다. 여기에 논리 분석이 있다.

1. 만일 그런 사고가 100건 있었다면, 그 중 90건은 노란 택시들이 그리고 10건은 체크무늬 택시들이 연루되었을 것이다.

2. 노란 택시가 사건에 연루되었을 때, 이 목격자는 택시 색깔을 72번(90건 중 80% 임) 바로 맞혔을 것이고, 그리고 그것이 체크무늬 택시라고 18번(90건 중 20%임) 틀리게 말할 것이다.

3. 체크무늬 택시가 사건에 연루되었을 때, 그 목격자는 택시 색깔을 8번(10건 중 80%임) 바로 맞혔을 것이고, 노란 택시였다고 틀리게 말 할 확률은 2차례(10건 중 20%임)일 것이다.

4. 이와 같이, 만일 100건의 사고가 있었다면, 그 증인은 그것이 체크무늬 택시였다고 26번(18+8) 말할 것이고, 단지 8차례만 맞을 것이다. 이 특별한 사건의 경우 실제로 체크무늬 택시일 확률은 단 31%(8/26)에 불과하다.

대부분의 건강한 사람들은 문제에 대해 이런 종류들의 논리적, 분석적 해결을 회피하면서, 이 단락이 꽤나 재미없음을 발견할 것이다. 뿐만 아니라, 이런 종류의 분석을 즐기는 우리 중 일부 사람들도 사회 대부분을 차지하는 건강한 사람들보다도 덜 건강하다고 간주될 가능성이 있다.

어떤 사람은 방금 기술한 것과 같은 시나리오를 들은 후, 이야기의 마지막 질문(이런 증인을 신뢰할 수 있는가?)에 이르렀을때, 즉시 그 목격자가 남자, 혹은 여자인지, 젊은 사람, 혹은 늙은 사람인지 질문할 수 있다. 많은 사람들은 논리 때문이 아니라, 이전 경험들 때문에 남자보다는 여자를 더욱 신뢰하거나 그 반대의 경향을 보인다.

정보처리이론은 인간이 분석적이고도 논리적인 사고를 함으로써 잘 살아간다고 가정하지만, 대부분 사람들은 논리적 계산보다 관계적 연결과 연합을 형성하는 것을 우선시 한다. 만약 하나님의 형상이 관계적, 이성적, 기능적인 것이라면 이 세 가지가 인간 본성 안에 서로 연결되어 있다는 입장이 합리적이다. 생각하는 것은 의미 있고 풍요로운 관계들로 가득 찬 삶을 영위하는 사람들을 위해서는 더욱 분명하다. 관계들이 부재할 때, 고립된 사람들은 종종 비정상적이고 비현실적인 사고의 세계 속으로 정처없이 헤매며 표류한다. 정반대로, 두 사람 모두가 균형있고 현명한 관점으로 문제들을 의논할때, 관계들은 가장 잘 작동한다.

건강은 정보처리이론이 의미하는 만큼 이성과 그리 연결되어 있지 않다. 즉, 건강한 사람들도 특별히 합리적이지 않으며 건강과 지혜 그리고 선을 가져다주는 인간경험의 비이성적 국면들이 많다.

② 그릇된 전제: 인지적 실수들은 그 방향성이 부정적인 경향이 있다.

정보처리이론이 인지치료와 연결될 때, 그 기저에 깔린 가정은 인지 오류가 부정적이 되는 경향이 있다는 것이다. 즉 사람들이 자기 자신들과 타인들에 대해서 일종의 부정적 여과장치를 가지고 있기에, 사물들을 더 명확히 보려면 부정적 사고방식이 교정받을 필요가 있다는 것이다.

인간의 인지기능에 대한 연구는 다른 방법을 제안한다. 인간이 만일 부정적 여과장치들을 지니고 있다면, 그것들은 타자에게 향하기 쉬우며, 자신에게 향하기는 쉽지 않다. 사회학자들은 대부분의 사람들이 스스로 능력을 과대평가하고 있으며, 자신의 성공을 자기의 공로로 삼으나, 반대로 실패에 대해서는 타자를 비난하고, 다른 사람들보다 자기 자신들을 더 거룩하게 인식하고 있음을 보여주는 풍부한 증거를 보고해왔다(McMinn, 2004; Moroney, 2000).

한 선거 전문가가 다음과 같이 기록했다. "엄청난 모순이 있다. 그것은 보통 사람은 자신이 보통 사람보다 더 좋은 사람이라고 믿고 있다"는 점이다(Epley & Dunning, 2000, p. 861에 인용된 Berke의 말).

사회심리학문헌에서 유사편견(correspondence bias)으로 알려진 **근본적 귀인오류(fundamental attribution error)**는 대다수의 사람들이 나쁜 운을 외적 환경을 바라보면서 설명을 하고, 행운은 성격적 자질들을 바라봄으로 설명한다는 점을 시사한다.

그러나 다른 사람들의 불운을 설명할 때에는 상황이 바뀐다. 즉, 대다수 사람들은 타자의 삶 속에서 우리가 관찰하는 나쁜 사건들은 당연히 그 사람들의 성격탓이라고 여긴다. 다시 말해서 "만일 상대방의 삶에서 뭔가가 잘못된다면, 그러면 그것은 상대방 잘못이다. 그리고 나의 삶 속에서 뭔가가 잘못된다면, 그것도 여전히 상대방 잘못이다"라는 것이다.

표준인지치료의 상정 내용들과는 반대로 가장 일반적인 인지 오류들은 자기-비난하기보다는 오히려 자기-섬기기로 나타난다.

심리역동치료사들은 사람들이 현실을 방어적인 방식으로 해석함으로써, 그들 자신들을 보호하는 경향을 오랫동안 인정해 왔다. 부정, 투사, 억압, 그리고 이상화와 같은 방어기제들은 진실의 혹독한 가장자리로부터 사람들을 보호한다. 심지어 전통적인 심리역동 분야 외에 속한 치료사들도 방어적 유형들이 진료하는 동안 이해하는데 본질적임을 알고 있다.

역설적으로, 인지치료사들은 내담자가 자신들의 잘못들을 과장하고 그들의 장점들을 간과하는 방식으로 자연적으로 현실을 왜곡한다는 것을 당연하게 여긴다. 반면 그 외 대다수의 치료사들은 내담자의 왜곡을 자기-방어로 간주한다. 사회학은 이 점에 관해, 심리역동의 입장, 곧 사람들이 자신의 잘못으로부터 자신을 무마하고 보호하며 자신의 장점들을 과대평가하는 경향이 있다는 사실을 지지하는 것으로 보인다.

인간은 인지적 실수들을 하기 쉽지만, 종종 스스로를 너무나 부정적으로 평가하지는 않는다는 인지치료사들의 주장은 옳다. 오히려, 우리 인간은 자기-강화 인식기능, 즉 자신을 진정한 자신보다 더 좋게 생각하도록 만든다. 사도 바울은 자신의 독자들에게 다음 교훈을 가르쳤을 때 자기-강화 인식기능에 대해 자각하고 있었던 것으로 보인다.

지혜롭게 생각하라(롬 12: 3, 한글 개역판).

당신 자신들에 대한 당신들의 평가에 있어서 정직하세요
(역자 직역: "be honest in your estimate of yourselves, NLT).

겸손한 마음으로 각각 자기보다 남을 낫게 여기고
(to be humble, thinking of others as better than yourself, 빌 2:3).

③ 그릇된 전제 : 건강하고 이성적인 사람들은 부정적인 감정들을 제거한다.

정보처리이론에 기반한 인지치료의 세 번째 상정 내용은 건강하고 이성적인 사람들은 부정적인 감정들의 상대적 부재에 의해 알려진다는 가정이다. 산출된 감성은 좋은 인지적 정보처리에 대한 테스트가 된다. 즉, 건강한 사고자는 긍정적인 감정들을 생산하고, 비합리적 사고자는 부정적인 감정들을 생산한다. 인지치료사들의 글을 읽으면, 최고의 삶은 부정적 감정이 없는 삶이라는 느낌, 그리고 이것을 성취하는 유일한 방법은 인간의 사색적인 삶에 대한 완전한 통제력을 획득하는 것이라는 느낌을 얻게 된다.

부정적 감정들은 인지기능 후의 골칫거리 정도로만 여겨진다.

이 전제는 적어도 두 가지 문제점들을 가지고 있다.

첫째, 감정은 인간 정체성의 본질적인 한 부분이다. 즉, 그것은 인지기능 후의 골칫거리라기보다 훨씬 더 좋은 것이다. 인간은 느낌을 찾고 있으며, 특히 부정적 감정을 찾아내고 있다. 여름이 되면, 사람들은 긴 줄을 서서 롤러코스터 위에 올라간 후 죽을 것 같은 무서움을 느낀다. 사람들은 자신들을 공포스럽게 만들거나, 혹은 슬퍼 눈물이 북받쳐 오르게 만드는 영화를 시청하기 위해 돈을 지불한다. 또 다른 사람들은 비행기 밖으로 점프도 하고 자신들 발목에 고무줄을 묶은 채 다리에서 뛰어내리기도 하며, 한 개 혹은 두 개의 나무판자 위에 서서 산비탈을 날아 내려오기도 한다.

감정은 인간과 맞물려 있다. 인간은 하나님의 형상으로 창조되었고, 여러 폭넓은 감정을 경험할 능력을 가진 존재로 지음 받았다. 실제로, 우리는 성경을 통해 하나님도 긍정적 감정과 부정적 감정들을 모두 경험한다는 것을 본다.

우리 인간은 관계적인 하나님에 의해 창조된 관계적 존재들이다. 그리고 감정은 관계를 활성화시키는 중요한 부분이다. 감정을 경험하고 표현하는 데에 어려움을 가지고 있는 사람들은, 예를 들어 강박적 성격장애의 기준에 드는 사람들처럼, 좋은 관계를 형성하지 못하는 경향이 있다. 인간은 서로서로 잘 연결되고 다양성과 흥미를 삶에 부가하기 위해서는 감정, 곧 모든 종류의 감정을 필요로 한다.

감정은 우리가 다른 사람들을 위한 공감을 경험하고 표현하게 한다. 즉 그들이 눈물을 흘릴 때 우리도 눈물을 흘리게 하며, 그들이 기뻐할 때 우리도 기뻐하게(롬 12:15) 한다. 우리는 자신의 감정들을 통해 타인들을 보고, 그들의 감정들을 통해 우리 자신들에 대해 배운다.

둘째, 기독교적 관점은 우리 삶에서 성장과 좋은 것들을 생산하도록 하나님께서 부정적 감정을 자주 사용하신다는 점을 기억하게 한다. 성경 속의 대부분의 영웅들은 여러 가지 부정적인 감정들로 고난의 시기들을 만났고, 자신의 고통 때문에 하나님을 더 잘 아는 데까지 성장해 갔다.

유목민으로 살기 위해 자기 고향에서 나와 모험을 하는 아브라함을, 히브리 백성들을 인도하기 위해 다른 사람을 선택하라고 하나님께 간청하는 모세를, 투옥되어 잊혀진 바 된 요셉을, 390일 동안 왼쪽 편으로 누워있는 에스겔을, 결혼 전에 임신을 한 수치심을 견디어 내는 마리아를, 자신이 체포될 것과 십자가형을 받을 것을 예견한 가운데 피로 된 땀방울을 흘리는 예수님을, 예수님을 부인한 후 통곡하는 베드로를, 혹은 육체의 가시로 고투하는 바울을 생각해 보자.

    성경은 일반적 수준의 동화책이 아니다.

    그것은 험한 고투(苦鬪)와 신고(辛苦)에 대하여, 고난과 아픔에 대하여, 유혹과 심판에 대하여, 패배와 낙담에 대하여 말하고 있다.

    그러나 궁극적으로 성경은 삶의 도전들 중심에서도 하나님께서 언제나 희망과 회복을 가져다주심으로써 모든 창조물 안에 역사하고 계심을 보여준다. 이것은 우리들이 고난과 고투를 경험하기 위해 우리의 길을 벗어나 밖으로 가야한다는 것을 의미하지는 않는다. 인생이 어려운 시절과 고통스러운 감정들을 가져다 줄 때에도 하나님께서 여전히 역사하시고 계시다는 점을 기억하는 것이 중요하다. 삶의 가장 어려운 환경들 한 가운데에도 희망과 회복을 가져다주시기를 좋아하시는 한 분, 그 하나님이 바로 우리들의 하나님이시다. 만약 가장 엄청난 성장의 시기를 규명하도록 요구받는다면, 많은 사람들은 정서적으로 고통스러웠던 삶의 계절을 지적할 것이다. 만일 선택권이 주어진다면, 사람들은 십중팔구 결코 똑같은 아픔을 다시 겪는 선택을 하지 않을 것이다. 하지만, 여전히 그들은 자신들의 아픔이 성장과 성숙을 위한 촉매제였다는 점을 인정한다. 반면 정보처리이론은 부정적인 감정들과 어려운 삶의 환경 속에서 발견되는 구속의 가능성에 가치를 두지 않는다.

    ④ **그릇된 전제: 사고가 감정보다 앞선다**

    초기 의미론적 인지치료법들처럼, 정보처리이론은 사고가 감정보다 앞선다는 그럴듯한 상정 내용으로 포장되어 있다. 일부 치료사들은 아직도 이런 순진한 단선적 상정 내용으로 인지치료를 행하고 있다. 인지적 혁명 초기에 과학적 문헌들에서의 일부 초기 논쟁 이후(예를 들어, Lazarus, 1984; Zajonc, 1984), 오늘날 대부분의 학자들은 A-B-C형식화가 단순하고 비현실적이라는 점을 인정하고 있다. 사고가 감정들보다 우선하지 않는다.

    예를 들어, 강력한 감정들을 경험하지만 삶의 경험들에 대한 구체적 사고를 형식화할 언어를 아직 갖지 못한 유아들을 생각해 보자. 또한 사람들은 잠깐 미소를 지은 후에 더 행복함을 느낀다는 보고를 숙고 해 보자(Laird, 1974). 만화책을 읽는 동안 웃는 상황속에 있는 사람들이 인상을 찌푸리는 환경에 있는 사람들보다도 더 재미를 느낀다 (Strack, Martin & Stepper, 1988).

다량의 연구증거는 일부 감정들의 경우, 특정한 사고 이전이나 혹은 특정한 사고가 없이도 일어난다는 것을 시사한다. 심지어 인간의 뇌 안에 있는 신경경로들조차도 매우 독립적이다. 감정들은 주로 대뇌변연계(邊緣系)에 의해 조절되고, 사고는 대뇌피질역들에 의해 조절된다. 물론, 신경학적 연결을 보여주는 많은 지점들이 있으나, 그것들은 인지치료의 A-B-C 모델이나 정보처리이론의 단선성(單線性)보다도 훨씬 더 복잡하다.

⑤ 그릇된 전제: 인간은 더 이성적이게 되도록 동기부여된다.

신학과 같은 인격이론들은 인간의 동기에 대한 설명을 필연적으로 포함하고 있다. 프로이드의 정신분석에 따르면 인간은 성 심리적 삶의 에너지와 죽음의 에너지 같은 에너지의 힘에 의해 삶이 추진력을 얻는다. 이러한 힘을 관리하는 것이 좋은 삶을 영위하는 데에 큰 도전이 된다. 행동학적 이론은 인간이 보상과 징벌에 의해 동기부여 된다고 말한다. 우리 인간은 자연스레 상을 추구하지만, 반대로 징벌은 회피한다.

그러므로 좋은 치료법은 파괴적인 행동들을 유지시키는 조건들과 불확정성들을 조작하는 것과 연관되어 있다. 칼 로저스(Carl Rogers)와 같은 인본주의 이론가들은 활성화된 성향, 시간이 흘러감에 따라 점점 더 좋아지는 방향으로 행동한다고 말한다. 인본주의치료사들은 자연적인 경향을 내담자가 행할 수 있도록 현실화에 대한 심리학적 장벽들을 제거하려고 노력한다.

기독교적 이야기는 하나님을 찾는 강력한 내면 욕구가 있음을 당연시한다. 이것은 파스칼(Pascal)이 "하나님 모양을 한 공백"(God-shaped vacuum)이라 불렀던 것이고, 어거스틴(398/1986)이 쉬운 어휘들로 표현된 그의 고백록에서 다음과 같이 기술했던 것이다.

"당신은 우리를 깨우시사 우리로 하여금 주의 찬양을 기뻐하게 하시나이다…
그리고 우리의 마음은 당신 안에 안식할 때까지 쉼이 없나이다"(p. 1).

그러므로, 정보처리이론에 따르면 동기부여 하는 힘은 무엇인가?
논리, 즉 합리적 사고자들이 되고자 하는 욕구인가?

논리가 아무리 좋은 것이라고 해도, 삶의 근본적 동기부여자로 여기기는 어렵다(동기부여와 인지치료에 대한 탁월한 토론을 위해서는 Safran & Segal, 1990를 보라). 다음의 동기들을 가장 중요한 것부터 가장 하찮은 것까지 순서로 나열하라는 요청을 받았다고 가정해 보자.

- 성(sex)
- 보상 추구하기와 징벌 회피하기
- 다른 사람들에게 가까이 다가가기
- 정확하게 사고하기
- 개인적 성장
- 하나님을 찾기

우리 대부분은 정확하게 사고하기를 마지막 끝에 두었을 것이다. 다른 동기부여 요인들은 일상생활에 더 강력하며, 더 흥미를 돋우고, 더 적합한 것들이다.

이 모든 다섯 가지 전제들에서 정보처리이론은 인지치료에 대한 적절한 토대 역할을 하지 못한다. 궁극적으로 사려 깊은 그리스도인은 적절한 이론적 토대를 계속 찾을 필요가 있다. 사회학습이론이나 정보처리이론도 인지치료의 본질을 포착하고 있다고 보이지 않는다.

(3) 실용적 합리주의(Pragmatic rationalism)와 인지치료

세 번째 대안은 우리가 실용적 합리주의라고 부르는 것인데, 아마도 인지치료가 실제로 어떻게 시행되는지 가장 정직하게 관찰한 것이지만, 궁극적으로 기독교적 관점에서 볼 때 가장 만족스럽지 못한 것이다. 합리주의 철학은 주의 깊은 이성과 분석을 통하여 진리가 가장 잘 발견된다고 제안한다. 이 대안은 수 세기를 거슬러 올라가서 17세기 르네 데카르트(René Descartes)의 연구를 통하여 힘을 획득할 정도로 풍부한 철학적 토대를 가지고 있다.

본래, 합리주의 자체가 모두 나쁜 것은 아니다. 기독교 학자는 우리에게 사려 깊은 분별, 성경주해, 비교 분석 등을 요구할 것이다. 그러나 합리주의가 개인적 경험을 배제한채 진리의 발견을 시도하기에, 대다수의 합리주의자들은 종교적 인식방식에 반대한다. 그래서 본질적으로 이것은 합리주의를 기독교적 치료법을 위한 토대로서 의심받게 만든다. 그러나 그것은 인지치료와 함께 발견되는 경험주의와 합리주의의 이상한 혼합으로 인해 더욱 복잡해졌다.

가장 순수한 형태의 합리주의는 인간이 감각들을 통하여 진리를 발견한다는 경험주의와 구별된다. 그러나 인지치료사들은 내담자들이 가능한 한 명쾌하게 생각하도록 도우며(합리주의), 내담자가 더 좋은 느낌이 들도록(경험주의) 분명한 사고의 결과물을 정의하므로, 양자 모두를 언급한다. 인지치료에서 일반적인 협력적 경험주의라는 관념은 내담자와 치료사가 내담자 사고를 테스트하기 위해 실험을 하는 것을 말한다. 경험적 관찰들은 잘못된 신념들과 상정 내용들을 다시 형성하는데 도움이 된다. 그러므로 이성적 사고는 경험적 목적의 수단이다. 즉, 다시 말해 "명쾌한" 사고는 더욱 긍정적인 감정들을 생산하는 것으로 정의된다.

얼핏 보기에, 인지치료사들이 건강은 합리성을 통해 발견된다고 주장하는 것은 논의의 여지가 없는 것처럼 보인다. 물론 인간은 명쾌하게 사고할 때에 최상으로 기능한다. 인간은 이성적, 관계적, 기능적 존재들로 하나님의 형상으로 만들어져 있다. 그러나 인지치료의 이성은 경험적 사건들에 의해서만 형성되고 측정되는 편향된 종류의 합리성이다. 다시 말해, 좋은 사고들이란 내담자의 기분을 더 좋게 만드는 것들이고, 나쁜 사고들은 그들을 고통으로 이끈다는 주장이다.

이런 추론은 순환한다. 내담자가 경험적 사건들을 평가하여 더 이성적이 되지만, 그 합리성의 궁극적인 조정자는 경험적 결과물이다. 이처럼, 우리는 "실용적 합리주의"(pragmatic rationalism)라는 용어를 경험적, 이성적인 앎의 방식들을 혼합하는 한 그것은 일종의 모순임을 자각하면서 사용한다. 인지치료사들은 사람의 주관적 행복감을 앙양(昻揚)한다고 규정된 실용적 합리주의에 흥미를 가지고 있는 것처럼 보인다. 그러나 심리치료를 위한 토대로써 실용적 합리주의를 사용하는 데에 수많은 문제들이 있다.

① 문제점: 합리성의 목표에 표리(表裏)가 있다.

혹자는 인지치료을 내담자가 세상을 분명하고 정확히 보도록 돕는 수단으로 기술하고 있지만, 실용적 합리주의의 뿌리들은 이보다 더 복잡하다고 말한다.

우울증에 걸린 사람이 더 정확히 생각하려하여 새벽 이른 시각에 눈을 뜨고 누워 있는가?

아무도 없다.

우울증에 걸린 사람은 기분이 더 좋아지기를 갈망한다. 더 훌륭한 사고를 하는 사람이 되는 것은 인지치료에서 요구되는 시간과 에너지 그리고 돈을 사용하도록 이끄는 충분한 동기부여 요인이 아니다. 내담자가 인지치료에 관여하도록 동기부여되는 한도까지, 그들은 더 기분 좋게 느끼도록 도와주는 새로운 사고기술을 배우기 때문이다. 좋은 사고가 궁극적인 목표가 아니다. 더 좋은 기분이 바로 그 목표다. 마찬가지로, 관계 문제들을 가지고 있는 사람들도 더욱 명쾌하게 사고하기 위하여 치료를 찾는 것이 아니라, 다른 사람들에 대한 그들의 애착을 강화할 목적으로 찾는다. 만일 그것이 관계에 도움이 될 것이라고 납득되면, 이것은 그들의 사고를 바꾸는데 동기를 부여할 것이다.

여기서 동기 자체가 그렇게 많이 합리적이지는 않지만, 다른 목적으로 가는 더 큰 동기의 수단으로서 합리적이다. 이 점이 행동주의와 매우 비슷한 철학적 기초를 인지치료에 부여하고 있다. 양자는 징벌을 최소화하고 보상을 최대화하기 위해서 변화하는 행동들을 강조한다. 그러나 인지치료에서 문제시되는 "행동들"이란 정신적 행동들, 즉 사고를 말한다. 이러한 정신적 행동들을 교정함으로써, 우리 인간은 세상에 대한 사람의 인식을 다시 세울 수 있으며 더 행복한 인간들을 만들어낼 수 있다.

본서의 저자인 우리는 더 좋은 느낌이라는 목적을 깔보지 않는다. 우리는 그것이 무엇인지에 대한 인지치료사 기저에 깔려있는 동기만을 드러내려고 노력하고 있다. 사람들은 좋은 느낌에 대해 관심을 갖는 만큼 올바르게 사고하기에 대해서는 거의 관심이 없다. 그러므로 치료사들이 그들 자신의 합리성에 대한 관점을 적용해서 사람들이 더 좋은 느낌을 갖도록 돕는 것은 당연하다.

여전히 다른 사람들이 더 좋은 느낌을 갖도록 돕는 것은 귀중한 일이다. 제1장에서 기술한 구속의 관점을 기억하는 것이 여기에서 필수적이다. 하나님은 이 부서진 세상과 그 세상 안에 있는 사람을 사랑하신다. 그리고 사람들이 땅 위에서 우리들의 연수를 사는 동안 기쁨과 선을 경험하기를 원하신다. 그러나 좋은 기분이 우리들을 향한 하나님의 유일한 바램은 아니다. 비록 행복이 고귀한 목적이지만, 그들이 행복을 만들어내는 정도에 기초된 우리의 현실에 대한 관점을 세우는 것은 부자연스럽고, 위선적이며, 오해하기 쉬워 보인다. 동기에 대한 이런 관점은 진리를 실재에 대한 사회적 건설보다 더 큰 존재로 보는 엄격한 그리스도인에게는 골칫거리이다.

데니스(Denise)라는 한 내담자를 생각해 보자.

이 내담자는 자신의 결혼에 의기소침해 있다. 하지만, 결혼식날 자신의 서약 때문에 결혼을 유지하고 있다(우리는 여러 장 뒤에 데니스의 이야기를 더듬어 볼 것이다). 자신의 교회 장로님과의 실망스러운 만남 후, 데니스는 돈(Don)과의 18개월 동안 유지해 온 결혼으로 생긴 우울증과 불확실성을 정리하는 데 도움을 받으려고 어느 심리치료사를 찾는다. 결혼은 처음부터 지금까지 걱정거리였다. 인지치료사는 데니스로 하여금 헌신에 대한 그녀의 생각이, 남편에 대한 불행한 느낌과 곤경으로 어떻게 바뀌면서 후회스러운 느낌이 들게 되었는지 확인하면서 그녀의 사고의 전환을 도왔다.

시간이 지나면 데니스는 자신의 상황에 대해서 다르게 생각하게 될 것이다. 그녀는 많은 사람들이 지키기 불가능한 결혼서약을 한다는 것과 현명하지 못한 서약으로부터 자신을 해방시킴으로써 자유와 희망을 경험할 수 있음을 알기 시작할 것이다. 그녀는 자신의 생각을 바꾸도록 동기부여 받는다. 왜냐하면 현실의 재구성만이 그녀에서 안위와 희망을 가져다주기 때문이다.

결과적으로, 데니스는 자신의 인생을 위해 새로운 대본쓰기를 배운다. 이런 처방은 그녀와 그녀의 치료사가 신뢰하는 인생대본으로 그녀에게 자유와 행복 그리고 희망을 가져다 줄 것이다. 왜 데니스가 자신의 상황을 다르게 생각하고, 인지치료사가 그녀에게 새로운 방향으로 나아가도록 동기를 부여했는지는 분명하다. 이런 동기는 논리적 고양에서 생긴 것이 아니라, 즐거움을 추구하고 불안에서 벗어나려는 자연스러운 인간적 욕구에서 생겨난 것이다(우리가 기능적 상대주의라 부르는 이 관념은 제6장에서 더 깊이 탐구된다).

신중한 그리스도인 치료사에게 이 시나리오는 불편함을 준다. 비록 이혼이 불가피한 시기가 있고 심지어 권유해야 할 시기가 있다고 하더라도, 교회의 역사적 증거와 성경의 가르침들은 명백히 이혼에 반대의 뜻을 표하고 있다. 데니스와 그녀의 치료사가 만든 사회적으로 새롭게 세워진 "진실"은 그녀에게 다가오는 희망과 행복을 제공할 수 있지만, 하나님께서 규정하시고 드러내신 초월적 진리와는 충돌된다. 물론, 모든 진리는 성(gender)과 인종 그리고 문화와 같은 사회적 제도를 통하여 이해된다고 사람들은 틀림없이 말한다. 그러므로 인간은 하나님의 진리를 절대적 확신을 가지고 알 수 없다.

그러나 그리스도인들은 하나님께서 특정한 기준들을 정해 놓으셨고, 그 기준은 모든 시대와 문화권에 걸쳐 진리로 유지된다고 믿고 있다. 비록 우리 인간이 이런 진리들을 완전히 명료하게 알 수는 없다 하더라도, 우리는 그것들을 가능한 한 잘 식별하고 충실하게 지켜갈 것을 요청받는다.

데니스에겐 이혼이 그녀를 자유롭게 할 것으로 여겨질 수 있지만, 예수님은 우리가 그의 가르침에 순종하면 우리는 자유롭다고 가르치셨다. 즉, 예수님은 "진리를 알지니 진리가 너희를 자유케 하리라"(요 8:32)라고 가르치셨다. 그러므로 그리스도인 치료사는 헌신의 덕을 개인의 행복보다도 더욱 지지할 것이다. 이것은 근심많은 결혼으로부터 위안을 찾고 있는 내담자에게 특별한 동기부여를 해 주지는 못한다.

여기서 동기부여 문제를 전통적인 인지치료관점에서 관찰해 보자.

흥미를 돋우는 데 있어서 진리로 가득한 명쾌한 사고의 추구는, 좋은 기분을 갖도록 이끄는 사고추구를 절대 따라가지 못한다. 실용적 합리주의는 명쾌한 사고를 증진한다는 자신의 주장에 솔직하지 못하다. 왜냐하면 소위 명쾌한 사고는, 즐거운 감정들을 추구하고 고통스러운 감정들을 회피하기 위한 흥미로 인해 자주 흐려지기 때문이다. 이와 같이 인지치료사의 논리적 추구는 편의성의 추구로 빠져들 수 있고, 기독교 세계관속에 내재된 진리주장들의 토대를 쉽게 무너뜨릴 수 있다.

상담 조언 3.5: 포기함로 인한 우울함들

얼마나 많은 내담자들이 기분이 좋아지기 시작하자마자 오지 않는지 치료사들은 자주 실망을 하게 된다. 증상 개선은 많은 경우 빨리 일어난다. 아마 치료사로 인해 품게된 희망, 치료적 관계의 따뜻함, 또는 인지치료방법들로 초래된 합리주의의 실용적 형태 때문일 것이다. 비록 치료사가 실용적 합리주의를 진작시킬 의도가 없다고 할지라도 많은 내담자들은 자연적으로 더 좋은 기분을 느끼도록 도와주는 사고방식들로 끌리게 된다. 치료사는 "해야 할 것이 더 있습니다"라고 말하지만, 내담자는 더 이상의 동기부여를 잃어 버렸고, 계속적인 치료를 포기한다.

비참함은 도움을 추구하는 가장 강력한 동기들 중 하나이다. 따라서, 내담자들은 일단 기분이 좋아지기 시작하면, 치료를 그만두는 경우가 가끔씩 있다는 것에 놀랄 필요는 없다. 많은 내담자들이 차후 필요성이 발생될 때, 추가적인 도움을 요청하며 다시 되돌아온다는 점을 명심하는 것이 좋다.

② 문제점: 실용적 합리주의는 합리성의 중요성을 최소화한다.

실용적 합리주의는 효과적인 추론을 좋은 관계로 쉽게 고양할 수 있다.

제2장에서 토론한 공통요인들을 상기해 보자.

치료 외적 요인들은 진료상담들이외의 내담자 관계의 질을 포함하며, 관계요인들은 치료사와 내담자 사이의 관계에 속한다. 외적 치료와 관계적 요인들은 사용된 치료기법들보다 상대적으로 더 영향력이 있다(도표 2.1을 보라).

인지치료사들이 진료하는 것을 지켜보면, 내담자의 삶의 관계적 차원들이 간과되고 있다는 점을 누구라도 자주 느끼게 된다. 심지어 비교적 훌륭한 관계기술들을 갖춘 인지치료사들도 너무나 많이 사고패턴에 초점을 맞춤으로써 관계현실들에 무감각하게 보일 수 있다. 인지치료사와 어느 내담자 사이에 오고간 다음의 상호기능을 상상해 보자.

말라(Marla): 저녁 시간대가 가장 힘들어요. 나는 내 남편이 나를 떠난 이후 자주 너무나 고독한 느낌이 들어요. 난 그냥 빈둥거리며 얼마나 완벽히 혼자인가에 대해 생각해요.

치료사: 그게 사실이예요? 당신은 정말로 이 세상에서 혼자예요?

말라: 글쎄요, 저는 아니라고 가정하지요. 저는 직장에서 사람들과 잘 지내고 있지만, 저녁마다 너무나 조용해서 매우 슬퍼져요.

치료사: 그러니까, 당신이 저녁마다 가지는 그 생각, 당신은 완전히 혼자다라는 생각은 실제적으로는 옳지 않은 거군요.

말라: 옳지 않아요, 저는 그렇지는 않다고 생각해요.

치료사: 이제 역할극을 해 봅시다. 내가 저녁에 집에서 빈둥빈둥거리는 당신이 되겠어요, 그리고 당신은 이런 생각들 중 몇 가지에 대해 당신이 어떻게 대답해 주어야 하는지 나에게 말하세요. "좋아, 여기 내가 있다. 난 세상에서 완전 혼자이다. 말할 사람이 아무도 없다. 아무도 나에게 신경쓰지 않는다"와 같은 생각에 대답을 해 주세요.

말라: 음, 당신은 이제 혼자로군요. 하지만 온종일 당신이 혼자였던 건 아니네요.

치료사: 네, 그렇습니다. 그러나 지금은 전 혼자예요. 세상에서 완전 혼자예요.

말라: 사람들은 당신에 대해서 신경을 쓰고 있어요. 당신은 완전 혼자가 아니에요.

이 대화에서 치료사는 말라가 저녁에 혼자있는 것에 대해 더욱 이성적으로 생각하도록 도왔다. 그리고 이것은 우울증에도 도움이 될 수 있다. 하지만 더 깊고 고통스러운 어떤 실재가 그 대화 밑에 숨어 잠복해 있는 것으로 보인다. 여러 가지 점에서, 그 내담자는 정말로 혼자이다. 그녀는 결혼을 실패했고, 비록 그녀가 직장에 형식적인 친구가 있다 하더라도, 그들은 직장 밖에서도 연결된 느낌을 갖도록 하는 그런 류의 친구들은 명백히 아니다. 마치 치료사가 안 것보다 내담자가 더욱 이치에 닿는 염려를 가지고 있는 것처럼, 이런 인지적 개입에 대해 피상적이고 불만족스러운 뭔가가 있다. 여기에는 단지 비논리적 골통이 아니라, 상처받은 한 영혼이 있는 것이다.

관계는 인지치료이론과 실습 두 가지 측면 모두에서 평가절하된 것으로 보인다. 일부 인지치료사들은 수많은 세기 동안 관계를 돕는 중요한 일부였던 관계적 연동(relational engagement)이라는 실습기술들 역시도 부족하다. 인지치료에서 선도적인 역할을 하는 많은 교과서들과, 학생들에게 인지치료을 어떻게 해야 하는지를 가르치는 실연비디오 역시, 건조하고, 규범적이고, 그리고 비관계적으로 보인다. 마치 내담자와 치료사가 원치 않는 감정들을 포착하여 파괴시키기 위해 생각들을 정리하는 체스게임과 같다.

이와 대조적으로, 통합적 심리치료 모델은 관계를 변화 과정의 중심에 두고 있다. 왜냐하면 관계들이 애초에 고통을 야기시켰던 그 문제의 일부분이기 때문에, 그것들 역시 반드시 해결의 일부가 되어야만 한다.

③ 문제점: 문화와 정황

실용적 합리주의는 쉽사리 인종 중심적이고 억압적이 된다. 둘 다 유럽계통의 미국 남자들인 우리 중 그 누구도 여성 내담자 혹은 다른 인종출신 사람들 중 한명과 함께 작업을 할 때 우리 자신들에게 말참견하는 그런 형세를 상상해 보자.

우리는 내담자의 삶의 환경을 토론하고, 합리적인 것이 무엇이고 비합리적인 것이 무엇인지 경청한다. 그 후에 그가 비합리적 생각들을 합리적 생각으로 바꾸도록 한다.

다시 말해서, 우리는 내담자들이 우리가 생각하는 것처럼 더 생각하도록 한다. 그것이 그 사람의 기분이 더 좋아지는 데 도움이 될 것이라고 추정하면서 말이다.

그러나 만약 우리의 사고기준들이 이 특정한 내담자에게 문화적으로 적합하지 않다면 어찌 될 것인가?

이런 전문직종에 종사한 지 얼마 안 되어서 나는(Mike) 한 여성을 대상으로 연구를 하고 있었다. 나와 다른 민족 출신 여성은 진료를 받기 위해 찾아왔었다. 자궁절제술을 받은 후 그녀의 성적 충동이 감소되었기 때문이다.

대화를 하면서, 우리는 자궁을 제거한 그녀가 스스로 더이상 온전한 여성이 아니라는 비합리적인 신념을 가지고 있다는 것을 발견했다. 그녀를 이 어리석은 신념에서 깨어나도록 돕기 위해 나는 몇 주 동안 그녀를 대상으로 연구했다. 그때 내 동료 중 한 명은 이 여성 내담자를 포함해 많은 우리 내담자들이 사는 소수 민족 거주지에 대해 더 배우려고 워크숍에 참석했다. 내 동료는 이 이종(異種) 문화권에서는 자궁절제술이 진정으로 여성으로서의 지위를 앗아가는 것으로 믿는다는 점을 알았다.

그런데 나는 백인남자로서 내담자에게 그녀의 마음 속 깊이 가지고 있는 신념들이 틀렸다는 것을 납득시키기 위해 일주일에 한 시간씩을 소비하며 수고하였다. 상담 후 그녀는 돌아가서 자궁절제술로 이미 사회적 지위가 떨어졌다고 그녀에게 말하는 문화적 정황에서 한 주의 나머지 167시간을 보냈다.

물론 내 진료는 도움이 되지 못했다. 나는 내 가치를 그녀의 문화적 환경 위에 놓는 자민족 중심주의자였고, 그런 신념들을 당연히 바꿀 수 있다고 생각하는 완전히 비현실적 존재였다.

자신이 속한 문화적 정황에 의해 정의된 것처럼, 그녀는 자신의 상실들을 규명하는 데 도움을 주고 함께 슬퍼할 누군가가 필요했던 것이다. 그런데 오히려 문화적 차이에 대해 거의 안중에도 없는 한 젊은 실용적 합리주의자인 치료사를 만났던 것이다. 진료 과정 도중에 동료가 알려준 실수를 안 후, 나는 그 내담자에게 사과를 했으며, 문화적 적합성이 훨씬 더 광범위한 다른 접근법을 시도했고, 결국 더 큰 성과를 거두었다.

그 순간 이후 나는 그녀가 어떻게 생각해야 하는지에 대해 그녀를 설득하고자 노력하기를 멈췄다. 대신에 우리는 그녀의 이야기를 함께 구성하기 시작했다. 나는 그녀가 여러 가지 삶의 사건들에 결합시킨 의미들을 알게 되었고, 우리는 의미에 대한 개념을 바꿔놓을 수 있는 새로운 의미들을 찾아 심사숙고했으며 그녀의 이야기를 미래를 향한 희망의 이야기로 교정하기 위해 진지한 노력을 시작했다.

다양한 우리의 문화권 안에서 소용돌이치는 여러 사고방식에도 불구하고, 어느 사고

방식이 합리적이고 어느 것이 그렇지 않은지를 우리는 어떻게 결정하는가?

누가 건전하고 합리적인 사고를 비합리적이고 역기능적인 것과 구별하는가?

심리학이나 상담학분야의 학위가 저절로 어떤 사람에게 명료한 사고와 애매한 사고의 차이를 구별하는 자격을 주는가?

이런 질문들은 인지치료에서 너무 자주 사용된 방식이 지닌 심각한 문제점을 지적한다. 합리성과 비합리성의 특질을 소유한 전지(全知)한 중재자로 치료사를 높이 올리는 것은 치료에서의 개인적 능력과 훈련에 대한 비현실적 확신을 갖는 것이다. 합리적이라고 간주된 사고들은 단지 확신에 찬 치료사의 변덕에 기초하기보다는 오히려 (공동체와 문화 안에) 수평적으로, 그리고 (역사 속에) 수직적으로 자리잡을 필요가 있다.

④ 문제점: 인간 조건과 더불어 정도(正道)를 벗어난 것이 무엇인가?

실용적 합리주의의 또 다른 결함은 우리가 세상에 존재하는 문제들을 설명하는 방식에서 드러난다. 실용적 합리주의는, 세밀하게 구성된 생각은 긍정적인 성과들을 산출하지만, 반면에 엉성한 생각은 문제점으로 연결된다는 것을 당연시한다.

일정 부분까지는 인정하지만 인간의 문제들에 합리성은 얼마나 주요할 수 있는가?

인간 본성이 가진 가장 기본적인 문제점들이 무엇인지 100명의 사람들에게 물어보자.

그러면 인간이 정말이지 충분히 논리적이지 않다고 말 할 사람은 거의 없다(십중팔구 아무도 없다). 사람들은 이기심, 충돌, 남용, 거만, 깨진 관계, 시장 경제, 탐욕, 유물론, 죄, 자만과 무관심의 문제들을 명확히 언급하겠지만, 그들은 인간의 합리성의 결여에 대해서는 언급하지 않을 것이다.

상담 조언 3.6: 알파 실수와 베타 실수

문화적 다양성 분야의 전문가들은 통계학과 연구방법론으로부터 차용한 전문용어인 알파와 베타실수에 대해 말한다. 알파 실수, 즉 타입 I 실수는 실제로 존재하지도 않는 차이점이 있다고 잘못 결론내리는 것을 말한다. 인간의 다양성 때문에 무언가를 부적절하게 문화적인 탓으로 돌릴 때 이런 일이 일어난다.

예를 들어, 엄숙하고, 집안에 틀어박혀 있기를 좋아하고, 희망이 없는 내담자는 자신의

> 문화와 상관없이 자살할 위험에 대해 조사되어야 한다. 이런 증상들을 내담자의 내성적인 문화적 배경과 연결된 것이라고 당연하게 여기는 치료사는 중요한 단서들을 놓치고 있는 것이고, 따라서 그 결과들은 비참한 것일 수 있다.
> 베타 실수, 즉, 타입 II 실수는 실제 존재하는 차이점을 보지 못하는 것을 말한다. 이런 실수는 치료사가 모든 사람은 기본적으로 다 똑같다고 가정하면서 문화의 중요성을 소홀히 할 때 일어난다. 이것은 치료사가 모든 내담자들은 똑같은 가치관, 상정 내용 그리고 논리적 틀을 공유한다고 추정할 때 인지치료 내에 문제점들을 야기시킨다.
> 균형을 찾는 것이 핵심이다. 문화는 중요하다. 그러나 모든 것을 문화의 탓으로 돌리지 않는 것이 중요하다. 모든 방식에서처럼, 이 방식에서도 우리는 다른 문화들에 존경을 표하면서 여전히 모든 사람들에게 공통된 진리들을 이해했던 예수님과 같이 살고자하는 열망을 품어야 한다.

더욱 합리적이 되는 것이 흡족하고 유쾌한 일이지만, 그것이 건강, 고난, 그리고 어리석음에 대한 우리의 이해에서 중심적 위치를 차지할 만한 가치가 없다는 것에 우리 모두는 동의할 수 있다. 이것은 올바른 사고의 기준들이 성경, 전통, 이성 그리고 경험(웨슬리의 사변형은 6장에서 더 논의 했다)에 의한 사려 깊은 이성적 형태들 위에 기초하기보다 오히려 무엇이 사람들을 더 기분 좋게 하는 데 도움이 되는 것에 기초해서 결정되는 경우, 문제는 더욱 복잡해진다. 합리성이란 이름으로 행세했던 것이 실제로는 자만과 자기중심적이라는 인간의 문제에 이바지하는 것일 수도 있다.

진료소에서 3.2: 경보체계로서의 비합리성

잘못된 생각을, 실제로 혹은 가상적인 관계적 문제에 대한 경보체계로 바라봄이 유용한 경우가 자주 있다. 내담자가 특별히 비합리적으로 보일 때, 그때가 대인관계 문제들을 탐구할 좋은 시기이다.

브렛: 난 훌륭한 종업원이죠. 난 내 밑에 있는 사람들을 잘 대해줘요. 난 고객들에게도 호감을 사지요. 난 매 분기마다 회사에 막대한 이윤을 돌려주지요. 그런데 그 다음에 나는 평범한 직무수행을 한다는 업무평가서를 받아요. 이것은 정말이지 터무니없어요!

> 클락: 그것은 틀림없이 당신의 마음을 매우 뒤집어 놓았겠군요.
> 브렛: 물론이죠. 난 기대치를 이상을 일해요. 난 일상적으로 사무실에 가장 먼저 출근하고 가장 늦게 퇴근하는 사람이예요. 그런데 내가 이런 평가를 받아요. 사장님이 나를 회사 문 밖으로 떠밀어내는 것 같아요. 난 정확히 그것을 하고 싶어져요. 다시 말해서 내가 한 일에 대해 사람들이 나에게 감사하는 그런 곳에 가고 싶어져요.
> 클락: 그것이 이 이야기의 가장 큰 부분이군요, 그렇죠? 요점은 평가보고서 자체뿐만이 아니라, 그것이 의미하는 바는 사장님이 당신과 회사를 위해 당신이 한 일들에 대해 감사하는 것에 대한 것이기도 하군요.
> 브렛 : 그건 틀림없이 옳은 일이라 생각해요. 만일 하루 일과 마지막에 제가 단지 보통사원으로만 인식이 된다면 제가 이 모든 것을 왜 합니까?
>
> 이 예에서 브렛은 보통이라는 업무평가서 기저에 깔려 있는 대인관계 요인들쪽으로 조금 움직였다. 만일 그 평가서가 대인관계의 함축된 의미를 전달하기 위함이 아니었더라면, 그 직무평가서 그 자체는 그렇게 터무니없는 느낌이 들지는 않는다. 즉, 브렛의 사장은 그가 얼마나 열심히 일하는가를 근거로 칭찬하는 사람으로 보이지는 않는다.

제1장에서 개요를 설명했던 것처럼 기독교 세계관의 관점에서 볼 때, 우리 인간은 합리적이고 도덕적인 하나님의 형상으로 창조된 존재들이다. 그러나 하나님의 형상으로 지음받음에는 논리적으로 사고하는 능력보다도 훨씬 더 많은 것이 존재한다. 우리 인간은 또한 관계적이며 기능적인 창조물로서 지음받은 존재이며, 관계는, 좋은 것이든 나쁜 것이든, 합리성보다도 우리의 영혼을 더 심도 있게 자극하는 것으로 보인다. 사람들은 가까운 관계가 위협받거나 깨질 때 가장 비이성적이 된다.

이것이 의미하는 바는 합리성이 아니라 관계적 상처들이 근원적 문제라는 점이라는 것한다.

예를 들어, 명료한 사고로 생계를 유지하는 한 사람의 회계사와 또 한 사람의 변호사가 있다. 직장에서 고통스러운 결혼 생활을 이어가는 집으로 돌아와 서로에 대한 비합리적 신념들의 생각에 잠긴 채 그날 저녁을 보낸다고 하자. 명료한 사고를 하는 사람들도 관계성의 문제에서 명확하게 사고를 하지 못한다. 이 점이 제시하는 바는 인간 조건이 가진 근본적인 문제는 잘못된 이성적 사고보다도 더 깊은 차원에 있음을 뜻하는 것이다.

⑤ 문제점: 실용적 합리주의의 기독교적 버전

여러 저자들이 종교에 기초를 둔 인지치료의 각종 모델을 발전시켜왔다(예를 들어, Backus & Chapian, 2000; Cloud & Townsend, 1995; Johnson & Ridley, 1992; McMinn, 1991, Propst, 1980, 1988; Propst, Ostrom, Watkins, Dean & Mashburn, 1992; Thurman, 2003). 곧, 잘못되고 혼란스러운 자기-대화와 씨름할 때 자신의 신념을 사용하라고 격려하는 개선안들이다. 이 저자들은 자주 기독교 가르침과 어울리는 인지치료 전제의 공명(共鳴)성에 주목한다.

이것은 많은 관점에서 옳다. 그리스도인들은 자신의 사고방식에 대해 생각하도록 가르침 받았다. 산상수훈(마 5-7장)을 통하여 예수님은 그를 따르는 자들에게 그들의 마음과 심령을 지키라고 가르쳤다. 왜냐하면 신중하지 못한 심령은 부주의한 행동으로 이어지기 때문이다.

예수님은 간통이 문제가 아니라, 욕정의 문제에서 그것이 시작된다는 점을 가르쳤다. 이와 마찬가지로, 살인은 분노, 복수의 생각을 마음에 품음으로 시작된다. 예수님은 경청자들에게 자신의 생각을 감시하라고 가르쳤다. 왜냐하면 생각은 사람들이 어떻게 행동하는가에 대한 중요한 함축적 의미들을 내포하고 있기 때문이다. 사도 바울 또한 자신의 독자들에게 그들의 사고를 경계하라고 가르쳤다.

기독교 인지치료사들에 의해 자주 인용되는 본문으로 빌립보에 있는 그리스도인들에게 사도 바울은 "무엇에든지 참되며 무엇에든지 경건하며, 무엇에든지 옳으며, 무엇에든지 정결하며, 무엇에든지 사랑할 만하며, 무엇에든지 칭찬할 만하며, 무슨 덕이 있든지 무슨 기림이 있든지 이것들에 너희 생각을 고정시키라"(빌 4:8)라고 가르쳤다. 그 밖에 다른 서신에서 바울은 다음과 같이 기록하고 있다.

> 그러므로 너희가 그리스도와 함께 다시 살리심을 받았으면 위엣 것을 찾으라 거기는 그리스도께서 하나님 우편에 앉아 계시느니라. **위엣 것을 생각하고 땅엣 것을 생각지 말라** 이는 너희가 죽었고 너희 생명이 그리스도와 함께 하나님 안에 감추었음이니라(골 3:1-3, 강조 표시는 덧붙인 것임).

> 너희는 이 세대를 본받지 말고 오직 **마음을 새롭게 함으로 변화를 받아**

하나님의 선하시고 기뻐하시고 온전하신 뜻이 무엇인지 분별하도록 하라
(롬 12:2).

너희는 유혹의 욕심을 따라 썩어져 가는 구습을 좇는 옛 사람을 벗어버리고
오직 **심령으로 새롭게 되어**(엡 4:22-23).

육신을 좇는 자는 육신의 일을 영을 좇는 자는 영의 일을 생각하나니 육신의 생각은 사망이요 영의 생각은 생명과 평안이니라(롬 8:5-6).

명백하게 바울은 자신의 독자들에게 그들의 삶을 특별한 종류의 사고로 채울 것을 가르치고 있으며, 그러한 사고가 그들의 날마다의 경험들을 형성한다는 것과 그들에게 희망과 의미 그리고 성취감을 준다는 것을 알고 있다.

그러나 성경의 몇몇 구절들을 인지치료의 전제들과 조화시키는 것이 인지치료가 기독교 가르침과 완전히 양립함을 의미하지는 않는다. 예수님은 실용적 합리주의자가 아니었고, 바울 역시 아니었다.

인지치료의 기독교적 개선안들은 때때로 더욱 거대한 인지치료혁명을 특징짓는 똑같은 실수들을 포함하고 있다. 가끔 그리스도인 치료사들은 성경구절들을 사용해 실용적 합리주의 깊숙이 있는 신학적 문제점 몇가지도 숙고해보지 않은 채, 인지치료라는 천박한 모델을 지지하려고 한다. 성경이 우리들에게 자신의 생각을 지키고 마음을 고귀한 것들에 두라고 가르치는 이유가 성경이 우리가 더 좋은 기분을 느끼기 위해서 우리의 생각들을 조정해야만 한다는 것을 확인한다는 의미는 아닌 것이다.

기독교적 담화는 근본적으로 엉성하거나 혹은 만족스러운 효과가 없는 사고교정에 대한 것이 아니다. 우리는 성경에서 온전함에 이르는 길이 더 좋은 사고에서 발견된다는 가르침을 받지 않았다. 성경은 하나님, 서로서로와의 관계를 위해 창조된 인간, 그런 관계들이 현재 황폐화시키는 죄의 영향으로 더럽혀져있기 때문에 고투하는 인간 그리고 회복된 창조세계에 대한 희망을 가지고 살아가는 인간에 대한 이야기이다. 성경의 압도적인 이야기 주제들은 관계적 성격을 가지고 있다. 우리 인간들은 잃어버린 양들이며, 하나님께서 교정하시고, 용서해 주시고 그리고 모으시는 방탕한 자녀들이다. 이것

이 우리의 요점이다.

본서의 저자들인 우리는 인지치료가 기독교 사상과 가장 양립하여 모순되지 않는 심리치료법이라는 선한 그리스도인들의 평가에 대해 들었거나 읽었다. 이것은 인지치료과 기독교 신앙 두 가지를 잘못 설명한 오류이다. 우리에겐 그렇게 보인다. 인지치료의 기법들은 그 유용함에 대한 과학적 증거들이 상당히 많다. 그러나 실용적 합리주의의 기저에 깔려있는 전제는 기독교 신앙과 완전히 병립할 수 없는 것이다.

3. 결론

인지치료은 합리적이다. 그것은 고통의 증상을 경감하는 데에 효과적으로 대처한다. 그러나 강점들에도 불구하고, 인지치료에 대한 주의 깊은 평가는 문제점을 제기한다. 인지치료은 어떤 기존의 성격이론에 밀접하게 연관되어 있지 않은 채 이론적으로 표류하고 있는 것처럼 보인다. 사회학습이론과의 연결은 기껏해야 미약하고, 정보처리이론과의 연결은 체계적인 정밀조사를 견디어 내지 못한다. 인지치료의 많은 부분이 실용적 합리주의 안에 기반을 둔 것으로 보인다. 이것이 의미하는 바는 내담자들은 단지 더 좋아하는 감정들을 생산하는 방식들로 생각하기를 배우기만 하면 된다는 뜻이다. 그와 같은 철학적 기초는 완전히 천박하고, 비록 몇 가지 성경구절들이 그것을 지지하기 위해 사용될 수는 있을지언정 치료법에 대한 기독교적 접근법을 위해서는 만족스럽지 못하다.

나쁜 소식은 여기서 기술된 세 가지 이론적인 받침들 중 그 어느 것도 심리치료의 기독교적 형태를 위한 적절한 기초를 제공하지 않는다는 점이다. 좋은 소식은 기독교적 인간 이해가 인지치료의 모든 전제들을 받아들이 않고 몇 가지 중요한 원리들을 도출하는 인지치료의 통합적 접근법에 정보를 제공할 수 있다는 것이다.

참고문헌

Augustine (398/1986). *The confessions of St. Augustine* (H. M. Helms, Trans.). Brewster, MA: Paraclete Press.

Backus, W., & Chapian, M. (2000). *Telling yourself the truth: Find your way out of depression, anxiety, fear, anger and other common problems by applying the principles of misbelief therapy*. Minneapolis: Bethany House.

Bandura, A. (1986). *Social foundations of thought and action*. Englewood Cliffs, NJ: Prentice-Hall.

Beck, A. T. (1993). Cognitive therapy: Past, present, and future. *Journal of Consulting and Clinical Psychology, 61,* 194-98.

Beck, A. T., Freeman, A., & Davis, D. D. (2003). *Cognitive therapy of personality disorders* (2nd ed.). New York: Guilford.

Beck, A. T., Rush, A. J., Shaw, B. F., & Emery, G. (1979). *Cognitive therapy of depression*. New York: Guilford.

Bloom, B. L. (1992). Computer-assisted psychological intervention: A review and commentary. *Clinical Psychology Review, 12,* 169-97.

Burns, D. D. (1999). *Feeling good: The new mood therapy* (rev. ed.). New York: Wholecare.

Chambless, D. L., Baker, M. J., Baucom, D. H., Beutler, L. E., Calhoun, K. S., Crits-Christoph, P., Daiuto, A., DeRubeis, R., Detweiler, J., Haaga, D. A. F., Johnson, S. B., McCurry, S., Mueser, K. T., Pope, K. S., Sanderson, W. C., Shoham, V., Stickle, T., Williams, D. A., & Woody, S. R. (1998). Update on empirically validated therapies, II. *The Clinical Psychologist, 51,* 3-16.

Chambless, D. L., & Hollon, S. D. (1998). Defining empirically supported therapies. *Journal of Consulting and Clinical Psychology, 66,* 7-18.

Chambless, D. L., Sanderson, W. C., Shoham, V., Johnson, S. B., Pope, K. S, Crits-Christoph, P., Baker, M., Johnson, B., Woody, S. R., Sue, S., Beutler, L., Williams, D. A., & McCurry, S. (1996). An update on empirically validated therapies. *The Clinical Psychologist, 49,* 5-18.

Cloud, H., & Townsend, J. (1995). *12 Christian beliefs that can drive you crazy: Relief from false assumptions*. Grand Rapids, MI: Zondervan.

Crits-Christoph, P., Chambless, D. L., Frank, E., Brody, D., Karp, J. F. (1995). Training in empirically-validated treatments: What are clinical psychology students learning? *Professional Psychology: Research and Practice, 26,* 514-22.

Ellis, A. (1993). Reflections on rational-emotive therapy. *Journal of Consulting and Clinical Psychology, 61,* 199-201.

Ellis, A., & Harper, R. A. (1997). *A guide to rational living* (3rd ed.). North Hollywood, CA: Wilshire Book Co.

Epley, N., & Dunning, D. (2000). Feeling "holier than thou": Are self-serving assessments produced by errors in self- or social prediction? *Journal of Personality and Social Psychology, 79,* 861-75.

Garfield, S. L. (1996). Some problems associated with "validated" forms of psychotherapy. *Clinical Psychology, 3,* 218-29.

Haaga, D. A. F., & Davison, G. C. (1993). An appraisal of Rational-Emotive Therapy. *Journal of Consulting and Clinical Psychology, 61,* 215-20.

Havik, O. E., & VandenBos, G. R. (1996). Limitations of manualized psychotherapy for everyday clinical practice. *Clinical Psychology, 3,* 264-67.

Johnson, W. B., & Ridley, C. R. (1992). Brief Christian and non-Christian Rational-Emotive Therapy with depressed Christian clients: An exploratory study. *Counseling and Values, 36,* 220-29.

Jones, S. L., & Butman, R. E. (1991). *Modern psychotherapies: A comprehensive Christian appraisal.* Downers Grove, IL: InterVarsity Press.

Jones, E. E., & Pulos, S. M. (1993). Comparing the process in psychodynamic and cognitive-behavioral therapies. *Journal of Consulting and Clinical Psychology, 61,* 306-16.

Kenardy, J., & Adams, C. (1993). Computers in cognitive-behaviour therapy. *Australian Psychologist, 28,* 189-94.

Laird, J. D. (1974). Self-attribution of emotion: The effects of expressive behavior on the quality of emotional experience. *Journal of Personality and Social Psychology, 29,* 475-86.

Lazarus, R. (1984). On the primacy of cognition. *American Psychologist, 39,* 124-29.

Mahoney, M. J. (1993). Introduction to special section: Theoretical developments in the cognitive psychotherapies. *Journal of Consulting and Clinical Psychology, 61,* 187-193.

Mahoney, M. J. (2003). *Constructive psychotherapy: A practical guide.* New York: Guilford.

Martin, J., & Sugarman, J. (1993). The social-cognitive construction of psychotherapeutic change: Bridging social constructionism and cognitive constructivism. *Journal of Consulting and Clinical Psychology, 61,* 375-88.

McMinn, M. R. (1991). *Cognitive therapy techniques in Christian counseling.* Waco, TX: Word Books. This book is out of print and can be downloaded at www.markmcminn.com.

McMinn, M. R. (2004). *Why sin matters.* Wheaton, IL: Tyndale.

Meichenbaum, D. (1993). Changing conceptions of cognitive behavior modification: Retrospect and prospect. *Journal of Consulting and Clinical Psychology, 61,* 202-4.

Messer, S. B. (2004). Evidence-based practice: Beyond empirically supported treatments. *Professional Psychology, 35,* 580-88.

Mischel, W. (1973). Toward a cognitive social learning reconceptualization of personality. *Psychological Review, 80,* 252-85.

Moroney, S. K. (2000). *The noetic effects of sin.* Lanham, MA: Lexington.

Needleman, L. D. (1999). *Cognitive case conceptualization: A guidebook for practitioners.* Mahwah, NJ: Erlbaum.

Neimeyer, R. A. (1993). An appraisal of constructivist psychotherapies. *Journal of Consulting and Clinical Psychology, 61,* 221-34.

Propst, L. R. (1980). The comparative efficacy of religious and nonreligious imagery for the treatment of mild depression in religious individuals. *Cognitive Therapy and Research, 4,* 167-78.

Propst, L. R. (1988). *Psychotherapy in a religious framework.* New York: Human Sciences Press.

Propst, L. R., Ostrom, R., Watkins, P., Dean, T., & Mashburn, D. (1992). Comparative efficacy of religious and nonreligious cognitive-behavioral therapy for the treatment of clinical depression in religious individuals. *Journal of Consulting and Clinical Psychology, 60,* 94-103.

Robins, C. J., & Hayes, A. M. (1993). An appraisal of cognitive therapy. *Journal of Consulting and Clinical Psychology, 61,* 205-14.

Robins, R. W., Gosling, S. D., & Craik, K. H. (1999). An empirical analysis of trends in psychology. *American Psychologist, 54,* 117-28.

Safran, J. D., & Segal, Z. V. (1990). *Interpersonal process in cognitive therapy.* New York: Basic Books.

Silverman, W. H. (1996). Cookbooks, manuals, and paint-by-numbers: Psychotherapy in the 90s. *Psychotherapy, 33,* 207-15.

Strack, F., Martin, L., & Stepper, S. (1988). Inhibiting and facilitating conditions of the human smile: A nonobtrusive test of the facial feedback hypothesis. *Journal of Personality and Social Psychology, 54,* 768-77.

Task Force on Promotion and Dissemination of Psychological Procedures, Division of Clinical Psychology, American Psychological Association (1995). Training in and dissemination of empirically-validated psychological treatments: Report and recommendations. *The Clinical Psychologist, 48,* 3-23.

Thurman, C. (2003). *The lies we believe.* Nashville: Thomas Nelson.

Tversky, A., & Kahneman, D. (1982). Evidential impact of base rates. In D. Kahneman, P. Slovic & A. Tversky (Eds.), *Judgment under uncertainty.* New York: Cambridge University Press.

Wampold, B. E., & Bhati, K. S. (2004). Attending to the omissions: A historical examination of evidence-based practice movements. *Professional Psychology, 35,* 563-70.

Young, J. (1999). *Cognitive therapy for personality disorders: A schema-focused approach* (3rd ed.). Sarasota, FL: Professional Resource Exchange.

Zajonc, R. B. (1984). On the primacy of affect. *American Psychologist, 39,* 117-23.

Integrative Psychotherapy

제4장
통합적 심리치료와 개입영역들

인지치료와 사회학습이론 사이의 보잘 것 없는 연결고리들 위에 안착하거나, 정보처리이론이 가진 실질적인 문제점들을 간과해 버리거나, 아니면 실용적 합리주의의 피상성을 받아들이기보다는, 오히려 본서의 저자인 우리는 다른 가능성을 이 장에서 제안하고자 한다.

인지치료가 치료에 대한 다른 접근법들과 섞여졌을 때는, 사람에 대한 기독교적 관점이 제3장에서 언급된 어떤 가능성들보다도 인지치료의 성공에 대한 더 훌륭한 설명을 제공한다. 통합적 심리치료모델을 제시한 후, 우리는 영역별 개입접근법(domains-of-intervention)에 대해 기술하고자 한다. 이 접근법에서 치료의 초점과 기간이 내담자의 욕구들과 필요에 대한 응답으로써 개인의 희망에 맞추어 만들어진다.

1. 통합적 심리치료 모델

완전한 성격모델의 서술은 책 한 권 전부가 필요하며, 본서의 저자인 우리가 감히 기독교 심리학의 결정판을 제시한다는 잘못된 인상을 남기게 될 것이다. 우리는 기독교 심리학에 대한 그와 같이 웅대한 이상은 성취될 것 같지 않다는 존스와 버트만(Jones and Butmna, 1991)의 의견에 동의한다. 그들이 이런 주장을 하는 데에는 두 가지 이유가 있다.

첫째, 성경이 명확한 성격이론을 제공하지 않는다는 것이다.

둘째, 기독교 신앙의 역사는 그리스도인들이 신앙의 근본적인 문제들에 동의하기가 매우 어렵다는 것을 증명하고 있기 때문이다.

> 우리는 우리가 지금까지 검토해온 많은 이론들을 대신에 제안할 모델의 바로 그 결정판을 가지고 있지 않다. 사실, 우리는 결정적인 모델이 존재한다고 믿지 않으며 언젠가 존재할 개연성이 있다고도 보지 않는다. 만일 2천 년 후에도 그리스도인들이 신학의 가장 근본적인 사항의 일부분에 대해서도 동의할 수 없다면… 어떻게 우리가 "기독교적" 심리학에 관해서 일치를 기대할 수 있겠는가?

그러므로 포괄적인 기독교 성격이론보다는 오히려 기독교 심리치료의 뼈대 모델을 따르는 것이 무엇인지 정의하는 것이 합리적으로 보인다. 우리는 완전히 의식적으로 그런 작업을 하여 기독교 심리치료의 다른 모델들도 역시 발전될 수 있게 하고자 한다. 사실상, 우리는 그것을 격려한다. 왜냐하면 기독교 상담에 관한 다양한 관점들이 궁극적으로는 도움이 필요한 사람들에게 이용 가능한 의료 서비스를 향상시킨다는 사실을 알고 있기 때문이다.

우리가 제안하는 통합적 심리치료모델의 본질은 도표 4.1에 그래프식으로 요약되어 있다. 통합적 심리치료와 인지치료 사이에는 여러 가지 유사점들이 있지만 동시에 중요한 차이점들도 있다. 아마도 가장 중요한 차이점은 출발점이 다르다는 것이다. 사회학습이론나 정보처리이론 혹은 실용적 합리주의로 시작하기보다는 오히려 통합적 심리치료는 인간에 대한 기독교적 관점에서 시작한다.

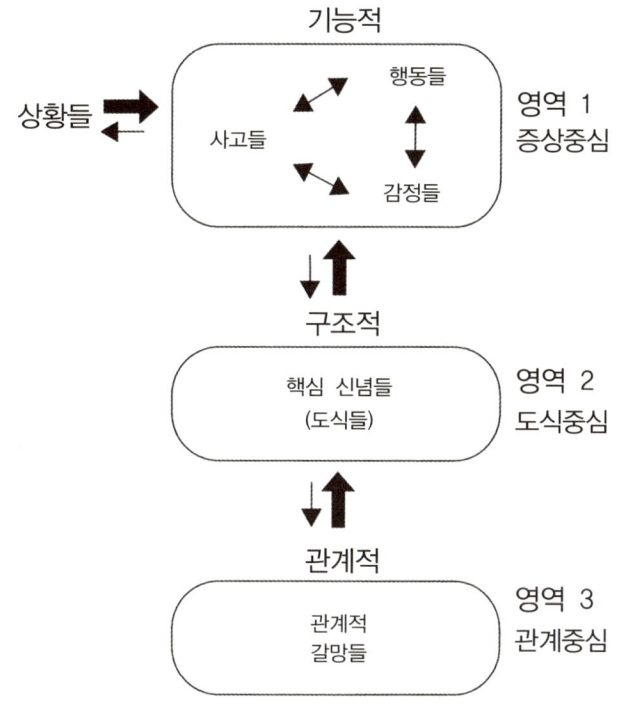

도표 4.1. 통합적 심리치료의 한 모델

1) 하나님의 형상과 상호연결된 개입의 세 영역

본 모델은 제1장에서 개괄한 기독교 신학의 토대들로 시작한다. 신학자들은 하나님의 형상을 이해할 목적으로 세 가지 주요한 접근법들을 발전시켜왔다. 그것은 기능적, 구조적 그리고 관계적 관점이다.

기능적 관점은 인간이 그들 자신과 환경을 관리하고, 하나님의 성품을 반영하는 특별한 방식으로 행동할 능력을 가지고 있다는 점을 강조한다.

구조적 관점은 하나님의 형상이 실재적인 하나님의 성품을 반영하는 구체화된 능력이라고 제안한다. 빈번히 구조적 관점은 합리성과 도덕성을 인간성 내부에 있는 하나님의 형상의 본질로 여긴다.

관계적 관점은 인간성 안에 계시됨으로써 연결시키고자 하는 하나님의 기대에 초점을 둔다.

비록 많은 신학자들이 한 접근법은 옳고 다른 두 접근법들은 옳지 않다고 논쟁해 왔지만, 본서의 저자인 우리는 그 세 가지 접근법들 각각이 고려할 만한 가치가 당연히 있는 것으로 여긴다. 왜냐하면 각 관점이 하나님이 가지신 본성의 어떤 진수를 포착하고 있는 것처럼 보이기 때문이다. 그리고 그 세 관점들은 심리학자들이 임상 작업에서 강조하는 적응 행동, 인지적 구조들(스키마스, schemas) 그리고 효과적인 관계들과 얼마나 밀접하게 대응하는 가를 알면 마음을 다 빼앗길 것이다. 하나님의 형상에 대한 어떤 신학적 패러다임은 옳고 나머지 것들은 틀리다고 논쟁하는 것이 어려운 것처럼, 심리치료에서 어떤 강조는 언제나 최고이고 나머지의 강조들은 잘못된 것이라고 주장하는 것도 똑같이 어려운 일이다.

제2장에서 기술한 것처럼, 심리치료는 효과적이지만 어느 치료법도 나머지 것들보다 더 월등하지는 않다. 아마 신학적, 심리학적 관점의 전 범위가 하나님의 성품에 대한 위대함과 복잡성의 무엇을, 즉 인간 안에 계시된 것 중 일부를 반영하고 있다고 볼 수 있다.

도표 4.1에서 그 세 영역들이 화살표로 연결되어 있다는 것을 주목하라. 하나님의 형상에 대한 신학적 관점들과 심리치료의 주요모델들 사이에 유사점들을 지적하는 것으로 충분하지 않다. 그 영역들이 서로 연결되어있음을 인정하는 것 역시 통합적 심리치료모델에서 본질적인 것이다. 특정한 구조적 능력들 때문에 사람은 기능적 행동에 관계한다. 그리고 마찬가지로, 관계들이 사람의 기능들과 구조들에 영향을 미친다.

예를 들어, 대학원학생인 해지나(Hasina)는 특별한 전문기술영역을 마스터하는 일에 크게 동기부여가 된다. 해지나는 주의 깊게 글을 읽으며 최고로 관리 감독되는 훈련 활동 프로그램을 찾아서 정기적으로 수업에 참석하는 실천을 한다. 이 모든 행동들은 기능적 영역을 반영한다. 즉, 해지나는 한 학문 영역을 마스터하고 있는 중이며, 그렇게 하기 위해서 그녀 자신을 훈련시키고 있다.

그러나 만일 해지나의 구조적 능력들이 갑자기 제거된다면, 예를 들어, 갑작스런 자동차 사고로 그녀의 지적 능력들이 손상되었다면, 그녀의 기능적 영역 또한 영향을 받게 된다. 마찬가지로, 만약 해지나가 남편과의 말다툼으로 그 날을 시작한다면, 그녀는 독서에 집중하기가 어렵다는 것을 발견하게 될 것이고, 교실에 앉아 있지만 그녀의 마음은 방황하게 될 것이다. 만약 충분한 논쟁들이 잇따라 일어난다면, 그녀는 집중할 어떤 능력을 심지어 상실할 수 있다.

해지나의 구조적이고 기능적인 두 영역들은 그녀의 관계적 영역에 의하여 영향을 받는다. 물론, 기능, 구조 그리고 관계 사이의 연결들은 기능이 구조와 관계에 영향을 미치는 경우를 포함하여 다른 방향으로도 통한다.

통합적 심리치료에서 첫 번째 개입영역은 증상에 초점을 둔 것인데, 적응행동강화를 고려 대상에 넣고 있다. 그러나 행동은 삶의 이야기 안에 파묻혀 있기 때문에 종종 이것만으로 충분치 않다. 이런 삶의 이야기들은 도식에 초점을 둔 개입에서 고려되며, 이것은 통합적 심리치료모델 내에서 두 번째 영역을 구성하고 있다. 그러나 이것도 때때로 충분하지 못하다. 왜냐하면 모든 사람의 이야기는 대상관계들에 의해 구체적으로 형성되기 때문이다. 그런 까닭에, 개입의 세 번째 영역은 관계에 초점을 맞추고 있으며, 잦은 경우에 관계들은 역기능과 치유의 근원이라는 신념 위에 근거해 있다.

2) 관계들(Relationships)

도표 4.1의 위에서 3분의 2는 제3장에서 기술한 인지치료모델(도표 3.3을 보라)과 닮았다. 인지치료사들은 제일 먼저 특정한 상황과 반사적 사고(기능적 영역)에 초점을 두고, 그런 후에 기저에 깔려있는 중간, 그리고 핵심되는 신념들(구조적 영역)을 찾아 탐구한다. 마찬가지로, 통합적 심리치료에서 우리는 진료에서 기능적 초점에서 시작하고, 그런 다음 도식에 기반한 초점 영역으로 옮겨갈 것을 제안한다. 그러나 통합적 심리치료는 인지치료에서 쉽사리 간과되는 세 번째 영역인 관계들의 영역을 자명한 것으로 가정한다.

인지치료사들은 역기능적인 자동적 사고가 더욱 일반적인 핵심 신념들에서부터 흘러나온다는 점을 인정하며, 그들 중 일부는 잘못된 핵심 신념들이 역기능적인 유년시절의 관계들에서부터 등장한다는 것을 인정하지만, 인지개입은 전형적으로 기능적이고 구조적인 관점에만 한정되어 있다. 인지치료사들은 치료법적 관계를 신뢰, 소통성 그리고 좋은 협력관계를 중요한 것으로 언급하지만, 관계 그 자체를 치료력이 있는 영향력을 가진 것으로 여기는 것은 극히 드문 일이다. 통합적 심리치료에서 우리는 관계적 상처가 인간의 역기능의 주요 원천이며, 따라서 치료법적 관계가 극도로 중요한 것이라고 역설한다.

해지나(Hasina)는 그녀의 기본적인 욕구들이 충족되는 충분히 좋은 가정에서 성장했다. 그러나 그녀는 부모님들이 한 인격으로서 그녀를 기뻐했다는 감을 갖지 못했었다. 대부분의 경우 그녀는 부모님의 삶의 노정 밖에 있었고 부모님들도 그녀를 홀로 내버려 두었다.

긍정적 격려를 갈망했던 한 어린 영혼 해지나는 중요한 존재라는 느낌을 갖기 위해 공부를 열심히 했다. 그녀는 초등학교 시절에 학급의 누구보다도 더 많은 금별들을 받았다. 그리고 고등학교와 대학의 성적표들에는 항상 A학점들이 줄을 지어 있었다. 현재 갓 결혼했고 대학원 초년생인 그녀는 어려움이 등장하는 진기한 삶의 환경에 직면하고 있다.

해지나는 특별한 기능적 도전들에 직면한다. 즉, 그녀가 반에서 최고가 되어야 한다는 사고, 만족스럽지 못하다는 느낌 그리고 가끔은 이른 새벽시간까지 깨어 공부하는 강제적인 학습 행태들이 그 도전들이다. 이러한 기능적 도전들은 구조적 고투들, 예를 들어, 그녀는 중요한 존재가 아니고 그래서 비범한 성취로 그녀의 가치를 증명해 보여야만 한다는 그런 신념과 관계되어있다.

그러나 이러한 구조적 문제들은 애초부터 해지나가 그녀의 부모에게 중요한 존재가 아니라고 느꼈던 가정에서 양육될 때, 관계적 풍토 안에서 출현했다는 점을 주목하라. 그녀는 지금 이런 식으로 그녀의 남편에게 중요한 존재라고 느끼는 데에 역시 고군분투하고 있는 것이다. 때때로, 그녀는 남편을 완전히 행복하게 만들 수 없기 때문에 결혼의 완전한 실패자와 같은 느낌이 들기도 한다. 그녀의 기능적이고 구조적인 도전들은 관계적 문제를 지적하고 있다.

그러므로 해지나를 위한 효과적인 치료법은 반드시 그녀가 관계 속에서 존중히, 중요하게 여겨지는 치료관계와 연결되어야 한다. 그렇지 않은 다른 치료법은 그녀의 삶에서 케케묵은 패턴들을 단지 재연하는 것일 뿐이다. 해지나는 치료사가 제시한 모든 숙제들을 완수하고, "완벽한 환자들"이 하는 것처럼 그녀의 사고를 수정하고 결과적으로 불안과 우울증에 대한 증상을 더 적게 보고하게 된다.

이 경우에, 숙제하기를 잊은 것은 기억하는 것보다 해지나에게는 건강유지에 더욱 도움이 될 수 있다. 그것은 해지나에게 그녀의 불안과 불안정의 일부를 몰아낼 관계적 문제들을 한 번 정리해 볼 기회를 제공하고 있다.

그러나 이것 중 어느 것도 해지나의 인생에 있어서 가장 깊은 상처들을 역점을 두어 다루는 것은 없다. 따라서, 이 개입들은 깊은 변화를 야기시킬 개연성 또한 없는 요법들이다. 해지나를 위한 변화는 반드시 관계적 차원과 연루되어 있어야만 한다.

정보처리 관점이 건강한 인간의 존재는 사고에 있어서 논리적이고 체계적이라는 것을 당연한 것으로 여기는 경향이 있는 반면에, 더 광범위한 통합적 심리치료의 관점은 우리 인간은 모두 대체로 역기능적 상태에 있다고 말한다. 이런 주장은 우리 인간은 모두 깨어진 존재이며 모든 사람들이 서로의 깨어짐의 결과들을 지닌 채 살아가고 있음을 제안하는 기독교 교리의 원죄와 연결되어 있다. 우리 모두는 불완전한 관계로 이루어진 성장의 역사를 가지고 있다.

그러므로 인간은 구체적 상황에서 과잉반응하거나, 또는 디스트레스(distress) 증상들을 발달시키는 특정한 핵심 신념에 상처를 받기 쉽다. 그리고 이러한 핵심 신념들은 기능적 전략들만으로 쉽게 교정되지 않는다. 통합적 심리치료는 기능적, 구조적, 그리고 관계적 요인들이 모두 심사숙고되는 다양한 방식의 접근법을 자명한 것으로 가정한다.

3) 단선성(單線性, Linearity)

의미론적 인지치료의 단선성은 통합적 심리치료에서는 상정 내용으로 삼지 않는다. 오히려 우리 저자들은 제3장에서 기술한 구성주의 인지치료들과 유사한 방식들로 쌍방향적 연결들을 강조한다. 통합적 심리치료는 사고와 감정들 사이에 직선적 연결을 가정하지 않는다. 여기서 사고는 언제나 감정을 앞서지만 사고와 감정 그리고 행동 사이에 더욱 복잡한 상호작용들이 명백히 존재하는 것으로 여긴다. 사고는 실제로 감정들과 행동들의 모양을 짓는다.

이런 점은 왜 성경이 자주 우리의 생각을 지키고 감시하는 것의 중요성에 대해 매우 분명한 입장을 취하는지에 대한 이유이다. 그러나 감정과 행동이 사고의 모양을 구체화하는 것도 역시 사실이다. 성경은 우리에게 특정한 방식들로 생각하도록 가르칠 뿐만 아니라 우리 역시 값있게 걸어가기 위해, 기쁨으로 가득 차 있기 위해, 하나님의 갑주(甲冑)를 입기 위해, 노하는 데 신중하기 위해, 악에 저항하기 위해, 기도하기 위해서 행

진료소에서 4.1: 숙제 그리고 그 너머에

숙제 내주기는 진료에서 유용한 방법일 수 있다. 왜냐하면 숙제는 내담자들로 하여금 상담 중에 토론되었던 것들을 계속적으로 해결해 나가도록 돕기 때문이다. 숙제 그 자체를 심사숙고할 뿐 아니라, 치료관계의 본질을 명확한 초점 안에서 유지하는 것 또한 중요하다.

해지나는 학업면에서 언제나 뛰어났다. 부분적으로 이것이 그녀가 삶의 의의(意義)와 중요성을 발견했던 곳이기 때문이다. 그러나 그녀의 부지런한 학업 윤리 밑에 몰래 잠복해 있는 것은 그녀가 다른 사람들에게도 중요한 존재인지 아닌지 의심하는 그녀이다. 이것은 그녀 숙제를 검토할 때에 염두에 두어야할 중요한 점이다.

해지나: 전 이것을 믿을 수가 없어요. 이번 주에 내가 중요하지 않고 대수롭지 않은 존재로 느낀 때를 몇 차례 기록해 두기로 한 사실이 기억났을 때, 나는 오늘 당신 사무실로 운전해 달려가고 있었어요. 아무튼 제가 그걸 깜빡 했어요. 정말 죄송해요.

마 크: 그건 전혀 문제가 되지 않아요, 해지나, 다시 뵈니 좋네요. 그 동안 어떻게 지내셨어요?

해지나: 저는 정말 기분이 나빠요. 저는 우리가 여기서 하는 것을 존중하는데, 제가 안 그러리라고 당신이 생각하는 것을 저는 원치 않아요.

마 크: 말씀을 들으니 우리가 함께 문제를 해결해 가기로 한 것이 생각나네요. 당신이 정말로 옳다는 특별한 감정을 가질 때 어떻게 중요한 존재라는 기분이 들고, 당신이 완벽하지 못할 때 당신이 중요하지 않다는 기분이 어떻게 드는가에 관한 문제였죠.

해지나: [낄낄 웃는다] 오 맞아요. 당신의 의미하는 것을 난 알아요. 그러니까 제가 그것을 다시 느끼고 있나요?

마 크: 가능해 보이네요. 당신은 어떠세요?

해지나: 네, 십중팔구 그래요. 난 제가 잊어버렸었다는 것을 깨달았을 때, 난 매우 무서웠어요. 내가 집에 거의 가까이 돌아왔어요, 그런데 그 때 난 약속을 취소하기에 너무 늦었다고 생각했어요.

마 크: 당신이 와서 기쁩니다. 당신이 이 자리에 있기 위해 완벽할 필요는 없어요.

해지나 : [미소를 지으며] 알겠어요, 감사합니다. 제가 지금 여기에 있게 되어서 저 역시 기뻐요.

> 이 경우에, 숙제하기를 잊은 것은 기억하는 것보다 해지나에게는 건강유지에 더욱 도움이 될 수 있다. 그것은 해지나에게 그녀의 불안과 불안정의 일부를 몰아낼 관계적 문제들을 한 번 검토해 볼 기회를 제공하고 있다.

동과 감정에 직접적으로 초점을 맞출 것을 요구받는다.

기독교 인지치료사들은 종종 빌립보서 4:8 말씀을 지적한다. 거기에서 바울은 그의 독자들에게 "당신의 생각을 무엇이든지 진실 되고, 명예롭고, 그리고 옳은 것에 고정시키라"라고 가르친다. 이 가르침은 참된 진리이다. 그러나 그 정황을 기억하는 것이 중요하다. 감옥에서 편지를 쓰고 있는 바울은 빌립보서 4:8 바로 앞에서 바울은 불화의 한 가운데 있는 두 명의 믿는 사람들을 위해 몇 가지 조언을 제공한다.

첫 번째, 그는 감정에 촛점을 맞추라고 강요하는 서로 반목하는 여자들과 공동체를 향해 가르친다.

> 주 안에서 항상 기뻐하라 내가 다시 말하노니 기뻐하라!(빌 4:4)

그런 다음, 그는 염려하는 대신에 기도하라고 그들에게 요구함으로 행동적 훈계를 한다(빌 4:6). 그런 후에, 바울은 기도라는 행동과 평화라는 감정 사이에 명백한 연결을 짓는다(빌 4:7). 그는 8절에 있는 사고를 언급도 하기 전에 이 모든 권면을 다 하고 있다. 성경은 사고들과 감정들 사이에 간단한 단선적 연결을 짓고 있지 않다. 우리 역시 그렇게 하지 말아야 한다. 성경적 증거와 같은 과학적 데이터도 사고가 항상 감정을 앞선다는 상정 내용을 지지하지 않는다.

상담 조언 4.1: 치료와 동기

한 진부한 수수께끼는 "얼마나 많은 심리학자들이 전구를 갈아끼우기 위해 필요할까요?"라는 질문을 한다. 그 답은 딱 한 명이면 된다. 그러나 전구가 교환을 원해야만 한다. 내담자들은 치료를 위한 내재적 동기를 가지거나 혹은 그 외의 동기를 가지거나. 그것이 이루어지지 않을 경우 요구된 시간과 돈을 헌신하지는 않을 것이다. 그러나 때때로, 매우 적은 동기부여를 가진 한 내담자가 치료실에서 상담 끝까지 가는 경우가 간혹 있을 것이다.

> 동기부여가 없는 내담자들 대부분은 마지못해 심리치료에 참가하고 있다. 아마도 그 당사자는 치료사에게 진료를 받으라는 법원의 명령을 받았거나, 좌절감에 빠진 부모님에 의해 이끌려, 마지못해 온 십대의 경우이다. 이런 경우들에는 의사의 치료적 신뢰감의 확립이 본질적인 출발점이다. 때때로 좋은 치료작업 관계 구축에는 여러 번의 상담이 소요된다. 그러나 일단 의사소통이 확립되고 나면 내담자는 대개 변화에 대한 동기부여가 된 상태가 된다.
> 때때로 내담자들이 정말이지 너무나 깊은 우울증에 빠져 변화를 위한 동기부여가 될 수 없는 경우들도 있다. 이런 일이 발생할 때, 반드시 내담자에게 의료적 평가진단을 받아보도록 추천해야 한다. 우울증과 무감정(無感精)은 다양한 의료적 이상조건들로 연결될 수 있다. 비록 당사자가 드러난 의료적 문제들을 전혀 가지고 있지 않다 할지라도, 진료 담당 의사는 항-우울제 처방을 선택할 수 있다. 약을 복용한 지 몇 주 후에 내담자는 치료에서 동기부여를 더욱 받기 위한 충분한 에너지를 획득할 수 있다.

도표 4.1에서 가장 큰 화살들은 관계과 도식 그리고 인간적 기능 사이에 가장 현저한 연결들을 반영하는 선들이다. 적응 혹은 부적응 기능들은 사람의 도식들로부터 출현하고, 차례로 이 도식들은 과거와 현재의 관계들을 통하여 형성된다. 그러나 도표 4.1에 있는 모든 화살표가 반대 방향으로 가는 대응하는 화살표를 가지고 있다는 점 역시 중요하다. 통합적 심리치료는 삶의 사건들과 심리적인 현상들 사이 그리고 그 세 영역들 사이의 상호연결성의 복잡성을 인정한다. 관계들은 도식들의 모양을 구체화하지만 도식들 또한 관계들의 모양을 형성한다. 삶의 상황은 특정한 기능적 반응을 야기시키지만, 그런 반응은 결과적으로 어떤 사람이 인생에서 직면한 환경의 종류에 영향을 미친다.

인격이나 심리치료를 고찰하는 사람은 누구든지 결정론과 대리(agency) 문제와 반드시 씨름해야만 한다. 이러한 문제들을 상세히 훑어보는 것은 이 책의 범위를 넘어서는 것이다.

그러나 결정론의 상호 본질을 반영하도록 화살표들이 양방향으로 향하고 있다. 단지 삶의 환경과 과거의 관계 그리고 인지도식이 삶에서 우리가 어떻게 기능하는지 결정할 뿐 아니라, 사람이 사고와 감정 그리고 행동에 대해 개인적 선택을 하는 정도라는 것도 존재한다. 그리고 이러한 선택들이 상황과 관계와 도식에 영향을 미친다. 사회 학습이론처럼 사람에 대한 기독교적 관점도 행동주의적 이론의 엄격한 결정론과 인본주의이론에서 발견되는 인간 자유의 비현실적인 관점들 사이에 책임있는 균형을 찾으라고 우리에게 요구한다(Jones & Butman, 1991).

4) 동기부여(Motivation)

인지치료사 세 가지 이론적인 토대, 곧 사회학습이론과 정보처리이론 그리고 실용적 합리주의는 제3장에서 논의되었다. 인간의 동기부여에 대해 설명하려 할때 이들 각각의 이론은 역부족이다. 정보처리이론은 논리적인 것이 본질적으로 동기부여하는 것이라고 상정한다. 사회학습이론과 실용적 합리주의에서는 동기부여하는 힘이 보상을 바라는 욕망이라고 추정하고 있다(예를 들어, 기분이 더 좋아지기).

이러한 동기들은 충분한 가능성은 있어 보이지만, 인간을 위한 동기부여의 모든 범위를 설명하지는 못한다. 통합적 심리치료에서 동기부여는 "하나님의 형상으로 만들어진 존재"라는 개념에서 자연스럽게 나온다고 전제한다. 다시 말해서, 우리로 하여금 더 완전한 인간, 즉 하나님이 우리를 창조하시고 존재하도록 하신 것처럼 더욱 완전한 인간이 되기를 갈망하게 만드는 인간의 성품 안에 고유한 무언가가 있다는 것이다.

기능적 영역 안에서 인간은 나머지 창조세계와 관계를 맺으며 삶의 효과적인 청지기가 되도록 동기부여된다. 행동주의자들과 사회학습이론가들 그리고 실용적 합리주의자들은 부분적으로는 옳다. 인간은 보상을 추구하고 가능한 한 좋은 느낌을 추구하기를 원한다. 그러나 그들은 도중에 멈추어 서 있다. 왜냐하면 인간은, 목표들을 세우고 성취하기를, 삶의 어려운 일들이 일어나는 특별한 삶의 환경들을 이용하기를, 인간의 이익을 위해서 지구의 자원들을 이용하기를, 그리고 자원들의 선의의 이용과 오랜 수명을 존중하는 방식으로 그렇게 하기를 원하기 때문이다. 간략히 말해서, 우리 인간은 완전히 기능하기를 원한다.

인간은 또한 고유하게 구조적 영역 안에서 동기부여된다. 인간됨에 대한 어떤 존재론적인 실재들이 있다.

예를 들어, 인간은 사고하며 언어를 사용하고 도덕적인 것과 비도덕적인 행동들 사이의 차이점을 인식한다는 등등의 실재들이 있다. 이러한 능력들은 그들이 보상들과 연결되어 있든지 없든지 상관없이 인간에게 동기부여를 한다. 이런 점에서, 정보처리이론가들의 주장은 부분적으로 옳다. 우리 인간은 논리와 문제 해결을 존중한다. 비록 이것이 인간의 동기부여의 모든 집합체를 설명하지는 못한다 할지라도 말이다. 그리고 인본주의 이론가들의 주장도 부분적으로는 옳다. 인간은 성장하고자 우리가 될 능력을 가지고 있는 모든 것이 다 되고자 하는 욕망을 본래적으로 가지고 있는 것으로 보인다.

예를 들어, 어떤 사람이 크로스워드퍼즐(낱말 맞추기-역주) 하나를 완성하는 데 매일 한 시간을 소비한다고 해 보자. 그 퍼즐게임이 끝에는 아무 보상도 없다. 돈도 없고 칭찬의 말도 없고 특별한 주목도 없다. 그러나 여전히 그 사람은 퍼즐들을 풀어 나가고 뭔가를 해결해내고 완전한 인간이 되는 것이 의미에 대한 존재론적 현실을 영예롭게 하려는 내재적 동기를 가지고 있다. 마찬가지로, 많은 도덕적인 철학자들도 인간이 옳고 그름에 대한 기본적인 도덕적 본능을 소유하고 있다고 논한다(예를 들어, 임마누엘 칸트의 지상명령, 양심의 무조건적인 도덕률을 말함-역주).

관계적 영역에서 인간은 관계를 갈망하도록 창조되었다. 이 점은 하나님의 형상의 일부이고, 성경 첫 장에서부터 명백한 사실이다(창 1:27). 심리역동과 가족체계이론가들은 이점을 잘 규명해 놓았다. 인간은 본유적으로 조화로운 관계를 가지도록 동기부여 되어있다. 관계적 존재로 창조된 인간의 마음들은 인생의 바로 첫 순간들부터 연결을 갈망한다. 이것은 기독교 신학에 의해서 그리고 애착이론에 대한 증가하는 심리학적 관심으로 확인된다(Bowlby, 1988). 인간은 갈망이 매우 강하기에, 연결된 느낌을 갖기 위하여 논리를 왜곡하고, 감정을 억누르며, 역사를 다시 기록한다. 연결에 대한 인간의 욕망은 모든 것 중에 가장 강한 동기가 된다.

상담 조언 4.2: 클리넥스 회사의 기준

심리치료사들은 현명하게 고급화장지 한 박스를 손이 닿는 곳에 둔다. 왜냐하면 효과적인 치료는 가슴 아픈 감정들을 불러일으키기 때문이다. 얼마나 오래동안 그 박스가 남아있는지는 제공되는 치료의 종류에 대한 유용한 표식이 될 수 있다.

자신들의 클리넥스화장지 박스를 교체할 필요가 거의 없는 치료사들은 내담자들이 경험하는 더 깊은 차원의 갈등들을 다루기 위해서 지적인 표면 밑을 파고만 있지 않는지를 숙고하기를 원할 것이다. 가장 효과적인 치료는 지적인 수준과 정서적인 수준 두

> 가지 수준에서 일어난다. 그리고 정서적인 문제 해결은 종종 화장지를 하나 더 얻기 위해 손을 뻗치는 내담자와 반드시 연관되어 있다.

동기부여에 대한 통합적 심리치료의 관점은 제1장에서 논의한 기독교 교리의 세 가지 주된 운동들에 일치한다. 그것은 바로 창조와 타락, 그리고 구속의 사건이다. 인간의 동기들은 최초의 창조세계의 일부이다. 이것이 의미하는 바는 동기부여는 전형적으로 치료되어야 할에서 분발될 필요가 있는 무언가가 아니라는 뜻이다. 그것은 인간이 기능적, 구조적, 관계적 하나님의 형상으로 창조되었기 때문에 매우 자연스럽게 오는 것이다.

그러나 타락한 세상에 있는 삶의 실제들이 그들에게 큰 타격을 준다. 그래서 인간은 이 세 가지 모든 영역들에서 고군분투하고 있다. 치료는 효과가 있다. 왜냐하면 치료가 하나님의 형상의 어떤 부분이 교정(矯正)되고, 치료에서 다시 깨어나게 하기 때문이다.

5) 감정(Emotions)

실용적 합리주의와 정보처리 관점들은 감정들을 덜 강조하는 경향이 있다. 그리고 인지치료을 실천하는 많은 사람들은 동일한 죄책감을 느낀다. 지적인 치료형태는 사람들이 기능적이며 구조적인 하나님 형상의 모습을 회복한다는 면에서 다소 도움이 될 것이다.

그러나 치료의 종합적인 관점은 인지기능 및 행동들과 더불어 감정을 조사할 것을 요구한다. 통합적 심리치료에서 우리는 부정적인 감정들을 인간 정신의 경보체계로 본다. 고통스런 감정들은 역기능적 도식들과 긴장된 혹은 깨어진 관계들을 나타낸다.

통합적 심리치료에서 부정적인 감정들은 인지 후 갈등(公碍)(post-cognitive nuisance)보다 훨씬 더 많은 것으로 여겨지며, 그들은 구조적이며 관계적 갈등을 가리킨다.

예를 들어, 어떤 사람이 시험장에서 컨닝을 하는 친구를 보고해야 하는지 하지 말아야하는지 결정하지 못하는 도덕적 딜레마를 경험한다고 해 보자. 그런 정서적 혼란은 도덕적 이성의 구조적 능력에 의해 야기된다. 그 사람은 도덕적 딜레마로 인해 정서적 고투를 경험한다. 즉, "학문적 부정직성을 폭로하는 것보다 친구에 대한 충절이 더 중요한가"와 같은 정서적 갈등을 경험한다. 이 예는 또한 관계적 딜레마를 지적한다.

만약 내가 내 친구를 고발한다면, 이것이 나의 관계에 얼마나 영향을 미칠 것인가?

실질적으로 삶의 모든 강한 부정적 감정은 구조적 혹은 관계적 딜레마로 거슬러 더듬어 올라가 원인을 조사할 수 있다. 일부 인지치료사들은 사고의 변화를 통하여 부정적 감정들을 사라지게 하는 데에 만족하지만, 통합적 심리치료 모델에서 우리는 부정적 감정의 더 깊은 의미를 찾기를 원한다.

6) 문화(Culture)

정보처리 관점은 문화와 정황의 중요성을 최소화하고 치료사의 논리적 관점을 과도하게 높은 위치에까지 놓고 있다. 통합적 심리치료에서 더 깊은 차원의 인지적 의미를 주목하는 것은 내담자와 치료사 사이에 문화적 자각의식과 협력을 요구하는 일이다. 치료사는 진료과정 중에도 언제나 문화적 환경을 심사숙고하면서, 유년시절의 특별한 사건들과 기억들의 의미를 이해하기 위해서 반드시 내담자와 나란히 작업을 해가야만 한다. 핵심 신념들은 구조적이고 관계적인 문화의 모습이 이해될 때에만 완전히 알 수 있다.

인지치료의 전제 즉 사고가 감정에 선행하고 감정은 사고를 바꿈으로써 변화될 수 있다는 것은 문화속에 넘쳐난다. 인지치료는 합리성과 개인적 자율성 그리고 자신의 인생을 제어하는 개인의 능력에 큰 확신을 두고 있는 근대주의자들의 사고에서 등장했다. 많은 문화는 이런 상정 내용들을 공유하지 않은 채, 이러한 내담자들과 작업을 할 때 인지치료의 표준 형식을 아주 쓸모없는 것으로 만든다.

세 가지 영역들을 인정하는 통합적 심리치료는 내담자와 치료사로 하여금 특정한 문화 속에도 효과적인 치료적 만남을 일반화시킨다. 어떤 치료의 접촉점은 기능적 영역에 너무나 큰 초점을 두게 될 것이고, 어떤 것들은 구조적 영역에 그럴 것이고 그리고 다른 것들은 거의 배타적으로 관계적 영역에 치중하는 접촉점이 될 것이다. 개별적 접촉점은 문화적 차원에 적합하도록 수정될 수 있다. 그리고 세 가지 일반적 영역들(기능적, 구조적, 그리고 관계적) 모두는 여전히 치료사에 의해 검토되어야 한다.

2. 세 영역

1) 영역1: 증상중심개입

인간의 본성에 대한 가장 괄목할 만한 것들 중 하나는 우리가 지닌 기능을 평가하고 조절하는 인간의 능력이다. 인간은 창조계획에서 유일무이한 유(類)가 없는 존재이다. 즉, 인간은 창조세계를 통틀어 정의와 평화 그리고 조화를 유지할 목적으로 우리의 삶을 관리하는 방식을 검토하는 생명에 대한 청지기로 부름받은 존재다.

심리치료를 위해 찾아 온 많은 사람들이 그들 삶속에 평화와 조화의 상실을 경험하고 있다. 균형을 잃은 상황이다. 아마 관계가 실패로 끝나거나 스트레스는 제어할 수 없고 불안이나 우울증에 압도된 느낌이 드는 상태이다.

그러므로 치료에서 중요한 부분은 내담자들이 증상들의 강도를 줄여서 결국 더욱 완전하게 기능하도록 돕는 것이다. 심리적 장애들과 개인적 고투를 벌이며 시간을 보낸 적이 있는 사람들은 경험된 고통의 정도를 인정한다. 우울증은 단지 기분이 나쁜 문제나 삶의 방향에 대해 의기소침해진 기분의 문제일 뿐만 아니라 쇠약하게 하고, 심지어 죽을 수도 있는 한 삶의 조건일 수 있다(Young, Weinberger & Beck, 2001).

마찬가지로, 심각한 불안장애 한가운데 있는 사람들은 강박관념이 그들의 사고 속으로 침범해 들어오고, 경고 없이 공황장애가 꽉 죄어오는 것같이 극심한 고통을 느낄 수 있다(Beck, Emery & Greenberg, 1985). 성격장애를 가진 내담자들은 자주 가까운 관계에서 깊고 끈질긴 어려움을 경험하며, 결과적으로 상당한 좌절감이나 무력감을 느끼게 된다(Beck, Freeman, & Associates, 1990). 이런 각 장애들은 각양각색의 기능적, 구조적, 관계적 문제들을 내포하고 있다. 치료의 출발점은 거의 언제나 증상을 완화하도록 돕는 것이다.

비틀거리는 인간이 자신의 일상경험에서 더 큰 샬롬(shalom, 평화)을 누리도록 변화하는 기능적 능력을 소유하고 있다는 것은 놀랍고도 괄목할 만 것이다. 사람들이 더 잘 대처하고 기능하도록 돕는 것은 병든 자들을 고치시며 궁핍한 자들에게 긍휼을 베푸셨던 예수의 이름으로 될 수 있는 숭고하고 귀중한 소명이다. 수세기 동안 신실한 그리스도인들은 세계 곳곳에 종합병원, 개인 병원, 고아원과 무료 급식 시설들을 세우면서 예수님을 따랐다. 사람들에게 위로와 나음을 경험하도록 돕기 위해 행동적, 인지적, 의료적 기법들을 사용하는 것은 일반은총에 속하는 사역으로 하나님의 선하심이 어디에서나 발견될 수 있다는 것을 우리에게 상기시킨다.

(1) 기술 연마(Skill Building)

증상에 초점을 둔 통합적 심리치료에서 치료사는 도표 4.2에 예시된 것처럼 내담자가 더 잘 기능하도록 돕기 위하여 새로운 기술들을 가르쳐 준다. 여기서 강조점은 원치 않는 고통의 감정으로 이어지는 사고패턴을 대면하여 바꾸는 데 있으며, 또한 고통의 증상들을 극복하도록 내담자를 도와주는 새로운 사고와 행동 기술들을 가르쳐 주는 데 있다.

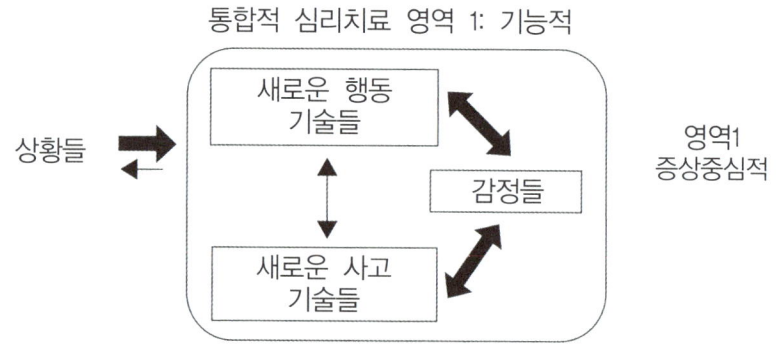

도표 4.2 통합적 심리치료의 첫번째영역은 행동적이고 인지적 기술들을 가르쳐 줌으로써 고통의 증상들을 완화하는 것과 연관된다.

치료 후에 내담자는 과거의 혼란을 야기시켰던 그런 상황들과 대면했을 때 고통을 덜 느끼기 위하여 새로운 행동들과 사고들을 사용할 수 있다.

> 앤(Ann)은 공황장애로 고생하고 있다. 매주 여러 번 그녀는 갑작스런 공포사건을 경험한다. 그녀는 진료 중에 긴장을 느끼기 시작할 때 스스로를 진정시키는 데 도움이 되는 깊은 심호흡과 점진적인 이완(弛緩)기술들을 배운다. 또한 처음 증상들이 나타날 때 통제에서 벗어나 공황발작이 증가하는 것을 방

지하는 데 도움이 되는 새로운 사고방식들을 배운다.

로버트는 임상적 우울증을 경험하고 있다. 그는 날마다 종일 기쁨이 없이 인생이 조금이라도 더 좋아질까를 의아해 하면서 터벅터벅 걸어다닌다. 진료는 로버트가 몇가지 좋은 행동들을 배우는 데 도움이 된다. 즉, 그는 자신의 하루를 계획하며 즐거운 사건들을 스케줄에 추가하는 데에 더욱 의도적인 사람이 되고, 가장 가까운 관계들 안에서는 더욱 직접적이며 솔직한 사람이 되는 것을 배운다. 또한 로버트는 자신의 생각을 어떻게 평가해야 하는지에 대한 방법과 자신을 우울하게 만드는 생각을 더욱 합리적인 사고로 대체하는 방법을 배운다.

죠앤(JoAnn)과 로버트(Robert) 두 사람은 치료를 통해 좋아진다. 이것은 심리학적, 신학적으로 모두 이치에 맞는 것이다. 심리학적으로 말하면, 그들은 자신들의 행동에 건강한 변화를 만들고 더욱 체계적이고 합리적으로 생각하기를 배움으로써 좋아진다. 신학적으로 말하자면, 그들은 하나님의 형상으로 창조되어 있기 때문에 좋아진다. 다시 말해서, 그들은 동기부여를 가지며 자신들과 환경에 대한 지배권을 행사할 능력을 가진 존재들이다.

(2) 증상에 기초한 치료들에 대한 반대

혹자들은 만일 우리가 기저에 깔린 문제들을 해결하지 않은 채 일단의 증상들을 제거할 경우, 그 문제는 후에 다른 형태의 현시(顯示)로 재발할 것이라고 가정을 가진 심리학적 근거들 위에, 증상중심치료에 반대한다. 증상대체(symptom substitution)로 알려진 이 개념은 통찰치료사들 사이에 만연한 상정 내용이다.

비록 우리가 증상대체가 특히 성격장애와 집요한 형태의 우울증을 가진 사람들에게 일어날 수 있다고 인정하지만, 진단받고 치료해야 할 필요가 있는 특정 과잉과 결핍만큼 깊이 자리잡은 문제는 드러나지 않는 때가 있다.

예를 들어, 공황장애를 가진 내담자들은 두려운 증상들이 나타날 때에 어떻게 스스로를 진정시켜야 하는지, 숨을 어떻게 천천히 규칙적으로 호흡해야 하는지의 방법을 배울 필요가 있다(Craske & Barlow, 2001).

누구라도 유년시절 동안 어떤 장기적인 문제나 중대한 증상이 있었다고 여길 필요는 없다. 그들은 더욱 만족스럽고 안락한 삶들을 살아가기 위해 새로운 기술들만이 필요할 뿐이다. 다른 많은 불안 문제와 행동건강 문제에 대해서도 똑같이 논의할 수 있다.

또 혹자는 영적인 근거들 위에서 증상에 기초한 치료들을 반대한다. 이들은 사람이 하나님을 찾도록 만드는 심리학적 고통의 증상들을 제거하기 위해 나서지 말아야 한다고 제안한다. 합리적 사고로 볼 때 일시적인 고통을 제거해 버림으로써, 우리가 사람들로 하여금 훨씬 더 깊은 차원의 영적 치료를 못 받도록 막아버릴 수 있다는 것이다.

이런 류(類)의 논리에는 여러 가지 문제점들이 있다.

첫째, 만일 우리가 이런 논리를 일관성있게 적용한다면, 그것은 모든 고통은 하나님께서 주신 것으로 간주되어야만 하고, 인간의 노력을 통하여 해소되어서는 안된다는 의미가 된다.

그렇다면, 우리는 처방전과 비처방전 약 캐비넷들을 다 비우고, 하나님께서 우리의 두통과 요통과 염증으로 부어오른 관절염에 대해 더 큰 목적을 가지고 계신다고 믿고 있어야 하는가?

"하나님은 이런 아픔도 당신 삶의 유익을 위하여 사용하실 수 있다고 나는 생각해"라고 말하면서 심각한 치통을 앓는 환자를 외면하는 치과의사를 상상하기 어렵다. 그런데 일부 사람들은 심리학자들이 해야 할 일이 이런 것이라고 제안한다.

둘째, 어떤 고통은 인간의 개입에 의해 완화되어야 하고, 어떤 고통은 완화되지 말아야 한다면, 어떤 종류의 고통이 어느 범주에 속하는지 누가 결정하는가?

회계사와 변호사가 위기에 처한 내담자들을 도와야 하지만, 심리학자들은 돕지 말아야 하는가?

일반개업의는 대중요법의 방법들을 사용해야 하지만, 정신과의사들은 사용해서는 안 되는가?

또한, 의료서비스 제공자들을 하나님께서 완화시키기를 원하시는 고통과 그냥 내버려 두기를 원하시는 그런 고통을 구별하는 전지(全知)적 위치에 두는 것이다.

셋째, 전제 전체가 틀렸다는 것이다. 하나님께서 우울증에 걸리지 않은 사람보다 우울증에 걸린 사람에게 손을 뻗쳐 접촉하기를 더 좋아하시는지 우리가 정말로 아는가?

> **상담 조언 4.3: 모든 증상들이여 이제 돌아오라.**
>
> 단기치료가 규범이 된 오늘날의 관리의료환경에서, 내담자가 일단의 구체적 증상들로 도움을 구하고, 그 후 치료를 중단한 후, 후에 다른 증상들 때문에 다시 찾아오는 것은 정말로 흔한 일이다. 이것은 치료사의 관점에서는 이상적으로 보이지 않는다. 왜냐하면 증상대체 현상 때문이다. 그럼에도 이런 반복적인 개입들이 내담자로 하여금 여러 다양한 도전들 한 가운데에서 반응하는 데 도움이 된다는 것을 유념해 두는 것이 중요하다. 아마 단 한 번의 장기적 개입이 이상적일 수는 있겠지만, 단기적인 일련의 맞대응들 역시 내담자의 삶에 도움이 되고 생산적일 수 있다.

우리 모두가 우울증이라는 구름이 얼마나 어두운가를 깊이 생각해 보면, 그래서 그 구름 한 가운데에서부터 하나님의 음성을 듣는 것이 얼마나 어려운가를 심사숙고해 보면, 우울증을 완화시키는 것이 우울한 상태보다 하나님의 음성을 훨씬 잘 듣도록 만든다는 것은 매우 당연하다.

우리의 결론은 고통을 완화하는 것이 고결하고 숭고한 소명이라는 것이다. 그리고 통합적 심리치료의 영역 1은 이것을 성취하는 효과적인 수단이다. 이런 명백한 이유로 대부분의 사람들은 심리학자들을 찾는다. 아마도 그들은 밤에 다시 잠잘 수 있기를, 과민대장증후군으로부터 회복되기를, 그들이 아침에 눈을 떴을 때 무력감보다 다른 것을 느끼기를, 혹은 그들이 사랑하는 누군가와 더 잘 지내기를 원하고 있다. 대부분의 사람들은 증상완화를 위해 온다. 그리고 심리학자들은 그것을 제공할 준비가 되어 있다.

(3) 증상에 초점을 둔 개입들을 지지하는 이유

행동적이고 표면적 수준의 인지변화에 초점을 두고 있다는 이유로 영역 1 개입들을 피상적인 것으로 간주하도록 유혹할지 모르지만, 일부 내담자들은 그들 삶의 더 깊은 차원의 장애요인을 찾는 데에 관심이 없다는 것을 기억하는 것은 중요하다. 이런 일이 일어나는 데에는 여러 이유들이 있다.

첫째, 일부 장애들은 단지 증상적일 뿐이다.

모든 심리치료 내담자가 발굴해야 하고 해결해야 할 깊은 차원의 관계적 상처를 당연히 가지고 있다고 여기는 것은 어리석은 일이다.

때로 공황장애은 단지 공황장애일 뿐이다. 어떤 우울증들은 단순하고 상황적이다. 유년시절의 많은 행동장애들은 양육전략들을 바꿈으로써 변화될 수 있다. 어떤 관계들은 부부가 효과적인 의사소통기술이 모자라기 때문에 비틀거리며 넘어진다.

둘째, 지난 20년간 건강의료보험의 변화들은 내담자들과 건강의료제공자 모두를 중상기초 치료의 방향으로 떠밀었다.

많은 보험회사들은 치료보다 약을 더 선호한다. 그리고 만일 치료가 제공되어야 한다면, 그들은 단기간 증상완화치료법들을 장기적인 통찰중심치료법들보다도 선호한다.

셋째, 내담자들이 시간이나 돈의 제약을 경험한다는 것이다.

이것은 그들로 하여금 최소한의 상담 동안만 치료사의 진료를 받도록 요구하게 된다.

넷째, 심리치료사를 찾는 가장 큰 동기들 중 하나는 아픔이다.

많은 사람들은 마지막 수단으로서만 치료사를 찾으며, 만일 그들의 삶에서 커다란 불편함이 없다면 결코 심리학자의 사무실에 들어오지 않을 것이다. 그러므로 그들의 아픔이 잦아들면, 치료하는 몇 달 동안 자주 그렇듯, 내담자의 동기는 약해지고 더 깊은 수준을 탐구하기도 전에 스스로 치료를 중단한다.

다섯째, 일부 내담자들은 정서적 통찰이 제한되어 있다.

그러므로 그들이 초기 치료에서 얻는 유익이 관계적, 경험적 초점의 나중 치료 단계에서 얻는 변화들보다 더욱 중요할 수 있다. 제한된 정서적 통찰력을 가진 내담자는 두 번째 혹은 세 번째 개입영역으로 옮기려 시도하지만 느린 진행 때문에 의기소침해져 버린다.

여섯째, 일부 사람들은 심리학을 신뢰하지 않아서 필요이상의 심리적 진료를 절대 원치 않는다. 그들은 자신들의 증상들을 관리하기 쉬워지면, 자신의 예약을 중단한다.

일곱째, 혹자는 삶의 가장 깊은 차원의 변화를 위해 다른 곳으로 눈을 돌리기를 원한다. 그들은 긴급한 증세를 이겨내기 위해 심리학자에게 눈을 돌릴 수 있으나, 그런 후에 더욱 많은 시간이 필요한 더 깊은 차원의 변화를 위해서는 가족, 친구, 교회 공동체로 다시 돌아간다.

(4) 한가지 사례

제임스(James)는 스트레스와 불안이라는 지속적 증상들 때문에 치료받으러 온다. 자신의 내과의의 추천으로 온 제임스는 표준약물치료에 반응을 하지 않는 소화성궤양을 앓고 있다. 그의 내과의사는 제임스가 자신에 대한 비현실적 기대치들과 요구들을 갖고 있으며, 매주 너무 많은 시간을 일만하고, 개인적 반성과 휴식을 위해서는 충분한 시간을 취하지 않는 긴장이 팽팽한 사람일 것 같다고 현명하게 진단했다.

제임스는 비록 그리스도인이지만 자신의 신앙이 삶의 평화를 찾는 데 도움이 되지 않는다. 설사 어떤 도움이 된다 하더라도 교회의 의무사항들로 지나치게 바빠지면서 짜증과 불안, 그리고 하나님의 기대치들에 도달하지 못하는 것에 대한 죄책감을 증가시킬 뿐이다.

통합적 심리치료모델의 첫번째 임무는 심리적 스트레스를 낮추는 것이 치료조건에 도움이 될 것이라는 희망으로, 스트레스와 불안증세를 관리하도록 돕는 것이다. 치료사는 제임스에게 일상생활을 기술해 보라고 요구할 수 있다. 어느 순간 그는 긴장된 아침 출근에 대해 기술하게 된다. 정지신호마다 그의 사고는 그날의 압박감으로 바뀐다. 교통신호에 걸리는 것이 얼마나 화가 나고, 아침 회의 약속에 늦으면 그것이 얼마나 끔찍한 일일까 하는 압박감이 드는 것이다. 염려스런 생각 하나하나마다 위장의 염증을 짓무르게 하는 데 공헌한다. 제임스의 삶에 드라마 제목을 붙인다면 "위양이 울렁거릴 때"로 붙여질 수 있을 것이다.

튀어 나오는 제임스의 생각들을 잠잠케 하고, 그의 불안을 관리할 새로운 행동들을 그에게 가르치는 것은 스트레스와 불안이라는 그의 증상들을 통제하기 위해 필수적인 일일 것이다. 염려에 찬 그의 사고는 그를 긴장시키며 짜증나게 만드는 데 이바지할 뿐이다. 그리고 그가 가정하는 많은 것들은 전혀 사실이 아니다.

아마 아침 약속에 늦는 것도 전혀 손해가 크지 않을 것이다. 아마 그의 사원들은 커피 한 잔을 더 마실 수 있는 기회를 즐길 것이다. 자신의 생각을 침착하게 하고 이완하는 방법을 배움으로써, 제임스는 그의 염려를 낮추고 그의 건강을 개선할 것이다. 치료의 주된 초점은 그의 증상들을 완화하고자 하는 목표를 가지고 그의 적응하는 기능에 있다.

> ### 진료소에서 4.2: 침착하게 있기
>
> 육체적, 심리적 문제점들을 제거하기 위해서 제임스는 더 침착한 사고의 방법들을 배울 필요가 있다. 그와 그의 치료사는 차 앞유리에 비치할 수 있는 일련의 메모카드를 개발하여 교통체증으로 차가 섰을 때 검토할 수 있게 했다.
>
> 클 락: 좋습니다. 그러니까 당신이 교통신호에 정지해 있었을 때, 조금도 앞으로 진행하지 못할 때, 화가 나지 않을 수 있었어요. 당신은 자신에게 뭐라 말을 했었나요?
>
> 제임스: 난 단지 내가 회의에 몇 분 늦게 도착한다고 하더라도 세상이 끝난 게 아니라는 걸 깨달았어요. 난 지각하는 것을 싫어하지만, 나 없이도 인생은 계속된다는 것을 당신도 알잖아요.
>
> 클 락: 좋아요, 아주 훌륭해요. 내가 이 말을 이 메모카드 여기에 적어 놓겠어요. 당신은 스스로에게 뭔가 합리적인 말을 하세요. "난 지각을 싫어해요, 그러나 인생은 계속 되잖아요. 그게 세상 끝이 아니잖아요."
>
> 제임스: 맞아요. 그게 도움이 된 것 같아요.
>
> 클 락: 다른 카드도 역시 채워 넣읍시다. 정체로 오도가도 못할 때 침착하게 만드는 데 도움이 되고, 당신이 원하는 모습이 되는데 도움이 되는 어떤 말을 당신 스스로에게 할 수 있습니까?
>
> 제임스: 음, 저런 교통상황은 예측불가능한거라 생각해요. 만약 내가 제 시간에 집을 떠나면, 교통체증 같은 것에 걸려요. 제 생각에 내 자신에게 화를 낼 필요가 없다고 생각해요. 그런건 누구의 잘못도 정말로 아니에요. 이런 일은 그냥 일어나는 거예요.
>
> 클 락: 좋아요, 그것 역시 적어놓죠.
>
> "나는 오늘 아침 제시간에 나섰다. 교통체증이 일어난다. 이것에 대해서 난 내 자신을 탓할 필요가 없다."
>
> 일단 여러 장의 메모카드가 완성되고 나면, 제임스는 안정을 위해 그것들을 사용할 수 있다. 사고패턴을 바꿀 더 많은 전략들이 제6장과 제7장에서 탐구될 것이다.

그러나, 혹자가 치료의 순수기능적, 구조적, 관계적 국면들로 묘사할 수 있는 첫 번째 개입영역을 고려하는 것은 중요하다. 제2장에서 기술된 공통요인들은 항상 치료의 가장 초기단계에서조차 역할을 하고 있다. 그러므로 제임스와 좋은 문제 해결관계를 확립하는 것, 그에게 자신의 이야기를 말하도록 돕는 것 그리고 치료 과정 중에 희망과 긍정적 기대치들을 조금씩 가르쳐 스며들게 하는 것은 중요하다. 이런 의미에서, 치료가 도식중심적이며 관계중심적인 통합적 심리치료로 가면 갈수록 관계의 강조는 더욱 증가한다.

증상중심 개입들을 제공할 때, 신앙의 문제들을 고려하는 것은 중요하다. 왜냐하면 종교적인 신념들은 종종 사람들이 자신의 삶의 사건들을 인지하는 방식을 형성하기 때문이다. 때로 신앙은 건강을 위한 엄청난 자원이 된다. 그러나 때로 비합리성의 원천이 될 수도 있고 건강으로부터 빗나가게 할 수도 있다.

제임스는 하나님께서 그가 항상 일을 열심히 하고 생산적인 인생을 사는 것을 기대하신다고 믿으며, 심지어 본문의 맥락과 상관없이 몇 가지 성경구절을 임의로 자신의 관점을 지지하는데 이용하고 있다. 치료사가 이런 신념들을 제임스의 관점에 대해 항상 존경을 표하면서 점잖게 탐구하고, 예수께서 제공하는 풍성한 삶에 더 가까이 그를 초대하는 것도 중요할 것이다.

비록 증상중심 개입들이 역기능적으로 반응하는 생각들을 교정하는 도움이 되긴 하지만, 내담자와 치료사 모두 이런 역기능적 생각들의 원천에 대해 의아심이 드는 어떤 지점이 있다.

그런 사고들이 어디로부터 기인하며, 왜 그리 끈질기게 드는가?

제임스가 출근하는 동안 그의 염려를 부추기는 생각들과 싸우는 것은 좋은 목표이다. 그리고 그것은 그의 정서적인 상태와 그의 위궤양 모두에 도움이 될 것이다. 그럼에도 결국에는 역기능적인 사고의 원천을 찾기 위하여 더 깊이 탐구하기를 원한다. 이를 위하여, 치료사는 통합적 심리치료의 두 번째 영역에 눈을 돌리게 된다.

2) 영역2: 도식중심개입

하나님의 형상에 대한 구조적 관점은 인간이 실제적으로 하나님과 무언가를 공유한다고 제안한다. 이것은 주로 인간의 합리성과 도덕성으로 규정되고 있다. 비록 다른 동기를 가졌지만 신학자들처럼 심리학자들도 인간이 어떻게 삶의 사건에서 의미를 조직하고 발견하는가를 연구하는 데 수십 년간의 세월을 보냈다.

심리학자들은 인간의 능력 즉 인식하고 기억들을 저장하고, 언어를 통하여 우리 자신들을 표현하고, 우리의 사고의 질서를 잡고, 기억들을 회수하고, 인간의 인지 과정들에 대한 통제력을 행사하는 위대한 능력에 대해 연구한다. 신학자들은 우리들에게 이런 능력들이 하나님의 관계적 속성들의 반영이라는 점을 상기시킨다.

심리학자들은 인간의 사고가 망가지기 쉽다는 것을 규명했다. 즉, 인간은 자신의 의견과 능력에 과도한 확신을 가지고 있으며, 사상을 객관적으로 평가하기보다는 이미 믿고 있는 것을 확인해 줄 증거를 찾는 경향이 있고, 우리가 틀리다는 증거를 보여줄 때조차도 종종 자신의 신념으로 버티며, 어떤 상황에서만 잘 작동하고 다른 경우엔 그렇지 않는 정신적 편법들을 사용한다(McMinn, 2004).

신학자들은 이러한 인지적 연약함이 죄의 순수한 이성적 효과라고 지적한다(Moroney, 2000). 즉, 금단의 열매를 생각하는 것이 우리 인간의 눈을 뜨게 하여서 인간들이 하나님만큼 총명하고 인식할 수 있게 되어, 첫 사람들은 반역을 맛보았고 그것이 정반대 효과를 가졌음을 알게 되었다는 것이다. 최근에 심리학자들은 인간기능의 사회적-인지적 이론들을 발달시키면서 인간의 사고 능력들과 대인의 관계 사이의 연결성을 탐구해 오고 있다(예를 들어, Andersen & Chen, 2002). 신학자들은 하나님의 형상의 구조적이며 관계적 관점 사이의 연결성에 대해 숙고하고 있다(Hoekema, 1986).

도식중심개입들은 행동과 사고의 기술들을 넘어서 증상완화보다 더 깊게 들어가, 세상에 대한 그 사람의 해석의 형태를 구체화하는 기반구조들을 찾고자한다(도표 4.3을 보라). 인지도식들은 사람들이 삶에서 의미를 해석하고 찾는 것을 도와주는 신념들과 상정 내용들로 구성되어 있다. 이들은 자동으로 발생하는 사고들보다 변화에 더욱 저항적이지만, 덜 의식적이며, 특정 삶의 환경에 영향을 덜 받는다.

중간단계의 신념들은 증상중심개입과 도식중심개입 모두에서 고려된다. 그러나 중간층위의 기저에 깔려 있는 핵심 신념들은 도식중심 작업에서 종국적 초점이 된다. 핵심 신념들은 도식들이라고 불리우는 인지적 의미들 내에서 수행되고, 그런 다음 양상들(modes) 내에 상주한다. 양상들이란 인지적, 감성적, 생리적, 동기적 체계들의 복합체들이다. 종종 내담자에게 문제를 야기시키는 핵심 신념들을 이해하기 위하여 양상 전체가 활성화될 필요가 있다. 핵심 신념들, 도식들, 그리고 양상들 사이의 관계는 제8장에서 연구될 것이다.

제임스의 예로 되돌아가 보면, 그는 염려가 부추기는 생각들로 괴로워하고 있다. 왜냐하면 성인이 되어서 그를 잘 만족시키지 못하는 어떤 규칙들과 기대치들을 그의 유년시절에 배웠기 때문이다.

예를 들어, "나는 값있는 사람이 되기 위하여 모든 사람의 기대치를 만족시켜야만해"와 같은 신념이다. 이 중간층위의 신념은 그에게 교통에 정체되었을 때, 염려가 부추기는 생각을 품게 할 소지를 심어준다.

난 아침 모임약속에 늦을 거 같아. 사람들은 화를 낼 거고, 그건 끔찍한 일이 될 거야

모든 사람들의 기대치들을 만족시키는 그의 중간계층의 신념은 사실상 삶의 많은 영역들에 대한 일반적인 함축의미들을 가진 더 깊은 핵심 신념에서 도출된다.

제임스는 십중팔구 이런 핵심 신념들을 그에게 중요했던 관계의 정황에서 배웠다. 예를 들어, 아마 제임스는 부정적 지시를 하는 모진 부모님을 가졌을 것이고, 결국 자신에게 근본적으로 결점이 있고 사랑받지 못하는 뭔가가 있다고 믿게 되었을 것이다.

이런 핵심 신념은 세상에 대한 그의 핵심 신념을 형성하며 여러 상정 내용들과 기대치를 대량으로 생성하며, 자동연결되는 역기능적 사고들을 생산하여, 결국 염려하기 쉽게 되며 또한 궤양에 걸리게도 된다. 제임스가 이런 도식들을 탐구하기 시작할 때, 그의 인지기능을 둘러싸고 있는 양상이 활성화 되면서, 그는 자신에게 결코 훌륭한 인물이 되지 못할 거라고 말했던 알코올 중독자인 아버지와 자신을 아버지로부터 보호하려고 애쓰셨던 맹목적 사랑을 베푸셨던 어머니에 의해 양육받았던 유년시절의 아픔의 일부를 재경험할 것이다. 그러나 이런 것은 늘 상담실에서 일어난다.

그래서 제임스는 자신이 힘들었던 과거로부터 훨씬 더 간격을 갖게 될 것이다. 그는 자신의 이야기를 참가자로서뿐만 아니라, 관찰자로서 경험할 수 있게 될 것이다. 그는 자신을 자신의 이야기와 분리시킬 수 있을 것이며, 술 취한 아버지의 거친 말들과 상관없는 새로운 정체성을 찾아 낼 것이다. 제임스는 자신의 심리적 과거를 통해 하나님을 그의 혹독하고 비판적인 아버지처럼 인식하면서 어떻게 그의 영적 삶에서 재연해왔는가를 알게 될 것이다.

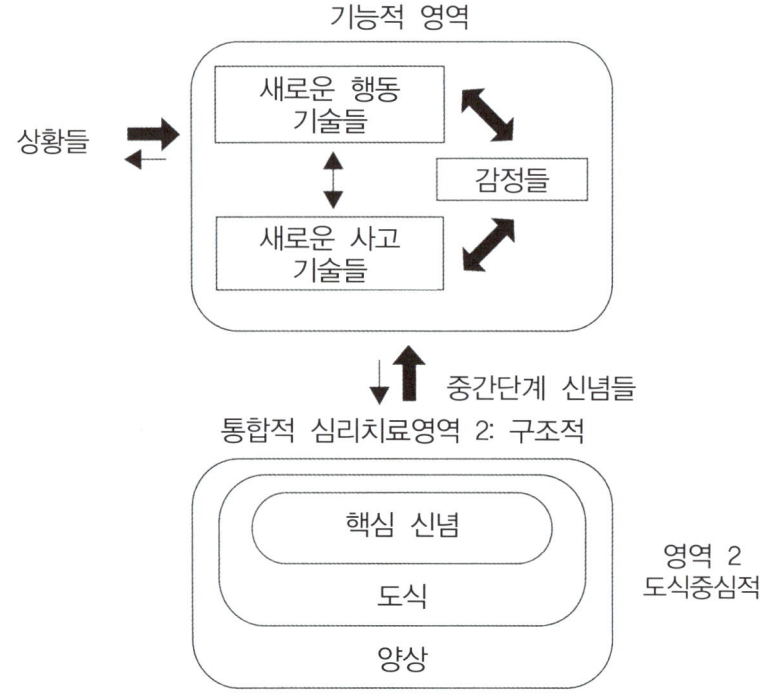

도표 4.3. 개입의 두 번째 영역은 내담자들이 부적응도식들을 인식하고 그들의 삶의 이야기들 속에서 의미를 찾도록 돕는 것과 연관되어 있다.

사도 바울이 로마서 6장에서 사용한 용어로 제임스는 그의 옛 자아를 새로운 자아라는 우월한 지위에서 바라보는 능력을 얻게될 것이다. 따로 떨어져 자신의 인생을 외부시각으로 관찰하는 이 능력은 심리학적으로 제임스에게 치료적인 효과를 줄 것이며 영적으로 성화의 효과를 줄 것이다.

상담 조언 4.4: 친밀한 감정?

때때로 일상의 구체적인 환경들에 대해 이야기하는 것이, 더 깊이 탐색하며 핵심 신념들을 찾는 것보다 더욱 자연스러워 보인다. 감정들은 레벨 1 초점에서 레벨 2 초점으로 이동하기 위해 종종 도움이 되는 한 방편이다.

예를 들어, 자신이 배우자로부터 어떻게 정죄당했고 받아들여지지 않았는지에 대한 감정 토론에 내담자가 20분을 사용할 수 있다. 한 동안 경청한 후, 치료사

> 는 "그런 감정이 당신에게 익숙한 겁니까? 결혼 전에도 그런 감정을 느껴 본적이 있으세요?"라고 질문할 수 있다. 이런 자극은 내담자가 수용받지 못함이라는 일반적인 느낌(예: 핵심 신념)에 기여해 온 자신의 젊었을 때를 탐구하도록 도와 준다. 감정은 현재와 과거 경험 사이의 다리 역할을 할 수 있다.

통합적 심리치료의 도식중심 접근법은 인지치료에 대한 겉핥기식 관점 혹은 옛 관점을 가진 사람들에게는 낯설어 보일 것이다. 자주 인지치료사들은 정서적이고 발달적 삶의 차원에 거의 관심이 없는 논리 중개인으로 간주된다. 인지치료에 대한 초기 연구들이 사고와 신념의 조직화를 역사적 차원을 가진 것으로 보는 경향도 있었으나(예를 들어, Beck, Rush, Shaw & Emery, 1979), 어떤 면에서 이런 관점은 항상 잘못된 것이다.

시간이 흐르면서 인지치료사들은 더 깊은 차원의 인지구조에 동의하였다(예를 들어, Needleman, 1999; Safran, 1998; Young, Klosko & Weishaar, 2003). 그러나 인지치료를 관계적이자 감성적으로 더욱 집중시킨 최근 연구들과 비교해도 도식중심적 통합적 심리치료영역은 인지치료의 순수한 본보기로 간주될 수는 없다. 왜냐하면 통합적 심리치료의 레벨 2(level 2)는 시간-제한적 역동치료법, 대상관계치료법처럼 통찰중심 심리치료법들과 중요한 유사점들을 공유하고 있기 때문이다. 한 자극적 연구 결과들은 인지치료 효과가 있는 주된 이유는 심리역동 치료자들이 사용했던 과정들 일부를 복제하여 사용하기 때문이라 말한다(Jones & Pulos, 1993).

통합적 심리치료를 설계하는 데 있어서 저자인 우리는 표준인지치료와 통찰중심모델들 사이의 경계를 넘나들며 다양한 방법들을 시도했다(도표4.4를 보라). 두 가지 점에서 통합적 심리치료는 통합적이다. 기독교와 심리학적 관점을 결합시킨 점과 인지적, 대인관계적 접근법들을 심리치료에 결합시킨 점이다.

표준인지치료사들은 내담자들의 어린 시절 기억들과 경험들을 심사숙고하지만 치료엔 상대적으로 작은 초점을 두는 경향이 있다. 대부분의 인지치료사들에게 있어서 현재는 가장 중요한 것으로서 과거를 이긴다. 반대로, 통찰중심 치료사들은 엄청난 주의를 과거의 기억들과 수수께끼들에 쏟는다. 통합적 심리치료에서 우리는 이들 두 가지 사이에 균형을 발견하도록 시도한다.

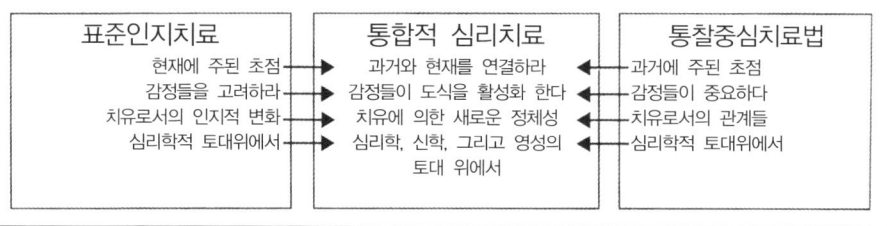

도표 4.4. 표준인지치료과 통찰중심치료법에 대하여 도식중심 개입들

내담자의 부적응도식들의 기원과 그 영향력을 이해하기 위하여 유년시절의 삶은 매우 중요하다. 하지만, 과거와 현재를 연결하는 것도 중요하다. 이것은 심리역동치료법의 사례처럼 통찰력과 해석을 통해 성취되지는 않는다. 오히려 우리가 반복적인 도식활성화라고 부르는 과정을 통해서 성취된다(8장, 9장에서 더 논의하겠다).

감정들은 표준인지치료법에서 고려되지만, 인지기능에는 부차적인 경향이 있다. 즉, 전형적인 인지치료사는 묘사된 감정들에 결합된 인지기능들을 이해하기 위해 감정들에 초점을 둘 것이다. 통찰중심치료법에서는 감정들이 치료 과정에서 중심적이며 결정적인 것들이다. 도식중심적 통합적 심리치료에서는 인지도식들에 주로 중점을 둔다. 그러나 도식들을 활성화하는 가장 효과적인 방법은 정서적인 진찰을 통해서이다. 핵심 신념들은 의식수준에서 접근이 불가능하기 때문에, 그들은 깊은 감정들과 연루되어 있는 양상들을 활성화시킴으로서 발견될 뿐이다.

그러므로 우리 저자들은 대부분의 인지치료사들보다 상대적으로 더 많은 강조를 감정들에 둔다. 그러나 대개 전형적인 심리역동 혹은 대상관계치료사들만큼 그렇게 많은 강조를 두는 것은 아니다.

실제로 심리치료에서 치료를 증진시키는 것은 무엇인가?

인지치료사들은 인지구조안에서의 변화를 강조하며 이것에 답변한다. 통찰중심치료사들은 치료관계를 강조한다. 제임스를 치료 중인 심리역동치료사는 제임스가 자신의 감정들과 대인관계 패턴들을 조사하여 그것들을 자신의 삶의 형식적 관계들과 연결하도록 치료관계를 구축하기를 원한다. 인지치료사는 종이에 기록되고 증거로 확인될 수 있는 감정과 유년시절의 핵심가치에 대한 토론에서 드러나기를 원할 것이다.

과거에 대한 토론이 끝난 후, 제임스는 자신의 특별한 신념, 곧 "나는 결점이 있는 사람이며 사랑받을 수 없는 사람이다"을 규정할 수 있을 것이다. 나아가 그것을 색인카드에 적어 그 신념이 자신의 현실속에서 사실인지 아닌지 보기 위해 날마다 증거를 조사할 것이다.

예를 들어, 사람들이 제임스를 사랑하는 것은 당연하다. 이 의미는 그가 자신의 핵심신념에 도전할 수 있음을 뜻한다. 왜냐하면 그것은 극복될 수 있기 때문이다. 도식중심 통합적 심리치료에서는 부적응핵심 신념들이 뿌리 뽑힐 수 있다고 믿을 정도로 낙관적이지는 않다. 하지만 우리는 여전히 인지구조에 초점을 두려 한다. 오래된 핵심 신념들을 완전히 제거하기보다는, 무의식수준에서 기능해 온 도식들을 점점 더 인정하고, 그런 후에 이 도식들로부터 약간의 거리감을 유지하여, 결국에는 그들의 옛 사고방식과는 다른 새로운 정체성을 세울 수 있을 때에 치유가 일어난다. 이것이 인지과정이며 관계적 과정이지만 통합적 심리치료에서는, 도식중심개입들에서는 인지과정을 더 강조하며, 관계중심개입들에서는 관계적 과정을 더 강조한다.

역사적으로, 표준인지치료와 전통적인 통찰중심치료법들은 심리학에 기반을 두었으며 영성에는 근거를 둔 적은 없었다. 영성이 미국심리학협회(APA)에서 주목을 얻으면서 이점은 적어도 아주 조금씩 변화하고 있는 것으로 보인다(Miller, 1999; Miller & Delaney, 2005; Richards & Bergin, 2000, 2004, 2005; Shafranske, 19996; Sperry & Shafranske, 2005). 최근에 미국심리학협회는 통합적 심리치료에 대한 기독교적 접근법을 시범 설명하는 비디오까지 출판했다(McMinn, 2006).

그러나 영성에 더 개방적인 자세에도 불구하고, 치료에 대한 대부분의 접근법들은 특별한 종교체계들의 진리주장들을 회피한다. 표준인지치료와 통찰중심치료법들의 이론적 기초는 둘다 신학적이기보다 심리학적이다. 통합적 심리치료의 기초는 이 점에서 신학적이면서도 심리학적이기 때문에 각 접근법이 다르다. 게다가, 변화에 대한 실험 방식들도 영성과 심리학 모두에 의존하고 있다(McMinn, 1996).

사실, 기독교 세계관 내에서 영성과 심리학은 너무 긴밀하여 그들이 항상 구별될 수 있는 것은 아니다. 악한 행동들이 인간의 생각에서 나오기에 예수께서 음욕과 분노의 생각들을 조심하라고 가르쳤을 때(엡 4:31-32), 그가 새로운 영성을 가르치고 있었는가? 아니면 새로운 심리학을 가르치고 있었는가?

예수께서 우리가 자신을 사랑하는 것같이 우리 이웃들을 사랑해야 한다고 두 번째 위대한 명령을 말씀하셨을 때(막 12:31), 그는 근본적으로 새로운 영적 패러다임을 소개하고 있었는가?

아니면 심리학적 패러다임을 소개하고 있었는가?

사도 바울이 에베소에 있는 신자들에게 모든 악독(bitterness)과 분냄을 버리고 서로에게 인자하고 불쌍히 여기는 마음(tenderhearted)을 가지도록 가르쳤을 때, 바울은 심리학적 충고를 제공하고 있었는가?

아니면 영적 충고를 제공하고 있었는가?

물론 답은 둘 다.

활기찬 영적 공동체속에 속하므로 엄청난 심리학적 성장이 일어날 수 있는 것처럼, 영성 역시 심리치료사의 상담실에서 일어날 수 있다. 왜냐하면 심리학과 영성은 치료사와 내담자가 기독교 세계관을 공유할 때 긴밀하게 관계되기 때문이다. 그리스도인 내담자에게 도식중심 통합적 심리치료는 사도 바울이 옛 사람을 버리고 새사람을 입으라고 기술했던 것에 대한 심리학적 방법론을 제공한다(Dobbins, 2004; Roberts, 2001).

신앙은 도식중심개입들에서 중요한 고려 대상이다. 기독교 세계관을 치료사와 공유하는 내담자들의 경우에는 더욱 중요하다. 좋은 신학이 잘못된 핵심 신념들의 문제를 즉각적으로 해결해 주지는 않을 것이다. 왜냐하면 그 문제들은 분석과 합리적 사유로만으로 사라지지 않는 깊은 차원의 정서적, 관계적 실재들 안에 뿌리박혀 있기 때문이다.

그럼에도 불구하고 신앙을 토론하는 것은 핵심 신념들을 바로 잡는데 도움이 될 수 있다. 예를 들어, 제임스는 자신이 결함이 있고 사랑받을 만하지 않다고 믿고 있다.

제임스의 신앙은 이에 대해 무엇을 그에게 가르쳐 주는가?

그의 신앙은, 우리 모두처럼, 그도 결점이 있는 사람이지만, 놀랍게 창조된 존재요 깊은 사랑을 받고 있는 존재임을 가르쳐 준다. 이러한 진실이 제임스의 삶 속에 깊이 스며들 때, 돌봄의 치료적 관계를 통해 그리고 사랑이 지각될 수 있는 방식들로 증명되는 곳인 신앙 공동체의 일부가 되어 점차적으로 자기 자신을 다르게 보게 될 것이다.

3) 영역3: 관계중심적 통합적 심리치료

하나님의 형상(Imago Dei)의 관계적 관점은 하나님의 형상이 딱 한 사람 안에만 있을 수 없으며 관계안에서 보여지는 것임을 강조한다. 바르트(Barth)는 하나님의 형상을 이해하는 데 있어서 나-너(I-Thou)의 연결의 중요성에 주목했다.

심리치료사들은 내담자의 유년시절과 현재 관계와 내담자-치료사 관계에서 항상 나-너 관계들로 활동하고 있다. 도식중심 통합적 심리치료에서 고려된 인지적 도식들은 관계적 기원들을 가지며, 부적응도식들로 발생하는 문제들에 대한 해결책들은 때로 강력한 관계적 초점을 요구한다. 이와 같이, 통합적 심리치료의 세 번째 영역은 관계중심으로 제10장과 제11장에서 충분히 살피게 될 것이다.

핵심 신념들은 조형적 관계들로부터 생긴다. 그래서 통합적 심리치료사들은 비논리적인 것을 근본적인 인간의 문제점으로 보지 않는다. 오히려 그들은 힘든 깨어진 관계들을 문제의 근원으로 본다(예를 들어, 하나님과의 깨어진 관계는 죄라는 삶의 여건을 만들었으며, 인간의 어려움들의 궁극적 원천이다). 자신이 결점이 있고 사랑받을만하지 않다는 제임스의 신념은 단순히 그 자신의 비논리에서 발생된 것이 아니고, 어렵고도 중요한 관계로부터 생긴 것이다. 모든 아이들처럼, 그도 자신의 부모님들에게 가까와지기를 갈망했다. 그러나 그것이 어렵다는 것을 발견했다.

왜냐하면 그의 아버지의 무관심하고 비판적인 스타일, 그리고 제임스를 아버지로부터 구하려는 어머니의 경향 때문이다. 제임스는 그가 모든 사람들의 기대치들을 항상 만족시킴으로써 사랑받을 수 있는 존재가 될 수 있다는 비논리적 환상을 만들었다. 그것은 아버지와의 관계결핍에 대한 스스로의 보상법으로 시작되었으며, 지금은 삶의 여정에서 그것이 그를 견딜 수 없을 정도로 괴롭히고, 그의 위장에 염증을 일으키고 있다.

(1) 조형적 관계들(Formative relationships)

도표 4.5로 설명된 관계중심 통합적 심리치료는 깊은 관계적 상처, 해결되지 않은 갈등, 성격 문제와 궁극적 의미의 문제를 이해하는 데 초점을 맞추고 있다. 그것은 궁극적으로 새로운 통찰력을 얻도록, 그리고 타인들에 대한 엄격히 경직된 관계 스타일을

극복하도록 치료관계를 정교히 만드는 데 초점을 맞추는 현대심리역동 및 대상관계치료법과 공통점을 상당히 많이 공유하고 있다.

관계중심 통합적 심리치료에서 변화 과정은 경험적이며 관계적인 만큼 인지적이지는 않다. 치료적 변화는 조형적 관계를 형성하는 치료사를 포함한다. 그리고 이러한 관계는 내담자가 새로운 세계관을 성장시키도록 돕는다. 시간이 흐르면서 현명하며 주의 깊은 내담자와의 정교히 만들어진 치료관계는 내담자가 새로운 삶의 관점을 획득하는 데 도움이 될 수 있다. "나는 언제나 강해야만 한다"라고 믿는 내담자는 치료사에게 잘못들과 약함들을 보이기까지 여러 달이 걸린다.

하지만 그 후, 치료사가 깊은 동정심으로 대응할 때, 그것은 엄청난 치유의 가능성을 만들어낸다. 세상과 그 세상 안에 있는 모든 사람들을 선과 악이라는 두 범주로 나누는 내담자들은 자신들이 사랑하는 사람들 안에 있는 잘못들과 애매모호함들을 너그럽게 보아주는 데에 어려움을 가지고 있다.

그러므로 치료사는 명확한 경계들과 기대치들을 지닌 관계를 형성할 필요가 있다. 동시에 내담자에게 세계관에 대한 미묘한 차이와 복잡성에 대해 더 자각시킬 필요도 있다. 너무나 집착적인 관계에 얽매여 결국 건강에 해로운 선택들을 하는 의존적 내담자에게는, 탈진하지 않을 만큼 적절한 한계와 관리를 설정하는 것이 그들에게 유익을 줄 것이다.

감정 표현이 타인에게 거부감을 줄까 두려워하여 모든 감정표현을 피하는 내담자는 처음부터 감정을 살피려는 치료사의 노력들을 거부할 것이다. 치료관계에서 충분한 안정감이 보장될 때라야, 내담자는 땀을 흘리며 감정의 일부들을 표현하기 시작할 것이다. 만약에 치료사가 친절과 깊은 동정심으로 말과 눈물을 받아들이면서 침묵을 지키면, 그것은 그 내담자를 위한 새로운 가능성들의 세계의 문을 활짝 여는 일이 될 것이다.

이 모든 예에서 치료사는 도식들을 규정하고, 그것들이 쉽게 변하지 않을 것임을 알아차리면서, 핵심 신념들을 야기시킨 관계상처들을 이해하려고 노력한다. 그런 다음, 새롭게 세상을 보는 방식을 제공하는 의도적 치료관계를 그 내담자와 함께 이뤄낸다.

변화적 치료관계를 정교하게 만드는 것은 신학적이면서 심리학적인 자각을 요구한다. 관계중심 통합적 심리치료는 기독론으로 시작한다. 인간의 모습을 지니신 완벽한 하나님의 형상이신 그리스도께서 사람들을 변화시키는 관계들에 참여하신다. 모든 그리스도인들은 그리스도를 닮도록 부름받고 있다. 타자들에 대하여 은혜와 진리를 증명하도록 부름받고 있다. 이것이 관계중심 통합적 심리치료의 기독론적 핵심이다.

또한, 우리는 어떻게 이런 기독론적 핵심이 치료관계 안에서 하는 역할의 의미를 부각하기 위해 심리학적 이론에 주목한다. 제10장에서 우리는 대상관계들의 역동성을 탐구할 것이다.

> **상담조언 4.5: 당신 자신의 감정들을 읽어라**
>
> 내담자가 타인들과 관계맺는 법을 잘 이해하기 위해, 치료사로서 당신 자신의 감정들을 숙고해 보라. 내담자와 교제할 때 당신은 어떻게 느끼는가? 당신은 내담자의 삶에 공감하며 마음에 끌림을 느끼는가? 당신은 짜증나고 의욕을 잃는 것을 느끼는가? 내담자를 돕이 따분하고 열의가 없는가? 물론, 당신 감정들 중 일부가 당신 자신의 고투와 도전들을 반영할 수 있지만, 명심해야 할 것은 다른 치료사들도 내담자에게 당신이 반응하는 것과 똑같이 반응할 거라는 점이다. 당신의 감정을 읽는 것은 내담자가 진료소밖에서 겪는 관계들에 대해 당신이 더 잘 이해하도록 도울 것이다(상담조언 11.5를 또한 보라).

(2) 성육신(incarnation)에 의한 동기부여

성육신(incarnation)은 기독교 신앙의 중심교리이다. 하나님이 인간이 되어 우리 가운데 거하시매 은혜와 진리가 충만 하더라(요 1:14, NIV를 보라). 이 교리는 기독교 신앙을 다른 모든 세상종교들로부터 구별한다. 하나님은 사랑안에서 인간의 깨어짐이라는 혼란한 상태를 이해하며 공감하시려고 우리에게 오신다. 마굿간에서 태어난 것, 배워서 목수가 된 것, 물집들이 생기는 것, 여름철 더위에 땀을 흘리는 것과 겨울추위에 떠는 것, 종교지도자들에게 거절을 당하고, 친구들의 오해를 받은 것, 갈증과 목마름과 잠 못 이룸과 싸우는 것은 예수님이 다 이해하시는 내용이다. 성육신은 하나님의 은혜와 사랑의 깊이를 드러내고 있다.

로마서에는 "우리가 아직 죄인 되었을 때에 그리스도께서 우리를 위하여 죽으심으로 하나님께서 우리에게 대한 자기의 사랑을 확증하셨느니라"(롬 5:8)고 기록되어 있다.

그리스도인들에게 이 말씀은 모든 것을 바꾸어 놓는다. 우리 그리스도인들은 하나님과 인격적인 관계를 가진다고 말한다. 왜냐하면 예수님이 불결한 상태인 우리와 함께하시려고 오셨기 때문이다. 예수님과의 이런 관계는 우리가 자신의 삶을 다르게 보도록 도와준다. 우리는 우주에 대한 더 큰 그림을 이해하면서 유한한 인생들로서의 의미를 발견한다.

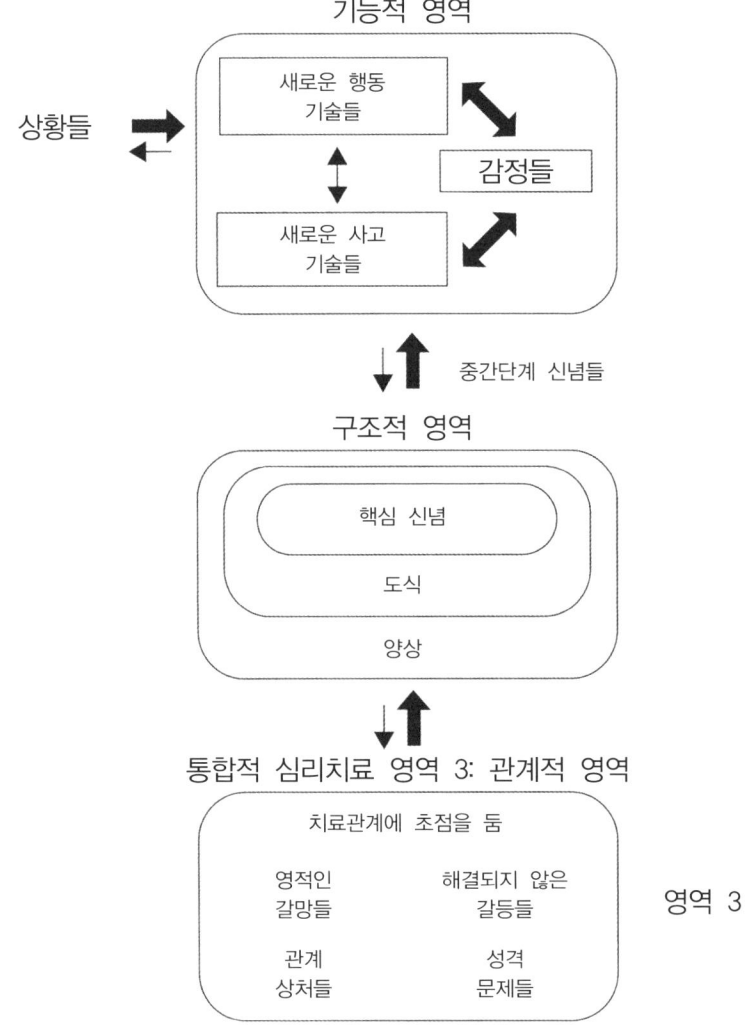

도표 4.5. 개입의 세 번째 영역은 관계로 인한 상처들의 치유에 초점을 두고 있다.

치료는 성육신의 은유가 아니다. 즉, 치료사를 신의 역할로 대치하는 그런 은유는 아니라는 말이다. 하지만 놀라운 상담자(the Wonderful Counselor, 사 9:6)로서 하나님께서 인간이 있는 물질세계에 사시러 오신 것처럼, 우리 역시 하나님의 은혜로 치유함을 받고 있는 자들로서 삶의 어려움들의 중심에서 서로 함께 현존하도록 부름받은 것이다. 이것은 치료에만 한정된 것이 아니다.

우리 모두는, 그리스도가 우리를 받으신 것처럼(롬 15:7), 서로서로 받아들이도록 부름받았다. 치료는 구제를 베푸는 것이 아니며, 치료사들은 예수님께서 제공하신 것만큼 거의 그만큼 중요한 어떤 것을 제공하는 것이 아니다. 우리 치료사들도 인간이자 깨어진 피조물들이다. 때론 심각하게 부서져 있어 역기능적이기까지 한 존재들이다. 그럼에도 불구하고, 고통과 문제들 속에 있는 사람들과 함께 앉아, 그들이 치유관계를 경험하도록 도움을 주며, 진실이 들리기가 어려운 때에도 진실을 말하며, 그 누구도 하려 하지 않을 때 은혜를 제공하라는 소명(召命)을 가지고 있다.

이런 점에서, 치료는 모든 것 중에서 가장 위대한 이야기에 의해 동기부여되고 구체적인 모양으로 나타난다. 성공적 치료는 인간이 관계적인 존재, 즉 하나님의 형상으로 창조되었기에 가능하다. 그런데 그 완벽한 하나님의 형상이 예수님 안에서 드러나 있다.

3. 통합적 심리치료와 인지치료

마릴린 로빈슨(Marilynne Robinson)의 수상작품인 『가정주부』(Housekeeping)라는 소설에서 주인공은 자신의 어린 시절을 할아버지가 지은 낡은 집에서 산다. 그 집은 핑거본 호수(Fingerbone Lake) 위에 매우 튼튼하고 높게 지어졌다. 아이다호수의 혹독한 겨울철에도 안전하게 남아 있는 곳이며, 홍수의 위험들로부터도 안전한 곳이다.

그러나 그 집은 문제점들이 있다. 침실 마루 바닥이 심히 기울어졌기에 이것을 상쇄하려면 편향적으로 기운 다리를 가진 특별한 가구가 있어야 한다. 정문에서 부엌까지는 언덕길을 올라가야만 한다. 그 기울어진 집은 기저에 깔린 근본적인 문제, 즉 여러 대 동안 전이되어 온 악성종양을 암시한다. 그것은 그 밑에 놓여 있는 더 큰 문제에 대한 불길한 전조일 뿐이다.

인지치료는 기울어진 그 집과 거의 같다. 그것은 충분히 효과적이다. 여러 가지 장애들에 잘 들어맞는다. 그러나 그것은 실용적 합리주의라는 잘못된 기초위에 지어졌다.

일부 그리스도인들은 그것을 쓸모없는 것으로 가정하면서 그 집을 불태움으로써 대응했다.

통합적 심리치료는 다르게 상정한다. 인지치료로부터 건질만한 좋은 점이 많다고 여긴다. 우리 목적은 인지치료의 잘못된 기초를 확실한 것으로 교체하고, 사람에 대한 기독교적 관점이라는 더 큰 테마를 볼 수 있도록 실용적 합리주의 너머로 이동함으로써 다시 세우는 것이다. 또한, 다양한 인간경험의 차원에 주목해야 할 필요성 때문에 여러 심리학적 이론들도 포함시킨다.

통합적 심리치료는 효과적인 인지치료의 시행과 동시에 다른 심리학 이론들을 고려하면서도 기독교 세계관과 일치하는 기초를 쌓아올리는 노력의 표현이다. 비록 세계관의 상정 내용들안에 중요한 차이점들이 있지만, 통합적 심리치료에서 증상중심개입들은 표준인지치료들과 많은 유사점이 있다. 이러한 세계관 차이점들은 치료사와 내담자가 치료법의 두 번째와 세 번째 영역들로 옮겨 갈 때 더욱 깊어진다. 도표 4.1은 세계관 차이점들을 요약한 것이다.

사람에 대한 관점(인류학)에 관해서 표준인지치료는 실용적 합리주의의 상정 내용들 위에 이론을 구축한다. 즉, 인간은 기본적으로 이성적인 모습 속에서 더욱 행복하게 되기를 욕망하는 기능적, 이성적 존재라는 관점이다. 여기서 관계적 요인들은 최소한의 주목을 받을 뿐이다. 그러나 통합적 심리치료에서는 기능적, 이성적, 관계적 요소가 모두 강조된다. 왜냐하면 인간 각자의 인격 속에 각인되어 있는 하나님의 형상을 반영하는 것들이기 때문이다.

무엇이 잘못되어 심리적 문제들을 만드는가?

표준인지치료 세계관에서, 문제점은 일련의 인지적 오류들이다. 다시 말해 내담자가 지금까지 잘못된 방식들의 세계 이해와 해석법들을 배웠다는 것이다. 이러한 인지적 오류들은 유능하고, 합리적인 치료사에 의해 교정될 필요가 있다.

통합심리치료사들에게, 비합리적인 것들은 더 깊은 차원의 원천을 가지고 있다고 본다. 그런 것은 관계적 상처들속에서 가장 깊이 드러나는 인간관계의 깨어짐에 기인한다. 죄가 세상에 들어왔고, 모든 창조세계가 현재 깨어짐의 상태에서 참혹히 살고 있기 때문에, 사람들은 타자로부터 단절되고 상처를 받는다.

때때로 이러한 관계적 상처들은 상대적으로 심각하지 않는 결론들을 지니나, 다른 때에는 깊은 아픔을 야기시킨다.

부정적 감정들은 종종 인지치료사들에 의해서 인지 후의 문제로 다루어진다. 불안, 공포, 우울증, 그리고 다른 부정적인 감정들은 잘못된 사고의 부산물들이다. 통합적 심리치료사에게 있어서 감정들은 하나님의 선물이다. 잠재적인 문제들에 대해 사람에게 일깨워주는 붙박이로 맞추어 짜여진 체계이다. 매우 자주, 이것들은 삶이라는 관계적 구성물에서 문제거리들이다.

어떤 이는 포기나 거절을 예상한다. 그래서 불안전, 불안, 질투라는 감정들이 폭발하여 분출한다. 다른 사람은 깊은 인간적 상실을 다루며, 그에 대한 반응으로써 슬픔과 우울을 느낀다. 분명히 정서적 반응들은 정리되지 않을 수 있다. 즉, 도식들은 충분한 이유 없이도 활성화될 수 있으며, 모든 종류의 정서적인 메마름은 결과물이다. 그러나 아직도 감정들 그 자체는 선한 창조세계의 일부분이며, 심리치료사 과정에서 명예롭게 다루어지고 이해되고 존중될 가치가 있는 것이다.

치료초점과 관련하여, 표준인지치료은 내담자들이 자신들의 감정들에 대한 더 좋은 통제법을 갖도록 하려고 인지적 오류들을 정정한다. 다시 말해, 내담자들은 비합리적인 사고에서부터 합리적인 사고로 이동하며, 결과적으로 기분이 더 좋아진다. 동일한 초점이 통합적 심리치료의 증상에 기초한 개입들에서도 두드러진다. 그러나 통합심리치료사들이 도식중심적이자 관계중심 통합적 심리치료영역들로 옮겨가면서, 논점은 (영역 2의) 도식들과 (영역 3의) 도식들에 기여하는 더 깊은 차원의 관계적 문제들의 입장으로부터, 비논리적인 도식들의 원천을 이해하는 방향으로 바뀐다.

통합적 심리치료는 비논리적인 것의 궁극적인 원천이 당연히 관계의 단절이라 가정한다. 그리고 다음으로 타락한 세상에서 삶의 소외(疏外)됨을 반영한다. 이런 사실이 치료사로 하여금 내담자와 "함께 함"(be with)을 요구한다. 다른 사람 안에 하나님의 형상을 활성화시키려는 희망으로, 한 사람의 인생을 지탱하고 구속하는 존재가 되기를 요구하는 것이다.

도표 4.1. 표준인지치료와 통합적 심리치료사이의 세계관의 차이들

	표준인지치료	통합적 심리치료법
인류학	훨씬 더 이성적이기를 갈구하는 기능적, 관계적 존재들임.	본유적으로 하나님의 형상을 향해 움직여가도록 동기부여된, 기능적, 구조적, 그리고 관계적 존재들임.
문제점	행동적, 인지적 오류들	모든 것 안에 죄가 있고 그것이 현시(顯示)적임–타락한 창조세계의 결과임.
부정적 감정들	인지 후의 문제점	하나님의 선물임. 선한 창조세계에의 상함을 자주 반영하며, 우리 인간으로 우리들의 더 깊은 갈망들을 바라보게 함.
치료의 초점	비논리적인 것에서 논리적인 것으로 옮겨감.	함께 함: 다른 사람의 영혼 안에 하나님의 형상을 활기차게 함. 기능적, 구조적, 그리고 관계적 능력들을 포함함.
성경	사용된다면, 명료한 사고를 위한 텍스트로 간주됨.	구속에 대한 인간적 갈망에 대한 기사(記事)임.
문화	대부분 무시됨.	인지기능과 행동의 정황을 설정함.

도표 4.1의 다섯째 줄은 인지치료와 관련된 성경의 사용이다. 물론 대부분의 심리치료사들은 치료를 위해 성경을 사용하지 않는다. 왜냐하면 그들은 삶을 위한 권위있는 안내자로 성경을 보지 않기 때문이다. 그들은 자신들의 정체성을 목회적 상담자보다는 임상과학자로 본다. 또한 그들은 과거 임상훈련 기간 동안 종교적 상담접근법에 실망한 경험이 있다. 그럼에도 불구하고, 표준인지치료에 대한 기독교적인 일부 접근법들이 개발되어 왔으며, 이 접근법들은 성경을 잘못된 사고를 교정하기 위한 원천으로 여기는 경향이 있다.

예를 들어, 미래가 침울할 것이라고 안절부절하며 사는 불안증에 걸리기 쉬운 내담자 경우는 다음의 성경말씀을 기억나도록 들려줄 수도 있다.

너희 하늘 아버지께서 이 모든 것이 너희에게 있어야 할 줄을 아시느니라.
너희는 먼저 그의 나라와 그의 의를 구하라 그리하면 이 모든 것을 너희에
게 더하시리라(마 6:32-33).

이것이 치료에 있어서 유용한 도구가 될 수는 있지만, 치료 목적을 위하여 성경을 뒤틀리게 하기도 쉽다. 예를 들어, 성경의 의도를 왜곡하고 치료적 개입을 신학적으로 정보받은 내담자들과 치료사들에게 솔직하지 못하게 보이도록 만드는 양자의 경우를 말한다.

통합적 심리치료에서 성경은 논리적인 안내서로 간주되는 것이 아니라, 모든 인간들이 살아가는 이야기를 기술하는 광대하고 권위 있는 기사(記事) 책으로 간주된다. 사랑하는 하나님에 의해 창조되었으며, 타락한 세상에서 살아가는 상처를 받은 모든 사람은 의식적, 무의식적으로, 구속(救贖)을 열망하고 있다. 영적 문제들에 관심이 없는 사람들조차 여전히 본능적으로 화해와 내적 평화 그리고 희망을 찾아 얻으려고 애써야 한다는 것을 안다.

통합적 심리치료의 시점에서 볼 때, 이것은 모든 것들이 바르게 되길 바라시는 하나님께서 주신 갈망을 반영하는 것이다. 성경은 우리가 인생을 이해하고 소망에 굳게 서도록 도와주는 이야기를 들려준다. 물론 심리치료에서 성경의 많은 다른 용도들이 있다(이에 대한 뛰어난 토론을 위해서는 Johnson, 1992를 보라).

마지막으로, 표준인지치료는 문화의 중요성을 간과하는 경향이 있다. 통합적 심리치료에서 문화는 하나님의 형상이 살아내는 정황으로 간주된다. 통합심리치료사들은 문화를 공부하는 문하생(門下生)들로 언제나 내담자들에게서 특별한 전제들, 가치관들, 관계적 유형들에 대해 배우기를 원하는 학생들이다.

더 나아가, 통합적 심리치료에서 치료사들은 문화적으로 민감한 치료적 만남을 다양한 내담자들에 따라 세 가지 영역들에 다르게 의존함으로써 내담자의 필요에 맞추어 만든다.

4. 결론

이 장에서 제안한 심리치료모델은 하나님의 형상의 기능적, 구조적, 관계적 관점들에 대응하는 세 가지 개입영역들을 상정한다. 통합적 심리치료가 표준인지치료의 몇 가지 방법들에 의존하고 있기는 하지만, 이 모델은 다른 심리학적 이론들도 가져왔으며, 표준인지치료의 실용적 합리주의관점보다는 사람에 대한 기독교적 관점에 그 뿌리를 두고 있다.

통합적 심리치료는 인간이 하나님과 인간의 관계 안에 존재하도록 창조되어졌으나, 죄악된 세상속에 살면서, 효과적인 관계들을 위한 인간의 능력들이 결국 심각하게 손상되어 있음을 상정 내용으로 삼고 출발하는 치료모델이다. 효과적인 치료사들은 감정들의 진상을 규명하고 조사한다.

그리고 이런 감정들과 이전 관계들에서 유래한 기저에 깔린 신념들에 연결된 사고들을 추적한다, 그리고 그런 다음, 이런 신념들을 치료법적 기법들을 통해 그리고 가장 중요한 것으로는 건강한 치료관계를 통해 직접 수정하는 진료활동을 한다.

통합적 심리치료는 세심한 평가와 사례 개념화(제5장)로 시작한다. 그런 다음에 한 가지 혹은 그 이상의 개입영역들로 진행해 간다. 대부분의 내담자들은 영역 1 개입들(제6장과 제7장)로도 증상 완화를 확인하고, 많은 내담자들이 영역 2에서(제8장과 제9장), 그리고 영역 3에서(제10장과 제11장) 계속 되는 진료를 받기 위해 옮겨간다.

참고문헌

Beck, A. T., Freeman, A., & Associates. (1990). *Cognitive therapy of personality disorders*. New York: Guilford.

Beck, A. T., Rush, A. J., Shaw, B. F., & Emery, G. (1979). *Cognitive therapy of depression*. New York: Guilford.

Bowlby, J. (1988). *A secure base: Parent-child attachment and healthy human development*. New York: Basic Books.

Craske, M. G., & Barlow, D. H. (2001). Panic disorder and agoraphobia. In D. H. Barlow (Ed.), *Clinical handbook of psychological disorders* (3rd ed.) (pp. 1-59). New York: Guilford.

Dobbins, R. D. (2004). Spiritual interventions in the treatment of dysthmia and alcoholism. In P. S. Richards & A. E. Bergin (Eds.), *Casebook for a spiritual strategy in counseling in psychotherapy* (pp. 105-17). Washington, DC: American Psychological Association.

Hoekema, A. A. (1986). *Created in God's image*. Grand Rapids, MI: Eerdmans.

Johnson, E. L. (1992). A place for the Bible within psychological science. *Journal of Psychology and Theology, 20,* 346-55.

Jones, S. L., & Butman, R. E. (1991). *Modern psychotherapies: A comprehensive Christian appraisal*. Downers Grove, IL: InterVarsity Press.

Jones, E. E., & Pulos, S. M. (1993). Comparing the process in psychodynamic and cognitive-behavioral therapies. *Journal of Consulting and Clinical Psychology, 61,* 306-16.

McMinn, M. R. (1996). *Psychology, theology, and spirituality in Christian counseling*. Wheaton, IL: Tyndale.

McMinn, M. R. (2004). *Why sin matters: The surprising relationship between our sin and God's grace*. Wheaton, IL: Tyndale.

McMinn, M. R. (2006). *Christian counseling* [video in APA Psychotherapy Series]. Washington, DC: American Psychological Association.

Miller, W. R. (Ed.) (1999). *Integrating spirituality into treatment: Resources for practitioners*. Washington, DC: American Psychological Association.

Miller, W. R., & Delaney, H. D. (Eds.) (2005). *Judeo-Christian perspectives on psychology: Human nature, motivation, and change*. Washington, DC: American Psychological Association.

Moroney, S. K. (2000). *The noetic effects of sin*. Lanham, MA: Lexington Books.

Needleman, L. D. (1999). *Cognitive case conceptualization: A guidebook for practitioners*. Mahwah, NJ: Erlbaum.

Richards, P. S., & Bergin, A. E. (Eds.) (2000). *Handbook of psychotherapy and religious diversity.* Washington, DC: American Psychological Association.

Richards, P. S., & Bergin, A. E. (Eds.) (2004). *Casebook for a spiritual strategy for counseling and psychotherapy.* Washington, DC: American Psychological Association.

Richards, P. S., & Bergin, A. E. (2005). *A spiritual strategy for counseling and psychotherapy* (2nd ed.). Washington, DC: American Psychological Association.

Roberts, R. C. (2001). Outline of Pauline psychotherapy. In M. R. McMinn & T. R. Phillips (Eds.), *Care for the soul: Exploring the interface of psychology & theology* (pp. 134-63). Downers Grove, IL: InterVarsity Press.

Safran, J. D. (1998). *Widening the scope of cognitive therapy: The therapeutic relationship, emotion, and the process of change.* Northvale, NJ: Aronson.

Shafranske, E. P. (1996). Religious beliefs, affiliations, and practices of clinical psychologists. In E. P. Shafranske (Ed.), *Religion and the clinical practice of psychology* (pp. 149-62). Washington, DC: American Psychological Association.

Sperry, L., & Shafranske, E. P. (Eds.) (2005). *Spiritually oriented psychotherapy.* Washington, DC: American Psychological Association.

Young, J. E., Klosko, J. S., & Weishaar, M. E. (2003). *Schema therapy: A practitioner's guide.* New York: Guilford.

Young, J. E., Weinberger, A. D., & Beck, A. T. (2001). Cognitive therapy for depression. In D. H. Barlow (Ed.), *Clinical handbook of psychological disorders* (3rd ed.) (pp. 264-308). New York: Guilford.

제5장
사정평가와 사례개념화들

극단적인 경우들을 제외하면, 사람들이 심리학자나 상담사에게 도움을 구할 때, 자신이 고통 가운데 있다고 인식한다. 사실상, 그런 고통과 그에 동반하는 증상들은 도움을 원하는 가장 중요한 근본적 동기유발인자들이다.

그러나 우리는 어떻게 그 고통과 증상들을 이해하는가?

얀(Jan)은 예약시간에 맞춰 도착할때마다 긴장되며 염려스러워 보인다. 그녀는 악수할 때 땀이 배어나서 끈적끈적한 손이 드러나고, 심리치료사와 인사를 나눌 때 목소리가 떨린다. 그녀는 자신의 신경증을 인정하면서, 대부분의 사회적 상황들에 예민하고, 특히 초면인 사람들과 함께 있을 때는 더 그렇다고 설명한다. 인터뷰가 진행되면서 그녀는 자신의 걱정거리에 대해 말한다. 초기에는 매우 정상적으로 보였지만 결국 지난 몇 년간 그녀를 무능력하게 만들었던 근심거리이다. 그녀는 지금 질병에 걸릴까봐 염려하고 있으며, 적어도 한 달에 두 번은 진찰을 받는다. 그녀는 자신에 대한 가족들의 좌절감 때문에 가족을 죽음이나 이혼 혹은 유기로 인해 잃을까 염려하고 있다. 그녀는 이 모든 증상들이 3년 전 직장에서 그녀가 관리직으로 승진되면서 시작되었다고 한다. 증가된 책임은 그녀를 압도했다. 동료들이 그녀의 새로운 권위를 존중하지 않는 것처럼 보였다. 그리고 그녀가 승진한 후 바로 취임했던 사장은 그녀의 관리 스타일을 늘 비판했다. 얀은 자신의 걱정과 불안이 마무리 된 후, 그녀가 다시 인생을 즐길 수 있도록 자유롭게 되기를 갈망하고 있다.

얀에게 대체 무슨 일이 일어나고 있는가?
얀의 염려의 수준을 고조시키는 것이 무엇인가?
이러한 증상들을 가진 그녀를 돕기 위하여 어떤 조치들이 취해질 수 있는가?
심리치료사는 얀의 염려들을 있는 그대로 받아들일 수 있었다. 그리고 그녀의 삶에 해를 끼치는 것이 바로 어떤 행동이라는 것을 안 후, 그것을 완화하기 위하여 전략적인 방법들로 개입을 시도한다. 그녀는 자신의 문제점들을 자각하는 것으로 보이며, 건강과 병력에 문제가 없는 것으로 볼 때, 효과적 개선을 위한 원천들을 지니고 있는 것 같다.

하지만 얀과 그녀 자신의 고투의 본질에 대한 더욱 실질적인 조사 없이는 이런 빠른 분석과 개념화는 쉽게 치료 실패로 연결 될 수 있다.

얀과 함께 해야 할 첫 단계 진료 활동들 중 하나는 그녀의 이상(異常)을 올바르게 평가하여 적절히 개입하는 것이다. 사정평가(assessment)와 그에 따른 사례개념화(case conceptualization)는 성공적인 치료를 위해 매우 중요한 활동들이다.

1. 사정평가, 이론 그리고 사례개념화

사정평가(assessment)는 내담자가 어떤 신호들과 증상들을 경험하는지를 체계적으로 관찰하는 작업이다. 이런 신호들과 증상들은 특별한 이론적 틀을 통해서 이해되며 사례개념화(Case Conceptualization: 증상들을 이해하기 위한 틀)를 도출해낸다. 사례개념화는 그 증상들의 원인과, 내담자가 경험한 증상들의 역할을 이해하며, 내담자의 회복을 위해 필요한 치료 전략들을 알아내기 위한 노력이다. 사정평가, 이론, 그리고 사례개념화 사이의 관계는 도표 5.1.에서 볼 수 있다.

제5장 사정평가와 사례개념화들

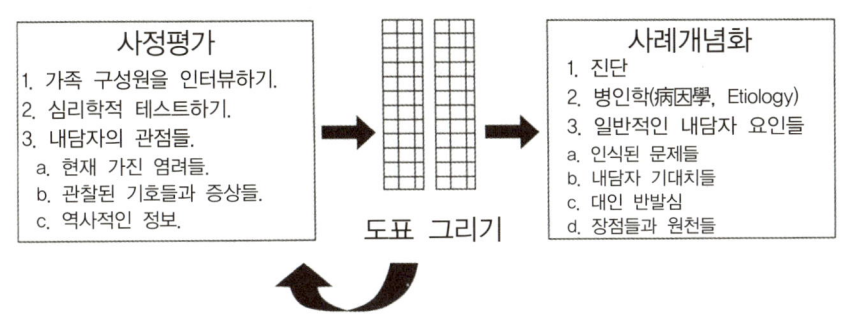

도표 5.1. 사정평가와 사례개념화

　제3장에서 우리는 의미론적 인지치료들의 단선(單線)적 상정 내용들을 기술한 후 단선성(單線性)이 상황들과 생각들 그리고 감정들의 복잡성을 포착하지 못한다는 점을 살펴보았다. 마찬가지로, 사정평가와 이론 그리고 사례개념화 사이의 단선적 연결은 지나친 단순화이다. 왜냐하면 이론은 사례개념화 뿐 아니라, 평가 자체에도 영향을 미치기 때문이다.

　예를 들어, 만약 심리학자가 평가의 일부로서 심리테스트를 하려고 계획한다면, 그는 특정 테스트 방식을 선택할 것이고, 다른 것들은 배제된다. 바로 이런 테스트선택행위는 그 다음 얻게 될 정보에 영향을 미치는 이론과 평가의 전제들을 포함한다.

　마찬가지로, 치료사들은 임상인터뷰에서 특정 질문을 선택할 것이고 다른 질문들은 배제할 것이다. 이런 선택들은 특정론의 관점들을 반영한다. 도표 5.1.에서 아래 부분의 화살표는 이론적 틀에서부터 사정평가로의 피드백을 보여준다. 이것은 평가와 사례개념화 사이의 순수한 단선적 관계가 결코 완전히 성취되지 않음을 의미한다.

2. 평가에 대한 그리스도인의 시각

　일부 치료사들은 사정평가와 사례개념화를 전문가의 활동으로 받아들이기를 꺼려한다. 왜냐하면 그것들은 태생적으로 판단적 요소가 담겨 있어서 치료사를 내담자보다 우월한 역할의 자리에 두기 때문이다. 이것은 합리적인 염려이다. 왜냐하면 기독교 신앙은 한 사람이 다른 사람보다 우월하다는 여지를 남겨두지 않기 때문이다(빌 2:1-4;

약 2:1 -9). 저자인 우리는 그리스도인 치료사를 위해 평가의 적절한 역할을 명확히 규정하는 데에 도움이 되는 세 가지 질문들을 제기한다.

1) 질문: 평가가 그리스도인들에게 수용 가능한가?

그렇다. 성경은 자신과 다른 사람들의 평가를 권면한다. 고린도전서 11:28은 그리스도인들이 성찬에 참여하는 것을 고려할 때에 우리 자신들을 살피라고 명령한다. 하나님과 깨끗하고 막힘이 없는 교제를 위한 필수적인 참회를 결단하기위해서는 우리의 생각들, 행동들, 동기들 그리고 관계들을 평가해야 한다. 마찬가지로, 고린도후서 13:5은 전체 교인들에게 자기평가를 권한다. 자기평가는 신앙 성장에 있어서 중요한 부분이다.

> 너희가 믿음 안에 있는가 너희 자신을 시험하고(examine) 너희 자신을 확증하라(test) 예수 그리스도께서 너희 안에 계신 줄을 너희가 스스로 알지 못하느냐 그렇지 않으면 너희가 버림 받은 자니라(고후 13:5).

성경은 타인들에 대한 적절한 평가도 장려하고 있다. 예수님은 다른 사람들을 향해 정죄하고 판단하는 태도에 대해 경고했지만(마 7:1), 여전히 그의 따르는 자들에게 자기 자신과 타인들에 대한 합리적 판단을 할 것을 요구했다(예: 마 10:5-20; 18:15-20). 마찬가지로, 사도 바울의 서신서인 디모데전서 3장과 디도서 1장에도 장로들과 집사들에 대한 자격들이 제시되어 있다. 그러므로 그리스도인들은 다른 사람들 안에 있는 지도력의 자질들을 평가할 수 있다. 데살로니가전서 5:14에서 바울은, "또 형제들아 너희를 권면하노니 규모(規模)없는 자들을 권계하며 마음이 약한 자들을 안위하고 힘이 없는 자들을 붙들어 주라"고 기록하고 있다.

우리는 게으름, 마음 약함, 그리고 힘없음 사이를 구별하고 그것들에 대해 적절히 반응하도록 권면받는다(불행하게도, 우리는 때때로 약한 자들을 경고하고, 게으른 자들에게 용기를 주며, 비겁한 자들을 도우려고 한다. 즉 부적절한 방식으로 타인의 삶의 투쟁에 반응한다). 이 성경 본문들은 다른 사람들에 대한 비판적인 평가의 유용성을 보여준다.

쿠퍼(Cooper, 2006)는 판단과 비판적 태도 사이에 유용한 구분을 한다. 성경을 보면 비판적 태도는 예수께서 책망하신 태도인데, 감정적 추론과 고정관념 그리고 자만에 근거하여 다른 사람에 대해 성급하고 가혹히 반응하는 태도이다. 이와 반대로, 판단이란 주의 깊은 합리적 견해로, 어떤 상황에 대한 사려 깊은 이해를 반영한다. 그래서 판단의 기능은 모든 사람에게 필수적이다.

우리 각 사람은 매일 가치에 근거한 결정들을 하며 산다. 노란 신호등일 때 서행하는 것같은 간단한 일이든, 생명유지장치에 의지해 사는 환자를 위한 삶의 마지막 결정을 하는 것같은 복잡한 일이든, 우리는 결정을 하며 살아간다. 기독교 신앙은 우리에게 판단하도록 요청한다. 그런데 그것도 다른 사람들에게 친절하고 온정적(溫情的)인 방법들로 하라고 요구한다. 판단은 비판적이 될 필요는 없다.

> **상담조언 5.1: 당신의 독자는 누구인가?**
>
> 심리치료사들은 종종 내담자들에 대한 보고서와 처방서들을 기록해야 하는 상황에 처한다. 치료사들은 사려 깊은 판단을 할 필요가 있다. 왜냐하면 대부분 그들의 처방들은 중요한 의미를 가지고 있기 때문이다. 하지만 그들은 판단받는 것을 회피하려 한다. 한 가지 도움이 되는 기준은 내담자가 언젠가는 그것을 읽을 것이라는 생각을 가지고 모든 것을 다 기록하는 것이다. 이 점을 명심할 경우 치료사는 마찰을 일으키는 언어와 비평적인 어조를 회피하는 데 도움이 될 것이다.

일부 그리스도인들은 심리적 사정평가에 조심스러울 수 있다. 왜냐하면 그것이 비판적 형식처럼 보이기 때문이다. 실제로 그렇기는 하다. 그러나 판단은 삶에 필수적이다. 이보다 더 큰 질문은 사정평가가 판단의 정신이 없이도 수행될 수 있느냐 하는 것이다. 비판적 사정평가는 잘 경청한 후 세심한 이해를 하기보다는 다른 사람을 얕잡아 보거나 고정관념적 틀에 박힌 관점들로 비판하는 것 그리고 결론들로 훌쩍 뛰어 넘어 가버리는 것에 관련된 것이다. 비판단적 사정평가의 두드러진 특징들은 동정심, 친절, 공감, 주목하기 그리고 절박함이다.

요약하자면, 사정평가에 대한 기독교적 관점은 자신과 타인들에 대한 사려 깊은 평가를 허용한다. 신중한 판단들은 적절한 것이지만, 비판적 태도들은 그 반대다.

2) 질문: 기독교적 사정평가는 대부분의 경우 죄를 규명하는 문제인가?

그렇지 않다. 일부 기독교 상담사들은 자신들의 임무가 단지 내담자의 삶에 있는 죄를 규명하는 것과 그 사람으로 하여금 죄를 그만 짓도록 돕는 것이라고 생각하는 심리적 문제들에 대한 단순한 이해에 의지해 왔다. 그들은 고 있다. 이런 관점은 죄의 교리와 심리학적 문제들의 원인을 너무나 단순화시키므로 인해, 치료사로부터 도움을 구하는 연약한 단계에 있는 사람들에게 정서적 상처를 일으킬 수 있다.

우리가 서문에 우리가 명시했듯, 모든 도로에는 두 개의 도랑이 있다. 많은 그리스도인 치료사들은 다른 극단으로 치우쳤다. 그리고 그들은 죄 개념도 다 회피해 버린다(도움이 되는 토론을 위해서는 몬로[Monroe, 2001]을 보라). 그렇게 함으로써 많은 그리스도인 치료사들이 기독교 신앙과는 거의 상관없는 이론적 틀을 따랐다. 많은 상담사들은 이론이 사례개념화와 치료의 기초를 형성한다는 이유로, 명목상 그리스도인들처럼, 실제 자기 정체성의 중심인 신앙으로 상담활동을 하지 않는다.

부분적으로 편협하며 천박하게 형성된 죄과과 죄가 사람들의 삶에 영향을 미칠 수 있는 수 많은 방식들을 인식하는 데 실패했기 때문이다. 때로 그리스도인 치료사들은 인간의 깨어짐의 폭과 넓이를 파악하지 못한다. 그래서 죄의 교리를 은혜의 교리로부터 분리시켜 버린다. 성경기사(記事)에서는 죄와 은혜가 함께 묶여 있다. 인간이 은혜의 가능성을 경험할 때 죄의 깊이를 보는 것이 가능하다. 그리고 죄문제의 심각함을 보게될 때 하나님의 은혜의 깊이를 볼 수 있다(McMinn, 출간 예정). 모든 심리학자들이 알아야 할 죄의 교리가 무엇인지 기독교 지도자들에게 조사했을 때, 그들은 죄에 대한 포괄적인 관점, 죄의 결과들, 그리고 인간의 죄에 대한 응답으로서의 하나님의 은혜의 결과들을 강조했다(McMinn, Ruiz, Marx, Wright & Gilbert, 2006).

(제1장에 소개된) 죄에 대한 포괄적인 관점은 죄를 행위이자 상태로 보기에, 우리에게 중요하다. 종종 죄는 개인적 선택의 문제들을 포함하지만 또한 개인적 문제를 훨씬 넘어선다. 죄는 평생동안 스쳐지나가며, 문화들과 세대들을 통하여 그 범위를 확대해 간다. 죄는 이성적 사고와 도덕 그리고 의지에 영향을 미치는 만큼 동일하게 생물적으로도 영향을 미친다.

죄의 결과들은 자신과 타인 모두에게 매우 심각하다. 실제로, 모든 치료사들은 유년시절의 학대로 인한 끔찍한 결과들을 본다. 비록 그들이 '죄'라는 단어 사용을 선택하지 않더라도, 내담자들의 유년시절에 발생했던 일이 잘못된 것이며, 악하거나 퇴보한 것이었다고 말해왔다. 사람들은 자신의 개인적 죄들이 얼마나 해로웠는가를 인식하기보다는 타인이 자신에게 저지른 죄를 더욱 쉽게 알아본다.

죄는 우리 스스로 자신의 죄를 부인하게 만들며 하나님의 자비의 필요성을 부인하게 하는 효력을 지닌다(Moroney, 2000). 가끔 심리학자들과 상담사들은 무의식 중에 내담자가 자신의 약점 대신, 타인의 약점들에 초점을 맞춤으로써 자신의 약점을 발견하지 못하도록 하는 죄의 지적 효과들(the noetic effects)에 기여하기도 한다.

죄에 대한 기독교적 이해는 은혜교리와 도저히 분리할 수 없을 정도로 연결되어 있다. 그리스도인들은 자신들의 죄에 정직하게 대면할 수 있다. 왜냐하면 하나님의 무조건적으로 인자하신 성품 때문이다(McMinn, 출판 중임). 로마서 5:7-9에서 바울은 다음과 같이 기록하고 있다.

> 의인을 위하여 죽는 자가 쉽지 않고 선인을 위하여 용감히 죽는 자가 혹 있거니와 우리가 아직 죄인되었을 때에 그리스도께서 우리를 위하여 죽으심으로 하나님께서 우리에게 대한 자기의 사랑을 확증하셨느니라 그러면 이제 우리가 그 피를 인하여 의롭다 하심을 얻었은즉 더욱 그로 말미암아 진노하심에서 구원을 얻을 것이니(롬 5:7-9).

동일한 서신의 약간 더 뒤에서 바울은 하나님의 사랑의 깊이와 영구함에 관해 생각한다. 즉 모든 장벽들을 다 초월하시는 하나뿐인 그분의 사랑에 대해 바울은 숙고한다.

> 내가 확신하노니 사망이나 생명이나 천사들이나 권세자들이나 현재 일이나 장래 일이나 능력이나 높음이나 깊음이나 다른 아무 피조물이라도 우리를 우리 주 그리스도 예수 안에 있는 하나님의 사랑에서 끊을 수 없으리라 (롬 8:38-39).

어떤 치료사도 하나님께서 사랑하시는 만큼 사랑할 수 없지만, 모든 그리스도인들은 그리스도가 증명해 주신 바로 그런 종류의 사랑으로 서로를 받아들이도록 부름받은 사람들이다(롬 15: 7). 자비로운 관계의 맥락에서 사람들은 자신의 약점들과의 투쟁에 대해 정직한 태도를 드러낸다.

그리스도인 치료사에게 죄와 죄의 결과들에 대한 이해는 심리학적 사정평가에 있어서 중요한 부분이다. 하지만 죄는 늘 개인적 선택보다 훨씬 큰 영향을 미치는 포괄적인 문제로 여겨져야만 하며 하나님은 언제나 은혜의 렌즈들을 통해 관찰되어야만 한다. 이 말은 함축된 의미들을 내포하고 있다. 예를 들면, 죄에 대한 단순한 견해, 즉 해야 할 것들과 하지 말아야 할 것들의 목록으로 죄를 인식하는 관점은 평가를 위한 이론적 틀로서 너무나 빈약하다는 뜻이다. 그리스도인 치료사들은 죄뿐 아니라, 제1장에 묘사된 창조세계와 구속에 대한 포괄적인 이해를 포함한 이론적 관점들도 필요로 한다.

3) 질문: 그리스도인의 평가는 얼마나 특별한가?

그리스도인의 평가는 두 가지 점 즉 이론과 내용에서 매우 특별하다. 하지만 치료 과정은 다른 것에 비해 독특하지 않다. 도표 5.1.에서 그림으로 표시된 치료 과정은 그리스도인이든지 아니든지 상관없이 모든 치료사들에게 적절하다. 모든 정신과의사들에게 사정평가 과정은 비슷하지만, 사례개념화는 평가 결과들과 평가 자체의 내용을 해석하기 위해 사용되는 이론에 따라 다양하다.

이 장의 시작 부분에 묘사된 얀(Jan)은 걱정과 염려 그리고 공포로 어려움을 겪고 있다. 유능한 치료사라면 누구나 그녀의 상황을 사정평가하여, 3년 전 직장에서의 승진과 건강에 대한 그녀의 두려움 그리고 그녀의 가족상황 등등에 대해 알아보는 데 시간을 쓸 것이다. 그런 후, 치료사는 그녀가 다른 사람들과 어떤 문제가 있는지 없는지를 이론적 틀을 사용하여 이해할 것이다.

어떤 치료사는 얀의 상황을 관찰하고 그녀의 증상들의 원인을 그녀의 교감신경계통의 과도한 활동의 탓으로 돌리며 항불안제를 권할 것이다. 어떤 치료사는 삶의 환경을 통제하고픈 얀의 지나친 욕구를 우상숭배로 간주하고 그 통제권을 하나님께로 양도하도록 도울 것이다. 또 다른 치료사는 직장에서 그녀의 승진으로 야기된 혼란을 유년시절의 갈등 사건들과 연관된 것으로 간주하여, 직관에 기초한 치료를 권할 것이다. 또 어떤 인지치료사는 얀의 인지적 오류들에 초점을 두고 인지재구성요법을 권할 것이다.

이 책에 기술된 통합적 심리치료모델은 심리학적 과학과 기독교적 교리, 이 두 가지를 기초로 제공된 특징들로 채워진 이론적 틀을 제공하며, 이것은 임상의가 사정평가 데이터를 사례개념화로 옮기도록 돕는다. 통합적 심리치료는 복수의 영역들이 고려되는 것을 허용한다. 얀의 상황에 대한 이전의 모든 설명들은 부분적으로 옳을 수 있다. 그녀는 약물치료가 적합하다고 평가될 수도 있고, 그녀의 영적 우선순위들이 혼란에 빠졌을 가능성도 있으며, 반드시 세심하게 조사해야 할 유년시절의 갈등사건들이 있을 수도 있으며, 그녀의 역기능적인 사고를 개선하기 위해 인지재구성요법이 유익을 줄 수도 있다. 이 모든 접근법들이 본질적으로 창조세계와 죄에 대한 포괄적인 기독교적 관점과 일치한다.

이런 이론에 더하여, 그리스도인 치료사의 평가는 사정평가 내용에 있어서 매우 특별하다. 모든 치료사들은 정신건강이력, 병력, 사회적 관계들, 가족 그리고 직장상황 등등에 앞서 얀의 교육적 배경을 고려할 것이다. 그러나 대다수의 치료사들은 그녀의 영적이며 종교적인 삶에 대한 질문들을 무시할 것이다.

얀은 종교적 신앙을 가지고 있는가?

만일 그렇다면, 얀은 하나님을 어떻게 보는가?

어떤 종류의 종교적 실천들이 얀의 삶을 특징지우며, 이러 종교적 실천들이 어떻게 그녀의 사고와 감정들에 영향을 미치는가?

이런 질문들은 숨겨진 정보를 찾기 위해 해야 할 질문영역들이다(Hathaway, Scott & Garver, 2004; Richards & Bergin, 2005).

종교적이고 영적인 사정평가는 중요하다. 왜냐하면 종교적 신앙은 대다수 사람들의 삶의 중심이며, 건강에 영향을 미치기 때문이다. 대다수의 사람들이 유신론자들이다. 예를 들어, 미국에서 94%에서 96% 정도의 많은 사람들이 하나님을 믿는다(Miller & Thoresen, 2003; Powell, Shahabi & Thoresen, 2003; Shafranske & Sperry, 2005).

물론, 미국에 사는 대부분의 사람들은 종교공동체에 속해 있으며 인격적인 하나님을 믿으며 규칙적으로 기도를 한다. 더구나, 점점 많은 과학적 증거들이 종교와 영성은 건강의 긍정적인 결과와 결합되어 있음을 증명하고 있다(더빈 & 씨만, 2003을 보라). 물론,

모든 형태의 종교와 영성이 건강과 질병으로부터의 회복과 연결된 것은 아니다. 하지만 새롭고 분명해지는 과학적 증거의 주요 내용은 특정 종교신념들과 행동들이 건강의 변수들과 연결되어 있다는 점을 실증하고 있다. 아마도 부분적으로 종교적 신념들과 연결된 건강에 도움이 되는 삶의 스타일들을 선택하기 때문일 것이다(Koenig, McCullough & Larson, 2001; Powell, Shahabi & Thoresen, 2003).

상담조언 5.2: 신앙은 중요하다.

많은 그리스도인 치료사들은 내담자들이 읽은 후 싸인하는 첫 심리치료계약서안에 특정 문구들이 포함되는 것을 좋아한다. 이 문구는 종종 신앙에 대한 의미 있는 대화들로 연결되곤 한다. 이런 대화는 본질적으로 다른 종류의 종교관을 가진 내담자들이나 신앙이 없는 내담자들 사이에도 발생한다. 그 문구는 내담자 본인과 치료사가 계약에 대해 의논할 때 신앙적 가치관에 대한 초기 사정평가의 기회도 제공한다. 여기 그와 같은 진술문을 보자.

심리치료에 대한 나의 접근법은 나 자신의 기독교적 세계관에 의해 구체적으로 형성된 것입니다. 내담자인 당신이 나의 신념들을 공유하고 있다는 기대를 갖지는 않지만, 당신은 그 점들에 대해 알 권리가 있습니다. 기독교 신앙은 인간이 하나님과 그리고 인간 서로 간에 관계 속에 존재하도록 창조되어 있다고 가르칩니다. 그러나 인간세상의 깨어짐 때문에 관계에 대한 우리들의 좌절된 갈망들은 결국엔 여러 가지 문제들로 귀결됩니다. 이런 의미에서, 세상의 모든 문제들처럼 심리적 문제들도 궁극적으로는 우리 인간의 깨어짐에서부터 기인하는 것입니다. 하지만, 우리는 개인적 선택들과 심리학적 증상들 사이의 단순한 연결들에 만족할 수 없습니다. 타락한 세상의 많은 국면들이 역사적, 문화적, 생물학적, 정신사회학적, 개인적 그리고 감성적 요인들을 포함하는 심리학적 문제들에 영향을 주고 있습니다.

기독교 세계관의 기초 위에 구성된 나의 심리치료 스타일은 현재 당신에게 영향을 주고 있는 감정들, 생각들, 행동들, 상정 내용들 그리고 관계적 유형들을 규명하기 위해, 당신의 개인적 병력과 현재의 환경에 대한 자세한 조사를 필수적인 것으로 포함하고 있습니다. 당신의 개인적인 가치관들과 나의 가치관들이 치료 과정에 영향을 줄 것입니다. 치료 중 어떤 시점에서라도 당신은 자유롭게 저의 신념들과 상정 내용들을 명확히 파악하길 원할 경우, 언제든지 질문하실 수 있습니다.

게다가, 내담자의 신앙과 개인적 스타일에 맞는 치료에 대한 구체적 접근법을 세밀히 구성하기 위해 종교적, 영적인 가치관들을 사정 평가하는 것은 중요하다. 대체로, 우울증에 대한 기독교적 치료법들은 전통적인 심리치료법과 거의 똑같은 효험을 지닌 것 같다(Johnson, 1993; McCullough, 1999; Washington & Sandage, 2001). 이것은 제2장에서 보고된 과학적 발견들의 관점에서 볼때도 당연하다. 대부분의 치료사들은 거의 동일하게 성공한다. 하지만 성과에 대한 연구가 전체적인 이야기를 들려주지는 않는다. 왜냐하면 많은 내담자들과 치료사들이 실패한 치료그룹으로 전락하여, 전체 평균들이 통제그룹의 평균들과 비교되기 때문이다. 성과에 대한 연구에서 내담자와 치료사 사이의 특별한 융화가 쉽게 간과되지만, 제공된 치료를 위해서는 매우 중요할 수 있다(Kelly & Strupp, 1992).

영적인 사정평가는 개별내담자에게 맞는 특별한 치료적 접근법을 정교히 구성하기 위해서 중요하다. 예를 들어, 높은 수준의 기독교 헌신자인 내담자들은 강력한 치료적 친화관계를 발달시키며, 치료사들이 치료 중에 명백한 영적 개입들을 사용할 때 낮은 수준의 신앙적 헌신을 가진 내담자들보다도 더 큰 회복을 보고한다(웨이드, 워씽톤 & 보걸, 출판 예정).

요약하면, 심리치료에 대한 기독교적 접근법은 종교적 신념들과 행동들을 고려한다. 이것들은 사정평가와 사정정보가 해석되는 이론적 틀 모두에 영향을 미친다. 그러나 과정 그 자체는 기독교적 접근법들이든 비종교적 접근법들이든 비슷하다. 이제 우리 저자들은 우리의 주목을 사정(査定) 과정과 사례개념화로 돌리고자 한다.

3. 사정 평가(Assessment)

대학원 과정 초기에 배우는 원리들 중 하나는 복합한 어떤 것을 이해하려고 노력할 때 복수의 자료들과 방법들을 사용할 것, 그리고 인간행동은 대개의 경우 복합적이라는 가르침이다. 사례개념화의 관점에서 이것이 의미하는 바는 효과적인 치료사는 내담자에 대한 이해를 형식화하기 위해 여러 다른 방법들로, 합리적인 한 많은 정보를 모으려고 시도할 것이라는 것이다.

초보 임상훈련 치료사라는 혹은 다양한 장애들에 노출된 경험이 없는 치료사라는 표시들 중 하나는, 빈약한 정보를 바탕으로 한 치료소견서나 계획들을 빨리 형식화하는 경향이다. 앞 장들에서, 통합적 심리치료는 인간 성격 혹은 치료에 대한 단순한 관점에 안주하지 않는다는 것이다.

인간은 다양한 차원들로 구성된 놀랍게 지음받은 존재들이다. 그래서 사정평가나 치료들에 대한 어떤 확일화된 접근법은 온전한 사람됨이 의미하는 본질적인 국면들을 간과하기 쉽다. 통합적 심리치료가 여러 영역들에서 일어나는 것처럼, 사정 평가 역시도 다차원 적일 필요가 있다. 우리 저자들은 가능한 한 다음과 동일한 원천들로부터 정보를 획득하기를 권한다. 가족구성원 한 명, 테스트자료들, 그리고 내담자 본인들이 그 원천들이다. 가족 중 한 명을 인터뷰하는 것이나 심리테스트를 하는 것은 늘 가능하지 않을 수 있으며, 또한 신중한 일이 아닐 수도 있다. 하지만 가능하고 적절한 경우엔, 이 원천들이 유용한 정보를 제공할 수 있다.

1) 가족구성원(Family Members)

배우자나 부모(어린 아이와 진료활동을 할 경우)와의 대화를 위해 내담자의 허락을 구하는 것이 내담자 본인의 상황에 대한 보강된 정보를 제공해 줄 수 있다.

예를 들어, 내담자 스스로 동기부여되는데 어려움을 느끼고 매우 자주 슬픔을 느끼고 있음을 주지하면서도, 온건한 우울증이라 보고할 수 있다. 그의 아내와 대화함으로써, 치료사는 내담자 자신이 주말마다 정오까지 잠자리에서 일어날 수가 없고, 교회출석을 멈추었으며, 자살에 대해 이야기를 하고 있으며, 무례하고 비판적으로 자녀들을 대하고, 그리고 직장에서 직무수행을 잘하지 못한다는 점을 발견해 낸다. 배우자로부터 하나씩 모은 추가정보는 치료사로 하여금 내담자의 우울증의 심각함을 알아보도록 도와준다.

사정평가의 범위를 넘어, 도움이 되는 가족구성원을 포함시키는 것이 치료에 도움될 수 있다. 가족구성원은 치료적 이득을 더욱 유지시킬 수 있게 만드는 데 있어서 내담자를 위한 붙박이로 설치된 후원체계로서 역할을 할 수 있다. 그런데 이 방법을 권하는 데에도 한계점들이 분명히 있고, 배우자나 부모를 포함시키는 것이 부적절한 시기들도-예를 들어, 가정 폭력이나 어린이 학대와 같은 경우들처럼-분명히 존재한다. 또한, 비밀보장법(confidentiality laws)을 명심하는 것은 중요하다. 하지만 어린 아이들을 진료하는 경우는 예외이다. 이때는 가족구성원과 대화하기 전에 내담자의 허락을 받는 것이 중요하다.

2) 테스트하기(Testing)

심리테스트에 대해 자세히 살피는 것은 본서의 범위를 넘어선다. 그러므로 이런 임상정보의 실질적 형식이 사례개념화에 사용될 수 있는 방법들에 대해서는 거의 언급되지 않을 것이다.

테스트하기는 다양한 목적으로 사용될 수 있다. 예를 들어, 진단, 장점들과 약점들에 대한 사정평가, 현존하는 증상들과 치료법적 변화가 그 목적들이다. 이런 모든 목적들이 특별한 경우에는 유용하지만, 모든 경우에 필요할 것 같지 않다. 심리테스트하기는 흔히 더욱 광범위한 인터뷰를 통하여 얻을 수 있는 정보에 도달하는 지름길을 제공한다.

테스트하기는 코스웍과 감독임상훈련을 포함한 전문 지식을 요구한다. 정신측정학과 심리테스트하기 분야에서 훈련을 받지 않은 상담가들은 공인된 심리학자에게 내담자를 보내므로, 자신의 내담자들에 대한 테스트결과들을 얻을 수 있다. 공인된 심리학자들은 여러 종류들의 테스트하기를 제공한다: 성격, 지적, 그리고 신경심리학적 평가들이 그 중 가장 흔한 테스트들이다.

오랫 동안 널리 행해져 온 심리학적 테스트하기의 표준형식들에 더하여, 많은 심리학자들은 현재 종교적이며 영적인 사정평가의 중요성을 고려하고 있다(Hill & Pargament, 2003; Richards & Bergin, 2005). 종교적 대응스타일들(Pargament, 1997), 신앙과 연결된 행동들과 종교적인 신념들(Hill & Hood, 1999)을 측정하기 위해 다양한 도구들이 이용가능하다.

3) 내담자(Clients)

　내담자는 정보의 주요(主要) 원천이다. 그리고 한 차례 혹은 그 이상의 진단인터뷰들은 이런 정보를 얻는 가장 중요한 방법이 될 것이다. 최초의 진단 인터뷰는 다음 세 부분들이 포함되어야만 한다.

　환자들이 표현한 질병들이나 염려들을 면밀히 조사하기, 그 내담자의 행동속에서 표시들이나 증상들을 관찰하기, 그리고 그 내담자에 대한 병력 정보를 수집하기가 그것들이다.

　불평이나 염려들은, 문제점들을 만들어내는 이슈들에 대해 내담자가 구성하는 단순 진술문들이다. 보통 그런 염려들은 매우 고통스러워서 내담자가 도움을 요청하도록 동기를 부여한다. 그런 불평들은 타인들에 대한 것들이다.

　예를 들어, "그녀는 예전처럼 나를 사랑하지 않아요" 혹은 "그는 늘 나를 쪼아대요" 같은 진술문들이다. 또는 그런 불평들은 증상들에 대한 것일 수 있다.

　예를 들어, "나는 잠을 편히 잘 수 없어요" 혹은 "나는 언제나 엉엉 소리 내서 울어요" 혹은 "나는 그 사건에 대한 생각을 멈출 수 없어요"와 같은 발언들이다.

　불평과 염려들에 세심한 주의를 기울이면, 그 내담자가 그 문제를 어떻게 보는지 중요한 단서들을 제공한다. 대부분의 내담자들은 어려움들의 원인에 대해 어떤 개념을 가지고 있다. 그 문제점들에 대한 내담자의 인식을 이해하는 것이 처치접근법과 치료를 위한 목표들을 결정하는 데 도움이 될 것이다. 혹자는 문제의 원인들을 외부적으로, 즉 다른 사람들의 탓으로 돌릴 것이고, 또 다른 혹자는 문제에 대한 책임을 내적인 탓들로 여길 것이다.

　이런 타락한 세상에서는 대부분의 경우 대다수의 문제들이 내적이며 외적인 원천들에 의해 일어난다. 원인들을 외부 탓으로 돌리는 경향이 있는 내담자는 안전한 치료관계와 어떻게 개인적, 내적 요인들이 문제를 관통하며 이바지하고 있는지 깨닫도록 가끔 잔소리를 필요로 할 것이다. 자연스럽게 내적인 탓들로 여기는 내담자들도 안전한 치료관계를 필요로 한다.

　이런 관계에서 그들은 자신의 개인적 실패들과 부적절함에 늘 초점을 둔 부끄러움 일부를 공개할 수 있으며, 그리고나서 아마도 외적인 요인들과 다른 관계들이 지금까지 얽히고 어렵게 된 몇 가지 방법들에 대해 면밀한 조사를 시작할 수 있다. 어느 경우에서든지, 내담자가 치료에 가져오는 귀인 토대(attributional base)를 넓히고자 하는 목표를 가지면서, 치료 자세는 수용과 자비 중 하나일 필요가 있다.

내담자의 염려들을 듣는 것과 더불어, 내담자의 표시들과 증상들을 보고 듣는 것이 중요하다. 이 대목이 정신병리학에서 훌륭한 기반이 유용한 어떤 것이 되는 대목이다. 하지만 이것은 이 책의 범위를 벗어나는 주제이다. **표시들(signs)**이란 인터뷰 동안에 내담자가 보여주는 행동들이다. 이것들은 내담자에 대한 임상적 관찰들이다. 이 관찰들에 대해서 내담자가 남녀를 막론하고 거의 자각하지 못한다.

예를 들어, 내담자들은 자신의 말의 특질(느리고, 빠르고, 부드럽고 등등)을 자각하지 못하고 있을 수 있고, 혹은 그들이 자신의 동요수준, 꽉 쥔 주먹, 딱딱한 자태 등등에 대해 거의 자각하지 못할 수 있다. 이 모든 것들이 다양한 문제들의 표시들일 수 있으며, 진단인터뷰에서 치료사들이 하는 관찰들의 종류들이다.

증상들(symptoms)은 진단상 관련성을 가진 환자들에 의해 표현되는 불평들이다. 내담자를 괴롭히는 불평들과 특별한 징후나 장애를 가리키는 불평 사이를 구별하는 것이 중요하다. 예를 들어, 자기 배우자에 대한 불평들은 진단적 관련성이 많지 않을 수 있지만, 소리들을 듣는 것에 대한 불평들은 중요한 진단적 관련성을 가질 것이다. 심리학자들과 다른 치료사들은 표시들과 증상들을 획득하기 위해 진단 인터뷰를 하는 동안 자주 정신 상태 검사법(하나의 인터뷰 정식문(定式文)임)을 사용한다.

진단 인터뷰의 세 번째 부분은 역사적 정보의 검토이다. 과거는 진단, 예후(豫後), 그리고 치료 계획을 위해 도움이 될 정보를 제공하므로 중요하다. 개인적인 강점들과 약점들을 평가하기 위해서는, 교육적이며 직업적 업적들을 사정평가하는 것이 중요하다. 대인관계의 특징들을 평가하기 위해서는, 데이트하기, 우정관계, 그리고 직장에서의 관계들 뿐 아니라 그 가족의 가문과 현재의 가족에서 유래한 관계들을 숙고하는 것이 중요하다. 남용, 상해들(특히 머리 부상의 경우들), 폭력 혹은 큰 실패 경험들과 같은 정신외상(外傷)적 경험들에 대해서는, 그것이 내담자의 삶에 미친 영향의 관점에서 평가하는 것이 중요하다.

게다가, 물질남용병력과 현금사용은 적절한 사정평가자료들이다. 환자의 가족가문 내에 있는 의료적, 심리적인 조건들에 대한 검토는 현재 장애들의 원인들에 대해 유익한 정보를 제공할 것이다. 마지막으로, 정신건강치료와 더불어 내담자의 과거경험을 이해하는 것은 그 내담자가 치료되는 치료방식 처치에 대한 태도들을 드러낼 뿐 만 아니라 장애의 더 정확한 병력을 조장할 것이다.

4. 사례개념화(Case Conceptualization)

진단인터뷰에서 하나씩 얻어진, 그리고 심리테스트나 내담자 가족과의 인터뷰로 보강된 정보는 유용하지만, 반드시 해석되어야만 한다. 성경본문들이 문화, 역사 그리고 성경전체라는 더 큰 맥락에서 관찰될 필요가 있는 것처럼, 치료사들의 사람들의 삶들에 대한 정보 역시 해석학적 과정을 통하여 해석되어야만 한다. 이론은 이런 해석적 과정을 위한 틀을 제공한다.

통합적 심리치료모델의 특별한 이론적 틀에 대한 논의로 넘어가기 전에, 정신과의사들도 진단하기, 병의 원인을 면밀히 조사하기, 일반적(general) 내담자 요인들 평가하기와 같은 더욱 포괄적인(generic) 이론적 도구들을 사용한다는 것을 인정하는 것이 중요하다. 비록 통합적 심리치료에서 두드러지지 않지만, 이들 각각은 중요한 정보를 제공해 준다.

1) 진단하기(Diagnosis)

정확한 진단은 임상진료활동의 가장 중요한 국면들 중 하나이다. 정신건강분야에 있어서, 진단은 전통적으로 지금까지 심리학자들과 정신과 전문의들의 담당 영역이다. 심리학자들은 전형적으로 인터뷰하기와 심리 테스트하기 같은 두 방법들을 활용하여 정확한 진단을 연역적 논리로 추론해 낸다. 반면에 정신과전문의들은 인터뷰만 사용한다.

심리학자들과 정신과전문의들 모두 **정신질환들에 대한 진단적, 통계적 편람**(the Diagnostic and Statistical Manual of Mental Disorders)에 의하여 확립된 진단적 체계를 사용한다. 현재 제4판이 나와 있다(DSM-IV-TR; 미국심리학협회, 2000). 이 편람은 정신병 진단에 필수적인 표시들과 증상들에 대해 기술하고 있다. 완전한 진단은 다

진료소에서 5.1 : 세 번째가 행운이다.

내담자의 문제인식을 아는 것이 중요하지만, 치료사는 다음 질문을 7,8회 정도 물을 필요가 있다. 애초에는, 내담자 자신의 견해를 표현하는 데에 자신감이 결여되어 있고, 치료사의 견해를 수용한다. 그러면, 내담자는 보호적이거나 방어적이 될 수 있다. 신뢰와 친숙한 관계가 확립되면서, 치료사가 지속적으로 다가갈때, 대개 내담자는 더욱 기꺼이 정보를 주게 된다.

상담 초기에
마크(Mark): 당신은 두려움과 슬픔에 관한 심각한 감정들을 묘사하고 있어요. 당신 생각에 무엇이 잘못됐나요?
제니(Jenny): 저도 잘 몰라요. 전 단지 끔찍한 느낌이 든다는 것은 알아요.

같은 상담 나중에
제니: 쟈미(Jamie)가 밤에 소리내어 엉엉 울 때, 단지 심란한 마음으로 이게 그의 필요를 돌봐줄 내가 할 수 있는 전부구나와 같은 느낌이 가끔 들어요. 시간이 좀 지나고 나서 전 그를 다시 잠들게 해요, 그리고 전 그냥 앉아서 흐느껴 울어요.
마크: 그런 것들은 격앙된 감정들이예요. 당신에게 무슨 일이 벌어지리라 생각하세요?
제니: 그게 바로 제가 당신과 이야기를 나누려고 찾아오고자 한 이유들 중 하나예요. 전 너무나도 압도당하는 느낌이예요. 제가 바라기는 당신이 나에게 무엇이 잘못된 것인지 말해줬으면 해요.

같은 상담 더 나중에
제니: 이 모든 일에 전 무력함을 느껴요. 마치 전 내가 원치 않은 어떤 사람이 되어 가는 자신을 볼 수 있을 뿐 이예요.
마크: 당신 생각에 무엇이 이런 마음이 들도록 한 거 같아요?
제니: [말없이 멈춘다] 이따금씩 전 내가 아이를 가지지 말았었어야 했다는 걱정이 들어요. 아이를 갖고 기르기엔 전 너무 어리다고 느껴요. 전 아이를 책임 질 준비가 되어있다는 확신이 없어요.
마크: [눈물을 주목하면서] 그 말을 하는 당신의 마음이 아프다는 것을 나도 알 수 있어요.
제니: 정말 너무 끔찍한 것이예요. 난 쟈미를 정말 많이 사랑하고 있어요, 그러나 제

> 자신이 정말이지, 선생님 당신도 알겠지만요, 이 아이를 책임질 수 있을지 없을지에 대해 의아해져요. 제가 미치지 않고, 이 남자 아이를 어른처럼 거칠게 다루어 정신적 충격을 주지 않을까 진짜 의구심이 들어요.

섯 개의 축들 혹은 영역들로 이루어진 사정평가와 관련되어 있다. 축 1(주요징후들), 축 2(성격장애들과 정신지체), 축 3(원인이 되는 의료적 이상들), 축 4(현재 스트레스요인들), 축 5(적응 기능) 이상이 사정(査定)영역들이다. 정신건강 문제들은 복잡하고 복수의 요인들에 의해 결정되는 경향이 있기 때문에, 다섯 개 축들과 연루된 포괄적인 진단체계라야 내담자에 대한 도움이 되는 이해를 산출한다.

DSM-IV에 의해 제공되는 포괄적 진단구조는, 치료사가 사려깊고 뉘앙스만 담긴 태도만을 보고도 비슷한 불평들이나 염려들을 가진 내담자들을 이해하게 한다. 그런 까닭에, 우울증을 경험하고 있는 어떤 사람이, 단지 단일한 진단만을 허용하는 다른 체계들로 보다는 오축체계로 더 자세히 묘사될 수 있다.

우울증을 앓는 사람은 실질적 혹은 상대적으로 온화한 증상들(축 1 상에 주요우울증 vs. 기분저하병)을 가질 수도 있고, 다른 것들과 연결된 문제점(축2상의 의존적 특성들)을 가질 수도 있으며, 의료적 이상증들에 기여하는 원인들(축3상의 갑상선기능부전증)을 가질 수도 있으며, 상대적으로 중요하거나 중요치 않은 상황적 스트레스인자들(축 4 상에 기술된)을 가질 수도 있다. 그리고 직장에서나 가정에서 기능의 감소(축 5상에 등급이 매겨짐)가 있을 수도 있다. 이런 방식으로, DSM-IV는 정신과의사들이 특정내담자에게 있는 심리학적 문제들의 본질에 관한 중요한 세부사항들을 제공하는 것을 허용한다.

DSM-IV전문용어의 또 다른 유익은, 그것이 정신과의사들로 하여금 비슷한 언어를 사용하면서 서로 의사소통을 하도록 허용한다는 점이다. 내담자를 일반불안장애로 고생하는 것으로 묘사하는 것은 정신건강의사들에게 의미가 있다. 그들은 이 진단을 통해 그 내담자가 특정 증상들을 지니고 있으나 다른 증상들은 없다고 이해한다.

나아가 그것은, 치료의 효율성 뿐 아니라 연구자들이 이런 장애들의 본질을 연구하기 위해 내담자들을 중요한 방식들로 범주화하도록 한다. 물론, 위험은 내담자를 분류하는 데에서 생긴다. 그래서 결국 내담자의 위치가 진단적 분류표시라벨로 최소화되고 축소된다.

    비록 최신 DSM-IV가, 그 초기메뉴얼을 포함한 과거 진단적 체계들에 비해 상당한 진보를 이룩한 것이지만, 사례개념화와 치료계획을 위한 만족할 만한 정보제공의 측면에서 보면 여전히 비참할 정도로 부적당한 수준이다. 적절한 진단이라야 효과적인 치료전략들로 가는 길을 제시하는 데에 도움이 된다. 그러나 진단이 본질적으로, 그 자체로 효과적인 치료 방책으로 연결되지는 않는다. 특정한 내담자에게 맞는 치료접근법을 형식화하려면 반드시 다른 많은 요인들이 숙고되어야만 한다.

    예를 들어, 어떤 내담자가 의존적 성격특성과 의료적 이상증에 이바지하는 원인, 적당한 수의 스트레스 인자들, 그리고 일상기능에 있어서의 심각한 장애를 동반한 중요우울증을 가진 것으로 기술될 수 있다. 그러나 이런 언급은 어떻게 개입해야할 지에 대해선 언급이 없다. 내담자의 남용이나 정신적 외상과 같은 병력, 이전의 대인 관계들, 증상들에 매여져 있는 개인적 의미, 교육수준, 사회적 지지, 영적 원천들 등과 같은 다른 요인들도 모두 내담자에 대한 더 좋은 이해와 적절한 치료접근법들 결정에 공헌하는 요소들이다. 이 모든 요인들은 사례개념화를 형식화 할 때 고려해야 할 사항들이다.

    요약하면, 진단은 도움이 되기는 하지만, 그것으로 충분치는 않다. 사례개념화 역시 치료를 안내하는 이론틀의 맥락에서 사람을 이해하는 것을 당연히 포함한다. 일부 진단의들에게, 정확한 진단하기는 사정평가의 연장이다. 하지만 이것은 전형적으로 결국엔 실망으로 끝난다. 왜냐하면 효과적인 치료추천사항들은 개인의 범주화 그 이상을 요구하기 때문이다.

2) 병인학(病因學)

    또 다른 개념화과정은 내담자의 불평들과 증상들에 대한 병인학(etiology) 조사를 포함한다. 브렘즈(Brems, 1999)는 쉽게 병에 걸리게 만들고, 급작스럽게 발생하는, 영구적 요인들에을 고려하도록 한다.

    병에 걸리기 쉽게 만드는 원인들은 특정장애의 개연성을 증대시키는 것들이다.

> **상담 조언 5.3 : 신체를 기억하라**
>
> 심리적 문제들을 일으키는 소인(素因)을 만드는 많은 가능한 원인자들이 있다. 이것들 중 일부는 정신과의사들에 의해서도 사정 평가가 이루어질 수 없는 것들도 있다. 내담자에게 최근의 어떤 의료적 증상들이나 신체적 외상(예: 머리의 상처들, 의학적 건강 상태)에 대해 물어 보는 것이다. 징후가 있을 때에는, 반드시 내담자에게 소견서를 주어 의사에게 진단 받아보도록 해야 한다. 마지막으로 신체검사를 받은 후 얼마나 오랜 기간이 흘렀는가를 물어 보는 것 역시 좋은 일이다. 그리고 일 년 이상 지난 경우에는, 추천서를 써 주어 신체검사를 받도록 해주어야 한다.
>
> 신앙에 대한 영지주의적 접근법들은, 비밀스런 영적 지식이 육체적 문제들보다도 더욱 중요하다는 것을 당연한 것으로 받아들이고 있다. 대조적으로, 기독교 신앙은 육신의 중요성을 확언하고 있다. 영원한 말씀이 육신이 되셨고 우리들 가운데에 거하셨다(요한복음 1:1-14), 이렇게 하심으로 이 물질세계의 가치와 우리들 가운데 하나님의 구속적인 임재하심을 말씀하셨다. 사정평가와 사례 개념화를 수행할 때에, 육체가 영적인 문제들과 마찬가지로 본질적이라는 것을 기억하는 것은 좋은 일이며, 옳은 일이다.

예를 들어, 당뇨병과 갑상선장애와 같은 많은 의료적 이상증세들은 우울증에 걸리기 쉬운 원인 역할을 하고, 인종차별은 문제들이 이어질 가능성을 높이는 문화적 발병요인이다. 그리고 빈약한 역할모델들로 그것에 대처하는 것은 당사자로 하여금 유사한 비효과적 대처 방법들을 쉽게도록 만든다. 이런 병력적이고 배경적 요인들은 포괄적 사정 평가에서 반드시 고려되어야만 한다.

급작스러운 원인들은 드러난 심리 이상으로 직결되는 인자들이다.

그 장애가 이 시간에 현재에 왜 드러나는지 심사숙고하라.

병에 걸리기 쉬운 요인들의 개연성을 가정하면, 왜 그 증상들이 지금 나타나는가?

가족구성원의 죽음 혹은 실직은 우울증에 급작스런 원인들일 수 있다. 이런 중대한 스트레스인자들이 대처하는 당사자의 능력보다, 강하면 그 결과 우울증적 이상으로 귀결된다.

영구적 원인들(perpetuating causes)은 완전회복을 방해하거나 장애의 반복과 연결된 지속적 이상조건들이다. 영구적 요인들은 당사자의 통제력 밖에 있거나 혹은 그 내담자 자신에 의해 생긴 영향력들일 수 있다. 가난, 건강 문제들, 혹은 어떤 남용적 관계가 그 내담자의 통제력 외부에 그리고 그것을 넘어 존재하는 우울증에 대한 영구적 요인의 예들이다.

다른 영구적 요인들은 내담자에 의해 생기지만, 대개 의식적인 수준에서 그런 것은 아니다. 예를 들어, 우울증상태로 있는 것의 감춰진 유익이 있을 수 있다. 아마도 우울증의 결과로 누구는 집 주위의 많은 허드렛일들에 참여할 필요가 없고, 잠을 더 자는 것도 허용되고, 또는 더 적은 대인 관계 기대치들을 가질 수도 있다. 이 행동들은 우울증에 대한 부차적 이득으로 제공되는 것으로 보여지며, 영구적 원인의 한 유형이다.

자가-생성적 영구원인들의 다른 유형은 지속적인 역기능적 관계들에서 발생한다. 티이버(Teyber, 1997)는 이런 유형들을 "어리석음의 악순환"(vicious cycles)이라고 부른다. 왜냐하면 그것들은, 결국은 내담자에게 불만족이나 증상들이 되는, 반복되는 대인 관계의 심리역동(力學)이기 때문이다. 예를 들어, 우울증에 걸린 내담자는 혼자 있고 어디에 끼거나 말하기를 싫어하며, 시무룩할 수 있다.

결과적으로, 그 혹은 그녀는 타인들에게서 무시당하거나 일축되며, 이것은 다시 우울증의 감정을 증대시키고 혼자 동떨어져있고 싶은 마음을 단계적으로 강화시키는 것으로 연결된다.

내담자의 임상적 양상에 포함된 성향적인, 급작스럽게 발생하는, 그리고 영구적인 요인들을 평가하는 것은 경우의 복잡성과 처방계획을 결정하는 데에 도움이 될 수 있다. 이 요인들은 사례를 개념화하고 적절한 개입을 계획하는 데 중요하다.

3) 일반내담자 요인들

2장에서 우리 저자들은 심리치료성과들과 연관된 전문문헌에 대해 토론했다. 이 문헌의 가장 큰 부분은, 치료 성공의 가장 강한 전조인자들이 내담자요인들이라고 지적한다. 다시 말해서, 사회적 지지, 대처 원천들, 그리고 효과적인 대인관계 기술과 같은 요인들이, 치료사가 활용하는 기법들보다도 성공을 위한 더 강한 전조인자들이다.

왜냐하면 내담자 요인들이 치료성과에 있어서 그와 같이 중요한 역할을 하기 때문에, 치료초기에 이것들에 대해 사정평가하는 것이 중요한 일이다. 앞서 토론한 한 요인은 진단이다. 하지만 다른 요인들은 인식된 문제의 본질, 내담자 기대치들, 대인관계의 반응, 그리고 내담자의 강점들과 원천들을 포함한다. 이 요인들 중 일부는 뷰틀러와 클라킨(Beutler and Clarkin, 1990)가 처방 선택에 관해 쓴 책에 더 잘 기술되어 있다.

(1) 인식된 문제들

내담자 문제들은 통찰력, 가혹성, 그리고 복잡성의 관점에서 평가될 수 있다. 문제통찰력은 내담자가 자신의 문제들을 자각하는 정도를 가리킨다. 어떤 내담자들은 자신의 문제점들을 전혀 자각하지 못하고 있는 것으로 보이며, 심리학자와 상담하는 유일한 이유가 배우자나 목사님이 그렇게 하라고 주장했기 때문이라고 그 이유를 제시한다.

이런 내담자는 개인 스스로 대인관계 문제점들에 대해 적절한 책임을 지지 않으며, 자신의 어려움들은 타인들에 의해 야기된 것으로 보는 경향이 있다. "다른 사람들이 당신을 어떻게 묘사하나요? 특별히 당신을 좋아하지 않거나 당신과 잘 어울리지 않는 사람들이 말예요?" 혹은 "다른 사람이 당신에 대해 언급한 내용 중 가장 상처가 되는 것은 무엇입니까?"와 같은 인터뷰 질문들은, 그렇지 않다면 거의 표현을 하지 않는 내담자 안에 있는 어떤 식견을 조사하는 데 있어서 도움이 된다.

역으로, 어떤 내담자들은 자신의 문제점들에 대한 식견이 거의 없어 보인다. 왜냐하면 자신의 어려움들에 대해 그들 스스로가 너무나 많은 책임감을 지고 있기 때문이다. 이런 내담자들은 기꺼이, 모든 대인관계 디스트레스는 자신들에 의해 야기된 것이고, 자신의 디스트레스와 타인들의 감정에 대한 책임 역시 자신들이 마땅히 떠맡아야하는 것이 당연하다고 여긴다.

"당신이 관계 속에서 우울하게 느꼈던 어떤 때에 대해, 그리고 당신의 디스트레스가 당신이 아닌 다른 사람에 의해 유발된 어떤 시기에 대해 나에게 말해 보세요" 또는 "만약 당신이 이 상황의 역할들을 바꿔서 만일 다른 사람들에 대해 똑같은 말을 하셨다면, 그가 어떻게 느끼고 반응할 것 같으세요?"와 같은 정밀조사인터뷰질문들은 현 시점에서 그 내담자에게 알맞은 가능식견수준을 결정할 것이다.

문제의 가혹성은, 그 문제들이 편재(遍在)하며 분열시키는 정도를 조사함으로써 평가될 수 있다. 어떤 문제들은 그 둘레에 발생경계선이 둘러 있어 특정조건들 하에서만 현존하는 것들이 있다. 비행공포증은, 특정 상황들에만 관계되기 때문에 발생경계선이 둘러진 문제의 한 예이다. 만일 그 내담자가 직업을 유지하기 위해, 또는 필수불가결한 행사에 참석하기 위해 억지로 비행하도록 강요받지 않는다면, 그 문제는 가혹한 것으로 간주 되지 않는다.

문제의 편재(遍在)성에 더하여, 문제점들은 삶 속에서의 분열(分裂)성이나 관입(貫入)성의 관점에서 평가될 수 있다. 비록 내담자가 사람들에 둘러싸여 먹거나 대중화장실사용에 어려움을 지닌다 할지라도, 그 내담자는 이미 이런 문제들에 대처할 방법들을 발견했을 가능성이 충분하며, 그 방법들은 상대적으로 비분열적으로 보여진다. 문제점들의 가혹성을 평가하는 한 가지 공통된 방법은 DSM-IV의 축 5상에서 그 내담자의 등급을 매기는 것이다. 이것이 기능척도의 글로벌 사정평가(the Global Assessment of Functioning scale)이며, 증상들로 야기된 역기능의 수준을 등급으로 매기는 것이다.

문제의 복잡성은 그 문제의 병력에 대한 요인들의 수와 관계된다. 복잡한 것으로 보여지는 문제들은 이전의 개선에 대한 시도들에도 불구하고 자유롭게 되지 않은 지속적 문제들인 경향이 있다. 복잡한 문제들은 병에 쉽게 걸리게 하는 그리고 영구적인 원인들을 다양하게 지니는 경향이 있다. 상대적으로, 단순한 문제들은, 병에 강하며, 영구적인 원인들이 아닌, 어떤 상황적 요인이나 최근에 생긴 새로운 원인자 하나를 가지고 있는 것이 대부분의 경우이다.

관계들에 있어서 부차적 이익과 악덕적인 순환들과 같은 영구적인 원인들은 문제의 복잡성을 증대시키는 경향이 있다. 왜냐하면 이런 행동들은 어느 정도까지는 그 내담자에게 "효과가 있기" 때문이다. 복잡한 문제들은, 어느 당사자가 여러 관계들 가운데 수동적이 되는 어떤 이력을 가질 때와 같이, 반복적 패턴으로 시간을 두고 반복되는 경향이 있다. 종종 현재 증상들과 초기원인자들 사이에 상징 관계가 있다. 아마도 완고한 아버지는 자기-주장을 처벌하므로, 그는 결국, 모든 권위적 인물 앞에서는 수동성이 유일한 반응이 되었다. 문제복잡성에 대한 대충 만든 사정 평가가 DSM-IV의 축 4상에서 그 내담자를 평가함으로써 이루어질 수 있다. 이 축은 내담자가 경험하는 스트레스인자들에 관계하는 상이며, 그 문제들의 급박한 원인들과 연결될 수 있다.

(2) 내담자 기대치

이것은 중요한 조사영역이다. 왜냐하면 이것은 내담자의 치료에 대한 기대치뿐 아니라, 자신에 대한 기대치 이 두 가지와 연결되기 때문이다. 예를 들어, 얀(Jan)은 자신이

"좋은 내담자"가 될지 안 될지에 대해 불안을 느끼면서 치료받으러 온다.

치료사의 질문들에 그녀가 잘 대답할 수 있을까?

권고사항들에 관해 그녀가 끝까지 잘 해 낼 수 있을까?

그녀가 통찰력을 갖게 되고, 흥미도 있게 되며 동기부여도 받을까?

그녀의 마음속에 소용돌이치는 이 모든 질문들은 그녀가 자신에 대한 높은 기대치들을 갖고 있음을 드러낸다. 그녀는 이상적인 내담자가 되기를 원한다. 이러한 자기기대치들에 더하여, 치료와 치료사에 대한 기대들도 함께 갖고 온다. 잘 훈련받고, 그녀를 이해해주고 돌봐주는, 그리고 그녀의 건강, 직업, 가정생활을 더 잘 관리하는 방법들을 그녀가 이해하도록 도와주는 그런 분을 만나기 원한다.

제2장에서 우리 저자들은, 성과변항의 15%가 해당치료와 치료사에 대한 내담자의 기대치에 의해 설명된다는 점을 제시하는 심리치료성과연구 문헌에 대해 토론했다. 내담자요인들과 치료기대치를 합치면, 이 두 가지는 심리치료에서 관찰된 변화 중 상당량의 백분율의 원인들이 된다.

제3장에서 토의한 사회학습이론의 선구자인 반두라(Bandura, 1977)는 자기-기대의 한 형태를 자기효과(self-efficacy)라고 기술한다. 그는 모든 형태의 치료들이 내담자 자기효과를 이용하거나 향상시킬 때 성공적이라고 믿는다. 자기효과란 목표에 도달하기 위한서 변화를 위해 요구되는 것에 대한 당사자가 갖는 기대이다. 명백하게, 자기효과을 증가시키는 것은 그 목표들 중에 하나이거나, 효과적인 치료 부산물들이다.

대부분의 내담자들은 자기 패배감을 가지고, 또는 바라는 어떤 목표에 도달하고자 하는 감정이 불충분한 상태에서 치료에 들어간다. 자기효과는 내담자들에게 과거의 성공들, 현재 감정들, 그리고 바라는 변화들을 이루는 것에 대한 기대들, 그리고 바람직한 성과들에 대한 기대치들에 대해 물어봄으로써 평가 될 수 있다.

즉, 내담자는 치료를 위한 목표가 좋고 가치있는 목표라는 것에 동의할 수 있지만, 도달할 수 없는는 목표로 볼 수도 있다. 남녀를 막론하고 내담자 스스로가 도달할 수 있다고 믿는 치료성과들, 즉 목표들을 결정하는 것이 중요하다. 자기-특질들에 근거를 둔 과거 성공들은 자기효과 결정에 도움이 될 것이다.

치료사와 해당치료에 대한 기대들도 평가되어야 한다. 내담자는 치료사가 모든 대화를 다하고, 상담의 의제를 정하고, 목표들을 결정하고, 치료가 언제 끝나고 등등을 다하기를 기대하는가?

치료 때 그 내담자는 꿈이야기들을 들고 와서 분석해주고, 숙제해주며, 네 번의 상담만에 치유되기를 기대하는가?

많은 내담자는 심리치료가 무엇인지 그리고 그것이 어떤 효과가 있는지 모른채 치료에 들어간다. TV화면상에 그리고 영화들 속에 나오는 치료의 많은 부분이 실제적인 치료 과정에 대한 가벼운 묘사 장면에 불과하다.

그런 까닭에 치료사가 내담자의 기대에 대해 질문하는 것은 중요한 일이다. 치료사와 내담자 자신 사이의 일치된 기대치들이 좋은 치료성과를 위한 필수불가결한 요인이다.

(3) 대인 관계의 반작용(感應抵抗)

뷰틀러와 클라킨(Beutler and Clarkin, 1990)은 대인관계의 반작용(interpersonal reactance)을 "대인관계 조절능력상실 위협에 대한 개인적 저항 가능성"이라고 기술했다(pp. 72-73). 다시 말해서, 대인관계의 반작용은, 변화를 위한 조건들을 제공하는 치료사의 시도에 내담자가 거슬려 반응할 가능성을 포함한다.

내담자들이 변화하려는 욕구와, 머무르려는 욕구를 모두 가지고 치료받으러 온다는 점은 오랫동안 관찰된 일이다. 심리분석문헌들은 변화에 대한 내담자저항에 대해 장구한 설명들을 제공한다. 그 저항은 계속 진료 활동을 받아 온 치료사와의 전이관계와 종종 연결되어 있기에 변화들이 저항 없이 이루어질 수 있다. 감정 전이는 제11장에서 상세히 논의될 것이다.

대인 관계의 반작용은 대인 관계의 조절능력을 포기하고 치료사의 영향력을 받아들이는 내담자의 의지력에 관한 것이다. 어떤 사람들은 타인의 영향력을 수용하기를 매우 꺼린다. 그래서 그와 같은 영향력에 대한 반응으로서, 스스로 움츠러들거나, 논쟁적이 되거나, 혹은 수동-공격성이 되기도 한다. 이러한 대인 관계 행동 모두가 대인 관계조절능력을 포기하는 것과 타인이 힘이나 영향력을 소유하도록 허용하는 것에 저항하는 반기능들로 간주된다. 높은 대인 관계의 반작용을 가진 내담자들은 타인에 의해 영향받기를 거부한다.

치료의 많은 부분이 새로운 생각들을 사고와 행동 속으로 통합시키는 것을 포함하고 있기 때문에 그와 같은 내담자를 대상으로 치료하는 것은 어렵다. 많은 결혼들이 상처를 입는다. 왜냐하면 배우자들이(대개의 경우 남편들이) 자신의 배우자들의 영향을 거부하기 때문이다(Gottman. 1999).

대인관계의 반작용은 진단인터뷰동안의 관찰뿐 아니라 과거 경험들에 대한 질문들을 통하여 평가될 수 있다. "사장님, 혹은 부모님이 당신에게 내린 작업지시들, 또는 선생님이 주신 과제물들에 대해 당신이 어떻게 반응했는지 이야기해 보세요" 혹은 "뭔가 어렵거나 바람직하지 않은 일을 하라고 요구받을 때, 당신은 어떻게 반응했어요? 그 일을 다 해치웠습니까? 만일 그랬다면, 당신은 어떻게 그 일을 다 했나요?"와 같은 윗사람에 대한 과거의 반응들에 대한 질문이 내담자들에게 주어져야만 한다. 이런 종류의 질문들이 치료 과정에서 치료사의 영향력에 대한 내담자의 예상반응에 대한 정보를 유도해 낼 것이다.

(4) 강점들과 원천들

또 다른 평가영역은 내담자의 강점들과 원천들에 관한 것이다.

내담자는 이 시간에 어떤 종류의 지지를 가지고 있는가?

대개 치료가 시작될 때 사회적 지지는 모든 내담자들이 가질 수 있는 가장 중요한 원천이다. 모든 내담자는 가족과 헤어진 상태에서 또는 배우자나 부모의 대인 관계의 반대에 직면한 상태에서 변화를 시도하지 않는다는 점이 중요하다. 우리 두 저자는 치료 과정 중에 자신의 배우자의 지지를 못 받은 내담자들을 경험했다. 이러한 대인 관계의 역동은 치료 과정에 심각한 긴장을 유발시켜, 치료가 실패할 확률을 증대시키거나, 혹 성공한다 할지라도, 불행한 이유들로 인하여 성공을 거두게 된다.

비록 어느 누구도 심리적 고투를 언제 가져야 하는지, 결정할 수는 없다 할지라도, 언제 도움을 구해야 하는지는 결정할 수 있다. 누구든 배우자, 친구, 목회자, 혹은 교회의 모임과 같은 지지체계들과 원천들을 가지고 있을 때 치료를 진행하는 것이 도움된다. 이런 협력적인 사람들은 치료 과정동안 내담자와 치료사 두 사람이 지닌 압박감의 일부를 함께 담당한다.

사회적 지지범위 너머에도, 모든 내담자를 평가할 때 고려해야 할 다른 많은 강점들과 원천들이 있다. 최근의 긍정심리학운동은 희망, 감사, 낙천주의, 긍정적 대처, 복원력, 용서, 사랑, 겸손, 문제 해결, 창조성, 용기, 유머감각 등등과 같은 내담자 요인들을 강조하고 있다(Lopez and Snyder, 2005). 너무나 오랫동안 상담사들과 심리치료사들은 내담자들이 가져오는 문제점들을, 그것들의 원천들에 주목하지 않은 채 관찰 해왔다. 로페즈와 스나이더(Lopez and Snyder, 2003)는 최근에 내담자들의 강점들을 평가하기 위한 한 좋은 방책을 제공하는 긍정적인 심리적 사정 평가에 관한 안내서를 출판했다.

5. 통합적 심리치료의 이론틀내에서의 사례개념화

방금 기술한 사례개념화과정은 자신들의 신앙신념과 상관없이 대부분의 정신과의사들에게 공통된 것이다. 이 과정들은 이론에 의해 영향을 받게 되어 있다. 왜냐하면 모든 상담과 심리치료는 이론의 짐을 짊어지고 있기 때문이다(Jones, 1994). 그러나 과정 그 자체가 특별한 성격이론이나 심리치료모델에 의하여 모양 지어지는 것은 아니다.

도표 5.1에 이론적 틀을 두 개 그려놓았다. 왜냐하면 진단법들, 병인학, 그리고 내담자요인들에 대해 공통적으로 견지되는 상정 내용들에 더하여, 각 성격모델 역시 그 나름의 독특한 관점들과 영향력들을 가지고 있기 때문이다.

그런 까닭에 모든 심리역동치료사들은 결국엔 모든 인지-행동적 치료사들과는 다른 사례개념화를 할 것이다. 둘 다 같은 진단 체계를 사용하며, 다양한 내담자요인들과 병인학적 변항들을 살펴 볼 것이지만, 궁극적으로 최선의 개입방법에 대한 다른 결론들에 도달하게 될 것이다. 왜냐하면 그들은 인간의 성격과 동기의 본질을 이해하는 다른 이론적 틀들을 가지고 있기 때문이다.

통합적 심리치료에서 사정평가는 통합적 심리치료모델에만 적용되는 몇 가지 요소들을 가진다. 4장에서 우리는 통합적 심리치료와 연합된 세 가지 치료 영역들에 대해 기술했다. 내담자가 적절한 개입영역에 연루되기를 기대함에 있어서, 세가지 치료 영역과 연결된 현안들을 사정 평가하는 일이 중요하다. 우리는 부적응사고들과 행동들의 사정평가로 시작해 도식들과 대인 관계의 기능 평가로 옮겨가도록 추천한다.

1) 부적응사고들과 행동들 사정(査定)하기(기능적 영역)

인간들이 잘 기능하고, 자기 자신들과 주위 환경에 대해서 관리 통제력을 행사하기를 바라는 하나님의 열망은 타락한 세상에서 쉽게 방해 받는다. 예를 들면 다음과 같다. 얀의 불안과 두려움은 삶을 잘 이끌어 가는 그녀의 능력을 간섭한다. 그녀는 타인들과 의사소통을 잘하고, 건강한 방법들로 잠을 자고 먹고, 그리고 늘어나는 그녀의 직무들을 감당해 나가는 데 어려움을 발견한다. 그녀의 일상적 기능은 여러 가지 면에서 방해받아 저하된다.

기능영역개입들은, 내담자증상들을 완화하기 위해 고안된 인지적, 행동적 방법들과, 의료적 개입들을 위한 추천서들을 포함한다. 이 영역 내에서, 특정 사고와 행동의 변화들은 그 증상들을 완화하기 위해 필수적인 것들이다. 그러므로 사정(査定)평가업무는 변화나 발달이 필요한 사고와 행동을 규명하는 것이다.

비록 행동적, 인지적 기술들이 분명 다르더라도, 그 기술들 역시 서로 연결되어 있다. 예를 들어, 얀(Jan)은 단정적으로 말하는 기술들이 부족하다. 그러나 이런 행동적 결함은, 단호함이 강요하거나 부적절한 용감성과 관련있다는 그녀의 생각과 연결되어 있다. 단호함에 대한 그녀의 사고는 적절한 기술개발을 허용하도록 바뀔 필요가 있다.

마찬가지로, 모든 학생은 숙제에서 기대한 점수보다 더 낮은 점수를 받았을 때 '**교수님은 나를 좋아하지 않아**'라는 자동으로 떠오르는 생각을 가질 수 있다. 만일 그 생각이 존속되도록 허용되면, 자신감과 고군분투하는 모든 학생들은 방해를 받아 뭔가를 훨씬 더 못하게 되고 그 교수님과 토론을 시작할 마음이 내키지 않게 된다. 자동으로 떠오르는 그런 생각은 그것의 정확성과 적응성을 결정하기 위해서 역점을 두어 다뤄질 필요가 있다.

부적응사고들과 행동들과 미성숙된 기술들을 규명하는 것은 어렵지 않다. 대개 내담자들에게 문제가 되는 상황들 속에서 무슨 생각과 행동을 하는지 간단히 질문하면, 문제가 되는 사고와 행동들이 떠오른다. 때때로 이것은 치료사가 선동적으로 되도록 청한다. 그래서 내담자들을 괴롭게 하는 그런 두려움들 쪽으로 내담자들을 밀어붙이면서 질문할 필요가 있다. 예를 들어, 다음 대화는 얀이 그녀의 염려들 중 한 가지에 대해 구체적으로 답하라는 요구를 받았을 때 생긴 대화다.

얀: 혹시라도 남편이 저를 떠나버려서 제가 혼자되면 어쩌죠?

클락: 그게 그렇게 나쁠 게 뭐가 있겠어요?

얀: 전 외로워 질 거고, 그리고 저는 말할 사람이 하나도 없을 것이고, 저와 함께 있을 사람도 하나도 없을 것이고, 그리고 또 아이들을 맡아 저를 도와 줄 그 누구도 없을 거예요.

염려란 비효과적인 행동의 리허설의 한 형태로 간주될 수 있기 때문에, 그 때 얀은 어떤 사실에 대한 그녀의 염려를 바꾸라고 요구 받는다.

클락: 얀씨, 나는 당신이 그 **가정진술**을 어떤 **사실진술**로 바꾸시기를 바랍니다. 큰 소리로 이렇게 말해 보세요 "내 남편은 나를 떠났고 그래서 난 이제 완전 혼자다" 라고 말입니다.

그녀가 두 번 큰 소리로 이 문장을 말한 후, 그녀 남편이 이미 그녀를 떠난 것에 대해 이제 그녀는 무엇을 할 것인지 질문 받는다.

얀: 글쎄요, 저의 재정상태에 대해 우리 회계사에게 말해야겠지요. 그리고 전 아마 한동안 아이들을 맡아서 저를 도와 줄 수 있는지 알아보기 위해 엄마한테 전화를 하겠죠.

얀은 만일 남편이 그녀를 떠난다면 그녀가 무엇을 할 수 있는지 알고 있다. 그러나 버림받음이라는 생각은 그녀에게 지금까지 너무나 두려운 것이어서 그녀는 그것을 현실로서 다뤄본 적이 없었다. 일단 그녀가 현실로 간주하고 나면, 그녀는 합리적인 계획을 형성할 수 있다. 물론, 목표는 얀의 남편이 그녀를 떠나는 것을 동의하지 않는 것이다.

오히려, 요점은 얀이 자신의 불안이라는 숨 막히는 한계영역 너머로 그녀가 움직여 나아갈 수 있음을 알도록 돕는 것이다. 자신의 불안에 지배를 받는 상태에, 만일 그녀 남편이 그녀를 떠난다면 자신은 아무도 도울 이 없는 박살난 똥차신세가 될 것이라고 믿고 있다. 그러나 이 새로운 관점은, 비록 그녀 남편이 떠난다 해도, 그녀는 생존할 행

진료소에서 5.2: 진료 활동을 누가 수행 하는가?

가끔 초보 치료사들은 친절한 도움을 주고, 공감 언어를 사용하는 것과 내담자를 돌보는 것의 차이를 혼동한다. 너무 활동적이며 애정을 쉽게 표현하는 치료사들은 내담자들에 대해 과도한 책임을 지므로, 자기효과로 성장할 기회들을 내담자로부터 빼앗아 버린다. 내담자 자신이 치료에서 진료활동을 수행하도록 하는 것이 중요하다.

트루디: 전 쇼핑몰에서 자제력을 잃었어요. 그리고 지금은 제가 뭘 해야 할 지도 모르겠어요. 신용카드 영수증이 오면, 제 남편은 확 뒤집어질 거예요. 그것에 대해 남편에게 말할 필요가 있음을 알지만, 전 단지 지금 남편이 신용카드이야기를 저에게 직접 들을 필요가 없기를 바랄 뿐이에요. 선생님이 그이를 만나셨죠. 그이가 얼마나 비판적일 수 있는지 선생님도 이제 아시지요.

초보 치료사는 그 다음 부부상담에서 그 소식을 남편에게 공개할 것을 제안할 수 있다. 이것은 좋은 생각이 아니다. 왜냐하면 그것은 내담자가 책임지는 것과, 어려운 상황들을 처리하는 능력개발을 허용하지 않기 때문이다.

클락: 곤경에 빠진 느낌이시군요. 여기서 당신은 무슨 선택들을 할 수 있나요?
트루디: 전 단지 그 영수증이 올 때까지 기다릴 수밖에, 그리고 그이가 무슨 말을 할지에 대비해 내 자신을 부둥켜안고 있을 수밖에 없어요. 전 몇가지 물건들을 쇼핑몰에 반품할 수도 있어요. 그러나 이 신발들과 다른 두가지 물건들은 벌써 헤어졌어요. 그렇지만 않아도 전 오늘 저녁식사 하면서 그이에게 그냥 말할 수 있어요. 그러나 그것도 정말 어려울거라 생각이 되요. 아마 선생님이 다음 주에 우리 둘이 부부상담 받으러 찾아올 때에 그이에게 말할 수 있을 거예요. 그렇지 않으면, 전 제 차를 타고 영원히 도망가 버릴 수도 있어요. 그이가 저에 대해 모든 것을 다 잊어버릴 것을 바라면서 말예요.
클락: 그러니까 당신은 선택할 수 있는 것들이 있네요. 제가 듣기에도 일부 의견들은 다른 의견들보다 더 좋아요. 처음 세 가지 의견들을 좀 더 궁리해 보죠–신용카드 영수증고지서를 기다리는 것, 쇼핑몰에 산 물건 일부를 반품하는 것, 또는 저녁식사하면서 남편에게 말하는 것 말예요. 이 세 가지 선택 각각의 좋은 점들과 나쁜 점들을 한 번 이야기해 보세요.
이런 접근법은 내담자로 하여금 진료활동을 수행하게끔 허용하며, 궁극적으로는 삶의 문제들을 처리하는 데 있어서 더욱 커다란 효과에 대한 감각을 발달시키는 것도 허용한다.

동적 기술들을 소유하고 있음을 그녀가 알도록 도와준다.

가끔은 어느 내담자든지 걱정을 일으키는 상황을 상상하도록 한 다음, 부적절한 사고와 행동을 규명하기 위해 노력하는 것이 최상일 때가 있다. 어느 내담자라도 문제가 되는 상황을 자세히 기술하도록 고무될 수 있다. 그런 다음 치료사는 "바로 그 때 당신의 마음엔 무엇이 지나갔나요?" 혹은 "그런 상황에 있었을 때, 당신은 그 다음 무엇을 했습니까?"라는 질문을 할 수 있다. 이런 질문들은 부적응적일 가능성이 있는 특정한 사고들과 행동들을 사고의 전면으로 끄집어내서 그것들이 평가받고 더욱 실재적인 것으로 교체될 수 있다.

상담조언 5.4: 긍정적인 기능사정평가

비록 내담자들이 바라는 만큼 기능하지 못하기 때문에 치료사에게 온다할지라도, 긍정적으로 기능하는 것에 대해 평가하는 것도 중요하다. 다음의 일러주는 대사들과 질문들은 유용할 수 있다:

- 당신은 오늘 여러 고민들과 그것들이 어떻게 현재 삶을 어렵게 만들고 있는가에 대해 진술하셨어요. 당신에게 잘 되어가는 일들 중 일부는 무엇인가요?
- 어려운 상황에 당신이 잘 대처했던 어떤 때에 대해 말해주세요.
- 만일 어떤 사람이 당신을 위해 당신의 여러 가지 강점들과 능력들을 기술하면서 추천서 한 장 쓰고 있다면, 그들은 그 편지에 무엇을 적을까요?

치료의 중간단계에서는, 내담자들이 성공경험들을 보고하는 것이 일반적인 모습이다. 이 대목에서 그들은 자신들의 일상기능에 대한 자신감이 증가하는 것을 느끼기 시작한다. 다음과 같은 코멘트들로 이 성공이야기들을 멈추게 하고 마침표를 찍도록 하는 것이 중요하다:

- 우왜! 끝내 주네요. 당신이 그런 일을 어떻게 했어요?
- 그러니까 당신 사장이 비판하고 있었을 때조차도 당신은 잠자코 가만히 있을 수 있었군요. 어떻게 당신이 그렇게 했는지 알아봅시다. 당신이 무슨 생각을 했고 그리고 무슨 말을 했는지 느린 동작으로 그 상황을 쭉 나에게 말하세요.

기능영역의 사정(査定)은 치료단계초기에 수행될 뿐만 아니라, 치료 과정 내내 이루어진다. 효과적인 치료사들은 꾸준히 내담자를 괴롭히는 사고들과 행동들을 찾는다. 그런 다음, 그것에 따라서 효과적인 상담도 개념화해 나간다.

우리는 기능영역에서 사정평가와 치료에 관련된 두 가지 개념만을 이 장에서 소개했다. 그러나 제6장과 제7장에서는 훨씬 더 많은 것이 기술 될 것이다.

2) 도식들을 사정(査定)평가하기(구조적 영역)

앞 장에서 기술했듯이, 도식들이란 자동으로 떠오르는 생각에 의미를 부여하는 더 깊은 차원의 인지 의미들이다. 도식들 사정평가하기는 더욱 어렵다 왜냐하면 그것들은 덜 식적이고, 특정 삶의 환경들로부터 훨씬 떨어져 있으며, 변화에 더욱 저항적이기 때문이다.

우리는, 어떤 생각들은 우리의 마음속으로 쉽게 튀어 올라온다는 것을 분명히 알고 있다. 때때로 이런 생각들에 우리는 미소를 짓기도 하고, 무시해버리기도 하며, 그것들에 짜증을 느끼기도 한다. 자동으로 떠오르는 생각들에 의해 괴로워 질 때, 우리는 느끼는 것이 생각들에 대한 것인가를 질문할 수 있다. 그런 생각들은 걱정을 야기하기도 한다. 왜냐하면 그것들은 우리에게 어떤 부정적 의미들을 지니기 때문이다.

도식들은 현재 상황들을 이전 것들과 연결시킴으로써 우리의 경험에 개인적 의미를 부여하는 여과기들로 행동한다. 이런 과정은 실질적으로 순간적이고 암묵(暗默)적이며, 우리의 의식 밖에서 일어난다. 적응적 관점에서 볼 때, 이 과정은, 우리가 경험들을 신속히 이해하고 거기에 따라 반응하도록 도와준다는 점에서 좋은 것이다. 우리는 우리 경험들을 범주화하고 그것들을 개인적으로 의미있게 만듦으로써 배운다.

잠재적인 면에서 볼 때, 이 과정은 해롭다. 왜냐하면 그것이 이성적 사고없이 발생하기 때문이다. 도식들은, 우리의 환경과 우리가 만나는 대인 관계의 관계를 해석하고 반응하는 것을 도와줄 때 적응적이다. 하지만 그 해석이 부정확하고 그 결과에 따른 종속 반응이 우리의 환경과 대인 관계 상황들을 처리하는 데 비효과적일 때 부적응적이다.

도식들은 종종 인지치료에서 핵심 신념들과 같다고 보여진다(핵심 신념들, 도식들, 그리고 양상(樣相)들 사이의 더욱 명확한 연결 관계는 8장에서 면밀히 검토될 것이다).

핵심 신념들은, 우리가 자신들과, 타인들, 세계와 미래에 대해 소유하고 있는 근본 신념들이다. 이런 핵심 신념들은 인생 초기에 발달하며, 우리가 세계를 이해하는 것을 도와준다. 자신, 타인, 전반적인 세상, 그리고 미래에 대한 생각을 갖는 것은 누구에게든 인생을 더 잘 예견하고 예언하도록 도울 것이다. 그러므로 삶의 요구들에 대한 성공적인 적응 가능성이 높아진다. 불행히도, 이런 핵심 신념들이 대부분 흠집 나 있으며, 설마 하겠지만 실제로는 삶에 대한 빈약한 적응으로 이끈다.

도식들, 즉 핵심 신념들은, 상한 감정들이나 비효과적인 행동들과 관계된 개인적 의미를 면밀히 살피므로 규정될 수 있다. "그런 생각이나 행동이 당신에게 무슨 의미 입니까"와 같은 질문들은 도식영역 탐구를 촉진하는 데에 도움이 된다. 사고를 처리하는 이 영역이 인간의식속에 있지 않기 때문에, 치료사들은 자기 자신들과 내담자들을 밀어붙여 이 영역을 숙고하도록 해야 한다. 대부분의 내담자들은 치료사가 자신을 더 잘 받아들이도록 만들기 위해 핵심 신념들을 온건하게 만들거나 최소화하려고 시도할 것이다. 그러나 이런 시도들은 정서적 아픔을 창조하는 생각들이 아니다. 아픔을 만들어 내는 곳은 바로 극단적인 사고방식들이다. 부적응 도식들은 보통 자기 자신, 타인, 그리고 세계 전반에 대한 극단적인 선언적 진술문들 혹은 비현실적인 선언적 진술문들로서 존재 한다(벡, Beck, 1995).

마크: 샤나(Shanna)가 당신의 데이트 신청을 거절했다는 것이 무엇을 의미하는지에 관해 반성해 보세요.
죠이: 아마 그녀가 다른 계획들이 있었거나, 그 밖에 다른 누군가에게 더 관심을 갖고 있나 봐요.
마크: 하지만 이 거절이 당신에게는 무슨 의미입니까?
죠이: 그건 제가 그녀 타입이 아니라는 의미이죠. 지금 그녀가 남자에게서 찾고 있는 그런 특질들을 아마 제가 안 가지고 있나 봐요.

이것은 꽤 건강한 반응이다. 그리고 죠이는 그 거절에 대해서 너무 화가 나거나 잠을 설칠 가능성이 없을 것이다. 다음 번에 그는 조금 조심스러워지게 되겠지만, 그러나 계속 다른 사람들에게 접근을 해 갈 개연성이 있다. 이제 다른 사람의 반응을 살펴보자.

클락(Clark): 수잔(Susan)이 당신의 데이트 신청을 거절했다는 것이 무엇을 의미하는지에 관해 반성해 보세요.

브라이언(Brian): 그녀가 그 밖에 다른 누군가에게 관심이 있나 봐요. 그러나 그녀가 저를 좋아하지 않는다고는 생각해요.

클락: 그러나 이 거절이 당신에게는 무슨 의미입니까?

브라이언: 그 의미는 제가 데이트할 기회가 적을 거라는 거예요.

클락: 그러면 당신이 데이트할 기회가 적을 것이라는 것이 당신에게 무엇을 의미하나요?

브라이언: 그 말은 제가 다른 사람의 호감을 살 만한 사람이 아니라는 의미죠.

클락: 그러면 당신이 매우 호감이 가지 않는다는 것이 당신에 대해서는 무슨 의미입니까?

브라이언: 그것은 제가 매우 부적응적인 존재라는 의미죠.

클락: 매우 부적응적이라고요?

브라이언: 글쎄요, 전 적응력이 부족한 사람이에요.

죠이는 기분이 나빴고 샤나가 좋아하지 않을 수 있는 자신에 대한 어떤 것들이 있음을 깨닫는다. 그러나 그는 그것을 불필요하게 개인화하거나 일반화하지 않는다는 점을 주목하라. 그러나 브라이언의 생각은 부적당이라는 기저 도식 상에서 작동한다. 당한 거절은 훨씬 더 고통스럽고 그의 행동에 영향을 미칠 것이다.

왜냐하면 그것이 어느 한 도식을 활용하기 때문이다. 그 도식은 인격적인 것이고, 그것은 그의 존재에로 일반법칙화한다("난 부적응적인 사람이야"). 또한 브라이언이 기저 결론을 규명하도록 어떻게 몰아침을 당했어야만 했는지를 주목하라. "꽤 부족"했다라고 말하는 그의 시도는 자신의 더 강한 감정들과 행동들을 묘사한 것이며, 그 자신에 대한 기저 신념이 훨씬 더 치명상을 입었음을 가리키는 것이었다.

도식들은 어떤 사람의 신앙 경험을 이해할 때 중요하다. 인간관계에서 부적응을 느끼는 사람은 하나님 앞에서도 부족을 느끼는 경향이 있다. 구속의 은혜의 심오한 아름다움을 경험하기보다는, 이런 사람은 어떻게든, 충분한 종교적 열정이 그(혹은 그녀)를 하나님께 더욱 합당한 사람으로 만들 것이라는 가정을 당연시하면서 결국 자기 중심적인 종교적 실천행위에 고착화되어 버린다. 마찬가지로, 야심있는 칭호가 붙은 어떤 도식을 소유한 사람은 하나님을 우주의 자판기로 인식을 하고, 하나님이 기도에 즉답을 주시지 않을 때마다 분노한다. 사람, 특히 신앙을 가진 사람의 도식들을 사정 평가할때, 그 내담자의 하나님에 대한 이해를 알아내는 것이 중요하다.

예를 들면 다음과 같다.

마크: 하나님이 지금 현재 당신에게서 아주 멀리 계시는 것 같다고 묘사할 때, 그 점이 당신에게 하나님을 어떤 분이라 말합니까? 당신에 대해서는 어떤 사람이라 말합니까?

에리카: 제가 기도를 더 할 필요가 있다고 생각해요. 노력하지만, 아무도 거기에 없는 거 같아요.

마크: 그것에 대해 더 말해 보세요. 하나님이 당신을 위해 거기에 정말 안계시다는 것이 무엇이라고 판단이 됩니까?

에리카: 글쎄요, 제 추측에 그건 그렇게 놀라운 일은 아니에요. 전 지난 몇 년간 매우 엉망으로 살았어요. 내 생각에 하나님이 실망하신 거 같아요.

마크: 당신이 엉망으로 살아서 실망을 했다구요?

에리카: 글쎄요, 네. 제 말은 마치 하나님이 저에게 중요한 분인 것처럼 제가 그렇게 살지 않았다는 의미예요. 그러니까 왜 내가 하나님에게 중요해야만 하겠어요?

하나님으로부터 멀리 떨어져있다는 자신의 감정을 기술함에 있어서, 에리카 역시 수행-지향적 도식을 드러내고 있다. 이 도식은, 그녀의 나쁜 행동이 하나님으로 하여금 멀리 있는 것으로 생각되게 했고, 그녀의 선행은(기도를 더 하는 것) 그녀로 하여금 하나님에게 가까이 있음을 다시 느끼게 할 것이라 제안하고 있다. 과거 죄에 대한 그녀의 확신과 더 많이 기도하고자 하는 욕망은 둘 다 좋은 것들이다. 그러나 그녀의 도식은 신학적으로 그리고 심리학적으로 혼란스럽게 뒤섞여 있으며, 그것은 하나님 그리고 다른 사람들과의 관계에서 그녀로 하여금 사실상 수치심에 기반한 관계에 있도록 할 가능성이 있다.

본서의 저자인 우리는 이 장에서 도식사정(査定)의 개념을 소개만 했다. 도식들에 대해 훨씬 더 자세한 내용은 8장과 9장에서 제공될 것이다.

3) 관계적 기능사정(査定)하기(관계적 영역)

기능영역의 사정평가업무는, 바꾸거나 발달시킬 필요가 있는 특별한 생각들과 행동들을 규명하는 것으로, 그것을 통해 내담자의 고난이 감소될 수 있다. 구조영역의 사정평가작업은 주어진 생각들과 행동들에 의미를 부여하는 도식들을 규명하는 것이다. 내담자들은 보통 기능영역에서 문제가 되는 생각들, 감정들, 그리고 행동들에 식별표지를 달 수 있는 반면에, 구조 영역에 있는 도식적 생각들을 규명하는 것에 고전을 면치 못한다. 왜냐하면, 이런 생각들은 보통 의식 바깥쪽에서 작동하기 때문이다.

영역 3의 사정평가작업은 대인 관계 기능을 기술하고, 내담자가 대인 관계에서 경험한 심각한 상처의 조건을 규명하는 것이다. 이런 대인 관계의 상처들은 종속적 경험들에 의미를 제공하는 도식들의 원천이다. 이와 같이, 도식의 원천을 규명하고, 그 후에 관계적 상처들의 치유와 대인 관계의 기능의 변화를 위한 기제(mechanism)을 제공하는 것이 관계영역진료활동의 목표이다. 치유와 변화를 위한 기제들은 10장과 11장에서 자세히 설명될 것이다.

대인 관계 상처에 영향을 준 조건들을 규명하기 위하여, 치료사는 내담자의 현재관계들과 유년시절관계들에 주목한다. 가장 비중있는 현재 관계들은 내담자의 가족과 직장의 관계들이다. 사람은 보통 대부분의 시간을 가정과 일터에서 보낸다. 그래서 거기서 발전하는 관계들은 중요하다. 사람들은 이유를 가진 관계들을 발전시킨다. 우리 인간들이 느끼는 현재 관계들의 본질, 지지의 본질, 그리고 소외, 비판, 위로와 상처의 본질은 대인 관계의 기능의 역동성에 대한 뭔가를 우리들에게 알려준다.

심리치료의 첫 1분 이내에 관계에 대해 언급을 하지 않는 내담자는 매우 드물다. 만일 당신이 치료사라면, 첫 상담에서 그(혹은 그녀)의 염려들에 대해 묘사하라고 질문할 때, 당신의 내담자가 말한 처음 두 문장들을 회상하도록 노력하라. 거의 예외없이, 내담자들은 현재 관계들을 정서저 고통의 일부분이나, 정서적 고통으로 곤두박질치는 것으로부터 자신을 지켜주는 지지체계의 일부로 현재 관계들을 묘사한다.

진단 인터뷰에서, 내담자가 자신의 가족과 직장관계들을 묘사하는 것에 주목하는 것이 중요하다. 현재관계들의 역동은 그것들에 대한 질문을 통해 규명될 수 있다. 얀(Jan) 같은 문제를 지닌 내담자들을 진료할 때는, 그녀 남편(Will)에 대한 다음 질문들이 매우 도움이 될 수 있다.

- 당신은 남편 윌에 대해 가장 좋아하는 것이 무엇인가요?
- 남편 윌의 무엇을 바꾸고 싶나요?
- 당신의 가장 깊은 갈망들이 윌과의 관계속에서 어떤 방식들로 채워집니까?
- 당신이 슬퍼지고, 화나며, 외로워 질 때, 당신은 무엇을 합니까?
  그리고 남편 윌은 어떻게 반응하나요?
- 언제 당신은 남편 윌과 가장 연결되어 있다고 느끼세요?
- 남편 윌에게 원하지만 거의 받아 본 적이 없는 것은 무엇인가요?

이런 질문들은 얀의 중대한 관계들의 역동에 대한 정보를 제공하는 데 도움을 준다. 이것은 잘못—찾기가 아니다. 우리 두 심리학자들은 세상에서 가장 나쁜 남편을 찾고 있거나 혹은, 윌(Will)에게 무엇이 잘못되어 있는지 발견하려고 애쓰고 있지 않다. 반대로, 우리는 도움을 주는 관계나 상처를 주는 관계에서 얀에게 가장 큰 영향을 미치고 있는 것이 무엇인지 발견하려고 노력하고 있다. 그리고 전반적인 관계적 역동의 일부분인 그녀의 현재 행위들이 무엇인지 알아내기 위해 노력하고 있다.

내담자의 현재관계평가에 더하여, 유년시절관계들을 살펴보는 것이 중요하다. 이것이 의미하는 바는 그 가족의 가계를 심도있게 살펴보는 것을 뜻한다. 사람이 사회화되는 것은 바로(그것이 형성된다고 할지라도) 가족 내에서이다. 관계규칙들, 감정표현법, 필요충족방식, 주목받는 법, 그리고 가치있는 존재로 인정받는 법을 배우는 곳이 바로 가족 안에서이다. 이와 같이 그 가족의 가계는, 우리 자신들, 타인들, 세계 전반, 그리고 미래에 대한 신념들을 형성하는 데 있어서 극히 중대하다.

그 가족의 가계는 대부분의 사람들에게 지지의 원천이자 상처의 원천이기도 하다. 실질적으로 각 개인은, 그 자신이 기대했던 어떤 것과 다른 자신의 유년시절 경험 무언가를 가지고 있다. 하지만 이것이 각 개인의 배경에 중대한 상처를 입혔음을 암시하지는 않는다.

그것이 진정으로 의미하는 바는, 우리가 죄로 물든 세상에서 불완전한 아이들을 키우고 있는 불완전한 사람들이라는 것이다. 많은 아이들이 다양한 형태의 남용과 방치 속에 자라나며, 관심어린 친절과 도움, 사랑, 그리고 안정된 환경을 경험하지 못한다. 사실상, 그들은 단지 생존을 위해 긴 고투를 경험하고 있다. 어린시절의 관계경험의 종류들을 결정하는 것이 다음과 같은 질문을 통해 규명된다.

- 당신은 부모님 한분 한분의 무엇을 좋아하며, 싫어합니까?
- 아이일 때 당신이 사랑 받았다는 것을 어떻게 알았나요?
- 어린시절, 늘 원하긴 했지만 받지 못했거나 거의 받아 본적이 없는 것이 뭐예요?
- 안전과 보호받는 느낌들을 만들려고 부모님들이 당신에게 한 일이 뭐예요?
- 당신이 아이일 때 경험한 주된 감정은 무엇이었나요?
  그리고 부모님은 당신의 감정표현에 어떻게 반응했나요?
- 하고 싶은 대로 하지 못했을 때 당신은 무엇을 했나요?
  그리고 부모님 각자가 당신에게 어떻게 반응했나요?

이런 질문들은 내담자의 가족기원에 있는 역동에 대한 정보를 논리적으로 도출해 내도록 도와준다. 이런 회상들이 정확할 수도, 그렇지 않을 수도 있음을 깨닫는 것이 중요하다. 그 정보들은 내담자의 기억들이거나 직시내용들이다. 그러나 정확성은 사정평가에 대한 것이 아니다.

그보다는 오히려, 사정평가란 내담자의 직시내용들과 그 내용들의 배경을 논리적으로 유도해 내는 것에 관한 것이다. 이러한 직시 내용들은 정확하든 아니든 상관없이, 자기 자신, 타인들, 세계, 그리고 미래에 대한 핵심 신념들을 형성한다.

영적 사정 평가 역시 각 내담자의 삶을 구성하는 관계적 구조(relational fabric) 이해에 있어서 유용할 수 있다. 맥민(McMinn, 1999)은 사람들이 하나님과의 관계에서 그들 자신을 어떻게 여기는지 사정(査定)하는 것을 돕기 위하여 다음 세 가지 연습문제들을 추천한다.

첫째, 내담자들에게 그들이 하나님에 대해 생각할 때 머리에 떠오르는 일곱여덟 가지 단어들을 기술하도록 요구하라. 제시된 형용사들 목록은 그들이 어떻게 하나님과 연결되어있는가에 대해 무언가를 드러내 보인다.

> **상담조언 5.5: 탐정이 아니다.**
>
> 치료사가 탐정이 아니라는 점을 명심하는 것은 중요하다. 때때로 치료사들은, 상세한 질문조사, 다른 가족 구성원들 인터뷰, 최면술 등등을 통하여, 어떤 내담자의 유년시절의 경험들에 대해 "완벽한 진실"을 발견하기 위하여 강요받은 느낌이다. 다음 두 가지 실수들 중 한 가지가 발생하는 것은 불가피하다. 치료사가 무심코 내담자에게 견해를 제기하게 되고, 이것이 그 다음에 내담자의 유년시절에 대한 기억들을 바꾸어 진술하게 되는 결과를 초래하는 실수를 하거나, 아니면 치료사가 내담자를 믿지 않는다는 인상을 주는 실수를 한다. 어느 경우든지, 실질적인 손해가 결과로 일어날 수 있다.
>
> 가장 좋은 전략은, 비록 아무도 과거에 대한 완벽한 회상기억을 보유한 사람은 없다고 할지라도, 모든 내담자들의 기억들을 실질적이고 중요한 것으로 받아들이는 것이다. 과거의 기억들이 예전과 현재의 관계들을 구체화한 그 방식들을 찾아라. 이것이, 개별기억들 모두에 대한 명료성과 정확성을 결정하기 위해 애쓰는 것보다 궁극적으로는 더욱 중요한 것이다.

예를 들어, 하나님을 자비롭고, 은혜로우시며, 그리고 사랑하는 분으로 생각하는 내담자는, 하나님을 가혹하고, 엄격하고, 그리고 진노하시는 분으로 묘사하는 당사자보다 다른 관계적 경험을 가지고 있다.

둘째, 예수와의 관계에 대한 모든 그리스도인 내담자들의 직감적 이해를 사정(査定)하기 위해 유도 심상을 사용하라.

간단한 휴식운동을 다 마친 후, 내담자는 이 세상 인생이 끝난 후 예수님을 만나는 것은 무엇과 같을까에 대한 그림을 그리도록 요구 받는다.

예수님이 어떻게 반응할까?

주님은 얼굴에 어떤 표정을 지으실까?

어떤 종류의 환영이 일어날까?

비록 성경이 이 질문들에 대해 분명한 답들을 제공하지 않지만, 내담자들이 반응하는 방식은 직감적으로 이해된 예수님과 그들 자신들의 관계에 대한 중요한 점을 드러낸다.

셋째, 내담자가 하나님께서 자신들에 대해 무슨 생각을 하시는지 다 적도록 하라. 지금까지 내담자가 행한 것이 너무나 적어 하나님께서 실망하고 계신가?

하나님께서 내담자에 대해 기쁨과 즐거움의 표현들을 하고 계시는가?

이 연습문제들은 모든 사람들이 하나님께 어떻게 연결되어 있는지에 대한 무언가를 드러낸다.

대인 관계로 상처 입은 내담자의 경험에 대한 평가시기를 숙고하는 것이 중요한 관계기능의 추가 영역은, 내담자와 치료사 사이의 관계다. 전이감정들과 역전이감정들은 내담자의 관계적 역동이해에 있어서 중요한 정보자료들이 될 수 있다. 이것들은 모든 내담자들의 초기상담에서 관찰되지 않을 수 있지만, 그러나 제10장과 제11장에서 기술된 관계영역 개입들이 계속 지속될 때 대부분 늘 관찰될 것이다. 보통 이것들은, 긍정적 반응들과 부정적 반응들이 모두 포함된, 치료사에게 극단적이며 부당한 반응들을 보일때 관찰된다. 치료사-내담자관계에 대한 이해는 치료사가 내담자에 대해 가지는 감정들을 통해 이루어진다. 즉 이것들은 강렬한 슬픔, 격앙된 분노, 심한 무관심, 강렬한 성적 감정들처럼 대개 극단적이거나 부당한 감정들이다. 우연히 전이감정들과 역전이감정들이 마주쳐질 때, 치료사는 어떻게 이런 감정들이 내담자의 대인 관계의 역동으로 연결되어 있는가를 발견하기 위한 시도를 해야만 한다. 확실히 내담자는 중요하면서도 진행중인 역동을 포함하는 과거로부터 기인된 중요한 관계를 만들어낸다.

6. 조각정보들을 함께 사용하기

효과적인 사례개념화의 구성은 내담자의 디스트레스와 연결된 적절한 문제점들을 규명하는 것과 어떻게 그 문제점들이 연결되어 있는지에 대해 기술하는 것에 포함된다. 이론상, 경우 형식화는 개입들의 방향을 제시해주고 치료계획으로 인도해줄 것이다. 통합적 심리치료에서, 내담자요인들이 개입들과 예후(豫後)에 연결될 방법들을 결정하기 위해서 진단들, 문제점들, 기대치들, 그리고 대인 관계의 감응반응과 같은 내담자요인들을 사정 평가하는 것은 중요하다. 개입을 위한 가장 있음직한 초점들을 결정하기 위하여 역기능 영역들(부적응적 사고, 부적응도식들, 그리고 부적응적인 대인 관계의 기능)을 사정평가하는 것 역시 중요하다.

필수적인 사정평가는 사례개념화를 위해 삼 단계 과정으로 일어날 수 있다.

첫 번째 단계에서는, DSM-IV 진단을 통해 내담자가 경험하는 증상들의 일부를 규명하여 내담자에 대한 더 넓은 이해를 촉진할 것이다. 또한, 그 진단은 다른 정신과의사들과 내담자의 장애의 본질에 대해 의사소통할 언어를 제공할 것이다.

두 번째 단계에서는, 반드시 치료—특이 문제점들이 중점적으로 다루어져야만 한다. 이런 현안들은 통합적 심리치료이론에 기초를 두고 있는 문제점들이며, 부적응적 생각들, 부적응도식들, 그리고 통합적 심리치료모델 근저(根底)에 있는 부적응적 관계적 역동을 포함한다. 다음 질문들은 사례개념화 촉진을 도와주는 것들이다.

- 현재의 부적응적(자동으로 떠오르는) 생각들은 무엇입니까?
- 부적응도식들(즉, 자기 자신, 타인들, 그리고 세상과 미래에 대한 핵심 신념들)은 무엇입니까?
- 내담자가 과거의 관계경험들에 근거한 관계들에서 무엇을 기대합니까?
- 현재 증상들이 부적응적 생각들, 부적응도식들, 그리고 부적응적 관계적 경험들과 어떻게 연결되어 있는가?

세 번째 단계에서는, 사례개념화는 치료를 방해하거나 촉진시킬 문제점들에 역점을 두고 다루어야 한다. 이 현안들은 이 장에서 이미 일반상담자요인들로 기술되었다. 그 요인들은 도표 5.2.에 제공된 병력(病歷)을 사용하여 사정평가 될 수 있다.

내담자가 도표의 오른편에 속한다면, 많은 방해요인들이 그것의 경우화와 오랜 치료를 복잡하게 만들 수 도 있다. 사려깊은 치료사는 예후와 치료계획을 구성할때, 이 요인들을 고려할 것이다. 내담자 도표의 왼편에 속한다면, 방해요인들이 적을 것이며, 대신 치료를 촉진시키는 요인들이 명확해질 것이다.

병에 쉽게 걸리게 하는 원인들	적음	많음
급속한 발병원인들	분명함	흐림
영구적 원인들	적음	많음
문제통찰력	높음	낮음
문제의 가혹성	낮음	높음
문제의 복잡성	낮음	높음
자가-효험	높음	낮음
성과기대치	높음	낮음
대인 관계 감응 저항	낮음	높음
영적 안녕	높음	낮음
사회적 지지	높음	낮음
일반 원천들	높음	낮음

도표 5.2. 치료방해와 촉진요인들

　내담자의 어려움들에 대한 개념화는 내담자의 디스트레스(대개 그들의 질병들과 증상들)에 대한 분명한 기술을 제공해야만 한다. 이것이, 이 디스트레스가 내담자의 삶에 어떻게 간섭하는가에 대한 한 이해물이면서, 현재 관계들과 가족-가계 관계들을 포함한 디스트레스 원천에 대한 한 자각 내용인 것이다. 디스트레스 원천은 개입영역을 결정하는 데 있어서 중요하다.

　만일 그 출처가 디스트레스적 생각들과 행동들을 상승시키는 상황들에 포함된다면, 증상중심개입(기능적 영역)이 요청되는 전부일 수 있다. 만일 그 출처가 생각들과 행동들에 주어진 의미를 포함한다면, 그것이 증상중심 전략들로 시작하기에 좋다해도, 대개 도식중심개입(구조적 영역)이 필요하다. 만일 그 디스트레스의 원천이 특별히 지난 관계들에서부터 기인된 관계 상처와 관련 있다면, 더욱 시간-집중적, 관계중심 접근법(관계적 영역)이 고려되어야만 한다.

　통합적 심리치료는 세 가지 문제 세트들에 대한 세 가지 다른 치료법으로 간주되지 말아야 한다. 통합적 심리치료모델에서 다른 개입영역들은 모두 상호연결되어 있으며, 대부분의 상담은 때로는 동시에, 때로는 순차적으로 한 영역 이상에서 진료활동하는 것을 필수적으로 포함한다. 좋은 사례 개념화는 본 개입이 얼마나 집중적일 필요가 있는가 그리고 어느 영역들이 가장 직접적인 고려사항을 보장하는가에 대한 아이디어를 제공하는 것을 도와준다.

참고문헌

American Psychiatric Association. (2000). *Diagnostic and statistical manual of mental disorders* (4th ed., text revision). Washington, DC: Author.

Bandura, A. (1977). *Social learning theory*. Englewood Cliffs, NJ: Prentice-Hall.

Beck, J. S. (1995). *Cognitive therapy: Basics and beyond*. New York: Guilford Press.

Brems, C. (1999). *Psychotherapy processes and techniques*. Boston: Allyn & Bacon.

Beutler, L. E., & Clarkin, J. F. (1990). *Systematic treatment selection: Toward targeted therapeutic interventions*. New York: Brunner/Mazel.

Cooper, T. D. (2006). *Making judgments without being judgmental*. Downers Grove, IL: InterVarsity Press.

Gottman, J. M. (1999). *The seven principles for making marriage work*. New York: Crown Publishers.

Hathaway, W. L., Scott, S. Y., & Garver, S. A. (2004). Assessing religious/spiritual functioning: A neglected domain in clinical practice? *Professional Psychology: Research and Practice, 35*, 97-104.

Hill, P. C., & Hood, R. E. (Eds.) (1999). *Measures of religiosity*. Birmingham, AL: Religious Education Press.

Hill, P. C., & Pargament, K. I. (2003). Advances in the conceptualization and measurement of religion and spirituality: Implications for physical and mental health research. *American Psychologist, 58*, 64-74.

Johnson, W. B. (1993). Outcome research and religious psychotherapies: Where are we and where are we going? *Journal of Psychology and Theology, 21*, 297-308.

Jones, S. L. (1994). A constructive relationship for religion within the science and profession of psychology: Perhaps the boldest model yet. *American Psychologist, 49*, 184-99.

Kelly, T. A., & Strupp, H. H. (1992). Patient and therapist values in psychotherapy: Perceived changes, assimilation, similarity and outcome. *Journal of Consulting and Clinical Psychology, 60*, 34-40.

Koenig, H. G., McCullough, M. E., & Larson, D. B. (2001). *Handbook of religion and health*. New York: Oxford.

Lopez, S. J., & Snyder, C. R. (2003). *Positive psychological assessment: A handbook of models and measures*. Washington, DC: American Psychological Association.

McCullough, M. E. (1999). Research on religion-accommodation counseling: Review and meta-analysis. *Journal of Counseling Psychology, 46,* 92-98.

McMinn, M. R. (1991). *Cognitive therapy techniques in Christian counseling*. Waco, TX: Word Books. This book is out of print and can be downloaded at www.markmcminn.com.

McMinn, M. R. (in press). *Sin and grace in Christian counseling*. Downers Grove, IL: IVP Academic.

McMinn, M. R., Ruiz, J. N., Marx, D., Wright, J. B., & Gilbert, N. B. (2006). Professional psychology and the doctrines of sin and grace: Christian leaders' perspectives. *Professional Psychology: Research and Practice, 37,* 295-302.

Miller, W. R., & Thoresen, C. E. (2003). Spirituality, religion and health: An emerging research field. *American Psychologist, 58,* 24-35.

Monroe, P. G. (2001). Exploring clients' personal sin in the therapeutic context: Theological perspectives on a case study of self-deceit. In M. R. McMinn & T. R. Phillips (Eds.), *Care for the soul: Exploring the intersection of psychology & theology* (pp. 202-17). Downers Grove, IL: InterVarsity Press.

Moroney, S. K. (2000). *The noetic effects of sin*. Lanham, MA: Lexington Books.

Pargament, K. I. (1997). The psychology of religion and coping: Theory, research, practice. New York: Guilford Press.

Powell, L. H., Shahabi, L., & Thoresen, C. E. (2003). Religion and spirituality: Linkages to physical health. *American Psychologist, 58,* 36-52.

Richards, P. S., & Bergin, A. E. (2005). *A spiritual strategy for counseling and psychotherapy* (2nd ed.). Washington, DC: American Psychological Association.

Seeman, T. E., Dubin, L. F., & Seeman, M. (2003). Religiosity/spirituality and health: A critical review of the evidence for biological pathways. *American Psychologist, 58,* 53-63.

Shafranske, E. P., & Sperry, L. (2005). Addressing the spiritual dimension in psychotherapy: Introduction and overview. In L. Sperry and E. P. Shafranske (Eds.), *Spiritually oriented psychotherapy* (pp. 11-29). Washington, DC: American Psychological Association.

Snyder, C. R., & Lopez, S. J. (Eds.) (2005). *Handbook of positive psychology*. New York: Oxford.

Teyber, E. (1997). *Interpersonal process in therapy: A relational approach* (4th ed.). Belmont, CA: Wadsworth.

Wade, N. G., Worthington, E. L., Jr., & Vogel, D. L. (in press). Effectiveness of religiously-tailored interventions in Christian therapy. *Psychotherapy Research*.

Worthington, E. L., Jr., & Sandage, S. J. (2001). Religion and spirituality. *Psychotherapy: Theory, Research, Practice, Training, 38,* 473-78.

제6장
증상중심개입들 이해하기

우리 대학의 많은 대학원생들은 선택할 수 있는 두 직업들 중 하나를 포기하기로 결정한 후, 심리학을 전문직업으로 선택한다. 일부 학생들은 신학대학원에 진학하여 처음에는 목회자가 될 것을 고려한다. 대개 이 학생들은 인간 존재의 일부이자 타락한 세상에서의 삶의 일부인 깊은 신앙적 갈망들에 매우 민감하다. 그러나 그들은 안수받은 목회자가 되기보다는 전문심리학자들로서 영혼들을 돌보기로 결정한다.

두 번째 그룹의 학생들은 의과대학보다는 심리학을 선택한다. 그들은 종종, 전통적인 대중의학보다도 심리사회적 개입들에 더 관심이 많지만, 고난에서의 해방과 건강 개선에 마음이 향해 있다. 의학적 기질이 있는 이 학생들은 문제점들을 잘 진단할 정도로 임상훈련을 받기원하며, 최신과학적 증거가 뒷받침된 치료법들을 제공하기를 원한다. 궁극적으로, 심리학으로 귀결된 두 갈래길은 우리에게 인간 조건에 대한 중요한 작은 단면들을 상기시키다.

목회자의 마음을 가진 그리스도인 치료사들은 의미와 목적을 향한 인간의 추구에 집중할 가능성이 있다. 즉 그들은 종종 내담자의 발달적 역사, 정서적 상처들, 영적 갈망들, 그리고 관계적 기쁨들을 깊이 통찰한다. 이것은 영혼-돌봄 패러다임이라 할 수 있다. 내과의사의 감각능력들으로 심리치료에 접근하는 사람들은 응용과학자들이 되어 사람들이 자신들의 고통에서 자유하도록 도와주는 최고의 치료를 가능한 빨리 제공하려한다. 이런 접근법은 의료적-돌봄 패러다임으로 간주될 수 있다. 이런 이론적인 틀에서 치료사는 성격 변화에 관한 것보다 특정한 문제점들을 치료하고 예방하는 것에 더욱 중점을 둔다.

본서를 읽는 일부 치료사들은 목회자의 관점으로 더 많은 부분을 규명할 것이고, 또 다른 치료사들은 내과의사의 관점을 가지고 그리할 것이지만, 어느 경우든, 특이한 증상들과 증후군들을 진단하고 치료하는 것에 대해 뭔가를 아는 것이 중요하다. 이 두 부류의 치료사들은 내담자들이 자신들을 치료받도록 이끈 고통스런 증상들과 환경들을 관통해 나가도록 도와줌으로써 신뢰심을 세워간다. 그 두 이론적 틀에 따른 치료의 장기적 목표들은 다를 것이다. 그러나 시작점은 도표 6.1에 예시되어 있듯이 똑같다.

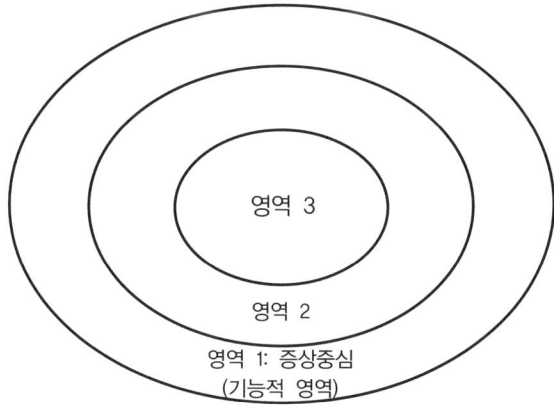

도표 6.1 통합적 심리치료는 증상중심개입들부터 시작한다.

의료적-돌봄 패러다임에서, 내담자들은 처음 디스트레스-불안이나 우울증 또는 일종의 관계문제-상태에서 찾아온다. 그 다음, 치료사가 그 문제를 개념화하고 특정한 치료를 적용한다. 이 치료는 디스트레스 증상들을 완화하기 위한 증상중심개입들을 포함한다.

의료-돌봄 패러다임은 종종, 내담자들이 역기능적 생각들과 감정들에 쉽게 상처입게 만드는 기저에 깔린 상정 내용들과 가치관들을 내담자들이 이해하도록 도와주기 위해 도식중심개입들(구조적 영역) 속으로 들어가는 영역침탈을 포함한다. 일단 그 증상들이 통제하에 놓이면, 치료사와 내담자는 치료를 종료한다. 후에, 추가적인 근심거리들에 부닥치면, 내담자는 부가적인 도움을 얻기 위하여 돌아올 것이다. 이런 종류의 단기적 돌봄은 심리적 의료서비스에 대해 금전적 상환을 해주는 대부분의 건강보험회사들이 선호한다.

영혼-돌봄 패러다임에서, 치료사와 내담자는 증상관리보다 더 큰 목표들을 설정한다. 그들은 함께 더 깊은 차원의 성격문제들, 영적 갈망들, 용서, 심리학적 방어기제의 이해에 관한 진료활동을 하기로 결정하고 과거의 관계적 상처들 등등의 문제들을 다룬다. 그러나 심지어 이 경우에도, 신용과 신뢰확립을 위한 출발점이 틀림없이 있어야만 한다. 다음의 대화가 디스트레스에 빠진 내담자에게 얼마나 실망스러울까 상상해 보자.

내담자: 진짜 이상한 일이 이번 주에 있었어요. 직장에서의 복잡한 분규를 생각하며, 한 달 뒤에도 내가 여전히 일자리를 가지고 있을까 생각하면서 도로를 운전해 가는데, 그런데 갑자기 제게 공황장애가 왔어요. 전 차를 도로가에 세워야만 했어요. 그것은 끔찍했어요! 전 한 번도 그런 경험을 해 본 적이 없어요.

치료사: 듣고 보니 어려운 문제군요. 이번 주에 차 안에서 무슨 일이 벌어졌었는지 이야기하기 전에, 당신의 유년시절 경험들의 일부를 듣고 싶습니다.

내담자: 뭐라구요?

이것은 비효과적인 치료일 뿐만 아니라, 그것은 내담자를 기겁(氣怯)하게 하여 그 증상들에 극도로 둔감하기까지 하게 만든다. 만일 더 깊은 차원의 관계적 현안들과 정신외상적 사건들같은 것이 있다면, 초기 공황상태문제들이 먼저 해결되어진 후, 역점을 두고 다루어질 문제점들이다. 증상중심개입들이 먼저 일어난 후, 치료사와 내담자는, 더 깊은 차원의 심리적, 영적 문제현안들을 면밀히 조사할지 안할지를 결정한다.

> ### 상담 조언 6.1: 세 번째 대안으로서의 예방
>
> 우리는 의료적–돌봄 모델과 영혼–돌봄 모델에 대해 기술하고 있지만, 그러나 세 번째 대안예방에 대해 언급할 만한 가치가 있다. 마치 치과의학이 관리라는 예방적 모델로 옮겨갔듯이, 일부 지역사회 심리학자들과 심리치료사들도 문제가 시작되기 전에 예방을 돕는 방법들을 발견했다. 예방 1은 정신건강 원천들이 문제 발생을 막을 때 일어난다. 예를 들어, 혼전 상담은 커플들이 효과적인 소통과 관계 기술들을 배우는 것을 도와주므로 그들이 직면할 문제점들을 예방하게 해 준다. 예방 2는 위험이나 고민의 최초의 표식들에 대한 도움이 제공될 때 일어난다. 이런 경우의 한 예가, 결혼 일 년 차 동안 어떤 적응 도전들을 경험하는 젊은 쌍들을 대상으로 교회나 지역사회가 제공하는 어떤 수업이다. 예방 3은 일단 문제점이 규명된 후 부정적 성과들 예방에 그 목적이 있다. 심각한 결혼 문제들을 가진 쌍은 이혼을 예방하고 결혼생활을 개선해가도록 도와주고자 하는 희망으로 치료사에게 추천될 수 있다.
> 대부분의 치료는 예방 3모델 위에 기초하고 있다. 그러나 다른 형태의 예방들도 명심할 가치가 있다. 지역사회 심리학자들은 지역사회들 안에 있는 원천들과 강점들을 어떻게 수집할 것인가를 심사숙고하여, 이것들을 건강한 기능촉진을 돕기 위하여 활용한다. 지혜로운 그리스도인들은 교회공동체가 어떻게 건강을 얻는 방식으로 기능할 수 있을지 심사숙고해야 한다. 교회–심리학 협력의 가장 고무적인 형태들 중 일부는 예방에 집중하는 것이다(맥민 & 도밍구에즈, 2005).

두 가지 경고에 순서가 있다.

첫째, 비록 우리가 본서에서 세 가지 영역들에 대해 기술하고 있지만, 치료가 매우 깔끔하게 범주들에 맞는 경우는 거의 없다는 점에 주목하는 것이 중요하다. 도표 6.1에 예증된 영역들은, 이 모든 것들이 돌봄의 한 연속대를 따라 존재한다는 것을 예증하기 위하여 영역들 사이에 쌍방향 화살표들을 가지고 있다. 효과적인 치료사들은 돌봄이라는 여러 영역들을 유체(流體)처럼 이동한다. 우리들의 분류법이 증상 중심, 도식중심, 그리고 관계중심개입들을 개념화하는 데 있어서 도움이 될 것이다. 그러나 가장 노련한 치료사들은 여러 치료항목들에서 이 영역들 사이를 기술적으로 옮겨 다닌다.

둘째, 우리 정신과의사들은, 전문심리치료사에 의해 제공된 영혼–돌봄의 종류와, 목회자나 영적 지도자에 의해 제공되는 영혼–돌봄 사이를 구별할 필요가 있다. 걱정스러운 증상들이나 적응염려들이 없을 때조차도, 어떤 이들은 신앙과 성품에서 더 깊이 성

장하기 위하여 영적 지도자나 목회자를 찾아올 수 있다. 증상중심개입들이 적합하지 않을 수도 있다. 즉, 담당 영적 지도자와 내담자가 성품과 영적 형식화라는 토론들로 즉시 이동할 수 있다.

그러나 사람들이 어떤 디스트레스 증상들 없이 심리치료사를 찾아오는 경우는 몹시 드물다. 심리학자에게 진찰 받으러 온 사람들은 보통 힘든 시기를 무거운 걸음으로 터벅터벅 걸어가고 있는 중이며, 디스트레스 증상들에 충분한 주의를 기울이는 것을 중요하게 삼고 있다.

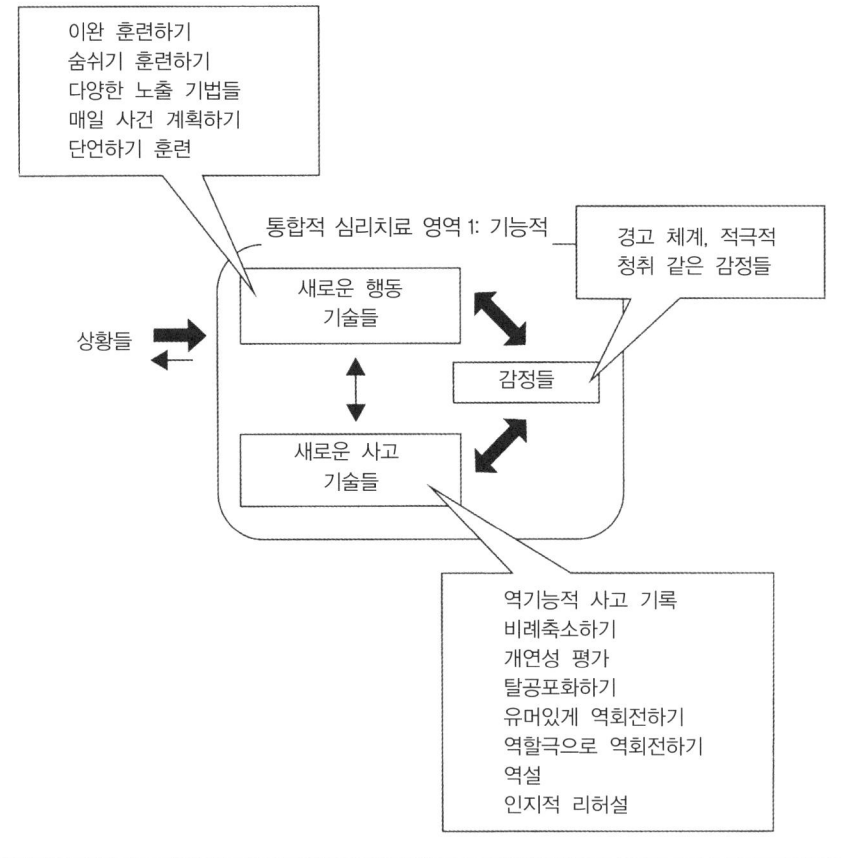

도표 6.2. 증상중심개입들은 내담자들이 새로운 행동과
인지기술들을 배우는 것을 도와준다.

통합적 심리치료에서 증상중심개입방법들은 심리학분야의 인지-행동전통에 의해 알려져 있는 것들이다. 그러나 사람에 대한 기독교적 이해를 기초로 약간의 수정들을 가

했다. 증상중심개입의 주된 목표는, 내담자가 감정들을 면밀히 조사하고 새로운 행동과 사고 기술들 습득을 도와줌으로써 디스트레스를 완화하는 것이다(도표 6.2.를 보라). 약물 역시 내담자의 정신과 의사, 일반의, 혹은 가정의와 면담함으로 고려될 수 있다.

1. 감정들(Feelings)

인지치료사들은 때로 감정들에 거의 관심없는 논리 중개인(logic broker)들로 간주된다. 이것은 인지치료에 대한 불공평한 풍자이다. 대부분의 선도적 인지치료사들은, 그들이 매서운 인지기능을 규명하는 것을 도울 때에 감정들의 중요성에 대한 글을 적고 있다. 그들은 치료시 감정들을 불러일으키며, 내담자가 관련된 인지내용을 규명하도록 도와주고, 그런 후 인지적 실수들을 교정하기 위해 진료활동을 한다. 통합심리치료에도 이런 접근을 위한 자리가 있다. 그러나 감정들은 추가적 중요성을 수반한다.

부정적 감정들은 하나님께서 주신 경보체계, 즉 삶의 관계적, 구조적, 그리고 기능적 차원들에 뭔가가 일그러져있다는 경고로 간주된다. 불쾌한 감정들은 역기능적 생각들에서 기인할 뿐 만 아니라, 그것들은 또한 더 깊은 차원의 아픔과 고투의 원천으로서 관계적 단절을 향해 나아간다.

금속탐지기를 가지고 모래층들 아래에 숨겨져 있는 보물을 찾고 있는 부두 건달을 상상해 보라.

해변에서 물건을 줍는 사람이 금속물체에 접근할 수 록, 그 탐지기는 더 큰 소리로 더 자주 삑삑 발신소리를 낸다. 마찬가지로, 강렬한 감정들은 모든 내담자들과 치료사들이 대화의 겉표면 아래, 그리고 아마 내담자의식의 겉표면 아래에서 일어나고 있는 중요한 행동 근거 탐지를 도와준다.

사람은 직장상황에 대해서-아마 불과 며칠 후에 수행평가가 나올 예정인 경우처럼-격앙된 불안을 경험할 수 있다. 그녀는 매일 아침 일찍 잠을 깨어나 가능한 결과들에 대해 안달복달하고, 삶의 일상적 책임들에 집중하기가 어렵다. 현명한 치료사는 그녀가 그 불안을 몰고 가는 인지적 실수들 찾도록 도와 줄 것이다.

예를 들어, 그녀는 부정적 평가의 가능성을 과대평가하고 있을 수 있다. 그러나 통합적 심리치료에서는, 그녀의 삶의 더 깊은 차원에 있는 구조적, 관계적 행동근거들 역시 고려하는 것이 중요하다. 아마도 그녀는 언제나 다른 사람의 승낙을 얻어내야만 한다는 도식-영역 신념을 가지고 있을 수 있다. 아마 그녀의 불안강도가, 부모님의 사랑과 주목을 유지하기 위해서 그녀는 반드시 완벽하게 보여야 한다는 것을 배웠던 유년시절 관계들을 다시 가리킬 수 있다. 그녀의 불안의 감정들은 인지적 변화로 치료될 수 있는 단지 어떤 장애 증상들일뿐 만 아니라, 그것들은 또한 자신의 도식들과 관계적 갈망들을 더 잘 이해할 때까지 반복적으로 나타남직한 더 깊은 차원의 행동근거들의 규명을 도와준다(감정들, 도식들, 그리고 관계들은 다음 장들에서 논의될 것이다.)

실질적으로 심리치료에의 개별접근법은 적극적인 경청에 관한 강조를 포함한다. 그리고 통합적 심리치료도 예외는 아니다. 적극적 경청은 안전의 환경을 만들어 주므로, 내담자들은 자신의 감정들과 경험들에 대해 자세히 조사하고 표현하는 데 자유로움을 느낀다. 적극적 경청의 여러 방법들─즉, 진정(眞正)성, 공감, 적극적 간주, 반성들, 해석들, 직접성, 승인, 비언어적 표현, 등등─에 대해 기술하는 것은 본서의 범위를 넘어선다. 그러나 상담을 공부하는 학생들은 효과적인 조력자들이 되기 위하여 이것들에 대하여 배울 필요가 있다.

2. 행동 기술들(Behavior Skills)

비록 이십 세기 중반의 급진적 행동주의가 이제는 죽었거나 긴 의식불명상태에 들어갔다 할지라도, 여전히 증상중심적 통합적 심리치료의 국면에서 쓸모있는 중요한 행동-변화기법들이 존재한다. 긴장풀기훈련, 숨쉬기훈련, 그리고 다양한 노출방법들은 7장에 기술되어 있는 것처럼 불안장애들치료에 유용하다. 일상사건계획, 단언하기 훈련은 제 9장에 기술되어 있듯이 우울증 치료에 유용하다.

행동개입들은 고전적, 조작적, 그리고 관찰적 학습이론에 그 뿌리를 두고 있다. 이것들을 상세히 기술하는 것은 본서의 범위를 넘어선다. 그러나 간략한 설명은 적절하다고 본다. 고전적 조건화는, 생물학적으로 결정된 자극이 조건자극과 한 짝을 이루는 상황들에서 등장하는 정서적인 반응들을 숙고한다.

만일 그 유대가 강하면, 중성자극도 생물학적으로 무조건적 자극처럼 똑같은 효과를 가지기 시작한다. 그 고전적인 예는 이반 파블로프(Ivan Pavlov)의 개들의 경우에서 관찰된다. 파블로프는 쌍 페쩨르부르그(St. Petersburg)에서 활동하는 러시아의 생리학자인데 개에게서 침이 다량으로 나오게 하는 행동연구를 시작했다. 그는 다양한 유형의 음식과 연관된 침의 양을 알고 싶어 했다. 그러나 곧 개들은 일을 어렵게 만들었다. 왜냐하면 그들은 본 실험자의 발자국 소리들을 들었을 때, 즉 본 실험자가 그 날의 음식을 개들에게 제시하기 오래 전부터 침을 흘리기 시작했다. 중성자극(발자국 소리들)이 생물학적으로 결정된 자극(개들은 음식 앞에서 자연적으로 침을 다량 흘린다)과 연결됨으로써, 그 개들은 그 발자국 소리들에 대한 반응으로 침을 다량으로 흘리고 있었다. 종국적으로 파블로프는 자신의 최초 연구질문을 포기했고, 고전적 조건형성을 연구했다.

고전적 조건은 왜 일부 어른들이 내과의사나 치과의사에게 가기를 두려워하는지 설명하는 것을 도와준다-그들은 그런 병원진료소 자체나 의사의 모습을 그들이 유년시절 경험한 육체적 고통과 결부시킨다. 이것은 또한 특정공포들에 대한 설명을 도와준다.

예를 들어, 주르르 미끄러지듯 나아가는 뱀을 보고 깜짝 놀란 어린 아이는 깜짝 놀라게 하는 시각적 경험을 뱀을 봄과 연관시켜, 결국 뱀들에 대한 과도한 공포로 된다. 그것은 또한 왜 성적 학대에서의 생존자들이 후일 심지어 안전하고 염려하는 배우자와조차도 성적 어려움들을 가질 수 있는가에 대한 설명을 도와준다.

행동개입들은, 사람에게 어려움을 야기시키고 있는 고전적으로 조건화 된 반응들을 소거(消去)하는데 도움을 준다. 예를 들어, 내담자는 피하 주사바늘 앞에서 긴장을 푸는 방법을 배운다. 그래서 내과 진료소에서 내담자로 하여금 불안과 두려움을 느끼도록 했던 예전의 조건반사를 줄인다. 긴장 풀기 훈련, 숨쉬기 훈련, 그리고 노출 치료법들을 포함해 제7장에 기술한 대부분의 행동 전략들은, 지금까지 문제들을 야기시켜 온 고전적인 조건반사를 사람들이 극복하도록 돕는 도구들이다.

시행착오 학습은 강제적인 결과에 뒤따르는 방출된, 자발적 행동에 관계된다. 스키너(B. F. Skinner)의 독창성이 풍부한 연구와 종종 결부된 시행착오 학습은 있음직한 행동이 뒤따르는 결과 여하로 어떻게 증가하거나 감소하는지 숙고한다. 행동의 가능성을 증가시키는 두 가지 방법-보상주기와, 불쾌한 결과 인출하기-들이 있다. 전자는 정적강화(positive reinforcement)로, 후자는 부정강화(negative reinforcement)로 알려져 있다. 십대들은 쓰레기를 밖에 갖다 버리는 것을 배운다. 왜냐하면 용돈 받는 것(정적강화요인) 혹은 부모님의 잔소리(부적강화요인)의 제거가 뒤따르기 때문이다.

임상적으로, 시행착오 학습은 여러 문제들에 대해 병에 쉽게 걸리게 하는 요인이자 영구적인 요인이 될 수 있다. 과거에 강화된 적이 있었기 때문에 현재 존재하는 문제들도 있다.

예를 들어, 사회적으로 불안해하는 내담자의 경우가 여기에 해당한다. 어린 시기동안 낯설고 예기치 않은 상황들을 회피할 것에 대한 강화가 언어적으로 자리잡힌 내담자이다. 다른 문제점들은 다른 기원들을 가지고 있다. 그러나 그것들도 시행착오 학습에 의하여 유지되는 문제들이다. 어떤 문제들은 특정 사람의 친구들이나 가족에 의하여 무심코 강화된다. 이것이 이차획득(secondary gain)으로 알려져 있는 과정이다.

예를 들어, 본 저자들 중 한 명이 한 때 어떤 내담자가 있었었는데, 그녀는 자신의 뱀 공포증이 타인들로부터 동정과 주목을 받는 데 도움을 주었다고 궁극적으로 결론을 내렸던 내담자였다. 그녀의 문제는 고전적 조건화에서부터 기인한 것이었다. 그러나 시행착오 학습은 그것을 영구화시켰다.

단언적 주장 훈련과 매일 활동계획하기와 같은 제7장과 제9장에 기술된 방법들의 일부는 전략들이다. 관찰학습은 우리가 알고 있는 상당히 많은 양을 설명한다. 심지어 십 오세가 되기도 전에 운전석에 앉아서 운전을 배운다. 이것은 다른 사람들이 운전하는 것을 지켜봄으로써 방대한 양의 학습이 일어났었다는 것을 말한다. 반시계 방향으로 바퀴를 움직이면 결국 왼손 쪽으로 회전이 되고, 시계방향으로 틀면 결국 오른손 방향으로 회전하게 된다. 한 쪽 페달을 밟으면 차가 더 빨리 달리고, 나머지 다른 페달은 차를 느리게 가게 한다. 그와 마찬가지로 심리학적 문제들 역시 때때로 다른 사람들이 어떻게 슬프거나 위험한 상황들에 응답하는가를 지켜본 결과로 생긴다. 불안해하는 부모의 자녀들은 살면서 나중에 불안장애에 걸리기 쉬울 수 있다. 이것은 생물학적 성질들 때문뿐만이 아니라, 불안해하는 많은 반응들과 행동들을 관찰한 결과로 역시 그렇다.

임상적으로, 치료사들은 내담자들을 위해 효과적인 대처반응의 모형을 만들 때, 관찰적 학습을 좋은 용도로 놓는다. 예를 들어, 긴장풀기훈련을 7, 8주 한 후, 치료사는 비행을 두려워하는 내담자와 비행기를 탈 수 있다. 이런 개입은 시행 착오적 학습에 대한 치료(새로 배운 긴장풀기법을 비행과 짝을 이룸으로)를 제공할 뿐 만 아니라, 내담자가 치료사가 비행에 대한 침착한 접근법의 모델노릇하는 것을 관찰할 수 있는 기회도 제공한다.

고전적, 조작적, 그리고 관찰적 학습의 중요성에도 불구하고, 통합적 심리치료모델에서 행동 기술들이란 단지 이 세 유형의 조건화의 합으로만 간주되어지지 않는다. 행동주의가 유행할 때, 일부 열렬한 치료사들과 이론가들은, 실질적으로 모든 행동은 학습법칙들로만 설명될 수 있다고 믿었다. 그러나 기독교 정신이나 현대심리학은 인간행동 이해에 있어서 그렇게 극단적인 환원주의를 허용하지 않는다. 전통적으로 행동치료사들은 매우 결정론적인 태도를 취하고 있으며, 과거 학습의 불확정성들이 현재 있는 불가피한 행동 패턴들을 창조하는 것을 당연히 여긴다. 기독교 교리는 어느 정도 수준의 결정론을 허용한다.

예를 들어, 인간의 죄성이, 우리가 이기성과 고투할 것을 결정한다는 것은 틀림없는 사실이다. 그러나 행동주의의 급진적 결정론처럼 멀리가지는 않는다. 기독교 정신은 인간의 대리행위라는 척도를 당연한 것으로 여긴다. 신구약 성경을 통틀어, 우리 모든 하나님을 따르는 자들은, 당대 우세한 문화적 힘들에 반하는 특별한 인생길을 선택하라는 여러 가지 부르심들이 있음을 안다. 우리 그리스도인들은 선택할 자유가 있을 뿐만 아니라, 현명하고 거룩한 선택들을 하는 데 있어서 자유결정권을 행사하라고 부름받은 존재들이다.

통합적 심리치료에서, 인간의 기능은 적응적 행동이라는 더 큰 정황 안에서 관찰된다. 즉, 과거 학습의 강력한 영향과 인간자유의 가능성 두 가지 모두 인정된다. 행동 역시 생물학적 요인들, 본유적 동기들, 영적 자각, 정신 과정들, 그리고 여러 가지 다른 요인들에 의해 영향을 받는다. 게다가, 행동이란 적응적 기능의 유일한 차원으로 간주된다. 즉, 인지기능과 감정들 역시 중요하다.

하나님의 형상(Imago Dei)에 대한 기독교 신학의 기능주의자들의 관점과 일치하는,

---

1 (역주) 환원주의란 복잡한 데이터·현상을 단순하게 환원하여 설명하려는 이론을 칭한다. 지나친 단순화하기라 할 수 있다.

진료소에서 6.1: 공감반사하기와 모델노릇하기

관찰학습은 치료에서 사람들이 변화하는 한 가지 방법은 치료사가 삶의 상황들을 어떻게 다루는가 관찰함으로써 이루어진다고 제안한다. 침착하며, 문제 해결에 대한 안정된 접근법의 모형을 만드는 치료사들은 좋은 모범을 보임으로써 도움을 주고 있다. 동시에, 치료에서 적극적인 경청은 특정 양의 감정반사를 포함한다. 즉, 내담자가 슬픔을 표현할 때, 치료사는 그 감정들에 대해 공감을 경험하고, 말과 얼굴 표정으로 그것을 되반사한다. 마찬가지로, 어떤 내담자가 기쁨에 차 있으면, 치료사는 삶에 대한 희망과 열정의 느낌을 반사한다. 이것은 즐거워하는 자(者)들로 함께 즐거워하고 우는 자(者)들로 함께 울라(롬 12::15)는 바울의 가르침들을 생각나게 한다.

어떻게 침착한 모델노릇하기와 공감반사사이의 균형을 동시에 잡는가?

공감반사가 중요한 만큼 중요한 것은, 어떤 치료사라도 내담자의 감정들에 소진되지 말아야 한다는 것이다. 공감은 동정이 아니다. 공감적인 치료사라면 누구나 어떤 내담자가 침체되어있을 때, 염려를 느끼고 표현한다. 그러나 여전히 어려운 상황들 한가운데에서조차도 침착한 행실을 유지한다. 이런 점에서, 담당전문의는 삶의 도전들에 대해 물결도 일지 않는 접근법의 모델노릇을 하고 있는 것이다. 가장 효과적인 치료사들은 감정반사하기와 침착한 모델노릇하기 사이에 균형을 찾는다.

칼로쓰: 이번 주는 끔찍했어요. 일어난 모든 걸 전 믿을 수 없어요. 주말 동안 난 자동차사고로부터 시작해서 화요일엔 십대인 제 딸이 가게물건을 훔쳐 체포되고요. 그 다음 어제는 우리 회사가 축소될거구 제 자리 역시 없어질 것 중 하나란 것을 알았어요.

마크: 어머나 세상에 저런~! 처리해야 할 일이 많았겠네요.

칼로쓰: 그러문요. 일 처리하느라 전 기진맥진했어요.

마크: 당신이 지쳐있다고 저도 생각해요. 대단한 한 주였겠어요.

칼로쓰: 네! 정말 스트레스 받은 주예요. 지금 잠도 잘 못자고 있어요. 계속 걱정이 돼요. 이 모든 일들에 대해 침착해지려고 애쓰지만, 그게 잘 안돼요.

마크: 그렇게 많은 일 한 가운데에선 침착해지려고 해도 침착해지지 않죠. 오늘 우리의 시간 동안 의제를 정해봅시다. 당신은 여러 가지 큰 일들이 벌어지는 경험을 했어요. 무엇에 대해 먼저 이야기하고 싶으세요?

칼로쓰: 글쎄요. 경찰서에서 걸려온 그 전화는 정말 끔찍했어요. 그것이 십중팔구 내 한 주에서 가장 낮은 점수를 받은 것일겁니다.

> 마크: 그럼 칼로쓰씨 그 대목에서부터 시작해 보죠. 무슨 일이 있었는지 저에게 말해
> 보세요.
>
> 여기에 등장하는 치료사는 침착하게 공감반사하기와 공감사이의 균형을 맞추고 있다.
> 이것이 치료에 대한 문제 해결접근법이다.

통합적 심리치료에서는, 인간은 창조세계를 관리하고, 심지어 그 일부에 대하여 통치권을 행사하는 고유의 독특한 능력을 가진 것으로 간주된다. 때때로 창조세계를 관리하는 이런 능력들은 자기 자신의 행동과 삶의 상황들을 제어하에 두기 위하여 자기–통제 명령적일 필요가 있다. 자기–제어에 대한 필요, 그리고 그것을 성취하기 위한 기법들은 기독교와 심리학분야에서 유구하고 풍성한 전통의 일부이다.

> 이벳(Yvette)은 삶의 여러 책임감에 압도당함을 느끼는 마흔 둘의 여성이다.
> 그녀는 자주 여행을 필요로 하는 일이 벅찬 직업에 종사하고 있으며, 세 명
> 의 활동적인 십대자녀들의 부모역할을 하고 있고, 그리고 교회에 대단히 많
> 이 연관되어 있다. 그녀는 끊임없이 왠지 모르게 느껴지는 불안 때문에 도움
> 을 구하러 찾아 온다. 밤만 되면 대개 그녀 마음은 경주를 하여서 결국 잠
> 을 이루기가 어렵게 만든다. 낮 동안에 그녀는 직장, 자녀들, 결혼, 그리고
> 기독교적 성격에 대해 초조해한다.

이벳은 불안에 삼킨바 되지 않고 그녀 삶을 이럭저럭 꾸려나가기 원하기 때문에 도움을 구하러 찾아온다. 단순히 자신의 행동들을 고전적, 조작적, 그리고 관찰적 패러다임들로 환원해버리기보다, 오히려 작동중인 더 큰 신학적 근거에 대해 심사숙고할 가치가 있다. 그녀는 자신의 가족, 직장, 그리고 교회 생활과 연관되어 있는 그 작은 창조세계의 조각에 대하여 더 거대한 통제권을 행사하기를 원한다. 그녀는 더욱 효과적으로 기능하기를 원하며, 그리고 그녀는 훌륭하게 그것을 해야만 한다. 왜냐하면 여자 이벳은 하나님에 의하여 삶에 대한 청지기직분을 행사하도록 만들어진 사람이기 때문이다. 치료사는, 낮에 스트레스가 심한 때에 그녀가 침착해하는 것을 돕기 위하여 긴장풀기

와 숨쉬기훈련, 그녀가 일상생활의 세부적인 것뿐만 아니라 궁극적인 의미에 대한 현안들에 초점을 맞추는 것을 돕기 위하여 영적명상훈련들, 그리고 불면증을 줄이기 위하여 판에 박힌 취침시간 할 일, 그리고 직장과 가정, 그리고 교회에서 그녀가 좋은 경계선들을 설정하는 것을 돕기 위하여 단언하기훈련과 같은 행동적 전략들을 제공함으로써 그녀가 기능적 능력의 일부를 재사용하는 것을 도울 수 있다.

이러한 증상 중심 행동 변화방법들은 이벳에게 엄청난 유익을 제공할 것이다. 자신의 상황에 대해 생각하는 방법에 대해 심사숙고하는 것은 또한 중요하다.

3. 인지적 재구성

행동 치료는 행동 변화들에 초점을 두고 있고, 인지치료는 사고의 변화들에 초점을 맞추고 있다. 그리고 그 둘은 어떤 사람이라도 더욱 완전하게 기능하는 것을 도울 수 있다. 이벳(Yvette)의 상황에서, 자신의 삶을 꾸려 나가기 위하여 그녀가 새로운 행동들을 배울 필요가 있을 뿐만 아니라, 그녀의 환경에 대하여 자기 자신을 바라보는 방식 역시 재평가할 필요가 있다.

인지적 재구성(cognitive restructuring)는 다양한 기술들을 통하여 성취될 수 있다. 아마도 가장 일반적으로 사용되는 방법은 때때로 삼중-기둥 기법(the tr통합적 심리치료le-column technique)이라 일컬어지는 역기능적 사고 기록법(the dysfunctional thought record)이다. 여기서 치료사는 내담자가 어떤 나쁜 상황의 다양한 구성성분들을 세 가지 구별된 범주들로 떼어내는 것을 도와 줄 수 있으며, 그런 후에 그 상황을 평가하는 더욱 합리적인 방법들을 찾아 면밀히 조사한다. 역기능적 생각기록을 배우기위해 다음 두 가지 기술들이 요구된다. 어떤 한 경험을 그 구성부분들로 분류하는 기술과, 그리고 역기능적 사고들을 온화하게 가만히 반박하는 기술이다.

1) 역기능적 사고기록: 분류하기

역기능적 사고기록을 사용하는 첫 번째 목표는, 내담자가 극도로 혼란스러운 경험을 세 가지 변별적 범주들—상황, 감정들, 그리고 생각들—로 재구성하도록 도와주는 것이다. 이것이 역기능 사고기록법이 삼중-기둥기법으로 알려진 이유다. 디스트레스를 큰 불행이라는 한 방울의 잉크얼룩으로 경험하는 것은 꽤 자연스럽다. 역기능적 사고기록법은 그것을 세 구성성분들로 분류함으로써 그 얼룩 덩어리를 풀어 해체하는 것을 도와준다.

> **상담 조언 6.2: 너무 빨리하지 않기**
>
> 역기능적 사고기록법은 표준인지치료도구이다. 그러나 치료가 너무 이른 단계에서 사용하면 안 된다. 문제 해결에 대한 구조적이며, 세밀한 접근법때문에, 강한 진료 활동적 연대가 구축되기 전에 사용된다면, 환언적[2]으로 보일 수 있고, 심지어 내담자들에게 논쟁적으로 보일 수 도 있다.
>
> 첫 두 번 혹은 세 번째 상담은 내담자를 알고, 배경문제점들을 자세히 살펴 조사하고, 치료사 목적들을 세우는 등등의 활동을 하면서 시간을 보내는 것이 전형적이다. 이것 역시 친밀감을 세우는 것을 허용한다. 세 번째 혹은 네 번째 상담까지 내담자와 치료사는 목적들과 치료계획을 수립한다. 이 시점에서, 치료사는 역기능적 사고기록법과 같은 특정한 인지적이며 행동적 기법들을 도입하기 시작할 수 있다.

분류하기(sorting)는 간단한 과정이다. 내담자는 이야기를 하고, 치료사는 세 가지 기둥들을 사용하여 종이 위에 그것을 그림으로 그린다. 종종 그 종이는 내담자와 치료사 사이에 두어 내담자가 그것이 펼쳐질 때에 그 분류과정을 관찰할 수 있도록 한다. 내담자들이 일단 그들의 경험들을 세 기둥들로 분류하는 것을 배우면, 이 분류하기는 숙제로 할당될 수 있어서, 내담자들이 상담 사이에 연습할 수 있다.

여기에 치료사가 어떻게 역기능적 사고 기록을 수행하는지에 대한 한 예가 있다.

쉐릴: 전 운전 중에 공황 발작이 있을까 두려워했어요. 만일 그런 일이 발생한다면,

---

2 (역주) 여기서 환언적이란 의미는 너무 이른 단계에서 역기능적 생각 기록법을 사용하면 그것이 치료사에 의한 최종 결론적인 정리 결과로 비쳐질 수 있다는 의미이다.

전 분명히 사고가 날거고, 대개의 경우 결국은 영안실에서 끝날 거예요. 전 운전석에 앉아서 죽을까 두려워요. 오늘 여기 진료받으러 오는데 친구에게 운전해 데려다 달라고 전화를 했어요. 그랬는데도 글쎄, 아직도 전 온 데가 다 떨리고, 승객으로 치료받으러 차를 타고 와야만 한다는 것에 대해서 공포감이 들어요.

마크: 바로 오늘 그랬군요. 당신이 여기 친구와 함께 운전해 올 때, 당신은 꽤 불안스러운 느낌이 들었겠군요.

쉐릴: 물론 그렇다마다요. 전 아직도 떨고 있다니까요.

마크: 잠시 몇 분의 시간을 내서 우리가 할 수 있는 한 무슨 일이 있었는지 자세히 조사해 봅시다. 내가 이 종이 위에 세 기둥들을 그릴 겁니다. 첫 번째 기둥엔 "상황"이라는 표지붙이고, 두 번째 기둥엔 "감정"이라고, 그리고 세 번째 기둥엔 "생각들"이라는 표지를 붙입시다. 내가 여기 첫 번째 기둥에 그 상황을 적을께요. "오늘 내 친구와 함께 자동차로 달리기"라고 적읍시다. 이제 감정기둥으로 옮겨 갑시다. 당신이 진료소로 차타고 달려올 때 당신의 감정들을 어떻게 기술하시겠습니까?

상황	감정들	생각들
친구와 함께 차를 타고 달려 가는 중.		

쉐릴: 전 정말이지 무서웠어요. 고속도로 상에서 뭔가 끔찍한 일이 벌어질 것 같은 느낌이 그냥 들었어요.

마크: 알겠어요. 내가 여기 감정기둥란에 "무서웠음"이라고 적을께요. 듣고 보니 당신은 뭔가 끔찍한 일이 막 일어날 것으로 생각을 했었던 것 같군요. 그렇다면 내가 생각 기둥 란에 그렇게 써넣으께요. 무서웠던 것 외에 어떤 다른 감정들도 가지고 있었어요?

상황	감정들	생각들
친구와 함께 차를 타고 달려 가는 중.	무서웠음	끔찍한 무슨 일이 곧 벌어질 것이다.

쉐릴: 전 제가 친구가 날 운전해 데려가는 것에 대해 기분이 나빴어요. 저도 그가 바쁜 줄 알고 있고, 그는 제가 여기 당도하는 것을 돕기 위해 드는 시간을 따로 떼 것에 대해서 매우 행복해 보이지 않았어요.

마크: 그러니까 당신은 약간의 죄책감을 느꼈겠군요.

쉐릴): 예.

마크: 또 다른 감정들은요?

쉐릴: 없었어요. 그게 다예요.

마크: 1부터 10까지의 눈금자 상에서, 10은 당신이 지금까지 경험한 가장 강렬한 두려움을 느낀 상태를 나타냅니다. 오늘 고속도를 타고 여기에 오면서 당신은 얼마나 두려웠나요?

쉐릴: 오, 전 정말이지 무서웠어요.
아마 눈금자 상에서 8쯤은 될 거예요.

마크: 그 정도였으면 당신에게 강한 두려움의 감정이었겠군요. 똑같은 눈금자 상에서 죄책감은 얼마만큼 느끼고 있었나요?

쉐릴: 아마 척도 상에서 6쯤은 족히 될 거예요.

마크: 좋아요. 그러면 여기 챠트가 어떻게 나왔나 보세요.

상황	감정들	생각들
친구와 함께 차를 타고 달려 가는 중.	무서웠음: 8 죄책감: 6	끔찍한 무슨 일이 곧 벌어질 것이다.

마크: 자 이제, 조금 전에 당신은 가졌었던 생각에 대해 설명했습니다: "뭔가 끔찍한 일이 곧 벌어질 것 같다"고 말입니다. 나는 생각이 겁먹은 감정을 따라간 걸로 봅니다.

쉐릴: 그렇고말고요. 그냥 그런 생각이 계속 들었어요. 저한테 공황발작이 이제 곧 일어나서 그 충격으로 격분하게 될 거고, 저의 친구는 무엇을 해야 하는지 몰라 할 거고, 그래서 그는 어떤 사고를 낼 거라는 생각이 자꾸 들었어요.

마크: 그리고 당신이 이런 생각들을 다 많이 하면 할수록, 당신은 더욱 더 불안을 느꼈겠군요.

쉐릴: 네 맞아요. 그것들이 매우 강렬했어요.

마크: 네 나도 그랬으리라 생각해요. 심지어 당신이 떨리고 어떤 공황 증세들을 느낄 정도로 심했어요. 자 그럼, 당신이 느꼈던 그 죄책감과 연결된 어떤 생각들을 했습니까?

쉐릴: 그냥 단지 제가 요청한 것에 대해 그 친구가 저한테 매우 화가 나있단 생각이 계속 들었어요. 전 사람들 화나게 만드는 것을 싫어해요.

마크: 알겠어요, 그러면, 이런 생각에는 두 부분이 있군요. 첫째는, "그가 나에게 화가 났다"는 것이고 두 번째 부분은 "그가 화가 난 것은 정말이지 끔찍하다"라는 것입니다. 그러므로 같이 그 챠트를 갱신해 봅시다.

상황	감정들	생각들
친구와 함께 차를 타고 달려 가는 중.	무서웠음: 8 죄책감: 6	끔찍한 무슨 일이 곧 벌어질 것이다. 네겐 공황발작이 있을 거고, 우린 사고가 날 것이다. 그는 나에게 화가 났다. 그런데 그가 화난 것이 끔찍하다.

쉐릴: 예, 보기에 맞아요.

이 예에서, 치료사는 내담자이야기에 경청하고, 그것을 세 가지 기둥들로 분류하도록 도와준다. 그 기법에 특별히 세련되거나 어려운 것은 전혀 없다. 한 사람이 막 경험했었던 것을 더 잘 이해하려고 노력하는 것은 함께 한 방에 앉아 있는 두 명의 공동협력자들뿐이다.

초보 치료사들이 이 분류기법에 어려움을 가지는 경우, 그것은 보통 그들이 특정한 구체화된 상황 이해에 실패하기 때문이다. 분명치 못한 상황들은 관련된 생각들과 감정들 역시 애매하고 구체적이지 않기 때문에 좋은 역할을 못한다. 만일 쉐릴이 최근에 그녀가 운전 중에 신경과민이 된다고만 표현했다면, 치료사가 그런 신경과민을 동반하는 생각들과 감정들을 명확하게 이해하기 어려웠을 것이다. 특정 시간과 장소(예를 들어, 오늘 아침, 고속도로 상에서 치료사의 진료소로 오는 중에)를 명시함으로써, 치료사는 쉐릴이 어느 정도 명료하게 자신의 감정들과 생각들을 또렷하게 말하는 것을 도와줄 수 있는 것이다.

2) 역기능적 사고기록법: 방어하기

분류하기는 그 자체상 치료의 유익을 가진다. 즉, 내담자가 불만족이라는 무정형(無定形)의 얼룩을 그 구성부분들로 변환하는 것을 돕고, 그리하여 그것을 더욱 잘 이해하도록 도와주는 유익이 있다. 그러나 일단 내담자가 분류하기에 능숙하게 된 다음에, 역기능사고기록법에 또 다른 단계가 있다. 두 번째 단계에서, 역기능적 생각들은 내담자가 더욱 합리적으로 생각하는 것을 돕는 목표로 인하여 온화하게 가만히 막아진다. 이 단계에서 치료사는 내담자에게 자동으로 이는 마음을 동요케 하는 생각들에 대항하여 "맞서 싸우도록" 가르친다.

상담 조언 6.3 : 모퉁이 돌아서기

상황들과 생각들, 그리고 감정들의 분석을 다 마친 후에, 치료사는 내담자로 하여금, 더욱 합리적이고 걱정을 덜 끼치는 새로운 생각들을 생성하도록 돕기를 원한다. 우리들은 때때로 이것을 "모퉁이 돌아서기"라고 간주한다. 내담자에게 자동으로 떠오르는 생각들은 그를 특정한 어떤 방향으로 인도한다—불안이나 우울증을 높이는 방향으로 안내한다. 예를 들어, 현재 목표는 내담자로 하여금 생각의 방향들을 바꾸고 더욱 침착하고 이성적인 사고의 방향으로 움직여 가도록 돕는 데에 있다. 그런 모퉁이를 돌아서는 효과적인 방법들 중 하나가, "이 상황을 다르게 볼 어떤 방법이 있습니까?"라고 질문을 하는 것이다.

월트 디즈니의 특선만화 영화 "니모를 찾아서"(Finding Nemo)에서, 니모는 물고기이고, 그 부모인, 말린(Marlin)과 코랄(Coral)은 곧 부화할 수 있는 낳은 알들에 대해 숙고하고 있는 중이다. 말린과 코랄은 한 알엔 니모란 이름을 붙이고 대부분의 다른 알들에 말린 주니어(Marlin Jr.)라 이름 지을 것에 동의한다. 그 때 말린 시니어(Marlin Sr.)는 많은 새로운 부모들의 마음속에 울려퍼지고 있는 그 질문을 큰 소리로 숙고한다.

"만일 그들이 나를 싫어하면 어쩌지?"

그 생각은 분명히 부모가 되는 것에 대해 그에게 불안을 야기한다. 그의 아내 코랄은, 알이 사백 개도 더 있으며, "그들 중 한 마리가 당신을 틀림없이 좋아할 것"이라는 점을 말린에게 상기시키면서 그의 생각들에 반대한다.

이것이 말린이 희망하는 모든 위로와 확신을 제공해주지는 않는다. 그러나 과장된 디즈니 유머 한 가운데에, 본서의 저자인 우리는 다음의 인지적 재구성의 기본적 전제를 발견한다. 만일 우리가 다른 사람들의 생각하는 방식을 바꾸도록 도울 수 있다면, 그것은 자신들의 디스트레스 완화를 돕는 것이다.

우리는 방어하기(countering)를 역기능적 사고기록법에 네 번째 기둥을 부가하는 것으로 간주한다(이 점에서 "삼중-기둥기법"은 다소 잘못 일컬은 이름이 된다). 이 네 번째 기둥은 내담자가, 디스트레스를 야기시키는 자동으로 떠오르는 생각들에 논박하는 것을 허용한다. 보통 역-생각들을 생성하는 것이, 치료사가 아니라 내담자에게 가장 좋다. 그렇지 않으면, 치료는 토론이나 논쟁에서의 경험—즉, 내담자는 자동으로 떠오르는 생각을 제시하고, 그 다음 치료사는 합리적 반응을 제공하고, 그 다음에 내담자는 원래 생각을 방어하는 등등의 경험—과 같이 느껴질 것이다. 치료사가 합리적인 생각을 생성하는 접근법(아래 예 1)과, 내담자로 하여금 합리적인 사고를 생성하도록 만드는 접근법(예 2)사이의 현저한 차이에 주목하라.

(1) 예: 논박을 통해 가만히 막기

마크: 그러니까 당신은 두려워하며, 공황발작이 있을 거고 당신 친구는 갑자기 놀라 당황하게 될 거고, 그래서 당신은 사고를 당할거라고 자신에게 말하면서 고속도로 상에 있었군요.

쉐릴: 네, 바로 그렇습니다.

마크: 그것은 당신이 불필요하게 당신 자신을 동요케하고 있는 것처럼 보입니다. 무엇보다도 먼저, 당신이 공황발작을 가질 가능성은 없어요. 불과 지난 몇 개월 동안 스물 네 번의 공황발작을 경험했었어도, 그 어느 것도 차 안에서는 없었어요. 그리고 두 번째로, 비록 당신이 공황발작을 경험했다고 할지라도, 당신 친구가 사고에 끼어들었을 개연성은 없습니다. 그러니까 당신이 가졌었던 그 생각들은 매우 합리적이지 않아요. 대안으로 이런 생각은 어떨까요? "난 십중팔구 공황발작을 경험하진 않을 거야. 그리고 설사 내가 그런데도, 내 친구는 사고에 끼어들지 않을 거야"하는 생각 말입니다. 우리가 이 생각을 여기 이성적 대응란에 적어 넣을 수 있지요.

상황	감정들	자동으로 떠오르는 생각들	이성적 반응
친구와 함께 차를 타고 달려 가는 중.	무서웠음: 8 죄책감: 6	끔찍한 무슨 일이 곧 벌어질 것이다. 네겐 공황발작이 있을 거고, 우린 사고가 날 것이다. 그는 나에게 화가 났다. 그런데 그가 화난 것이 끔찍하다.	나에겐 공황발작이 없을 것이고, 비록 있을지라도, 내 친구는 사고를 당하지 않을 것이다.

쉐릴: 제 생각에요, 하지만 그건 내가 느꼈던 것이 전혀 아니예요. 그리고 딱 한 번 자동차에 타기 바로 직전에 공황발작이 있었어요. 내 친구는 운전에 능숙하지만, 그렇다고 완벽하게 잘하는 운전자는 아니예요. 만약 누군가가 그 사람 옆에서 갑자기 쇼크를 먹어 격분한다면 그가 어떻게 운전할지 당신은 전혀 모르잖아요.

[토론은 계속 된다]

(2) 예: 협력적으로 가만히 온화하게 막기

마크: 그러니까 당신은 두려워하며, 공황발작이 있을 것이고 당신 친구는 갑자기 놀라 당황하게 될 거고, 그래서 당신은 사고를 당할 거라고 자신에게 말하면서 고속도로 상에 있었군요.

쉐릴: 네, 바로 그래요.

마크: 잠시 시간을 내서 이용 가능한 증거를 찾아봅시다. 지난 7, 8 개월 동안 얼마나 자주 당신은 자동차 안에서 공황발작을 경험했습니까?

쉐릴: 글쎄요, 실제로는 한 번도 없는데요. 일전에 자동차에 타기 바로 직전에 있었지만, 집에 다시 들어 갈 수 있었고 상황은 운전 전에 통제 하에 있게 되었죠.

마크: 좋아요. 음, 그것은 유용한 정보입니다. 그 사건에 대해 당신이 지금 생각하는 것처럼, 당신이 친구와 함께 운전해 달리고 있을 때 당신이 오늘 그 상황을 해석할 수 있었던 어떤 다른 방식이 있습니까?

쉐릴: 무슨 말이에요?

마크: 글쎄요, 어떤 파국적 사건이 곧 일어나리라 당신은 자신에게 말하고 있었잖아요. 당신이 자신에게 말할 수 있었던 어떤 다른 방식이 지금 보기에 있습니까?

쉐릴: 글쎄요. 우리가 사고가 없었다 말입니다. (그러니까) 전 상황이 두렵지만, 십중팔구 결국엔 좋아질 거야라고 말할 수 있었겠죠.

마크: 네 맞아요. 전 당신 말을 알겠어요. 그 말을 여기에 적어 넣읍시다. 당신이 지금 떠올리고 있는 더 많이 수집된, 합리적인 생각들을 위해 네 번째 기둥을 부가하려 합니다. 당신이 "상황이 결국은 좋아질거야"라는 이런 생각을 할 때 뭔가 변화를 알아채시겠어요?

쉐릴: 그런 생각이 저를 더 침착하게 만드는 것 같아요.

마크: 그러니까 당신과 내가 가지고 있는 도전들 중 하나는, 이런 생각과 같이 어떤 상황 한 가운데에서 당신이 더욱 침착하게 생각하는 것을 돕는 것입니다.

쉐릴: 네, 그게 도움이 되겠네요.

상황	감정들	자동으로 떠오르는 생각들	이성적 반응
친구와 함께 차를 타고 달려 가는 중.	무서웠음: 8 죄책감: 6	끔찍한 무슨 일이 곧 벌어질 것이다. 네겐 공황발작이 있을 거고, 우린 사고가 날 것이다. 그는 나에게 화가 났다. 그런데 그가 화난 것이 끔찍하다.	이것이 두렵게 느껴지지만, 그러나 상황은 십중팔구 결국엔 좋아질 거야.

이 두 번째 예는 내담자에게 첫 번째 예보다 더 의미있을 가능성이 높다. 협력적으로 방어하기는 두 가지 전략들의 도움을 받는다. 하나는 소크라테스적 방법이고, 나머지 하나는 협력적 경험주의다(Beck 1995). **소크라테스적 방법**(the Socratic method)은, 치료사가 직접적으로 생각들에 대해 논쟁하기보다는, 내담자들이 자신들 생각의 타당성을 평가하도록 그들을 격려하는 질문과 반성의 방법을 사용하는 것을 포함한다.

앞선 방어하기 예에서, 치료사와 내담자는 함께 일하며 위험에 대한 합리적인 판단을 만든다. 이것은 내담자의 생각들을 치료사가 직접적으로 틀렸다고 논박하는 예 1과는 극명한 대조를 이룬다. 소크라테스적 방법은 치료사와 내담자 사이의 협력적 관계유지에 도움이 된다.

소크라테스적 방법과 연결된 것이 "유도발견법"이다. 이것은 9장에서 토론된다. **협력적 경험주의**(Collaborative empiricism)는 내담자와 치료사가 함께 진료활동을 하여 평가된 생각들을 인정하거나 또는 틀렸다고 논박하는 증거를 심사숙고하는 것이다. 바로 앞 예에서, 췌릴은 그녀의 염려에도 불구하고 그 상담에 성공적이었으며, 실제로 전에 자동차 안에서 공황발작을 경험해 본 적이 없다고 언급한다. 이런 관찰들은 그 상황을 바라보는 개정된 방식에 대한 경험적 증거를 제공하고, 다음 번 그녀가 자동차를 타고 달릴 때 그녀에게 도움이 된다.

역기능적 사고기록법은 치료에서 공개적, 명시적 방법으로도 사용될 수 있다. 그러나 일단 내담자가 분류하기와 방어하기라는 개념들에 친숙하게 되면, 치료에서의 많은 대화들은 공개적이거나 명시적이지 않아도 역기능적 사고기록법이란 형태를 따른다. 다음의 대화에서 내담자와 치료사가 그들의 대화를 조직화하기 위하여 아직도 역기능적 사고 기록법의 골격을 사용하고 있으나, 그 대화는 더 이상 한 장의 기록장 종이나 혹은 네 개의 특정 기둥들의 명시적 사용을 요구하지 않음에 주목하라.

매기: 좋은 한 주였어요. 대부분의 날 동안 전 기분이 꽤 좋았어요. 흥분되기 시작한 적이 두 번 있었지만, 난 이래저래해서 내 자신을 침착하게 했어.

클락: 훌륭합니다. 여기서 당신은 좋은 진보를 이루고 있군요. 당신 자신을 침착하게 진정시킨 경우들 중 한 가지에 대해 이야기 듣고 싶군요.

매기: 예, 글쎄, 이틀 전에요 직장 엘리베이터 안에 있었는데, 이런 일이 많이 일어나 잖아요. 그런데 이번엔 여느 때와 달리 엘리베이터가 사람으로 붐볐어요. 분명히 이 작은 엘리베이터 안에 열 혹은 열두 명의 사람들이 타고 있었어요. 그리고 난 뒤쪽 구석에 갇혔었죠.

클락: 와우. 그 상황에 대해 어떤 느낌이 들었어요?

매기: 두려웠어요. 난 공황상태에 빠졌나보다. 그리고 그런 내가 얼마나 이상할까 내가 이 사람들과 함께 일을 같이하고 있는데 말이야 하는 생각이 자꾸 들었어요.

클락: 네, 그러니까 당신은 무서움을 느꼈고 당신은 당신 자신에게 뭔가 마음을 동요케하는 것들을 이야기하고 있었군요. 뭐라고 말을 했었습니까?

매기: 당신도 알다시피, "난 공황발작을 경험하게 될 거고, 사람들은 알아 볼 것이고, 그리고 그들은 내가 미친 사람 혹은 그 정도로 생각하게 되겠지" 하고 상상했어요.

클락: 알겠어요, 그러니까 거기 안에서 당신은 엘리베이터 뒤쪽 구석에 있었군요. 두려움을 느끼고, 당신은 공황상태에 빠질 것이고 사람들은 당신이 미쳤다고 생각하게 될 것을 염려하면서 말이죠. 당신의 과거 경험에 비추어 볼 때 그 사건은 당신의 과거 경험과 어떻게 조화합니까?

매기: 실제로는 안 맞아요. 전 두 달 전에 엘리베이터 안에서 공황발작을 한 번 경험했어요. 그리고 저는 그걸 싫어해요. 그러나 저는 단지 저의 사무실로 갔고, 문을 닫고, 저 혼자서 조용히 고생했어요. 아무도 눈치도 못챘다고 생각해요.

클락: 그러니까 이번 주에 그 엘리베이터 안에서 어떻게든 하여 당신은 그 증거를

볼 수 있었고 자신을 침착하게 할 수 있었습니다. 당신은 어떻게 그것을 했습니까?

매기: 글쎄요, 전 단지 저 자신에게 말했어요. 저는 겨우 삼십초 가량 엘리베이터 안에 있게 될 예정일뿐이야라고 말이지요. 그리고 저는 숨도 계속 쉴 수 있고 침착할 수 있다고, 그리고 비록 제가 땀을 흘리기 시작하거나 호흡이 가빠지기 시작한다 할지라도, 사람들은 심지어 알아채지도 못할거야라고 말했어요. 게다가, 전 그 사람들이 설사 정말 알아본다고 할지라도, 그게 세상 끝은 아니다라고 생각했어요.

클라: 그렇게 당신은 당신의 고삐 풀린 생각들을 잡아서, 바르게 교정시키므로써 당신 자신을 침착하게 진정시킬 수 있었군요.

매기: 네, 엄청난 순간은 아니었어요. 그러나 상황은 결국 좋아졌어요. 제가 그 상황을 매우 잘 처리했던 걸로 생각해요.

클락: 듣고 보니 당신은 해낸 것 같아요.

누구든 역기능적 사고기록법을 인지치료법의 "평범한" 기법으로 간주 할 수 있다. 왜냐하면 그것은 매우 흔하게 사용되기 때문이다. 치료 초기에 그것은 명시적으로 사용된다. 상담 중 그리고 숙제로 기록용지를 사용하며 실행된다. 치료가 진행해 감에 따라서, 역기능적 사고기록법은 바로 앞 대화에서 보였듯이 더욱 암묵적으로 된다. 그래서 실제적인 연습용지가 사용되든지 않든지 간에 대화들을 이끌어가고, 구체화하는 역할을 한다.

3) 다른 인지적 재구성 방법들

다른 많은 인지적 재구성 방법들이 인지치료에서 사용될 수 있다(Beck, 1995; Freeman, P[retzer, Fleming & Simon, 1990을 보라). 이 추가전략들 중 일곱 여덟 가지를 아래에 기술하고 예증해 놓았다.

(1) 비례축소하기(Scaling)

정서적으로 압도당했을 때, 사람들은 과장된 방식으로 반응하는 자연적 경향을 가지고 있다. 이런 반응류(類)는 그 감정들을 그 이상의 단계로 강화시킨다. 우울증에 걸린 내담자들은 그들의 불운들에 대해 쉽게 과장하는 경향이 있고, 염려하는 내담자들은 미래에 어떤 나쁜 사건발생가능성을 쉽게 과대평가하는 경향이 있다. 비례축소하기(Scaling)는 어떤 연속대 위에 나쁜 성과들 배치를 필연적으로 수반하며, 그리고 그것은 부정적인 사고를 증폭시키는 모-아니면-도라는 식의 결론들을 사람들이 회피하는데 도움을 준다.

쥬애니타: 이건 정말이지 끔찍해요. 내 차가 방금 고장났다는 것을 믿을 수가 없어요. 이달 집세도 겨우 냈는데, 지금 처리해야 할 게 하나 더 생기다니 말예요.

마크(Mark): 당신이 이미 다른 책임들로 압도당해 있는데, 감당해야 할 일이 하나 더 생긴 것 같군요.

쥬애니타: 정확히 그 말이에요. 다른 모든 일에 더해서 이런 일이 벌어지다니 전 정말이지 믿을 수가 없어요.

마　크: 맞아요. 그건 당신에게 큰 무거운 짐이죠. 우리가 전에 토론했던 그 척도의 관점에서 내가 이 일을 이해하도록 도와주세요. 그 눈금자에서 10은 당신이 상상할 수 있는 최악의 것이구요, 1은 좋은 날이라는 거에요.

쥬애니타: 지금 느끼기에 9에 해당하는 일 같습니다.

마　크: 네, 그럴거라고 저도 확신합니다. 그건 거의 너무나 큰 짐이라 이럭저럭 감당할 수가 없다는 느낌이 드는 사건입니다. 제 생각에 당신은 지난주에 말하기를 10의 사건은 테러리스트의 공격으로 당신 일가족 모두가 죽음을 당하는 것 같은 어떤 일일것이라고 했지요. 당신 자동차가 오늘 고장 난 일이 거의 그 정도로 나쁘게 느껴지나 보군요. 당신이 그 일을 당신이 가진 스트레스렌즈들로 쭉 살펴볼 때 말이죠.

쥬애니타: 네, 정말이지 압도당하는 느낌이에요. 그러나 논리적으로는 저도 그 일이 테러리스트일처럼 정말로 거의 그렇게 나쁘지는 않다는 걸 저도 알아요. 아마 그 일은 겨우 6에 해당하는 일쯤 되겠네요. 기분이 매우 나쁘구요, 그

리고 지금은 겁이 나요.

여기서 치료사는 내담자가 전부 아니면 전무라는 사고에서부터 시야를 좀 더 넓혀 전체적인 조망에서 운 없는 사건을 표현하는 쪽으로 멀리 떠나가는 것을 도와주고 있다. 치료사가 이 작업을 온화하게 행하고 있으며, 반사기능들과 공감을 비례 축소하기 기법과 혼합하여 진행하고 있음을 주목하라. 온화하고 동정적 접근법은 내담자의 감정들이 진지하게 받아들여지고 있음을 소통하며, 그리고 치료사가 자동차문제에 대한 내담자의 과장된 견해에 대해 비판하는 것을 예방한다.

내담자의 6이라는 최종 숫자평점도 여전히 과장되었을 가능성이 높다. 그러나 내담자에게 더 깊이 도전하기보다는 오히려 치료사는 그 개정된 평점을 수용하기로 선택한다. 9라는 평점에서부터 평점 6으로 옮겨간 것으로도 충분히 좋다-이런 바꿈은 내담자가 모-아니면-도라는 식의 사고를 온전하게 바꾸는 것에 도움을 준다. 바로 이것이 이 기법의 목표이다. 만일 그것을 너무 멀리 밀어붙이면, 그런 상황은 치료사가 내담자의 궁지상태에 대해 신경 안 쓰는 것으로 보이게 만듦으로써 본 치료법적 관계를 해칠 수 있다.

(2) 확률 가능성 측정하기(Probability Estimates)

비례 축소기법과 연결해서, 인지치료사들은 때때로 염려하는 내담자들에게, 어떤 걱정되는 사건의 발발확률을 어림잡아 산정해보도록 격려한다. 처음에 어떤 재앙처럼 보이던 것이 이 기법을 적용한 후에는 더욱 합리적으로 인식되는 것이 전형적이다. 다음은 죠앤(JoAnn)과 클락(Clark)의 상담내용이다.

> ### 상담조언 6.4 : 삶의 한 방법으로서의 비례축소법
>
> 비례축소법의 가장 큰 유익들 중 하나는 사람들이 모-아니면-도라는 식의 사고회피에 도움을 주는 것이다. 사람들이 사물을 완전히 일방으로 혹은 다른 일방으로 보는 것은 흔한 일이다. 예를 들어, 우리 아이가 속한 어린이리그팀은 훌륭하거나 아니면 엉망이고, 우리 사장님은 끝내주게 좋은 분이거나 아니면 터무니없는 위인이고, 내 결혼은 환상적이거나 아니면 고난의 길이라는 식이다. 비례축소법은 인지치료에서 자주 사용된다. 왜냐하면 그것은 사람들이 이분법적 사고로부터 멀리 떠나는 것을 도와주기 때문이다. 거의 모든 사장들과 결혼처럼, 거의 모든 어린이리그팀들도 한 쪽 극단 아니면 다른 쪽 극단이라기보다는 오히려 어떤 연속대상의 어딘가에 존재한다. 사람들이 비례축소법에 익숙하게 될수록, 극단적 결론들에 의지하기보다는 오히려 삶의 상황들 속에서 일어나는 여러 가지 미묘한 차이점들을 알아보는 데에 더욱 능숙해진다.

죠 앤: 전 지금까지 정말이지 내 아들이 축구하는 것에 대해 걱정이 되요. 그 애는 나에게(축구하게 해 달라고 애걸을 했어요. 난 결국 항복하고 그래라고 말했죠. 그러나 만일 그 아이가 상해를 입으면 어쩌지요? 축구는 끔찍한 스포츠잖아요. 사람들은 언제나 상해를 입고, 그리고 때때로 상해로 인해 평생 불구가 되잖아요.

클 락: 그러니까 최근에 마음에 늘 있었던 생각이 마이클(Michael)이 심각한 부상을 입어 그것이 그의 남은 인생동안 영향을 미칠 수 있다는 생각을 하고 계셨군요.

죠 앤: 내 전 늘 그 생각을 해요.

클 락: 이 문제를 두 가지 점들에서 살펴봅시다. 첫 번째는, 마이클이 심각한 상해를 입는 경우, 그리고 두 번째는, 부상이 그의 남은 평생 동안 영향을 미치는 경우가 되겠네요. 그러므로 먼저, 마이클이 올 해 심각한 축구부상을 입을 거라고 하는 점이 얼마나 가능하다고 추측하십니까?

죠 앤: 제 생각에 매우 가능성이 있어요. 축구는 위험한 스포츠에요.

클 락: 그렇다면, 만일 100명의 7학년 소년들이 축구를 하고 있다면, 그들 중 몇 명이 그 시즌 동안 심각한 부상을 입을까요?

죠 앤: 확실히는 모르죠. 아마 오십 명 정도이겠죠.

클 락: 그렇다면, 그 시즌 말에는 한 팀이 원래 크기의 절반으로 줄겠군요?

죠 앤: [웃는대] 글쎄요, 좋아요. 아마 단 10%는 부상을 입을 거에요.

클 락: 그러면 부상 입는 사람 10% 중에 얼마나 많은 선수들이 인생이 바뀌는, 결코 회복되지 못할 부상들을 입을까요?

죠 앤: 글쎄요, 그 가능성은 십중팔구 매우 높지는 않을 거 같아요. 아마 열 명중 한 명 정도 일거에요.

클 락: 좋아요, 그렇게 우리는 그 숫자들에 대해 쓸데없는 논쟁을 할 수 있습니다. 당신이 추측하는 것보다 그 숫자들이 더 낮지 않은지 전 의심스러워요. 그러나 최악의 경우는 마이클이 올해 인생을 바꾸는 부상을 입을 단 1%의 가능성의 경우입니다. 당신이 묘사하고 있는 그 걱정들에 그 정도의 가능성이 어떤 영향력을 가지고 있습니까?

죠 앤: 말씀이 도움이 됩니다. 제가 아직도 염려하고 있다는 것을 제가 확실히 알겠어요. 그러나 그가 인생을 바뀌게 하는 엄청난 부상을 당할 개연성이 없다는 것은 사실이군요.

물론 이 예에서 사용된 그 숫자들은 엄청나게 과장된 것이다. 십중팔구 7학년축구선수가 인생을 바꾸는 부상을 당할 가능성은 수분의 단 1%에 지나지 않는다. 그러나 요점은, 증가하는 두려움들을 통제 하에 두기 위하여 염려하는 내담자를 많이 도와주는 만큼 그 정도로 많은 보험료 계산적인 정확성은 아니다.

(3) 극단 피하기(Decatastrophizing)

정신분열증이라고 진단받은 사람들은 때때로 신조어(neologism)이라고 알려진 단어들을 만든다. 명백히 인지치료사들도 정신이상 환자들과 이런 점을 공유하고 있다. 왜냐하면, 그들 역시 어휘들을 만들기 때문이다! 우울증과 불안에 붙잡혀 있는 상태에서, 사람들이 불운을 파국으로 지각하는 것은 자연스럽다. 극단 피하기란 단어도 인지치료사들이 이런 고삐 풀린 생각들을 이성의 자리로 다시 가져가는 과정을 기술하기 위하여 발명한 것이다. 다음은 미첼(Mitchell)과 마크(Mark)의 상담 내용이다.

미 첼: 난 이것을 더 이상 견딜 수 없어. 그녀는 날 사랑한다고 말하지만, 그런 것이 무슨 의미인가? 그녀는 섹스하는 것에 '네'라고 말한 것 보다 백배나 더 많이 '아니요'라고 말하잖아. 그게 무슨 종류의 결혼이야? 거의 날마다 난 그녀와 결혼한 것을 정말 미워하고 있어. 진실은 말야 난 그녀 역시도 미워한다는 거지.

마 크: 강렬한 감정들이군요. 그 감정들이 당신에게 매우 압도적인 것으로 보입니다.

미 첼: 그녀가 압도적인 사람이에요.

마 크: 음, 그런거 같군요. 그러나 전 당신 생각들과 감정들 말이에요. 그게 지금 현재 당신에게 매우 강렬해 보이는군요.

미 첼: 그렇고말고요. 전 정말 화가 났어요. 전엔 매일 밤 섹스를 하자고 요구했었고, 그녀는 매일 밤 '아니요'라고 말했어요, 그래서 지금 난 요구하지 않아요. 만일 우리가 결코 다시 섹스를 하지 않아도 그녀는 상관치 않는다고 전 생각해요.

마 크: 그러니까 그것이 믿을 수 없을 정도의 좌절의 원천이로군요. 당신은 섹스에 대한 좌절감에서부터 어떻게 그녀를 미워하게까지 되었나요?

미 첼: 잘 모르겠어요. 이런 미움이 그냥 매우 오래되었어요. 전 정말이지 너무나 좌절감을 느껴요.

마 크: 그럼요, 내가 듣기에도 그래요. 좌절감이 강렬하네요. 미움보다도 좌절감이 더욱 크다고 생각하세요?

미 첼: 네 제 생각에 그렇다고 봐요. 우리는 좋은 시간들을 가지고 있어요. 제가 그녀와 결혼한 것이 행운이라고 느끼는 날들도 아직도 있어요. 그런데, 제가 완전히 어찌해야할지 모르는 이와 같은 날들이 있어요.

마 크: 네, 이런 것이 당신이 처해 있기가 힘든 상황입니다.

미 첼: 네 분명히 힘들어요.

마 크: 지금 조금 전에, 당신은 그녀와 결혼한 것을 미워한다고 말했습니다. 그리고 그녀도 역시 미워한다고 했습니다. 당신이 현재 느끼고 있는 것을 설명하는 더욱 현실적인 방법은 무엇일까요?

미 첼: 전 지치고 좌절감을 느낄뿐이고 뭘 해야할지를 모르겠어요. 저는 제가 처한 상황을 미워해요.

이 예에서 치료사는 내담자가 그의 극단주의적 사고규명하는 것과 그것을 이성의 한계 내로 다시 가져오는 것을 도와주고 있다. 치료사가 내담자와 함께 협력적으로 진료 활동을 하고 있음을 다시 한 번 더 주목하라.

만일 치료사가 "오, 그것은 당신이 말하고 있는 것만큼 그렇게 나쁘지 않아요, 과장하고 계세요"라고 말하도록 되었었더라면, 그러면 그것은 해를 끼치는 효과를 가질 것이며, 내담자로 하여금 방어적이 되도록 하여서 그는 정말로 그의 아내를 미워한다고 주장하게 될 것이다.

(4) 유머 넘치게 방어하기

가끔 사람들은 진실로 매우 어리석은 생각들을 가진다. 창의적인 치료사들은 사람들이 자신들의 비합리적인 것들을 보고 낄낄 웃는 것을 배우도록, 그리고 자기 자신들을 항상 너무 심각하게 여기지 않도록 도와줄 수 있다. 다음은 스콧(Scott)과 클락(Clark)의 상담의 일부이다.

스 콧: 만일 내가 이 역기능적 사고기록양식을 올바르게 채워 기록해 놓지 않는다면, 당신은 내게 숙제도 똑바로 하지 않는 미친 내담자라고 말할 거구, 그리고 그 다음엔 당신이 화가 나거나, 혹은 나를 더 이상 보고 싶어 하지 않을 거란 생각이 계속 들어요.

클 락: 잠깐만요. 내가 빨간 펠트펜을 가져와서 그 위에 온통 표시를 하죠. 99% 이하가 어떤 거라도 있으면 당신은 이 치료를 안 받으셔도 됩니다.

스 콧: [낄낄 웃는데] 그러기는 바라지 않아요.

클 락: 물론 안 바라시겠죠. 단지 당신이 할 수 있는 한 잘하면 됩니다. 그리고 우리는 여기서 어떤 판단도 하지 않습니다. 그리고 기억할 것은 숙제는 당신을 위한 것이지 나를 위한 것이 아니라는 점입니다.

때때로 간략하고 마음 편한 코멘트는, 내담자의 역기능적 인지기능의 재구성을 여전히 돕는 동시에 어떤 경박스러움을 상담 안으로 가져오는 한 효과적인 방법이다. 물론 이것은 빈정대는 것으로, 혹은 내담자를 놀리는 것으로 인식되지 않도록 주의하여 수행될 필요가 있다.

(5) 역할-놀이하며 방어하기

인지적 재구성을 배우는 것은 다소 자기 자신과 논쟁하는 것을 배우는 것과 같다. 즉, 자동으로 들고, 비합리적인 생각들은 더욱 사려깊고 정확한 생각들로 방어된다. 역동-놀이하며 방어하기전략에서, 이러한 논쟁은 대화에서 역할이 수행된다. 치료사는 내담자의 비합리적인 생각들을 말로 표현하고, 그 다음 내담자는 더욱 합리적인 진술들에 맞서게 된다. 역할극에서 다른 모든 점에서 내적인 대화를 외면화함으로써, 내담자들은 자신들의 사고과정에 대해 통찰력을 얻는다. 다음은 댈리샤(Daleesha)와 마크(Mark) 간의 상담대화내용이다.

댈리샤: 전 정말이지 다가오는 직무수행평가가 너무 걱정 되요. 만일 그들이 나를 해고하면 어쩌죠? 전 정말로 이 일이 필요해요.

마 크: 네, 전 그 일이 당신에게 염려스럽다는 것을 알 수 있어요. 역할극을 한 번 시도해 봅시다. 내가 당신이 될께요. 내가 당신이 생각함직한 것을 말하면, 그러면 당신은 그 생각에 답을 하시고 그것을 바라보는 또 다른 방식을 나에게 설명하세요.

댈리샤: 좋아요. 제가 시도해보죠.

마 크: 좋아요. 이제 우리 시작해요. "오, 이번 직무수행평가는 나쁠 게 확실해. 그들은 언제나 정말 나쁘게 평가를 해."

댈리샤: "아니야, 그들은 그렇지 않아. 너의 지난 네 번의 평가들은 매우 좋았잖아. 심지어 지난 번 평가결과로 봉급인상을 받았잖아."

마 크: "네, 그렇다고 나도 생각해요. 그러나 아마 이번엔 그 결과가 나쁠 거야. 아마 내가 뭔가 내가 알지도 못하는 어떤 잘못한 것이 있을지 몰라. 아마 그들은 나를 해고하거나, 강등시키거나 하는 조치를 취할 거야."

댈리샤: "그럴 가능성은 없어요. 당신은 제 시간에 직장에 도착하고, 당신 감독자는 당신이 한 일을 좋아하고, 그리고 회사도 사업이 잘되고 있어요. 당신은 십중팔구 직무수행평가에서 정말 기술이 좋음을 받을 거야."

마 크: "네 맞아요, 그러나 여전히, 당신은 결코 알 수 없어요."
댈리샤: "당신이 확실히 알 수 없다는 건 사실이에요. 그러나 이번 평가가가 잘 나올 거란 가능성은 높아요."
마 크: [역할극에서 걸어 나오면서] 좋아요. 잘하셨습니다. 이런 것들을 당신 자신에게 말을 할 때 얼마나 설득력이 있어 보입니까?
댈리샤: 매우 설득력이 있지요. 제 자신과 논쟁하는 데 조금 도움이 되네요. 내가 이런 일들에 정말 너무 많이 염려하고 있단 생각이 드네요.

이것은, 먼저 내담자가 역기능적 사고들을 어떻게 맞서 막아야하는지 이해할 것을 요구하는 꽤나 고급기술이다. 내담자가 역기능사고기록법에 익숙해진 후가 될 때까지 이것을 시도해서는 안 된다.

(6) 역설(Paradox)

주의와 분별력을 가진 치료사는 때때로 내담자의 역기능적 사고를 과장함으로써 내담자가 더욱 합리적으로 생각하는 것을 도와줄 수 있다. 치료사의 과장은 내담자에게 그 과장했던 생각을 고치려는 욕망을 유발시킨다. 이것이 애초부터 그 치료사의 목표이다. 다음은 마리아(Mary)와 클락(Clark)간의 상담 내용이다.

마리아: 가끔 전 제가 세상에서 가장 나쁜 아내라는 생각이 들어요.
클 락: 알겠어요. 그러니까 내가 이것을 올바로 이해하게 해주세요. 만일 당신과 내가 세상의 모든 아내들을 한 줄로 줄 세운다면, 최고의 아내에서부터 가장 나쁜 아내 순서로 말이죠, 당신은 그 줄 제일 뒤에 서있겠군요-저기 뒤쪽에 자신들의 남편들을 멸시하고 남용하고 바람피운 아내들 전부 다 하고 말이죠.
마리아: 글쎄요, 제 상황은 그렇게는 나쁘진 않은데요.
클 락: 네? 왜 그렇겐 나쁘지 않는단 말이지요?
마이라: 음, 제 말은요, 전 그런 짓들은 안한단 말이에요. 그이는 내가 훌륭한 아내라고 나한테 그랬어요. 그리고 제 생각에도 대부분의 경우에 전 그렇다고 생각해요, 그러나 가끔 전 그이가 원하고 당연히 받을만한 그런 주의주목을 그이

에게 안주고 있단 생각이 들어요.

클 락: 들고 보니 당신은 그냥 그 줄 한 가운데로 막 옮겨간 거 같아요. 최고의 아내는 아니지만 그렇다고 최악의 아내도 아니다 그런 의미군요.

마리아: 제 생각에 그런 거 같아요.

이 방법은 드물게 그리고 주의하며 사용되어야만 한다. 그리고 반드시 신뢰가 확립된 후에만 사용해야 하는 전략이다. 만일 내담자가 그 과장 된 말을 그 치료사의 실제 의견으로 받아들인다면, 그것은 야비하게 보일 수도 있고, 심지어 내담자의 역기능적 사고에 부가 될 수도 있다.

(7) 인지적 리허설

만일 어떤 내담자가 반복적이며 자동적으로 떠오르는 어떤 생각을 가지고 있다면, 내담자와 치료사는, 기저에 깔린 중간계층의 신념을 규명하고, 그런 후 그 신념의 내용과, 반복적으로 떠오르는 자동적 생각들 수정을 돕는, 진정시키는 진술들을 발달시키기 위하여 함께 진료 활동을 할 수 있다.

예를 들어, 점점 더 적은 시간 안에 점점 더 많은 것이 이루어지도록 하고자하는 압박당한 생각들을 가진 어떤 내담자를 상상해 보자.

이 내담자는 "난 서둘러야만 해. 난 늦었어. 난 충분히 해내지 못할 거야"라는 생각들을 가진 사람이다. 일단 어떤 중간계층의 신념이 규명되고 나면(예를 들어, "나의 가치는 인생에서 내가 얼마나 많이 이루어 내는가에 달려있어"), 치료사는 이 신념의 재구성을 돕기 위한 한 방법으로 인지적 리허설을 제안할 수 있다.

인지적 리허설에서는, 7, 8가지의 대처 진술문들을 협력적으로 발전시킨 후에, 색인 카드들 위에 적는다. 예를 들어, 한 카드엔 "일이 잘 될 거야. 비록 내가 오늘 모든 일을 다 끝내지 못할 지라도, 내일은 언제나 있는 거지"라고 적는다. 또 다른 카드엔 "할 일이 언제나 많이 있어, 그러나 난 침착할 수 있어. 서두를 필요가 없지"라고 적는다. 또 다른 카드엔 "나의 가치는 하나님 안에 있는 나의 정체성에 기초하고 있어. 내가 얼마나 많이 성취하느냐에 달려 있지 않아"라고 적는다.

> ### 상담조언 6.5: 사무용품들
>
> 인지치료기법들을 시용하는 치료사들은, 모든 치료사들이 다 가까이에 둘 필요가 있는 고급화장지뿐만 아니라 몇 가지 전략적 사무용품들이 필요하다. 3X5메모카드공급은 인지적 리허설 숙제용으로 특별히 도움이 된다. 다른 사무 용품들엔 빨대 한 팩(상담 조언 7.30에서 설명했다)과 한 예술가의 기념 액자(상담 조언 9.3을 보라)가 포함된다.

함께 작업하면서, 내담자와 치료사는 낭송 진술문들을 네다섯 개의 색인카드들 위에 생각해 낸다. 그런 다음, 내담자는 카드들을 소지하고 그 주 내내 그것들을 복습한다. 내담자들은 그 카드들을 특별히 유용한 적재적소에 보관하도록 격려될 수 있다. 과도한 일을 하는 회사간부는 그 카드들을 그녀의 회사책상가운데 위에 보관할 수도 있다. 스트레스를 받은 배달원은 교통체증시 그것들을 복습할 수 있도록 자동차 안에 보관한다.

인지적 리허설의 한 변형은 성경구절들을 색인카드들 위에 적는 것이다. 이것은 성경에서 위로를 발견하고 성경의 권위를 받아들이는 그리스도인 내담자들에게 특별히 도움이 된다. 우리가 방금 논의해 오고 있는 스트레스를 받은 내담자는 예수의 말씀들 안에서 진리와 위로를 발견할 것이다.

"너희 하늘 아버지께서 이 모든 것이 너희에게 있어야 할 줄을 아시느니라. 그런즉 너희는 먼저 그의 나라와 그의 의를 구하라 그리하면 이 모든 것을 너희에게 더하시리라"(마 6:32-33).

또 다른 색인카드엔 바울이 빌립보에 있는 그리스도인들에게 한 말들인 "아무 것도 염려하지 말고 다만 모든 일에 기도와 간구로, 너희 구할 것을 감사함으로 하나님께 아뢰라. 그리하면 모든 지각에 뛰어난 하나님의 평강이 그리스도 예수 안에서 너희 마음과 생각을 지키시리라"(빌 4:6-7)을 기록한다.

이런 방식으로 성경을 이용할 때, 치료사는 성경 구절들을 무단으로 사용하지 않도록 주의해야만 한다. 즉, 그들의 의도된 상황에서부터 성경구절들을 끄집어내서 단지 어떤 내담자에게 정서적인 위안을 제공하지 않도록 주의해야 한다. 성경은 자조(自助)적인 책이 아니다.

그러나 여전히, 성경 안에서 엄청난 도움이 발견된다. 올바른 문헌적, 문화적 정황 안에서 이해될 때 성경의 많은 분문들은 엄청난 위로와 유용한 가르침을 다양한 정서적 고투들을 직면하고 있는 사람들에게 제공한다.

조만간 그리고 실습과 더불어, 인지적 리허설은, 이 방법이 아니었더라면 고삐풀린 자동적으로 일어나는 생각들에 쉽게 잠기는 내담자들 마음속에 진정시키는 자기-말 확립에 도움을 준다. 그것은 스트레스 순간에 즉각적인 위안을 가져올 뿐만 아니라, 어떤 사람이든지 앞으로 과장된 부정적인 생각에 저항하는 것을 도와주는 장기적인 패턴 확립에도 역시 도움을 준다.

4) 협력, 직면, 그리고 힘

여기서 기술한 개별인지적 재구성방법들은, 신사적인 협력의 스타일에서부터 거칠고, 심지어 강압적이기도 한 직면의 스타일에 이르기까지 다양한 방법으로 사용될 수 있다. 통합적 심리치료는 치료사들이 이 연속대의 협력적 목적방향으로 쏠려 있을 때 가장 효과적이다. 만일 치료사들이 너무나 직면적이 된다면, 특별히 환자와의 관계 초기에, 그것은 다가올 치료법적 관계를 손상시킬 수 있다. 다음 예를 고찰해 보자:

밀 리(Millie): 전 요즘 지난주에 저지른 실수 하나 때문에 직장을 잃을까 염려가 계속됩니다. 그(Millie) 가게는 아침 6시에 문을 열기로 되어 있어요. 그러나 전 시계알람소리 속에서도 잠을 잤었고, 6시 30분까지 잠에서 깨지도 않았어요. 제가 가게문을 한 시간 후에 열었었고, 그리고 그 지역담당매니저는 저에게 정말로 화를 냈어요.

협력적 스타일	직면적 스타일
마크: 잠에서 깨고 시간이 벌써 6:30분 이었음을 깨닫게 되는 것은 틀림없이 기분이 몹시 엉망이었겠습니다.	마크: 당신 또 그 일을 저지르고 있군요.
밀리: 네, 전 정말 화가 났어요. 전 뛰어다니며 옷가지 몇 개를 걸치고 미친 여자처럼 가게로 운전해갔어요.	밀리: 뭐라고요?
	마크: 충분한 이유도 없이 당신이 당신 자신을 화나게 하고 있잖아요.
마크: 장담컨대 가게로 향하는 운전 중에 당신의 생각들이 거칠게 뛰어다녔다고 확신합니다.	밀리: 네, 아마도. 그러나 그 지역에서 가장 바쁜 가게를 한 시간 뒤에 문을 열었다구요.
밀리: 오 네. 전 그들이 절 해고할거라고 확신했어요.	마크: 거기서 얼마나 일을 했어요?
	밀리: 육개월요.
마크: 그리고 당신은 여전히 그들이 그럴 거라고 생각하고 있지요. 당신이 해고당할 수 있다는 어떤 증거를 가지고 계십니까?	마크: 그 전에 몇 번이나 지각했었나요?
	밀리: 이번이 처음이에요.
	마크: 그러니까 당신은 육개월에 한 번씩 지각하고, 그것 때문에 해고될 거라고 결국 자신에게 말하고 있지요. 그게 당신에게 무슨 의미가 있습니까?
밀리: 글쎄요, 그 매니저는 매우 화를 냈어요.	
마크: 좋아요, 화난 매니저는 좋은 일이 절대 아니죠. 또 다른 증거를 역시 가지고 계세요?	밀리: 글쎄요, 제 생각에 많은 의미는 없죠. 그러나 지역매니저는 저에게 정말 화가 났었어요.
밀리: 아니요, 실은 없습니다.	마크: 그렇다면, 그녀는 화내게 놔두세요. 그녀가 당신을 해고했나요?
마크: 다른 반대쪽을 살펴봅시다. 그들이 당신을 해고하지는 않을 거란 어떤 증거 가지고 계십니까?	밀리: 아니요. 적어도 아직은요.
	마크: 그녀가 아직도 화나 있어요?
밀리: 네, 제 말은 그들이 아직 절 해고하진 않았다는 의미에요. 그리고 오늘까지 나흘째가 되지만 말이에요. 그리고 거기서 일한 이전 육개월간 전 결코 지각한 적 없어요.	밀리: 아니요. 그렇지는 않다고 생각해요. 그 다음날에도 그녀는 나에게 매우 잘 했어요.
는 것이 한 쪽이고, 나머지 다른 한 쪽	마크: 그렇다면 이것을 논리적으로 생각해 봅시다. 만일 그녀가 지각을 이유로 당신을 해고한다면, 당신이 지각한 날 그녀가 매우 화난

은 이번이 최초의 위반행위라는 것입니다. 당신에겐 어느 쪽이 더욱 설득력 있게 보입니까?

밀리: 글쎄요, 첫 위반행위라는 것이 제 매니저에게 가장 강력한 이유이길 바라고, 십중팔구 그러리라 생각합니다. 전 훌륭한 사원입니다. 그리고 그녀도 제가 한 일을 좋아하는 것 같아요. 그 다음 날 그녀는 무언가에 대해서 나와 함께 웃었어요. 그러니까 그녀가 아직도 화가 나있다고 생각지는 않아요.

마크: 그러니까 그 사건이 당신과 당신 매니저에게 화나는 사건이었군요. 하지만 그 일에 대해 당신이 생각할 적에, 해고당한다는 것은 가능성이 있어 보이지는 않는다는 말이군요.

밀리: 제 추측에는 없어요.

날 그렇게 할까요 아니면, 몇 일 뒤 그녀가 당신에게 잘 대하는 때에 그렇게 할까요?

밀리: 십중팔구 그녀는 그 당시 그렇게 했었을 거예요. 제가 지각한 날 말이죠.

마크: 좋아요, 그러니까 당신이 충분한 이유도 없이 자기 자신을 화나게 하고 있는 거 아시겠어요?

밀리: 당신이 옳다고 생각해요.

이 예에서, 협력적인 스타일도 내담자를 직면적인 스타일과 같은 결론으로 이끌지만, 치료적 연합관계에 해를 끼칠 위험은 없다. 물론, 각 치료사들이 다 직접적이고 직면적일 필요가 있는 시기들이 존재하지만, 이것을 드물게 수행하는 것이 가장 좋고, 충분한 신뢰와 신념이 확립된 뒤에만 수행하는 것이 최선이다. 8, 9장에 각각 기술된 개입의 두 번째 세 번째 영역들은, 효과가 있기 위해서 안전한 치료관계를 요구한다. 다시 말해서 관계의 안전성은 종종 증상중심적 돌봄이 제공되는 시기인 치료의 초기 단계에서 확립된다.

여기서 심사숙고해야할 윤리문제가 있다. 치료사들은 자신들이 종사하는 일의 본질에 근거를 둔 상당한 힘에 물들어 있다. 디스트레스된 개인들, 부부들, 그리고 가족들은 자신들의 바쁜 스케줄들에도 시간을 들여 큰 돈을 지불하므로, 자신들의 문제점들을 경청해 주고 회복되도록 돕는 대학원학위취득자인 전문가를 찾아온다. 이 전문가는 내담자들에게 자기생각의 타당성평가를 하도록, 그리고 합리적인 것과 비합리적인 생각 사이를 분류하도록 도와준다.

이런 역할에는 치료사가 인정하든 안 하든지 어마어마한 힘이 존재한다. 왜냐하면 치료사에게 주어진 존경때문이고, 다른 이유는 도움을 구하는 내담자들의 상처를 그대로 흡수하기 쉬운 상태 때문이다. 생각들을 평가하는 협력적인 스타일은 직면적 스타일보다도 이런 힘을 다루는 더욱 책임 있는 한 방법이다.

협력은 파트너관계이다. 이것은 내담자들이 자신들의 생각을 평가하고, 그것을 자신들의 문화, 가치관들, 그리고 신념들과 일치하는 방식들로 고치도록 품위와 자율을 허락하는 것이다. 독단적이고 대결적인 스타일은 치료사가 항상 가장 잘 알고 있고, 내담자들은 단지 치료사의 지혜에 순응해야만 한다는 것을 당연시 하는 것으로 보인다.

이 후자 접근법은, 종교적 설득을 진료활동의 명백한 목표로 보는 일부 그리스도인 치료사들의 마음에 끌리는 치료법일 수 있다. 그러나 이 관점은, 치료관계들에 해를 끼치고 궁극적으로는 진정한 대화의 가능성마저 끊어 버리는 이데올로기적 교만으로 쉽게 연결될 수 있다.

협력적인 치료사들에게 조차도 불평등한 힘은 여전히 논쟁거리이다. 자동으로 떠오르는 생각이 규명될 때마다, 그리고 그것이 더욱 합리적인 생각으로 재구성될 때마다, 치료사는 내담자를 조금씩 새로운 사고방식쪽으로 몰아간다. 이것은 치료사에게 실질적인 영향력을 부여해 준다.

그런데 만일 그 영향력이 잘 통제되지 않을 경우, 내담자는 하나님의 형상보다는 치료사가 의도한 형상으로 형성된다. 그것은 마치 이발사나 미용사에게 가서 "당신이 하고 싶은 대로 머리 해 주세요"라고 말하는 것과 같다. 하지만 그 결국은 훨씬 더 중대한 결과들을 만들어낸다. 왜냐하면 현재 치료사는 긴 머리털 다발들보다도 더욱 중요한 것들을 건드리고 있기 때문이다.

치료사는 합리적 생각으로 간주되어야 할 것이 무엇인지 결정하는 데 있어서 엄청난 영향력을 가지고 있다. 치료사가 거룩하고, 지혜롭고, 성숙하며 문화적으로 민감할 때 이것은 앞의 예들에서 비교적 잘 수행될 수 있다. 하지만, 치료사가 이러한 높고 숭고한 목적들에 미치지 못할 때(우리들 대부분이 그런 것처럼) 그렇게 잘 수행되지 않는다.

마치 야고보가 "내 형제들아 너희는 선생된 우리가 더 큰 심판을 받을 줄 알고 선생이 많이 되지 말라"(야 3:1)고 가르쳤듯이, 그리스도인들 중 치료사가 된 사람들은 다른 사람들의 삶에 있어서 그들이 하는 영향력있는 역할 때문에 자신들의 준비성과 영적 성숙함에 대해 주의깊게 생각해야만 한다.

4. 기독교적 평가(A Christian Appraisal)

치료에 있어서 힘의 차이를 관리하는 것은 치료사들에게 자신들이 인지적 재구성 방법들로 가져오는 세계관의 상정 내용들을 세밀히 탐구하고 이해할 것을 요구한다. 그리스도인이든 아니든, 모든 치료사들은 기본적 가치관들에 의해 인도되고, 그들이 치료내담자들을 알고 그들에게 연결시키는 방법을 형성하는 역할을 한다.

인지치료사들에 의해 주장되는 가장 집요하고 치명적인 가치관들 중에 하나는 실용적 합리주의에서부터 직접적으로 나오는 것이다. 그것은 본서의 저자인 우리가 **기능적 상대주의**(functional relativism)라는 표지를 붙인 가치이며, 3장에서 간략하게 소개한 개념이다. 여기에서 치료사는 생각들이 내담자의 증상들에 어떻게 영향을 미치는지를 근거로 생각들을 평가한다.

그러므로 우울증에 걸린 사람이 **아무도 나를 좋아하지 않아**라고 생각한다면, 그 결과 우울증이 더욱 심해진다. 그렇다면, 그 생각은 비합리적인 것으로 간주되고 반드시 더욱 긍정적인 어떤 것으로 대체되어야만 한다. 예를 들어, **난 충분히 좋은 사람이야, 난 정말 똑똑해, 지긋지긋하게 사람들이 나를 좋아해**와 같은 긍정적인 생각들로 바꾸어져야 한다. 만일 염려에 가득 찬 사람이 **세상은 위험하고 두려운 곳이야**라고 생각한다면, 이 생각은 반드시 뭔가 염려를 덜 부추기는 어떤 것으로 바꾸어져야만 한다. 기능적 상대주의에서는, 원치않는 증상들로 연결되는 생각들은 잘못된 사고이고, 그리고 심리적, 정서적 안정으로 연결되는 생각들은 올바른 사고라고 말한다.

물론, 문제는 단지 내담자들의 기분을 더 좋게 만들 수 있다는 이유만으로, 이것은 내담자들이 뒤틀리고 자기-중심적 렌즈들을 통하여 세상을 보도록 가르침 받는 치료로 쉽게 넘어갈 수 있다는 것이다. 그러므로 그녀의 아버지를 용서하지 못하는 것에 대한 갈등을 느끼는 내담자의 경우, 그녀 자신이 용서해야한다는 자신의 기대치들을 별거 아닌 것으로 일축해버리도록 격려 받는다. 그 결과, 그녀 기분은 더 좋아진다.

그가 지난 달 그녀와 잠을 자지 말았어야 한다고 생각하면서 어떤 친구에 대해 죄책감을 느끼는 내담자의 경우, 그의 모호한 "당위적" 진술문을 별거 아닌 것으로 일축해버리고 지나간 것은 지나간 일로 내버려두라고 격려받는다. 자신의 죄책감을 떠나버리도록 할 때에 그는 안위감을 느낀다. 결국엔, 그녀가 치료에 자발적인 참여자가 되었다.

지금까지 그의 인생 대부분 홀로였던 우울증에 걸린 내담자의 경우와 방금 이혼으로 아내를 잃어 우울증에 빠진 내담자의 경우, 난 세상에서 **혼자야** 라고 자동으로 떠오르는 생각을 난 **바람직한 사람이고 곧 그밖에 누군가를 찾을 거야**와 같은 더욱 낙천적인 어떤 것으로 대체하도록 격려 받는다. 이 예들에서 보면, 치료사가 개인적 자각, 타인에 대한 이해, 그리고 거룩함으로 성장하는 것에 대한 내담자의 기회들을 망치고 있지 않은지 의심스럽다.

죄로 가득한 삶의 조건 안에서, 우리들 대부분은 우리가 믿기 원하는 것을 합리화하고 정당화하는 데에 꽤 익숙해져 있다. 사람들은 실제상황들보다 더 좋게 보이게 만들려고 우리 자신들과 공모(共謀)를 구미기 위해 인지치료사까지 필요로 하지는 않는다.

기능적 상대주의(functional relativism)를 기술하는 데 있어서, 본서의 저자인 우리는 기독교 세계관을 우리와 공유하지 않는 우리들의 동료들에게도 공정하고자 한다. 상대주의는 인간세상에 흔해 빠졌으며, 심지어 종교적인 앎의 방법들과 연결된 특별한 진리주장들에 붙잡혀 있지 않은 사람들 사이에서는 덕스러운 것으로 간주되기까지 한 것이다. 상대주의자들의 관점에서 보면, 왜 치료사는 그(혹은 그녀) 내담자들이 최상의 자유와 자기수용을 산출하는 방식들로 세상을 지각하기를 원치 않을까? 라고 질문한다. 또한 진리주장들과 도덕적 의무 사항들을 가진 기독교 정신은 게다가 억압적이고 억제적인 것처럼 보일 것이다.

그러므로 본서의 저자들인 우리는 기독교 세계관을 공유하지 않는 동료들에 대해 비판적일 필요가 없다. 우리가 기독교 세계관의 상정 내용들에 따라 인지치료을 수행하는 것처럼, 그들은 단지 자신들의 세계관의 상정 내용들에 따라 인지치료을 수행하고 있다. 기능적 상대주의는 비열한 음모가 아니며, 대부분 치료사 편에서 숙고한 뒤 내린 신중한 결정도 아니다. 그것은 개인의 행복과, 가능한 한 빨리 내담자들이 더 좋은 기분을 느끼도록 도움을 준 것에 대한 대가로 치료사들에게 보상을 주는 주로 세속적인 직업에 어마어마한 가치를 두는 사회의 자연스러운 결과이다. 상담진료소내부에는 기능적 상대주의를 향한 어떤 집요하고 미묘한 끌림이 존재한다.

> **상담 조언 6.6: 우리들을 진리로 인도하소서**
>
> 그리스도인 치료사들은 종종 내담자들과 함께 큰 소리 내 기도를 해야 하는가에 대해 왕성한 토론들을 하게 된다. 양 편에서 개진되는 좋은 점들이 있다. 그러나 아마도 더욱 중요한 신앙훈련은 치료상담 동안 내담자들을 위하여 조용히 기도하는 것을 배우는 것임에 틀림없다. 그리스도인 치료사는 내담자와 대화하고, 동시에 하나님과 대화한다. 가장 유용한 침묵기도들 중 하나는 단순히 "사랑하는 하나님, 우리들을 진리로 인도하소서"라고 기도하는 것이다. 이 기도로 치료사는 기능적 상대주의 그 이상의 가치가 있는 진리를 간구하고 있다. 그것은 치료사를 항상 정상적인 궤도에 있도록 유지시키는 데 도움이 되고, 다시 이것은 내담자에게 도움이 된다.

그러므로 어떻게 그리스도인 치료사는 기능적 상대주의의 교활한 당김에 맞서 싸워야 하고, 그리고 기독교적 세계관을 유지하는가?

본서의 저자들인 우리는 세 가지 전략들을 제안한다.

첫 번째 전략은, 치료란 세계관들이 조장되는 가치를 적재한 모험적 기획이라는 점을 자각하는 것이다(Tjeltveit, 1999). 내담자가 더욱 합리적으로 생각하도록 치료사가 도울 때마다, 기저에 깔린 윤리적 전제들이 주창되고 있다. 기능적 상대주의 처럼 우리들을 둘러싼 널리 유행하는 전제들에 부주의해서 무심코 순응하는 것으로부터 우리들을 지키는 기독교 세계관이 무엇과 같이 보이는지를 아는 것은 우리 그리스도인들에게 걸맞은 의무이다.

바로 이점은 두 번째 제안으로 이어진다. 심리학과 상담방법들에 더하여 기독교 신학과 기독교역사분야에 충분한 지식을 가지고 있어야 한다. 거의 모든 치료사들은 수년간의 공부와 연장교육, 동료들과의 대화들 등등을 통하여 잘 알려진 심리학적 세계관들에 몰두되어 있다. 기독교 세계관에 헌신된 사람들은 심리학에 대한 이런 노출을 앎에 대한 역사적 기독교 방법들에 대한 광대한 노출로 보완할 필요가 있다. 이것은 독서 혹은 신학수업수강을 포함하며, 그 외엔 지역교회, 목회자들과 신학자들과 친구가 되는 것, 그리고 신학잡지들을 정기구독하는 것을 필수적으로 포함한다.

세 번째 전략은, 사도 바울이 데살로니가에 있는 교회에 보낸 첫 편지에서 그의 구별하는 가르침들을 우리 저자들이 그대로 반영하는 바이다.

> 예언을 멸시하지 말고, **범사에 헤아려**(test everything) 좋은 것을 취하고, 악은 어떤 모양이라도 버리라(살전 5:20-22, 강조는 첨가한 것임).

바울이 이 가르침들로 의도했던 것처럼 교회 안이든, 진료소영역인 교회밖이든, 그리스도인의 삶은 상당량의 걸러내기작업을 필수적으로 포함한다. 하나님은 그리스도인들이 세상속에서 듣고, 생각하고, 말하는 것을 선과 악에 대한 기독교적 관점으로 평가하기를 원하신다.

이 '범사에 헤아린다'는 개념은 인지치료사들에게 친숙한 것이다. 우리 인지치료사들은 끊임없이 생각들과 상정 내용들의 가치를 판단하여 그것들이 어떻게 실재와 일치하는 알고자 한다. 그렇다면 우리 그리스도인 치료사들이 어떻게 이 작업을 기독교적 세계관에 참되게 머물러 있으면서도, 기능적 상대주의에 쉽게 빠지는 활동분야의 널리 유행하는 패러다임들 속으로 미끄러져 들어가지 않는 방식으로 수행해야 하는가?

18세기 영국의 복음주의자인 존 웨슬리(John Wesley)의 가르침에서 도출된 웨슬리안신학의 사중복음(the Wesleyan quadrilateral)은 기독교적 관점들과 가치관들은 서로 얽히고 섞여 짜여진 네 가지 정보원천들에 의해 결정된다고 제안한다: 성경, 전통, 경험, 그리고 이성이 그것들이다. 이 "진리의 헤아림들"은 다음 내용에 상술되어 있다.

1) 성경(Scripture)

사람의 생각들, 가치관들, 그리고 상정 내용들의 타당성을 결정할 때에, 그리스도인에겐 성경보다 더 위대한 원천은 없다. 하나님의 권위있는 말씀인 성경은 공의로우시며 사랑하시는 하나님과의 관계에서 인류에 대한 이야기를 드러낸다. 그리고 그 과정에서 어떻게 살아야 하는지 그리고 무엇을 소중히 여겨야 하는지 가르침을 주신다.

성경에서 우리는 인간들이 하나님의 형상으로 창조된 덕택에 존귀함과 가치를 소유하고 있음을, 그리고 우리 인간은 쉽게 자기-기만에 빠지고, 그리고 하나님의 사랑에서 멀리 떠나 표류하기 쉽다는 것을, 하나님은 공의로우시며 압제와 이기적 욕망 그리고 다른 모든 죄의 형태들을 미워하신다는 것을, 그리고 하나님은 끊임없이 사랑스럽게 배반에서부터 돌아오라고 우리들을 부르신다는 것을 배워 안다.

또한 우리는 그리스도인들이 어떻게 생각하고 행동해야 하는지에 대한 방향 지시를 성경안에서 가진다. 우리는 겸손하라고, 압제의 반대편에 서라고, 복수 보다는 자비를 베풀라고, 그러함에도 정의를 사랑하라고, 남을 대접하기를 좋아하고 관대하라고, 하나님께서 우리들에게 주신 재능들을 사용하라고, 우리 자신들보다도 낮은 위치의 사람들을 돌보라고, 충성스럽고 확고부동하라고 가르침을 받는다. 요약컨대, 우리는 성경에서 하나님을 우리들의 모든 존재됨을 다하여 사랑하라고, 그리고 타인들을 우리 자신들을 사랑하는 것처럼 사랑하라고 배워 안다(막 12: 28-31).

7, 8년 전에, 우리 저자들 중 한 사람이 철학자이자 기독교 저술가인 달라스 윌라드(Dallas Willard)에게 임상심리학생들에게 수업시간에 한 번 이야기하도록 할 기회를 드렸었다. 그 수업 마지막 무렵에, 한 학생이 윌라드 박사에게 인생에서 영감을 주고 격려를 주는 것이 무엇인가 질문을 했다. 달라스는 성경에 대한 그의 사랑에 대해 말하기 시작했다. 얼마나 그가 성경읽기를 사랑하고, 그 진리의 말씀들을 묵상하기를 사랑하고, 그것을 암송하기를 사랑하고, 그의 인생을 성경말씀들로 가득 채우기를 사랑하는지 말하기 시작했다. 교실 앞쪽으로 가까이 앉아 있는 사람들은 그가 하나님의 말씀을 얼마나 사랑하는지에 대해 이야기했을 때 그의 두 눈에 솟아오르는 눈물들을 볼 수 있었다. 윌라드 박사는 신념으로 무장한 지혜로운 사람이자, 우리시대의 한 예언자이다. 성경에 대한 그의 언급들과 감정들은 문화와 시간의 개념들을 초월하는 진리에 대한 오늘날의 목마름을 심도있게 피력(披瀝)하고 있다.

그의 말과 그리고 그의 두 눈에서 솟아난 눈물을 통해 달라스 윌라드는 존 웨슬리와 함께 나란히 그리스도인에게 최고의 진리기준은 성경구절들에서 발견된다는 것을 확인시켜 주었다. 성경은 우리 인간들의 생각들, 신념들, 가치관들, 그리고 상정 내용들의 타당성을 결정하기 위한 우리의 가장 위대한 원천이다. 그러나 슬프게도, 그리스도인 치료사들이 성경해석에 무능하다는 악명이 높다(마이어 & 몬로, 2001; 슐츠, 2001).

우리 치료사들은 종종 우리 자신들의 목적에 맞게 성경을 마구 사용하고 있다. 미심

쩍은 기원을 가진 다양한 심리학적 사상들로부터 시작해서, 맞아 들어가는 성경구절들 찾기, 정황에서부터 그것들을 확 잡아당겨 성경이 우리들의 최근 심리학이론을 지지한다고 세상을 설득하려고 시도한다.

때로 우리 치료사들은 성경이야기를 진지하게 취하지 않음으로 성경구절들을 그릇 해석한다. 성경은 정확한 사고를 위한 교과서라기보다는, 우리 인간이 얼마나 아름답게 지음 받았는지, 우리 자신들과 우리 주위 세상을 우리가 얼마나 초라하게 지각하는지, 우리들의 삶들과 우리들의 세상 안에 하나님의 구속적 임재를 우리가 얼마나 절대적으로 필요로 하는지, 그리고 우리 인간이 그리스도 안에서 얼마나 대단한 희망과 기쁨을 소유하고 있는지에 대한 이야기이다.

우리 저자들이 방금 기술한 문제를 고려해 보자.

그리스도인 인지치료사들은 다른 사람들이 자신들의 생각들을 평가하도록 도와주는 강력한 위치에 있다. 외적인 계류장치가 없다면, 그리스도인들을 포함한 모든 치료사들은 모호한 생각들이 사람이 더 기분 좋도록 도와준다는 이유 때문에 분별없이 확인되는 어떤 기능적 상대주의를 향하여 표류하기 십상이다. 무엇이 진리이며 옳은지 결정하는데 있어서, 성경이 우리들의 가장 위대한 원천이다.

그러나 심지어 우리들의 성경관도 이기적인 해석방법들에 의해 비뚤어질 수 있다. 그러므로 우리들은, 진리와 거짓에 대한 기독교적 판단에 확고히 헌신되도록 우리 자신들을 지키기 위해서 성경 저쪽 편에 추가적인 정박장치가 필요하다. 웨슬리언의 계시의 사분면론은 우리가 전통, 경험, 그리고 이성으로 향할 것을 제안한다.

2) 전통

포스트모던이라는 절대가치를 부정하는 길을 정처 없이 거닐기 쉬운 시대에, 기독교 역사(전통)는 기독교의 진리관에 우리들을 견고히 붙들어 주는 중요한 닻을 제공한다. 사려 깊고, 박식하며 지혜로운 수백 만 명의 사람들이 우리들을 앞서갔고, 이들은 기독교 신앙의 교의(敎義)들을 이해하도록 돕는다. 여러 교회공의회가 소집되어 어려운 교리들을 해결하고, 이단들을 규명하며, 정통을 확인해왔다. 권위있는 영성책자들-일부는 여러 수 세기 동안의 시험을 이기어 오고 있다-은 우리들이 길을 찾는 것을 도울 수 있다.

우리 세대를 이미 앞서 간 신앙을 가진 사람들을 무시하는 것과, 각 세대 혹은 각 치료사가 반드시 무엇이 진실인지 파악하는 작업을 반복해서 해야만 한다는 것을 당연히 여기는 것은 교만의 절정이다.

이것은 진리에 대한 기독교적 이해는 결코 변할 수 없다고 말하는 것은 아니다. 실로 역사는 기독교 정신을 이해할때, 진화(느리고 점진적인 변화)와 혁명(갑작스럽고 극적인 변화) 이 둘을 다 드러내 보인다. 그러나 진리에 대한 사려 깊은 관점은 수 세기들에 걸쳐서 확인된 것이 무엇인지 심사숙고하고, 자기-기만과 오해에 우리들이 얼마나 취약한지 기억하라고 우리들에게 요청한다. 그리스도인 치료사가 신앙의 정통관점에 거슬려 서 있다는 것은, 아무리 치료사가 성경에서 취한 구절들로 그 관점을 지지할 수 있다고 할지라도, 위험하고 공격받기 쉬운 입장이다.

역으로, 내담자들이 성경구절들을 이용하여 비합리적인 관점들을 지지하려고 할 때, 그리스도인 치료사가 정통교리와 함께 서 있는 것이 중요하다. 경험 있는 대부분의 그리스도인 치료사들에게 친숙한 한 예는 강박장애를 가진 내담자가 용서할 수 없는 죄를 저지른 것에 대해 초조해하기 시작하는 때이다. 내담자가 불경스런 생각을 가진 것을 두려워할 수 있고, 그 때 마가복음 3:28-29을 사용하여 용서할 수 없는 죄를 저지른 것에 대해 사로잡혀 있는 마음을 정당화할 수 있다. 실제로는, 성경과 기독교 정통주의적 관행은 내담자의 두려움들을 잘못이라고 언명한다. 그리고 치료사가 내담자로 하여금 피상적인 성경사용을 훨씬 넘어 옮겨가도록 돕는 것이 중요하다.

3) 경험

성경과 전통에 대한 연구는 주로 개념적이고 이데올로기적인 방법들로만 접근될 수 있으며, 결국은 교리적으로는 옳으나 관계적으로는 무능한 기독교 목회자들로 끝날 수 있다. 혹자가 정통신앙의 중요성에 찬사를 보낼 수 있으나, 여전히 그리스도인 치료사로서는 매우 무감각하고 무능력할 수 있다. 경험은 하나님과의 인격적인 만남을 제공하는데, 이것은 엄격하고 지성화 된 신념에의 접근법에 대한 교정자(矯正者)로서 역할한다.

일부 사람들은 분별력을 위한 기초로서 경험을 성경과 교회전통과 나란히 자리매김 해야만 하는지에 대해 이의를 제기할 수 있다. 다음 두 설명들엔 순서가 있다.

첫째, 우리 그리스도인들이나 웨슬리도 경험이 성경와 동일한 권위를 가진다고 제안한 사람은 아무도 없다. 경험이 성경과 충돌할 때, 성경는 경험을 넉넉히 이긴다.

둘째, 우리는 변덕같은 경험을 지시하지 않는다. 그것은 단지 어떤 사람이 "난 내 교회를 떠날 필요가 있다고 강하게 느낀다. 그러므로 그것은 하나님께서 내가 하기를 원하시는 바이다"라고 결론을 내리는 것은 아니다. 모든 종류의 인간감정들은 우리의 삶에 대한 하나님의 욕망들과 상반될 수 도 있다.

그러므로 감정들은 지나치게 신뢰되지 말아야 한다. 오히려, 우리 저자들은 경험을 우리 삶 속에서의 하나님의 움직임에 대한 세심하고 현명한 탐구로 지칭하고 있다. 어려운 결정들을 직면한 그리스도인들이 "난 그것에 대해 기도할 필요가 있다"고 결론내리는 것은 흔하다.

우리는 온갖 종류의 이유들때문에 기도가 필요하다. 그리고 그들 중 하나는 진리와 우리 삶들에 대한 하나님의 원하시는 바를 분별하도록 우리들을 돕는 것임에 틀림없다. 기도를 중심에 두는 것은 종종 사람이 특정한 결정들이나 행위들을 향하도록 고무하며, 우리는 이것을 인간 삶 속에서의 하나님의 선하신 경험적이고 관계적인 역사라고 확언한다.

그리스도인들은 하나님의 은혜의 부요함을 경험했다. 우리는 죄의 깊음과 하나님의 자비에 대한 자신의 필요를 경험했다. 하나님은 우리들을 용서와 은혜로 씻으시므로 응답하셨다. 이런 종류의 경험은 우리 인간들을 변화시킨다. 혹은 변화시켜야만 한다. 그것은 다른 사람들과 함께 그들을 돌보는 동료들로서 그들의 고통에 함께 앉을 수 있는 온정적으로 고통을 나누는 이해를 소유한 사람들이 되라고 우리를 부른다. 그것은 인지치료를 치안유지 논리영역 밖으로 몰아내는 반면, 품위있는 협력의 장소로 이끌어 준다.

하나님의 은혜를 경험하는 것은 인간들을 기독교 공동체로, 책임으로, 예배로, 기쁨으로 부른다. 많은 사람들에게 있어서, 그것은 그들을, 은혜와 진리를 다른 사람들에게 제공하는 돕는 전문직업인들로 그들을 부르고 있다. 왜냐하면 그리스도를 통하여 하나님은 우리들에게 은혜와 진리를 제공하였고, 그런 다음 똑같은 방식으로 우리들을 서로

진료소에서 6.2: 안내받은 성경말씀의 발견

성경이 내담자의 상황에 관계되는 중요한 진리를 지니고 있을 때, 치료사는 두 가지 선택사항을 가진다. 첫째, 치료사는 성경의 진리를 단지 말로 선언할 수 있다. 예를 들어:

루 쓰: 전 그 이혼에 대해 죄책감을 느껴요. 미친 결혼이었었다는 걸 알아요. 함께한 8년 결혼생활 동안 그이는 틀림없이 스무 명의 다른 여자와 잠을 잤어요. 그러나 때때로 혹시 내가 그이를 떠남으로써 내가 뭔가 끔찍한 짓을 했더라면 어찌 됐을까 궁금하게 생각도 합니다.

클 락: 루쓰씨, 성경은 이 점에 대해 분명합니다. 마태복음에서 예수님은 간통의 경우에만 이혼을 허용하고 있어요.

우리 두 저자의 견해로는 두번째 선택사항이 더 나은 것인데, 그녀 자신의 신앙전통이 가진 해석적 방법들 위에 기초해서 내담자로 하여금 성경의 진리를 발견하도록 도와주는 것이다. 이것은 이 장 내내 언급한 바로 그 협력적 접근법사용과 연루되어 있다.

클 락: 루쓰씨, 이혼에 대한 기독교적 가르침들에 대해 어떤 종류의 생각들을 가지고 있습니까?

루 쓰: 하나님은 이혼을 미워하신다고 생각해요. 그러나 전 저희 목사님이 어떤 상황들 하에선 허락된다고 언급한 것도 역시 알고 있어요.

클 락: 당신의 상황에서는 어떻습니까?

루 쓰: 이 문제에 대해서 전 꽤 많은 시간을 성경을 읽고 저희 목사님과 대화도 하며 보냈었어요. 간통은 이혼이 허용되는 경우들 중 하나이지요. 전 그것을 제 머리로는 알지만, 그러나 제 마음으로는 아직도 전 내가 뭔가 잘못된 일을 하지 않았나 의아해 해요.

클 락: 당신 머리와 마음이 이 문제를 두고 전쟁을 하고 있군요.

루 쓰: 적어도 몇 날은 그래요. 대부분의 날은 평화로워요.

이 대화의 협력적 본질에 주목하라. 성경의 진리를 말로 선언하기보다는 오히려 협력적 대화를 통하여 내담자가 성경적 가르침들을 발견하도록 도와주는 것이 가장 유익하다. 이 예에서, 루쓰는 이혼에 관한 성경적 관점에 매우 친숙하다. 만일 그녀가 그렇지 않다면, 그녀의 목사님이나 다른 교회지도자를 그녀가 만나서 이혼에 관한 기독교

> 적 관점에 대해 토론할 것을 제안할 좋은 시기일 수 있다. 가끔 치료사와 내담자는 치료상담 중에 성경을 함께 검토할 수 있다. 그러나 이런 접근법은 치료사가 내담자의 교회공동체와는 다르게 성경을 해석할 위험을 수반한다. 한 신앙 공동체는 성경이 어떻게 해석되어야 할지에 대한 어떤 설명력을 제공한다. 어떤 신앙 공동체의 이유있는 설명이 없다면, 내담자들과 치료사들은 그들이 성경을 어떻게 읽어야 하는지에 관해 서조차도 기능적 상대주의 방향으로 표류할 수도 있다.

받아들이도록 불렀다(롬 15:7).

비록 과학이 경험에 대한 웨슬리의 형식화의 일부는 아니지만, 과학이 경험들을 이해하는 체계적인 한 방식 위에 기초하고 있음을 주목할 가치가 있다. 과학자들은 자신들의 일을 경험적(經驗的)이라 언급한다. 이 의미는 그것이 관찰과 경험 위에 기초해 있다는 뜻이다. 과학에 뿌리를 두고 있는 인지치료는 이러한 경험적(經驗的) 관점으로 발달된 것으로, 내담자들의 일상경험들에 관하여 그들의 생각들을 이해하고 시험하도록 내담자들을 돕는 치료법이다. 이것이 바로 우리가 앞서서 토론했던 협력적 경험주의(collaborative empiricism)의 개념이다.

4) 이성

마지막으로, 이성은 성경, 전통, 그리고 경험에서부터 정보를 모두 가져와서 그 모든 것을 의미있게 만드는 인간의 능력이다. 이성은 우리 인간들을 공부하도록, 조사하며 세밀히 탐구하도록, 판단들과 견해들을 형성하도록 이끈다. 인지치료는 사람들의 이성적 사고를 면밀히 탐구하는 것과, 더욱 합리적으로 사고하는 것을 돕는 것을 필수적으로 포함한다.

그러나 이성에는 그 기반이 필요하다. 자기 재량으로는, 이성적 사고를 하는 우리 인간의 능력이 모든 종류들의 자기-기만, 어리석음에 대한 합리화와 정당화로 우리들을 인도한다. 그리스도인들에게 이성은 사분면의 다른 세 면들—즉, (무엇보다도) 성경, 전통, 그리고 경험—안에 입각되어야 한다.

5) 인지적 재구성에 있어서 웨슬리 신학의 사중복음의 한 예

웨슬리 신학의 사중복음(the Wesleyan quadrilateral)과, 그것이 어떻게 치료사를 기능적 상대주의 쪽으로 표류하는 것으로부터 지킬 수 있는지를 예증하기 위하여, 가설적 내담자인 데니스(Denise)라는 인물이 등장하는 다음 대화를 심사숙고하라. 데니스란 인물은 3장에서 처음 소개했고, 이 후에도 여러 장들에서 다시 토론될 것이다.

데니스: 전 우리 결혼에 매우 좌절감을 느껴요. 현재 일 년 이상 날마다 고투의 연속이에요. 제가 그이를 사랑하는 지 확신이 없어요. 가끔씩은 내가 사랑했던 적이 있었나 하고 의아해 해요. 그 역시 행복하지 않다고 전 생각해요. 때론 우리가 실수를 저질렀단 점을 그냥 인정해야하고 그리고 결혼 청산을 선언해야 한단 생각이 들어요.

마 크: 당신 결혼 생활에서 계속되는 고투는 화를 나게 하고 심신을 지치게 합니다.

데니스: 그러나 전 이혼도 옳지 않다고 생각해요. 그러니까 이혼은 정말이지 저의 선택 사항은 아니에요. 단지 전 제가 어떻게 이것을 계속 참을 수 있을지를 모르겠는 거예요. 제가 어떤 선택들을 정말로 가지고 있습니까?

마 크: 이런 곤란한 입장에 처하게 되면 희망 없음을 상당히 느낄게 틀림없습니다.

이 예에서 치료사는 공감적인 방식으로 결혼에 대한 내담자인 그녀 자신의 감정들과 애매모호함을 되 반사하는 훌륭한 작업을 수행했다. 그 대화가 계속되면서, 결혼과 이혼에 대한 치료사의 개인적 가치관과 신념들이 내담자의 사고방식에 영향을 미칠 것은 불가피하다. 이 대화가 진행해 갈 수 있는 두 가지 가능한 방향들을 심사숙고하라. 첫 번째 가능한 방향은 기능적 상대주의적 접근법을 반영하는 것이고, 두 번째 가능한 방향은 기독교적 대안이다.

(1) 기능적 상대주의 접근법

치료사는 널리 유행하는 정신건강 이데올로기들에 깊이 빠져 있었기 때문에, 그 결정은 그녀가 그 결혼생활에 머물러 있어야 하는지 아닌지에 대해 평가하려는 목표를 가지고 데니스가 자신의 생각들과 감정들을 면밀히 조사하는 것을 도와주는 것이 되었을 것이다. 치료사는 데니스의 이혼금지 신념을 너무 엄격하고 제한적인 것으로 간주할 수 있다. 왜냐하면 이러한 신념들은 덫에 걸리고 불행한 그녀의 감정에 이바지하고 있기 때문이다. 그러므로 치료사는 다음과 같이 응답할 수 있다.

> 치료사: 지금까지 지난 7, 8 주 동안 전 당신이 이렇게 말하는 것을 듣고 있어요. 우리가 시간을 할애해서 당신의 결혼에 대해 생각하고 그리고 미래에 대해 어떤 결정들에 당신이 도달하게 도와주는 그런 시간을 가지는 것이 가치 있으리라 봅니다. 당신이 방금 말했던 것, 이혼은 저의 선택사항이 안된다라는 것에 대해 더 말씀해 보세요.
>
> 데니스: 글쎄요, 그건 제 신앙 때문입니다. 결혼은 약속이고, 평생에 걸친 헌신이라고 전 믿습니다. 그래서 이혼은 선택사항이 아니라고 믿지요. 그러나 전 최근에 너무나 불행했어요. 그래서 전 이 모든 것에 대해 제 자신에게 몇 가지 질문들을 묻기 시작했어요.
>
> 치료사: 현재 당신이 불행하고, 결혼 초기부터 여태까지 불행한 사실은 당신의 결혼이 당신에게 창조적인 실현이 아니라는 매우 명백한 표시자입니다. 아마도 당신은 자신의 신앙과 관계된 이유들 때문에 당신의 결혼에 머물러 있는 것 같군요. 그러나 정말로 그렇게 불행한 장소에 머물러 있는 것이 당신의 최고의 관심사에 있는 것입니까?
>
> 데니스: 글쎄요, 저도 모르겠어요. 정말이지 전 저의 최고의 관심사에 그다지 초점을 두지 않고 살아왔어요.

이 예에서 치료사와 내담자는 함께 작업하여 이혼에 대한 데니스의 신념들을 평가하고, 미래를 위하여 그녀의 선택사항들에 대해 생각하기 시작했다.

(2) 기독교적 대안

기능적 상대주의 회피에 헌신된 그리스도인 치료사들에게는, 심사숙고할 것이 내담자의 행복 그 이상의 것이기 때문에 그 임무는 더욱 어렵다. 이 경우에 치료사는 웨슬리의 신학의 사분면 이론이 매우 유용함을 발견할 것이다. 성경에서 우리는 결혼은 하나님에 의해 정해진 언약(covenant) 관계임을 발견한다. 평생헌신이란 약속은 단순한 계약(contract) 그 이상이다. 그것은 하나님과 연관된 신성한 언약이다. 결혼은 행복을 위해 설계 되어진 것이며, 행복이 희미하게 사라질 때 그것은 비극이다.

그러나 결혼은 또한 그것보다 훨씬 더한 무엇을 위해 설계되어졌다. 그것은 성격 형성, 출산, 성적 쾌락과 정절, 그리고 인간적인 친구관계를 위하여 설계되어진 것이다(L. G. McMinn, 2004). 이 모든 것을 넘어, 결혼은 이기심으로 쉽게 멀리 표류하는 경향을 가진 사람에 대한 하나님의 오래 계속되는 헌신의 살아있는 예증이다.

이혼은 간통과 같은 몇 가지 상황들에서 받아들여질 수 있다. 그러나 하나님은 가정이 찢어지는 것을 싫어하신다. 전통은 우리들에게 결혼에 대한 현대적 관점들이 역사적인 관점과 매우 다르다는 것을 가르쳐 준다. 오늘날 우리는 행복과 평생의 열정을 결혼의 육체적 도덕들로 간주하는 경향이 있다.

그러나 이 관점들은 역사보다는 할리우드영화에 의해 구체화된 것일 것이다. 결혼이 연속적인 흥분의 장소가 되리라는 현재의 기대치들은 그 어느 때보다도 더 높다. 그러므로 황량한 안개처럼 실망도 자주 끼어 있다. 경험은 그리스도인 치료사들에게 공감이 타당한 반응임을 상기시킨다. 결혼은 잦은 경우 어렵고, 많은 부부들, 아마 대부분의 부부들이 환멸과 절망의 계절들을 관통해 지나간다.

치료사가 어떻게 반응할지라도, 그것은 엄청난 디스트레스에 빠진 내담자를 위한 측은조지심(惻隱助之心)과 염려의 목소리를 동반한 것일 필요가 있다. 이성은 치료사가 이 모든 요인들을 평가하고, 진리와 은혜의 균형을 잡고, 그리고 지혜롭고 사려 깊은 방법으로 반응하는 것을 돕는다.

마 크: 그래서 당신이 여기 오셨군요. 이혼은 옳지 않은 것이라 설득되었고, 그럼에도 감정은 당신의 결혼에 너무나 끔찍한 곤경과 좌절감을 느끼고 있지요. 당신의 가치관의 힘이 한계선까지 밀려나 있습니다.

데니스: 네, 그게 제가 느끼는 거예요. 제 말은 저는 결혼은 약속이며, 평생의 헌신이라고 믿는다는 의미입니다. 그것은 제 신앙의 일부예요, 그러나 최근에 너무나 정말이지 힘겨워요.

마 크: 네, 당신의 말뜻을 나는 압니다. 당신은 결혼에 대해 이러 가치관들을 가지고 있습니다. 그것들은 당신의 일부이고 당신의 신앙 공동체의 일부죠. 그러나 지금 당장 그런 가치관들이 정말로 당신에게 어떤 개인적인 행복을 희생시키고 있어요.

데니스: 네, 그래요. 전 결혼이 이렇게 어려울지 결코 몰랐어요.

마 크: 당신은 당신 자신과 힘겨운 일들을 관리하는 당신의 능력에 대해 무엇을 배우고 있습니까?

이 예에서 지금 대화는 데니스의 현재 상황에 대한 구속적 관점 쪽을 향하여 움직여 가서, 결혼에 대한 그녀의 신념들에 도전 하기보다는 오히려 확인해주는 방향으로 흘러갈 가능성이 있다. 데니스의 관점은 그녀가 얼마나 지금 불행한가에 초점이 맞추어져 있다. 그리고 이것은 중요한 토론주제이다. 그러나 역시 심사숙고해야 할 다른 중요한 것들이 있다. 그것들은 가치관들, 신앙과 성격 형성이다.

우리의 기독교적 세계관을 공유하지 않는 혹자들은 우리가 방금 토론한 예에 우려를 나타낼 것이다. 왜냐하면 치료사가 개인적인 가치관들을 치료 과정에 실천하며, 내담자를 어려운 결혼관계에 머무는 결정 쪽으로 조금씩 밀어 넣고 있는 것으로 보이기 때문이다. 본서의 저자들인 우리들도 동의하지만 그러나 또한 모든 치료사들이 다 내담자를 특별한 가치관 쪽을 향하여 밀어 넣고 있다고 논박할 것이다.

기능적 상대주의에 심취한 이전 치료사의 예를 입증하는 것은 치료사가 기독교적 세계관과는 상충하는 특별한 가치관들 쪽으로 내담자를 밀어 넣고 있다는 것이다. 모든 치료는 가치판단적이며, 이 점은 내담자가 처음 치료에 참가하고자하는 동의를 하기 전에 미리 인식되어야만 한다.

> ### 상담 조언 6.7: 사중복음 윤곽그리기
>
> 웨슬리안신학의 사중복음 사용의 주안점은, 치료사가 성경, 전통, 경험, 그리고 이성을 숙고한 후에 내담자의 사고가 정상적인가 혹은 아닌가 선언해야한다는 것이 아니다. 오히려, 신학의 사분면이론은 협력적으로 사용된다. 즉, 내담자와 치료사는 함께 진료활동을 하면서 각 차원을 쭉 생각해 보아야 하는 것이다. 때때로 신학의 사중복음을 화가용 도화지철 위에 대략적 윤곽을 그려 놓고 체계적으로 신학의 사중복음(分面)에 대해 토론하는 것은 훨씬 더 유용하다. 이것은 문제가 되는 그 문제를 내담자가 평가하는 것을 돕는 데 있어서 즉각적인 유익을 제공한다. 또한 한편으로는, 내담자를 위한 균형있고 사려 깊은 유형의 결정하기 모델만들기에도 즉각적인 유익을 제공한다.

웨슬리안 신학의 사중복음은 우리들이 명쾌한 해결책이 없는 어려운 상황들에 대한 기독교적 관점을 이해하는 것을 도와준다. 다음의 질문들은 우리의 사고를 형성하는 데 도움을 준다.

1. 성경는 이런 상황에 대해 무엇이라 말하는가?(이것은 성경적 관점에 대해 설명한다.)
2. 기독교 전통은 이런 상황을 어떻게 다루어 왔는가?(이것은 신자들의 공동체에 대한 설명이다.)
3. 이러한 그리고 이와 유사한 상황에서 하나님의 인도하심에 대한 지금까지의 나의 경험은 무엇인가?(이것은 개인에 대한 하나님의 인도하심에 대한 설명이다.)
4. 연루된 모든 것들에 대한 합리적이고 논리적인 결론은 무엇인가?(이것은 자신과 다른 사람들에게 알려진 결론들에 대해 설명한다).

5. 결론

행동변화와 인지적 재구성 방법들은 증상중심적 치료에 사용된다. 행동변화기술들은 고전적, 조작적, 그리고 관찰적 학습에 기반을 두고 있으며, 더 광범위한 심리학적이며 신학적 인간기능이해에도 그 기초를 두고 있다. 자동으로 떠오르는 생각들은 인지적 재구성안에서, 평가되며, 나아가 더 합리적으로 고려된 생각들로 대체된다. 내담자들이 그들의 생각들을 돕는 데에 많은 기법들의 사용이 가능하다.

기독교적 관점에서 볼 때, 이것은 긍정적, 부정적 함축 의미들 모두를 지닌다. 긍정적인 측면에서, 사람들이 더욱 합리적으로 생각하도록 돕는 것은, 하나님의 구속적 임재에 우리가 반응하도록 허용하는 것이다. 우리가 사는 세상을 잘 생각하고 정확히 이해할 때 우리는 최상으로 기능한다. 선명한 합리적 사고는 더욱 광범위한 자기-이해, 타자에 대한 깨달음, 그리고 하나님을 향한 우리의 필요을 인정하는 쪽으로 우리가 움직여 가는 데 도움을 제공한다.

부정적인 측면에서 볼때, 다른 사람들이 자신들의 생각을 그리도록 돕는 것은, 쉽게 오용될 수 있는 막강한 힘을 가진 위치로 치료사들을 올려놓는다. 내담자들과 함께 협력적 진료 활동을 하는 선한 의도를 가진 그리스도인 치료사조차 기능적 상대주의 방향으로 쉽게 표류해갈 수 있다.

기능적 상대주의에서는 생각들이 내담자의 기분을 더 좋게 만드는 것이면 참으로 받아들여지며, 내담자의 기분을 더 나쁘게 만드는 것이면 참이 아닌 것으로 간주된다. 이런 표류를 예방하려면, 그리스도인 치료사들이 성경, 전통, 경험, 그리고 이성에 뿌리를 두어야 한다.

참고문헌

Beck, J. S. (1995). *Cognitive therapy: Basics and beyond*. New York: Guilford.

Freeman, A., Pretzer, J., Fleming, B., & Simon, K. M. (1990). *Clinical applications of cognitive therapy*. New York: Plenum.

Maier, B. N., & Monroe, P. G. (2001). Biblical hermeneutics & Christian psychology. In M. R. McMinn & T. R. Phillips (Eds.), *Care for the soul: Exploring the intersection of psychology & theology* (pp. 276-93). Downers Grove, IL: InterVarsity Press.

McMinn, L. G. (2004). *Sexuality and holy longing: Embracing intimacy in a broken world*. San Francisco: Jossey-Bass.

McMinn, M. R., & Dominguez, A. D. (Eds.) (2005). *Psychology and the church*. Hauppauge, NY: Nova Science Publishers.

Schultz, R. (2001). Responsible hermeneutics for wisdom literature. In M. R. McMinn & T. R. Phillips (Eds.), *Care for the soul: Exploring the intersection of psychology & theology* (pp. 254-75). Downers Grove, IL: InterVarsity Press.

Tjeltveit, A. C. (1999). *Ethics and values in psychotherapy*. New York: Routledge.

제7장
불안장애치료에 증상중심개입들 적용하기

염려가 소망, 신념 그리고 사랑의 그늘들 안에 좀처럼 없어지지 않고 머무른 채, 우리에게서 온전한 인간됨의 기쁨을 빼앗아간다. 완전한 인간은 에덴동산의 한 과일 숲속 근처에 마지막 자국을 남기면서 전능자의 임재 속에서 발가벗고 자유롭게 살았다.

가끔 우리는 자신의 허약함에 대해 "나도 인간에 불과해"라고 말하며 변명한다. 마치 인간이 삶의 기준 이하의 상태인 것처럼 말이다. 오, 수치심과 발언권을 가진 염려가 불구가 된 인간에서 다시 온전한 인간으로 되는 것을 방해한다. 사도 바울이 빌립보의 신자들에게 염려 대신 기도를 가르칠 때(빌 4:6), 그는 그들을 에덴동산에 더 가까이 내딛도록, 그래서 더욱 완전한 인간이 되게끔, 그리스도 예수 안에 있는 자유를 향해 가도록 초대하고 있었다.

그런데 인간들이 수세기 동안 염려와 싸워왔다는 것은 놀라운 일이 아니다. 우리 현대인들은 여러 가지 차들, 환약들, 목욕기름들, 향수가 든 양초들, 그리고 여러 종류의 영성훈련들 그리고 와글와글 떠들며 외치는 영혼들을 잠잠케 할 심리치료법들을 가지고 있다. 이 모든 것들은 어려움을 겪는 인간성을 안정시키려고 주어진 하나님의 일반은총-만일 어떤 은총이 일반적이라 간주될 수 있다면-을 반영한다. 이 일반은총의 일부인 염려로 고난당하는 사람들에게 치료를 제공하는 것은 대단히 좋은 일이다.

비록 염려가 일반적인 인간경험이기는 하지만, 일부 사람들에게 그것은 일상기능에 있어서 충분히 심각한 문제들을 야기시킨다. 사회적 관계들이 자신을 압박하고, 업무수행이 방해받거나, 삶의 불확실성들이 자신을 압도하며 위협한다. 국립정신건강연구소(the National Institute of Mental Health)는 불안장애를 미국의 가장 일반적인 정신건강 문제로 간주하고 있다. 이것은 해마다 약 성인인구 천구백만 명에게 영향을 미치는 정신건강 문제이다(NIMH: 국립정신건강연구소, 2001).

우리는 행동변화와 인지적 재구성의 본질을 탐구하고, 기독교적 관점에서 그것들에 대해 판단한 후, 인지적, 행동적 원리들을 불안장애에 적용하는 문제를 다루고자 한다. 비록 우리 저자들이 이 장에서 증상중심적 돌봄에 관한 불안 장애를 토론하지만, 일부 불안장애들은 도식중심개입들과 관계중심 개입들도 요구한다는 점을 인식하는 것이 중요하다.

그럼에도 불구하고, 본 저자들은 이 토론을 선택했다. 왜냐하면 불안장애는 때때로 증상중심개입들로 모두 치료될 수 있기 때문이다. 불안장애를 전문으로 다루는 한 주요 인지치료사는, 우리 인지치료사들이 전문용어를 의료적-돌봄모델과 더욱 일치하도록 우리의 개입을 "심리치료"라기보다 "심리학적 치료"(psychological treatments)로 불러야 한다고 제안하기도 했다(Barlow, 2004). "심리학적 치료"라는 용어는 관계보다는 치료 기법에 더 가까운 어떤 절차를 내포하고 있다.

도표 7.1은 본서에서 논의된 다양한 장애들과 개입의 세 영역들에 대한 우리들의 이해들을 예증한다. 일부 불안장애는 증상중심개입들로 치료가 잘 된다. 이 개입에서 치료기법이 치료관계 이상으로 강조된다(비록 둘 다 여전히 중요하지만). 임상에서, 우울증에 걸린 개인들을 돕는 것은 전형적으로 기법과 관계 모두 충분한 주의가 필요한 도식중심개입들을 요구한다. 완고한 성격 문제들을 가진 사람들과 개인적 통찰과 자기-자각을 찾는 사람들은 자주 관계중심개입들을 요구할 것이다. 이 개입에서는 치료관계가 사용기법들 보다 더 중요한 역할을 한다.

도표 7.1에 범주가 명확히 그려져 있지만, 현실 속의 임상업무는 우리 저자들이 제공하는 분류기법들보다 깔끔한 경우가 매우 드물다. 예를 들어, 불안장애를 가진 내담자들은 치료 초기단계들에서 깊은 대인관계의 상처를 드러낸다. 그래서 도식중심적 혹은 관계중심개입들을 필요로 한다. 때로 우울증에 걸린 내담자들은 증상중심개입들에 신

속히 반응하며, 그래서 치료가 8회에서 12회상담 내에 완료된다. 물론, 본서에서 다루지 못하는 많은 다른 장애들, 예를 들어 인지 장애, 성 장애, 그리고 역기능, 적응 장애, 충동 조절 장애, 다양한 발달 장애 등등이 있다.

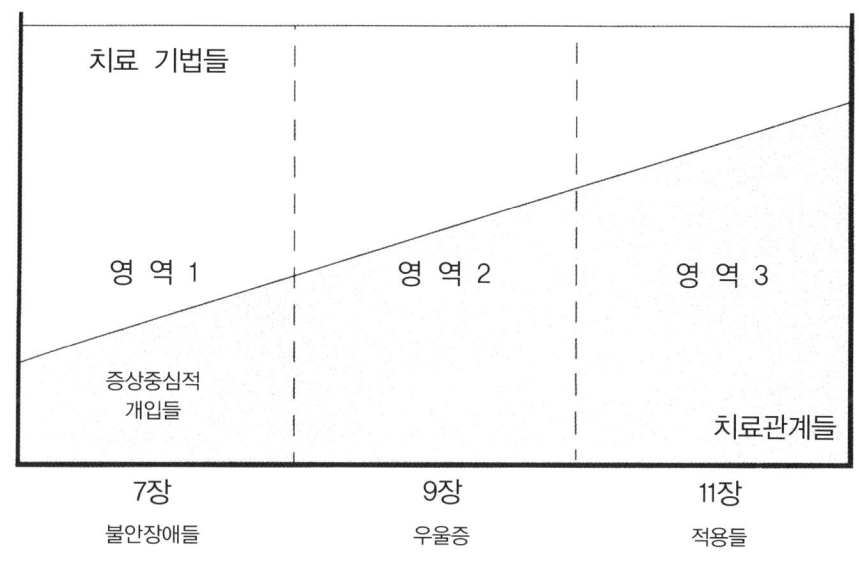

도표 7.1. 치료법적 기법들과 관계에 관한 개입영역들

우리의 의도는, 정신병리학들의 포괄적인 개관을 제공하는 것보다 통합적 심리치료의 모델을 제시하고, 몇가지 공통적인 심리적 장애들을 숙고함으로 그 모델을 예증하는 것이다(기독교적 관점에서 본 정신병리학에 관한 탁월한 관찰은 Yarhouse, Butman & McRay, 2005를 보라).

많은 다른 기권들(disclaimers)이 주어질 수 있지만, 도표 7.1의 요점은 그것의 지나친 간소화로도 상실되지 않을 것이다. 우리가 하려는 본질적 요점, 문제들을 다르게 제시하는 것은 다른 개입의 깊이를 요구한다는 것이다. 즉, 혹자는 증상중심개입들에 초점을 두고 다루어질 수 있고, 혹자는 기저에 깔린 도식들에도 역시 주목을 요구하며, 그리고 다른 혹자는 광범위한 관계적 초점을 요구한다.

이 장에 기술된 다섯 가지 불안장애치료들은 행동 변화기법들과 인지적 재구성을 결합한 증상중심적 치료법이다. 다섯 가지 치료법 모두 다양한 노출치료를 포함한다. 노출치료는 의도적으로 내담자에게 불안을 일으키는 단서들을 노출시키는 것과 필수적으로 연관된 한 기법이다. 불안증상들에 대한 인지적-행동치료들의 성공비율은 상대적으로 높다. 그러나 내담자들은 개선되지 않는다. 증상중심적 치료가 성공적이지 않는 상황들의 경우에는 치료사와 내담자가 반드시 다른 치료 대안들을 심사숙고해야만 한다. 통합적 심리치료모델에서는 이것이 도식중심적 혹은 관계중심개입 방향으로 움직여가는 것과 필수적으로 연관되어 있다.

1. 공황장애(Panic Disorder)

레스토랑에서 친구와 대화를 하며 앉아 있는데 당신이 갑자기 두려움과 공포로 압도된다는 상상을 해보라. 당신의 심장이 뛰기 시작하고 당신 가슴을 관통하는 단단한 느낌이 생긴다. 당신은 곧 떨면서 땀을 마구 흘리기 시작한다. 당신은 구역질할 것 같은 느낌이 들면서, 머리가 어찔어찔해지고, 숨쉬기어렵고, 생각이 당신에게서 멀리 도망가기 시작한다. 난 곧 의식을 잃을 거야. 심장마비가 걸릴 거야. 난 곧 죽게 될 거야. 당신은 두렵기도 하고 무서워 떨기도 한다.

그것은 마치 당신 몸속의 정보체계가 설명할 수 없는 방법으로 반응을 일으키도록 되어 있는 것과 같다. 이것은 마치 평화로운 잠자리에서 당신을 깨우는 기능불량인 연기탐지기와 같다. 이런 것들이 공항발작의 증상들이다. 이 때 당사자 몸의 교감신경계는 분명한 자극이 없이도 "싸우거나 회피하는 반응"(fight-or-flight response)[1]을 생성한다.

많은 사람들은 그들의 삶의 여정 동안 하나 혹은 그 이상의 공황 발작들을 경험하며, 이 발작들은 매우 무섭고 떨리는 것이기 때문에, 그들은 앞으로 발생할 그런 발작들을 피하려는 상당한 노력을 기울인다. 그런 발작들이 다시 발생할 때, 그것들을 경험하고 있는 당사자는 건강문제를 걱정하거나, 또 다른 공황 발작을 받을까 염려하게 된다. 바로 그 때에 공황장애라고 진단받을 수 있다.

어떤 경우에는, 익숙치 않은 장소들을 멀리하므로 공황 발작들을 예방하려 시도

---

[1] 방위반응의 일종으로 갑작스런 자극에 대해 자기의 행동반응을 결정하지 못하는 상태.

한다. 만일 공황장애가 레스토랑에서 일어난다면, 그들은 레스토랑은 안전한 곳이 아니며 피해야만 할 장소라고 결론내릴 수 있다. 만일 공황 발작이 빗속을 걷는 동안 일어난다면, 그 사람은 날씨가 궂을 때엔 옥외에 있기를 거부할 수 있다.

그들은 시간이 흐르면서, 멀리해야 할 장소들과 사건들에 대한 장황한 목록들을 늘리면서 더욱더 집 근처에 머물도록 속박당한다. 극단적인 경우, 그들은 심지어 집에 만 틀어박혀 있다. 이것은 광장공포증(agoraphobia)으로 알려져 있다. 공황장애는 광장 공포증과 함께 아니면 광장공포증 없이도 일어날 수 있으며, 전체 인구의 2%와 6%에 해당하는 사람들의 인생의 어느 시점에 영향을 미칠 것이다(Craske & Barlow, 2001).

공황장애에 대한 인지행동개념화는, 사람 속에 있는 "공포에 대한 공포감"을 중심으로 한다. 모든 사람들은 때로 공포를 경험하며, 보통 외부 사건들에 의해 우리들 몸에 생기는 공포다. 예를 들어, 고속도로 상에서 우리 차선으로 방향을 바꿔들어 오는 어떤 차량에 의해 깜짝 놀라는 경우, 혹은 한정된 수입으로 인한 산더미같은 재정압박들을 처리하는 경우다.

상담조언 7.1: 공포에 대한 공포감

개업한지 얼마 안 되는 치료사들은 때로 공황발작현상들을 공황장애의 주요 증상으로 간주하기도 한다. 공황장애를 가진 사람들이 공황발작을 경험하는 것이 사실이지만, 공포심에 기반한 장애로 이것을 여기는 것이 더욱 유익하다. 당면 문제는 공황 발작들 그 자체가 아니라, 또 다른 공황 발작이 있을 것에 대한 공포감이다. 내담자들은 무서워 떨리고 무시무시한 사건들로 공황 발작들을 묘사한다. 어느 한 내담자는 그것을 "지옥과 같은 것"으로 묘사했다. 이런 공격들을 당하기 쉬운 사람들이 또 다른 공격이 있을까 두려워하는 것은 당연하다. 또 다른 공격이 있을 것에 대한 이 공포심이, 공황 발작들 그 자체보다도 자주 내담자들에게 상해를 끼친다.

공황장애인들은 내적 단서들, 즉 의식적 자각의 시작 단계에서 발생하는 단서들조차 금새 두려워한다. 그래서 혈압이나 심장박동률 혹은 호흡패턴의 조그마한 변화도 공황장애에 취약한 개인에게 공포를 만들 수 있다(Clark 외, 1997). 발작경험은 그 이후의 더 많은 심리적 증상들, 예를 들어 호흡과 심장박동률 변화를 낳는다. 그 결과는 일종의 악순환의 반복이다. 즉 내적 심리적 사건들은 공포스런 인지기능을 유발하며, 그 인지들이 내적 심리학적 사건들을 과장시키므로 그 인지들이 더욱 악화되는 악순환(도표 7.2에 예증된 것처럼)이다. 공황장애에 대한 치료 전략목표는 이러한 악순환을 분쇄시키는 데 있다.

사람에 대한 기독교적 관점은 인간 본성의 모든 국면 하나하나가 타락한 세상에서 죄로 오염되어있음을 상기시킨다. 인간생리학은 인간의 생각들과 행동들이 잘못 정렬되어있는 것같이 분명히 비뚤어져 있다. 따라서 효과적인 개입들은 생리학, 인지기능, 그리고 행동을 포함하는 전형적으로 복합적 양상이다.

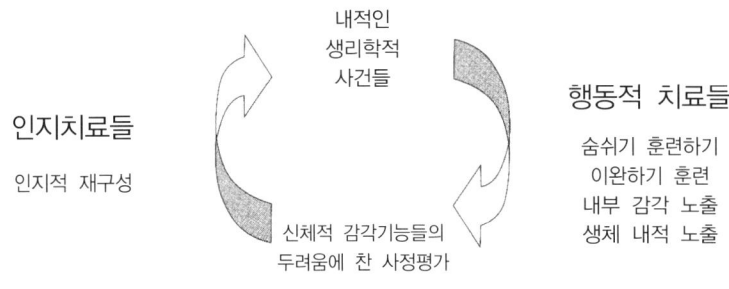

도표 7.2. 공황장애에 대한 개념 모형

많은 의사들은 공황이라는 심리 증상들을 바꾸기 위한 한 방법으로 주로 약물을 고려한다. 몇몇 의사들은 벤조다이애저핀[2]제 약들과 같이 효과가 빠른 약물들을 선택하고, 반면에 다른 의사들은 이미프러민[3] 혹은 세로토우닌[4] 재흡수 특별 억제제와 같이 느리게 기능하는 약들을 택한다. 약물들이 공황장애를 치료하는 데 유용할 수 있으나, 인지행동 개입들도 좋은 효과가 있으며 약물보다 더 좋은 효과가 있다는 풍부한 증거가 있다. 약물치료와 인지치료를 결합하는 것 역시 한 가지 선택이다(Roy-Byrne 외, 2005).

그러나 그런 결합 치료는 인지치료만 진행한 경우보다 장기적 효과에 더 나은 것처럼 보이지는 않는다. 그런 까닭에 대부분의 심리학자들은 공황장애치료에 약물 대신 인

---

2 (역주) '벤조디아제핀'이라고도 한다. 발륨(Valium) 따위의 정신 안정제용 화학 물질을 일컫는다.
3 (역주) 항우울제이다. '이미프래민'이라고도 불리운다.
4 (역주) 혈관 수축 물질이며, 포유동물의 혈청·혈소판·뇌 따위에 존재한다.

지행동개입을 선호한다(Craske & Barlow, 2001).

6장에서 기술한 것처럼 인지적 재구성은 공황장애치료에 도움이 된다. 심리적 증상들을 매우 심각하고 파국적인 것으로 보기보다, 그 증상들을 단지 불쾌하고 건전하지 않은 것으로 보는 것이 내담자에게 도움이 된다. '난 곧 죽을 거야' 보다는 오히려 내담자는 '내게 지금 약간의 공황장애 증상들이 있으니, 앉아서 편히 휴식을 취하며 심호흡을 깊이 들이 쉴 필요가 있지. 이것은 좋아질 거야' 라는 생각을 배우게 된다. 그리스도인 내담자들 역시 '난 사랑하는 하나님의 두 팔 안에 안전하게 편히 쉴 수 있어와' 같은 신앙에 근거한 혼잣말(self-talk)을 사용할 수 있다.

이것은 듣기에 쉬워 보이지만, 내담자가 이러한 인지적 변화들을 만들기까지 보통 7, 8주 혹은 수개월의 연습이 요구된다. 뿌리 깊게 베어든 공포 반응은 반사적이어서 바꾸기가 쉽지 않다. 이러한 변화를 돕는데, 여러 가지 행동치료기법들이 유용하다. 공황장애에 대한 네 가지 행동기법들이 인지적 재구성에 중요한 보완을 제공한다. 이 기법들 중 숨쉬기 훈련과 근육이완(弛緩) 훈련 이 두 가지는 내담자를 안정시키는 데 도움이 되도록 고안된 기법들이다.

상담조언 7.2: 호흡에 있다.

공황 발작의 많은 증상들은 혈류 내의 산소와 이산화탄소레벨들과 부분적으로 연결되어 있다. 초기 증상들이 예측한 공포를 야기시킬 때, 내담자들은 빠르고 짧은 숨을 쉬기 시작하며, 혈액 내의 비뚤어진 산소와 이산화탄소의 균형을 더욱 더 악화시킨다. 천천히 깊은 숨쉬기와 침착한 혼잣말은 상태를 정상으로 되돌리는 것을 도와줄 수 있다.

숨쉬기훈련은 내담자들이 현재의 생리변화들로 호흡이 가빠지려는[5] 경향을 막기 위하여 천천히 깊은 심호흡을 취하도록 가르치는 것과 연관되어 있다. 근육이완(弛緩)훈련은 내담자들에게 가능한 한 확실하게 자기 몸을 편히 휴식하도록 가르치는 것을 의미한다. 이것은 전형적으로 한 번에 한 근육군(群)을 뻗거나 팽팽하게 한 후, 그 다음엔 그 긴장을 풀어주고 그 근육군으로 하여금 가능한 한 편히 느슨해지도록 허용하는 것

---

[5] (역주) 항진(亢進)이란 어떤 기세나 기능 따위가 자꾸 드높아지거나, 심해지는 것을 말한다.

과 연관되어 있다.

이어, 치료사는 각 주요 근육군들을 이처럼 계속 진행해가며, 내담자가 긴장시키기와 근육이완하기에 집중하는 것을 도와준다. 그래서 본 기법은 가끔 점진적 근육이완(弛緩)(progressive relaxation)으로 불린다. 처음 점진적 근육이완을 배울 때는, 내담자들이 이완되는 데 까지 20-30분 걸린다. 그러나 반복연습으로, 대부분의 사람들은 불과 몇 분 후에 근육이완시키기를 배울 수 있다.

공황 발작 중인 어떤 내담자에게 점진적 근육이완을 실시하도록 요구하는 것은 잘못된 대처이다. 이 요구는 내담자가 현재 느끼는 공포의 강도를 무시하는 것이기 때문이다. 그러나 근육이완훈련은 공황 발작들에 취약한 사람들에게는 예방적 도구로서 꽤 유용할 수 있다.

나머지 두 행동학적 기법들은 내수감각수용노출(interoceptive exposure)기법과 생체내(문자적으로 "살고 있는 동안"[in life]) 실제노출(in vivo Exposure)기법이다. 이 기법들은 의도적으로 내담자들 속에 각성을 야기시키며, 이어 침착하도록 하기 위하여 내담자들에게 인지행동기술들로 구성된 최신 레파토리를 사용할 기회를 제공해 준다. 이 기법들은 만족스런 신뢰가 구축된 후에만 도입되어야 한다. 예상할 수 있듯, 공황이라는 증상들에 의도적으로 그것을 도입한다는 생각이 유쾌하지는 않기 때문이다.

공황장애를 가진 내담자들은, 자신들이 피하려는 증상들을 없애는 기법들을 치료사가 제안할 때, 보통 그것을 충격적이면서 고통스럽게 여긴다. 담당 치료사는 내부 감각수용기법으로 공황증상들과 닮을 수 있는 그리고 내담자 내부에 공포를 불러일으킬 수 있는 작은 심리학적 변화들을 생성할 방법들을 찾는다. 노출방식들은, 외다리로 서 있기, 의자에 앉아 회전하기, 연속해서 빨리 7-8회 한 계단을 걸어 오르기, 혹은 7-8분 동안 깊고 빠른 호흡으로 호흡을 가쁘게 하기를 포함할 수 있다.

이것들 하나하나가 일종의 공포스런 판단을 불러일으킬 수 있는 미묘한 심리학적 변화들을 발생시킨다. 그런 다음, 내담자는 침착케하는 자기-말을 계속할 것을 지시받는다.

예를 들어, "난 침착할 수 있어. 이것은 괜찮아. 난 천천히 그리고 깊은 심호흡을 할 수 있어"와 같은 말들을 지도받는다.

실제노출법(*in vivo exposure*)은 자주 공황장애를 동반하는 광장공포증(agoraphobia) 치료에 사용되는 기법으로서 이것은 진료소를 떠나서 공포스런 어떤 장소에서 시간 보내는 것을 요구하는 것이다. 이것은 내담자가 한 때 공황 발작을 받은 적이 있는 레스토랑에 가는 것, 빗속에서 걷기, 함께 지하철을 타기 등등을 의미할 수 있다.

공황장애에 대한 인지행동치료효력은 그 자체만으로 혹은 약물치료를 함께한 경우이든 꽤 인상적이다(Roy-Byrne 외, 2005). 공황에 대한 심리학적 치료를 다 마친 사람들의 절반에서 4분의 3은, 치료 종료 시점에서나 2년 뒤의 추적검사시점에서 볼 때 공황증상들로부터 자유롭게 되어있다(Craske & Barlow, 2001; Westen & 모리슨, 2001). 그럼에도 불구하고, 일부 내담자들은 다른 불안증상들이 남아 있거나, 치료가 완료된 후에도 간헐적인 공황 발작을 경험하는 것을 발견한다. 그래서 본 치료법은 광장 공포증을 함께 가진 사람들에겐 그다지 효과가 없다.

상담조언 7.3 : 도전 테스트들

진료소에서 공황증상들을 발생시키려고 사용되는 절차들은 도전테스트들(challenge tests)로 알려져 있다(Smitherman, 2005). 몇몇 공황장애 치료사들은 화학물질형태의 도전테스트들을 사용한다. 예를 들어, 이산화탄소, 카페인, 에퍼네프린6, 그리고 여러 가지 다른 조제약물들이 그런 류들이다. 이것들 모두 특별훈련과 약물사용에 맞게 제작된 동의서들을 요구한다. 치료사들이, 호흡 가쁘게 하기, 회전의자에서 급회전시키기, 온화한 형태의 유산소운동 등등과 같은 비화학적 도전테스트들을 사용하는 것이 더욱 전형적인 경우이다. 한 가지 유용한 전략은 내담자로 하여금, 공황발작들과 함께 발생하는 호흡의 가쁨이 일어나도록 자극하기 위하여 빨대를 통하여 숨을 급하게 쉬도록 시키는 것이다.

---

6 (역주) 에퍼네프린이란 물질은 생화학적 측면에서 볼 때 부신에서 분비되는 호르몬이며, 약학적으로는 아드레날린제(劑)에 속하는 물질이다.

진료소에서 7.1: 깊숙한 근육이완하기

근육이완방법들은 다양한 불안장애치료에 사용된다. 치료사는 먼저 내담자를(두 눈은 감은 채) 안락의자에 등을 대고 앉도록 하고, 몇 차례 깊은 복식호흡을 하도록 한다. 그런 다음에 여러 근육군들의 긴장하기와 이완하기에 집중하도록 시킨다. 치료사는 천천히, 각 어구(phrase) 사이에 침묵의 여지를 두며 말한다.

클 락(Clark): 이제 계속해서 천천히 깊은 심호흡을 취합시다….당신은 근육이완 시 숨을 들이 쉬고 근육긴장 시 내쉬고 계세요….이완시 들이 쉬고, 긴장 시 내쉬고. …자 이제 전 당신이 당신 오른손에 집중하기를 바랍니다. 손을 주먹을 쥐고, 그대로 있기, 그대로 있기….당신 오른손 안의 근육긴장에 주목하세요. ….제 천천히 그 근육긴장을 푸세요. 당신 오른손을 편안하고 느슨하게 이완되도록 하세요. 당신의 손이 완전히 느슨해져 이완되었을 때 얼마나 따뜻한지 주목하세요….당신은, 그 근육긴장이 당신의 오른손 아래로 흘러 내려가서 당신 손가락들 끝을 통해 몸 밖으로 나가는 것을 그림으로 그릴 수 있습니다….이제 다시 한 번 더, 당신의 오른손을 주먹쥐세요. 근육긴장에 주목하세요….일분 전에 느꼈던 것보다 얼마나 다르게 느껴지는가에 주목하세요….좋아요, 자 다시 한 번 더, 천천히 당신 손을 느슨하게 이완시키세요….당신 손이 완전히 느슨해져 이완되게 하세요, 손이 따뜻하고 무겁게 느껴지죠….손가락이 너무 무거워서 들고 싶어도 당신은 손가락들을 거의 들수 없다고 상상하세요.

첫번째 근육군에 집중을 한 후, 그 다음엔 치료사는 신체의 모든 근육군들에 계속해서 진행해 간다. 이 근육군들은 다음을 포함한다.

- 우전박(右前膊, right forearm)(의자 팔걸이 놓고 우전박을 아래로 압박하며 누른다)
- 왼손(오른손과 똑같이 한다)
- 좌전박(左前膊, left forearm)(우전박과 똑같이 한다)
- 양어깨(크게 으쓱하며 양어깨를 들어 올린다)
- 목(의자의 머리받이에 머리를 두고 뒤로 압박하며 누른다)
- 이마(마치 놀란 것처럼 양 눈썹을 위로 치켜 올리거나, 또는 양 눈썹을 찌푸린 상을 하며 함께 모은다)

- 턱(이빨을 가볍게 문다—이빨을 꽉 물면 치아상해를 야기할 수 있음을 주목하라!)
- 혀(입천장에 대고 위로 압박하며 누른다)
- 몸통(배와 가슴 근육들을 긴장시킨다)
- 허벅지(넓적다리 근육들을 긴장시킨다)
- 정강이(발가락들을 무릎을 향하여 위쪽으로 치켜 올린다)
- 양발(발바닥 장심[掌心]에 근육 긴장이 느껴질 정도로 신발 밑창을 향하여 발가락들을 아래로 구부린다)

각 근육군은 긴장되어진 후, 느슨하게 이완된다. 운동속도를 천천히 그리고 마음 편히 해야 함을 기억하라. 처음에 전 과정은 이십에서 삼십 분 걸릴 것이다. 하지만 연습으로 내담자들은 훨씬 더 빨리 이완하는 것을 배우게 될 것이다.

근육이완하기 상담을 녹음하여(물론 내담자의 허락을 받아서), 내담자가 집에 가지고 가게 하는 것이 도움이 된다. 이것은 상담 사이에 내담자가 근육이완절차 연습 하는 것을 허용한다.

2. 공포증들(Phobias)

우리 모든 사람들은 공포에 친숙하다. 혹자들에겐, 고층빌딩 꼭대기에 있는 전망대에 서 있는 것이 공포를 유발한다. 또 다른 혹자들에게, 공포는 대중들 앞에서 말을 함으로써 혹은 어두운 터널을 관통해 운전함으로서 혹은 생쥐를 봄으로서 촉발된다. 이러한 공포들이 지속적이고 강렬하며 사람의 규칙적인 일상생활을 방해하기 시작할 때, 그러면 그 때 공포증으로 진단내려진다.

어떤 사람들은 공포를 신앙의 결핍으로 보기도 하나, 이것은 지나치게 단순화된 관점이다. 비록 신앙이 공포라는 인간경험에 영향을 미칠 수 있다 할지라도, 유전자배열, 과거의 고전적, 조작적, 그리고 관찰적 학습, 의료상태 등등 다른 많은 요소들도 영향을 미칠 수 있다. 그리스도인 치료사가 공포증들이 표현될 수 있고 면밀히 조사될 수 있도록 안전하며 비판단적인 환경을 제공하는 것이 중요하다.

앞서 공황장애 논의에 포함되었던 광장공포증과 달리, 가장 널리 유행하는 공포증들은 특정 공포증들 그리고 사회적 공포증들이다. 특정 공포증들은 뱀들이나 작은 방에 갇히기 혹은 비행기 타기와 같은 특별한 대상 혹은 상황에 초점을 둔 극단적 공포증들이다. 반면에 사회적 공포증들은, 어떻게 사람이 대중 앞에서 말하거나 혹은 먹기, 또는 어떤 사람을 처음으로 만나기와 같은 사회적 상황에서 수행해 갈 것인가에 대한 강렬한 공포와 연관되어 있다.

사회적 불안장애로도 알려져 있는 사회적 공포는 정신과의사들에게 특별한 관심 사항이다. 왜냐하면 그것의 몸을 쇠약하게 하는 본성과 그리고 그것의 만연(蔓延)성 때문이다(Turk, Heimberg & Hope, 2001). 아마도 우리들 대부분은 우리 자신들이 대중 앞에서 초라하게 수행을 하고나서 결과적으로 수치심을 느꼈었던 어떤 당황스러운 상황을 상기할 수 있다.

하지만 보통 이것들은 우리들을 자주 괴롭히지 않는 아득한 기억들이다. 사회적 공포와 함께 공개적으로 수치를 당한 기억들과 공포감들이 잦은 경우에는 결과들, 끔찍이 무서운 결과들을 동반한다. 사회적 공포증들을 가진 사람들은 공포스런 사회적 상황들과 결합된 수치심을 피할 목적으로, 종종 속세를 떠나, 고립된채, 홀로 있게 된다. 이들 중 매우 많은 사람들이 결혼을 하지 않으며, 일부 사람들은 특정 직업들을 회피하며, 다른 사람들을 감독하는 것과 연관된 승진을 거부한다.

그리고 이들 중 대다수의 사람들은 낮은 삶의 질을 경험하며 살아간다. 일생동안 진행된 평가율(lifetime prevalence estimates)은 2.4%에서 13.3%에 이른다(Turk 외, 2001). 만일 이 예상치의 상위 범위들이 올바른 경우에는, 사회적 공포가 우울증과 알코올중독에 이어 세 번째로 가장 널리 퍼져 있는 정신장애가 된다. 아마도 가장 경종을 울리는 사실은 본 만연(蔓延)율들이 상승하고 있는 것으로 보인다는 점이다.

상담 조언 7.4: 보드게임 사소한 추구

일부 심리학공부를 시작하는 학생들은 여러 가지 공포증들의 모든 이름들을 기억하는 것이 당연히 중요하다고 여긴다. 즉, 고소(高所)공포증은 높이에 대한 두려움이고, 폐소(閉所)공포증은 갇힌 공간들에 대한 두려움등등과 같이 외운다. 인기 있는 보드게임 "사소한 추구"(Trivial Pursuit)의 초판은 심지어 13공포증(triskaidekaphobia: 이것은 분명히 숫자 13에 대한 두려움이다)에 대한 질문도 있었다. 몇몇 심리학개론서들

> 과 파티게임개론서들에서 공포증들으로 명명함에도 불구하고, 개업심리학자들은 그와 같은 것들에 거의 관심이 없다. 그 어떤 두 가지 공포증들도 똑같지 않다. 그 어떤 두 사람도 똑같지 않기 때문이다. 그러므로 좋은 사정평가법, 경우개념화하기, 그리고 치료기술들을 배우는 것이 비전(秘傳)적 명칭들목록을 암기하는 것보다 더욱 중요하다. 우리들은 공포-명명하기작업을 인기 있는 사소한 게임들을 출판하는 친구들의 몫으로 남기고 갈 수 있다.

공포증치료는 두 가지 요소들로 구성되어 있다.

첫 번째 요소는 예상되는 불안과 연합된 생각들에 특별한 주목을 기울인 인지적 재구성이다. 사회적 공포증들을 가진 개인들은 부정적인 성과들과 그로 말미암은 무서운 미래사건들을 예상하는 경향을 가지고 있다.

예를 들어, 어떤 사람이 직장에서 발표하기로 예정되어 있으며, 그 사람은 그 발표 전, 결과로 초래될 온갖 부정적인 성과들에 대해 생각하면서 여러 주를 보낸다. 예를 들어, '아마 난 내 생각의 흐름을 잃어버릴거야. 그래서 난 모든 사람들 앞에서 얼어버릴 거야. 아마 내 얼굴과 목은 온통 얼룩질 거고, 사람들은 날 변종이라 생각할 거야. 아마 파워포인트가 작동 안 할거고, 그래서 난 전적으로 내 기억력에 의지할 수밖에 없을 거야. 아마도 사람들은 너무 지겨워서 발표 도중에 자리를 뜰 거야. 아마도 사장님이 이 모든 것을 관찰하고서 나를 무능력하다는 이유로 해고할 거야.' 등과 같은 부정적인 생각들을 하며 보낸다.

이 모든 예문들에 나타난 생각들은 사건보다 앞서 있으며, 예상되는, 결과적으로 발생할 수 있는 어떤 나쁜 성과들에 초점이 맞추어져 있다. 인지적 재구성은 고삐 풀린 생각에 대한 제어를 돕는 데에 사용되고, 미래에 발생함직한 것에 대해 내담자들이 더욱 현실적인 판단에 도달하도록 돕기 위해 사용된다.

두 번째 치료접근법은 안내된 노출법(guided exposure)으로, 치료사는 개인치료방식이나 그룹치료방식으로 내담자가 무서워하는 사건이나 물체를 직면하도록 돕는다. 편히 휴식하는 상태에 있는 동안 두려움을 준 항목을 상상하는 것으로 체계적 둔감법(systematic desensitization)으로 알려진 치료절차이다. 하지만 치료사의 진료소 내에 있는 편안한 의자에 앉아 있으면서 실시된 그 절차진행이 현실세계 상황들에 대해 항상 일반화되지는 못한다.

그러므로 현대적 접근법들도 생체 내 노출법과 연관되며, 내담자는 공포를 불러일으키는 바로 그 실제 상황-예를 들어, 거미보기, 대중카페에서 먹기-에 마주친다. 때로 이것은 두려운 상황에 대한 점진적 노출법과 연관되며, 때때 홍수법(flooding)으로 알려진 갑자기 한꺼번에 모든 것에 노출시키기와 연과되기도 한다.

몇몇 치료사들은 공포증치료를 위해서 가상적 실재노출을 시도해 왔다. 이 기법에선 생체 내 노출보다는 오히려 컴퓨터시뮬레이션이 사용된다. 그러나 이런 치료법들의 장기적 효과성은 의문시된다(가상적 실재 노출에 대한 예는 Maltby, Kirsch, Mayers & Allen, 2002를 보라).

몇몇 특정 공포증들의 경우엔, 종종 노출만으로도 문제치료에 충분하다. 사회적 공포에서, 노출과 인지적 재구성 두 방법이 도움이 된다. 비록 일부 치료사들이 노출치료법들만 가지고도 사회적 공포를 성공적으로 치료한다고 하나(터너, 베이델 & 제이콥, 1994), 노출과 인지적 재구성법을 결부한 치료법이 더 좋은 치료 결과들을 낳으며, 더 안정적인 장기적 개선효과를 산출하는 것으로 보인다(Clark 외, 2003; Hofmann, 2004; Mattrick & Peters, 1988).

일부 치료사들은 사회적 공포치료를 위해 그룹인지치료법을 사용한다. 왜냐하면 본 치료상황 그 자체가 공포를 준 상황에 대한 노출로서의 역할을 하기 때문이다. 그것으로 노출과 인지적 재구성이라는 두 가지 치료 접근법들을 한번에 제공한다. 터크 외 학자들(Turk 외, 2001)은, "그룹 인지치료나 노출과 인지적 재구성이라는 유사한 결합법으로 치료 받았을 때" 약 75%의 환자들이 임상적으로 중대한 변화를 보인다고 결론내리고 있다(p. 120).

3. 강박장애

강박관념들(obsessions)은 집요하게 불안을 선동하는 반복되는 생각들이다. 예를 들어, 어떤 이는 오염을 두려워하거나 또는 용서받을 수 없는 죄를 범했다는 거슬리는 생각들을 가지고 있을 수 있다. 강박충동들(compulsions)은 강박관념들에 대한 반응으로서 행해지는 행동들이나 정신 행위들이다.

오염을 두려워하는 당사자는 손을 하루에 수십 번 씻으며, 용서받을 수 없는 죄를 저지른 당사자는 자신의 강박관념에 의해 야기되는 그 불안을 격퇴하려고 매일 같이 수백 혹은 수천 번 그 말을 하는 의식주의적 기도를 발전시킨다(이것은, 묵상과 영적 성장을 목적으로 하는 잘 확립된 반복되는 예수 기도-"하나님의 아들이신 주 예수 그리스도시여, 죄인인 저에게 자비를 베푸소서"-의 실천과 혼동되지 말아야 한다).

비록 이 예문들이 극단적으로 보이나, 우리들 중 그 누구도 강박관념들과 강박충동들로부터 완전히 자유한 사람이 없다는 점은 주목할 만한 가치가 있다. 예를 들어, 당신은 자명종을 맞춰놓고 잠에 들기 전에 그것을 한 번 더 확인하기 위해 손을 내뻗어 본 적이 있는가?

또는 당신은 당신의 자동차 문을 잠근 후 문에 붙은 핸들을 올려서 잠겼는지 확인해 본 적이 있는가?

많은 사람들은 인도의 금이 간 곳 위를 밟고 지나가거나 혹은 한 건물과 다른 건물 사이의 발자국 수를 센다. 일상적 강박충동들의 예들과 강박장애(OCD) 사이의 차이점은, 강박장애들은 매우 괴롭게 만들거나 시간을 낭비하게 하므로 결국 그 증상들이 일상 기능을 간섭하게 되는 데 있다. 미국의 성인 40명 중 약 1명은 인생의 어느 시점에서 강박장애를 경험하게 되며, 종종 우울증과 불면증과 같은 다른 정신건강 문제들과 함께 동시에 발생한다(Foa & Franklin, 2001).

사회공포치료의 경우와 마찬가지로, 노출과 인지적 재구성이라는 두 기법이 강박장애치료에 사용되어 왔다. 노출 치료법들은 내담자가 해당 강박적 단서에 강박 충동적 반응에 맞물리지 않은 채 마주치는 것을 요구한다. 이것은 노출과 관습 예방(EX/RP) 치료로 알려져 있다(더 자세한 것은 Foa & Franklin, 2001을 보라). 여기에서 전담치료사는 먼저 상상이나 생체 내 절차들을 통해 강박관념을 활성화시킨다. 그런 다음 내담자가 통상(通常)적으로 하던 관습적(ritual) 행동으로 빠져나가는 것을 허용하지 않는다.

예를 들어, 내담자가 껌에 의해 더러워지는 것을 두려워하는 어떤 상담 중에 있었던 다음 대화를 심사숙고해 보자.

마크: 오늘 아침 진료소로 오는 도중 주차장에서 이 페니 동전을 발견했어요. 당신이 이 동전을 가지세요. 그리고 그것을 두 손으로 만지세요. [그 페니동전을 내담자에게 두 손으로 건넨다.]

로즈: 하지만 그 동전은 위에 껌들이 붙어 있을 거예요.

마크: 네, 그렇다고 저도 확신해요. 그러나 우리가 토론했던 것처럼, 이것은 당신 치료에 한 중요한 부분이에요. 자 그 동전을 그냥 받아서 당신 양손으로 문지르세요.

로즈: [그 페니 동전을 취한다] 오, 이건 정말 더러워요. 이것이 분명히 나를 역겹게 할거예요. 제가 이 짓을 해야만 하나요?

마크: 네, 당신은 그 일을 잘 할 수 있습니다. 그냥 그것을 계속 옮겨가면서 당신 양손으로 문지르세요. 많은 사람들이 날마다 페니 동전들을 발견하고 손으로 만지고 그리고 병이 나지 않는다는 점을 기억하세요.

로즈: [그 페니 동전을 계속 문지른다.]

마크: 자 이제 전 당신이 그 페니동전을 나에게 돌려 주세요. 그 다음 당신 양 손을 당신의 목과 당신의 얼굴, 그 다음엔 당신의 옷 위에 문지르세요.

그 상담이 계속되면서, 내담자는 심각한 불안을 경험하고 세면장으로 가거나, 또는 모든 옷가지들을 벗어버릴 수 있고 추가 표백제를 사용하여 세탁할 수 있는 가장 가까운 동전세탁장으로 도주하고 싶은 강한 충동을 느낀다. 매 번 치료사는 준엄하고 분명하게 그리고 가능한한 친절하게 말하며, 내담자에게 관례적 행동으로 도망가는 것은 선택사항도 아님을 상기시킨다. 7, 8 주 동안은 날마다 치료상담을 계획해 놓는다.

시간이 지나면서, 내담자의 불안은 잦아지기 시작하며, 이것이 바로 정확하게 본 치료사 요점이다. EX/RP치료법은 내담자들이 자신들의 공포를 직면하는 데에 도움을 주고, 마침내는 자신들의 불안증들을 이럭저럭 관리하기 위하여 자신들이 소유했던 의례적 행동들이 더 이상 필요하지 않음을 깨닫도록 도와준다. 물론, 이 스트레스 많은 형태의 치료에 관여되기 전에, 고지(告知)에 입각한 동의서를 내담자로부터 얻을 필요가 있다.

---

7 (역주) 수술이나 실험적 치료를 받게 될 경우, 그 자세한 내용을 설명 받은 뒤에 환자가 내리는 승낙 혹은

EX/RP 치료법은 OCD 치료에 있어서 인지적 재구법과 완전히 구별되는 치료기법은 아니다. 내담자들이 EX/RP 치료법을 통해 진척해가는 유일한 방법은 불안을 선동하는 상황들에 대한 자신들의 판단을 바꾸는 것이다. '난 내 양 손을 씻어야 해 혹은 난 매우 아프게 될 거야.'라고 생각하기보다는 오히려, 내담자들은 '이 페니 동전은 십중팔구 그 표면에 약간의 껌이 묻어 있을 거야. 그러나 사람들은 언제나 페니 동전들을 줍고 나서 아프지도 않아, 나도 괜찮을 거라고 생각해.'라고 생각하는 것을 배운다.

이런 의미에 있어서, EX/RP 치료법은 노출치료와 인지적 재구성을 결합한 기법이다 (Foa & Kozak, 1986). 일부 치료사들은 EX/RP 진료작업에 추가로, 확실한 인지적 재구성의 구성 요소를 더하는 선택을 한다. 현재 연구에 근거해서 볼 때, 확실한 인지적 재구성 기법들이 EX/RP 치료를 더욱 효과성 있게 하는지 명확하지는 않다. 하지만, EX/RP 치료법과 함께 쓰인 인지적 재구성 기법은 EX/RP 치료법 없이 쓰인 인지적 재구성 기법보다 더욱 효과적임은 비교적 분명한 사실이다(포아 & 프랭클린, 2001). 그런 까닭에 OCD 치료에 대한 두 접근법들 중 EX/RP 치료법이 더욱 본질적인 것으로 보인다.

상담 조언 7.5: 특별 허가서

노출과 관련 방지(EX/RP)법은 지나치게 스트레스가 많고 도전적일 수 있는 치료법이다. 왜냐하면 내담자들은 자신들의 공포들을 때때로 더 장기간 동안 직접적으로 마주하도록 요구받기 때문이다. 일반 심리치료 동의서로 충분하다고 여기기보다는 오히려, EX/RP 치료를 위한 특별 허용 양식을 개발하는 것이 최상이다. 미리 7, 8주 전에 내담자를 가르쳐 준비시키는 일을 시작하라. 무슨 일이 발생할지에 대해 설명하고, 이 특별한 치료 접근법의 성공 가능성에 대한 정보를 주어라. 내담자의 질문들에 답변하고 염려를 표현하는 데 인내하라. 내담자 그 혹은 그녀 자신이 끝까지 계속 치료를 진척했을 경우에만 본 치료 절차가 효과 있음을 알게 하라. 그리고 그 치료 절차를 설명한 특별 동의 양식서에 당사자가 싸인하도록 시켜라. 풍부한 사전 준비는 내담자들이 EX/RP 치료 절차를 지속적으로 끝까지 계속 밟아가는 것을 돕는다. 그리고 그들이 이룩한 높은 성공률들은 그들을 행복하게 만든다.

동의를 의미한다.

마찬가지로, EX/RP 치료법과 세로토닌성 약물(예를 들어, 프로작(Prozac)과 같은 세로토닌 특정 재흡수 억제제)의 결합치료기법은 OCD를 위한 효과적 치료를 제공한다. 그러나 그런 약물 첨가가 EX/RP 치료법만 사용한 경우보다 더욱 도움이 되는지 분명하지 는 않다(Franklin, Abramowitz, Bux, Zoellner & Feeny, 2002). 약물이 EX/RP 치료를 더욱 효과적으로 하는지에 대한 문제를 해결을 돕기 위해서 더 많은 연구가 필요하다.

요약하면, EX/RP 치료는 OCD를 위해 효과적인 치료법이다. EX/RP 치료를 받은 사람들의 4분의 3은 성공적으로 치료를 받았고, 치료 후 2년 뒤에도 여전히 잘 지내고 있다(포아 & 프랭클린, 2001). 이런 효과성 비율들은 더욱 통제된 실험실 환경 뿐만 아니라 일반 진료 환경들에도 적용되는 것으로 보인다(Franklin, Abramowitz, Kozak, Levitt & Foa, 2000).

4. 외상 후 스트레스 장애(트라우마)

깨진 세상에서 삶의 비극이 간간히 끼어들어, 사람들에게 해를 입힌다. 외상 후 스트레스 장애로 진단 받은 사람은, 실제로 혹은 위협적인 신체적 손상과 연관된 어떤 사건과 마주친다. 그리고 결과적으로 두려움, 희망없음, 또는 엄청난 공포를 경험한다. 예를 들면, 강간, 어린 시절 학대, 전투, 그리고 친숙한 파트너의 남용이 포함된다.

외상에 대한 반응으로, 당사자는 세가지 세트의 반응들을 경험한다.

첫 번째 세트의 반응들은, 당사자는 외상기억들을 회피하려고 시도한다. 이것은 특정 사람들이나 장소들에서 멀리 떨어져있기, 다른 사람들로부터 자신을 분리하기, 기억들을 억누르기, 혹은 감정들을 차단하기를 의미한다. 그러나 억눌린 비극은 보통 인간의 의식 속으로 돌아오는 길을 발견한다.

두 번째 세트의 반응들은, 의식바깥에 두려는 노력에도 불구하고 그 비극적 사건을 재경험하는 것과 연관된다. 해당 외상의 재경험하기는 고뇌스러운 꿈들, 환각의 재현, 해당 사건의 무단침입적 회상내용, 또는 그 외상적 사건과 유사한 상황들에 대한 과도한 반응들을 통해 일어날 수 있다.

세 번째 세트의 반응들은, 당사자의 각성이 높아진 상태에서 본인이 살아가는 것과 연루되어 있다. 상승된 자각은 수면의 어려움, 과민성, 과장된 깜짝 놀람 반응 등등에 의해 표시되어 질 수 있다. 전투준비상태에 있는 군부대처럼, 외상 후 스트레스 장애(PTSD)를 가진 사람은 거의 변치 않는 투쟁도주반응상태에서 살아간다.

공포증들과 OCD치료사 경우와 같이, 외상후 스트레스 장애(PTSD)에 대한 대부분의 현대적 치료 접근법들은 노출과 인지적 재구성 두 가지 기법들과 연관된다(Resick & Calhoun, 2001). 두 가지 형태의 노출치료법들이 희망을 보여준다.

첫째, 장기노출치료(prolonged exposure, PE)는 내담자들이 자신들의 기억들과 두려움들을 직면해야만 하는 상황들에 그들을 위치 시키는 것과 연루되어 있다.

상담조언 7.6: 캄캄한 계곡 속으로

PTSD를 가진 내담자들이 직면해 있는 역설에 주목하라. 한편으로, 그들은 삶에서 외상을 경험했다. 그런데 그들의 자연적 경향은 유쾌하지 않은 기억들을 회피하는 것이다. 당연히 그들은 치료에서도 외상에 대해 이야기하지 않는 것을 더 선호한다. 전쟁영웅들은 "난 그것에 대해 이야기하지 않는다"라고 단순히 선언할 수 있다. 성적 학대의 생존자들은 해당 남용사실을 부인하거나 또는 유년시절 경험들이 대화에 등장할 때마다 주제를 바꿀 수 있다. 다른 한 편으로, PTSD의 치료는 이런 외상기억들에 대해 이야기하라고 요구한다. 치료사는, 한 때 너무나 끔찍해서 토론할 수 없을 것으로 여겨진 것들을 면밀히 조사하기 위해서, 의도적으로 내담자를 캄캄한 공포의 계곡 속으로 인도해 간다. 온정적인 안전한 치료법적 관계가 필수적이다. 그런 후에 PTSD를 가진 어느 내담자가 이러한 가장 고통스런 기억들에 대해 어느 치료사를 신뢰하게 될 것이다.

이것은 두 가지 방법 즉, 상상을 통하여, 그리고 생체내적 노출을 통하여 이루어지는 것이 전향적이다. 상상은 내담자로 하여금 지난 외상적 사건들을 기억하게 하고 자세히 기술하도록 함으로써 이루어지고, 생체 내적 노출은 내담자로 하여금 공포를 불러일으키는 실마리들에 직면하도록 만들므로 이루어진다(Foa, Rothbaum, Riggs & Murdock, 1991).

예를 들어, 전쟁영웅은 외상적 전투사건들을 묘사하면서 여러 과정들을 소비할 것이다. 치료사는 음성녹음을 한 후, 내담자에게 날마다 그 녹음테이프를 들도록 요청한다. 생체내 노출법의 경우엔, 내담자와 치료사가 전쟁박물관에 갈 수도 있다. 그 곳에 있는 기억할 만한 중요 기사들, 영상자료들, 이야기들은 외상 기억들을 불러일으킬 개연성이 있는 것들이다. 몇몇 가상실제시뮬레이션들이 최근 몇 년간 발달했고, 궁극적으로 생체 내 노출의 대안을 제공할 것이다(Glanz, Rizzo & Graap, 2003).

두 번째 유형은 인지과정치료에 사용된다(cognitive processing therapy, CPT; Resick & Calhoun, 2001). CPT에서 내담자들은 외상적 사건들에 대해 상세한 이야기를 적도록 요구받는다. 그런 다음 그 이야기를 매일 읽도록 요구받는다. 그 사건들과 연합된 생각들과 감정들을 내담자가 규명하는 것을 돕는 치료사와 함께, 그들은 또한 두 번의 치료 과정 동안엔 그것을 큰 소리로 읽는다. 일부 그리스도인 치료사들은 CPT 절차들을, 과거의 아픈 사건들을 하나님께 내어 놓도록 내담자들을 격려하면서 기도훈련들과 같이 결합한다.

PE와 CPT 두 가지는 PTSD 치료에 효과적이다. 만성적 PTSD를 가진 강간 희생자들 연구에서, 대략 PE 또는 CPT기법으로 치료받은 사람들의 절반이 더 이상 아홉 번의 과정에서 열두 번의 과정의 치료에 참가한 후에는 PTSD에 대한 기준을 충족하지 않았다. 이에 비교가 되는 것은, 최소한의 대처(minial-attention)통제 그룹의 98%에 해당하는 사람들은 여전히 PTSD에 대한 기준을 충족했다는 점이다. PE와 CPT의 효과는 시간이 지나면서 잘 지탱되었다. 각 그룹에서 대략 절반의 사람들이 3개월과 9개월 후의 사정평가에서 PTSD에서 자유롭다고 판정되었기 때문이다(Resick, Nishith, Weaver, Astin & Feuer, 2002).

PE는 명백히 효과성을 타협함 없이는, 인지적 재구성 기법과 짝이 될 수도 있고 안 될 수도 있다(Marks, Novell, Noshirvani, Livanou & Thrasher, 1998). 대조적으로, 인지적 재구성은 CPT의 필수 부분이다(Resick & Calhoun, 2001). CPT를 사용하는 치료사들은 6장에서 기술한 많은 재구성 기법들을 사용한다.

5. 일반화된 불안장애

일반화된 불안장애(Generalized anxiety disorder, GAD)는 더 장기화된 기간동안 지나친 염려통제-어려움을 가지고 있을 때 진단내려진다. 결과적으로, 당사자는 자주 긴장돼 있고, 민감하고, 침착하지 못하거나 또는 지쳐있거나, 혹은 불면증과 집중장해들로 고투한다. 인구의 2%와 5% 사이가 여기에 해당하며, 남자들보다 여자들에게 더욱 흔하다(Brown, O'Leary & Barlow, 2001).

때로, 그리스도인들은 쉽게 염려하는 사람들을 향해 도덕적 충고와 상황에 맞는 성경 구절들(예를 들어, 빌 4:6, 7)을 인용하여 반응한다. 그런 충고들은 선한 의도에서 기인한 것이나, 종종 역효과를 낸다. 즉, 안달복달 초조해하기 쉬운 사람이 그러지 말라는 말을 들을 때에, 그 당사자는 염려에 대해 더 염려함으로써 반응을 할 수 있다. 내담자들은 그들의 염려가 무엇인지 자세히 탐구할 수 있고, 그들의 공포와 불안들을 관리할 새로운 방법들을 배울 수 있는 안전한 관계를 제공하는 것이 더욱 효과적이다.

이 장에서 기술된 다른 불안 치료법들의 경우와 같이, GAD 치료법도 노출과 인지적 재구성을 포함한다. 인지적 재구성은 역기능적 사고기록과 다른 대응기법들을 사용함으로써 성취된다. GAD에 대한 노출치료법은 내담자들의 다양한 염려들의 성격 때문에 독특한 도전을 지니고 있다. 공황장애, 공포증들, OCD 그리고 PTSD같은 다른 불안장애들을 치료하는 데 있어서, 노출치료를 설정할 때에 무엇을 목표로 정해야 할지 규명하는 것은 비교적 쉽다.

공황장애로 진단받은 내담자는 공황 발작이 일어날 것을 두려워한다. 그러므로 공황 증세들이 치료 기간 중에도 내수감각수용노출을 통해 일어난다. 공포증을 가진 사람은 비행기 타기 또는 고도 또는 사회적 상호기능들같은 구별되는 공포를 가지고 있어서, 노출치료는 당사자를 공포를 일으킨 사건이 발생할 상황에 두는 것으로 구성된다. OCD에서, 노출치료는 내담자의 강박관념들을 활성화시키며, 그 다음 그에 상응하는 강박충동적 반응을 방지하는 것과 연관된다. PTSD를 가진 사람은 이전의 정신적 트라우마의 생각들을 일으키는 사건들과 기억들에 노출된다. 이 모든 장애들은 구체적인 불안초점을 가지고 있기에, 노출 치료는 그 특별한 염려에 적합하도록 정교하게 만들어진다.

이와 반대로 GAD를 가진 내담자는 목표로 정해진 한가지 공포에 집중하지 않으며,

염려에서 염려로 표류한다.

그렇다면 치료사는 말 그대로, 구체적이 아닌 보편적인 염려들을 가진 내담자들을 위한 노출치료를 어떻게 구성하는가?

크라스크, 발로우, 그리고 올리어뤼(Craske, Barlow, and O'Leary, 1992)는 자신들이 **염려노출법**(worry exposure)이라 일컫는 한 접근법을 제안했다. 이것은 다음의 절차들과 연루되어 있다:

1. 현재 내담자를 괴롭히고 있는 가장 염려스러운 두 세 가지들에 대해 토론하고 적는다. 가장 염려되는 것에서부터 가장 덜 염려되는 항목 순으로 목록을 정렬하라.
2. 내담자가 목록의 첫 항목에 대해 내담자 생각하도록 심상(心想)을 사용하라. 내담자가 심상(心想) 절차들에 친숙하지는 않더라도, 치료사는 우선 이 기술들을 가르칠 필요가 있다. 첫 가르침은 유쾌한 심상으로 수행될 수 있다.

예를 들어, 내담자가 평온한 장소를 상상하도록 시킨다. 심상 절차가 습득되고 나면, 그 다음 가장 무서웠던 결과에 대해 그림을 그리고, 그것이 실현되는 상상을 하도록 지도받는다. 예를 들어, 암에 걸릴 것에 대해 염려하는 내담자는 방사능기사 사무실에 앉아 있고, 말기 악성뇌종양을 가진 것으로 진단내려지는 것을 상상하도록 지도받을 수 있다.

3. 대략 30분 동안 심상지시방법(Imagery Instruction)를 반복하면서, 부정적 이미지를 불러일으키라. 이것은 내담자에게 스트레스가 될 것이다. 그러나 치료사는 계속할 필요가 있고, 계속해서 마음을 어지럽게하는 이미지로 되돌아가도록 한다.
4. 30분 후, 상황이 어떻게 드러났는지 다른 증상들에 대해 토론하도록 격려받는다. 예를 들어, 만성적인 두통을 염려해온 내담자는 말기 암환자와는 다른 결과들에 대해 생각할 수 있었다. 아마 그 두통들은 불면증 혹은 카페인, 또는 탈수증 때문일 것이다. 이 모든 다른 증상들은 염려노출 작업용지에 기록된다.
5. 일단 본 절차기 완료되면, 그 다음엔 목록에 있는 두 번째 염려에 이 절차가 반복된다. 위의 절차들을 똑같이 따른다.

내담자들은 상담 중 이 절차를 배운 후에, 상담기간 도중 똑같은 것을 집에서 하도록 요구받는다. 한 가지 염려가 더 이상 많은 불안을 불러일으키지 않을 때까지 그것에 집중하고, 그 다음 염려로 옮겨가도록 지도받는다. 염려노출법을 실행해 갈 때에 다양한 도전들이 일어날 수 있다(자세한 것에 대해서는 Brown 외, 2001을 보라). 그러나 그럼에도 불구하고 그것은 지금까지 GAD에 대한 인지행동 치료사 중요한 한 구성 요소이다.

브라운과 기타 학자들(2001)도 GAD의 다면적 성격을 소개하기 위해 몇 가지 추가 치료요소들—이완(弛緩)훈련, 염려행동 예방, 문제 해결 그리고 시간관리—을 제안한다. 이완훈련은 일반화된 불안의 영향에 대한 생리적 치료를 제공하며, 앞서 기술된 공황장애치료사 경우와 마찬가지로 시행된다. 염려행동예방은 염려로 인해 생기는 행동들을 멈추는 것과 연관된다. 과도히 염려하는 대부분의 사람들은 그 염려들과 결합된 행동들에서 일시적인 안도를 발견한다. 관례적, 강박충동적 성격이 없다 해도, 이것은 OCD에서 행동들이 강박관념들을 따르는 것과 같다. 자기 남편이 추락한 비행기 안에 있다고 염려하는 여성은 인터넷을 반복해서 확인하거나, 또는 그녀의 공포를 덜어내기 위하여 반시간마다 헤드라인 뉴스를 매번 시청한다.

대학생 나이가 된 자기 자녀들이 나쁜 결정들을 내릴지 두려운 남성은 너무나 자주 확인차 전화를 할 수 있다. 이런 행동들은 일시적인 안심을 제공하지만, 마치 염려가 나쁜 일의 발생을 막는 것처럼, 궁극적으로는 결국 염려행동들을 강화한다. 염려행동의 예방은 내담자가 염려행동들을 규명하고 멈추는 것을 도와주는 것과 연관되어있다.

문제 해결을 위한 개입들은 GAD 내담자들이 염려를 야기하는 도전들에 대해 효과적인 방법으로 처리하도록 도와준다. 예를 들어, 내담자가 재정에 대해 염려하기보다 신용상담원과 상담하고, 어음들을 통합 정리하며, 월 예산을 발전시키는 것이 도움될 수 있다. 결국, 시간 관리학습은 GAD 내담자들에게 도움이 된다. 이들은 일상의 귀찮은 문제들과 삶의 압력들에 압도되어 있다. 그것은, GAD 내담자들이 다른 내담자들보다 더 압도된다는 의미가 아니고, 다른 내담자들보다 걱정하기가 더 쉽다는 것이다. GAD 내담자들은 시간관리로 인해, 현안들을 만들고 고수하며, 책임을 위임하고, 비현실적 요구들과 기대들에 대해 아니오라고 말하는 것을 배운다.

그리스도인 치료사들은 GAD 치료에 대한 이와 같은 표준접근법들과 더불어, 묵상기도훈련들이 유용함을 본다. 스타프로스(Stavros, 1998)는, 출판되지 않은 박사 학위 논문에서, 30일 동안 주기도문에 대한 묵상이 우울증, 적대감, 그리고 대인관계의 민감성과 나란히 불안을 경감시켰다는 점을 발견했다. 빌립보서 4:6-7에, 사도 바울은 염려를 기도와 대조시킨다. 이것은 염려하는 사람들을 비난하지 않고, 대안을 제공하려는 것이다. 염려는 내적 긴장을 만든다. 반면에 큰 내적 불안과 혼란을 하나님께 맡길 줄 아는 사람들은 종종 자신들의 염려로부터 어떤 안위를 발견한다.

진료소에서 7.2: 기도를 기반으로 한 이완법

깊은 심호흡, 이완, 그리고 기도는 기도에 기반을 둔 이완 절차안에 결합될 수 있다. 내담자에게 몇가지 깊은 심호흡 훈련을 시킴으로 시작하라. 그런 다음 당사자를 기도에-기반을 둔 이완의 시간으로 인도한다. 다음의 훈련은 유서 깊은 주기도문에 기초하고 있다. "하나님의 아들이신 주 예수 그리스도시여, 죄인인 저에게 자비를 베푸소서."

마 크: 당신이 느리고 깊은 심호흡을 횡격막으로부터 계속하면서, 큰 소리가 아닌 그냥 당신 자신에게만 이제 이런 말들을 하세요-주여, 자비를....주여, 자비를 베푸소서....숨을 들이 쉴 때 마다 "주여"라고 말하세요....숨을 내 쉴 때 마다 "자비를 베푸소서"라고 말 하세요...주여, 자비를 베푸소서....주여, 자비를 베푸소서....하나님 임재 안에서 그냥 당신 자신을 잠잠히 시키세요....주여, 자비를 베푸소서.

연습을 통해, 차분함을 주는 기도에 기반을 둔 리듬이 일상의 일부분으로 될 수 있다. 사도 바울이 데살로니가에 있는 신자들에게 "쉬지 말고 기도하라"(살전 5:17)라고 가르쳤을 때, 십중팔구 그는 지심(知心; mind) 속에 이와 같은 무엇인가를 가지고 있었다. 즉 우리 그리스도인들은 하나님과의 관계에 대해 계속적으로 자각하는 방법을 발견해야한다. 주기도문은 살아가기의 한 방식이고, 호흡하기의 한 방식이다. 이 기도문은 우리들이 하나님께 속해 있으며, 하나님의 자비가 늘 필요함을 우리에게 계속 상기시킨다.
주기도문에 대한 더 많은 내용은 작자 미상의 고전적인 책 『순례자의 길』(*The Way of Pilgrim*)을 보라. 이것은 계속적으로 기도하고자 하는 어느 러시아 농부의 욕망에 대한 감동적인 책이다. 시간이 흐르면서 주기도문은 숨쉬기처럼 그에게 자연스럽게 되었다.
치료에서 기도에-기반을 둔 이완법 사용에 대한 더욱 많은 것을 마크(Mark)는 기독교적 상담에 관한 자신의 DVD에 시연해 놓고 있다. 이것은 미국심리학회(APA)에 의해 출판되었다(McMinn, 2006).

GAD에 대한 인지행동치료의 성과유효성은 섞여 있다. 한편으로, GAD에 대한 인지행동치료는 불안증상들을 줄이는 데 매우 효과적이다. 여러 연구자들이, 개인적으로든, 그룹으로든, 혹은 자조(自助)적 형식들에서건, GAD치료에 있어 인지행동치료법들의 성공을 보고하고 있다(Borkovec & Costello, 1993; Bowman, Scogin, Floyd, Patton & Gist, 1997; Brown 외, 2001; Dugas 외, 2003; Ladouceur 외, 2000). 최근 한 연구에서, 14주의 인지치료 후, 단 10%의 내담자들만이 여전히 GAD에 대한 판정기준을 충족했으며, 단 15%의 내담자들만이 2년 후 사정 평가에서 GAD 판정기준을 충족했다. 응용이완법과 심상노출법에 연관된 행동학적 치료에 대해서도 유사한 결과들이 보고되었다(Borkovec, Newman, Pincus & Lytle, 2002). 응용이완법 또는 인지치료 둘 중에 하나는 효과적일 수 있으며, 또한 이 두 결합 요법은 단일치료법보다 결과적으로 반드시 더 좋은 성과들을 내는 것은 아닌 것으로 보인다(Borkovec 외, 2002).

상담조언 7.7: 이것은 얼마나 오래 걸리는가?

"의사 선생님, 이 치료는 얼마나 오래 걸려요?" 이 질문은 대부분의 치료사들에게 친숙한 말이다. 대개, 일단 첫 사정평가와 사례개념화가 만들어지면, 그 질문에 대한 답을 처음 몇 과정 내에 하는 것이 현명하다. 답변시, GAD는 다른 불안장애와 같지 않다는 점을 명심하라. 몇몇 장애들은 영역 1(증상중심적 영역)개입들로 쉽사리 치료될 수 있으며 내담자는 12 과정이니 그 이내의 과정에 치료를 끝낼 수 있을 것이다. 때때로 GAD를 가진 내담자들은 이것을 매우 빨리 개선하기도 한다. 그러나 빈번한 경우 그렇게 하지 못한다. 대인 관계나 다른 심리학적 장애들로 곤란을 겪는 것은 GAD치료 과정에서 명백해지곤 한다. 그래서 영역 2와 3의 개입들이 더 오래 동안 추구된다.

다른 한편으로, GAD의 긍정적 성과들은 주의 깊게 관찰되어야하는데 그 이유는 GAD의 산만한 성격 때문이다. 다른 많은 불안장애들은 증상유형들에 중점을 두므로, 증상들을 성공적으로 치료하는 것이 의료치료에 버금가는 반면, GAD의 징후들은 더욱 복잡하다. GAD증상들을 보이는 내담자들의 약 삼분의 이도 다른 심리학적 장애 판정기준을 충족한다. 그래서 GAD를 지닌 사람들의 90%는 그들 인생의 어느 시점에 다른 심리학적 장애-가장 흔한 경우는 다른 불안장애 혹은 기분장애(mood disorder)-를 가질 것이다(브라운 외, 2001). 또한, 성격스타일과 대인관계 문제들이 GAD증상들에 이바지할 수 있다는 증거가 늘고 있다. 보르코벡(2002)는 다음과 같이 결론을 내린다.

> 대인관계행동이 GAD와 연관된 상호반응체계에 있어서 중요한 요소일 수 있다. 특별히, 염려와 불안은 타인들과의 관계에서 기인하는 문제들 그리고/혹은 대인관계의 차원에서 중재되는 욕구들을 충족하지 못하여 발생하는 문제들 탓에 발전되거나 혹은 유지되기도 한다. 포악해짐, 앙심이 깊어짐....또는 관계들 속에 끼어드는 것은 특별히 부적응적인 정서생활과 결합되어 있다....그런 까닭으로 인지행동치료 과정에 어떤 대인관계 치료형태를 함께 사용하는 데에 잠재적 치료가치가 있다.

웨스턴과 모리슨(Westen and Morrison, 2001)은 메뉴얼화된 심리치료법들의 메타분석에서 공황장애치료에 대한 좋은 장단기효과들을 발견했다. 이것은 비교적 1차원적 만성질병이기에, 단기적으로 우울증과 GAD-이 둘은 공황장애보다 더욱 복잡한 장애들이다-치료에는 좋으나 장기적으로는 별로다.

본서에서 주창한 그 접근법처럼, 우리는 이러한 발견들을 심리치료에 대한 다차원적 접근법을 찬성하는 것으로 본다. 증상중심개입을 통해 공황장애와 같은 일부 장애들은 효과적으로 치료될 수 있다. 그러나 더욱 복잡한 장애들은 종종 기분(mood)과 불안증세들, 대인관계의 관계성등, 유년시절의 성장 문제들, 그리고 영적 관심들사이의 연결관계들을 바라보는 더욱 미묘한 차이를 덧붙인 개입들을 요구한다. 통합적 심리치료에서 이것은 도식중심적, 관계중심개입들을 통해 성취된다.

6. 기독교 영성과 공포

불안장애들에 대한 이 토론의 결론에서, 외견상 역설적인 두가지 관찰들을 언급할 가치가 있다.

첫째, 공포는 우리 인간들의 엄청난 영적 문제들 중 하나이다. 공포는 우리들 신앙에 침입해 들어와서 기쁨을 도둑질하는 암과 같다. 기독교 작가 벤 패터쓴(Ben Patterson,

2005)은 그의 책 『하나님은 나를 기쁘게 만드셨다』(He Has Made Me Glad)에서 다양한 "기쁨 파괴자들"(joy busters)에 대해 기술하고 있으며, 그들 모두 공포 속에 있다. 우리는 공포 속에서, 과거 상처들과 미래에 대한 의심들에 초점을 맞춘다.

공포는 우리들로 하여금 현 상황들의 곤란한 사정들에 초점을 계속 맞추도록 하며, 역사적 기획 안에서의 하나님의 장엄하고 영광스러운 역사를 보지 못하게 된다. 우리는 통제력 상실을 두려워한다. 그래서 우리는 하나님의 사람 안에서 경험하는 황홀함에 가혹한 한계선을 긋는다. 이 모든 그리고 그 이상의 방식들에서, 공포는 영적 삶의 거대한 적이다. 잘 알려진 작가이면서 심리학분야에서 대학원과정을 훈련하신 가톨릭 신부인 헨리 나우웬(Henri J. M. Nouwen, 1986)은 다음과 같이 기록하고 있다.

> 우리 인간들은 두려워하는 사람들이다. 내가 더 많은 사람들에 대해 알게 되면 될수록, 그리고 사람들에 대해 내가 알게 되면 될수록, 난 공포라는 부정적 힘에 의해 더욱 더 압도된다. 종종 공포는 현재까지 우리 인간 존재의 모든 각 부분에, 우리들이 공포 없는 삶이 무엇과 같은 느낌일지 더 이상 알지 못할 정도까지 침투해 들어온 것처럼 보인다(p. 15).

만일 영적 삶이 하나님의 사랑 안에서 평화와 안전의 장소를 발견하는 것을 포함한다면, 공포는 우리가 갈망하는 안전으로부터 우리를 고립시키며 자기 중심적이 되게 하며, 소외되도록 하는 예리한 대조적 위치에 서 있다. 성경 속에서 우리는 불안, 그리고 그와 대조되는 기도를 본다(빌 4:6). 여기서 전자는 인간으로 하여금 다양한 우리 자신들의 문제를 향하게 하며, 후자는 우리에게 믿을 수 없는 평화를 부여해 주시는 하나님을 향하도록 한다. 또한 우리는 공포와 그에 대조되는 사람을 성경 안에서 본다. 요한일서 4장에 "하나님은 사람이시다"(8절) 그리고 "온전한 사랑이 두려움을 내쫓나니"(18절)라는 구절들이 그것들이다.

만일 인간들이 여전히 에덴동산에 살고 있다면, 그 누구도 불안장애가 없을 것이다. 인간들은 완전한 사랑으로 둘러싸여 있을 것이고, 인간의 육체들은 흠없는 창조세계 안에서 완벽하게 맞추어져 있을 것이기 때문이다.

하지만 인간들은 에덴동산에 살고 있지 않다. 그러므로 우리의 첫 번째 관찰은, 공포는 엄청난 영적문제나, 얼핏 보기에 역설적인 듯 보이겠지만, 불안 문제들을 우리의 영적 나약함의 의미로 돌리지는 말아야 한다는 것이다. 치료사가 "당신은 불안하다. 왜냐하면 당신은 영적으로 성숙하지 않기 때문이다"라는 전제을 가지고 불안에 찬 내담자를 바라볼 때, 이런 바라봄은 여러 가지 대인 관계적, 신학적인 문제들을 만들어 낸다. 상호관계에서 볼때, 그것은 건강한 관계를 손상시키며, 내담자의 불안을 불가피하게 증가 시킨다.

신학적으로 볼 때, 그것은 마치 염려하는 사람들만이 에덴동산 외부에서 살아가고, 그들은 죄악된 생각들과 행위들에 연루됨으로써 자신들의 운명을 스스로 선택한 것처럼, 죄와 심리학적 문제들 사이의 직접적이고 즉각적인 대응을 당연히 여긴다. 그러나 기독교 신학은 죄와 고전분투 사이의 그와 같이 단순한 연결관계들을 허용하지 않는다. 우리 모두는 에덴동산 밖에서 살고 있다. 모든 창조세계의 각 구석들이 죄의 문제로 고통을 받고 있다. 우리의 환경과 유전자들은 죄로 더러워져 있고, 인간의 의지는 타협되어 있고, 그리고 우리들의 관계들도 종종 상처를 입고 있다. 죄악된 세상에서의 삶은 다양한 사람들에 대해 다른 결과들을 가진다.

즉, 혹자들은 인생 초기에 심장병을 얻고, 혹자들은 남용을 당하고, 혹자들은 다운증후군을 가지고 태어나며, 혹자들은 다른 사람들을 멀리 몰아내는 성격 특징들과 함께 절뚝거리며, 혹자들은 배고픈 채 잠자리에 들고, 혹자들은 신경과민의 불면증 환자들이 되고, 혹자들은 까다로운 사장님들을 위해 일을 하고, 혹자들은 까다로운 사장님들이고, 혹자들은 지나치게 과도한 불안을 느끼거나 공황 발작들을 하고, 혹자들은 우울증에 빠진다.

분명한 것은, 이러한 만성질병들이 죄악된 개인적 선택들 혹은 다른 사람들의 악한 행위들에 의해 영향을 받는다는 것이다. 그러나 어느 특정한 문제와 영적 성숙 사이에 직접적이고 즉각적인 연결관계들을 당연한 것으로 여기는 것은 상해를 입히는 것이며 비현실적인 것이다. 훌륭한 영적 성숙을 보유한 많은 사람들도 심리적 장애들을 포함한 온갖 종류의 문제들로 고전 분투한다.

인간의 최고의 반응은, 겸손하게 우리가 불쌍히 여기는 마음과 이해심을 가진 사람, 인생의 어려운 국면들을 관통하는 다른 사람들 옆에 기꺼이 나란히 걸어 갈 수 있는 사람이 될 수 있기 위하여, 우리 자신의 깨져있음(brokenness)을 인정하는 것이다. 그런 과정에서, 우리 인간은 다른 사람들을 방해하고 그들에게서 기쁨을 도적질하는 불안으로부터 그들을 자유토록 하는 특권을 부여받을 수 있다.

참고문헌

Barlow, D. H. (2004). Psychological treatments. *American Psychologist, 59,* 869-78.

Borkovec, T. D., & Costello, E. (1993). Efficacy of applied relaxation and cognitive-behavioral therapy in the treatment of generalized anxiety disorder. *Journal of Consulting and Clinical Psychology, 61,* 611-19.

Borkovec, T. D., Newman, M. G., Pincus, A. L., & Lytle, R. (2002). A component analysis of cognitive-behavioral therapy for generalized anxiety disorder and the role of interpersonal problems. *Journal of Consulting and Clinical Psychology, 70,* 288-98.

Bowman, D., Scogin, F., Floyd, M., Patton, E., & Gist, L. (1997). Efficacy of self-examination therapy in the treatment of generalized anxiety disorder. *Journal of Counseling Psychology, 44,* 267-73.

Brown, T. A., O'Leary, T. A., & Barlow, D. H. (2001). Generalized anxiety disorder. In D. H. Barlow (Ed.), *Clinical handbook of psychological disorders* (3rd ed.) (pp. 154-208). New York: Guilford.

Clark, D. M., Ehlers, A., McManus, F., Hackmann, A., Fennell, M., Campbell, H., Flower, T., Davenport, C., & Louis, B. (2003). Cognitive therapy versus fluoxetine in generalized social phobia: A randomized placebo-controlled trial. *Journal of Consulting and Clinical Psychology, 71,* 1058-67.

Clark, D. M., Salkovskis, P. M., Öst, L-G, Breitholtz, E., Koehler, K. A., Westling, B. E., Jeavons, A., & Gelder, M. (1997). Misinterpretation of body sensations in panic disorder. *Journal of Consulting and Clinical Psychology, 65,* 203-13.

Craske, M. G., & Barlow, D. H. (2001). Panic disorder and agoraphobia. In D. H. Barlow (Ed.), *Clinical handbook of psychological disorders* (3rd ed.) (pp. 1-59). New York: Guilford.

Craske, M. G., Barlow, D. H., & O'Leary, T. A. (1992). *Mastery of your anxiety and worry.* San Antonio: Psychological Corporation.

Dugas, M. J., Ladouceur, R., Léger, E., Freeston, E., Langlois, F., Provencher, M. D., & Boisvert, J-M. (2003). Group cognitive-behavioral therapy for generalized anxiety disorder: Treatment outcome and long-term follow-up. *Journal of Consulting and Clinical Psychology, 71,* 821-25.

Foa, E. B., & Franklin, M. (2001). Obsessive-compulsive disorder. In D. H. Barlow (Ed.), *Clinical handbook of psychological disorders* (3rd ed.) (pp. 209-63). New York: Guilford.

Foa, E. B., & Kozak, M. J. (1986). Emotional processing of fear: Exposure to corrective information. *Psychological Bulletin, 99,* 20-35.

Foa, E. B., Rothbaum, B. O., Riggs, D. S., & Murdock, T. B. (1991). Treatment of posttraumatic stress disorder in rape victims: A comparison between cognitive-behavioral procedures and counseling. *Journal of Consulting and Clinical Psychology, 59,* 715-23.

Franklin, M. E., Abramowitz, J. S., Bux, D. A., Zoellner, L. A., & Feeny, N. C. (2002). Cognitive-behavioral therapy with and without medication in the treatment of obsessive-compulsive disorder. *Professional Psychology: Research and Practice, 33,* 162-68.

Franklin, M. E., Abramowitz, J. S., Kozak, M. J., Levitt, J. T., & Foa, E. B. (2000). Effectiveness of exposure and ritual prevention for obsessive compulsive disorder: Randomized versus non-randomized samples. *Journal of Consulting and Clinical Psychology, 68,* 594-602.

Glanz, K., Rizzo, A. S., & Graap, K. (2003). Virtual reality for psychotherapy: Current reality and future possibilities. *Psychotherapy: Theory, Research, Practice, Training, 40,* 55-67.

Hofmann, S. G. (2004). Cognitive mediation of treatment change in social phobia. *Journal of Consulting and Clinical Psychology, 72,* 392-99.

Ladouceur, R., Dugas, M. J., Freeston, M. H., Léger, E., Gagnon, F., & Thibodeau, N. (2000). Efficacy of a cognitive-behavioral treatment for generalized anxiety disorder: Evaluation of a controlled clinical trial. *Journal of Consulting and Clinical Psychology, 68,* 957-64.

Maltby, N., Kirsch, I., Mayers, M., & Allen, G. J. (2002). Virtual exposure therapy for the treatment of fear of flying: A controlled investigation. *Journal of Consulting and Clinical Psychology, 70,* 1112-18.

Marks, I., Lovell, K., Noshirvani, H., Livanou, M., & Thrasher, S. (1998). Treatment of posttraumatic stress disorder by exposure and/or cognitive restructuring: A controlled study. *Archives of General Psychiatry, 55,* 317-25.

Mattick, R. P., & Peters, L. (1988). Treatment of severe social phobia: Effects of guided exposure with and without cognitive restructuring. *Journal of Consulting and Clinical Psychology, 56,* 251-60.

McMinn, M. R. (2006). *Christian counseling* [video in APA Psychotherapy Series]. Washington, DC: American Psychological Association.

National Institute of Mental Health. (2001). Facts about anxiety disorders. Retrieved from http://www.nimh.nih.gov/publicat/adfacts.cfm on May 31, 2005.

Nouwen, H. J. M. (1986). *Lifesigns: Intimacy, fecundity, and ecstasy in Christian perspective.* New York: Image Books.

Patterson, B. (2005). *He has made me glad: Enjoying God's goodness with reckless abandon.* Downers Grove, IL: InterVarsity Press.

Resick, P. A., & Calhoun, K. S. (2001). Posttraumatic stress disorder. In D. H. Barlow (Ed.), *Clinical handbook of psychological disorders* (3rd ed.) (pp. 60-113). New York: Guilford.

Resick, P. A., Nishith, P., Weaver, T. L., Astin, M. C., & Feuer, C. A. (2002). A comparison of cognitive-processing therapy with prolonged exposure and a waiting condition for the treatment of chronic posttraumatic stress disorder in female rape victims. *Journal of Consulting and Clinical Psychology, 70,* 867-79.

Roy-Byrne, P. O., Craske, M. G., Stein, M. B., Sullivan, G., Bystritsky, A., Katon, W., Golinelli, D., Sherbourne, C. D. (2005). A randomized effectiveness trial of cognitive-behavioral therapy and medication for primary care panic disorder. *Archives of General Psychiatry, 62,* 290-98.

Smitherman, T. A. (2005). Challenge tests and panic disorder: Implications for clinical assessment. *Professional Psychology: Research and Practice, 36,* 510-16.

Stavros, G. (1998). *An empirical study of the impact of contemplative prayer on psychological, relational, and spiritual well-being.* Unpublished doctoral dissertation, Boston University.

Turk, C. L., Heimberg, R. G., & Hope, D. A. (2001). Social anxiety disorder. In D. H. Barlow (Ed.), *Clinical handbook of psychological disorders* (3rd ed.) (pp. 114-53). New York: Guilford.

Turner, S. M., Beidel, D. C., & Jacob, R. G. (1994). Social phobia: A comparison of behavior therapy and Atenolol. *Journal of Consulting and Clinical Psychology, 62,* 350-58.

Westen, D., & Morrison, K. (2001). A multidimensional meta-analysis of treatments for depression, panic, and generalized anxiety disorder: An empirical examination of the status of empirically supported therapies. *Journal of Consulting and Clinical Psychology, 69,* 875-99.

Yarhouse, M. A., Butman, R. E., & McRay, B. W. (2005). *Modern psychopathologies: A comprehensive Christian appraisal.* Downers Grove, IL: InterVarsity Press.

제8장
도식중심개입들 이해하기

　오레곤 해변들은 매우 아름다운 곳들이지만, 매우 위험한 장소들이기도 하다. 해마다 그 오레곤바다는, 표면의 흐름과 반대 방향으로 움직이는 강한 조류의 힘을 이해하지 못하는 여러 생명들을 앗아간다. 오레곤바다 수면 아래에 존재하는 이 강력한 조류들은 수영하는 사람들을 모르는 사이에 붙잡아 짜디짠 재앙의 깊음 속으로 끌고 간다. 마찬가지로, 종종 가장 강력한 힘을 가지고 개인적인 적응과 대인관계의 관계성 속에서 가장 큰 근심거리들을 초래하는 것은 의식의 표면 아래 있는 조류들이다.
　대부분의 사람들이 왜 자신들이 화가 나고, 질투를 느끼고, 성적으로 발기가 되고, 우울증에 빠지고, 또는 염려할 때에 행하는 그런 것들을 행하는지에 대해 의아해하였다. 또 왜 매우 화가 나고, 매우 질투하게 되고, 성적으로 매우 흥분하게 되고, 매우 우울함을 느끼고, 또는 애초에 매우 염려하게 되는지에 대해 궁금해 했다. 때때로 우리 인간들은, 정신 내부 깊숙이 존재하는 힘들에 의해 인간의 의식적 욕구들을 유린당하므로 인해, 기쁨안에서 선한 삶을 살기를 바라는 것과 정반대로 느끼고 행동한다.
　심리학과 기독교 영성 분야의 거의 모든 패러다임은, 인간의 성격과 행동이 적어도 어느 정도까지는 의식의 표면 아래에 흐르는 깊숙한 내적 조류들에 의해 영향을 받는 것이 당연하다고 여긴다. 사도 바울은 이러한 깊숙한 내적 조류들을 영적 용어들로 묘사하면서, 죄가 인간들이 상상하는 것보다 더욱 강한 힘을 우리들에게 행사하고 있음을 지적한다.

> 그러므로 내가 한 법을 깨달았노니 곧 선을 행하기 원하는 나에게 악이 함께 있는 것이로다. 내 속사람으로는 하나님의 법을 즐거워하되 내 지체 속에서 한 다른 법이 내 마음의 법과 싸워 내 지체 속에 있는 죄의 법으로 나를 사로잡는 것을 보는도다. 오호라 나는 곤고한 사람이로다 이 사망의 몸에서 누가 나를 건져내랴. 우리 주 예수 그리스도로 말미암아 하나님께 감사 하리로다 그런즉 내 자신이 마음으로는 하나님의 법을 육신으로는 죄의 법을 섬기노라(롬 7:21–25).

표준인지치료법이 인간에 대한 성경적 관점과 매우 일치한다고 사람들이 주장할 때, 대부분의 경우 종종 빌립보서 4:8에서 발견되는 바울의 다른 말들을 이용하고 있는데, 성경은 단지 옳은 것을 생각하는 선택을 하기보다도 훨씬 더 깊은 이야기를 전해주고 있다는 점을 그 사람들이 무시하고 있는 것으로 보인다. 로마서 7장에 있는 바울의 말들은 선한 의도들을 쉽게 짓밟는 죄라는 기저에 흐르는 조류들을 언급하는 것이다. 바울은 하나님께 영광을 돌리는 방식들로 생각하고 행동하기를 원했다. 그러나 이 표면의식 아래의 힘들이 그를 계속적으로 늘 따라다니며 방해했다. 우리 대부분이 여기에 관계가 있을 수 있으며, 관계있을 리가 없는 사람들은 죄를 부인(否認)하는 문제를 가지고 있다.

비록 심리학자들이, 이 기저에 깔린 힘들을 죄라고 지칭한 사도 바울과는 아주 다르다해도, 본서의 저자들인 우리는 심리학에서 그와 똑같은 모습을 본다. 다른 심리학 이론가들은 인간 삶의 표면의식 아래의 내적 조류들에 대해 다른 이야기들을 말한다. 시그문트 프로이드(Sigmund Freud)는 유년시절의 갈등, 특히 성적, 발달적 갈등을 강조했다. 현대 대상–관계(object–relations) 이론가들은 프로이드의 사상들을 더 세련되게 했고, 어린시절의 돌보미들을 내면화된 대상들로 강조하는 듯하다.

다시 말해, 우리는 자신의 어린시절 도우미들이 자신들의 세계와 관계된 방식을 관찰하며 내면화해왔기 때문에 우리가 세상과 어떻게 관계해야 하는지 안다. 인본주의적

(humanistic)¹ 이론가들은 수용과 사랑에 대한 내적 깊은 결핍을 규명하고 있다. 이런 결핍들이 다른 사람들에 의해 충족되어지지 않을 때, 우리는 방어적이 되고 다른 사람들과의 관계들에서 조화를 이루지 못하게 되고, 결과적으로 정서적 증상들로 고생할 수 있다.

가족체계이론가들은 인간의 성격들을 형성하는 그 힘들을 이해하기 위하여 조상과 현재 가족들에 대한 가족들 내의 역할들과 관계들에 주시한다. 심지어 행동치료사들-이들의 일부는 더 깊은 차원의 인격의 조류들에 전혀 관심이 없다고 말한다-도 우리 인간이 의식적으로 자각하든 하지 않든 과거의 학습이 오늘날 우리의 행동방식을 형성한다는 것을 인정한다.

우리가 단지 기독교 정신과 심리학 사이의 출발점을 설명할 뿐이라고 어떤이는 논박할 수도 있다. 기독교는 더 깊이 내재된 인격의 힘들이 죄와 연결되어 있다고 본다. 반면 심리학은 과거 관계들, 태어난 가족들과 학습의 불확정성들과 같은 다른 설명들을 제공한다. 하지만 누구라도 죄에 대한 건전한 기독교 교리를 고수한다고 해서, 이것이 이분법일 필요는 없다(McMinn의 미출간 도서).

죄란 인간이 저지르는 파괴적인 선택들에 국한되지 않는다. 그것은 단절됨이라는 인간의 일반적 상태, 그리고 단절된 다른 사람들과 더불어 살아가는 것의 결과물들을 가리킨다. 그러므로 죄에 대한 기독교 신학은 정신병리학에 대한 다양한 설명들을 너그럽게 보아준다. 유년시절의 성(性)이 성인 상태에까지 미쳐 터지는 어려운 갈등들을 만든다는 시그문드 프로이드의 주장이 옳았는가?

아마도 그는 적어도 부분적으로는 옳았다.

왜냐하면 깨어진 상태에서 우리는 인생을 통해 온갖 종류들의 성적 도전들과 갈등들을 경험하기 때문이다. 가혹하고, 비인간적인 가정교육이 아이를 억누르고 자부심의 감각을 저해한다는 인본주의자들의 주장이 옳은가?

대개는 그들이 옳다. 그리고 이 주장은 기독교적 세계관에서 볼 때도 일리가 있다. 왜냐하면 깨진 세계 안에서, 우리 인간들은 다른 사람들의 죄의 결과들에의해 자주 해

---

1 (역주) 휴머니즘이란, 이성의 도움으로 인간의 문제들을 해결하는 것이 종교적 신념보다 더욱 중요하다고 간주하는 사상 체계의 하나로서, 인간 존재의 기본 본성이 선하다는 점을 강조하는 주의이다.

를 당하기 때문이다.

해당 환경 안에서 잘못된 학습의 우발성들을 지적하는 행동주의자들 주장은 옳은가? 그렇다. 이 깨어진 세상에서 우리들이 살아가는 환경은 가혹하고 처벌적일 수 있다. 때때로 가장 고귀한 행위들조차 무시당하고, 가장 나쁜 행동들이 보상을 받는 환경이다. 심리학적 성격체계들이 만족스러운 형이상학에 기초해있는 심리학적 성격체계는 하나도 없다(Jones & Butman, 1991). 적어도 기독교 심리학자들을 위해서는 아니다. 그러나 만일 그것들 각각을 죄와 구원에 대한 정통적 관점을 지닌 기독교 세계관에서 본다면, 이치에 닿는다. 치료사들이 삶의 문제들에 대한 기독교적 설명들을 심리학적 설명과 분리시킨다면, 그 결과는 종종 성품과 경건 속에 성장해가는 것을 훼손하는 것을 돕는 단순한, 영지(靈知)²적인 접근법이 된다.

3장과 6장에서 결혼한지 얼마 되지 않았지만 불행한 결혼생활을 이어가던 24세인 데니스(Denise) 양이 우울증으로 인해 한 교회의 장로를 찾아간 것으로 논의를 시작했다. 그녀는 자주 소리내서 울었고, 힘이 다 소진되어 기운이 없이 피곤함을 느꼈으며, 결혼에 대해 희망 없음을 느끼고 있었다. 그녀의 결혼이 끔찍한 실수였다는 것은, 그녀가 남편 돈(Don)을 사랑하기를 이미 멈췄다는 것, 그리고 만일 그들이 함께 있는다면 그녀와 돈 두 사람의 운명이 비참할 것이라는 것이 데니스는 두려웠다.

그 장로는 그녀의 이야기를 경청한 다음, 그녀가 영적인 문제에 직면해 있으며, 기도에 더욱 많은 시간을 할애해야만 하고, 그녀의 마음을 성경 속에 있는 선한 약속들로 가득 채워야 한다고 말했다. 데니스는 들은 바를 실행하려고 노력했다. 하지만, 그녀의 우울증과 결혼 문제들은 변함이 없었다. 영적 인도를 받는 일에 실패한 그녀의 시도는 자신에게 인생은 암울하며 결혼은 희망이 없다는 증거를 한층 더 제공해 주었다.

---

2 (역주) 영지주의(靈知主義)는 그노시스교라고도 불리우며, 초기 기독교 시대에 있어서의 신비주의적 이단(異端) 기독교이다. 영계(靈界)의 신비를 이해하고 사모하는 기독교 이단이다. 영은 선하고 육은 악하다 라고 생각하는 이원론적 사고를 가졌다.

> ### 상담 조언 8.1: 조언 해주기
>
> 자신이 다시는 교회의 장로와의 경험은 유쾌하지 못했고 도움도 되지 않았다. 그 주된 이유는 그가 그녀의 신뢰를 얻지 못한 채 그녀에게 조언을 해주었기 때문이다. 조언하기에 대한 두 가지 법칙들에 대해 생각하는 것은 도움이 된다.
>
> · 법칙 #1: 결코 조언을 주지 않는다.
> · 법칙 #2: 조언을 가끔 주어라.
>
> 처음 개업하는 치료사들은 두 번째 법칙을 배우기 전에 첫 번째 법칙을 배울 필요가 있다. 그렇지 않으면, 조언해주기가 적절한 신뢰와 신념이 확립되기 전에 너무 일러지게 된다. 경험있는 치료사들은 조언을 간헐적으로 제공한다. 그러나 그들은 주의 깊게 그리고 그것이 치료관계에 어떻게 영향을 미칠 수 있는지에 대한 이해를 가지고 그렇게 조언을 한다.

물론, 이것은 나쁜 심리학이다. 데니스의 조언자는 돕는 관계를 발전시키고 데니스의 이야기를 이해하기 위한 충분한 시간을 갖지 않았다. 그리고 데니스와 함께 협력적으로 상담활동을 하면서, 인생과 결혼에 관한 그녀의 음울한 관점 속에 있는 데니스 자신을 불가항력적으로 만드는 더 깊이있는 고통의 내면의 흐름들을 찾아내기보다는, 조언을 성급히 주는 데 의지했다. 그러나 데니스의 조언자는 나쁜 심리학을 실천한 것에 대해 유죄일 뿐만 아니라, 또한 이것은 나쁜 신학이기도 하다. 그 장로는, 죄를 가진 우리 인간의 문제는 인간의 비물질적이고 영적인 본질 안에 단정하게 포함되어 있으며, 특정한 영적 실천들을 통하여 해결될 수 있음을 당연한 것으로 여기는 듯 보인다.

인간의 깨어짐은 결코 상호관계에 대한 고려없이 이런 방식으로 구분될 수 없다. 죄는 삶의 전 영역에 침투해 있다. 즉, 우리 기도생활과 마찬가지로 인간의 생물학, 사고 유형들, 현재의 관계들과 가족사들을 오염시키고 있다. 그런 상황에서, 데니스에게 심리치료 혹은 항우울증 약물을 추천하는 것, 또는 돈(Don)에게 그녀와 함께 결혼치료를 받으러 가자고 제안하는 것이 그녀에게 기도생활을 더 강화하라고 제안하는 것보다 더욱 타당할 것이다. 치료사들의 치료노력은, 심리학적이고 영적인 디스트레스에 기여하는 요소들의 넓은 범위를 심사숙고해야 한다.

좋은 심리학과 정통 기독교 정신 이 두 가지 모두는 공히, 데니스가 그녀의 인생에 있어서 고통과 고군분투라는 기저조류들에 의해 영향을 받고 있음을 확언한다. 아마도 역기능적 가정에서 성장했다는 어려움이, 그녀가 성인이 되어 새로운 결혼을 시작할 때 그녀에게 달려들어 꽉 붙들고 있는 것이다. 십중팔구 일종의 결혼 초기 적응 문제들이 중점적으로 다루어질 필요가 있는 경우일 수 있다.

어쩌면 그녀의 삶이 대인관계 불안증에 걸려있고, 현재 그녀는 살아생전에 결코 알지 못했던 친밀감에 대한 공포증에 직면해 있음에 틀림없다. 혹시나 그녀가 우울증에 대한 생물학적 특질을 가지고 있을지도 모른다. 한 인간으로서 그녀의 가치를 그녀가 문제시 하게 만드는 수치스런 비밀들로 스스로 고투하고 있을 수도 있다. 이 모든 가능성들은 모든 효과적인 조력(助力)자들이 심사숙고하기를 원할 기저 요소들을 암시한다.

1. 의료적-돌봄과 영혼-돌봄 패러다임들

6장과 7장에서 토론한 증상중심개입들은 많은 치료상황들에서 유용하지만, 치료사와 내담자가 디스트레스와 역기능 기저에 깔린 내면 조류들을 더욱 심도있게 깊이 조사하길 원하는 때가 있다. 데니스(Denise)의 경우, 증상중심개입이 그녀의 우울증에 관해 도움을 줄 것이고, 아마도 결혼에 대해서도 간접적인 유익을 제공할 것이다. 하지만 그녀는 인지적 재구성과 행동관리로 다룰 수 있는 것보다 더욱 깊은 고통에 직면하고 있을 가능성이 있어 보인다.

도식중심개입들은, 자신들의 진료활동을 영혼-돌봄으로 여기는 사람들뿐 아니라 의료적-돌봄 패러다임 쪽의 치료사들에게도 역시 쓸모가 있다(도표 8.1을 보라). 의료적-모델접근법으로 이끌린 치료사들은 우울증과 그와 관련된 장애들에 대해 초기에는 증상중심개입 쪽으로 기울어져 있을 수 있지만, 상대적으로 높은 재발률로 인해 의기소침해 진다. 더욱 깊은 치료 형태로 옮겨감으로써, 그들은 자신들의 내담자들 가운데 재발 가능성을 줄일 수 있다(Yong, Weinberger & Beck, 2001).

도식중심개입들은, 자동으로 떠오르는 특정한 생각들보다는 오히려 일반적인 핵심 신념들에 주목하면서 증상중심개입들보다 더 깊이 탐구해 들어간다. 이 핵심 신념들은 종종 의식(意識) 입구 아래에 존재하며, 자동으로 떠오르는 생각들보다도 더욱 변화를 거부한다. 의료적-돌봄 패러다임에서, 이것은 심리치료에서 발생함직한 가장 심도깊은 탐구이다.

의료적-돌봄 패러다임으로 진료활동을 하는 치료사들처럼, 심리치료에 대한 영혼-돌봄 패러다임에 이끌린 치료사들 역시, 증상중심적 치료가 내담자들에게 일종의 초기 희망을 촉진하고 가장 심각한 증상들을 줄이는데에 도움이 됨을 발견한다. 그런데 그들도, 자신들의 내담자들이 가진 성격, 발달, 인지, 감정, 동기 그리고 영성으로 구성된 더 내면 깊은 도식중심적 차원들을 면밀히 조사하기를 원할 것이다.

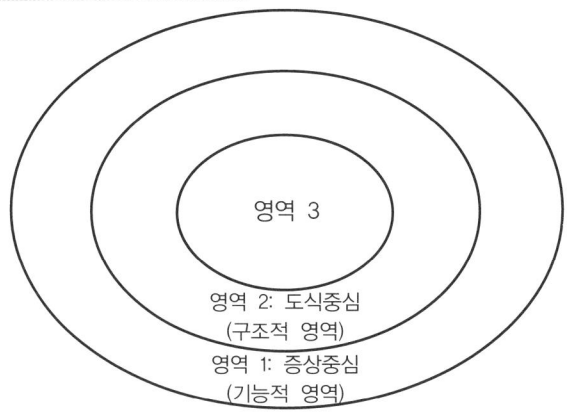

도표 8.1 도식중심개입들은 기저에 깔린 상정 내용들을 탐구한다.

그러나 의료적-돌봄 패러다임으로부터 진료활동을 하는 사람들처럼, 영혼-돌봄 패러다임을 사용하는 사람은, 도식탐구가 훨씬 더 깊은 수준의 이해를 향한 전이단계라고 가정한다. 도식들은 관계적 유형 때문에 형성되고 유지된다. 그러므로 치료법적 관계를 치유(healing)를 조장하는 방식으로 교묘히 조작하는 것이 필수불가결하다. 개입의 이러한 관계적 형태들은 10장과 11장에서 더 토론될 것이다.

2. 인지치료법을 더 깊이 들여다보기

인간의 성격 안에 더 깊이있는 내면의 흐름들을 찾을 때, 인지치료사들은 기저에 깔린 부적응 상정 내용들, 즉 부적응 핵심 신념들을 발견하기 위하여, 자동적으로 떠오르는 생각들과 중간단계 신념들 아래를 주시한다. 물론 이것은 지나치게 단순화된 설명이다. 실재로, 인지내용들은, 매우 구체적이며 의식적인 것부터 일반적이며 무의식적인 것까지 하나의 연속선 상위에 존재한다. 이런 연속선 상을 단순화할 목적으로, 인지치료사들은 3장에서 소개한 사고의 세 가지 범주들을 참 명제로 가정했다. 즉, 자동으로 드는 생각들, 중간단계 신념들, 그리고 핵심 신념들이라는 사고범주들이 존재한다는 것이다.

중간단계 신념들이 자동으로 떠오르는 생각들보다 의식에 대한 접근성이 떨어지는 것처럼, 핵심 신념들은 중간단계 신념들보다 더 깊이 파묻혀 있다(도표 8.2를 보라). 대부분의 사람들은 어떤 주어진 순간에도 멈추어서서 자신들의 현재 생각들을 묘사할 수 있다(예를 들어, "난 내가 바로 앞 단락에서 읽은 것을 완전히 이해하는지 확신이 없어요"). 혹자들은 계속 중간단계 신념들을 알려고 할 수 있다(예를 들어, "심리치료에 대해 알아야만 하는 모든 것을 나는 알아야만 합니다").

하지만 자신들의 핵심 신념들에 직접적이고 즉각적인 접근법을 가진 사람은 거의 없다(예를 들어, "난 무능해서 실패할 수밖에 없어"). 자동으로 드는 생각들은 상황–구체적이며(예를 들어, 마지막 단락을 읽고 있는 중에), 중간단계 신념들은 더욱 일반적이고(예를 들어, 상담을 대체적으로 이해하기), 그리고 핵심 신념들은 지나치게 광범위하며 일반적이다(예를 들어, 무능하다는 신념).

자동으로 드는 생각들은 이성적 분석을 통해서 쉽사리 바뀐다. 반면 핵심 신념들은 변화에 대단히 저항적이다. 왜냐하면 그들이 경험적이고 관계적 현상들에 있어서 훨씬 더 깊이 뿌리박혀있기 때문이다.

앞 장에서 기술한 증상중심개입들에서, 치료사와 내담자는 자동으로 떠오르는 생각들을 규명하고 바꾸기 위해서 함께 작업한다. 또한, 내재적(implicit) 규칙들이자, 만일-그렇다면 진술문들로 되어 있으며, 그리고 자동적으로 떠오르는 생각들보다 더 일반적이며 잘 변하지 않는 의식에 적당히 접근할 수 있는 중심목표들인 중간단계 신념에 과감히 도전한다. 도식중심개입들에서는, 치료사들이 내담자의 기저에 흐르는 핵심 신념들을 발견하려는 목적으로 중간단계 신념들을 심사숙고한다. 핵심 신념들은, 중간단계 신념들과 자동으로 떠오르는 생각들이 부상해 나오는 저수지 같은 역할을 하여, 늘 항상 과거와 현재의 관계들에 의해서 악화된다.

상담조언 8.2: 너 자신을 알라.

치료사들이 자신들의 발달 배경들을 이해하는 데에 시간을 들이는 것은 도움이 된다. 종종 이것은 개인적 치료와 연관되기도 한다. 하지만 자기-이해 역시 성찰 저널링(reflective journaling)을 통하여 조장될 수 있다. 다음 질문들은 개인적 도식을 자세히 탐구조사하는 데에 도움이 된다.

1. 인생 초기에 다른 사람들(부모님, 형제자매, 학교 친구들)에게 가까이 다가가는 것을 당신은 어떻게 배웠는가?
   그들의 바람들에 맞추면서?
   허락을 구하면서?
   탁월한 운동기량으로?
   관계들에 대한 이러한 접근법이 수년에 걸쳐 당신에게 어떻게 도움을 주었고 상처를 주었는가?
2. 당신이 태어난 집안 내에 있는 구성규칙 한 가지에 대해 기술하라. 예를 들어, 어떤 가족들은 "우리는 우리들의 문제들에 대해선 말하지 않는다" 또는 "우리는 다른 가족들보다 더 낫다" 또는 "우리 식구들은 놀기 전에 우리의 일을 다 해 놓는다" 또는 "우리 집안사람들은 하기로 마음 먹으면 뭐든지 할 수 있다"와 같은 법칙들을 가지고 있다. 당신이 목록으로 만든 그 법칙이 당신에게 어떻게 좋게 그리고 어떻게 나쁘게 영향을 주었는가?
3. 당신 인생에 있어서 중요한 전환점들(이사, 죽음들, 이혼 등)에 대해 생각하라. 이런 전환점들이 당신을 둘러싼 세계와의 관계에 있어서 당신 자신을 당신이 이해하는 방식에 어떻게 영향을 미쳤는가?
4. 당신의 인생에 있어서 이 시점에 당신은 어떤 공포들, 기쁨들, 불안들, 보상들, 그리

고 좌절들을 가지고 있는가?
이런 것들이, 처음 세 질문들에 대한 대답으로 당신이 지금까지 적은 것들과 어떻게 연결되는가?

도표 8.2에서 화살표들의 방향이 위로 향해 있음을 주목하라. 의식적 생각들은 덜 의식적인 생각들로부터 흘러나오고, 더 깊이 있는 내면의 조류들이 삶의 표면적 경험들에 영향을 미친다. 만일 데니스(Denise)가 사람들이란 믿을 수 없다는 핵심 신념을 가지고 있었다면, 이 신념은 자연스럽게 역기능적인 중간단계 신념들 그리고 자동으로 떠오르는 생각들을 만들어낼 것이다. 도표 8.2는, 십중팔구 초기 유년시절 관계문제들에서 기인한 데니스의 핵심 신념들이, 돈(Don)과의 현재 관계에 있어서 어떻게 매우 역기능적, 비합리적 생각들로 이어질 수 있는가를 예시하고 있다.

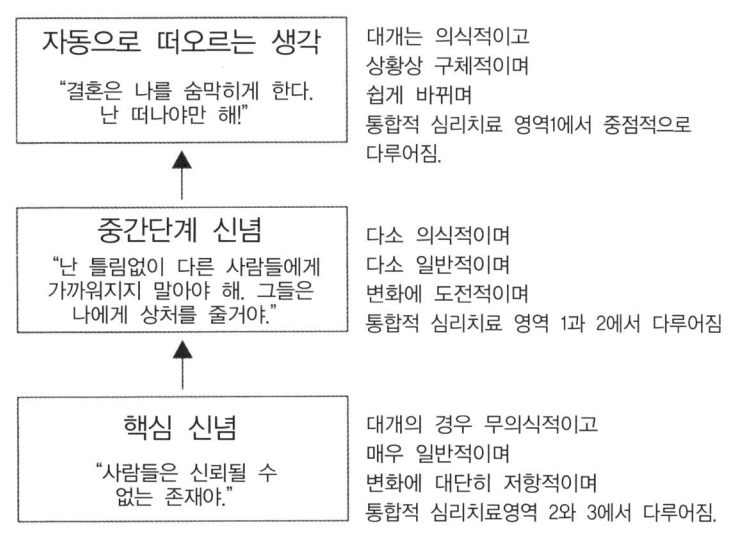

도표 8.2. 핵심 신념들은 중간단계 신념들과 자동으로 떠오르는 생각들에 영향을 미친다.

데니스의 문제에 대한 단선적 형식화는, 더욱 열정적으로 기도할 것과 성경에 대해 묵상할 것을 조언한 그녀의 처음 조언자가 사용한 단순한 영적 모델보다도 이해하기도 쉽고 더욱 세련되어 있다. 그러나 그것은 충분히 세련된 것은 아니다. 많은 사람들이 초기 의미인지치료들이 가진 지나치게 단순한 본질에 대해 불만족스러웠으며, 더욱 세련된 대안들을 발달시켰다(예를 들어, A.T Beck, 1996). 이것을 더 깊이 자세히 연구하기 위하여, 우리는 인지치료 내에서, 그리고 다른 과학 심리학 영역들로부터, 유래하는 중요한 이론적 공헌인 도식 구성쪽으로 논의의 방향을 돌리려 한다. 이 구성개념은 중요한 도표 8.3은 도식중심개입들에 대한 통합적 심리치료모델의 개관을 제공하고 있다.

3. 도식(Schema)

불행하게도, 도식(schema: 스키마)이란 단어는 심리학에서 많은 인기있는 전문용어들이 겪는 운명을 겪었다. 이 단어는 많은 여러 가지 방식들로 정의되고 사용되어 왔다. 일부 인지치료 책들에서, 도식은 핵심 신념들과 상호교환적으로 사용된다(예들 들어, J.S Beck, 1995). 하지만 이것은 일부 인지치료사들에게로 너무 한정된다. 그래서 도식에 대한 다양한 설명들과 수정된 정의들이 주어져 왔고, 각 정의들은 약간씩 다른 방향에서 그 개념을 도용하고 있다(Needleman, 1999; Safran, 1998; Safran & Segal, 1990; Young, Klosko, & Weishaar, 2003).

도식(schema)이란 용어가 다양한 방식들로 정의되고 사용되어 왔기에, 우리 저자들은, 대부분의 심리학자들이 일반적으로 받아들이는 기본 정의를 제공할 것이다. 그런 다음, 통합적 심리치료의 특징들에 관해 상세히 설명하기 위해, 그 개념을 구분된 방향으로 사용할 것이다.

가장 기본적인 형식에서, 도식이란 단지 실재에 대한 표상을 포함하는 어떤 구조를 말한다. 도식들은 복잡하고 애매모호한 세상 한가운데서 우리들이 개인의 정체성을 유지하도록 도와주는 생각들, 상정 내용들, 신념들로 구성되어 있으며, 우리들의 환경을 단순화하고 이해하도록 허용해주는 것들이다. 한 지도의 내용이 지형 그 자체와 같지는 않으나 그것의 물리적 지형을 나타내는 것과 같이, 도식 내용도 실재에 대한 표상이지만 실재 그 자체는 아니다. 지도들처럼, 도식들은 사물들이 정말로 어떻게 존재하는지에 대한 조금 정확한 표상을 포함한다.

1) 도식은 우리가 세상을 어떻게 해석하고 건설하는지에 영향을 준다

마치 지도들이 물리적 세계의 근사치를 드러내는 것처럼, 도식들도 우리가 자신들을 어떻게 이해하고, 다른 사람들과 어떻게 관계하는지에 대한 인지적 근사(近似)치들을 포함하고 있다. 지도가 전반적으로 부정확할 때, 그것은 물리적 세계에 대한 실질적 오해를 낳을 수 있으며, 결과가 비생산적인 방향들로 그 이용자에게 보낼 수 있다. 많은 사람들이, 인터넷 지도 서비스들을 이용해서 잘못된 방향으로 인도되어 의도했던 목적지로부터 멀리 벗어난 경험들을 가지고 있다.

마찬가지로, 만일 도식이 몹시 삐뚤어진 신념들과 상정 내용들을 포함하고 있다면, 당사자는 뿌리 깊은 방식들로 매우 부정확한 자아 개념을 발전시키며 사회적 신호들을 잘못 이해할 수 있다. 결국 그것은 심각한 감성적, 상호대상적 결과들로 귀결될 수도 있다.

통합적 심리치료는, 인간은 세계에 대한 적극적인 해석자라는 상정 내용들에 기초한 모델이다. 삶이란 우리에게 단지 우연히 발생하는 것이 아니다. 다시 말해, 우리들 각자는 적극적으로 우리들의 도식들로 우리 삶을 해석하고 형성한다. 데니스(Denice)가 돈(Don)과 결혼했을 때, 그녀는 친밀이라는 그녀가 그 이전에는 몰랐던 어떤 새로운 영역에 들어갔다. 그녀는 이 새로운 영역에서 자신의 길을 어떻게 발견했을까?

데니스는 우리가 늘 하는 방식대로 했다. 즉, 그녀는 친밀 관계에 대해 그녀가 아는 것이 무엇인지 알아보려고 자신의 지도를 끄집어냈다(예를 들어, 그녀는 자신의 도식이라는 무의식적 차원들에 접근했다). 불행히, 그녀의 지도는 '사람들이란 신뢰될 수 없다'라는 핵심 신념으로 꼬여 있었다. 그래서 그녀는 지금 돈에 의해 상처받을 것을 두려워하고 있고, 그런 관계로부터 물러서는 반응을 보이고 있다. 불행하고 부정확한 실재에 대한 표상이지만, 단지 그녀가 알고 있는 그 지도를 그녀는 따라가고 있는 것이다.

의미인지치료사들은 도식은 우리가 우리 삶의 환경들을 해석하는 그 길을 안내한다고 강조한다. 그러나 구성주의 인지치료사들은 이것을 한 단계 더 멀리 가져갔다. 그들은 우리가 현실 이해를 어떻게 구성하는가에 따라 삶의 환경이 바뀐다고 강조한다(마호니, 2003). 이것은 도표 8.4에 예증되어 있다. 점선 위의 도표는, 보통 도식들이 세계에 대한 인간의 이해를 바꾼다고 주장하는 의미인지치료에서 전형적으로 취해지는 접근법을 예증하는 것이다. 긴 하루 일과를 마치고 집으로 돌아오는 데니스가 이미 자신이 가장 좋아하는 음식을 요리하고 있는 돈을 발견하는 것을 상상하라.

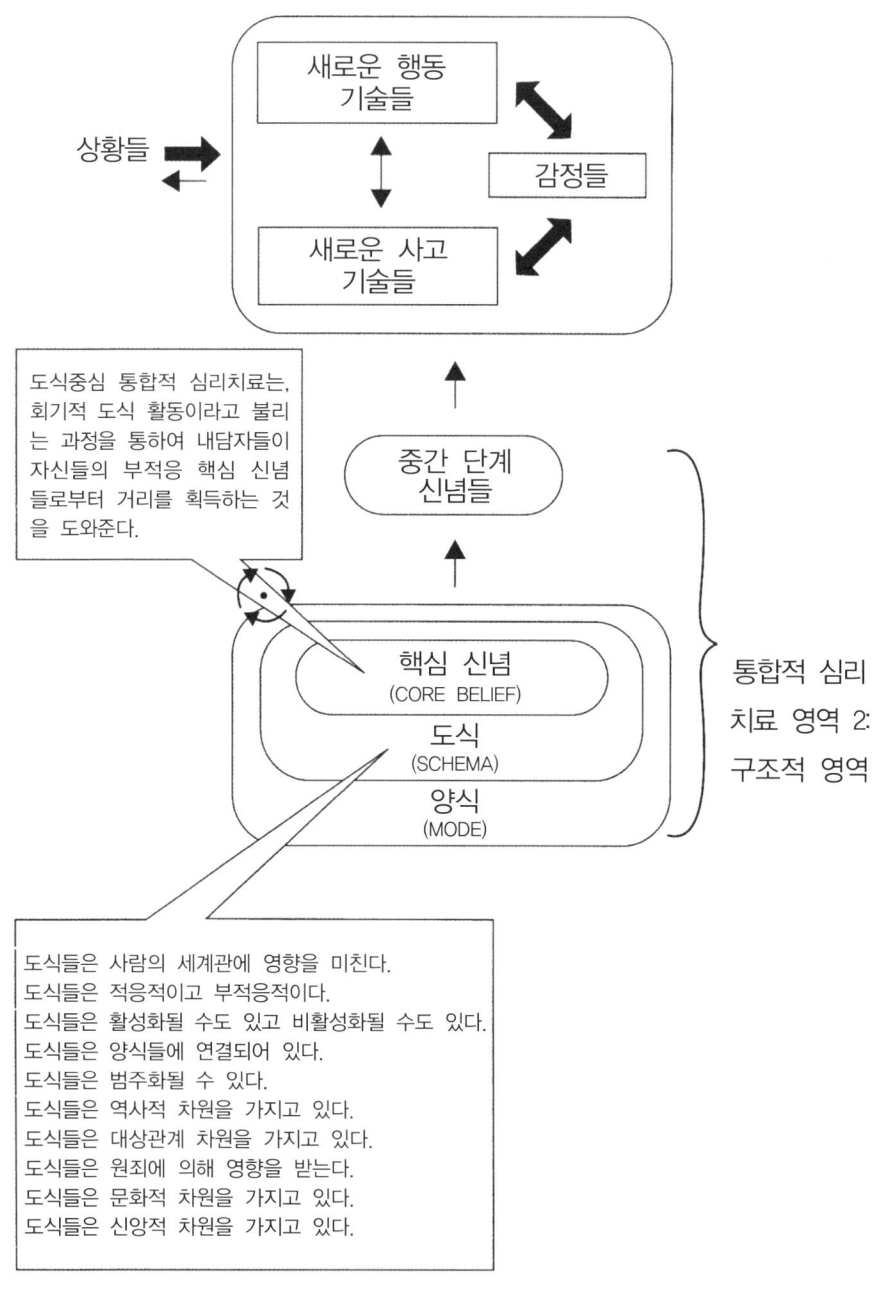

도표 8.3. 도식중심 개입들은 도식들과 유형들의 맥락에서 핵심 신념들과 함께 작용하는 것에 포함된다.

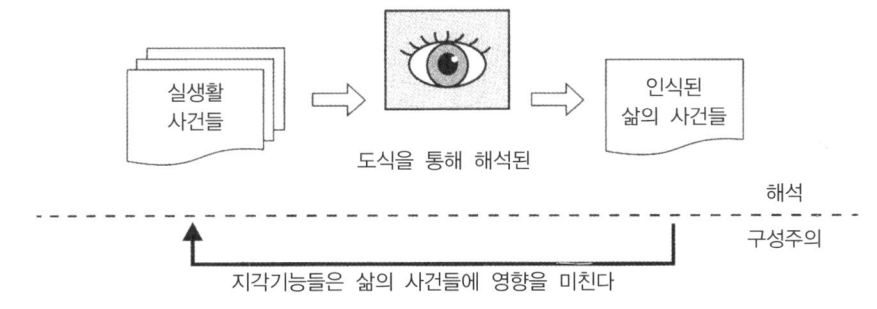

도표 8.4. 해석과 구성주의

식탁 한가운데에 식탁보, 촛불들과 신선하게 잘린 장미가 놓여있다. 낭만적인 음악은 배경으로 흐르고 있다. 데니스는 재빨리 그 상황을 평가하면서, 그녀의 "난 돈을 신뢰할 수 없어"라는 도식을 통하여 그 상황을 걸러낸다. 그리고 불쑥 말한다. "이게 뭡니까? 당신은 나한테 좋은 음식을 요리해준다고 상황이 더 좋아지리라고 생각해요?" 그녀의 도식을 통해 그녀가 자각한 것은 돈의 행동들에 대해 스스로 방어하며 그의 친절함의 축복을 받기보다 오히려 짜증 내도록 하는 것이었다.

구성주의적 인지치료사들은 지각기능들은 삶의 환경의 수동적 해석 그 이상임을 인정한다—지각기능들은 실제적으로 삶 자체를 바꾸어 놓는다. 이 점은 도표 8.4.에서 점선줄 아래의 화살표로 예증되어 있다. 다음 여러 예들을 숙고하라.

1. 거부당할 것을 두려워하는 당사자는 떨어지고 물러나게 되며, 즉시 몇 안되는 그녀 친구들도 같은 행동을 한다. 그들은 그녀에게서부터 물러난다. 왜냐하면 그들은 그녀의 대인관계상의 냉담한 거리두기때문에 의욕을 잃어버렸기 때문이다. 그녀의 신념이 그녀가 두려워하는 거절당함에 이바지해 왔다.

2. 사랑과 칭찬을 얻기 위한 길은 특출난 공적을 통해서라고 생각하는 사람은 자신의 웅장한 목표들을 성취하기 위하여 지금까지 관계들을 소홀히 해왔다는 것을 곧 알게 된다. 다른 사람들과의 그의 유일한 진짜 접촉은 사람들이 그의 최근 업적을 축하할 때 뿐이다. 그것으로서 자기중심적 도식을 지지 확언한다.

3. 남편은, 그의 아내가 그에게 비밀들을 감추고 있음을 두려워한다. 그러므로 그는

매일 저녁 그녀에게 엄하게 심문하며, 그녀 개인 서류들을 훑어 찾아보고, 그녀 신용카드 계산청구서를 매달 자세히 조사한다. 그의 의심을 가정하면, 그의 아내는 자신이 어떤 것들을 보관하는 것이 풍파를 일으키는 것보다 더 쉬움을 발견한다. 그의 아내가 비밀들을 지킬 것이라는 그의 공포는 결국 그녀로 하여금 비밀들을 더욱 잘 지키도록 만든다.
4. 데니스는 다른 사람들은 신뢰될 수 없다고 믿고 있다. 그러므로 그녀는 돈(Don)을 먼 거리에 두려고 한다. 결국 돈은 좌절하게 될 것이고, 관계를—정서적으로든지 혹은 육체적으로든지—포기할 수 있다. 그럼으로써 다른 사람들은 신뢰될 수 없다는 데니스의 신념을 확인해 주는 꼴이 된다.

상황은 데니스가 삶의 상황, 즉 돈이 특별 저녁 정찬을 요리하고 있다는 상황을 자신의 불신이라는 도식을 통하여 해석했을 뿐만 아니라, 그녀 역시 자신의 거친 해석 덕택에 지금까지 삶의 상황 그 자체에 영향을 미쳐왔다. 그녀가 반응을 보이는 즉시, 돈은 비난과 패배감이 들 것이다. 그는 저녁식사 내내 조용히 앉아 있다. 돈과 데니스는 둘 다 저녁 내내 정복당한 분위기에 젖는다. 만일 데니스가 상황을 다르게 해석하고, 그래서 그녀가 처음 현관을 걸어 들어올 때 다르게 반응했더라면, 그 상황이 얼마나 다르게 판명되었을까 상상하라.

2) 도식들은 적응적이면서, 부적응적이다

데니스의 예는 역기능적 도식이 얼마나 손해를 입힐 수 있는가에 대한 한 슬픈 실례이다. 그러나 좋은 지도(map)가 도움이 될 수 있는 것처럼, 도식도 긍정적 성과물들을 만드는 좋은 것일 수 있음을 명심하라. 제대로 활성화된 도식들은 우리가 주위 환경에 대처하는 것과 그에 순응하는 것을 도와준다.

혹자는, 파티에서 혹은 일자리 인터뷰 때에 세일즈맨으로 활성화될 수 있는 사교적이고 외향적인 도식을 가지기를 희망한다. 상황을 위협하는 것을 활성화되는 공포도식을 갖는 것은 좋다. 그 결과 범죄가 가득한 이웃에 있는 어두운 뒷골목으로 홀로 걷지 않는다. 자신 있고, 단정적인 도식은 결함을 가진 상품을 반환할 때, 혹은 카드 게임에서 허세를 부려 속이려할 때 도움이 된다. 도식들은 우리가 복잡한 세상을 단순화하고, 해석하고, 그리고 반응하는 것을 도와주는 데 도움이 되고 좋다.

도식들이 부적응적일 때는, 종종 그것들이 자기비하적이거나 자기파괴적이기 때문이다. 도식의 이런 특성들은 인생 초기의 역기능적 관계들에서 유래한다. 영과 그외 학자들은(Young 외, 2003) 이것들을 유년기 부적응도식들(early maladaptive schemas)이라고 명칭을 붙였다.

예를 들어, 폭력 가정에서 자란 사람은 자신을 사랑스럽지 않고 가치 없는 것으로 간주할 수 있다. 과도한 성취를 요구하는 가정에서 자란 사람은, 인생은 거대한 경쟁이며, 그는 반드시 언제나 자신이 다른 사람보다 더 우월함을 증명해야만 한다고 믿을 것이다. 어떤 이상한 운명의 꼬임 속에서, 자신이 사랑스럽지 않고 가치없다고 믿는 그런 여자는, 자신이 더 우월함을 증명해야만 한다고 늘 생각하는 남자와 결혼을 파기할 수도 있다. 유년기 부적응 도식들이 종종 통합적 심리치료의 영역 2의 초점이 되는 것은 놀라운 일이 아니다.

3) 도식들은 활성화될 수 있고 그리고 비활성화될 수도 있다

대부분의 사람들은 다양한 상황들에서 사용될 수 있는 도식목록들을 가지고 있다. 어떤 주어진 순간에는 대부분의 도식들이 잠자고 있다. 인간은 현재의 상황들에 대처하기 위해 필요한 도식이 무엇인지 찾는다. 그 후 그 상황이 변할 때, 그 도식을 선반 위 제자리에 갖다 놓고 다른 도식을 선택한다. 이런 도식활성화와 비활성화 과정은 좋고 건강하다.

그러나 만일 해롭거나 신중하지 못한 도식이 잘못된 때에 활성화될 경우, 문제들로 이어질 수 있다. 나쁜 이웃 동네를 혼자 걸어가지 못하게 하는 공포도식이, 교회예배 중에 활성화되어 공황 발작을 일으킨다면, 전혀 도움이 되지 않는다. 카드 게임에서 게임을 잘 하도록 도와주는 자기확신도식은, 친숙하지 않은 유형이 레이다 화면에 나타날 때, 도움을 요청하지 못하는 초보 항공통제사에겐 도움이 안 될 수 있다.

사랑에 빠지는 것과 연관된 도식을 생각하라. 데니스(Denise)가 돈(Don)과 사랑에 빠져있을 때, 그녀는 다른 어떤 것에 집중하기 어려운 시간을 보냈다. 그녀 생각들의 대부분은 그에게 몰두되어 있었다. 그는 완벽해, 난 오늘 그를 다시 만나야만 해, 난 그의 미소짓는 방식을 사랑해 등등의 생각뿐이었다. 그녀의 생각들은 유쾌한 감정들–행복감, 기대감, 희망, 그리고 감사–로 결합되어 있었다.

데니스는 돈의 주변에 있을 때, 예측 가능한 생리적 반응들을 행했다. 심장은 뛰었고, 호흡은 가빠졌고, 때때로 그녀는 그가 자신을 끌어안았을 때 떨렸었다. 돈 역시 데니스를 사랑했다. 서로 더 많은 기쁨을 받아들일수록, 결혼에 대한 그들의 감정은 더욱 확실했었다. 사랑에 빠지기 도식은, 예전에 낯선 이들이었던 두 사람의 마음을 함께 끌어 당겨 그 목적을 성취했다.

그러나 시간이 지나면서 이런 매우 유쾌하고 생산적인 사랑에 빠지기 도식은 쇠퇴하기 시작했다. 대부분의 사람들은 사랑에 빠지는 것을 일평생동안 가끔 정도 경험한다. 이것은 좋은 것이다. 불과 몇 주마다 새로운 사람과 사랑에 빠지는 것이 얼마나 떨리는 일인지를 상상해 보라. 데니스의 사랑에 빠지기 도식이 덜 활성화되면서, 그녀와 돈이 결혼이라는 풀타임 친밀함 안에 정착하자, 다른 도식이 사랑에 빠지기 도식위에 우위성을 획득했다. 이 도식은 사랑에 빠지기의 강력한 감정들에 의해 이전에는 가려졌던 것이었다. 친밀감에 대한 그녀의 공포가 곧 그녀 삶의 지배하게 되었고, 그녀는 점점 더 염려하며 우울하게 되었고, 결국 그녀 교회에 있는 어떤 분의 도움을 구했다.

도식들이 활성화될 수도 있고 비활성화될 수도 있다는 가정은, 통합적 심리치료에서 중요한 치료적 함축 의미들을 지닌다. 도식들은 둘 중 한 가지 방법으로 비활성화된다. 삶의 환경들이 변하거나 아니면 도식들을 의도적으로 비활성화시키는 기술들을 배웠을 경우이다. 데니스의 첫 번째 충동은 그녀의 결혼을 파기한 후 떠나야 한다는 것이다. 그래서 자신의 삶의 환경들을 바꾸고 날마다 그녀에게 공포라는 외투를 입혀주는 이 도식을 비활성화시키는 것이다.

그러나 만일 다른 방법이 있다면 어찌할 것인가?

만일 데니스가 자신의 부적응도식을 의도적으로 비활성화하는 것을 배울 수 있다면, 그녀는 결혼을 파기하는 일 없이도 도움을 받을 수 있다. 십중팔구 어린 유년시절의 아픈 경험에서 유래하는 그녀의 친밀감에 대한 공포도식은 아마 치료 과정에서 무장해제 될 수 있다.

진료소에서 8.1: 도식들은 여과장치보다 그 이상이다.

도식에 대한 공통적 은유는, 도표 8.4의 위편 반쪽에서처럼 그들이 여과장치들처럼 기능을 한다는 것이다. 이 관점에 따르면, 사람들은, 주위 환경의 특정양상들은 무시하고 다른 양상들에 주의를 집중하면서, 삶을 자신들의 도식들을 통하여 해석한다.

그러나 도식들은 여과장치들 그 이상이다. 왜냐하면 실재에 대한 사람의 지각기능들 역시 실재 그 자체에 호혜적 영향을 가지고 있기 때문이다. 내담자들과 일을 할 때, 내담자의 지각내용들과 선택들에 의해 다른 사람들이 얼마나 심각하게 영향 받는가를 질문함으로써 도식들의 호혜적 본질을 지적하는 것은 자주 도움이 된다. 다음은 내담자 닉(Nick)과 심리학치료사 클락(Clark)과의 대화 내용이다.

닉: 전 오늘 기분이 정말 나빴어요. 제 여자 친구와 제가 하이킹을 하고 있었는데, 내가 시간을 올바르게 계획하지 못해서, 제가 제시간에 직장에 도착할 수 있기 위해 우리는 서둘러 돌아와야 했어요. 어쨌거나, 돌아오는 도중에 우리는 정말이지 빨리 걷고 있었는데 그녀가 나무뿌리에 걸려 넘어져서 손을 다쳤어요.

클 락: 그래서 당신은 하이킹시간을 올바르게 계획하지 못했기 때문에 그것에 대한 책임감을 느꼈겠군요.

닉: 네. 난 정말 내 자신에게 화가 났어요. 사라가 넘어진 후 전 정말 기분이 끔찍했어요. "이 모든 게 내 잘못 탓이야"라는 기분이었죠. 그렇게 좋은 시간이었었을 수 있었는데 말예요. 하지만 내가 정말이지 다 엉망을 만들어 버렸어요.

클 락: 당신들이 하이킹 중이었는데, 그녀가 넘어지자, 당신은 결국 자신에게 고함을 질렀군요. 이것은 듣고 보니 우리가 자세히 조사해 온 그 도식같군요. "불운이 발생할 때, 그것은 내 탓이야"라는 도식 말이에요.

닉: 글쎄요. 그건 정말이지 이번에는 제 잘못이었어요. 제 말은 제가 그 하이킹을 계획했다는 거예요. 나의 빈약한 계획이 우리가 너무나 빨리 걷게 된 이유거든요.

클 락: 넘어진 후 사라에게 그 사건이 무엇과 같았는지가 궁금합니다.

닉: 그게 무슨 의미예요?

클 락: 그녀는 넘어져서 손을 다쳤어요, 그런데 그때 당신은 당신 자신에게 초점을 두었죠. 당신의 실패에만. 난 그것이 그녀에게 어떤 느낌이었을까 궁금하다는 말입니다.

닉: 그녀에 대해 생각하는 대신에 그랬단 말이죠?

클 락: 생각해 볼 가치가 있는 겁니다.

> 닉: 무슨 말씀인지 알겠어요. 그녀는 그때 그녀를 돌볼 내가 필요했다는 말이군요. 그런데 난 내 자신에 대해서 얼마나 내가 어리석었는지에 대해 생각하고 있었구요.
>
> 닉의 도식이, 심지어 그녀가 다치고 그의 돌봄이 필요한 때에도 어떻게 사라에게 주목하지 못하게 했는지를 주목하라. 치료사는 닉의 도식이 그녀의 필요에 초점을 맞추지 못하도록 함으로써 사라에게 더욱 상처를 주는 그런 가능성을 조사하고 있다.

혹자가 부적응도식을 비활성화시키는 것을 배울 수 있기 전에, 그 도식은 치료 과정에서 반드시 활성화되어야만 한다. 통합적 심리치료에서는 단지 삶에 대하여 이야기를 나누는 것으로 충분하지 않다. 오히려 우리 통합적 심리치료치료사들은, 궁극적으로 비활성화될 필요가 있는 그 도식을 규명하기 위해서 치료소 외부에서 일어나는 감정들과 인지내용들을 불러일으킬 필요가 있다. 데니스와의 다음 두 상호기능들을 심사숙고하라. 첫 번째 것은 그녀의 도식에 대한 대화이고, 두 번째 것은 그 도식에 전적으로 연루됨에 대한 대화이다.

데니스: 난 어제 직장에서 돌아와 현관 안으로 걸어 들어갔는데 돈이 저녁 요리하고 있는 것을 봤어요. 그는 음악을 틀어 놓았고, 양초 몇 개에 불을 켜 두었고, 그리고 내가 가장 좋아하는 파스타를 만들고 있었죠. 그는 매우 열심히 노력하고 있었죠. 저도 제가 그이에게 공평하지 않다는 걸 알아요.

마 크: 우리는 전에 이미 당신이 친밀감을 얼마나 많이 두려워하는가에 대해 이야기를 나누었어요. 당신이 어제 현관 문 안으로 걸어 들어 왔을 때 당신의 마음 뒤편에서는 이 도식이 작동하고 있었다고 당신은 생각하세요?

데니스: 네 전 그렇다고 생각합니다. 제 말은 전 돈을 사랑해요. 또는 적어도 전 그러기를 원해요. 그러나 그런 다음엔 다시, 전 그를 정말 사랑하지 않아요. 또는 적어도 전 그를 사랑한다는 생각에 대해 공포에 질려 있어요. 내가 누군가를 사랑할 때마다, 그들은 멀리 떠나가거나, 그들은 나에게 상처를 주거나 또는 그들은 어리석은 어떤 짓을 하지요.

마 크: 알겠어요. 그러니까 당신이 대문 안으로 걸어 들어올 때, 당신은 이 모든 내적 갈등들을 가지고 있었군요. 당신을 위해 매우 깊이 있는 돌봄을 수행하는 이

남자에게 당신은 마음이 끌리는 감정을 가지고 있어요. 그런데 여전히 당신은 자신을 보호하고자 하는 모든 본능들도 가지고 있어요. 그가 당신에게 상처를 줄 수 없게 하기 위해서 말예요.

데니스: 네, 그 말이 맞다고 생각해요.

첫 번째 예에서, 데니스와 치료사는 그녀의 도식에 대하여 이야기를 나누고 있다. 그러나 그것은 그녀의 도식이 진정으로 활성화되어진 정점에서의 대화가 아니다. 만일 데니스가 진료소에서 자신의 도식을 비활성화하는 방법을 배워야만 한다면, 그것은 틀림없이 먼저 활성화되어 있어야만 한다. 이것은 그녀의 공포들에 대한 대화뿐만 아니라, 그것들과의 실험적 만남을 요구한다.

다음의 예는 실험적 접근에 대해 더 예증하고 있다.

데니스: 난 어제 직장에서 돌아와 현관 안으로 걸어 들어갔는데 돈이 저녁 요리하고 있는 것을 봤어요. 그는 음악을 틀어 놓았고, 양초 몇 개에 불을 켜 두었고, 그리고 내가 가장 좋아하는 파스타를 만들고 있었죠. 그는 매우 열심히 노력하고 있었죠. 저도 제가 그이에게 공평하지 않다는 걸 알아요.

마 크: 당신이 현관 안으로 처음 걸어들어 왔을 때 그것은 당신에게 무엇과 같았어요?

데니스: 전 혼란스러웠어요. 전 그이가 열심히 노력하고 있다는 것에 대해 화가 났어요. 그러나 그 다음 순간엔, 난 그이가 열심히 노력하기를 내가 원하고 있단 생각이 들었어요. 그는 매우 고귀한 남자에요. 왜 내가 그를 사랑하지 않겠어요?

마 크: 당신은 그에게 마음 끌리는 감정이 있었고, 그리고 여전히 그렇지 않은 마음도 있었군요. 당신이 현관 안으로 걸어들어올 때 내면 깊숙이 동요를 일으키는 것이 무엇인지에 대해 더 말해 보세요.

데니스: 저도 몰라요. 처음에 전 화가 났어요. 그런 다음에 그는 그 자리에서 너무나 불가항력적인 듯싶어 보였어요. 나를 잃을까 나무도 두려워하고 있었어요. 과거엔 상황이 매우 아름다웠었죠. 그는 나에게 저녁을 요리해주었고, 전 그

것을 사랑했어요. 전 그이에게 등 마사지를 오래 해주었어요. 때때로 우리는 자정에 우리 집앞 거리에서 춤을 추곤 했죠. 우리의 사랑은 매우 소중했었죠. 무슨 일이 있었냐구요?

마 크: 당신이 그 질문을 할 때조차 당신 두 눈 안에 있는 아픔이 전 보여요.

데니스: [소리 내서 엉엉 운다] 전 지금 너무나 맘이 혼란스러워요. 난 전에 그이를 매우 사랑했어요, 그리고 아마 지금도 여전히 그래요. 그러나 전 단지 친밀감이 없어요.

마 크: 당신이 현재 느끼는 것은 어떤 감정입니까?

데니스: 그이에 대해서 미안한 감정이에요. 무서워요. 일이 이런 식으로 되어서 슬퍼요.

마 크: 무섭다구요?

데니스: [여전히 엉엉 운다] 난 돈을 떠난다는 생각을 미워해요. 그러나 머물러있는단 생각은 훨씬 더 위협적이에요. [긴 침묵이 흐른다] 만일 제가 그대로 머물러 산다면 저에게 무슨 일이 일어날까요?

전 어떤 존재의 사람이 될까요?

마 크: 당신 두려워하는 일이 발생할지에 대해 저한테 말해보세요.

두 번째 예에서, 치료사는 현재, 그녀의 감정들을 기저에 깔린 인지내용들로 가는 통로로 사용하면서, 데니스의 공포에 기초를 둔 도식을 활성화하려고 작업 중이다. 도식이 활성화되어 있을 때에만, 그녀가 의식적으로 그 도식을 비활성화하는 것을 도와주는 세계를 바라보는 새로운 방법들을 배울 수 있는 때다.

치료사가 어떤 잘못된 도식이나 잘못된 해석들을 고치려고 시도하지 않는다는 점을 주목하라. 현재의 목표는 관련된 감정들과 기억들을 불러일으킴으로써 그 도식을 활성화하는 것이다. 그 도식이 진료소에서 활성화될 때, 치료사는 데니스의 핵심 신념들을 더욱 잘 이해하게 될 것이다.

4) 도식들은 양상들에 연결되어 있다.

비록 도식들은 인지적이나, 감정, 동기부여, 생리적 반응들, 그리고 행동들과 같은 다른 인간체계들과 서로 고도로 연결되어 있다. 데니스는 돈에게 가까이함에 대한 특별한 인지내용들을 가지고 있다. 그러나 이 인지내용들은 모든 종류의 다른 경험들과도 상호 연결되어 있다. 그녀는 어젯밤 저녁에 침울한 생각들에 깊이 묻힌 채 침울한 기분과 자신의 미래에 대한 슬픔에 잠긴 채 현관 안으로 걸어 들어갔다(인지내용들은 감성적인 아픔에 연결되어 있다). 그녀는 자기를 위해 저녁을 준비하고 낭만적인 분위기를 준비하는 그이의 노력들로 인하여 존경받는 기분이었다.

그러나 웬일인지 데니스는 저녁을 들면서 의미있는 대화를 나눌 에너지를 찾을 수가 없었다(인지내용들은 동기부여의 결핍들에 연결되어 있다). 그녀가 저녁 식탁에서 일어났을 때, 그녀는 자신의 목 안이 메어오는 것과 약간의 현기증, 그리고 두 눈에 눈물이 맺힘을 알아차렸다(인지내용들은 생리적 반응들에 연결되어 있다). 그 다음 날, 돈은 직장에서 그녀에게 안부전화를 했다. 그러나 그녀는 바빠서 그에게 답례전화를 하지 않았다(인지내용들은 행동에 연결되어 있다).

이 모든 방식들에서, 데니스의 인지처리과정들이 자신의 존재의 다른 차원들에 연결되어 있음을 발견한다. 그 도식은 인지적이지만, 그 도식의 영향들은 인지범위 훨씬 너머에까지 미치고 그녀의 삶의 많은 양상들에 널리 퍼져있다.

비록 인지치료문헌에 널리 사용되지는 않지만, 아론 벡(Aaron Beck, 1996)은 양상(mode)이란 용어를 도입해서 인지적 도식들만으로 이해될 수 있는 것보다 인간 성격에 대한 더 크고, 더 복잡한 관점을 기술했다(Needleman, 1999도 보라). 인지적 도식들이 우리가 환경에 적응하는 것을 도와주는 것처럼, 삶의 상황들에 대한 애정적인(감성적인), 행동과 동기부여 그리고 생리학적인 반응들을 가지고 있다.

> ### 상담 조언 8.3: 감정을 지적하기
>
> 도식들을 활성화하는 한 가지 효과적인 방법은, 내담자가 상담 중에 감정들을 경험할 때 그것들을 지적하는 것이다. 예를 들어, 치료사는 내담자의 두 눈이 작은 눈물로 촉촉해지는 것을 알아차리고, 몸을 앞으로 기울이면서 그것을 지적한다. "당신이 지금 이것에 대해 말할 때, 전 당신 두 눈에 있는 슬픔을 발견 합니다"라고 말한다. 다른 감정들—분노, 좌절, 행복, 질투 등등—에 대해서도 똑같은 지적이 행해질 수 있다. 그런 감정들이 지적되어 질 때, 그것은 내담자가 감정들을 면밀히 탐구하도록 하는 허가를 주는 것이 된다. 그런 과정 중에 도식들이 자주 활성화 된다.

    높은 곳을 두려워하는 초보 스키어는 스키 리프트 줄에 서 있는 동안 특별한 생각들을 가지고 있을 뿐만 아니라, 특정한 감정들(예를 들어, 두려움), 동기부여들(예를 들어, 잠재적 재난을 회피하기 위한), 행동적 경향들(예를 들어, 방향을 틀고 달리기), 그리고 생리적 반응들(예를 들어, 심장이 뛰고 호흡이 빨라지고)을 경험하고 있을 것이다.

    이런 체계들은 그 각각의 조직 원리들에 따라서 각각 기능하고 있다. 그런데 그럼에도 불구하고 이 모든 체계들은 상호연결되어 있다. 이 모든 체계들을 지배하는 최고-체계는 T. A. 벡(A. T. Beck, 1996)이 의식적 제어 체계(conscious control system)라고 부르는 것이다. 의식적 제어 체계는 그 스키어에게 도망가라는 모든 내적 신호들에도 불구하고 그로 하여금 스키 리프트 줄에 머물러 있는 의도적 선택을 하도록 허용한다.

    삶에서 매우 자주 우리는 원초적 본능들과 충돌하는 이성적 선택들을 한다. 마치 그 스키어가 줄을 서서 머물다가 스키 리프트를 타고 산 정상까지 가기로 선택한 것처럼, 운동선수는 목표를 향해 앉아서 쉬고 있기 보다는 오히려 계속 밀고 나아간다. 결혼한 사람은, 새로운 성적 파트너를 찾고자 하는 원시(元始)적인 충동들에도 불구하고 결혼 중에 성적으로 정절을 지키고 있기로 결정한다. 여자는 그녀가 제의 받은 척추 블록[3]을 받아들이기보다 오히려 자연 분만의 아픔을 끝까지 저항하기로 결심한다.

---

3 (역주) 척추 폐색이라고도 한다. 일종의 신경 장애이다.

이 모든 예들에서, 우리는 사람이 바로 지금 경험하고 있을 다양한 경험들을 지배하는 의식적 제어의 힘을 인정한다. 인지치료사들은 이런 의식적 제어를 초인지(metacognition)[4]−인간의 사고에 대해 생각하고 그에 따라서 반응하는 능력−라고 언급하는 경향이 있다. 유사한 개념들이 다른 심리학적이고 영적인 어휘들에서도 발견된다.

예를 들어, 심리학자들은 가끔 마음에 두는 기술(mindfulness skills)을 언급하고(Linehan, 1993; Lukoff & Lu, 2005; Segal, Williams & Teasdale, 2002), 철학자들과 신학자들은 인간 대행(human agency)과 결단력(volition)에 대해 말한다.

그러면 핵심 신념들, 인지적 도식들, 그리고 양상들 사이의 관계는 무엇인가?

도표 8.5에 예증되어 있듯이 핵심 신념을 인지적 도식 내부에 내포되어 있는 어떤 것으로 간주하자. 니들만(1999)은 도식을 모기에, 그리고 해당 핵심 신념을 그 모기에 의해 운반된 바이러스에 비유한다. 어떤 인지적 도식이 활성화될 때, 악성 내용들이 그들을 손상시킨다. 결국, 인지적 도식이 양상의 하위집합이 된다. 그 양상 안의 모든 체계들은 인지적 도식과 상호기능하고 있다. 그러므로 극단적인 감정 자극의 순간에−예를 들어 가족 중에 갑작스러운 죽음의 소식을 듣는 것−사람의 인지기능들이 깔끔하게 순서대로 정렬되지 않는 것은 당연하다.

그와 같은 경우에 대해 우리는 "쇼크로 들어가기"(going into shock)와 같은 전문용어를 사용한다. 이 용어는, 동반하는 모든 감정들, 동기부여들, 생각들, 생리적 반응들과 행동들을 포함하는 특별한 양상이 이미 연관되어 있음을 말하는 것이다. 모든 도식들은 결정적으로 중요하며, 그 모든 것은 서로서로 영향을 준다.

도표 8.5에 있는 인지적 도식은 도표 8.2에서 암시된 인지관점보다 훨씬 덜 정돈되어 있음에 주목하라. 후자에서 핵심 신념들은 중간단계 신념들로 깔끔하게 흘러 들어가고, 그 다음에는 자동적으로 떠오르는 생각들로 흘러들어간다. 통합적 심리치료에서 우리 두 저자들은, 핵심 신념들이 기억들, 선택적 주목, 기대치들, 암묵적 법칙들, 그리고 상정 내용들 등등과 같은 여러 다른 인지적 현상들과 섞여있음을 인정한다.

---

4 (역주) 인지내용을 구축하고 그 구축 방법 자체에 대해 말하는 인지기능체계를 의미한다.

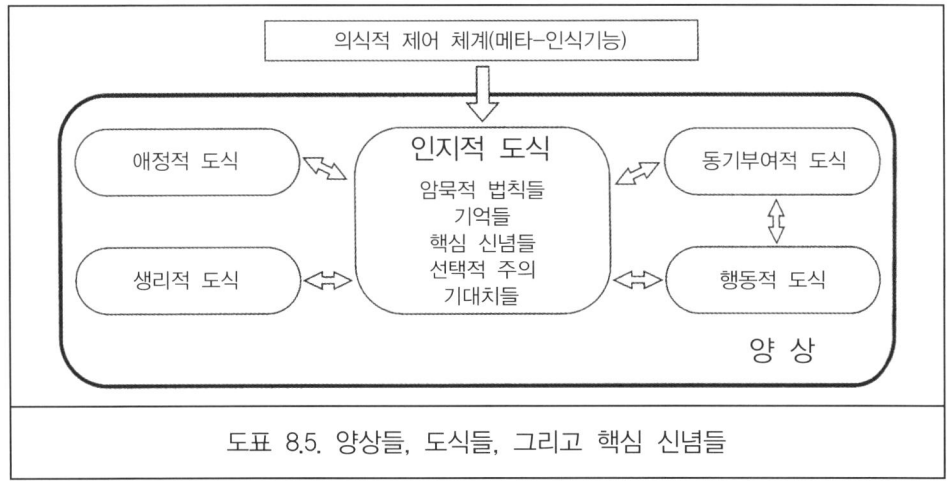

도표 8.5. 양상들, 도식들, 그리고 핵심 신념들

이것은, 치료가 단지 기저에 깔린 생각들을 발견하고 수정하는 단선적 과정이 아님을 의미한다. 훌륭한 치료사들은 논리를 가르치기보다 더 많은 일을 한다. 도식중심적 치료사들은, 감정들, 생리적 반응들, 행동들, 그리고 동기부여들에 끊임없이 영향을 주고 영향을 받는 인지내용들이라는 복잡한 혼합체를 가지고 오는 사람들과 일한다.

예증을 더 하자면, 절벽가장자리 너머를 힐끗 곁눈질하는 도보여행자는 특별한 유아기적 근원과 연결된 공포양상이 활성화될 때, 온갖 종류들을 다 경험할 수 있다. 예를 들어, 떨기, 땀흘리기, 도보여행 중에 떨어져 죽은 사람에 대한 이야기에 대한 기억들, 두려운 감정들, 그리고 뒤로 돌아서 밟아 온 행적을 따라 다시 내려가고픈 충동들 같은 것이다. 이런 일이 발생할 때, 조마조마한 이 도보여행자는 활성화된 특정한 인지적 도식들을 특정한 범위의 생각들과 함께 가지게 될 것이다. 어떤 생각들은 의식에 매우 접근 가능할 것이다.

예를 들어, '나는 죽을 수 있었어. 이것은 섬뜩하군'과 같은 생각이다. 핵심 신념들과 같은 다른 생각들은 그 도보여행자의 의식적 자각 밑에서 기능하고 있다. 예를 들어, '세상은 위험하고 예측 불가능하다. 그래서 나는 필연적으로 상처받게 되어 있어'라는 생각이다.

뿐만 아니라, 특정기억들이 물밀듯이 다시 되살아날 수 있다. 그때 그 도보 여행자의 주의력이 제한될 것이다. 즉 이와 같은 순간에는 그 언덕 위에 있는 아름다운 양치류식물들을 알아차리지 못할 개연성이 있어 보인다. 그리고 이 모든 것에 우월적으로 진행하는 것이, 그 도보여행자가 홍수처럼 밀려드는 이런 경험들에 어떻게 반응할 것인가를 조화롭게 조직화하는 것을 도와주는 의식적 제어체계이다.

관계들 돕기에 대한 중요한 함축 의미에 주목하라. 도식들이 활성화될 때, 당사자는 단순한 인지보다 더 많은 것을 경험한다. 이 도보여행자는 특정한 생각들을 가지고 있지만, 그것들은 감정들, 동기부여들, 생리적 반응들과 행동들에 수반된 생각들이다. 만일 우리가 이것을 심리치료의 실천으로 옮긴다면, 우리는 고객의 도식들과 함께 일하기가 성가시게 번잡함을 알게 된다.

사람들은 자신들의 가장 내면 깊이에 있는 공포들과 갈망들과 아픔에 대해 단지 말만 하지 않는다. 그들은 이런 경험들을 역시 느낀다. 그들은 소리지르며 거칠게 행동한다. 그들은 말할 때 격동하고 떤다. 그들은 특정한 주제들을 회피할 수도 있으며, 특히 고통스러운 주제로 위험을 무릅쓴채 들어가자마자, 치료로부터 도망쳐버린다. 통합적 심리치료는 주로 인지적 구조들에 초점을 두고 있다. 하지만 그렇게 하는 데에 있어서 그것은 반드시 전인격에 연관되어야만 한다.

또 다시 우리는 놀라운 상담자(the Wonderful Counselor) 그리고 성육신의 기적을 상기하게 된다. 예수님은 올바른 교리를 가르치고 인간의 인지기능의 엉성함을 말끔하게 정돈하기 위해 오셨을 뿐만 아니라, 또한 인간의 복잡성을 입으시고 우리들과 함께 살기 위해 오셨다. 예수님은 그런 혼란, 인간감정의 기쁨과 아픔을 마주쳤고, 경쟁적인 동기부여들의 고투를 경험했다. 예수님은 자신의 인성으로(신성으로 그랬던 것처럼), 사람으로서 모든 요소를 다 가진 사람들에게, 육체적 상처들을 고치시며, 낙심한 자들에게 희망을 가져다주시며, 깨어진 세상에 영적 삶을 가져다주시면서 사역하셨다.

> 그러므로 말씀이 육신이 되었고, 지구 위 우리 가운데 여기 사셨다
> (요 1:14, NLT).

하지만, 믿을 수 없을 정도의 자비와 이해에도 불구하고, 예수 역시 사람들로 하여금 자신들의 행위에 대해 책임지도록 주의를 불러일으키셨다. 예수님은 은혜와 진리 두 가지로 특징지워진다. 그러므로 그는 삶의 도전들에 대해 의식적으로 조정하는 것의 중요성을 긍정했다. 통합적 심리치료는 인간매개를 긍정한다. 그래서 의식적 제어체계는 도

표 8.5와 도식-기반개입들의 필수적이며 중심적인 성분이다.

5) 도식들은 범주화될 수 있다

치료사들은 분류체계 성향을 가지고 있다. 거의 모든 분류체계들이 틀리다는 사실, 또는 적어도 지나치게 단순화되어 있다는 사실도 우리들을 더디게 하지 않는 듯하다. 게다가 사람들이 도식들을 위한 분류체계를 발전시켜왔다는 것은 놀라운 일이 아니다. 이 책의 저자들인 우리들이 기술하고자 하는 세 가지 분류체계들 모두 핵심 신념들과 도식들을 마치 그들이 동일한 것처럼, 합하는 경향이 있다.

이것은 이해할 만하다. 왜냐하면, 초기 인지치료사들은 도식과 핵심 신념들을 유사하게 사용하는 경향이 있었으며, 최근 도식과 양상모델들이 인지치료전역(全域)에서 아직 폭넓게 토론되고 있지 않기 때문이다.

우울증에 관한 초기 연구에서, 아론 벡(Aaron Beck)과 그의 동료들은 그의 인지적 삼자관계 주위에 핵심 신념들을 범주화했었다(Beck, Rush, Shaw & Emery, 1979). 인지적 삼자 관계는, 우울증을 가진 사람들은 자신, 세계, 그리고 미래에 대한 부정적인 관점을 가지고 있다고 주장한다.

> **상담 조언 8.4: 그것에 대해서 당신은 무엇을 할 예정인가?**
>
> 치료는 신뢰와 관계를 증진하도록 돕는 또 다른 사람에 대한 긍휼넘치는 돌봄을 포함한다. 하지만 만일 치료자가 인식하지 못할 경우, 치료관계에서 내담자는 서글픈 희생자가 되고 치료자의 지혜는 온전한 "자선파티"로 전락할 수 있다. 조장할 방법들과 그들이 자신들의 인생에 대해 책임을 지도록 용기를 북돋울 방법들을 찾을 필요가 있다. 이것은 도표 8.5에 나타난 의식적 제어체계를 강조함으로써 이루어진다. 내담자가 딜레마 사건이나 고군분투한 것에 대해 기술할 때 종종 유용한 질문들 중 하나는 "그것에 대해서 당신은 무엇을 할 예정인가?"라는 물음이다. 이 물음은 경박한 어조로 혹은 적의있는 방식으로 질문되어지지 않고, 친절하고 지지적인 어조로 질문이 이루어져야만 한다. 그것은 내담자들에게, 자신들이 그들 삶에서 상황을 더 좋게 만들 어떤 힘과 책임을 가지고 있다는 점을 상기시키는 역할을 한다.

따라서, 핵심 신념들은 자신과(예를 들어, "난 실패자야"), 세상과("사람들은 나를 무조건 거절할 수밖에 없어"), 그리고 미래("나는 운이 다했고 인생이 결코 좋아지지 않을거야")에 초점을 맞추고 있는 것으로 이해될 수 있다. 이런 분류법은 어떤 가치를 가지지만, 그것은 다른 치료들에는 항상 잘 적용되지 않는 우울증에 대해 행하는 형식화 작업 위에 기초하고 있다. 더군다나 그것은 치료 중에 맞닥드리는 도식들의 다양성과 복잡성들을 포착하지도 못한다.

맥민(McMinn, 1991)은 핵심 신념들의 세 덩어리들―강제성, 순응성, 그리고 제어성―을 규명했다. 강제성 신념들은 힘든 작업과 성취를 통하여 사랑을 얻고자하는 욕망과 연결되어 있다. 예를 들면, "사랑은 반드시 위대한 업적으로 얻어야 해" 그리고 "나는 언제나 유능해야 해"와 같은 신념들이다. 이런 신념들은 종종 과성취(過成就)와 사랑과 신뢰를 획득하려는 필사적 노력들을 고무한다. 순응성 신념들은 찬동(贊同)[5]에 대한 필요에 속한다. 이런 핵심 신념들을 가진 사람들은 언제나 모든 사람들을 기쁘게 하려는, 또는 자신들의 정체성의 어떤 국면을 숨김으로써 수치를 회피하고자 하는 비현실적 목표들을 가지고 있다.

순응성 신념들의 예들에는 "난 반드시 하는 일들로 모든 이들로부터 인정받아야만 해" 그리고 "만일 사람들이 나의 실체를 알았다면, 내가 끔찍한 사람이라고 생각할거야"와 같은 명제들을 포함한다. 제어성 신념들은 세상의 사건들을 제어함으로써 안전을 발견하는 것과 관계가 있다. 예를 들어, "만일 다른 사람들이 내가 원하는 대로 하지 않으면, 그들은 나와 상관없어" 그리고 "만일 상황이 내가 계획한 대로 되어 가지 않으면, 난 자제력을 잃어버릴 거야"와 같은 신념들이다.

더욱 최근의 한 분류에서, 영(Young)과 그의 동료들은 다섯 개의 덩어리에 맞아 들어가는 열여덟 개의 도식들을 규명해 놓았다. 이 덩어리들을 그들은 **영역들**(domains―통합적 심리치료모델의 영역들과 혼동하지 마세요)이라 부른다. 테이블 8.1에 그 영역들과 도식들이, 각 도식 안에 내포되어 있는 핵심 신념들의 예들과 나란히 요약되어 있다. 그 영역과 도식명칭들은 그들의 용어이다. 그리고 핵심 신념들의 예들은, 영과 그의 동료들이 제공한 기술들에 근거한 우리 저자들의 글들이다.

---

5 (역주) 찬동이란, 행동이나 의견 따위가 좋거나 옳다고 믿어 그것에 찬성하고 동의함을 의미한다.

도식치료연구소(the Schema Therapy Institute)에서, 영(Young)의 연구에 가장 도움이 되는 국면들 중에 하나는, 도식들이 내담자에게 대부분 널리 퍼져있는 것을 규명하는 데 도움을 주는 그의 사정평가도구(assessment tool)의 개발이다(더 많은 정보를 위해서는 www.schematherapy.com을 보라).

분류 체계들은 내담자와 치료사가 특별한 부적응도식들에 관해 주의를 집중하는 것을 허용해주고, 그것들을 교정하는 작업을 허용해주기 때문에 통합적 심리치료에서 도움이 될 수 있다. 하지만 많은 핵심 신념들이 상호연결되어 있음을 염두에 두는 것은 중요하다. 그러므로 목표는 종양(腫瘍)을 고립시켜 파괴하듯 어떤 특정 신념을 고립시켜 치료하는 것은 아니다.

오히려, 목표는 여러 가지 역기능적 신념들로 고투하는 한 인간과 치료관계를 발전시키는 것이며, 이 사람의 이야기를 이해하는 것이다. 즉, 과거의 영향들이 어떻게 현재의 고투들에 영향을 주는가에 대한 이야기, 그리고 본 당사자가 현재로부터 얽혀있는 과거를 푸는 것, 그리고 더 희망찬 미래를 향하여 일하는 것을 어떻게 도와야하는지를 이해하는 데 그 목표가 있다.

6) 도식들은 역사적 차원을 가지고 있다

매우 역기능적인 도식들조차도 기능적인 적인때가 있었다. 어떻게 기능적일 수 있었는지를 이해하기 위해, 치료사는 내담자의 발달배경에 대해 무언가를 배울 시간이 소요된다. 치료사가 내담자의 이야기를 배우고 내담자의 삶의 상황적 위기들에 대한 공감을 발달시킬 때, 오늘 가장 문젯거리를 만드는 부적응도식이 한 때는 필수적이고 적응적 도식이었음이 자주 명백하게 된다.

데니스는 어떤 대도시 전체 이곳저곳에 산재된 열두 동네에서 자라났다. 그녀 가족은 다양한 아파트에서 살았다. 고작 한 번에 몇 개월만 살았다. 그녀 아버지의 알코올 중독은 간헐적인 일자리와 급여, 만취상태의 분노들, 반복되는 퇴거조치, 그리고 미래에 대한 불확실성으로 점재(點在)된 기나긴 가난의 기간들로 귀결되었다. 데니스의 어머니는 그 모든 것을 다 붙들고 있으려고 노력하며, 여종업원으로 혹은, 바텐더로 일을 하며 네 아이들과 주정뱅이 남편을 돌아보았다.

하지만 데니스 자신은 우울증과 고투했다. 삶은 어려웠고 혼돈스러웠다. 데니스는 범죄가 횡행하는 거리들 위쪽의 20피트(feet) 떨어진 아파트 3층에서 여러 달 동안 살았던 것을 기억한다. 그녀는 고함치는 소리, 때로는 총소리들을 들으며 잠이 들었다. 그녀는 자주 사이렌 소리에 잠을 깼다. 그녀와 그녀의 오빠는 매일 아침 학교까지 그리고 오후에는 집까지 세 구획을 걸어서 왕복했다. 그리고 항상 무슨 일이 벌어질까 두려워했다. 그녀 오빠는 그것의 최악을 경험했다. 그는 두 축제일에 그 지역 골목대장들과 갱 단원들에게 엄청나게 얻어맞았다. 데니스는 그 모든 것을 받아들이며 그녀 주위의 세계에 대해 결론들을 형성해 가고 있었다.

데니스에게는 다행히, 고등학교 선생님이 그녀가 똑똑하다는 것을 알아차렸고, 대학에 갈 것을 고려하도록 격려했다. 그녀는 7, 8시간 떨어져 있는 어느 주(州) 대학에 입학허가를 받았다. 그 대학에서 첫 학기 때에 한 친구가 그녀를 캠퍼스 사역 모임에 초대했고, 그래서 데니스는 기독교 신앙에 흥미를 가지게 되었다. 그 이후 수개월이 지나도록 그녀는 계속 사역 모임들에 참석했고, 그 모임에서 그녀는 그리스도를 만났고, 돈(Don)도 만났다. 낭만을 경험했고, 데니스와 돈은 대학 졸업 후 결혼했다. 현재 그 두 사람은 기본적인 일들을 하고 있다. 즉, 생활비를 충당하면서 대학 학자금 상환을 위해 애쓰며 일하고 있다. 두 사람은 좌절감을 느끼고 있으며 자신들의 결혼에 실망했다.

데니스의 히스토리를 아는 것은 그녀의 친밀감에 대한 두려움을 뒷받침하는 도식을 이해하는 데 도움이 된다. "사람들은 신뢰될 수 없어"라는 그녀의 핵심 신념은, 친절하고 사랑하는 남자와의 그녀의 결혼을 바라볼 때 일리가 없어 보인다. 반대로 그녀의 성장배경을 주시하면 그것은 매우 일리있는 신념이다.

상처 받기 쉬운 그녀의 유년시절에, 그녀가 자신의 삶을 관찰하며 어떻게 생존해야 할지에 대해 이해하려고 노력했을 때, 그녀는 세상이 어떻게 작동하는가에 대한 특정한 결론들에 도달하게 되었다. 그녀는 알코올 중독 아버지와 우울증에 빠진 어머니에 의해 양육을 받는 동안, 그리고 위험한 동네에서 걸어서 학교를 오고 가는 동안 인생에 대한 교훈을 배웠다. 이 결론들은 심지어 환경이 바뀐 후에도 그 인격으로 자리잡았다.

비록 유년시절이 최고의 인격형성기이지만, 핵심 신념들은 삶의 어느 시점에서나 습득될 수 있다. 마치 아이들이 특정 소리들, 통사지식, 즉 언어문법을 배울—심지어 자신들이 그렇게 하고 있음을 알지도 못한 채—본유적 능력을 가지고 태어나는 것처럼, 그런 식으로 아이들은 자신들이 처한 환경에 대해 역시 어떻게 적응해야만 하는지에 대해 특별한 이해들을 습득하는 것처럼 보인다. 이런 이해들은 결국 암묵적 신념들이 된다.

때로 그들은 삶의 환경들이 바뀔 때 수정된다. 때로 그들은 수정이 안되기도 한다. 변화에 가장 저항적인 핵심 신념들은 통합적 심리치료에서 종종 도식중심적이며, 관계 중심개입들의 초점이 되는 신념들이다. 치료사는 내담자가 부적응적 핵심 신념을 꽉 붙잡음으로 어리석게 되거나 완고한 사람이 될 의도가 없다는 점을 염두에 두는 것이 중요하다. 오히려 내담자는 유년시절 삶의 상황에서의 기능적, 적응적 신념을 고수하고 있는 것이란 점을 기억하는 것이 중요하다.

> **상담 조언 8.5: 과거가 중요하다**
>
> 증상중심적 영역에서 배타적인 역할을 하는 치료사들은 유년기삶을 가장 연관성없는 삶으로 여기는 경향의 치료사들이다. 그들은 "과거는, 당신이 현재를 살기 위해 어떻게 선택하는가만큼이나 거의 많은 중요성이 없다고 말할 수 있다. 증상중심적 관점에서 볼 때, 이것은 어느 정도 일리가 있다. 그리고 그것은 인간 매개의 중요한 확언이다(상담 조언 3.4와 8.4를 보라). 그러나 도식중심적 영역에서는 유년시절 삶의 경험들을 별거 아닌 것으로 간단히 취급해버리는 것이 너무 순진한 오해일 수 있다. 형성적(形成的) 경험들은 사람들이 살아가는 기저규칙들을 확립하며, 그런 규칙들을 이해하는 것은 발달적 현안들에 대한 면밀한 조사를 요구한다.

영(Young)과 그의 학자들은 어린 아이들이 부적응도식을 개발하도록 만드는 네 가지 유형의 유년시절 경험들에 대해 기술하고 있다.

첫째, 욕구에 대한 중독성 좌절감은 어린 아이가 안전함을 느낄 충분한 사랑과 안전성을 경험하지 못할 때 일어난다. 어린 아이는 포기와 감정적 소외감을 예상하는 것을 배울 수 있다.

둘째, 트라우마를 갖는 것은 어린 아이가 학대받거나 부당하게 괴롭힘을 당할 때 발생한다. 이런 환경에 처한 어린 아이는 다른 사람들을 믿지 않는 것을 배우거나 또는 결점감, 수치감, 혹은 취약성(脆弱性)을 수반한다.

도표 8.1. 영, 클로스코, 그리고 바이스하르의 도식들에 대한 분류(2003)

영역	도식	핵심 신념의 예
단절과 거절	유기 / 불안정	"내가 관심을 가지고 있는 사람들이 나를 버리거나 거부할거야."
	불신 / 남용	"난 다른 사람들을 신뢰할 수 없어. 그들은 나를 학대하고 상처를 줄 거야."
	정서적 박탈감	"난 다른 사람들이 나에게 주의를 주거나 관심을 가질 것을 기대할 수 없어."
	결점 / 수치	"난 결점이 있고, 나쁘고, 사랑할 만하지 않고 혹은 열등한 사람이야."
	사회적 고립 / 소외	"난 언제나 혼자야, 남들로부터 고립되어 있어."
손상당한 자율성과 수행	의존 / 무능력	인지와 행동의 관계적 정황을 설정한다.
	위해(危害)에의 취약성	"뭔가 끔찍한 어떤 것이 곧 나에게 일어날 거야."
	덫에 걸려듦 / 미발달 자아	"난 [부모님, 배우자, 친구] 없이는 생존할 수 없어."
	실패	"난 어리석고, 재능도 없어, 그러니 난 기본적으로 인생의 실패자야."
손상당한 한계	자격 / 과장	"난 다른 사람들보다 더 나아 그리고 특별한 특권들을 가질 자격이 있어."
	불만족스런 자가-통제	"난 지금 당장 나를 기쁘게 하는 것을 해야만 해."
타자-지향성	예속성	"난 문제를 일으키지 말아야 해. 난 남들이 원하는 것을 할 거야."
	자기-희생	"나는 다른 사람들을 아픔을 느끼는 것으로부터 지켜 주기 위해서, 또는 죄책감을 느끼는 것으로부터 내 스스로를 지키기 위해서 내 자신의 욕망들을 포기할 거야."
	찬동(贊同)-구하기	"나는 다른 사람들의 찬성과 인정을 반드시 받아야만 해."
지나친 경계와 금지	부정성(否定性) / 비관주의	"인생은 단지 비참함의 연속일 뿐이야."
	정서적인 억제	"나는 내 감정들을 드러내 보여서는 안돼. 그것은 다른 사람들로 하여금 불찬성하게 만들 거야."
	무자비한 기준들	"나는 흠이 없어야만 하고 끊임없이 생산적이라야 해."
	응보성	"나를 실망시키는 사람들은 벌을 받아야 해."

셋째, 어린 아이가 응석을 받았거나, 지나치게 하고 싶은 대로 하도록 방임될 수 있다. 이런 사람은 자라서 다른 사람들에게 대단히 의존적으로 될 수 있거나, 혹은 특정한 특권들을 누릴 자격이 있다고 느끼게 될 수 있다.

넷째, 어린 아이는 역기능적 부모의 관점들과 동일시하며 내면화한다. 예를 들어, 학대적인 아버지와 함께 자란 아이는 아버지의 분노와 격노를 내면화하고, 나중에 자라서 유사한 문제점들을 가진다. 넷째 유형의 삶의 경험은, 10장 11장에서 기술된 통합적 심리치료에서 영역 3 개입들을 고려할 때에 특별히 중요하게 된다.

영과 그의 학자들(Young 외, 2003)은 부적응도식들의 발달에 있어서 유년시절 사건들을 강조한 반면, 다른 학자들은 도식들이 인생의 어느 시점에서나 발전될 수 있다는 점에 주목해 오고 있다. 니듈만(Needleman, 1999)은 에릭 에릭슨(Erik Erikson, 1950)에 의해 정립된 심리사회적 발달 단계들과 관련하여 도식발달에 대한 도움이 되는 분석을 제공하고 있다.

에릭슨은, 개개인들은 자신의 발달을 통하여 예측 가능한 심리사회적 위기들을 경험하며, 그리고 건강한 적응은 어느 정도 이 위기들을 거치는 것을 조건으로 한다. 그의 8단계들은 도표 8.2.에 열거되어 있다. 에릭슨은 유년시절을 무시하지 않았다. 실제로, 그의 8단계들 중 5단계들이 18세 나이까지에서 발생한다. 그러나 그의 발달이론은 일평생 동안 계속된다.

에릭슨은 유아가 직면한 최초의 위기는 세상에 대한 신뢰성과 관계가 있다고 믿었다. 일부 갓난아기들은, 자신들의 욕구들이 충족되고 세상은 기본적으로 신뢰할만 하다는 환경들 속에 있다. 즉, 한 부모님(혹은 두 부모님들)이 사랑, 주목, 음식, 마른 기저귀들, 집 등을 제공하는 환경에 존재한다. 이 유아들은 인생 초기 단계들 동안 상대적으로 건강한 방식들로 발달할 가능성이 있다. 다른 유아들은 자신들이 더욱 혼돈된 환경에 있음을 발견한다. 가끔 음식과 사랑에 대한 자신들의 필요들이 충족되어지기도 하고, 그리고 가끔은 그들이 충족되어지지 않기도 한다. 그들의 세상은 언제나 신뢰될 수는 없다. 그래서 그들은 불신과 연관된 문제들을 인생 후반에 직면할 개연성이 있다.

두 번째 시나리오 출신 아이는, 데니스처럼, 유아기에서부터 "사람들은 신뢰할 수 없어"라는 핵심 신념을 가진 것으로 나타난다.

에릭슨의 여덟 단계들은 어떤 위기와 연루되어 있다. 그 위기는 잘 해결되어 상대적으로 건강한 발달로 이어지기도 하고, 또는 그것이 빈약하게 해결되어 발달 후 단계들에서 문제점들로 연결되기도 한다. 빈약하게 해결되어졌을 경우에, 그 위기는 도표 8.2.에 열거된 것들과 같이 부적응적 핵심 신념들로 이어질 수 있다.

만일 도식들이 심리사회적 발달과정 중에 형성된다면, 그렇다면 그것은, 도식들이 그것들의 기원, 활성화, 그리고 비활성화에 있어서 대인관계의 관계성들에 밀접하게 연결되어 있다는 점을 따르는 주장이다. 그러므로 도식들에 역점을 두는 치료법은 반드시 관계적 요소들을 검토해야 한다.

7) 도식들은 대인관계적 차원을 가지고 있다

초기 인지치료사들은, 도식들이 인생 초기에 발달한다고 말하는 데에 만족한 것으로 보였다. 그러나 어떻게 일어나는지는 정의되어지지 않은 채 불명확히 남겨졌다. 통합적 심리치료에서, 도식들은 관계들과 묶여져 있다. 이것은 심리학적, 신학적 주장이다. 1장에서 우리 저자들은 하나님의 형상이 기능적, 구조적, 그리고 관계적이며, 이 세 영역들 모두 서로 연결되어 있다는 점을 핵심적으로 강조했었다. 통합적 심리치료모델은 이 세 가지 상호관련된 하나님의 형상의 차원들에 기초하고 있다.

대부분의 의미인지치료들은 도식들을 마치 인간의 이성적 능력들에 연관된 구조적 현상인 것처럼 취급하고 있다. 이것은 올바른 방향 안에 있는 한 단계이다. 그러나 만일 하나님의 형상이 관계적이기도 하다면, 그렇다면 기독교적 치료법에 대한 포괄적 접근은, 인간관계들의 중요성을 도식들이 형성되고, 유지되고, 그리고 변화되는 방법으로 바라보는 인지적 구조들로서의 도식들 너머를 주시하게 만든다.

도식들은 전형적으로 다른 사람들에 대한 친밀함을 추구하기 위하여, 또는 대인관계의 아픔에 대한 응답으로서 형성된다. 도식들의 관계적 차원들을 보는 것은 도식중심적(영역 2) 개입들에 있어서 중요하고, 그것은 치료가 관계중심적(영역 3) 개입들을 향하여 진행해갈때 핵심 초점이 된다.

사람들을 믿을 수 없고 감히 가까워질 수 없다는 데니스의 도식은 가슴 아픈 유년시절의 관계들이라는 환경 속에서, 그리고 어린 나이에 그녀 자신의 필요들을 그녀가 돌볼 책임이 있음을 알게 된 가족정황 속에서 발달했다. 역기능적 부모님과 함께 사는 것과 무섭고 위험한 동네 주변에 둘러싸여 있다는 것이 세상을 바라보는 그녀의 방식들에 기여했다. 그녀는 자신의 부모와 가까워지기를 원했으나, 그녀가 안전감을 느끼기 시작할 때마다, 아버지가 술취한 격노의 상태로 집에 들어왔고, 어머니는 또 다른 우울증 속에 빠져 들어갔었던 것처럼 보였다.

마침내, 데니스는 대인관계 친밀감을 불신하게 되었다. 학교에서 그리고 이웃에서 그녀는 대인관계 개방성이 자신을 조롱당하도록 만든다는 것을 발견했으며, 그녀는 궁극적으로 그녀를 도와주는 다른 사람들을 의지할 수 없다는 결론에 도달했다. 그녀의 대학생활은 유년시절보다는 더 예측 가능했고 더 안전했다. 그래서 기숙사 생활은 그녀에게 다른 사람들에게 얼마나 가까이 다가가는가에 대한 최적의 통제력을 부여했다. 그래서 그녀의 유년시절 도식들은 조금 잠잠해졌다. 그러나 결혼을 한지 여러 달이 지난 지금, 수년 동안 상대적으로 잠자고 있었던 옛날 친밀감도식을 활성화시키고 있는 것으로 보이는 것은 바로 돈(Don)과의 결혼인 것이다.

8) 도식들은 원죄의 영향을 받는다

도식발달이론들에 내재된 전제는, 부적응 핵심 신념들이 역기능적인 유년시절의 가정환경들이나 더 어릴때의 심리사회적 위기들에 대한 빈약한 해결로부터 기인한다는 것이다. 이것은 데니스의 경우에서와 같이 많은 상황들에서 사실이다. 어려운 유년시절 환경들은 잦은 경우 성인 생활에서의 난관들에 공헌한다.

그러나 어려움을 일으키는 암묵적 상정 내용에 주목하라. 만일 부적응적 핵심 신념들이 유년기 이전 삶의 역기능적 상황들에서 유래한다면, 건강한 가정환경들 속에서 양육받은 사람들은 부적응적 핵심 신념들로 고투하지 않는다는 명제를 신봉해야만 한다.

그런데 일부 심리치료 내담자들이 비교적 안정되고 건강한 가정환경 출신인 듯 보이는 것은 무엇때문인가?

3장에서 기술한 인지치료의 철학적 토대는, 잘못된 생각은 우리의 환경으로부터 온다는 전제에 기초한다. 이 점에 있어서, 인지치료의 이데올로기적 기초는 그것의 선구자인 행동치료에 밀접히 연관되어 있다. 이 두 치료법들은 삶의 문제들에 대한 환경적인 원인들을 당연한 것으로 여긴다.

도표 8.2. 핵심 신념들에 관한 에릭슨의 심리사회적 단계들

단 계	위 기	비성공적 해결을 가진 핵심 신념들의 예들
신뢰 대 불신 (0–1세)	다른 사람들이 내 욕구들을 돌아볼 것이라고 믿을 수 있는가 없는가?	"다른 사람들은 신뢰될 수 없어." "난 내 자신도 믿을 수 없어."
자율성 대 수치 그리고 의심 (1–2세)	나는 자유롭고 내 세계를 탐구할 능력이 있는가, 아니면 나 역시 그렇게 하기엔 나약한가?	"나는 나약하고 무능하다." "나는 다른 사람들에게 반드시 의존해야만 한다."
주도권 대 죄책감 (2–6세)	난 내 능력들에 자신이 있는가, 아니면 내 자신과 내 욕구들에 대해 기분이 나빠야만 하는가?	"나는 결점이 있다." "내 욕구들은 나쁘다."
근면 대 열등감 (6–12세)	내가 학교에서 성공적일 수 있는가, 아니면 난 다른 사람들에 비해 열등한가?	"나는 무능하다." "나는 바보다."
정체성 대 역할 혼돈 (12–18세)	내 자신을 이해하고 좋아할 것인가, 아니면 내가 누구인가에 대해 혼돈과 불확실성에 빠져있을 것인가?	"난 쓸모없어." "내 인생은 의미 없어."
친밀감 대 고립감 (19–49세)	내가 다른 사람과 친밀하고 안정적인 관계를 형성할 수 있을까?	"나는 늘 혼자야." "나는 버려질 거야."
생성 대 부진 (40–65세)	내가 사회에 공헌하며 다른 사람들을 돌아볼 수 있을까, 아니면 나는 자기-중심됨 안에 고착되어 있을까?	"난 내 자신을 위해 밖을 바라봐야 해." "개가 개를 먹는 세상이지, 강한 자들만이 살아 남는거야."
온전한 모습 대 절망 (65세–사망까지)	삶이 만족스럽고 충족되어 왔는가, 아니면 단지 실망들과 실패들의 연속이었는가?	"당신이 살아 있다. 당신은 죽는다. 그걸 누가 상관하는가?" "인생은 무익하다."

환경이 의심의 여지없이 잘못된 생각의 한 원천이기는 하지만, 원죄에 대한 어거스틴적 이해는 우리가 역기능에 대한 다른 원천을 규명하는 것을 도와 준다. 모든 사람은 죄로 오염되어 있다. 이것은 우리의 생각들, 감정들, 의지 그리고 행동들 모두가 태어나는 순간부터 죄의 기색으로 오염된다는 것을 의미한다. 그러므로 비록 어떤 사람이 이상적인 가정, 즉 사랑하는 부모님들, 적절한 훈육과 풍성한 기회들로 둘러싸여서 양육받는다고 하더라도, 그런 사람도 일평생 동안 어떤 역기능적 핵심 신념들로 여전히 고군분투한다.

원죄는 여러 가지 이유들로 그리스도인 치료사가 고려해야 할 중요한 것이다.

첫째, 그것은 우리 그리스도인 치료사들도 우리들의 내담자들과 기본적으로 똑같은 상황에 처해 있다는 것을 의미한다. 우리 모든 사람들―치료사들과 내담자들 그리고 그 밖에 모든 사람들―은 다소 갈피를 못 잡는 방식들로 사고하는 경향이 있다. 우리들 중 치료사인 사람들은 우리 내담자들이 부적응도식들을 비활성화시키는 것과 역기능적 생각들을 규명하는 것을 배우는 데 도움을 줄 수 있다.

그러나 우리는, 우리의 임상훈련과 경험의 덕분으로 우리 자신들이 선한 생각의 절대적인 중재자이다라는 결론을 회피해야만 한다. 상담, 영적 발달, 그리고 성격치료 분야의 임상훈련은 우리가 그렇지 않고 생각하는 것보다 더 잘 사고하는 데 분명히 도움이 될 것이다. 그러나 어느 정도의 겸손의 척도는 항상 적절한 것이다.

둘째, 원죄교리는 우리가 치료에서 마주치는 모든 부적응도식에 알맞은 발달적 기원을 밝히는 것으로부터 우리들을 자유롭게 한다. 때때로 인지치료사들은 자신들이 탐정들이라고 생각하는 습관으로 미끄러져 들어간다. "여기에 부적응도식이 있군. 무엇이 그것을 야기 시켰는지 살펴보자"와 같은 생각에 빠진다. 가끔은 이런 탐정적 일이 유용하기도 하고, 때로는 그렇지 않다.

모든 것을 이치에 맞도록 알고자하는 그들의 정열로, 치료사들은 때때로 내담자의 부모님들과 친척들에게 공인되지 않은 비난을 쌓아 올리기도 한다. 이 점에 있어서 주의하는 것이 현명하다. 왜냐하면 심지어 뛰어난 부모님들을 가진 내담자들도 부적응도식들을 보유할 능력을 가지고 있기 때문이다.

셋째, 원죄교리는 심리치료에 있어서 우리 그리스도인 치료사들의 성과적 목표들에 관계해서 우리가 현실적이 될 것을 상기시킨다. 우리는 어떤 사람이 어떤 파괴적인 도식들을 이해하고 비활성화시키는 것을 도와줄 수 있으며, 결과적으로 다른 사람들과 더 잘 연결되도록 도와줄 수 있다. 그러나 심지어 치료가 끝난 이후에도, 우리 내담자들은 일부 역기능적 생각들, 신념들, 그리고 상정 내용들로 계속해서 고투할 것이다. 우리 모든 인간들은 깨어진 세상에서 절뚝거리면서 고군분투하고 있다.

9) 도식들은 문화적 차원을 가지고 있다

도식들은 공동체들과 문화들 속에 내재되어 있다. 치료사들은 치료 시 가능한 빨리 스스로가 문화적 존재들임을 염두에 두면서, 내담자의 신념들과 상정 내용들의 문화적 중요성을 아는 것이 중요하다. 치료사들에게 자기 자각이 중요하기에 문화제국주의 양상에 빠지지 안토록 하는 것이 본질적이이다. 그래서 치료자의 문화에서 생겨난 현실에 대한 관점이 내담자의 문화에서 도출된 관점보다 더 낫다는 식으로 내담자를 설득하려고 시도하지 말아야 한다. 내담자가 가진 문화적, 규범적 도식들에 대해 질문을 하거나 바꾸려고 시도하는 것은 현명하지 못한 일이다.

사람들은 매주 치료사의 진료소에서보다도 더욱 많은 시간들을 그들의 문화적 환경 안에서 보낸다. 그러므로 어떤 이의 문화적 기반의 도식들을 바꾸려는 어떤 노력들도 문화적으로 몰상식하며 비효과적일 가능성이 있다. 이와 반대로, 어떤 핵심 신념들은 내담자에게 매우 파괴적이거나, 진리에 대한 기독교적 이해와 정반대일 수 있다. 그래서 그리스도인 치료사들은 내담자들과 함께 점잖게 이 신념들을 조사하고 면밀히 살펴볼 수도 있다.

문화적으로 규범적인 도식들로 받아들일 도식들이 어느 것이고, 도전하는 도식들이 어느 것인지 결정하는 데 있어서, 치료사들은 두 가지 실수들에 주의할 필요가 있다(상담 조언 3,6을 보라).

첫째 실수는 알파실수라 일컬어지는 것인데 이것은, 문화에 너무나 많은 탓을 돌리는 것이다. 아마 내담자는 내면 깊숙이 그 혹은 그녀 문화에 있어서 규범적이지 않은 역기능적 도식을 가지고 있다. 그러나 내담자의 문화에 친숙하지 않은 치료사는 "오, 그것은 문화적 가치로군요"라고 단순히 결론 내린다.

예를 들어, 남성내담자가 직장에서 자신에게 문제를 야기시키고 있는 여성들을 하찮게 여기고 천하게 여기는 관점을 가질 수 있다. 명백히 이 도식은 치료에서 역점을 두고 다루어질 필요가 있다. 하지만, 내담자는 자신의 강한 여성혐오증에 대한 이유로서 문화에 호소한다.

치료사는 무엇을 해야만 하는가?

내담자의 문화에 친숙한 다른 치료사와 상담하는 것이 종종 도움이 된다. 일단 치료사가 내담자의 도식이 치료에 역점을 둘 필요가 있다고 확신이 들 경우, 그래도 그것은 협력적인 방법으로 수행될 필요가 있다. 때때로, 내담자로 하여금 자신과 유사한 문화적 배경을 가진 목사님이나 다른 전문가와 함께 신념을 점검하도록 격려하는 것이 도움이 된다.

둘째 실수는 베타실수라 일컬어지는 것인데, 이것은 문화를 무시하는 경향이나. 예를 들어, 개인주의 환경에서 태어난 치료사가 집단주의문화 출신의 내담자에게 유년시절부터의 가슴 아픈 기억들에 대해 토론하라고 격려할 수 있다. 이것이 내담자의 가족들에게 가져다 줄 수치심을 깨닫지 못한 채 말이다. 다른 예는, 치료사가 어떤 문화적 가치를 깔보거나 공개적으로 비난하며 역기능적 도식이라 명명할 때 관찰된다.

"나는 제 부모님들의 모든 소원들을 존중해야만 합니다"라는 도식은 집단주의문화 안에 있는 성인에게 꽤 규범적인 것일 수 있으나, 개인주의에 함빡 젖은 치료사에게 그것은 비합리적이고 비이성적으로 보일 것이다.

치료 중에 문화적 문제들을 살피며 진행하는 것은 춤을 배우는 것과 다소 비슷하다. 그것은 내담자와 함께 협력적으로 수행될 필요가 있지만, 그것은 역시 미리 올바른 스텝들을 배우는 것과 필수적으로 연루되어 있다. 효과적인 치료사들은 독서, 워크샵 참석, 미숙한 문화들에서 태어난 사람들과 상호교류하기 등을 통하여 다양한 문화들을 공부할 필요가 있으며, 내담자들과 안전하고 신뢰적인 관계도 발달시켜, 문화적 가치들과 상정 내용들이 치료 과정동안 공개적이고 비위협적인 방식으로 토론될 수 있도록 할 필요가 있다.

10) 도식들은 신념의 차원을 가지고 있다

기독교 정신은 그것이 소유한 문화적 환경을 제공한다. 이것이 의미하는 것은, 기독교 공동체 안에 있는 사람들은 자신들의 도식들이 영향을 끼치며 기독교 교리들과 교회의 가르침에 의해 영향받음을 발견할 것이라는 점이다. 하나님에 대한 인간의 관점은 신앙공동체 안에서 형성되었고, 두 가지 방법으로 도식들과 상호기능한다.

첫째, 신학적 신념들은 하나님과의 관계속에서 우리 자신들의 도식들을 형성한다. 좋은 신학은 자기 자신, 세상, 그리고 하나님을 바라보는 선택적인 도식을 제공함으로 심오한 심리학적 의미들을 보유할 수 있다. 예를 들면, 다음과 같다.

> 만일 당신이, 하나님께서 당신을 역겨움과 실망과 좌절, 혹은 분노로 바라보시고 있다고 가정한다면, 그리스도를 추구하는 것이 어떻게 성장해가는지에 대해 잠시 생각하라. 그같은 하나님에 대한 모든 영적 반응의 중심성격은 그 분의 허락을 얻어내려는 노력일 것이다. 그 분의 현존 앞에서 감히 느슨하게 휴식을 취하기는 커녕, 가능한 한 잘 수행하기 위해 부단히 경계할 될 것이다.... 당신이 하나님께서 당신과 사랑에 깊이 빠져들어 있다는 것을 깨달을 때, 다른 관계가 발달하기 시작한다. 하나님은 당신에 대해 매우 행복하고 흥분된 사랑에 푹 빠져 있다. 그 분은 당신을 진정으로 사랑하는 것을 피할 수가 없다. 그리고 그 분은 당신을 깊이, 사랑의 위험한 결과를 개의치 않고, 그리고 터무니없이 엄청 비싸게, 마치 당신이 그렇게나 비싼 것처럼, 사랑하신다. 하나님은 당신이 죄인임을 아신다. 그러나 당신의 죄들은 그 분을 놀라게 하지 못한다. 그것들은 당신에 대한 그 분의 사랑을 조금이라도 줄이지도 못한다(Benner, 2003, pp. 18-19).

쪼그라든 자존감으로 고투하는 사람, 혹은 절대적 완전함이 유일하게 수용 가능한 표준임을 항상 믿어 온 사람에 대한 이 신학의 힘을 상상하라. 우리 인간의 도식들을 형성하는 신학의 다른 예는, 이전의 내 자신과 새로운 내 자신 사이를 구별한 데에서 보여진다. 새로운 자아는 새로운 도식으로 불릴 수 있었다. 바울은 그리스도 안에서 새 삶의 선물에 관련하여 자기 자신을 바라보는 새로운 방법을 기술하고 있다.

즉, 그것은 소망과 사랑, 그리고 다른 많은 덕목들로 특징지워지는 통찰 방식이다. 그리스도 안에서 새로운 정체성에 대한 생각은 그리스도인 내담자 안에 새롭고 적응력 있는 도식들을 형성하는 데 자주 도움이 된다(Dobbins 2004; Roberts, 2001). 또한 영적 형성에도 자주 도움이 된다(Willard, 2002). 물론, 나쁜 신학이 재앙같은 심리적 결과들을 낳을 수 있음 또한 사실이다.

대부분의 그리스도인 심리학자들은, 종종 권력형 지도자와 결합된 유해한 신학으로 인해 신앙공동체에서 깊이 상처입은 내담자들과 나눌 스토리들을 가지고 있다. 그럼에도 불구하고, 대부분의 교회들은 안전한 공동체로, 사람들이 번영하고, 성장하고, 그리고 인류에 대한 하나님의 다루심에 대한 중요한 진리들을 배우는 곳임을 염두에 두는 것이 중요하다. 그리스도인 심리학자들은 내담자들이 자기 신학적이며 심리학적인 관점들을 걸러내는 것을 도와주고, 그리고 그들의 교회에 연결되는 것에 관한 현명한 선택들을 하도록 하는 신학에 대해 충분히 알 필요가 있다.

도식과 함께 상호기능하는 신학의 두 번째 수단은, 엄격하고 부적응적인 도식들이 하나님에 대한 인간의 관점을 손상시킬 때 보일 수 있다. 인간은 세계를 바라보는 우리의 방식을 하나님에 대한 인간의 관점들로 바꾸어 말하는 경향이 있다. 완전함이 유일한 수용 가능한 기준이라고 믿는 사람은, 십중팔구 하나님을 지나친 요구를 하며 거칠다고 인식할 것이다. 다른 사람들을 불신하는 사람은 하나님이 선하시다는 것을 믿는 데에 어려움을 겪을 것이다. 효과적인 치료는 이러한 부적응도식들을 비활성화시키는 한 방법일 뿐만 아니라, 그것은 또한 성화과정에서 종종 큰 도움이 된다. 사람들이 자기 자신들을 더욱 자유롭고 융통성있게 바라보기 시작함에 따라, 사람들은 또한 하나님을 더욱 분명하게 보기 시작한다.

일괄해서 생각해 볼 때에, 신학과 도식들에 대한 이 두 관찰들은, 존 칼빈(John Calvin)이 『기독교강요』(*Institutes of the Christian Religion*) 서두에서 기록한 것을 확증하고 있다. 자신에 대한 지식과 하나님에 대한 지식은 불가분의 관계에 있다. 우리가 우리 자신들에 대해 더 잘 알면 알수록, 우리 인간들은 하나님에 대해 더 잘 알게 되며, 그 역도 역시 마찬가지다. 신학자 엘런 체리(Ellen Charry)는, 그녀가 "기독교적 심리학은 근대성(modernity)이 갈라놓은 자유, 쾌락, 그리고 행복을 하나님 안에서 올바르게 입각시키고 있다"(Charry, 2001, p. 132)라고 단언할 때에, 신학과 기독교적 심리학 양자의 중요성을 정확히 확인하고 있다.

이것은 우리의 가장 큰 희망은 깊이를 헤아릴 수 없는 사랑이 모든 종류의 함정들과 위험들로부터 우리들을 자유롭게 하는 그리스도의 변화시키는 능력 안에서 발견된다는 점을 기억할 것도록 우리를 부른다. 치료는 내담자들이 그리스도의 견인의 사랑에 대한 더 큰 깨달음을 향해 움직이는 것을 도와줌으로써, 성화 과정의 일부가 될 수 있다. 이것은 다양한 방법들로 성취될 수 있다. 내담자들이 자신의 영적인 질문들을 통하여 교제할 수 있는 안전하고 수용적인 환경을 제공함으로써, 그리고 단절된 세상에서 하나님의 구속적 현존을 확인함으로써, 그리고 치료 과정 밖에서(그리고 아마 본 과정 중에) 내담자들을 위해 기도함으로써, 그리고 건강한 교회에 연결되도록 격려함으로써, 그리고 치료관계 속에서 그리스도의 사랑과 은혜를 증거해보임으로써 이것이 성취될 수 있다.

상담 조언 8.6: 신학적 뿌리들

오늘날 삶에 있어서, 심리학과 신학은 구별되는 학문들이다. 그러나 여전히 두 분야가 형이상학자들을 만들어내고 있음을 깨닫는 것은 중요하다. 즉, 진리에 관한 특별한 관점들을 발달시키고, 그 관점들을 다른 사람들에게 조장시킨다. 심리학분야에 종사하는 그리스도인들은, 자신들이 다른 사람들에게 어떻게 영향을 미치는가에 하는 문제에 있어서 책임감있기 위해 적어도 기독교 신학에 대한 기본 이해를 가질 필요가 있다. 이것은 가까운 신학대학원이나 기독교대학에서 신학수업들을 수강함으로, 그리고 심리학 책에 더하여 신학서적들을 읽고, 신학 정기간행물들을 구독하고, 신학분야에서 훈련받은 사람들과 친구관계를 발전시키면서 성취될 수 있다.

그리고 때로 우리는 사도 바울—그는 삶속에 있는 깊은 고투의 흐름을 이해한 사람이다—의 확신을 공유해야 한다. 바울은 빌립보 교회에 다음과 같이 편지를 썼을 때의 확신이다.

> 그리고 너희 안에서 착한 일을 시작하신 하나님께서 그의 일을, 그리스도 예수께서 다시 오시는 그날 마침내 다 이루어질 때까지, 끊임없이 계속할 것이라는 것을 나는 확신합니다(빌 1:6, NLT 역자 직역).

4. 통합적 심리치료와 순환적 도식활성화

통합적 심리치료는 그것이 도식중심개입들이 될때 표준인지치료와 전혀 다르다. 표준인지치료에 대한 이해는 도표 8.6에 묘사되어 있다. 증상중심적 치료상(相) 국면 1에서, 치료사는 자동적으로 떠오르는 역기능적 생각들을 규명하고, 올바르게 고친다. 이것은 협력적 경험주의 즉 내담자가 생각들을 지지하거나 논박하는 증거를 시험하게 하여 역기능적 생각들을 평가하도록 하는 것을 사용하여 수행된다. 협력적 경험주의(collaborative empiricism)는 6장에 기술되어 있으며 예증되어 있다. 도식중심적 국면 2에서 치료사와 내담자가 함께 일하여 기저에 깔린 핵심 신념들을 사정평가하고 변화시킨다(Young 외, 2001).

핵심 신념들은 변화에 더욱 저항적이며 자동으로 드는 생각들보다 덜 의식적이기 때문에 국면 1에서보다 국면 2에서의 작업이 더 힘들다. 그러나 전반적인 전략들은 유사하다. 이 두 경우에서 치료사는 먼저 내담자가 잘못된 신념들을 규명하도록, 그런 다음 그 신념들이 치료기법들, 교육, 그리고 치료법적 관계를 통하여 체계적으로 바뀌도록 돕는다(Young 외, 2003). 그것은 의료-돌봄치료유형이다. 즉, 먼저 사정평가를 하고 난 후, 그 문제를 교정한다.

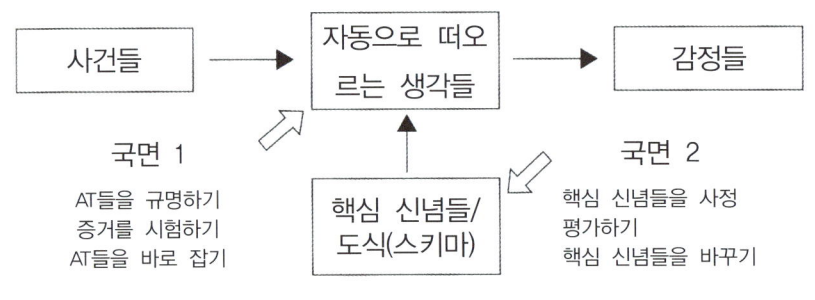

도표 8.6. 치료에 대한 표준인지치료관점

비록 이 모델의 일부 양상들이 치료에서 유용할 수 있다 할지라도, 이 도식중심적 변화(국면 2)에 대한 관점은 우리 저자들이 보기에 여러 이유들로 너무 제한적이다.

첫째, 우리 두 저자들은 핵심 신념들이 자동으로 떠오르는 생각들과 같은 유사한 메

카니즘을 통해 바뀐다는 가정에 대해 이의를 제기한다.

이것은, 무의식적 레벨에서 대개 기능하거나 변화하기 어려운 인지적 도식들의 복잡성을 최소화하는 것으로 보인다. 치료는 논리학분야의 개인 교습들보다도 상당히 더 복잡하다.

둘째, 그것은 핵심 신념들이 동기부여들, 행동들, 감정들, 그리고 생리학적 반응들로 구성된 복잡한 배열 내에 내재되어 있는 범위를 최소화하고 있다.

셋째, 그것은 내담자들이 새로운 사고방식들을 일단 배우기만 하면 문제가 해결된다는 일종의 단선적 학습법을 제안한다. 실제로, 대부분의 변화는 순환적이며, 반복적이다. 즉, 세 발자국 전진했다가 두 발자국 후퇴하는 식이다.

넷째, 이 접근법은 도식들에 연결되어있는 관계의 영향력들을 최소화시키는 듯하다. 표준인지치료사들은 도식이 초기에는 어린 유년시절의 관계들을 통하여 형성된다 할지라도 한 개인 안에 내재되고 녹아져 있는 실재적인 구성물로 본다.

도식들에 대한 이런 개인화된 관점은, 인간은 끊임없이 관계적이라는 실재성—즉, 자기 자신들을 계속되는 상호기능들이라는 정황 안에서 항상 정의하는 성질—을 간과한다 (Andersen & Chen, 2002). 도식들은 대화적이며, 상호 활동적이고, 인간의 상호기능의 정황 안에서 가장 잘 이해된다.

다섯째, 이런 표준인지치료이해는 회복과정(healing)에 대한 심리학적 관점에 적합하다. 이 심리학적 관점은 그리스도인들에게 희망과 의미를 부여해 주는 더 큰 신학적인 이야기를 쉽게 무시해 버린다.

도식중심적 치료에 대한 통합적 심리치료모델은 도표 8.7에 나타나 있다. 증상중심 개입들이 표준인지치료에 연결된 양상 1 개입들과 매우 유사하다. 이런 개입들은 인지적 재구성, 행동적 개입들, 그리고 대개 약물을 수반한다. 통합적 심리치료와 표준인지치료 사이의 주요한 차이는 치료의 두 번째 국면에서 관찰된다. 기저에 갈린 도식들을 사정평가와 변화의 의료적-모델 은유를 사용하기 보다는, 우리 저자들은 통합적 심리치료에서 핵심도식들은 결코 뿌리째 완전히 뽑혀지지 않는다는 상정 내용으로 시작한다. 부적응적 핵심 신념들을 규명하고 바꾸기 위해 노력하는 대신, 통합적 심리치료 전략은 순환적 도식활성화(recursive schema activation)이다.

진료소에서 8.2 : 문화 명명하기

치료사들은 내담자들과 문화에 대해 편안히 말할 필요가 있다. 문화적 차이점들이 명명되지 않고 지나가 버릴 때, 그것들이 간혹 치료관계에 있어서 장벽을 만들어 낼 수 있다. 이와 반대로, 문화적 가치들과 상정 내용들을 규명하는 것은 치료에서 자세히 조사되고 있는 도식들을 활성화하는 데 도움을 줄 수 있다. 다음 대화는 APA심리치료시리즈들(McMinn, 2006) 중에 있는 마크(Mark)의 비디오에서 초록한 것이다. 여기서 유럽계 미국인인 마크는 아프리카계 미국인 여성인 첼레스테와, 그녀는 비범한 노력과 능력으로 상황들을 모두 함께 자신이 붙들고 있을 필요가 있다는 그녀의 신념에 대해 이야기를 나누고 있다. 문화에 대한 토론에 진입하기에 충분한 친밀한 소통성이 충분히 확립되었다.

마 크: 아프리카계 미국 여성이라는 것에 대해서, 당신은 당신 가족들과 당신 세계를 위해 모든 것을 함께 다 붙들고 있기로 되어 있다고 말하는 어떤 특정한 신화가 있다. 당신은 그것을 어떻게 경험했는가?

첼레스테: 바로 그렇습니다. 음, 당신도 알다시피, 당신네들은 소리를 내서 엉엉 울지 않기로 되어 있잖아요. 당신네들은 아픔이나 그 밖에 어떤 것을 표현하지 않기로 되어 있지요. 왜냐하면 그런 행동은 강인해 보이지 않기 때문이지요.

마 크: 신약 성경에 사도 바울이 "내가 약할 때, 그 때 내가 강하다"라고 기록할 때, 그것이 무엇을 의미하기로 되어있다고 생각하십니까?

첼레스테: 음. 당신 자신이 아니라 하나님에게 당신이 의지해야 하기 때문이지요. 그리고 당신이 강할 수 있을 때는 바로 당신의 가장 큰 약점에 있지요. 당신은 하나님께 당신을 도와달라고 부탁하는 것 외에 다른 선택의 여지가 없다. 그러나 내가 자라난 그 방식, 그리고 내가 속해서 자라난 그 교회, 그것은 정반대였어요.

마 크: "그 모든 것을 다 함께 붙들고 있어"라고 말하는 문화적 메시지들을 당신이 보유하고 있을 때 고달팠겠군요.

첼레스테: 네 바로 그래요. "만일 너가 그와 같이 행동한다면, 너의 신앙에 뭔가가 틀림없이 잘못되어 있어. 너도 알다시피, 그것은 일이 수행되는 방식이 아니야." 저 역시 그런 것을 경험했어요.

마 크: 음, 내가 다른 문화 그리고 다른 성(gender)이라는 것과 이것이 하나의 도전이었다라고 말하는 것이 하나의 화제이지만, 그러나 당신은 거기에서 날 마

> 다 살아야만 하고 그 압력이 강함을 경험해야만 하지요. 그리고 전 단지 때로는 그것이 짊어져야 할 진정한 짐이라고 추측을 할 뿐입니다.
> 첼레스테: 그것은 누구에게라도 지기에 너무 무거운 짐이에요. 그리고 전 바로 그것 때문에 우리 교회에 있는 저와 아마 아프리카계 미국인 문화 안에 있는 다른 많은 사람들, 특히 여성들이 진정한 영성을 경험하지 못하고 있다고 믿어요. 왜냐하면 우리들은 모든 것을 다 함께 붙들고 있으면서 완벽하려고 노력하기에 너무나 바쁘기 때문이지요. 우리들은 이것을 수행하기 위해 애쓰느라고 너무나 바빠요. 우리들은 그 일로 매우 산만해져 있고, 우리들 삶의 영적인 부분들에 초점을 맞출 수 없어요.
>
> 본 상담의 목적은 첼레스테의 문화를 비판하려는 것이 아니다. 마크는 첼레스테의 도식을 복잡하게 하는 한 문화적 메시지를 지적하며, 성경에서 관련된 질문을 제기한다. 그런 다음에 그녀가 경험하는 그 압박감에 대한 첼레스테의 감정들로 다시 곰곰이 생각해 본다.

이것은 문젯거리가 되는 내담자의 도식들은 치료법적 관계라는 정황 안에서 계속 반복적으로 다시 활성화되고 비활성화 되며, 언제나 내담자가 그 핵심 신념들로부터 분리되도록 만드는 능력과 새로운 더 건강한 정체성 재구성 능력—즉, **탈중심화**(decentering)으로 알려진 성과물—의 배양하도록 돕는다는 것을 의미한다. 탈중심화 단계에서 내담자는 부적응적 핵심 신념들의 본질, 힘, 그리고 기원들을 이해하기 시작한다. 반면 동시에 도식 비활성화 과정에 대한 더욱 의식적 통제능력을 발전시킨다.

과거의 관계적 손상이 원래대로 회복될 리는 없다. 그러나 그 사건은 하나님 그리고 다른 사람들과의 오늘의 관계들이라는 정황 안에서 이해될 수 있다. 내담자는 더욱 큰 자기 이해를 얻고 부적응적 핵심 신념들과 동떨어진 새로운 정체성을 확립하게 된다.

그런데 본 목표는, 부적응도식들을 제거하는 것이 아니라, 자신들의 진정한 정체성을 소유하므로 부적응적 핵심 신념들로부터 분리되도록 만듦으로써 내담자들이 자기 자신들을 더 잘 이해하고 더 건강하게 되도록 돕는 것이다.

인지내용들은 여전히 도식중심적 된 통합적 심리치료의 주요 초점이다. 그러나 인지적 도식들은 따로 독자적으로 존재하지는 않는다. 그것들은 감정들, 행동적 유형들, 생리적 반응들, 그리고 동기부여들과 함께 뒤얽혀있다. 그리고 그것들은 전형적으로 관계들 또는 관계들에 대한 지각된 위협들이라는 정황 속에서 활성화된다. 그 해당도식을 활성화시키기 위해, 전체 양식이 활성화될 필요가 있다. 이것은 치료사와 내담자가 단지 어떤 도식에 대해 이야기를 나눌 뿐 아니라, 실제로 내담자의 도식에 실제로 연결되어 경험한다.

순환적 도식 활성화는 심리학적으로 또한 신학적으로도 지지받을 수 있다. 심리학적으로, 수년간의 유년기 시절 역기능을 통하여 형성된 도식들이 7, 8개월 동안 치료사와 일주일에 한 번 혹은 두 번 만남으로써 완전히 바꾸어질 수 있다는 것을 당연하게 여기는 것은 단순한 것으로 보인다. 통합적 심리치료에서의 목표는 내담자의 인생에 있어서 결정적인 발달기간에 형성된 도식들을 완전히 뿌리 뽑으려고 노력하기보다, 과거의 상실들을 몹시 슬퍼하고 미래를 위한 희망을 만들기 시작할 충분한 이해와 통찰력을 발달시키는 데 있다. 신학적으로, 인간들이 소외된 상태에 있음을 기억하는 것이 중요하다. 우리들의 진정한 정체성은 그리스도 안에 계시된 하나님의 깊고 내주하시는 사랑 안에서 발견된다.

상담 조언 8.7: 고투를 껴안기

순환적 도식활성화는 사람의 도식들 바꾸기 인지기법들 그 이상을 요구한다는 점을 당연한 것으로 여긴다. 옛날 사고방식들과 새로운 사고방식들은 반복해서 병렬로 놓여지고 비교된다. 시간이 흐르면서 내담자는 새로운 우세한 관점을 선호하기 시작한다. 그러나 특별히 스트레스가 있을 때에는 여전히 옛 사고유형들로 고투한다.
이것이 우리 모두에 있어서 삶이 작동하는 그런 방식이 아닌가?
타락한 상태에 있는 우리 인간들은, 삶의 고투들에 대한 완벽하고 영구적인 해결책을 거의 발견하지 못한다. 고군분투는 기독교적 삶의 과정의 일부이다(로마서 7:21-25). 그것은 우리들이 인격과 은혜 안에서 자랄 때조차도 반복적으로 우리 인간들에게 수수께끼 형식으로 말한다. 기독교적 성숙의 표시는 고투의 부재가 아니라, 우리의 고투들을 하나님의 고치시는 임재의 빛 속으로 가져가며, 서로서로 진정하게 살아가려는 자발성이다.

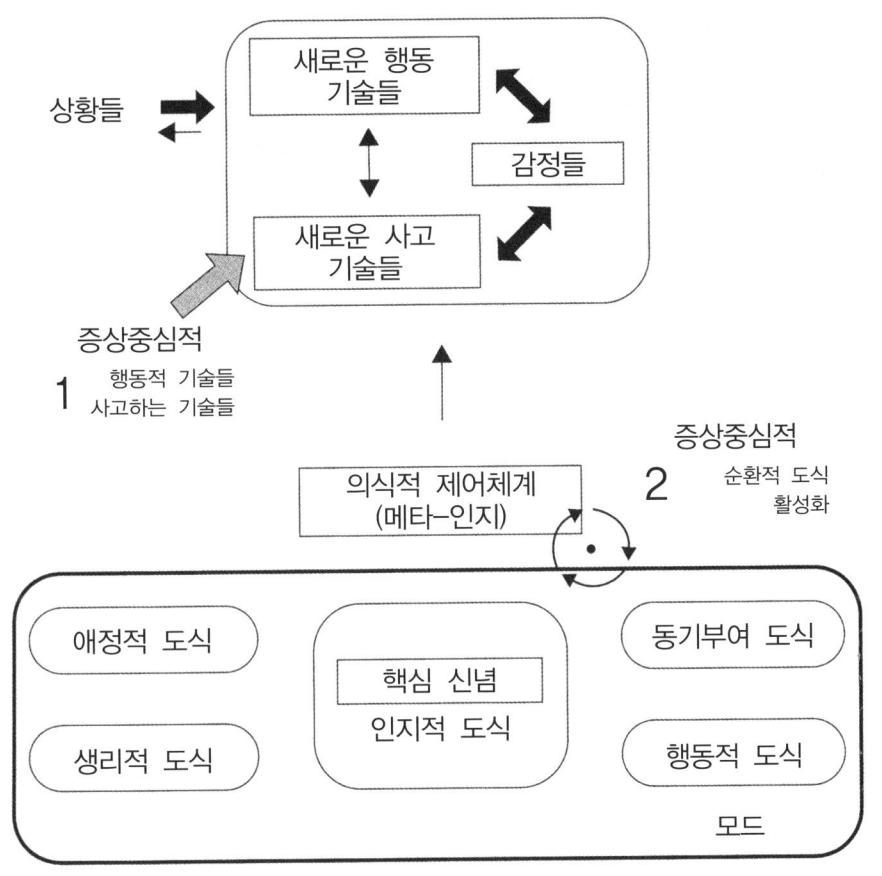

도표 8.7. 도식중심개입들에 대한 IP의 관점: 치료는 순환적 도식활성화에 의하여 진행해 나간다.

그러나 죄는 우리 인간들이 사는 세계의 모든 양상 하나하나를 다 타락시켰다. 우리 자신들의 죄들, 다른 사람들의 죄들, 그리고 우리 세상의 전반적인 깨어짐은, 하나님이 사랑하는 자녀들로서의 우리의 참된 정체성으로부터 우리를 눈멀게 하고 있다. 기독교적 삶의 위대한 소망은 깨어진 세상에서 사는 것에서의 이탈이 아닌, 우리 자신과 우리가 사는 세상을 이해하는 데 있어서 새로운 우월한 관점을 제공하는 그리스도 안에서 정체성을 확립하는 것이다.

표준인지치료와 통합적 심리치료 사이의 이러한 차이는 결정적이다. 표준인지치료은, 문장 분석(parse)과 교정(correct)심리와 함께 작용한다. 마치 순수 인지내용들이 인간 경험으로부터 추출될 수 있고, 수정된 다음, 삶의 더 넓은 주제들 속으로 다시 주입될 수 있다는 듯이 말이다. 대조적으로, 통합적 심리치료는 도식들의 더 거대한 복잡성과 다차원성을 당연한 것으로 여긴다.

순수 인지내용들은 결코 공존하는 감정들, 동기부여들, 감각들, 그리고 관계들로부터 추출될 수 없음을 당연한 것으로 받아들인다. 그러나 이것은 삶이 대부분의 인지치료사들이 함의하는 것보다 더 어질러져 있다는 용인(容認)일 뿐만 아니라, 또한 하나님이 관계맺고, 느끼며, 생각하는 놀라운 능력들을 지닌 인간들을 창조했다는 그리고 이 모든 능력들은 고려될 만한 가치가 있다는 인식이기도 하다.

5. 결론

도식들은 우리가 세상 이해하는 것을 도와주는 인지적 도로지도들과 같다. 그러나 이 은유는 다양한 이유들에 대한 도식들의 복잡성을 포착하지 못하는 표현이다. 우리 두 저자들은 우리의 위치를 발견하기 위해서 지도를 읽는 것처럼 도식들을 통하여 삶의 사건들을 단순히 해석하지 않는다. 우리는 인생의 사건들을 우리들의 해석들과 수반하는 행동들에 의거해 바꾼다. 이런 의미에서 도식이란 역동적인 지도로서, 삶 속에서 우리들의 상호기능들에 기초해서 끊임없이 다시 그려진다. 도식들은 적응적이기도 하고 부적응적이어서, 건강으로 우리들을 더 가까이 움직여가기도 하고 또는 더 멀리 멀어지게도 한다.

그리고 감정, 동기부여, 생리학, 그리고 행동과 같은 다른 인간체계들과 상호적으로 매우 연관되어 있다. 도식들은 다차원적이다. 그것들은 사람의 성장 역사, 대상관계들, 문화, 그리고 신앙에 의해 영향을 받는다. 이 모든 방식들에서 우리는 개인의 삶 속에서 도식들의 중요성과 힘을, 도식을 지도에 비유함으로써 포착될 수 있는 것보다 훨씬 더 많이 보게 된다.

도식중심적 치료는 진료소에서 내담자가 가진 도식들의 의도적 활성화, 비활성화와 연관되어 있다. 순환적 도식활성화를 사용하여, 내담자는 과거와 현재, 감정들과 인지내용들, 무의식과 의식적 사건들과 의미만들기, 그리고 도식활성화와 비활성화 사이의 연결짓는 것을 배운다. 이것은 다음 장에서 더 토론될 것이다.

참고문헌

Andersen, S. M., & Chen, S. (2002). The relational self: An interpersonal social-cognitive theory. *Psychological Review, 109,* 619-45.

Beck, A. T. (1996). Beyond belief: A theory of modes, personality, and psychopathology. In P. M. Sakovskis (Ed.), *Frontiers of cognitive therapy* (pp. 1-25). New York: Guilford.

Beck, A. T., Rush, A. J., Shaw, B. F., & Emery, G. (1979). *Cognitive therapy of depression.* New York: Guilford, 1979.

Beck, J. S. (1995). *Cognitive therapy: Basics and beyond.* New York: Guilford.

Benner, D. G. (2003). *Surrender to love: Discovering the heart of Christian spirituality.* Downers Grove, IL: InterVarsity Press.

Charry, E. T. (2001). Theology after psychology. In M. R. McMinn & T. R. Phillips (Eds.), *Care for the soul: Exploring the interface of psychology & theology* (pp. 118-33). Downers Grove, IL: InterVarsity Press.

Dobbins, R. D. (2004). Spiritual interventions in the treatment of dysthmia and alcoholism. In P. S. Richards & A. E. Bergin (Eds.), *Casebook for a spiritual strategy in counseling in psychotherapy* (pp. 105-17). Washington, DC: American Psychological Association.

Erikson, E. (1950). *Childhood and society* (2nd ed.). New York: Norton.

Jones, S. L., & Butman, R. E. (1991). *Modern psychotherapies: A comprehensive Christian appraisal.* Downers Grove, IL: InterVarsity Press.

Linehan, M. M. (1993). *Cognitive-behavioral treatment of borderline personality disorder.* New York: Guilford.

Lukoff, D., & Lu, F. (2005). *A transpersonal-integrative approach to spiritually oriented psychotherapy.* In L. Sperry & E. P. Shafranske (Eds.), *Spiritually oriented psychotherapy.* Washington, DC: American Psychological Association.

Mahoney, M. J. (2003). *Constructive psychotherapy: A practical guide.* New York: Guilford.

McMinn, M. R. (1991). *Cognitive therapy techniques in Christian counseling.* Waco, TX: Word Books. This book is out of print, and can be downloaded at www.markmcminn.com.

McMinn, M. R. (2006). *Christian counseling* [video in APA Psychotherapy Series]. Washington, DC: American Psychological Association.

McMinn, M. R. (In press). *Sin and grace in Christian counseling.* Downers Grove, IL: InterVarsity Press.

Needleman, L. D. (1999). *Cognitive case conceptualization: A guidebook for practitioners.* Mahwah, NJ: Erlbaum.

Roberts, R. C. (2001). Outline of Pauline psychotherapy. In M. R. McMinn &

T. R. Phillips (Eds.), *Care for the soul: Exploring the interface of psychology & theology* (pp. 134-63). Downers Grove, IL: InterVarsity Press.

Safran, J. D. (1998). *Widening the scope of cognitive therapy: The therapeutic relationship, emotion, and the process of change*. Northvale, NJ: Aronson.

Safran, J. D., & Segal, Z. V. (1990). *Interpersonal process in cognitive therapy*. New York: Basic Books.

Segal, Z. V., Williams, J. M. G., & Teasdale, J. D. (2002). *Mindfulness-based cognitive therapy for depression—a new approach to preventing relapse*. New York: Guilford.

Willard, D. (2002). *Renovation of the heart: Putting on the character of Christ*. Colorado Springs: NavPress.

Young, J. E., Klosko, J. S., & Weishaar, M. E. (2003). *Schema therapy: A practitioner's guide*. New York: Guilford.

Young, J. E., Weinberger, A. D., & Beck, A. T. (2001). Cognitive therapy for depression. In D. H. Barlow (Ed.), *Clinical handbook of psychological disorders* (3rd ed.) (pp. 264-308). New York: Guilford.

제9장
우울증치료에 도식중심개입들 적용하기

　어느 유명한 코미디언이 한 번은, 자신의 전자 타자기 롤러 안에 그의 혀가 계속 걸리기 때문에, 우울증은 자신에게 일상적인 일이라고 한탄했다. 그것은 좀 별난 진술로 보인다. 특별히 타자기가 폐물이 된 오늘날에 더욱 그렇다. 그러나 여기서 더 나아가, 코미디언들은 지지할 수 없는 것들을 정상적인 생활과 나란히 놓는 기괴한 진술들을 즐기는 듯하다.
　타자기 안에 있는 혀는 옹호될 수 없는 표현이지만, 기분이 가라앉거나 의기소침해 진다는 관념은 매우 정상적이다. 누구나 대부분은 "우울한" 또는 낙심되는 기분을 경험한다. 아마도 대부분은 정상적 기분의 기복현상들, 삶 속의 실망스런 일들, 또는 중대한 상실들에 연결되어 있을 것이다.
　슬픔의 감정들이 지속되고, 그 감정들이 식욕과 잠자는 문제들, 집중과 기억의 어려움들, 희망이 없음, 또는 압도적인 수치심과 자기증오감들과 함께 할때, 우울증에 대한 치료가 정당화된다.
　우울증 증상발현들은 크기의 정도면에서 상대적으로 온화한 적응장애들에서부터, 고질적인 만성적 저수준우울증(기분저하증, dysthymia)과 심각한 급성 우울증증상 발현들(주요우울증, major depression)에 이르기까지 그 범위를 정할 수 있다.

양극성조울(躁鬱)장애, 조울(躁鬱)정신병같은 관련기분장애들은 우울증에 빠진 상태와 조울증 혹은 경조증(輕躁症)상태들 사이의 순환성을 포함한다. 이런 상태의 사람들은 과도한 에너지, 불면증, 충동적이고 부주의한 행동, 그리고 우쭐해진 확신을 경험한다. 인지치료법들은 단극성 조울장애(Beck, Rush, Shaw & Emery, 1979; Greenberger & Padesky, 1995)와 양극성 조울장애(Basco & Rush, 1996; Newman, Leahy, Beck, Reilly-Harrington & Gyulai, 2002) 모두에 적용되어졌다.

우울증은 그 편재성 때문에 때때로 정신적 감기로 불리어왔다. 전 세계적으로 30억 명 이상의 사람들이 그 악력(握力)으로 인해 고생하고 있다. 그러나 그 결과들은 일반감기의 결과들보다 훨씬 더 가혹할 수 있다.

해마다 우울증에 걸린 개인들에 의해 대략 800,000건의 자살이 이루어진다(Koenig, McCullough & Larson, 2001). 그리고 우울증으로 인한 그런 문제는 더 악화되어가는 것으로 보인다. 의생태학(醫生態學) 연구들은 제2차 세계대전 이후 선진국들에 사는 사람들 사이에 우울증이 특히 두드러지게 증가함을 드러내 보여 주고 있다(Klerman & Weissman, 1989).

1. 문제점-그리고-클릭 치료법들 피하기

이 장에서 우리 두 저자들은 우울증치료에 대해 토론함으로써 도식중심개입들을 예증하려 한다. 하지만 우리들에게 큰 염려가 함께 한다. 무관심한 겉핥기식 읽기는 통합적 심리치료에 대한 마우스 클릭 심리를 표현한다. 불안장애들은 증상중심개입들을, 우울증에는 도식중심개입들을 사용하라는 정도로만 읽는 경우가 그것이다. 이러한 이해는 옳지 않으며 여러 이유에서 잠재적으로 위험한 해석이다.

첫째, 심리적 장애들은 불완전한 지시(指示)들이다. 어떤 사람을 불안장애나 우울증장애자로 진단하는 것은 다른 정신치료전문가들과 의사소통하여 치료 선택들을 고르는 데에 도움이 될 수 있다. 그러나 어떤 진단이라도 인간존재의 복잡성을 제대로 포착해 내지는 못한다.

많은 내담자들은 불안과 우울증의 혼합된 증상들을 가지고 있다(Kush, 2004). 어떤 사람들은 수년동안 불안이나 우울증을 다양한 삶의 환경들에 대한 반응으로 겪어 온 반면, 다른 사람들의 증상들은 특별한 환경에 국한되어 있어 보이거나 갑작스런 증상발현현상을 가지고 있다. 어떤 내담자들은 치료 외의 도움을 주는 관계들과 긍정적인 삶의 사건들이 많다. 그런데 다른 내담자들은 그렇지 못하다. 더 많은 복잡성들이 언급될 수 있다.

둘째, 진단과는 상관없이, 치료목표들과 과정은 각 개인에 따라 다양하다. 불안장애을 가진 어떤 내담자들은 증상 중심의 개입들로 완전히 치료되지는 않는다. 그래서 내담자와 치료사는 도식들탐구에서 기인하는 더 큰 자기자각을 추구하기로 상호 결정한다. 거꾸로, 단순 우울증 증상들의 어떤 내담자들은 증상 중심의 개입들에 빠르게 반응하고, 더 이상의 광범위한 치료를 바라거나 요구하지 않는다.

셋째, 7장, 9장, 11장에서 우리가 논의한 세가지 범주의 장애들에 맞아 들어가지 않는 인간의 고투들과 문제들이 많이 존재한다. 불안, 우울증, 그리고 성격장애들은, 기독교 상담과 심리치료에서 직면하는 일반적인 문제점들이다. 하지만 다른 많은 문제점들도 존재하며, 통합적 심리치료는 이것들에 대해서도 도움이 될 수 있다. 본서가 심리병리학에 관한 책이 아니기, 우리 저자들은 이런 장애들을 낱낱이 다루려고 시도하지 않는다. 오히려 우리 두 저자들은 통합적 심리치료가 어떻게 작동하는지 예증하기 위하여 장애 현상들을 세 범주로 선별했다.

넷째, 실제 심리치료 중에, 우리 저자들이 본서에서 제시한 것처럼 증상중심개입들, 도식중심개입들과 관계중심개입들 사이의 구별들이 그리 명백하지가 않다. 노련한 치료사는 증상중심적, 도식중심적, 그리고 관계중심적 방법들을 매끄럽게 통합하면서, 다른 개입영역들을 능숙하게 관통하여 옮겨 다닌다. 치료에 포함된 예술적 요소들과 영적 분별력이, 한 권의 책 속에 글과 단원들로 압착되어 밀어 넣어질 때마다 지나치게 단순화된다.

이 모든 이유들 때문에, 각 치료관계의 복잡성을 알아보고 그에 따라 특정한 개입을 만드는 것이 중요하다. 우리 두 저자들은 증상중심적 치료법들을 보여주기 위하여 불안장애 경우들을 예로 사용하고, 도식중심적 치료법들을 보여주기 위해서는 우울증의 경우들을 예로 사용한다. 왜냐하면 우울증은 도표 9.1.에 예시된 것처럼, 일반적인 불안장애들보다 더 집중적인 치료를 요구하는 경향이 있기 때문이다. 그러나 다양한 내담자들, 치료사들, 그리고 삶의 상황들이라는 변이성은 주의 깊은 사정평가과정 그리고 치료과정의 여러 시점들에서의 협력적인 결정을 요구한다.

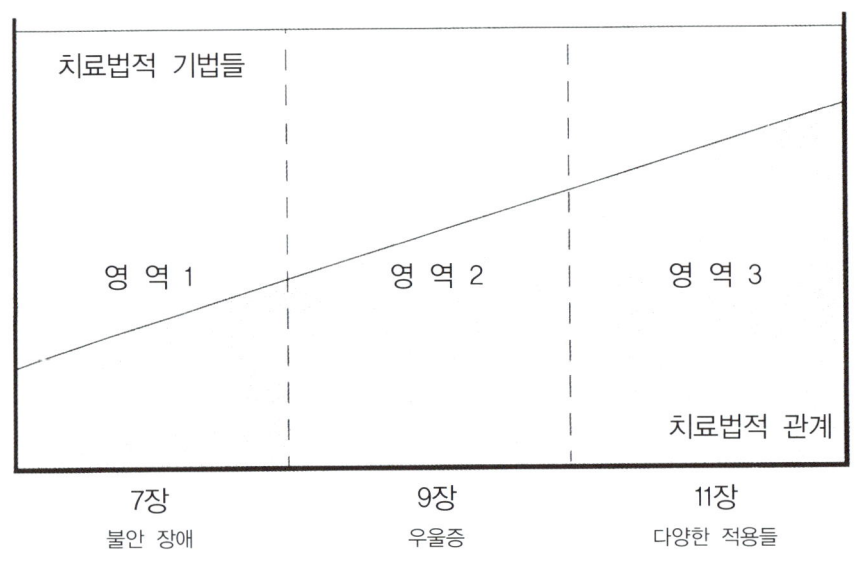

도표 9.1. 치료기법들과 관계에 관련된 개입영역들

우울증에 대한 증상기반 인지치료개입들이 폭넓게 연구되어 왔다. 웨스턴과 모리슨(Westen, Morrison, 2001)은 12개의 연구들에 나타난 메타분석에서, 이 치료법들은 단기적으로 유용하나, 대부분 내담자들은 추적검사 기간이 끝난 후에는 개선상태를 유지하지 못한다고 결론짓고 있다. 그 연구문헌을 검토하는 다른 학자들도 같은 진술을 한다.

> 최근 몇 년 사이에, 우울증은 종종 회귀성 질병이거나 만성 질병이라는 인식과 그리고 우울증에 빠진 환자들을 그들의 증상들이 누그러질 때까지 단순히 치료하는 것으로는 불충분하다는 인식이 계속 증가해 오고 있다 (Klein 외, 2004, p. 681).

이와 같이, 최근 우울증에 대한 인지치료의 적용들은 통합적 심리치료 내의 첫 두 영역들의 개입에 대응하는 두 단계의 치료법을 제안하고 있다. 즉, 증상완화와 재발방지를 위한 도식중심적 치료이다(Young, Weinberger, & Beck, 2001).

2. 증상중심의 개입들

비록 이 장이 도식중심개입들에 관한 것이라 할지라도, 우울증에 빠진 개인들과 작업할 때 증상중심개입들로 시작하는 것이 중요하다. 치료 초기에 우울증 증상들을 완화시키는 것은 강한 치료동맹관계 확립에 도움이 되고, 내담자들에게 그들 삶을 더욱 깊이 살펴볼 감성적 에너지를 제공하며, 그리고 종종 치료 외적인 내담자에 대한 사회적 지지그물망(network) 개선에 도움을 제공한다. 몇 가지 증상중심적 전략들은 유용할 수 있다.

1) 약물치료

항우울제 약물들이 자주 처방되고 있으며, 그 비율이 증가 추세에 있다(Koenig 외, 2001). 약물은 우울증에 도움이 될 수 있다. 특히 치료와 결합된 경우엔 더욱 그렇다. 쌍극성 조울(躁鬱)장애를 가진 내담자들은 거의 확실히 약물을 소지하고 있을 필요가 있고, 약물 수용(medication compliance)은 종종 심리치료 작업의 중요한 한 부분이 된다(Newman 외, 2002).

일부 내담자들과 치료사들은 기분장애들에 대한 약물치료에 대해 부정적인 경향을 가지고 있을 것이다. 하지만 이것은 몇가지 일반적인 오해들 중 하나에 근거한 경우가 종종 있다.

첫째, 어떤 사람들은 항우울제 약물들이 습관형성을 하거나 형편없는 부과적인 영향을 동반한다고 두려워한다. 불안장애들에 대해 사용되는 몇 가지 약물들과는 달리, 항우울제 약물들은 습관형성을 하지 않는다.

모든 약물들은 부과적인 영향들을 가지고 있지만, 더 새로운 항우울약들은(세로토닌 특별 재흡수 억제제들, 즉 SSRIs로 알려진 약물들은) 더 오래된 다양한 약물들(삼환(三環)계 항우울약들과 모노아민 산화효소 억제제들)에 비교하면 최소한의 부과적 영향들만 가지고 있다.

둘째, 내담자들은 항우울약들이 효과적이지 않다고 믿을 수 있다. 어떤 인지치료사들은, 인지치료가 최소한 약물만큼은 효과적임을 증명해 보이는 연구들을 인용하는 것을 좋아한다.

그러나 이것은 일관성있는 발견내용이 아니며, 이런 연구 거의 대부분들이 더 새롭게 나온 SSRIs 약물보다는 더 구식인 순환 항우울약들을 가지고 수행되었다. 대개 우울증 약물치료에 대한 가장 좋은 결론은 국립정신건강연구소(the National Institute of Mental Health)에 의해 발견된다.

> 더욱 온건한 우울증 형태들을 가진 어떤 사람들은 심리치료 하나만으로 충분하다. 중간 단계에서부터 심각한 우울증에 이르기는 환자들이 자주 항우울약제로부터 혜택을 입는다. 대부분의 경우 복합치료법이 최선이다. 즉, 비교적 빠른 증상완화를 얻기위해서는 약물을 사용하며, 우울증을 포함하여 삶의 문제점들을 처리하는 더 효과적인 방법들을 배우기 위해서는 심리치료법을 사용한다(국립정신건강연구소, 2000).

셋째, 어떤 사람들은, 만일 자신들이 하나님을 신실하게 의존하기만 하면, 자신들의 감정에 대해 생물학적 개입이 필요치 않다고 생각하여, 영적 또는 신학적 이유들로 약물치료에 반대한다. 이 관점이 비록 현재 그리스도인들 사이에 매우 편재해 있는 것이 분명하지만, 이것은 인간 죄성에 대한 불충분한 관점에 기초해 있다. 죄에 대한 포괄적 신학은 생물학을 포함하여 인간성의 모든 부분이 깨어져있음을 우리들에게 상기시킨다.

타락한 세상에서, 어떤 사람들은 나면서 고혈압, 콜레스테롤 문제들, 그리고 심장질환에 걸릴 유전적 경향을 가지고 태어난다. 분명히, 환경과 선택들도, 그들이 심장질환과 관련되는 것처럼, 어떤 역할을 하는 것은 사실이다. 그러나 이것들이 포함된 생물학적 요소들을 경감시키지는 못한다.

영적인 요소들도 우울증에서 어떤 역할을 한다. 그러나 영적인 이유들 때문에 약물치료를 거부하는 것은, 우울증의 원인과 그것에 대한 해결책이 철저하게 영적이고 비물질적인 것이라는 것을 암시하는 것이다. 이것은 거의 영지주의와 같다. 수 세기 이상 많은 영적 거장들은 우울증과 고투를 해 왔으며, 그리고 우울증에 대한 생물학적인 요소들을 암시하는 증거가 압도적이다. 우울증의 원인을 영적인 결함들에만 돌리는 것은 비합리적이다.

> ### 상담 조언 9.1: 양자선택 대 양자택일
>
> 일부 의사들은, 우울증은 약물치료만으로 치료되어야만 한다고 논박한다. 그들은 심리치료의 유익을 거의 혹은 전혀 알지 못하는 치료자들이다. 몇몇 심리치료사들은 그 정반대를 제안한다. 즉, 치료가 약물보다 더 낫다고 말한다.
> 그 연구가 제안하는 것은 무엇인가?
> 버틀러와 벡(2001)은 인지치료의 효과에 관한 메타분석 14편들을 검토한 후, 약물만을 사용하는 것보다, 인지치료만을 이용한 경우가 근소하게 효과가 더 좋다고 결론을 내렸다. 그러나 평균 효과크기들은 낮았으며(ES=0.38), 항우울약물들은 버틀러와 벡의 검토연구들 시점 이후로 계속 향상되어왔다. 더 최근의 연구는, 어떤 환경에서는 인지치료만 사용하는 것보다 약물만 사용한 경우가 근소하게 더 효과적이라고 제안한다(DeRubeis 외, 2005). 그러나 인지치료가 항울약물들보다도 더욱 영속적인 효과가 있어 보인다(Hollon 외, 2005).
> 양자택일 질문을 멈추는 것이 최선으로 보인다. 심리치료와 약물치료가 우울증에 도움이 된다는 것은 과거 연구에서부터 명백하다. 오늘날 대부분의 연구자들과 임상의들은 그 두 가지의 결합법이 양자택일법보다 더 효과가 있을 가능성이 있다고 결론을 내린다. 특히 평범한 우울증부터 심각한 우울증에 이르기까지 환자들을 치료하는 데 그러하다. 양자선택 접근법은 양자택일 접근법보다 더욱 일리가 있다.

2) 행동주의 기법들

우울증은 인간의 자유를 아사시키는 효과를 가질 수 있다. 우울증이라는 음울(陰鬱)한 구름 아래에 머물고 있는 사람들은 침대 이불 안에서 혹은 텔레비전 앞에 놓인 소파 위에 둥글게 오그린 채 누워 있고, 더욱 활기차고 유쾌한 삶의 활동들에 섞이는 것에 실패한다. 행동기법들은 우울증에 빠진 개인들이 삶의 기쁨과 참여의식을 되찾는 데에 도움을 주기 위해 사용될 수 있다.

그리스도인들은 하나님께서 땅을 창조하시고, 그런 후 보시기에 좋다고 말씀하셨다는 것을 믿는다. 비록 지금 땅이 죄의 효력으로 인하여 오염되어있다 해도, 창조세계는 여전히 보기에 좋다.

물리적 세계는 마땅히 경축되고 즐기도록 되어 있다. 숲 속을 산책 하고, 친구들과 가장 맛있는 커피를 마시며, 초콜렛칩 과자를 즐기고, 호수에 수영하러 가고 등등의 활동을 하도록 창조되어 있다. 하지만 우울증에 빠진 사람들은 자주 선한 창조세계의 즐거움들을 즐기는 데에 어려움을 겪는다. 왜냐하면 그들은 그렇게 할 동기부여가 결핍되어 있기 때문이다.

벡(Beck)과 그의 학자들은 주간 활동계획표에 대해 기술한다. 치료사와 내담자는 이 계획표안에서 치료과정 중에 시간을 할애하여 내담자의 가까운 미래를 한시간별로 계획한다.

이 계획표는 내담자가 활동들을 미리 계획하는 데에 더욱 주도적으로 되도록 도우려는 목표로 협력하에 작성된다. 그런 다음 내담자는 도표 9.2에 나타난 것과 같은 양식을 채워가며 그 주간내내 활동들을 감시한다.

각 셀 안에 내담자는 그 시간 동안 무슨 일이 있었는지를 적는다(예를 들어, 텔레비전을 시청했다, 운전하여 출근했다, 저녁을 차렸다, 볼링하러 갔다 등과 같이 기록한다). 그리고 그 활동이 얼마나 많은 기쁨을 가져다주었는지를(1-5기쁨척도 상에서 5가 가장 큰 기쁨을 표시하는 것임), 그리고 그 활동의 결과로 엄마나 큰 성취감이 있었는지(역시 만능척도로 알려진 1-5척도 상에 등급을 매긴다).

주간 활동 계획표는 내담자들 스스로 목표들을 설정하고 성취할 수 있다는 점을 기억하도록 도와준다. 매 과정마다 치료사는, 자신들의 목표들을 모두 충족시키는 사람은 아무도 없음을 인정하면서, 내담자의 용기를 북돋우어 주어 매 시간별로 매일 계획표를 짜도록 격려한다.

그런 다음, 내담자의 활동들을 그 전날의 관점에서 검토하여 성공적인 활동들에 관해서는 내담자를 축하해주고, 내담자와 협력하여 앞으로의 활동들에 대한 기쁨과 교제 기술들을 증가시킨다.

	일요일	월요일	화요일	수요일	목요일	금요일	토요일
8–9 a.m							
9–10 a.m							
10–11 a.m							
11 a.m–12 p.m							
12–1 p.m							
1–2 p.m							
2–3 p.m							
3–4 p.m							
4–5 p.m							
5–6 p.m							
6–7 p.m							
7–8 p.m							
8 p.m–12 a.m							

도표 9.2. 주간 활동 계획표

처음에는 그 목표들이 작고 다루기 쉬워야 한다. 그러나 내담자가 힘이 붙으면, 그 과업들은 더욱 실제적일 수 있다.

적극성 훈련(Assertiveness Training)은 또 다른 행동 기법으로 우울증에 대한 증상중심개입에 유용할 수 있다(예를 들어, Alberti & Emmons, 2001; Koch & Haugk, 1992). 관계들이 우울증 때문에 자주 상처입는다. 그래서 내담자들이 직접적이며 솔직한 의사소통 기술들을 배우는 것이 도움된다. 단언하기 훈련은 소통의 특정한 원리들을 가르쳐 줌으로써, 최근의 사건에 관한 대인관계의 상호기능들을 검토함으로써, 그리고 앞으로의 사회적 만남들과 역할하기를 예상하므로 성취될 수 있다.

사회적으로 적절하며 자신의 복지를 고려하면서도 다른 사람들의 감정들을 참작한다고 할지라도, 올바로 세워진 단언적 의사소통은, 생각들과 감정들의 직접적인 표현이다(Rimm & Masters, 1979). 단언하기의 가장 좋은 모델은 복음서에서 발견된다. 예수님은 정직한 폭로와 자비로운 친절 사이의 완벽한 균형을 잡으셨으며, 종종 직설적이면서도 인간에 대한 꽉 찬 연민으로 사람들에게 충격을 주셨다.

3) 인지적 재구성

6장에 소개된 모든 인지적 재구성기법들도 우울증치료에 사용된다. 역기능적 사고기록은 6장에 기술된 다른 반대기법들처럼, 협력방법으로 사용된다. 증상중심개입보다 도식중심개입에 인지적 재구성기법들을 적용할 때 두 가지 근본적인 차이점들이 있다. 정서들을 모니터링하며 핵심 신념들을 찾아 표면사고들 기저를 살피는 것의 복잡성이 그것들이다.

첫째, 정서적 초점이 대화 시에 더욱 복잡하며 중심이 된다. 도식중심적 치료사는 면밀히 탐구되는 다양한 감정들의 상호연결 관계들에 잘 조율될 필요가 있다. 불안증의 경우, 내담자는 어떤 미래사건에 대해 예상하면서 미래에 대한 두려움이나 공포를 느끼는 것이 일반적이다. 우울증의 경우, 현재와 미래에 대한 음울한 해석들뿐 아니라 종종 상실들과, 최근 혹은 먼 과거의 죄책감에 초점을 둔다. 많은 내담자들이 불안증과 우울증 모두를 가지는데, 이것은 과거에 대한 우울증적 후회와 마음조리게 하는 염려와 일치할 가능성이 있다.

때때로, 역기능적 신념들과 상정 내용들을 규명하기 위하여 우울증과 불안증을 가능한 한 많이 구별하는 것이 중요하다. 또 다른 때는 가끔씩, 불안증과 우울증을 함께 결합시키고 그것들이 어떻게 연결되어있는지 면밀히 조사하는 것이 중요하다.

앞장에서 계속 이어지는 다음 예에서, 내담자는 우울증적이고 마음을 죄게 하는 두 요소들을 포함한 진술로 시작한다. 그때 치료사는 내담자를 특정한 상황 쪽으로 움직여가서 우울한 사고들과 감정들에 초점을 두도록 한다. 문답식 대화의 끝 부분 근처에서 그 담화는 그 불안증과 우울증이 어떻게 연결되어있는지에 대한 이야기로 돌아온다.

다음은 데니스(Denise)와 마크(Mark)사이의 대화 내용이다.

데니스: 결코 내가 그와 결혼을 하지 말았었어야 해. 그것은 그에게 공평치 않았어. 난 내가 아내로서 얼마나 나쁠 수 있는지 못 깨달았었어. 그리고 난 지금도 내가 어떻게 더 좋은 아내가 될 수 있을지 알 수가 없어요. 결혼생활 동안 내가 이렇게나 거리 둔 사람이자 가시투성의 사람이 될 게 염려되요.

진료소에서 9.1: 단언하기

단언하기는 수동성과 공격성 양 극단들 사이에서 발견된다. 그것은 사람들이 자신에 대한 솔직한 표현을 사회적 적절성이라는 한계영역들 내에서 하도록 돕는 것과 필수적으로 연결되어 있다. 다음은 쟈리드(Jared)와 클락(Clark) 사이의 대화이다.

쟈리드: 그건 정말이지 나에게 옳아 보이지 않아요. 저는 그녀의 일이 벅차다는 것을 깨달았어요. 그러나 저의 일도 마찬가지예요. 그리고 근래에 저는 매우 가라앉아 있음을 느끼고 있어요. 제가 할 수 있는 일이라곤 단지 일하러 가고 집에 오고 하는 것이 전부인 것 같아요. 제 말은요, 가끔은 저도 요리하는 것이 행복해요. 하지만 전 그녀 역시 몇 가지 요리를 하기를 바래요. 그녀는 정말, 자기는 메일을 열어보거나 휴대폰으로 통화하는 동안 제가 매일 저녁 요리를 할 것이라고 생각하는 듯 해요. 지금까지 내가 얼마나 우울한 기분이 들고, 집안 일 하는 것이 얼마나 어려운지 그녀는 지금도 깨닫지 못했다고 생각해요.

클 락: 이것이 당신에게 얼마나 좌절되는 일인지 알 수 있습니다. 그것을 어떻게 처리할지 계획이 있으세요?

쟈리드: 바로 그 점이예요. 무엇을 해야 할지 전 모르겠어요. 전 단지 식사 중에 말 없이 앉아 있어요. 왜냐하면 너무 힘이 빠지고 너무나 화가 나기 때문이예요. 가끔 전 그것에 대해 정말로 화가 나요, 그러나 그녀는 단지 소리지르며 지금 얼마나 바쁜데, 자신이 돈을 얼마나 더 많이 버는데 하고 말하지요. 그 다음 우린 이틀간 말을 안하죠. 그리고 전 그 어느 때보다 기분이 더 나빠져요.

클 락: 그러니까 한가지 선택사항은 아무 말도 하지 않는 것입니다. 즉, 당신이 화가 나 있기 때문에 저녁식사 중에 침묵을 지키며 앉아있는 것이죠. 다른 선택 사항은 화를 내는 것이지요. 그런데 그것은 당신과 쑤(Sue) 사이에 긴장으로 이어집니다. 당신의 염려와 좌절을 소통할 수 있는 다른 어떤 방법들이 있습니까?

쟈리드: 전 어떤 방법도 생각할 수 없어요.

클 락: 음, 예를 들어, 당신이 어쩌면 상황이 논쟁으로 나아가지 않을 커피타임에서 대화를 나누자고 요구할 수 있었을까요?

쟈리드: 네, 아마도요, 하지만 내가 무슨 말을 해요?

클 락: 대화의 목적은, 그녀를 비난하지도 욕하지도 않은 채 가능한 한 당신의 감정들을 명확하게 표현하는 데 있습니다. 그리고 대화중에 침착히 있는 데 있습니다. 가령, "쑤, 최근에 내가 대부분의 요리를 한 것 같아요. 몇 번은 요리하는 것이

> 분명히 행복한데, 하지만 내가 대부분 혹은 모든 요리를 한다는 가정에는 좌절감과 불편함이 느껴져요"와 같이 말할 수 있지요.
>
> 쟈리드: 예, 나도 아마 그와 같이 말할 수 있을 거예요. 그녀가 어떻게 반응할지 모르겠어요. 그러나 해 볼 만하네요. 쑤와 제가 이것에 대해 이야기할 필요가 있다고 동의합니다.
>
> 이 대화에서 치료사는, 조용한 수동성이나 분노에 대한 공격적 표현들에 호소하기보다는 내담자가 당언적인 목소리를 찾는 것을 도와주고 있다.

마 크: 이 문제를 같이 해결해 봅시다. 마지막 날이나 그 즈음에 당신이 자신에게 돈(Don)과 결혼하지 말았었어야 했어라고 말해온 때를 기억할 수 있으세요?

데니스: 음, 어젯밤, 그이가 요리한 저녁을 먹은 후에요. 전 저녁을 먹으며 저기에 앉아있었어요—우린 말이 많지 않았어요—단지 내가 얼마나 그이를 의기소침하게 해 왔었는가를 생각하면서 앉아 있었어요. 그이가 일찍 귀가해서 요리를 하고 음악을 틀어 놓은 것은 참 친절한 일이었어요. 그런데 전 그것에 대해 감사하게 느끼지도 않는, 정말이지 실패한 아내예요.

마 크: 그러면 우리가 그 상황에 있어 봅시다. 당신은 어제 저녁 그 식탁에 지금 앉아 있으면서 자신에게 난 실패한 아내야라고 말을 하고 있는 그 상황입니다. 그렇게 앉아 있을 때 어떤 감정들을 느끼십니까?

데니스: 그이와 결혼한 것에 대한 후회의 감정들이 대부분이죠. 그러나 시간이 지나면 내가 그런 식으로 생각하고 있다는 것조차 기분이 나빠요.

마 크: 좋아요, 그럼 그 후회에 대해 먼저 함께 살펴보죠. 1에서 10까지 있는 척도에서, 당신이 지금까지 겪었던 가장 후회되는 일이 10이란 숫자를 가집니다. 어제 저녁식사 동안에 당신은 얼마만큼 후회스러웠나요?

데니스: 아마 8 정도는 되는 것 같아요.

마 크: 그런데 당신은 그렇게 생각하는 것에 대해 기분이 나빴다고 말했습니다.

데니스: 네, 정말로 죄책감이 들어요. 어떤 아내가 자기 남편이 만든 환상적인 저녁을 먹고 있으면서 그런 남자와 왜 결혼했을까 생각하고 있는 죄책감 말예요.

마 크: 좋아요, 그러면 당신은 그런 죄책감을 어떻게 등급을 매기시겠어요?

데니스: 아마 7정도는 될 거에요.

마 크: 그러니까 후회와 죄책감, 이 두 가지 감정들 모두 강하게 일고 있는 감정들이군요. 십중팔구 당신은 어제 저녁을 다시 돌이켜보는 지금도 그 두 감정들을 조금씩 느끼고 있겠군요.

데니스: 네, 그렇고 말고요.

마 크: 일전에 당신은, 자신이 감사도 모르는 실패한 아내이고, 돈(Don)과는 결혼하지 말았었어야 했다고 언급했습니다.

또 다른 어떤 생각들을 가지고 계십니까?

데니스: 우리 관계가 얼마나 아름다웠었는가 생각을 하면서, 또한 무슨 일이 벌어졌었는지에 대해 그냥 의아해하고 있었어요.

마 크: 어떤 결론에라도 도달하셨습니까?

데니스: 전 그게 저 자신이라고 생각해요. 돈은 정말로 노력하고 있어요. 아무래도 난 정말이지 어떻게 좋은 아내가 되어야 하는지를 모르겠어요. 그이가 엄청 우울한 누군가의 주위를 맴도는 것은 대단히 힘든 일이지요.

마 크: "과거엔 관계들이 좋았었고, 그런데 지금은 내가 실패한 아내이기 때문에 그것들이 안 좋다"라는 거군요.

데니스: 네. 그래요.

마 크: 알겠어요, 내가 이런 생각들과 감정들을 일전에 보여드린 세 칼럼으로 나누어 기록해 두고 있습니다.

어제 저녁에 발생한 일의 관점에서 이것이 옳아 보이지요?

상황	감정	자동으로 떠오르는 생각들
저녁을 먹는 동안 조용히 앉아 있다.	후회: 8	나는 그와 결혼을 하지 말았었어야 했어.
	죄책감: 7	관계들이 과거엔 좋았었는데, 그러나 지금은 내가 실패한 아내이기 때문에 안 좋다.

데니스: 네. 매우 아파 보이네요!

마 크: 무슨 말인지 저에게 이야기 하세요. 당신 스스로에 대해 당신이 매우 화가 나 있는 것처럼 보입니다.

데니스: [작은 소리로 엉엉 울며]

누가 이런 생각들을 가지고 있겠어요?

제가 미친 것 아닐까요?

전 제 자신도 인정이 안 되는 그런 정말 끔찍한 파트너라구요.

마 크: [말없이 앉는다. 데니스의 흐르는 눈물의 진실성을 인정하며]

마 크: 당신은 지금 여기 이곳에 앉아 있습니다. 눈물이 당신 두 뺨에 흐르고 있고, 일종의 자기 자신에게 고함을 지르고 있는 거지요.

"나는 도대체 어떤 류의 인간인가?"

"누가 이런 생각들을 하고 있겠는가?"

"실패한 아내야. 난 끔찍한 파트너야"라고 말입니다.

데니스: 어-엉(Uh-huh) [침묵이 뒤따른다.]

마 크: 그 눈물에 대해 이야기 해 보세요.

데니스: [여전히 엉엉 운다] 전 너무 약함을 느껴요.

너무 무서워요.

마 크: 왜냐하면 이렇게 가깝게 된 사람들이 당신에게 상처를 줄 수 있기 때문이죠.

데니스: [고개를 끄덕인다.]

마 크: 그러니까 아마 이 일은 두려움에 대한 것이군요. 즉, 당신 자신을 보호하는 것에 대한, 안전히 머무르는 것에 대한 일이지요.

이 대목에서부터 치료사와 내담자는 어떻게 데니스의 보호 충동들이 그들의 결혼을 손상시키는 그런 방식들로 돈에게 반응하도록 야기시키는가에 대한 토론을 계속 이어간다. 궁극적으로 역기능적 사고기록은 다음과 같은 것으로 보인다.

상황	감정들	자동으로 떠오르는 생각	관계적 반응
말없이 앉아서 저녁을 먹는다.	후회: 8	난 그이와 결혼을 하지 말았었어야 했어.	결혼이 나를 무섭게 한다. 난 내 자신도 완전히 이해하지 못하는 방식들로 자신을 보호하고 있어야 해.
	죄책감: 7	모든 상황들이 매우 좋았어. 그러나 내가 실패한 아내이기 때문에 이젠 다 좋지 않아.	

이 예에서 치료사는 처음에는 우울증에 초점을 두면서 불안과 우울증을 따로 떼어 놓은 후, 궁극적으로 데니스가 돈의 가까워지려는 욕망에 대해 그녀가 얼마나 무서움을 느끼고 있는지를 묘사할 때 그 두 가지를 연결하기 위해 다시 돌아온다는 점에 주목하라.

둘째로, 도식중심적 치료에서 치료사는 중간 단계와 핵심 신념들을 찾아내기 위해 끊임없이 자동으로 떠오르는 생각들의 기저를 들여다본다. 앞선 예에서, 데니스의 인지 내용들 중 일부는 자동으로 떠오르는 생각들로 구성된 표면수준 아래에 흐르는 것들이었다. 그녀는 "난 실패한 아내예요", "난 끔찍한 파트너입니다"와 같은 중간단계 신념들을 말했다. 이런 진술문들은, 어제 저녁식사에 국한된 상황에 대한 특정한 생각들보다도 더욱 일반적이고 침투력이 있으며, 의심의 여지없이 더욱 상해를 입히는 것들이다.

대화의 마지막 부분에서 활성화된 도식이 훨씬 더 중요한 내용이다. 대화 끝부분에서 그녀는 얼마나 취약하고 무서움을 느끼고 있는가를 묘사하기 시작한다. 이런 감정들은 깊이 내재된 핵심 신념들 위에 기초하고 있는 것들로, 그녀 자신이 아직 명확히 말로 표현할 수는 없지만, 그녀가 회복되도록 돕는 데 있어서 이해해야 할 필수감정들이다.

표면수준의 생각들과 기저에 깔린 인지의미들 사이를 구별한 후, 더 깊은 차원의 치료적 변화를 목적으로 기저에 깔린 신념들을 추구하는 것은 치료사에게 변별력과 경험을 요구한다.

3. 도식중심개입들

 8장에서 기술했고, 그리고 도표 8.5와 8.6에서 예증했듯, 통합적 심리치료에서는 도식중심적 치료의 국면이 표준인지치료와 개념적으로 다르다. 도식기반치료의 전형적인 모델은 두 단계들과 연관되어 있다. 기저도식 진단하기와 다양한 기법들을 통하여 그것을 바로잡기가 그 두 단계들이다. 대조적으로, 통합적 심리치료의 목적은 단지 단일 순환과정과 연관되어 있다. 즉, 내담자가 더 큰 자기 자각을 개발하도록, 자아 정체성을 우울증적 부적응도식들과 분리하도록 돕기를 시작하도록 도울 목적으로 진료소 내에서 도식의 활성화와 비활성화하는 과정이다.

 탈 중심화는 인지치료문헌에서 흔한 전문용어이다. 그래서 이 용어의 일반적 용법과 우리 저자들의 약간 뉘앙스를 준 관점을 구별하는 것은 가치가 있다. 흔히, 탈 중심화는 자동으로 떠오르는 역기능적 생각들을 반박하기를 배우는 내담자를 돕기 위한 증상-기반의 한 전략으로 간주된다. 예를 들어, 역기능적 사고기록부를 사용할 때, 치료사는 다음 전략을 사용할 수 있다. 다음은 패블(Pavel)과 클락과의 대화이다.

패 블: 이 모든 게 그냥 다 내 잘못 같은 느낌이 들어요. 제 말은요, 만일 내가 직장에 늦지 않았었더라면, 내가 그 회의에 참석했었을 것이고 아마 저희 사장님께 사라를 해고하지 말라고 이야기할 수 있었을 텐데 말예요. 그녀는 훌륭한 종업원이었어요. 저는 그녀가 이 마약 문제를 치료를 통해 극복할 수 있었을 거라고 생각해요. 전 사장님이 그녀를 해고할 필요가 없었다고 생각해요.

클 락: 그러니까 이 사고의 전개 방식은 "내가 그 회의에 참석했었더라면, 내가 부당한 해고가 발생하는 것을 막을 수 있었었다"는 거군요.

패 블: 맞아요.

클 락: 그러면 어느 것이 당신으로 죄책감을 느끼도록 만드나요?
        사라가 해고된 것이 마치 당신의 책임인 것처럼 말예요.

패 블: 네, 다소 그렇게 느껴요.

클 락: 자, 전 정말 궁금하군요. 그 상황을 알았던 그 밖에 누가 이 모든 것에 대해 무슨 말을 해야만 했겠어요?

아마 당신의 동료들 중 다른 사람들도 역시 당신이 책임이 있다고 생각하겠어요?

패 블: 음, 아니요. 제 말은요, 그들 모두 당시 교통상황이 얼마나 엉망이 될 수 있는지를 이해하지요. 그들도 제가 왜 늦었는지 이해합니다. 그리고 그것은 사라가 세 번째 빠진 것이었어요. 전 그 밖에 누구도 저를 비난하지는 못하리라 생각해요.

증상기반치료법의 전형인 이 예에서, 치료사는 탈중점화기법을 사용하여 내담자로 자동으로 드는 생각을 다른 유리한 관점에서 바라보도록 만들고 있다. 도식 기반개입들에서 우리 두 저자들의 탈 중심화 사용은 이 예와 비슷하기도 하고 비슷하지 않기도 하다. 증상기반과 도식기반 탈 중심화의 목적이 내담자로 삶의 상황에 대한 새로운 관점을 획득하도록 돕는 것인 한에 있어서는 유사하다. 하지만 도식기반 탈 중심화가 그와 같은 단순한 논리적 분석에 의존할 수 없다는 점에서는 유사하지 않다.

도식들은 논리가 아니라, 내담자들에게 통찰력을 얻을 기회와 자신들의 삶을 바라보는 새로운 방식들을 실천하는 기회들을 제공해 줌으로써 바꾸어지는 것이다. 이것이 순환도식 활성화의 요점이다. 즉, 내담자들에게 상담시마다 많은 기회들을 제공해 주는 것이다. 다시 말해, 완벽히 지울 수 없는 자신들의 삶의 깊고, 집요한 주제들로부터 내담자들을 탈 중심화시키는 것을 말한다.

표준인지치료사들은 탈 중심화를 비이성적 사고를 제거하는 치료법적 기법으로 사용하는 반면, 우리 두 저자들은 탈 중심화를, 천국의 이편에서는 결코 완벽하게 해결되어지지 않는 인간존재 내에 깊이 뿌리 내린 비합리적인 것들에 대해 사람들이 대처하는 것을 도와주는 삶의 한 기술로 간주한다.

순환적 도식활성화는 기독교 신학적 정황 안에서도 조망될 수 있는 기법으로, 이를 위해 형식론자들과 비형식론자들 사이를 구별한(Maroney, 2000) 19세기 화란 개혁신학자인 아브라함 카이퍼(Abraham Kuyper)의 저작에서 간략한 견문을 요청할 필요가 있다.

형식론자들은 세상을 바라보며 우리가 보는 것이 기본적으로 정상이라고 여긴다. 형식론자의 관점에서 볼 때, 세상은 회복이나 구속에 대한 강렬한 필요가 없다. 세상은 단지 우리가 선택하여 만들고자 하는 대로 그 만큼 선하거나 나쁜 것이다.

이와 대조적으로, 비형식론자들은 세상을 근본적으로 깨어지고, 비뚤어지고, 또는 뒤틀려져 있다고 바라본다. 그리스도인들은, 우리 인간은 물학적으로, 사회적으로, 심리학적으로, 의지력적으로, 감성적으로 비정상적인 상태에서 살고 있고, 만물들이 올바르게 되기를 갈망하고 있다고 믿는다. 창조세계는 구속을 바라며 신음하고 있다.

> 그 바라는 것은 피조물도 썩어짐의 종노릇 한 데서 해방되어 하나님의 자녀들의 영광의 자유에 이르는 것이니라. 피조물이 다 이제까지 함께 탄식하며 함께 고통을 겪고 있는 것을 우리가 아느니라(롬 8: 21-22, 개정개역).

표준인지치료 모델들은 형식론자들의 전제들에서 도출된 것이다. 치료목적은 부적응도식들을 규명하고 바르게 교정하는 것이며, 정상주의 관점에서 볼 때, 그것이 불가능할 이유가 존재하지 않는다. 이와 같이 인지치료의 치료력 효과는 잘못된 도식들을 바르게 교정함을 통하여 일어난다.

대조적으로, 통합적 심리치료모델은 비형식론자들의 전제 위에 건설되어 있다. 세상은 타락했고 구속을 필요로 한다. 이것이 의미하는 바는 우리들 각자는 개인적인 죄와 다른 사람들의 죄의 결과들로 고군분투하며, 인간의 사고는 잘못된 정보를 받고 있을 뿐 만 아니라, 그 마음의 중심까지 악성적이다. 인간의 도식들을 바르게 교정하며 세상을 정확히 바라보려는 목표는 비현실적이다.

오히려, 그 목표는 인간의 부적응도식과 분리되어, 그것들이 우리들에게 끊임없이 영향을 미칠 때조차, 우리가 세상을 바라보려는 방식과는 다르게 부적응도식들을 바라볼 수 있어야만 한다. 치료력이 있는 결과를 가지는 것은 바로 이 거리감이다.

거리감이란, 우리들이 가진 도식들을 탈 중심화하고, 평가하여, 가장 큰 고투들과 별개로 우리 자신들의 정체성을 규명하는 능력이다. 이것이 사도 바울의 심리학이다(Roberts, 2001을 보라). 바울은 옛 사람과의 계속되는 고투를 인정했지만, 여전히 자기 자신을 멀리 떼어둔채 그리스도 안에서의 새로운 자신과 동일시하는 선택을 했다.

유추의 방법으로 치료사의 일을 숙고해 보자. 치료사들은 능동적으로 그들의 내담자들과 진정한 관계를 맺는다. 그것은 현실이자 직접적 관계이며 중차대한 활동이다. 그러나 그들도 마치 자신들이 관계 밖에 서있으면서 동시에 그 관계 속에 적극적으로 연결되어 그것을 관찰하는 것같이 관계 그자체로부터 떨어지기를 배운다. 그들은 관계하기와 초(超)관계하기 두 양태사이에 체류해 있다(다시 말해, 관찰하기와 관계가 발전에 따라 그 관계에 관계하기를 행한다).

> ### 상담 조언 9.2: 외국인들과 나그네들
>
> 기독교 정신 그 자체는 탈 중심화와 필연적으로 연루되어 있다. 히브리서 저자는 많은 성경의 영웅들을 나열하며 어떻게 그들이 위대한 신앙의 사람들이 되었는가에 주목하고 있다. 이 믿음의 사람들 사이의 공통점을 기술하면서, 그 저자는 "이 모든 믿음의 사람들은 하나님께서 그들에게 약속하셨던 것을 받지 못한 채 죽었으나, 그들은 그 모든 것들을 멀리서 보았고 하나님의 약속들을 환영했다. 여기 땅 위에서 그들은 단지 외국인과 방랑자들임에 동의하였다. 그리고 그와 같이 말하는 사람들은 명백히 그들 자신의 소유라 부를 수 있는 한 나라를 학수고대하고 있다.... 하늘에 있는 본향"(히 11:13–16, 역자 번역)라고 기록하고 있다.
>
> 하나님은 선한 창조세계로 우리 인간들을 축복하셨고 그것을 완전히 즐기도록 우리들을 부르신다. 그러나 우리 인간 역시, 그리스도 안에 있는 우리들의 정체성을 보기 위하여 그리고 천국에 있는 우리들의 본향을 소중히 하기 위해 현재의 환경들로부터 탈 중심화해야 한다. 어떤 의미에서, 그리스도인들은 두 장소에서 동시에 살고 있다. 이점을 기억하는 것이 오늘의 산고(産苦)들 한 가운데에서 우리들이 인내하며 점잖게 살아가는 것을 도와준다.
>
> 그리스도인 내담자들과 함께 일을 할 때, 그들의 정체성이 그들이 현재 직면해있는 어려운 환경들에 한정되어 있다는 미묘한 암시들을 발견하는 것은 자주 도움이 된다. 이것은 케케묵은 상투적인 영적 사고방식으로 수행되어지지 않고, 가끔씩 기독교 신앙의 의미에 대해 반성함으로써 이루어져야 한다. 예를 들어, 치료사와 그리스도인 내담자는 상담 동안 간략하게 기도하고 그들의 대화 가운데 하나님의 은혜가 드러나도록 요청할 수 있다. 또는 치료사는 하나님의 초월적 관점을 가리킬 수 있다.
>
> "하나님께서 지금 현재 당신에 대해 생각하고 계시고 느끼고 계시다는 것에 대해 당신은 마음속에 무엇을 상상하십니까? 혹은, 신앙기반 관점을 고장난 순환도식활성화의 과정 속으로 가져오기 위하여 어떤 질문을 적절히 배치할 수 있다. 예를 들어, 유능함과 통제력을 유지하려는 절대적 필요를 느끼는 내담자에게, 치료사는 큰 소리로 숙고할 수 있다. "사도 바울이, 그가 약할 때, 그 때 그는 강하다고 기록했을 때 당신 생각에 사도 바울이 무엇을 의미했다고 가정하십니까?"라고 질문할 수 있다.

임상훈련 중에, 치료사들은 초(超)관계하기 기술들을 발달시킬 목적으로 자신들의 상담을 녹음하거나 녹화를 한다. 그리고 심지어 훈련 후에도, 많은 치료사들이 초(超)관계하기 기술들을 계속 쌓기 위하여 감독 중에도 계속 노력한다. 마찬가지로, 우리 각 사람은 우리가 세상을 해석하는 것을 도와주는 특정도식들로 된 정황 안에서 우리들의 삶들을 살아가고 있다.

도식중심 통합적 심리치료의 목표는, 초인지적 기술들을 내담자들이 배우는 것을 도와주어 내담자들이 날마다 그들에게 영향을 미치는 그 도식들 밖에 서 있도록 도와주는 데 있다.

그러므로 비록 그들이 그 도식들로 살아가지만, 그들은 자신들의 도식들을 관찰하는 것을 배운다. 이런 거리두기와 초인지기능 배우기는, 반복적인 도식활성화와 치료사와의 토론들을 통하여 일어난다. 마치 훈련 중인 치료사가 감독과 함께 녹음한 상담을 경청하며 그 의미에 대해 토론하는 것처럼, 내담자도 일상생활에 영향을 미치는 그 도식들을 관찰하며 치료사와 그것들의 의미에 대해 토론하는 것을 배운다.

결국, 내담자가 세계를 경험하는 옛 방식들과는 다른 새로운 정체성을 발달시키면서, 해당 부적응도식은 관찰과 비판의 대상이 된다. 이것은 맥윌리엄즈(McWilliams, 1994, p. 56)가 "관찰하는 자아"(an observing ego)라 부르는 것과 유사하다. 이것은 자아를 관찰하고 경험하는 두 가지에 대한 내담자의 능력을 말한다.

내담자 자신들의 부적응도식들로부터 내담자 스스로를 멀리 떨어뜨리도록 내담자를 돕는다는 이 관념은, 씨갈(Segal), 윌리엄즈(Williams), 그리고 티쓰데일(Teasdale)(2002)의 깊은 주의에 기반한 인지치료(mindfulness-based cognitive therapy, MBCT)과 유사점들을 가지고 있다.

MBCT에서, 우울증에 빠진 내담자들은 자신들의 감정들, 생각들, 그리고 육체적인 감각들에 대해 순간순간 자각하는 것을 배운다. 그들이 주의자각기술들(mindfulness skills)을 더 잘 이해할 수 록, 우울증으로 비롯된 생각의 소용돌이로부터 더 멀어진다. MBCT는 반복되는 우울증에 걸리기 쉬운 사람들 사이에 재발률을 축소시키는데 도움이 된다(Ma & Teasdale, 2004).

또한 장애도식으로부터 자신을 멀리 떨어뜨리기와 영성훈련 사이의 유사성에 주목하라. 예를 들어, 묵상기도는 하나님께 가까이 다가감으로써 개인의 골칫거리들로부터 자신을 옮기는 한 방법이다. 포스터(1992)는 이것을 개인중력중심의 전환으로 기술하고 있다.

> 태초에 우리 인간들은 진정으로 주체이며 우리 기도들의 중심이었다. 그러나 하나님의 시간과 하나님의 방법 안에서 코페르니쿠스적 대변혁이 우리의 마음속에 일어났다. 서서히, 거의 인식 불가능하게, 인간중력 심에 전환이 있었다. 우리 인간들은, 인간의 삶의 일부로서의 신에 대한 관념으로부터 우리 인간들이 그 분의 삶의 일부분이라는 깨달음으로 옮겨갔다. 하나님은 놀랍고 신비스럽게 당신의 자리를 우리 인간들의 기도경험의 가장자리에서부터 그 중심으로 옮기셨다. 마음의 개종이 일어났고, 영의 변화가 발생한 것이다(p. 15).

물론 기도와 치료는 다른 활동들이다. 그러나 그것들은 반복적인 탈중심화의 실천이라는 공통점을 공유하고 있다. 기도에 있어서 기도자는 하나님의 관점을 얻는 데에 초점을 맞춘다. 이것은 일상생활의 문젯거리들로부터 얼마간의 거리를 두는 행위이다. **중심화 기도**(centering prayer)에 대해 말하는 사람들조차도, 기도자는 우선 삶의 어지러움으로부터 탈중심화한 다음, 하나님의 임재 속으로 중심화되어야 함을 상정한다.

치료에 있어서 내담자들은 잠정적 치료관계를 통하여 새로운 관점을 획득하며, 그렇게 하므로 내담자들은 자신들에게 골칫거리들을 야기시키는 도식들로부터 거리를 두게 된다. 때로 기독교적 치료에서도 이 두 가지는 치료사와 내담자가 표준치료방법들과 결합된 기도로 내담자가 탈중심화하도록 돕기위해 사용하는 것처럼 결합된다.

우울증에 대한 도식중심적 통합적 심리치료기법들은 많지 않다. 사실상, 유일한 주된 전략이 존재한다. 유일한 초점은 부적응도식들을 반복적으로 활성화하고 비활성화함으로써 내담자를 돕는 순환도식의 활성화에 있다. 매 순환 때마다 내담자와 치료사는 부적응도식들의 결과들에 대해 토론하고, 내담자는 이전의 사고방식과는 정반대에 있는 새로운 정체성 쪽으로 조금씩 움직여 나아간다.

비록 순환적 도식활성화가 통합적 심리치료에서 도식중심개입들을 위한 중요한 전략이지만, 다른 치료사들이 제안한 몇가지 방법들도 여전히 유용할 수 있다(예를 들면,

J.S.Beck, 1995; McMinn, 1991; Needleman, 1999; Young, Klosko & Weishaar, 2003가 그것들이다). 우리 두 저자들은 도식들을 규명하고 바꾸려고 이 방법들을 사용하기보다는, 탈 중심화를 증진할 목적으로 순환도식활성화를 촉진시키기 위한 방법들로서 이것들을 생각한다.

1) 삶의 역사

치료관계 초기에 세부적인 인생히스토리를 얻는 것이 중요하다. 이것은 치료사가 내담자의 현재 상황에 대한 정황을 이해하는 데 도움을 준다. 거의 모든 치료사는 원(原)가정, 유년시절 또래들과의 관계들, 이전의 심리학적 문제들과 치료들, 교육, 직업, 종교적 가치관, 육체적이며 심리학적 외상, 법적 문제들, 마약과 알코올 사용, 현재 관계들 등등에 대해 질문할 것이다. 그러나 통합심리치료사들은 이 정보들을 두 세트의 렌즈들의 관점에서 바라본다.

첫번째 렌즈는 내담자의 삶의 정황을 이해하기 위한 것이고, 두번째 렌즈는 부적응 도식들로 규명될 수 있는 어떤 순환적 테마들을 알아보기 위한 것이다. 즉 내담자가 무가치하고 부적당한 감정의 히스토리를 가지고 있는 것처럼 보이는가?

다른 사람들로부터 거절당함을 인지한 오랜 문제들을 지금까지 지니고 왔는가?

내담자가 다른 사람들을 믿는 데에 어려움을 가지고 있는가?

내담자의 관계들 속에 고투들이 통제되었는가?

내담자로 하여금 과거에 대해 이야기하도록 하는 것은 정보수집이라는 역사적 연구의 유익 더 이상의 일이다. 도식들은 내담자들이 과거의 사건들에 대해 기술하는 현재의 순간에도 자주 활성화된다. 데니스가 그녀의 술 취한 아버지의 긴 장황한 연설을 자세히 얘기할 때에, 그녀는 단순히 자신의 이야기를 말하고 있을 뿐만 아니라, 그것을 치료관계의 맥락에서 재경험하고 있는 것이다. 치료사가 그녀가 이야기들을 말할 때 그녀의 취약성을 인식하고, 그녀의 감정들과 인지내용들을 관찰하고, 그리고 나중 과정들에서 다시금 그 이야기를 다시 상기하도록 그녀에게 기회를 주는 것이 중요하다.

유년기에 있었던 중요한 이야기들은 치료에서 경험되고 재경험되어 질 필요가 있다. 왜냐하면 매번 그 도식들이 활성화되고 비활성화되는데, 이런 과정은 내담자에게 과거의 사건들을 재평가하고 의미를 발견하는 기회를 제공해 주기 때문이다. 나쁜 이야기들만 이야기할 가치가 있는 것은 아니다. 유년시절의 기뻤던 이야기들도 정중히 요청하고 어떻게 이런 이야기들이 내담자가 싸움을 벌이고 있는 부적응도식들에 연결되는가를 심사숙고하는 것 역시 중요하다.

2) 도식 목록들

일부 치료사들은, 어떤 부적응도식들이 내담자에게 가장 큰 영향을 미치는지 결정하는 데 도움을 주기 위하여 치료 초기에 도식목록들을 제공하는 것이 유용하다는 것을 발견한다. 영(Young 외, 2003)의 도식 설문지(the Young Schema Questionnaire: www.schematherapy.com)는 하나의 선택일 수 있으며 이것은 도식들을 평가하는 자가 보고식 목록이다.

도식목록들은 도움이 될 수 있지만, 통합적 심리치료에서 도식들은 관계적이고 역동적인 것으로 간주될 뿐, 정적이며 본질적인 것으로 간주되지 않는다는 점을 명심하라. 다시 말해, 모든 사람들은 각자 특별한 허리사이즈 혹은 눈 색깔을 가진 것과 똑같이 어떤 동일한 도식을 가지고 있지는 않다. 도식들은 대인관계의 관계성들이라는 맥락에서 출현하는 것이며, 그것들은 한 상황에서 다음 상황으로 자주 변한다. 그러므로 비록 때때로 특정 취약 영역들을 규명하고 도식에 대한 대화를 시작되도록 하는 데에 도식목록들을 사용하는 것이 도움이 된다고 할지라도, 치료사가 그 결과들을 주의 깊게 그리고 융통성있게 해석하는 것이 중요하다.

도식목록들의 가장 큰 이점은, 우울증에 이바지하는 도식들에 대해 내담자가 생각하 하고 이야기하는 그들의 능력내에 있을 수도 있다. 이러한 대화들은 도식활성화로 이어진다. 치료사와 내담자가 그 상담 중에 활성화되는 그 도식들에 대해 이야기를 나누고, 그것들의 비활성화를 위해 함께 일할 때, 그것은 내담자의 초(超)인지평가(meta-cognitive appraisal)를 위한 능력획득에 도움을 준다.

> ### 상담 조언 9.3 : 역사적 분석
>
> 내담자의 인생사 도표를 만드는 것이 자주 도움된다. 예술가들이 쓰는 타블렛사이즈 종이들처럼 큰 종이 한장이 사용될 수 있다. 먼저, 종이 한쪽 끝에서부터 다른 한 쪽 끝으로 직선을 그어라. 그 다음, 일정간격으로 세로 표시선들(일 인치 혹은 이 센티미터 길이가 좋다)을 표기한다. 그 다음, 각 표시선에 0부터 8까지의 숫자를 매긴다.
>
> 그리고 내담자가 기술하는 기억들을 기록할 때 이것을 역사연표로 사용한다. 내담자가 유년시절의 중요한 기억을 회상할 때마다 즐거운 것이든, 불쾌한 것이든, 그 중간의 사건이든 그 도표에 목록을 추가하라.
>
> 마지막 결과는 내담자의 발달과거에 대한 가시적 그림이 될 것이다. 이것은, 여러 많은 내담자들로부터 기억해야 할 많은 세부 사항들을 가진 치료사들과, 그리고 유년기에 특별한 형성적 사건들의 순서를 결코 알아차리지 못했던 내담자들에게 특히 유익하다.
>
> 더욱이, 그것은 내담자가 치료 중에 형성적 발달사건들로 자주 반복해서 돌아갈 이유를 제공한다. 그럴 때마다, 옛 도식을 활성화하고, 그 도식에 대한 관찰자로서의 정체성을 쌓아가는 것을 배운다.

3) 신념에 대한 토론들

기독교 신념들을 지닌 내담자들의 경우, 하나님에 대한 그들의 관점들에 대해 토론하는 것이 자주 도움이 된다. 우울증으로 고군분투하는 기독교 내담자들은 하나님을 잔인하거나, 응보(應報)적이거나, 변덕스럽거나 혹은 불가함을 표시하는 존재로 여기는 경향이 있다. 하나님에 대한 이러한 관점들은 치료 중에 신학적이거나 학문적인 방식이 아니라 일상경험들의 상황속에서 토론될 수 있다. 다시 언급하건데, 이것은 부적응도식들을 활성화하고 평가하는 기회를 제공한다. 다음은 게리(Geri)와 마크(Mark) 사이의 대화이다.

게 리: 가끔 전 하나님이 나에 대해 무슨 생각을 하실지 궁금해요.
마 크: 그것은 흥미로운 생각입니다. 당신은 어떻게 생각하세요?

게 리: 십중팔구 좋지 않을 거예요. 제 말은요 저의 삶이 매우 엉망이라는 말입니다. 제가 지금까지 해 온 것들 중 몇 가지는 예쁘지 않거든요.

마 크: 그러니까 그 생각은 하나님이 당신에게 실망해 있다는 거군요?

게 리: 네, 그것도 아마 매우 화가 나 계실 거예요.

마 크: 당신이 정말이지 엄청나게 얼빠진 놈인 양 말이죠.

게 리: 제 생각에 바로 그런거죠.

마 크: 하나님이 당신을 어떻게 간주하시는가에 대해 당신은 어디에서 그런 생각들을 얻었다고 보십니까?

이 예에서 치료사는 올바른 신학을 가르치려고 노력하기보다는 내담자의 신앙적 신념들의 심리학적 차원들을 면밀히 살펴려하고 있다는 점에 주목하라. 심리학적 파편더미가 그녀의 신앙을 어지럽게 흩트려뜨리는 한, 이 내담자는 그녀를 향한 하나님의 사랑의 깊이를 이해할 가능성이 없다.

가끔 치료 중에 교리적 진리들에 대해 토론하는 것이 적합하다. 그러나 대부분의 경우 심리치료는 전(前)신학적이다. 즉, 사람이 하나님을 더욱 명확하게 보도록 그 길을 깨끗이 하는데 도움을 주는 역할을 한다. 자신에 대한 지식과 하나님에 대한 지식은 밀접히 연관되어 있다(칼빈, 1559/1997).

4) 특정한 것에서부터 일반적인 것으로 옮겨가기

단어들은 치료의 화폐이다. 내담자들은 사건들과 삶의 의미에 관한 단어들을 교환하기 위해서 매 과정마다 찾아온다. 통합적 심리치료에서 치료사는 특정 사건들과 삶에 대한 더욱 일반적인 결론들 사이를 움직이기 위해 단어들을 사용한다. 그리고 특정한 것에서부터 일반적인 것으로 움직여 가면서 치료사는 도식들을 규명하고 활성화하려고 노력한다.

전형적인 유형은 다음 두 단계들과 필연적으로 연관되어 있다.

첫째 단계에서는 내담자가 최근에 어떤 특별한 사건에 대해 토론을 부추긴다. 다음 빌(Bill)과 클락(Clark)의 대화를 살펴보자.

빌 : 전 이번 주에 기분이 매우 가라앉아있음을 느꼈어요. 그 어느 때보다 더욱 안 좋은 느낌인 것처럼 보여요.

클락: 그런 말을 들으니 유감이군요. 전 정말로 이것이 어떻게 보이는지 느낌을 얻기 원해요. 아마 당신은 지난 24시간 남짓의 시간 내에, 정말 기분이 가라앉은 때를 생각할 수 있을 겁니다. 같이 그것을 살펴봅시다.

빌 : 최근 들어 대부분의 시간에 그랬던 거 같아요. [말이 없다]. 제 생각에 가장 나빴던 한가지 경우가 바로 오늘 당신 진료소로 운전해오고 있었을 때예요.

클락: 좋아요. 그러니까 당신은 차 안에 있었고, 이곳으로 운전하고 있었고, 기분은 가라앉아있음을 느꼈군요. 그것을 더 자세히 살펴봅시다. 당신은 어떤 종류의 생각들과 기분들을 가지고 있었나요?

최근 특정한 사건들은 일반적인 대화보다 감정들에 연루되어 있을 가능성이 훨씬 더 높다. 이 대화에서 우리는 치료사가 내담자를 구체적인 방향으로 조금씩 끌어가고 있음을 알 수 있다. 그러나 일단 그 구체적인 일화가 규명되고 나면, 둘째 단계로 들어간다. 이 단계는 삶에 대한 일반적 결론들을 드러내는 단어들을 경청하는 것이다. 이런 일반적인 결론들은, 도식중심적 치료에서 평가될 필요가 있는 그런 도식들이다.

빌: 전 막 너무나 우울해짐을 느꼈어요. 내가 여기 두 달 동안 찾아오고 있다는 걸 나두 몰랐어요. 그리고 내가 더 이상 좋아지지 않고 있다고 확신해요.

클락: 네, 전 지금 그 그림을 그려볼게요. 당신은 이곳으로 운전을 하고 있고, 치료 중에 당신이 어떻게 할지에 대해 생각하며, 그리고 당신의 진척에 대해 용기를 잃고 있군요.

빌: 네, 그렇게 저도 생각해요. 제 말은요 그건 정상적 기분이 아니란 말이예요. 전 보통 내가 떠날 때 기분이 더 좋아요. 어떤 날들은 내가 좋아지고 있구나하는 생각이 들지만, 그런데 가끔 내가 정말 좋아질까 전 의아하게 여겨져요. 그런 말이 공격적으로 들리지 않기를 바랍니다. 전 당신을 탓하는 게 아니예요. 전 제가 희망너머에 있는 것 같은 느낌이 들 뿐이죠.

클락: 제가 공격받았다고 느끼지 않는 것이 당신에게 중요해 보이네요.

빌: 오, 물론이죠. 전 당신이 훌륭한 치료사라고 정말로 생각해요. 난 단지 무엇이 잘 못된 것인지 모르겠을 뿐이예요. 왜 내가 더 좋아질 수 없을까 말예요.
클락: 그러니까, 난 잘 하고 있지만, 당신은 엉망이다. 내가 그렇게 들은 게 맞습니까?
빌(Bill): [부드럽게 낄낄 웃는다].
　　　네, 그런가 봐요.

이 대화에서 치료사는 더욱 일반적인 신념으로 뒤로 물러나며 결점 있고 부적당함에 대한 어떤 도식을 활성화시키고 있다. 이 대목에서 본 대화는 치료에서의 진전에 대한 특정한 생각들보다는 그 도식으로 옮겨간다.

5) 주제들을 찾기

증상중심적 치료국면 내내, 치료사와 내담자는 역기능적 사고기록과 다른 인지적 재구성방법들의 일부로서 다양한 일화들에 대해 토론한다. 이 각 토론에서, 치료사는 내담자의 공통된 도식들을 이해하고 활성화시키려는 목표로 기저에 깔린 주제들에 주목한다. 빌은 치료에서 자신이 더 좋아지지 않고 있다고 느끼면서 두 번째 과정에 몇 분 지각한 후 귀찮을 정도로 되풀이하며 사과했다.

세번째 과정에서, 그는 직장에서 승진에서 제외되었음을 언급했지만, 그것이 아마 최선의 선택이라고 치료사에게 장담했다.

다섯 번째 과정은 역기능적 사고기록에 연결되어 있었다. 빌은 한 지역 세일즈회의 기간 동안 어느 호텔 방에서의 외로운 저녁에 대해 묘사했다. 그는 홀로 앉아 텔레비전을 시청하며, 그의 동료들과 함께 저녁 정찬을 즐길 수 있기를 바라고 있었다. 하지만 아무도 그를 초대하는 전화를 하지 않았기에 그들이 동반하기를 원하지 않는다는 점을 깨닫고 있었던 저녁이었다.

일곱 번째 시간은, 그가 치료에서 어떻게 더 나아지고 있지 않는가에 대한 이전의 토론으로 시작했다. 이 대목에서 치료사는 빌의 이야기들 중 한 주제를 주목한다. 그는 스스로를 결점이 있고 가치없는 존재로 여기고 있는 듯하다. 빌이 치료에서 더 좋아지지 않는 것에 대해 자신을 비난할 때, 그의 치료사는 기저에 깔린 도식활성화를 위한 기회로 사용한다.

클락: 그러니까 난 잘 하고 있는데, 당신은 엉망이다. 내가 그렇게 들은 게 맞습니까?
빌: [낄낄낄 부드럽게 웃으며] 네, 제 생각에 그래요.
클락: 이 경우 외에 당신 삶 속에서 그런 경우를 알고 계십니까?
옳지 않은 것들에 대해 당신이 비난받아야 한다고 가정하는 경우가 있으세요?
빌: 가끔 그래요.
클락: 전 당신이 그런 것을 어디서 배워 아는지가 궁금할 따름입니다.
빌: 오, 그건 제게 매우 자연스럽게 다가온 일입니다. 만일 뭔가 잘못되어 간다면 그것은 제 잘못이라는 것이 우리 가족 내에선 당연한 것이었어요.
클락: 흥미롭군요. 당신은 아직도 그것을 당신 것으로 갖고 있군요.

이 예에서 치료사는 빌을, 이전 과정들에서 모습을 드러낸 한 테마를 지적함으로써 도식중심적 토론쪽으로 움직이고 있다.

6) 감정 자극하기

치료사들이 인지적 도식들 활성화하는데 어려움을 느낄때는, 그 이유가 그들이 지적 수준에서 치료를 수행하고 있기 때문인 경우가 자주 있다. 도식들에 접근하려면 감정들이 연결될 필요가 있다.

이것은 모든 내담자들이 매 상담마다 엉엉 소리내 울 필요가 있다는 의미는 아니고, 대화란, 어떤 다른 경험에 대해 주고받은 단지 공식적인 대화 그 이상의 살아온 경험들이라는 것을 뜻한다. 다음 대화에서 치료사는 슬픈 목소리을 지적함으로써 빌의 감정들에 연결되기위해 노력한다.

빌 : 오, 그건 매우 자연스럽게 저에게 다가옵니다. 만일 뭔가 잘못되어 간다면 그것은 제 잘못이라는 것이 우리 가족 내에선 당연한 것이었어요.
클락: 흥미롭군요. 당신은 아직도 그것을 당신것으로 가지고 있군요.

빌 : 아마 그렇죠. 아직도 우울증에 빠져있는 나 때문에 당신을 비난하는 것보다 그 것이 십중팔구 더 낫죠[낄낄 웃는다].

클락: 음, 그 의심의 유익에 대해 감사드립니다. 매우 친절하시군요.

　　　당신 자신에게 그렇게 친절하면 어떤 느낌일까요?

　　　그 의심의 유익을 당신 자신에게 준다면요?

빌 : 음, 저도 모르죠. 그렇게 시도해 본 적이 없어서요.

클락: [잠시 말이 없다]. 빌, 방금 당신이 그런 말을 했을 때, 난 당신 목소리에서 아픔을 들었어요.

빌 : 네, 그것은 아픔을 느끼게 해요. [잠시 말을 멈춘다] 그것은 아픔을 느끼게 해요. 저 자신에 대해 매우 끔찍한 감정이 들어요.

클락: 그래요 당신의 아픔은 수치심속에 내재되어 있어요. 마치 당신에 대한 무언가가 두려울 정도로 결함이 있고 사랑할 만하지 않은 것처럼 말이지요.

빌 : [계속해서 유년시절 학대 이야기를 자세히 이야기한다].

흔들리는 목소리나 내담자들의 눈에 눈물을 알아차리기 위해 대화를 멈추는 것은, 감정유발을 위한 효과적 방법일 수 있다. 특히 적절한 신뢰 관계가 설정된 후에는 더욱 그러하다.

치료사들이 감정들을 불러일으킬 수 있는 여러 가지 방법들이 있다. 예를 들어, 단 몇가지만 나열하면, 상처와 관련된 대화 동안 앞으로 몸을 기울이고 자신의 목소리를 부드럽게 하기, 역할극하기, 기도와 묵상훈련 등이 있다.

> ### 상담 조언 9.4: 감정들로부터 분리된 상태일 때
>
> 이따금씩 내담자가 감정들과 완전히 분리되어 있는 것처럼 보일 수 있다. 어른은 친척에 의해 성적으로 짓궂게 치근댐을 당한 기억들을 묘사하지만, 그 이야기 내내 눈물 한 방울 흘리지 않을 수도 있다. 또 다른 사람은 전투의 공포들에 대해 말하지만, 총에 맞아 넘어진 친구들을 바라보는 이미지들로 이야기를 마무리하며 무시무시하게 자세히 내용을 말하는 동안 어떠한 감정도 나타내지 않을 수 도 있다. 여전히 다른 때에, 내담자는 일치하지 않는 감정들을 나타낼 수도 있다. 예를 들어, 외로웠던 유년시절에 대해 말하는 동안 웃는 것 등이다.
>
> 감정과 본 이야기 사이의 부조화를 지적하는 것이 내담자의 감정들을 면밀히 살피기 시작하는 한가지 좋은 방법이 될 수 있다. 그러나 당사자가 이러한 감정들을 분할하는 어떤 이유가 있을 수 있음도 명심하라. 아마도 성폭행 생존자라면 정신적 외상에 대처하기 위하여 감정들을 부인하는 것을 배웠을 것이다. 또 다른 성인 내담자는 특정 감정들이 나약함의 표시로 간주되었던 가족 출신일 수 있다. 어쩌면 전투의 요구들은 감정들을 고려하는 사치를 허용하지 않았을 것이다.
>
> 내담자가 감정들로부터 분리되어 있을 때, 대개 그것을 지적하고 인내하며 있는 것이 현명하다. 내담자가 치료 중에 아픈 감정들을 자세히 탐구하여 고백하기 시작할때까지 충분히 안전함을 느끼는 데는 여러 주간이나 몇 달이 필요할 수 있다.

7) 인도된 발견법

표준인지치료 교과서들은 인도된 발견법으로 알려진 기법에 대해 토론한다(예를 들어, J. S. Beck, 1995). 여기에서 치료사는, 더욱 일반적인 핵심 신념들에 도달할 목적으로 어떤 생각 기저에 있는 의미에 대해 계속 질문한다. 이것은 소크라테스적 질문법을 사용하여 서로 협력하며 수행된다.

그러므로 치료사에 의하여 내담자의 도식이 단지 해석되기보다는 내담자 기저에 깔린 특정한 도식발견의 과정을 경험하게 된다. 이것은 아랫 병동화살표기법(the down-ward arrow technique)[1]이라고도 알려져 온 기법이다. 왜냐하면 그것은 대화을 인지내

---

1 (역주) '아랫-병동 화살표 기법'으로도 알려진 J. S. Beck(1995)의 인도된 발견법.

용의 더 깊은 수준들로 옮겨가도록 도와주기 때문이다. 다음의 공식 대화들은, 인도된 발견법을 사용하여 빌이 스스로 기저에 깔린 도식을 발견하도록 도와주는 치료사와, 기저에 깔린 도식이 무엇인지 해석만 해주는 치료사 사이의 차이를 보여준다.

빌 : 전 화요일 밤에 기분이 매우 다운됨을 느꼈었어요. 저는 동료 몇명과 씬씨네티에 지역회의 참가했어요. 그런데 회의 후 그들은 저녁을 먹으러 외출했고 전 제 호텔방에 머물며 텔레비전을 시청했어요.
클락: 당신은 기분이 우울해져 텔레비전 앞에 앉아있었군요. 그런데 당신은 자신에게 무어라 말하며 그렇게 있었어요?
빌 : 전 그들이 저를 초대하지 않았다는 점에 대해 좀 놀랐어요.

더욱 협력적 유형의 인도된 발견법이 선호된다. 내담자는 자신의 신념들을 발견하는 중이며, 치료사는 내담자가 무엇을 생각하고 느끼고 있었는지를 단순히 해석할 때보다도 훨씬 더 그럴듯하게 순수 도식활성화를 하고 있기 때문이다.

인도된 발견법은 도식들을 활성화하는 유용한 한 방법일 수 있지만, 그것이 지닌 많은 양의 질문들이 때로 솔직하지 못하다고 느껴지거나 내담자를 방어적 입장에 놓을 수 있다. 더 깊은 차원의 인지구성을 위해 진행해가는 동안 신뢰관계를 쌓아갈 목적으로 인도된 발견법 질문들을, 감정이입 반영들 그리고 정서적 탐구와 균형을 맞추는 것이 최선인 것으로 보인다.

인도된 발견법에 따른 대화	치료사가 해석만 하는 대화
클락: 그들이 당신을 초대하지 않았다는 것이 당신에게 무엇을 의미했습니까? 빌: 글쎄요, 당신도 알다시피, 그것은 단지 그들이 저에 대해 그렇게 많이 관심을 갖고 있지 않다는 것을 의미하지요. 클락: 그리고 당신의 생각들은 훨씬 더 멀리 갔었지요? 만일 당신이, 그들은 당신에 대해 관심이 없다고 생각한다면, 그것이 당신에게 무엇을 의미합니까? 빌: 그것은 저에게 무언가 정말 잘못된 게 있다는 의미겠지요. 전 이 친구들과 지금 수년간 같이 일하고 있어요. 그들이 저랑 같이 외출하지 않는 어떤 이유가 틀림없이 있습니다.	클 락: 그러니까 이 대목에서 우리는 다시금 이런 수치심 도식을 보네요. 당신은 그 방에 혼자 앉아서 당신에게, 만일 사람들이 정말로 관심을 가졌더라면, 그러면 그들이 당신을 초대했었을텐데라고 말하고 있었지요. 그렇다면, 그 다음 논리적 결론은 당신에게 뭔가 잘못이 있음이 틀림없다. 그렇지 않았다면 그들은 당신을 초대했었을 것이다라고 생각합니다. 빌: 네, 저도 그것이 제가 생각하고 있었던 것이라고 생각합니다.

8) 상상과 묵상기도

　대부분의 치료가 비록 구어적(verbal) 맥락에서 일어난다고 할지라도, 상상과 묵상기법들 역시 도식들 활성화에 사용될 수 있다. 상상은 말로는 접근할 수 없는 내담자의 경험세계 속으로 도달할 수 있는 기법이다. 한 가지 선택사항은 우울증에 빠진 내담자에게 가장 어려움을 안겨주는 도식들을 규명하는 데 도움을 줄 목적으로 치료관계 초기에 심상 기법을 사용하는 것이다(Young 외, 2003).

　이것은 내담자를 눈을 감긴채 편안히 휴식하게 하고, 안전한 장소를 상상하게 하며, 마음속에 특정한 이미지가 떠오르도록 해주는 것과 연결되어 있다. 일단 그 상(象)이 존재하면, 내담자는 차분히 앉은 채 작동하는 생각들과 감정들을 심사숙고한다. 그런 다음 그것들을 치료사에게 심상훈련의 결론시기에 보고한다. 내담자는 현재나 과거로부터 어떤 상을 불러오도록 지시받을 수 있다. 이것은 치료사가 현재 상황들을 찾고 있느냐, 발전적 사건들을 찾고 있느냐에 달려 있는 문제이다.

또한 상상은 도식들을 비활성화하는 데에도 사용될 수 있다. 예를 들어, 디스트레스와 아픈 도식을 경험하고 있는 내담자는 편히 휴식하고 안전하고 아름다운 장소에 가는 것을 상상하도록 지시받을 수 있다. 포스티마(Postema, 1985)가 제안한 것처럼, 이 훈련은 대부분 영적 묵상과 연결될 수 있다. 포스티마의 영성훈련(1985)에서 그는 사람들에게 반복적으로 존경과 묵상적 자세로 "나는 하나님께 속해 있다"고 묵상하도록 훈련시켰다.

심리치료에 있어서 기도와 묵상을 어떻게 사용해야할지 결정하는 데 고려할 많은 요인들이 있지만(McMinn, 1996), 묵상기도훈련들은 더 깊은 차원의 정서적이며 영적인 흐름들을 관찰하기 위한 지적인 대화 아래로 당사자를 이끄는 데 큰 도움이 될 수 있다(진료소에서 7.2를 보라). 때때로 기도묵상은 일반 치료적 대화가 할 수 없는 방식들로 내담자들이 자신의 도식에 접근하는 것을 도와줄 수 있다(이런 예로 McMinn, 2006를 보라).

하지만, 이런 사실은 그리스도인 치료사들이 치료할때 기도를 사용하는 데에 주의하도록 만든다. 왜냐하면 영적 훈련들이 근본적으로 그들의 심리적 이익에 의해 동기부여가 되지 말아야만 하기 때문이다. 말만으로는 접근할 수 없는 경험들과 관점들에 치료 내담자들이 접근하는 것을 기도가 도울 수 있다는 것, 그리고 기도의 치유능력이 수세기 동안 확실했다는 것에 대해 하나님은 당연히 기뻐하신다.

그러나 많은 치료사들이, 유서 깊은 영성 훈련을 기분을 좋게 만드는 수단으로 디자인한 치료기법으로 바꿈으로써, 이미 용서받은 것을 그 기도와 연결시키지 않도록 조심합시다.

> ### 상담 조언 9.5: 기도를 할 것인가 아니면 하지 않을 것인가
>
> 현재까지 수많은 세기 동안 기도는 사람들의 삶들 속에서 치유의 힘이다. 많은 그리스도인 상담사들과 심리치료사들은 그들의 일에 기도를 이용하며, 상한 사람들에게 희망과 치유를 가져다주는 기도의 힘에 주목한다.
>
> 심리치료에 있어서 기도해야 할 시기와 장소가 있다. 그러나 기도가 회피되어야 할 시기들도 존재한다. 만일 치료사와 내담자가 기도를 통하여 하나님이 아니라 서로에게 이야기하고 있다면, 그것은 비단정적, 간접적 유형의 의사소통의 모형을 만들어가고 있는 것이다. 내담자가 케케묵은 영적사상들에 의지하여 감정과 개인적인 통찰력을 회피할 때, 실제로 기도가 더 큰 방어를 조장할 수 있다. 그러면 기도는 때로 하나님 중심적이 되기보다는 더욱 자기중심적이 된다. 예수님은 개인적 위신(威信)[3]을 위해 기도했던 사람들에 의해 특별히 공격을 받았다(마 6:5–18; 눅 18:9–14을 보라).
>
> 때때로 내담자들은 치료사에게 기도를 요청할 것이다. 그리고 어떤 내담자들은 치료사가 "기독교적 상담"을 하는지 파악하려고 심지어 기도를 기준으로 사용할 수도 있다. 그래서 내담자들과 함께 기도하는 그런 치료사들은 그리스도인 상담사들로 인정되고, 그렇지 않은 사람들은 양의 옷을 입은 늑대들로 간주된다. 내담자와 함께 기도하는 것은, 그 기도가 내담자로 하여금 하나님의 임재와 은총을 경험하도록 도울 때, 치유가 될 수 있다. 만일 기도가 해로운 방어기제들, 간접적 의사소통, 혹은 자아도취 중심적 신관에 이바지한다면, 그것은 역시 해가 될 수도 있다.

9) 요약

인생사 파악하기, 도식목록 사용하기, 신앙에 대한 토론들, 구체적인 것에서부터 일반적인 것으로 옮겨가기, 테마들 찾기, 감정들을 유발하기, 인도된 발견법, 그리고 심상법과 묵상적 기도를 사용하기는 순환적 활성화를 성취하기 위한 다양한 방법들이다. 치료사의 개인스타일에 근거하여 등장한 다양한 방법들이 있다.

중요한 요점은 부적응 도식들을 여러 번 반복적으로 활성화하고 비활성화하는 창조적인 방법들을 찾는 것만큼, 다수의 특정기법들을 규명하는 것은 아니라, 매 상담마다 내담자가 과거와 현재, 의식과 무의식, 생각들과 감정들 사이를 연결하는 것, 그래서 그 부적응도식들이 주체가 되기보다는 객체가 되도록 약간의 거리를 두도록 도와주는 것이다. 이것이 초(超)인지법의 정수이다. 다시 말해서, 어떤 도식 밖으로 걸어나와 그것

을 다른 유리한 관점에서 평가할 수 있는, 그리고 그 과정에서 자신의 삶이 지닌 새로운 이야기를 말하기 시작할 수 있는 인지법, 그것이 초(超)인지법의 정수이다.

4. 빌딩을 연결하는 다리로서의 회귀적 도식 활성화

혹자는 통합 심리치료사들을 다리-건설자로 간주할 수 있다. 다시 말해서, 인지내용과 감정, 무의식과 의식 과정들, 과거와 현재 등등의 사이에 난 틈들을 내담자들이 메우도록 끊임없이 도와주는 역할을 한다고 볼 수 있다. 통합적 심리치료에서 다리-건설의 본질은 데니스가 회한과 죄책감이라는 감정들을 느끼며 지나갈 때의 데니스와 치료사 사이의 공식적 대화를 다시 들여다봄으로써 예증되어 질 수 있다.

1) 증상중심개입들과 도식중심개입들 사이에 다리놓기

이 장 앞부분에 제공된 대화 조각의 끝부분 근처에서, 우리는 치료사가 더 깊이 내재된 도식을 활성화할 목적으로 증상중심개입을 넘어 움직여가는 것을 보았다. 생각들과 감정들을 분류하기 위해 부적응적 사고기록을 이용하는 증상중심적 전략으로 시작한 것은 일단 치료사가 데니스로 하여금 그녀의 감정들을 지닌채 말없이 앉아있도록 허락한 도식활성화로 움직여 나아간다.

마 크: 당신은 지금 여기 이곳에 앉아 있습니다. 눈물이 당신 두 뺨에 흐르고 있고, 일종의 자기 자신에게 고함을 지르고 있는 거지요. "나는 도대체 어떤 류의 인간인가? 이런 생각들을 누가 가지고 있겠는가? 난 실패한 아내야. 난 끔찍한 파트너야"라고 말입니다.

데니스: 어-엉[침묵이 뒤따른다].

마 크: 그 눈물에 대해 이야기해보세요.

데니스: [여전히 엉엉 운다]. 전 너무나 취약함을 느껴요. 너무 무서워요.

마 크: 왜냐하면 이렇게 가깝게 된 사람들이 당신에게 상처를 줄 수 있기 때문이죠.
데니스: [고개를 끄덕인다].
마 크: 그러니까 아마 이것은 두려움에 대한, 자신을 보호하는 것에 대한, 안전히 머무르는 것에 대한 것이겠군요.

이것은 현재 순간에서의 생각들과 감정들을 들여다보는 경향을 가진 증상중심적 접근법과, 현재의 생각들과 감정들을 추적하여 더욱 침투력이 있는 신념들과 감정들까지 거슬러 찾는 도식중심적 접근법 사이의 움직이는 것을 증명한다.

2) 인지내용과 감정 사이에 다리 놓기

인지내용과 정서 사이에 만들어진 연결관계들도 주목하라. 치료사는 데니스의 눈물에 주목하기를 요청하고 있다. 즉, 용기있게 더 깊이 살피기를 희망하며, 현재 그녀가 느끼는 그 감정에 더욱 주의를 집중하도록 강조하고 있는 것이다. 동시에, 치료사는 인지내용을 다시 보고 있다. 이것은 데니스가 자신의 생각들과 감정들 사이의 연결 관계들을 알아보도록 도와주는 것이다.

마 크: 당신은 지금 여기 이곳에 앉아 있습니다. 눈물이 당신 두 뺨에 흐르고 있고, 일종의 자기 자신에게 고함을 지르고 있는 거지요. "나는 도대체 어떤 류의 인간인가? 이런 생각들을 누가 가지고 있겠는가? 난 실패한 아내야. 난 끔찍한 파트너야"라고 말입니다.

통합적 심리치료에서 치료사는 끊임없이 내담자가 자신의 생각들과 감정들을 면밀히 탐구하도록 도와준다. 이것은 신학적이며 심리학적인 이유들 때문에 중요한 일이다.
신학적으로, 인간능력의 넓이를 염두에 두는 것은 중요하다. 하나님은 인간들을 다양한 방식들로 기능하도록 만들었다. 우리 인간은 육체적, 사회적, 의지적, 영적, 정서적, 인지적, 그외 더 많은 기능을 가진 존재들이다. 그런 까닭에, 인간에 대한 기독교적 관점은, 사회적, 영적 상황속에 놓인 전인(the whole person)적 다차원성(multi-

dimensionality)을 주장한다(Willard, 2002). 영혼돌봄에 대한 한 접근법이 인간 본성의 한 양상을 격리시키며, 다른 양상들도 격리시킬 때마다, 편협해지고 불완전해질 가능성이 있다.

심리치료에 대한 일부 접근법들은 거의 감정에만 초점을 두며, 다른 일부 접근법들은 거의 배타적으로 인지내용에만 초점을 두고 있다. 어떤 치료사들은 영적 문제들을 무시해 왔지만, 다른 치료사들은 영적 문제들에 너무 집중하여 경험의 나머지 차원들을 간과하는 것으로 보인다. 통합적 심리치료에서 우리 두 저자들은 다양한 차원들의 인간의 경험들 사이에 다리들을 놓으려고 시도한다.

	경험적 시스템	인지적 시스템
자명종이 오전 6:00에 울린다.	애쉬리(Ashley)는 불신으로 신음하며, 그녀의 몸은 잠을 더 자기를 원한다.	그녀는 자신에게 60분 후에 일이 시작됨을 상기시킨다. 그러므로 그녀는 잠자리에서 일어날 필요가 있다.
동료들과 점심 먹기	애쉬리는 친구들과 함께 있는 재미와 웃음을 즐기며, 좋은 음식의 기쁨도 즐긴다.	그녀는 클럽에서 파는 샌드위치가 얼마나 많은 칼로리와 지방 몇 그램을 포함하고 있는지 숙고한다.
점심 식사 후	그녀는 자신의 클럽 샌드위치에 더하여 치즈케익을 먹은 것에 대해 모호한 죄책감을 느낀다.	애쉬리는 자기 자신에게, 이런 단체 점심 식사는 한 달에 단 한 번 일어나는 일이고, 다른 대부분의 날들엔 점심으로 자신이 먹는 것을 스스로에게 제한할 것을 상기시킨다.
저녁에	그녀는 그녀 남편과 함께 앉아서 빌려 온 영화를 함께 시청하면서 남편과의 동료애를 향유한다.	그녀는 그 영화의 비현실적인 줄거리를 비웃는다.

심리학적으로, 엡스테인(Epstein, 1994)은 인지-경험적 자아이론(cognitive-experiential self theory; CEST)을 위한 강력한 이론적 설명을 제공하고 있다. CEST에 따르면, 인간들은 동시에 작동하는 두 가지 시스템들을 가지고 있다. 하나는 인지적

시스템이고 그리고 하나는 경험적 시스템이다. 경험적 시스템은 관계적, 연합적, 그리고 정서적이다. 인지적 시스템은 논리적, 분석적, 합리적, 그리고 체계적이다. 두 시스템들은 항상 작동 중이다.

이것은 다음 예로 예증되듯이 정상적인 일상 활동들 전반에 걸쳐 관찰될 수 있다.

CEST는 앎의 경험적이고 합리적 방법들 사이에 다리놓기의 중요성을 강조한다. 마찬가지로, 통합심리치료사들도 내담들의 인지적이고 경험적인 차원들을 고려하고, 그 두 가지 사이에 다리를 놓는 것에 도움을 주고, 사회적, 영적 정황속에 있는 전인적 관점을 유지하는 동안 그렇게 하는 것이 현명하다.

3) 무의식적 그리고 의식적 과정들 사이에 다리 놓기

다른 종류의 다리-건설은 치료사가 무의식과 의식적 과정들 사이를 내담자가 연결하는 것을 도와줄 때, 과정별 도식활성화 중에 일어난다. 우리가 자신들에 대해 모르는 것들이 우리들에게 가장 큰 힘을 발휘한다는 심리학 분야의 일반격언이 있다. 이것은 죄의 순수이성적 효과(the noetic effects of sin)라는 신학적 개념과 일치한다(Moroney, 2000). 다시 말해 우리 인간은 우리의 죄악된 상태 때문에 일종의 눈멂, 즉 지적 아둔성을 가지고 있다. 그리고 이 눈멂이 우리가 하나님과의 관계에서 우리 자신들을 올바르게 보지 못하게 한다.

심리학적 성장과 성화 이 두 가지는, 우리 인간이 점차로 우리들의 취약성들, 강점들과 약점들에 대한 통찰력을 획득함에 따라 눈이 열리는 것과 필연적으로 연결되어 있다. 이것이 관계적 과정이다. 우리 인간들은 하나님 그리고 다른 사람들과 연결될 때에 통찰력을 획득한다. 인지적 도식들은, 더욱 큰 자기 자각을 조장하는 어떤 관계가 있을 때까지 전형적으로 의식적 자각 아래에서 기능한다. 통합적 심리치료에서 도식들을 활성화함으로써, 치료사는 무의식적 과정들이 드러나도록 돕는다.

앞부분에 있는 공식적 치료대화에서, 데니스의 감정 활성화는 작동 중인 것으로 보인 다소 덜 의식적인 도식에 그녀가 접근하도록 도와주었다. 그녀는 나쁜 아내라는 죄책감을 유발하는 사고들에서부터 무섭고 취약함을 느끼는 감정으로 갑자기 바뀌었다. 그 다음, 이 전 상담시부터 데니스의 유년시절의 무엇인가를 이해하고 있는 치료사는 현상황에서 덜 의식적인 수준에서 작용하고 있는 더 깊은 차원의 테마들로의 다리 놓기를 도와준다.

이 대화는 현재 데니스의 결혼에 대한 것 뿐 아니라, 또한 누군가와 밀접한 관계가 된다는 것은 그녀가 상처받게 될거라는 것과 사람들이 신뢰될 수 없음을 뜻한다는, 삶 속에 있는 더 깊은 차원의 어떤 신념에 대한 것이기도 하다. 대화가 계속될수록, 우리는 치료사가 이 비의식적인 인지도식들에 대한 접근을 그녀가 획득하는 것을 도울 목적으로 데니스의 자기보호방식을 활성화하는 것을 보게 된다.

마 크: 그러니까 아마 이 일은 두려움에 대한 것이군요. 즉, 당신 자신을 보호하는 것에 대한, 안전히 머무르는 것에 대한 일이지요.

데니스: 저도 그렇게 추측해요.

마 크: 그 눈물에 대해 더 이야기를 합시다.
    마음속에 무엇이 진행되고 있습니까?

데니스: 나는 무섭고 수치스러움을 느껴요. [말을 멈추고 쉰다] 무엇을 해야할지를 전 모르겠어요. 전 단지 차에 올라타 그냥 영원히 혼자 운전해 가고 싶어요.

마 크: 당신은 그 공포를 회피하고 싶어 하는군요.

데니스: 네. [흐느껴 운다].

마 크: 데니스씨, 이것이 친숙한 감정입니까?
    그 전에도 그런 감정이 들었던 적이 있습니까?

데니스: 가끔씩 제 아빠가 자정이 돼서 집에 격노하여 들어오셔서 엄마한테 그리고 보이는 데로 누구에게나 고함을 지르셨었죠. 그러면 전 항상 심한 두려움을 느꼈고, 보통 침대 밑이나 장롱 안에 숨었어요. 어찌할 줄 몰라 했어요.

마 크: 캄캄한 어둠 속에 누워 있으면서, 당신은 그 공포를 피할 수 있기를 소원하고 있었죠.

데니스: 네, 그런 다음 저는 엄마를 향해 매우 나쁜 감정이 들었어요. 왜냐하면 어머니는 그것을 결코 피할 수 없다는 것을 전 알고 있었기 때문이지요. 어머니는 그 다음 날 아침 일어나 직장에 일하러 가야만 했어요. 마치 아무 일도 일어나지 않았었던 것처럼 말예요.

마 크: 그러니까 엄마는 피하기를 원했지만, 실제로는 결코 그럴 수 없었죠. 그 말의 의미는 당신도 그럴 수 없을 거란 뜻이겠지요.
데니스: [흐느껴 운다].
마 크: "난 사람들에게 가까이 가지 말아야만 해. 왜냐하면 만일 내가 그러면 그 사람들이 나에게 상처를 줄 거고 난 피할 수 없을 거야"라는 말이군요.
데니스: 그것이 바로 어젯밤 저녁식사 중에 내가 돈에게 한 짓이에요.

이 예에서, 치료사는, 오래 전에 시작되었으나 여전히 그녀를 늘 붙어 따라다니는 어떤 인지적 도식에 데니스가 접근할 수 있게 도와주고 있다. 무의식적 영향력이 의식적 자각 쪽으로 한 단계 더 가까이 움직였다.

4) 이야기를 구성하여 과거와 현재 사이 다리 놓기

치료사가 데니스의 감정들을 연결점으로 사용하여("데니스씨, 이것이 친숙한 감정입니까?") 어떻게 과거와 현재 사이에 다리를 놓는가도 주목하라. 데니스의 자기보호방식을 활성화시키고, 그런 다음 현재와 과거 감정들을 연결하도록 그녀에게 요청함으로써 치료사는 자신의 이야기를 하는 데니스 옆에서 나란히 일하고 있다.

데니스: 그것이 바로 어젯밤 저녁식사 중에 내가 돈에게 한 짓이에요.
마 크: 아마 어떤 옛날 공포들이 어젯밤 당신을 따라다녔네요.
데니스: 저도 그래서 그렇게나 무서움을 느꼈다고 생각해요. 그것이 돈(Don)에게 공평치는 않죠.
마 크: 당신의 말이 무엇인지 저는 압니다. 과거의 지난 어떤 것이 현재의 것을 오염시키는 것 같은 거죠.

이것은 마치 목표가 어떤 악성적 외상의 아픔만을 방출하는 것이 목표인 카타르시스 기반 치료법들에서의 경우처럼, 단지 과거에 대한 수동적인 이야기하기가 아니다. 오히려, 치료사와 내담자가 과거와 현재를 연결할 목적으로 어떤 이야기를 함께 구성한다.

심리치료 분야에서 근래 들어 가장 강력한 발달들 중 하나는, 인간 존재들은 스스로 체현(體現)된 이야기들이며 창조적으로 스토리텔러들이라는 깨달음이었다. "서사적 전회"[2](narrative turn)는, 그것이 현재까지 일컬어져 온 것처럼, 구성주의의 중심주제가 되어 왔다. 우리 인간은 자신의 삶들의 지참인들, 혹은 매개물들일 뿐 아니라, 인생작가들이기도 하다. 다차원에서 우리 인간은 매 순간마다 글을 쓴다.... 다른 것들 사이에서, 이것은 심리치료란 근본적으로 치료사들이 내담자 스스로의 작가성을 재주장하는 내담자들을 도와, 이전과 다르면서 더욱 성취적인 차원들을 그들의 삶속에 쓰도록 도와주려고 시도라는 것을 의미한다(Maroney, 2003, p. 100).

물론 기독교 정신은 우리들의 이야기-말하기에 어떤 한계들을 부과한다. 진리는 구성될 뿐만 아니라, 그것은 또한 계시되는 것이다. 그러나 기독교 정신 역시 인간의 개인적 이야기들과 교차하는 어떤 설화(說話)와 연관되어 있다.

5) 심리학과 기독교 영성 사이 다리 놓기

구약성경를 통틀어, 우리는 하나님께서 이스라엘 백성들이 제단들을 짓고, 종교 의식들을 거행하며, 그들이 자신들의 이야기를 말하는 것을 돕기 위해 예식들을 확립할 것을 말씀하시는 것을 본다. 그들은 자신들이 하나님의 택한 백성들임과, 노예 상태에서부터 불러냄을 받았으며, 풍성한 축복과 미래를 약속받은 것을 기억하도록 부름을 받았다. 신약성경에서 그 이야기는 예수 그리스도의 속죄 사역을 통하여 하나님의 은총의 나무로 이교도인들이 접붙여지는 것으로 확대된다(롬 11장을 보라). 그리고 그 이래로, 기독교 정신역사 속의 신자들은 예배와 교제를 통하여 옛날의 그 이야기를 말하기 위해 지금까지 모여 왔다. 그것은 웅대한 이야기이며 초(超)설화이다. 하지만 그것은 또한 그리스도인 각 개개인에게 과거와 현재와 미래에 관한 새로운 관점을 제공해 주는 대

---

2 (역주) "전회"란 말은 바뀌어서 달리 됨, 또는 바꾸어 다르게 함을 의미한다. 따라서 "서사적 전회"를 가진 이야기는 이야기의 전개와 방향성과 지향점들이 그 전과 다르고 변화된 모습을 보인다. 이것은 근본적인 주제, 즉 테마의 달라짐을 의미하는 것이기도 하다.

상담 조언 9.6: 죠해리 창문

오늘날에도 유명한 죠해리 창문은 1950년 대에 죠이 루프트(Joe Luft)와 해리 잉그람(Harry Ingram)이란 연구자들에 의해 개발되었다(죠해리[Johari]란 용어는 그들의 이름을 합성한 데서 유래한 말이다). 어떤 사람이 다른 사람들과 어떻게 연결되는가에 대한 심오한 함축 의미들을 가지는 것은 바로 한 단순한 2 x 2틀이다. 그 틀을 개인 치료에 연결할 때에, 그 틀이 어떻게 보이는지가 여기에 있다.

	내담자가 자기 자신에 대해 아는 것	내담자가 자기 자신에 대해 모르는 것
치료사가 내담자에 대해 아는 것	1 사분면 : 열린 정보	2 사분면 : 장님 영역
치료사가 내담자에 대해 모르는 것	3 사분면 : 감추인 영역	4 사분면 : 알려지지 않은 정보

일부 영역들은 내담자와 치료사 둘 다에게 알려져 있다. 처음에 이것은 직업, 결혼상태, 외모, 현존하는 문제 등과 같은 기본정보에 국한되어 있었다. 그러나, 시간이 흐르면서 이 열린 정보는 치료사가 내담자를 더 알면 알수록 커진다.

감추인 영역들은 내담자에게 알려져 있지만 치료사에겐 알려지지 않은 것들이다. 신뢰가 발전하면서, 내담자는 이 감추인 경험들과 감정들을 개방하는 데에 안전감을 느낀다. 어느 내담자나 삶의 감추인 어떤 부분을 치료사에게 최초로 드러내는 것은 흔치 않는 일이 아니다.

장님 영역은 치료사에겐 명백하지만 내담자에게는 그렇지 않은 것들이다. 그 범위는 하찮은 것들부터(예를 들어, 내담자는 자신의 셔츠에 겨자가 묻은 것을 깨닫지 못하고 있다) 중요한 것들까지(예를 들어, 치료사는 치료 상담 중에 그녀가 슬픔을 느끼기 시작할 때마다, 내담자가 어떻게 농담을 하는지를 주목한다) 분포할 수 있다. 심리치료는 사람들이 자신들의 장님 영역들의 일부를 보도록 도와준다.

어떤 영역들은 치료사와 내담자에게 알려져 있지 않다. 어쩌면 내담자가 대중 앞에서 무례하게 먹는 습관이 있고, 동료들과 친구들을 소외시키는 경향이 있다. 내담자는 아무도 그에게 말해주는 사람이 없기 때문에 모르고 있다. 그리고 치료사도 먹는 것이 치료 과정들 중 일부분이 아니기 때문에 알지 못한다.

관념적인 측면에서, 치료는 당사자가 더욱 자기-자각적이 되고 드러낼수록 1사분면의 확장을 촉진하는 것이다. 따라서 2와 3사분면들이 축소된다. 4사분면은 치료 초기에

> 많이 변할 수도, 안 변할 수도 있다. 그러나 시간이 지나면서, 치료사와 내담자는 자신의 성격과 대인관계 스타일의 새로운 면들을 발견할 가능성이 있다.

단히 개인적인 이야기이기도 하다.

종종 심리학분야에 고도로 훈련받은 그리스도인 치료사들이, 자신들의 내담자들이 그들의 이야기들을 하도록 도와줄 때에, 간혹 기독교적 설화의 중요성을 소홀히 한다. 앞의 예에서, 데니스는 그녀의 유년시절 가정에서 있었던 과거의 외상과 현재 결혼상태 내에서의 돈에 대한 그녀의 불공정한 대접 사이를 연결시켰다.

데니스의 이야기가 여기에서 이제 어떻게 흘러갈까?

심리학적으로 말하자면, 데니스가 과거에 대한 통찰력을 얻어, 옛날 도식들과 현재의 상정 내용들 사이에 연결관계를 알아보고, 종국적으로 과거의 경험들을 돈과의 일상 경험들 위에 과부과하는(superimposing) 것으로부터 그녀 자신을 자유롭게 하는 것은 중요하다. 이것들은 데니스를 도와줄 좋은 전략들이다.

하지만, 기독교적 관점에서 제공하는 훨씬 더 많은 희망이 존재한다. 신학적으로 유리한 관점은 우리가 우리들 삶의 이야기들이라는 구체적인 환경들을 초월하는 것을 허용하며, 그리고 동시에 더욱 거대한 이야기 안에 살아가는 것을 허용한다. 그리스도인들은 오늘날까지 수 세기들에 걸쳐서 엄청난 비극들에 직면해 왔다. 여기엔 엄청난 불의, 빈곤, 그리고 로마의 대경기장 안에서 인간양초들로 둘둘 말려서 불에 태움을 당하는 것과 같이 흉악한, 큰 박해가 포함된다. 그러나 그 그리스도인들은 이런 것들을, 신앙에 속해 있는 어떤 더욱 큰 이야기에 자신들을 위치시킴으로써 인내해 왔다.

신학자 엘런 체리(Ellen Charry, 2004)는 "가상적 구원"(virtual salvation)이라고 그녀가 일컫는 것에 대해 세련된 필치로 기술하고 있다. 마치 컴퓨터를 사용한 가상현실이 우리가 한 세상에 살면서 동시에 또 다른 세상 경험하는 것을 허용하는 것처럼, 특정한 신학적 관점은 우리가 다른 설정환경 안에 우리들의 정체성을 위치시키면서도 또 다른 환경설정 안에 살아가도록 한다.

궁극적으로, 데니스 치료의 성공은 그녀가 획득할 수 있는 그 어떤 심리적 통찰에 국한되지 않을 것이다. 뿐만 아니라, 그녀는 하나님의 사랑받는 자녀로서 그리스도 안에서 자신의 정체성을 형성하는 그녀의 능력에 의해 도움을 받게 될 것이다.

데니스: 저도 그것이 내가 그렇게나 무서움을 느끼는 이유라 생각해요. 그것이 돈(Don)에게 공평치는 않죠.
마 크: 당신의 말이 무엇인지 저는 압니다. 과거의 어떤 것이 현재의 것을 오염시키는 것 같은 거죠.
데니스: 네.
마 크: 그것은 마치 돈과의 당신의 정체성이 당신 아버지의 술 취한 상태에서의 격노한 행동들에 의해 정의되는 것 같군요.
데니스: 그것이 끔찍해요!
마 크: 음, 당신이 여태까지 겪어 온 것을 가정한다면, 그것은 이해할만 합니다. 그러나 그것이 당신이 원하는 것이 아니라는 것에 저도 동의합니다. 만일 당신 스스로를 당신 아버지와 별개로 떨어뜨려 현재 정의할 수 있다면, 어떻게 당신의 정체성을 이해할 수 있습니까?
데니스: 전 내 자신을 사랑스런 아내로, 그리고 그리스도의 제자로 여기길 원합니다. 제 아버지와의 그런 일은 오랜 시간 전에 일어났던 겁니다. 그래서 전 단지 성숙할 수 있기를 바랍니다. 저에 대한 그토록 많은 영향력을 아버지에게 부여하는 것을 멈추고 싶습니다.
마 크: 스스로를, 술 취한 채 화난 한 남자의 아이가 아닌 하나님의 자녀로 바라보는 것은 무엇과 같이 보일까요?

물론, 이것은 치료 과정 중에서 많이 재방문될 필요가 있을 한 영적 주제에 대한 첫 번째 모험일 뿐이다. 이런 대화는 한 내담자에게 "설교하고 있는" 어떤 치료사가 아니라, 내담자의 감정들 그리고 인지내용들에 대한 전체관적인 심리학적 연루라는 정황 안에서 등장한 내용이라는 점에 주목하라. 통합적 심리치료치료법의 최선의 상태는 구속에 대한 기독교적 관점 안에 뿌리를 둔 삶의 이야기들을 내담자들이 건설해가도록 도와주는 것뿐이다.

6) 현실적 낙관주의를 찾아 사건들과 의미-만들기 사이에 다리 놓기

치료에 대한 두 가지 비효율적 접근법들을 고찰하자. 두 가지 다 심리치료에 대한 풍자적 글이다.

(1) 접근법: 베아 다이어 박사의 경우
블루스 음악들이 닥터 다이어의 대기실에 흐르고 있다.

그녀의 진료소는 회색으로, 희미한 조명, 그리고 천장에 줄지어 정렬되어 있는 빛바랜 테페스트리 장식되어 있다. 매주 그녀의 내담자들은 긴 소파에 누워 음울했던 자신들의 과거 이야기들을 들려준다. 다이어 박사는 자세한 내용을 강요하고, 언제나 그녀 내담자들이 직면했음에 틀림없는 아픔과 고투들에 공감을 해 준다. 매주 그녀의 내담자들은 지나간 근년의 사건들을 들려준다. 매주 다이어 박사는 경청하고 내담자들에게 티슈들을 손으로 건네준다. 그리고 그들에게 정해진 시간이 거의 다 끝나고 있다고 말하며, 내담자들의 개인수표를 받는다.

(2) 접근법: I. M. 블리스 박사의 경우
블리스 박사는 대기실에 70년대 러브송들을 틀어 놓는다.

그의 진료소는 진부한 상투적 문구들을 조장하는 장식용 벽걸이천들을 가진, 파스텔 색깔들로 페인트칠 되어 있다. 장식용 벽걸이천들 중 하나는 "과거는 잊어버려라"라고 씌어져 있다. 또 다른 벽걸이 천에는 "오늘이 당신 여생의 첫 번째 날이다"라고 씌어져 있다.

블리스 박사는 내담자들과 그들의 과거에 대해 이야기 하지 않는다. 그는 문제점들에 초점을 두기 보다는 내담자들에게 삶 속에서 가능성들을 보도록 가르친다. 적극적으로 생각하고, 최선을 바라보고, 염려하지 말고, 행복하라고 가르친다. 그 역시 개인수표들을 받는다-그가 제공하는 치료에 대한 댓가로서 그리고 어떻게 우울증을 극복해야 하고 삶을 다시금 사랑해야 하는가에 관한 그의 최신 자조(自助)를 위한 책에 대한 댓가로 받는 것이다.

이 극단적인 방법들 어느 것도 현실적이지 않지만, 다이어 박사와 블리스 박사는 사건-지향적 치료와 의미-지향적 치료 사이의 연속대에 대한 닻들을 제공하고 있다. 다이어 박사는 그녀의 내담자들이 과거의 아픈 사건들을 자세히 열거하는 것을 도와주는 것에 만족하고 있다. 그러나 그들이 삶 속에서 앞으로 움직여 나아가는 것을 도울 준비는 되어 있지 않아 보인다. 실재로, 과거와 현재 사건들은, 그것들이 내담자의 우울증에 이바지하고 있는 도식들에 대한 열쇠를 보유하고 있기 때문에, 이해하는 것이 중요하다.

그러나 매 시간마다, 내담자가 더 큰 희망과 의미찾음을 도와주는 방향으로 움직여 가는 것 없이 과거 사건들에 대해 자세히 열거하면서 시간을 보내는 것은 거의 유익이 없다. 블리스 박사는 그 반대 극단에 있다. 즉, 과거 사건들의 중요성을 최소화시키고 그의 내담자들에게 순수한 의지력으로 의미를 건설하도록 독려하고 있다.

의미발견은 치료사 한 중요 부분이다. 그러나 만일 그 의미들이 내담자의 삶의 진실된 이야기들 속에 내재되어 있지 않는다면, 치료는 블리스 박사 진료소 벽들에 걸려있는 진부한 상투적 문구에 지나지 않는다.

반복되는 도식활성화는, 다이어 박사와 블리스 박사로 대표된 양극단의 경우에 갇힘이 없이, 치료사가 사건들과 의미-만들기 사이에 다리 연결하도록 도와준다. 우울증을 가진 내담자들은 자기 자신들, 그들을 둘러싼 세상, 미래에 대한 부정적 관점을 지닌채 치료받으러오는 경향이 있다(A. T. Beck et al., 1979). 그러므로 치료의 중요한 목표는, 내담자들이 과거와 현재에서 유래된 어렵고 가슴 아픈 생각들과 감정들 속에서 무거운 발걸음으로 터벅터벅 걸을 때조차도, 그들이 더욱 적극적이고, 낙관적인 삶의 관점을 획득하도록 도와주는 것이어야 한다.

통합적 심리치료에서 내담자는 인생이야기들에 부여된 의미를 재형성하면서, 그것들에 대해 이야기할 반복된 기회들을 부여받게 된다. 시간이 흐르면서, 내담자들이 자신들에게 문제를 일으켰던 그 도식들로부터 어떤 지각적 거리감을 획득할 때에, 종종 그들은 인생 사건들에 대한 절망적인 해석들로부터 더욱 희망에 찬 해석들로 옮겨간다. 그 사건들 그 자체가 희망적이라는 것이 아니다. 어떤 정신외상적 과거가 좋은 것이라고 내담자에게 납득시키는 것은 상해를 가하는 것이 된다. 그것은 나쁜 사건들조차 희망적인 의미들로 연결될 수 있다는 것이다.

통합적 심리치료에서 한 중요한 전략은 사건들과 그것들에 부여된 의미 사이를 구별하는 것이다. 이 두 가지는 불완전하게 인식된다. 그러나 내담자들이 그 사건들 자체를 되풀이해 말하는 것보다도, 그들 자신의 의미해석을 개정하도록 도와주는 것이 더욱 유용하다. 쉬나이더(Schneider, 2001)는 희미한 지식과 희미한 의미 사이를 중요하게 구별한다. 불분명한 지식(fuzzy knowledge)은 사실적 현실에 대한 불분명함이나 불확실함의 결과로 발생하고, 불분명한 의미(fuzzy meaning)는 어떤 특별한 사건에 대해 어떻게 해석해야할지에 대해 우리가 확신이 없을 때 발생한다.

예를 들어, 어떤 사람이 고속도로 상에서 무엇이 사고를 유발시켰는지 정확하게 회상 못할 수 있다.

"상대편 운전자가 자기 차선을 벗어나서 제 차선으로 들어왔나요? 아니면 차선을 벗어난 게 접니까?"

이것은 불분명한 지식이다. 실재 그 자체는 불분명하지 않다. 즉, 객관적인 어떤 것이 고속도로 상에서 실제로 그 사고를 우연히 야기시켰다. 그러나 인간은 사건들을 인식하고 회상하는 것이 불완전하다. 실재에 대한 인간의 지식에는 불분명함이 존재한다. 그러나 그 후로 그 운전자는 계속해서 의미를 그 사고의 탓으로 돌린다. 아마 그 운전자는 "그 사고에서 내 목숨이 살아남았으니 얼마나 큰 축복인가! 하나님은 선하시다"라고 결론을 내릴 수도 있다. 또는 "난 이 고속도로 상에 우리가 대체 어떤 바보들을 가지고 있는지 믿을 수가 없어. 인생은 너무나 엉망진창이야"라고 결론을 내릴 수도 있다.

여기에서 우리는 의미의 불분명함을 본다. 똑같은 사건이 여러 가지 방식들로 해석될 수 있고, 다른 의미들로 연결될 수가 있는 것이다.

반복되는 도식활성화는 내담자가 삶의 사건들을 이야기할 기회를 제공해 준다. 그리고 비록 내담자의 지식의 일부가 의심의 여지없이 불분명할지라도, 도식활성화의 목표는 이야기들 자체에 머물러 있거나, 지식의 불분명함을 제거하려고 시도하는 것이 아니다. 오히려, 본 목표는 실재에 대한 더욱 희망차고 낙관적인 관점에 대한 기반으로 의미의 불분명함을 사용하는 것이다. 반복되는 도식활성화와 더불어, 내담자는 특정사건들과 합해진 의미를 바꿀 반복된 기회들을 제공받는다.

쉬나이더(2001)는 사람들이 과거에 대한 엄격하지 않음(예를 들어, 스스로에게 그리고 다른 사람들에게 "의심의 유익"을 주는 것), 현재의 순간에 대한 감사와 장래의 기회들을 포함하는 의미들을 세우는 것을 배울 때, 현실주의와 낙관주의가 어떻게 동시에 일어날 수 있는가를 기술한다. 현실적 낙관주의에 대한 쉬나이더의 심리학적 원리들과,

은혜와 과거에 대한 용서, 현재 순간에 대한 감사, 그리고 장래에 대한 희망을 강조하는 기독교적 영성의 관점들 사이의 유사점들을 관찰하는 것이 퍽 인상적이다.

낙관주의는 복잡하다. 한편으로, 만일 블리스 박사와 같은 치료사들이 순진한 낙관주의를 조장하는 데에 있어서 진부하거나 혹은 강압적이라면, 그것은 이해의 부족을 주고받을 것이고, 내담자들은 저항적이 되면서 절망이 커지게 될 것이다. 다른 한편으로, 다이어 박사와 같은 치료사들이 그들의 모든 시간을 내담자들과 공감해주고 그들의 가슴 아픈 감정들의 정당함을 인정해 주는 데에 소비할 때엔, 결코 내담자의 마음을 움직여 더욱 희망적인 입장으로 옮겨가도록 도와주지 못할 것이다.

반복되는 도식 활성화는 치료사와 내담자가 삶의 사건들과 그 사건들에 부여된 의미들 사이의 관계들에 귀환하여 재고려하도록 허용함으로써 현실적 낙관주의에 대한 기회들을 제공해 준다.

7) 도식 활성화와 비활성화 사이에 다리 놓기

8장에서 우리 두 저자는 도식 비활성화의 두 가지 방법들을 소개했다. 삶의 환경들이 바뀌거나, 혹은 내담자가 그것을 비활성화시키는 특별한 기술들을 배우는 것이 그것들이다. 때로 치료가 내담자가 삶의 환경들을 바꾸도록 돕기도 한다. 그러나 거의 대부분의 내담자들은 부적응도식들을 비활성화시키는 기술들을 배움으로써 호전된다. 치료에서 반복되는 도식 활성화의 유익한 점들 중 하나는 도식이 활성화될 때마다, 내담자는 그것을 비활성화를 실천하게 된다는 것이다.

통합적 심리치료에서 도식 활성화와 비활성화의 그래프는 매 상담 내내 발생하는 진동들을 가진 마치 다소 싸인파(sine wave)처럼 보인다. 매 상담마다 치료사는 내담자가 어떤 도식에 연관되는 것을 도와주며, 정서적 각성이 커지고, 그후 몇 초 혹은 몇 분 뒤에는 내담자가 그 도식을 비활성화시키고 비교적 침착함을 경험한다. 이런 주기(cycle)가 되풀이 될 때마다, 내담자는 도식 비활성화 실천을 획득하고 있는 것이다.

데니스의 상황에서, 그녀는 자신이 돈(Don)에게 가까워짐을 느낄 때마다 그 모습을 드러내는 위험한 관계들에 대한 오래된 도식들을 소유하고 있는 것으로 보인다.

진료소에서 9.2: 치료와 설교

기독교적 이야기는 종종 협력 예배의 활동들과 결부되어 있다. 특히, 대부분의 교회예배들의 최고 중요 항목, 즉 강론적 설교와 연결되어 있다. 진리를 거꾸로 뒤짚고 자신을 하나님의 위치에까지 드높이는 사회 한 가운데에서, 설교들은 엄청나게 중요한 것으로, 매주 진리에 대해 생각나게 하는 것을 제공한다.

그리스도인들의 영적건강에 있어서 설교들만큼이나 중요한, 충고적 설교와 심리치료를 혼동되지 말아야 한다. 충고적 설교방법들과 심리치료방법들이 한 가지로 융합될 때, 그것은 비효율적인 치료(그리고 또한 나쁜 충고적 설교)를 위한 것이 된다. 강론적 설교들은 명제적 진리와 선언적 방법들 위에 기초하고 있다. 반면에 심리치료는 공식적 대화, 상호탐구, 그리고 개인적 발견 위에 근거하고 있다.

데니스: 때때로 난 이 결혼이 어떤 가능성을 가지는가 의아함이 듭니다. 난 그것이 잘 돌아가기를 원합니다. 그러나 난 내적으로 너무나 혼란함을 느끼기에 우리가 50년은 커녕, 단 5년이라도 지속할 수 있을지 난 모르겠어요.

이 진술에 대한 응답으로, 진리에 대한 선언은 아마 다음과 같은 것일 수 있다.

마 크: 당신의 기독교적 가치들을 명심하는 것이 중요합니다. 성경은 그 문제에 있어서 당신에게 많은 선택을 주지 않습니다. 예수님은 이혼에 대한 유일한 합법적인 이유는 간음과 연루된 상황들뿐임을 가르치셨습니다.
데니스: 네, 저도 당신 말이 옳다고 생각합니다. 전 늘 그것을 기억할 필요가 있겠네요.

이 선포가 비록 진실이기는 하지만, 데니스를 의기소침하게 만들고, 그녀가 자신의 생각들과 감정들을 자세히 탐구하는 것을 막는다는 점을 주목하라. 심리치료는 다른 방법론을 사용한다. 즉, 여전히 명제적 진리를 마음에 두지만, 내담자가 관련된 생각들과 감정들을 면밀히 살피도록 도와준다.

마 크: 그것인 일전에 당신이 이야기했던 그 두려움의 일부분임에 틀림없군요.
데니스: 네, 그렇습니다. 제가 제단에 서 있었고, 이 남자와 결혼해서 머물러 있기로 하나님 앞에서 약속했습니다. 그런데 지금 전 저의 약속을 지킬 수 있을지에 대해 확신이 없어요. 그 부분이 저에게 위협을 하고 있어요.

> 마　크: 무슨 말인지 알겠어요. 이 점에서 당신은 많은 문제를 가지고 있군요: 돈(Don)에게 한 약속과 하나님 앞에 한 약속 말입니다.
> 데니스: 네! 그래요. 전 내 안에 있는 이 두려움을 해결해야만 합니다. 왜 제가 그 약속들에서부터 등을 돌려서 도망가기를 그렇게도 몹시 원하는 거죠?
>
> 이 예에서 치료사는 아직도 이혼에 대한 기독교적 가르침들을 확인할 수 있다. 하지만, 내담자가 대화를 중단해버리기보다는 계속적으로 면밀히 탐구하도록 하는 대화적 방식으로 그렇게 한다.

　십중팔구 쉽사리 없어지지 않을 것 같은 이 끈질긴 도식을 자신에게서 제거하려고 노력하기보다는, 그것이 모습을 드러낼 때마다 그 도식을 비활성화시키고, 그것으로부터 그녀 스스로를 멀리하게 하는 기술들을 그녀가 개발하도록 도와주는 것이 더욱 합리적이다. 치료사 맨 처음에 데니스는 돈에 대한 그녀의 경험에서 이런 종류의 연속을 경험한다.

◈ 치료 시작하기

1. 현관 안으로 걸어 들어간다, 낭만적인 음식을 준비하는 돈을 본다.
2. 그녀 스스로에게 생각한다, 이것은 너무나 밀접한 관계야. 내가 상처를 받을거야.
3. 경험들은 회피하라고 설득한다. 심지어 그 파혼하라고까지 주장한다.
4. 돈과 함께한 긴장되고 어려운 저녁이 된다.

　표준인지치료의 목표가 잘못된 도식(위의 단계2)을 데니스에게서 제거하는 일이지만, 통합적 심리치료 내에서 우리 두 저자는 데니스가 항상 이 도식으로 넌덜머리나게 괴롭힘을 당할 것이 아닌가 의심한다. 그녀에게서 그것을 제거하기보다는 오히려, 본 치료모델의 목표는 그녀가 그 도식을 비활성화시키는 효과적인 방법들을 배우는 것이다. 치료의 마지막 즈음에는, 그 연속이 다음과 같을 것이다.

상담 조언 9.7: 의미 찾기와 신정론(神正論)

내담자들로 하여금, 힘겨운 인생 사건들 한 가운데에서 의미를 발견하도록 돕는 것은, 불가피하게 신정론(神正論; theodicy) 질문을 가져올 수밖에 없다(Hall & Johnson, 2001).

완전한 사랑이시며 전능하신 하나님이 어떻게 사람들에게 나쁜 일들이 일어나도록 허용할 수가 있는가?

이 질문은 수 백년 된 것이며, 가장 명석하고 뛰어난 철학자들과 신학자들에게 조차도 도전적인 질문이다.

어느 정도까지 이 문제는 해결 불가능하다. 인간의 이해로는 너무나도 크나큰 신비이다. 그러나 여전히 신정론에 관한 질문을 숙고하고, 기독교 신앙에 대한 세 가지 본질적 진리들을 기억하는 것은 유익한 일이다.

첫째, 고난은 우리 인간 세계 안에 최초의 하나님의 계획하심 그 이상으로 뒤틀려져 있는 것들에 대한 반영이다. 세상은 인간의 죄로 인하여 타락하였다. 이것이 의미하는 바는, 고난이 인간 개인의 허물의 직접적인 결과라는 것이 아니라, 세상의 모든 부분들이 다 죄의 집단적 효과에 의해 타락하였다는 것이다. 이와 같이 뒤틀려지고 부서진 생존 양식 안에서, 혹자들은 자신들의 몫 이상의 고난을 짊어지기도 한다.

둘째, 하나님은 여전히 주권자이시다. 이것이 의미하는 바는, 나쁜 일들이 발생할 때에 하나님은 그것들이 발생하도록 허용해 오셨다는 것을 뜻하는 것이다. 하나님은 모든 허리케인을 잠잠케 하고, 모든 테러 공격을 진압하고, 모든 고난 받은 영혼들을 평안히 하고, 모든 암을 고치는 선택을 하실 수 있으셨다.

그러나 하나님은 많은 경우 그렇게 하지 않으신다. 이것은, 비록 우리 인간의 부도덕한 선택들과 인간 고난 사이에 연결 관계들이 잘 해봐야 복잡하고 부정하다 할지라도, 인간에게 옳고 그름을 선택할 자유의지를 주고자 하는 하나님의 선택과 관련이 있다.

셋째, 하나님 역시 고통을 겪고 계시다. 하나님은 인간의 고통에 대해서 무감각하시거나 관심을 갖지 않으시는 분이 아니시다. 하나님은 깨어진 이 세상의 상태에 대해 고뇌를 경험하고 계시는 분이시다.

하나님의 고뇌는 너무나 크셔서, 희망과 구원을 가져다주시기 위하여 영원한 말씀이 육신이 되게 하시고 우리 인간들 가운데 거하시기로 선택하셨다(요 1:14). 우리들은 하나님의 온전하신 영광스러운 구원의 모든 무게를 아직 다 본 적이 없다. 그러나 우리들은 생각해 본다. 그리고 신념으로 우리들은 알고 있다. 아직 최고의 것은 도래하지 않았음을 말이다.

> 16 그러므로 우리가 낙심하지 아니하노니 겉 사람은 후패하나 우리의
>   속은 날로 새롭도다
> 17 우리의 잠시 받는 환난의 경한 것이 지극히 크고 영원한 영광의
>   중한 것을 우리에게 이루게 함이니
> 18 우리의 돌아보는 것은 보이는 것이 아니요 보이지 않는 것이니 보
>   이는 것은 잠간이요 보이지 않는 것은 영원함이니라
>   (고후 4:16-18, 개역한글)

◆ 치료의 끝부분

1. 현관 안으로 걸어 들어간다, 낭만적인 음식을 준비하는 돈을 본다.
2. 그녀 스스로에게 생각한다, 이것은 너무나 밀접한 관계야. 내가 상처를 받을거야.
3. 그녀 자신이 사랑하는 결혼관계 안에서 안전하고, 자신의 정체성은 그리스도 안에 있음을 기억하면서 본 도식을 비활성화한다.
4. 돈과 함께 그 준비된 저녁을 즐긴다.

치료에서 데니스의 성공은 그녀가 부분적으로 자신의 부적응도식을 비활성화하도록 그녀가 개발할 기술들과 연관되어 있으며, 이것은 치료 과정들에서 반복된 실습을 통하여 이루어질 것이다.

치료시작 시에는 내담자가 어떤 도식을 비활성화시키는 것을 도와주는 사람이 대부분 치료사이다. 치료사는 긴장 풀기 기술들, 협력적인 경험적 치료법을 가르치고, 어느 도식이 잘못된 이유들에 대한 토론 등을 통하여 이 일을 수행한다. 치료가 진행되어 가면서, 내담자는 이와 똑같은 기술들을 습득하기 시작한다. 이 시점에서 치료사는 도식 비활성화에 덜 개입한다. 그리고 더 많은 시간을 관찰하고, 내담자가 해당 부적응도식들을 비활성화하는 방법을 긍정하는 것을 돕는 데 소비한다.

한 가지 경고 사항은 당연한 내용이다.

개별 내담자가 일단 활성화 된 도식들을 비활성화시킬 심리학적 원천들을 소유하고

있지는 않다. 경계선성격장애에 대한 기준을 충족시키는 사람들을 도울 때에 이것을 염두에 두는 것은 특히 중요하다. 성격장애들을 가진 개인들을 응대하며 다루는 것은 10장과 11장에서 더 많이 토론될 것이다.

8) 도식중심개입들과 관계중심개입들 사이에 다리 놓기

회기적 도식 활성화는 치료사와 내담자 사이의 협력 관계를 강화하는 유익한 점도 있다. 내담자들은 그들이 가슴 아픈 감정들과 생각들을 표현할 수 있고, 치료사가 존중하는 태도로 공감하면서 반응할 것이라는 것을 배운다. 도식들이 규명되고 토론될 때, 내담자들은 본 치료관계가 부적응도식들이 형성되었던 예전의 관계들보다는 아무래도 다르다는 것을 알기 시작한다. 깊어지는 치료협력 관계는 10장과 11장에 기술되어 있는 관계중심적 치료를 위한 가능성을 만들어 낸다.

참고문헌

Alberti, R., & Emmons, M. (2001). *Your perfect right* (8th ed.). Atascadero, CA Impact Publishers.

Basco, M. R., & Rush, A. J. (1996). *Cognitive-behavioral therapy for bipolar disorder.* New York: Guilford.

Beck, A. T., Rush, A. J., Shaw, B. F., & Emery, G. (1979). *Cognitive therapy of depression.* New York: Guilford.

Beck, J. S. (1995). *Cognitive therapy: Basics and beyond.* New York: Guilford.

Butler, A. C., & Beck, J. S. (2001). Cognitive therapy outcomes: A review of meta-analyses. *Tidsskrift for Norsk Psykologforening, 38,* 698-706.

Calvin, J. (1559/1997). *Institutes of the Christian religion* (H. Beveridge, Trans.). Grand Rapids, MI: Eerdmans.

Charry, E. T. (2004). Virtual salvation. *Theology Today, 61,* 334-46.

DeRubeis, R. J., Hollon, S. D., Amsterdam, J. D., Shelton, R. C., Young, P. R., Salomon, R. M., O'Reardon, J. P., Lovett, M. L., Gladis, M. M., Brown, L. L., & Gallop, R. (2005). Cognitive therapy vs. medications in the treatment of moderate to severe depression. *Archives of General Psychiatry, 62,* 409-16.

Epstein, S. (1994). Integration of the cognitive and the psychodynamic unconscious. *American Psychologist, 49,* 709-24.

Foster, R. J. (1992). *Prayer: Finding the heart's true home.* San Francisco: HarperSanFrancisco.

Greenberger, D., & Padesky, C. A. (1995). *Mind over mood: A cognitive therapy treatment manual for clients.* New York: Guilford.

Hall, M. E. L., & Johnson, E. L. (2001). Theodicy and therapy: Theological/philosophical contributions to the problem of suffering. *Journal of Psychology and Christianity, 20,* 5-17.

Hollon, S. D., DeRubeis, R. J., Shelton, R. C., Amsterdam, J. D., Salomon, R. M., O'Reardon, J. P., Lovett, M. L., Young, P. R., Haman, K. L., Freeman, B. B., & Gallop. R. (2005). Prevention of relapse following cognitive therapy vs. medications in moderate to severe depression. *Archives of General Psychiatry, 62,* 417-22.

Klein, D. N., Santiago, N. J., Vivian, D., Blalock, J. A., Kocsis, J. H., Markowitz, J. C., McCullough, J. P., Jr., Rush, A. J., Trivedi, M. H., Borian, F. E., Arnow, B. A., Dunner, D. L., Manber, R., Rothbaum, B., Thase, M. E., Keitner, G. I., Miller, I. W., & Keller, M. B. (2004). Cognitive-behavioral analysis system of psychotherapy as a maintenance treatment for chronic depression. *Journal of Consulting and Clinical Psychology, 72,* 681-88.

Klerman, G. L., & Weissman, M. M. (1989). Increasing rates of depression. *Jour-

nal of the American Medical Association, 261, 2229-35.

Koch, R. N., & Haugk, K. C. (1992). *Speaking the truth in love: How to be an assertive Christian.* St. Louis, MO: Stephen Ministries.

Koenig, H. G., McCullough, M. E., & Larson, D. B. (2001). *Handbook of religion and health.* New York: Oxford University Press.

Kush, F. R. (2004). An operationalized cognitive therapy approach with mixed anxiety and depression. *Psychotherapy: Theory, Research, Practice, Training, 41,* 266-75.

Ma, S. H., & Teasdale, J. D. (2004). Mindfulness-based cognitive therapy for depression: Replication and exploration of differential relapse prevention effects. *Journal of Consulting and Clinical Psychology, 72,* 31-40.

Mahoney, M. J. (2003). *Constructive psychotherapy: A practical guide.* New York: Guilford.

McMinn, M. R. (1991). *Cognitive therapy techniques in Christian counseling.* Waco, TX: Word Books. This book is out of print and can be downloaded at www.markmcminn.com.

McMinn, M. R. (1996). *Psychology, theology, and spirituality in Christian counseling.* Wheaton, IL: Tyndale.

McMinn, M. R. (2006). *Christian counseling* [video in APA Psychotherapy Series]. Washington, DC: American Psychological Association.

McWilliams, N. (1994). *Psychoanalytic diagnosis: Understanding personality structure in the clinical process.* New York: Guilford.

Moroney, S. K. (2000). *The noetic effects of sin.* Lanham, MA: Lexington Books.

National Institute of Mental Health. (2000). Depression. Retrieved from http://www.nimh.nih.gov/publicat/depression.cfm#ptdep5 on May 30, 2005.

Needleman, L. D. (1999). *Cognitive case conceptualization: A guidebook for practitioners.* Mahwah, NJ: Erlbaum.

Newman, C. F., Leahy, R. L., Beck, A. T., Reilly-Harrington, N. A., & Gyulai, L. (2002). *Bipolar disorder: A cognitive therapy approach.* Washington, DC: American Psychological Association.

Postema, D. (1985). *Space for God: study and practice of spirituality and prayer.* Grand Rapids, MI: CRC Publications.

Rimm, D. C., & Masters, J. C. (1979). *Behavior therapy: Techniques and empirical findings.* New York: Academic Press.

Roberts, R. C. (2001). Outline of Pauline psychotherapy. In M. R. McMinn & T. R. Phillips (Eds.), *Care for the soul: Exploring the interface of psychology & theology* (pp. 134-63). Downers Grove, IL: InterVarsity Press.

Schneider, S. L. (2001). In search of realistic optimism: Meaning, knowledge, and warm fuzziness. *American Psychologist, 56,* 250-63.

Segal, Z. V., Williams, J. M. G., & Teasdale, J. D. (2002). *Mindfulness-based cognitive therapy for depression—a new approach to preventing relapse.* New

York: Guilford.

Westen, D., & Morrison, K. (2001). A multidimensional meta-analysis of treatments for depression, panic, and generalized anxiety disorder: An empirical examination of the status of empirically supported therapies. *Journal of Consulting and Clinical Psychology, 69,* 875-99.

Willard, D. (2002). *Renovation of the heart: Putting on the character of Christ.* Colorado Springs: NavPress.

Young, J. E., Klosko, J. S., & Weishaar, M. E. (2003). *Schema therapy: A practitioner's guide.* New York: Guilford.

Young, J. E., Weinberger, A. D., & Beck, A. T. (2001). Cognitive therapy for depression. In D. H. Barlow (Ed.), *Clinical handbook of psychological disorders* (3rd ed.) (pp. 264-308). New York: Guilford.

제10장
관계중심개입들 이해하기

우리 저자들은 통합적 심리치료에서 변화의 세 가지 방법들을 가정한다.

첫 번째 영역은 기술-기반 변화이다. 사람들은 새로운 방식들로 기능하는 것을 배울 수 있다. 염려에 가득 찬 사업가가 공개석상에서 편안하게 이야기하는 것을 배우는 것, 우울증에 빠진 사람이 도망치려는 생각들을 어떻게 제어해야 할지를 배워서 결과적으로 기분이 더 좋아지게 되는 것, 혹은 디스트레스 상태의 부부가 적극적인 경청의 기술들을 통하여 더욱 잘 소통하는 것을 배우는 것이 그 예들이다.

어떤 내담자들에게는 이런 기술-기반적, 기능-영역 개입들이 충분하지만, 다른 내담자들은 그들 스스로 더욱 본질적인 변화를 위해 더욱 깊이 들여다보지 않으면 안됨을 발견한다.

개입의 두 번째 영역은 사람이 어떻게 삶의 사건들의 의미를 만드는가를 심사숙고하기 위해서 표면적 행동들과 생각들 아래를 관찰하는 것이다.

배우자가 약속했던 설거지하기를 잊어버릴 때 그것은 무엇을 의미하는가?

점심 약속을 잊어버린 것은 어떻게 해석되어야 하는가?

여기서 우리는 도식들—즉 사람이 세계 해석을 통하여 하는 기저에 놓인 템플릿들¹—을 살펴보기 위하여 의식적 사고 처리 과정들 아래로 반드시 가 보아야만 한다.

이 두 번째 영역에서, 완전한 변화는 사람들이 자신들의 도식들로부터 결정적인 거리감을 획득하여 그들 자신들의 삶들의 참가적–관찰자들(participant-observers)이 되도록 도와주는 것과 필연적으로 연루되어 있다. 그들이 "내가 과거에 존재했던 방식"과 "현재 내가 존재하는 방식" 사이에 구별들을 짓기 시작하면서 그들은 새로운 정체성을 형성한다. 그러나 개입의 이 두 번째 영역이 언제나 충분한 것은 또한 아니다. 왜냐하면 어떤 부적응도식들은 대단히 끈질기고 침투력이 있으며 쉽사리 작아지지 않기 때문이다.

비록 우울증과 불안이 개입의 첫 두 영역들로 종종 성공적으로 치료될 수 있다 할지라도, 다른 문제들은 종종 더욱 집중적인 관계 치료 형태를 요구한다.

한 여성은 자신을 지배하거나 통제하는 남자들과 관계들 속에 있는 자기 자신을 반복적으로 발견할 수 있다. 어떤 남성은 소외되어 혼자이며 다른 사람들에게 팔을 뻗치기가 두려운 자신을 발견할 수 있다. 이런 경우가 통합적 심리치료의 세 번째 영역인 관계중심개입이 필요한 곳이다. 이것은 가장 심도 깊은 완전 변화의 일종이다. 하지만 모든 치료 만남을 위해 추천되지는 않는다. 왜냐하면 그러한 변화는 치료에 장기적 투자를 요구하기 때문이다.

개입의 세 영역들 사이의 연결은 세 가지 연속적인 질문들로 개념화될 수 있다. 증상중심개입들에서, 치료사와 내담자는 "어떤 종류의 느낌들, 생각들, 그리고 행동들이 문제들을 야기시키고 있습니까?"라고 질문을 한다.

때론 이 질문에 답변을 하고 적절한 변화들을 만드는 것이 필요한 전부이며, 대체적으로 여덟 시간 과정과 20일 시간 과정 사이를 필요로 한다. 도식중심개입들에서, 그 질문은 "이런 느낌들, 생각들, 그리고 행동들에 대한 문제가 되는 의미 혹은 해석이 무엇입니까?"가 된다. 주목은 기저에 깔린 도식들과, 그 도식들이 내담자의 삶에 그렇게나 영향력을 가지도록 야기시키는 관계적이며 발달적 현안들 쪽으로 바뀐다.

때때로 유해(有害)도식들로부터 결정적인 거리감 획득, 즉 과거가 어떻게 현재와 연결

---

1 (역주) 컴퓨터에서 템플릿이라는 용어는 키보드 위에 놓고 각 키에 할당된 명령의 내용을 보이는 시트를 의미한다. 템플릿은 '형판(型板)' 또는 '(반)투명의 피복지(被覆紙)'라는 의미도 가지고 있다.

되는가에 대한 새로운 이해를 가지고 그 전체 이야기를 말할 수 있게 됨으로 충분하여서 50회에서 40십 회의 과정 이후에 치료가 종결될 수도 있다. 관계중심개입들에서, 그 질문은 "이런 느낌들, 생각들, 그리고 행동들이 어떻게 문제가 되는 관계들로 연결되는 방식들로 발달하는가?"이다. 이 영역에서 변화는 더 오래 걸린다. 즉, 1년에서 3년의 치료가 필요로 하는 경우가 많으며, 심지어 더 오랜 치료가 필요한 경우도 가끔씩 있다.

개입의 처음 두 영역들은 의료적–돌봄이나 영혼–돌봄 패러다임[2]과 양립하는 반면, 관계적 측면에 초점을 둔 통합적 심리치료의 치료이론은 영혼–돌봄 패러다임과 가장 잘 부합한다(도표 10. 1을 보라). 의료적–돌봄 패러다임은, 어떤 문제가 진단되고, 특별한 종류의 개입으로 치료가 되고, 그 결과는, 그 진단된 문제를 줄임으로써 사정 평가된다고 가정한다.

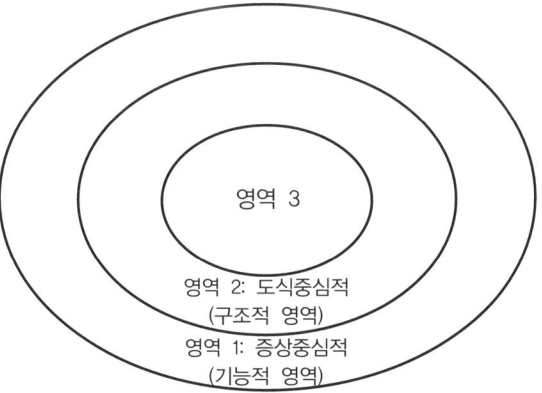

도표 10.1

---

2 (역주) 'paradigm'이란 특정 영역이나 시대의 지배적인 과학적 대상 파악 방법을 말하는 것으로, 이론적 틀, 혹은 이론적 짜임새라고 할 수 있다.

이런 상정은 증상 중심, 그리고 도식중심 통합적 심리치료이론과 잘 어울리는 내용이다. 그러나 만약 그 문제가 몇 개월 내에 성공적으로 치료되지 않는다면, 해당 의료보험회사는 지불을 멈출 것이고, 치료는 성공적이지 않다고 간주될 것이다. 대조적으로, 심도-지향적 심리치료들은 언제나 증상-축소보다는 성장과 변화에 관한 것들이었으며(Strupp, 2001), 그것들은 의료보험이 심리학적 의료 활동을 바꿔놓기 수 년전으로 거슬러 올라간다. 만일 우리가 훨씬 더 먼 역사에 눈을 돌린다면, 영혼 돌봄의 다른 관계적 형태들이 심도-지향적 심리치료 수세기 이전에 존재했었다는 점을 우리는 알게 된다(Yarhouse, Butman & McRay, 2005).

더 깊이 있는 질적변화(transformation)에 대한 갈망을 가진 내담자들, 또는 전통적인 의료-돌봄 패러다임에 반응할 수 없는 사람들을 위하여, 관계적 측면에서 초점을 맞추고 있는 통합적 심리치료치료모델은 영혼-돌봄 패러다임 내에서 계속적인 도움을 제공한다. 이런 상황들 가운데서 처음 두 치료 영역들은, 친밀한 소통성 건설에 도움을 주고 디스트레스한 증상들을 완화시켜주기 때문에 지금까지 여전히 유용하다. 그러나 가장 큰 기질의 변화는 장기적인 치료 관계 속에서 여러 달에 걸쳐서 일어난다. 관계중심적 통합적 심리치료치료법의 결과는, 표준 심리치료 결과 척도들로 언제나 쉽게 측정되지 않을 것이다. 왜냐하면, 영혼-돌봄 모델에서 변화는 증상 축소 보다 인격적 성장, 자기-자각, 그리고 성격 변화에 더욱 연루되어 있기 때문이다.

영역 3의 개입들은, 영적 갈망들, 관계적 상처들, 미해결된 갈등들, 그리고 성격 문제들을 포함하는 여러 가지 이유들로 유용할 수 있다. 우리 두 저자들은 이 장과 다음 장에서는 주로 성격 문제들에 초점을 맞추고 논의한다. 그 이유는 그것들이 진료 활동에서 흔히 마주하게 되는 문제점들이고, 또한 그것들에 대한 인지 실패는 세 영역들에서의 개입들이 비효과적이게 만들 수 있기 때문이다.

1. 성격 스타일들, 문제점들, 그리고 장애들

하나님의 창조에 대한 기적적인 것들 중 하나는 인간 본성의 다양성(diversity)과 변화(variety)이다. 하나님은, 동일한 DNA 유전자가 모든 각 사람에게 공유되고 뒤이어

각 세대들에게로 되물려지는 지구를 창조하시는 데 만족하지 않으셨다. 오히려 하나님은 본유적으로 다양성을 지닌 한 체계를 건설하셨다. 한 가닥의 DNA는 세포핵 감수분열 과정에서 다른 DNA 가닥과 혼합된다.

결과적으로 수억 가지의 가능한 순열(順列)들이 일어나고, 각 세대는 이전 세대의 각양각색성(性)을 증폭한다. 각 사람은 독특하게 태어나고 하나님의 시각에서는 특별한 존재이다. 각 사람은 변별적인 신체적, 성격적 특질들을 보유하고 있다. 심리치료가, 건강한 성격스타일에 대한 어떤 선입견적 관념틀 안에 사람을 넣어 만드는 것으로 가정하는 것은 신학적으로도 그리고 심리학적으로도 잘못된 생각임에 분명하다.

성격스타일을 범주화하는 데에 수세기에 걸쳐 많은 노력들이 있어 왔다. 예를 들어, 히포크라테스와 갈레노스의 네 기질들에서부터, 고대의 영적 전승들의 9조모(祖母)설, 그리고 현대 심리학의 여러 성격 이론들에 이르기까지 다양한 범주화 노력들이 있다. 이것들을 연구하는 것은 쓸모가 많다. 왜냐하면 그것들은 인간의 다양성을 조직화하는 것을 도와주며, 그리고 그것들은 본질적으로 인간의 진정한 자기발견 추구의 도상에 사람들을 설정해 놓고 있는 범주화 작업들이기 때문이다(Benner, 2004; Rohr & Ebert, 2001). 내향성(內向性)에 대해 이야기를 하든지 혹은 언어들에 대한 사랑에 대해 말하든지 간에, 사람들은 자신들이 어떻게 다르고 어떻게 타인들과 비슷한가에 관해 타고난 본유적 관심을 가지고 있는 것으로 보인다.

성격 스타일들은 축하되어야 할 것이지만, 다른 **스타일**의 사람들이 자신들의 차이점들에 대한 충분한 이해없이 상호기능을 시도할 때 결국엔 성격이 **문제**가 된다. 혹자의 성격스타일이 융통성이 없거나 부적응적일 때에도 결국 문제들이 초래될 수 있다. 성격문제들은 일상생활 속에서—즉, 교사와 학생 사이, 사장님과 사원들 사이, 부모와 아이 사이, 손님과 점원 사이, 남편과 아내 사이, 등등—맞닥뜨려지는 생활 문제이다.

때때로 이런 문제들은 잠시 후 사라져서 잠정적일 때도 있고, 때론 깊은 골칫거리를 낳으며 계속적인 문젯거리가 될 수도 있다. 문제들은 대인관계이거나, 성격 내적(intrapersonal)일 수도 있다. 대인관계 문제들은 둘, 혹은 더 많은 사람들이 관계될 때 명백해진다. 모든 사람들은 서로 사이좋게 지내는 데에 어려움을 가지고 있으며 같게 되고자 도전하는 존재들로 알려져 있다.

> ### 상담 조언 10.1 : 문화와 성격
>
> 가족력, 생물학적 구성, 그리고 문화유산을 포함하여 성격을 형성하는 여러 가지 요인들이 있다. 성격스타일들, 문제들, 그리고 장애들을 고려할 때에, 문화가 수행하는 중대한 역할을 심사숙고하는 것이 중요하다. 문화적 규범들은 감정들과 행동들의 경험을 결정짓는 것의 부분이다. 그러므로, 한 문화 속에서의 어느 특정한 행동은 정상적 행동으로 이루어진 바로 그 역(域)(즉, 한 스타일) 내에서 고려될 수 있다. 반면에 그것은 또 다른 문화 내에서는 문제로 간주된다. 감정의 극적인 표현은, 아메리카의 많은 문화그룹들 사이에서 "연극하는 것"으로 여겨질 수 있다. 그러나 몇몇 남유럽 문화권 내에서는 사려 깊은 관심이나 애정의 적절한 표현으로 간주됨직한 것이다. '회피성의' 그리고 '의존성의'와 같은 전문용어들은, 내담자들이 장애 상태라고 부적절하게 표식되지 않도록 한 문화적 정황 내에서 평가되어야 하는 말들이다. 부적절한 성격라벨들이 추론되지 않기 위하여 내담자들의 문화적 배경을 이해하는 것은 중요한 일이다.

예를 들어, 어떤 사람들은 어떤 희생을 치르고서라도 갈등을 회피하고, 다른 사람들은 지속적으로 자신들을 해치는 사람들에게 과도하게 의존적이다. 그러나 또 다른 이들은 사람들을 지배하고 조종한다. 성격 내적 문제들은 다른 사람과의 상호기능이 없는 경우에 한 개인 내면에서 경험되는 것이다. 예를 들어, 어떤 사람이 유난히 창피를 주는 경향이 짙어서, 거절의 가능성을 막고자 다른 사람들을 회피하는 경향을 가질 수 있다. 이것은 문제이다. 왜냐하면 그것은 수치를 주는 경향이 있는 개인을 홀로 남겨두고, 동료애를 갈망하는 상태로 두기 때문이다.

어떤 사람이 장기간에 걸쳐서 성격 문제들을 자주 마주칠 때, 그것들이 성격장애로 여겨질 수 있다. 성격 장애들이란 유년시절이나 사춘기 이후로 명백한, 사회적 기능에 손상을 끼치고 자신과 다른 사람들에게 심각한 고통을 야기시키는 일정한 행동유형으로서 정의된다. 모든 사람은 각기 변별적 성격 특질들을 소유하고 있으며, 때때로 이것들이 발화된다. 그러나 그것들이 성격 장애들로 정의되는 것은 단지 그것들이 사회 기능에 손상을 입히고 고통을 만들 때뿐이다. 성격장애가 만성적인 많은 대인관계상 성격 내적 문제들의 근원이다.

상담조언 10.2 : 성격장애들은 우리들이다

이전의 어떤 증거에 의하면, 기독교 심리치료사들이 다른 임상의들보다 훨씬 더 높은 비율의 성격장애 내담자들을 진료한다고 암시한다(McMinn & Wade, 1995). 이것은 교회 내에 있는 다른 상담 원천들의 이용 가능성과도 연관된 점일 수 있다. 비교적 일이 간단한 문제들을 가진 기독교 내담자들은 상담 목회자들과 평신도 상담가들로부터 도움을 구하고, 자신들의 문제점들에 대해 성공적인 해결책을 발견할 수 있다. 성격 장애를 가진 사람들과 같이 더욱 어려운 내담자들은, 다음 단계로 그리스도인 치료사들에게 보내진다. 이와 같이, 적어도 목회자들과 다른 교회 지도자들로부터 추천서들을 받은 전문상담치료사들의 경우에, 그들은 결국 상대적으로 어려운 상담을 담당하게 된다는 것이다.

2축 장애들에 대한 기준들을 충족시키는 내담자들과 일하는 것은 힘들고 어려운 진료 작업일수 있다. 그러므로 기독교 임상치료사들이 그들의 삶들 속에 균형과 회복을 가져다 줄 방법들을 발견하는 것은 특히 중요하다. IP영역 3에서 연습한 것처럼 관계적으로 초점화된 치료로 효과가 있도록 하는 것 역시 중요하다.

이런 장애들은 DSM-IV분류 체계에서, 축 1의 임상적 증후군들과 그것들을 구별하고자 축 2상에 나열되어 있는 것들이다. 치료로 혹은 치료 없이도 누그러지는 경향이 있는 임상적 증후군들과는 달리, 성격장애들은 장기간에 걸쳐 삶의 여러 영역들에 걸쳐서 집요한 경향이 있다.

우울증이나 불안과 같은 축 1장애들은 축 2의 성격장애들과 함께 공존할 수 있으며, 종종 공존한다. 밀론과 데이비스(Millon and Davis, 2000)은 축 1장애들이 종종 성격 특성들과 더불어 환경적 스트레스 요인들과의 상호기능에 의해 형성된다는 점을 이론화하고 있다. 실직과 범죄혐의들의 결과로서 적응장애들을 가진 것으로 조회된 롭(Rob)의 경우를 고려해 보자.

> 롭은 브론크스의 갱들이 들끓는 거리들에서 우울증 발작으로 시달렸던 홀어머니에 의해 자라났다. 그는 어린 나이에, 세상은 사람들이 칼에 찔리고, 총에 맞고, 여자와 아이가 치한에게 성적으로 공격을 당하는 그런 위험한 장

소임을 알았다. 롭은 슈퍼맨이 됨으로써 자신의 두려움들을 처리하는 것을 배웠다. 그는 자신의 세계 안에서 거의 모든 것과 모든 사람을 정복하는 것을 배웠다. 처음엔 갱단에 연루됨을 통하여, 그 다음엔 경쟁력 있는 운동경기, 그 다음엔 성적(性的) 공적들, 그리고 나중엔 기업가이면서 기독교지도자로서 정복해 갔다. 그의 정복하는-영웅도식은 그를 빈민가 밖으로 끌어내 종국적으로는 그의 베이비붐 세대 중에서도 상위-수입 계층에로 진입시켰다. 그러나 그의 자기도취증이 자신을 더불어 살기에 어렵게 만들었고, 그 공동체를 위하여 힘써 일하는 것을 어렵게 만들었다. 그래서 망연자실케 하는 실직과 범죄혐의들이라는 격동 가운데서 그는 진료소를 찾아왔다.

증상중심개입들이 롭(Rob)을 진정시키는 데에 도움을 주었다. 그리고 도식중심개입들은 그가 자신이 살고자 원했던 삶의 방식과 과거로부터 그때까지 그가 살아오고 있었던 삶의 방식 사이의 차이점을 그 자신이 일별하도록 하는 데에 도움을 주었다. 그가 자신에 대해 더 많이 알면 알수록, 그는 더욱더 성격 변형에 대해 갈망했다. 치료를 시작하여 처음 여러 달은 변화에 대한 이런 갈망을 갖게하는 데에 도움이 되었으며, 롭과 그의 치료사가 좋은 신뢰 관계를 확립하는 데에 도움이 되었다.

그러나 롭이 궁극적으로 갈망했던 성격 변화의 종류는 2년간의 집중적인 관계중심적 치료를 필요로 했다. 치료기법들은 변화 관계의 힘만큼이나 그의 변화에 있어서 쓸모있지는 않았다.

2. 일부 도식들은 쉽사리 변화되지 않는다

도식중심개입들을 사용할 경우, 그 목표는 내담자들로 하여금 부적응적 핵심 신념으로부터 거리감을 획득하도록 돕는 것이다. 그렇게 함으로써 그들은 사물들을 새로운 유리한 지위에서 바라보는 것을 배울 수 있다. 이런 개입은 많은 내담자들에게 잘 들어맞는다. 그러나, 성격장애에 대한 기준들을 충족시키는 롭(Rob)과 같은 내담자들은 잦은 경우 새로운 유리한 지위를 상정할 능력이 없다. 그런 내담자들은 어느 특정 도식에 엄격하게 고착되어 있어서 자신들의 삶들을 바라볼 대안적 관점들을 결여하고 있는 것으로 보인다. 유비의 방법으로, 커다란 미로에 갇힌 한 사람을 상상해 보라. 그 미로 내부에서부터 볼 때, 삶은 끊임없는 봉쇄물들과 막다른 골목들의 연속으로 보인다.

그러나, 만약 그 사람이 상위의 관찰위치를 상정하여 위에서부터 그 미로를 바라볼 수 있다면, 그렇다면 빠져나올 방법을 이해하는 것이 비교적 쉬운 일이다. 역기능적 도식인 미로에 대한 이런 방법이 도식중심적 치료와 같다. 내담자들은 새로운 관찰적 입장에서부터 삶을 바라보기를 배우고, 상위의 관점을 획득하고, 해로운 핵심 신념들과는 별개로 떨어진 새로운 정체성 확립하는 것을 배운다. 결과적으로, 내담자들은 자기 스스로를 그들 자신의 많은 문젯거리들로부터 엉킨 실타래를 풀어내는 방법을 배우게 된다.

그러나, 만일 어떤 이가 상위적 관점을 획득할 수 없다면 어찌될 것인가?

만일 그 미로 안에서의 삶이 가능한 유일한 조망적 입장이라면 어찌될 것인가?

이런 경우가 바로 성격 장애들에 대한 기준들을 충족시키는 내담자들이 직면한 상황이다.

그들은 전형적으로 엄중한 도식들로 구성된 한 세트를 보유하고 있으며, 그 특별한 도식들 바깥의 삶이 무엇과 같을지 개념화할 능력이 없다. 이점이 도식-기반 개입들을 비효과적이게 만들고, 결국 치료 관계를 성장과 변화의 기본적 수단으로 만들어 버린다.

그런 다음, 치료는 다음 두 길 중 한 길로 갈 수 있다. 내담자가 치료사를 그 미로 속으로 성공적으로 끌고 들어가서, 그 둘이 갇히고 길을 잃은 감정에 휩싸이거나, 또는 치료사가 상위의 관찰 지위를 매우 충족히, 그리고 충분히 오랫동안 유지하고 있어서 결국엔 내담자가 치료사의 두 눈을 통하여 사물들을 다르게 바라볼 수 있게 되거나 둘 중 하나이다. 이것은 쉬운 작업이 아니다. 그리고 그것은 치료사의 입장에서 집요함, 분별력, 그리고 자기자각성을 요구한다. 다음은 수지(Suzi)와 마크(Mark)의 진료중 대화이다.

수 지: 난 화요일 밤에 정말 기분이 안 좋았어요. 그런데 난 당신에게 연락을 할 수가 없었어요. 난 무엇을 해야 할지를 몰랐어요.

마 크: 네, 화요일 날 전 틈이 없이 바빴어요. 우리가 토론했던 대안, 당신이 절망적인 기분이 들 때 응급실에 전화하는 것에 대해 기억났습니까?

수 지: 전 응급실에 전화하고 싶지 않아요. 전에도 응급실에 갔던 적이 있잖아요. 그

네들은 단지 바보 천치들이에요.

마 크: 그러니까 당신은 이러지도 저러지도 못하는 기분이 들었겠군요.

수 지: 네, 정말 그랬어요. 만일 이런 일이 또 생기면 전 어쩌죠?

이 대화에서 치료사는 두 가지 선택을 가지고 있다—즉, 내담자와 함께 그 미로 속으로 기어 올라가는 것과, 아니면 훤히 다 내려다보이는 상위의 관점을 유지하는 것이다. 내담자는 분명히 어쩔 줄 몰라해 하고 있다. 그 이유는 아마도 세상을 두 가지 범주—좋은 것들과(적어도 현재시점에서 치료사도 여기 속한다), 나쁜 것들(응급실 요원들이 포함된다)—로 나누는 완고(頑固)한 도식 때문일 것이다. 치료사는 더 큰 관점을 가지고 있어서, 내담자의 도식이 완고하고 과장되어 있음을 깨닫는다.

상담 조언 10.3: 반복적 도식활성화, 성격장애들과 관찰적 자아

8장과 9장에서 우리 두 저자는 반복적 도식활성화 관념을 소개했다. 어느 한 도식에 반복적으로 맞섬으로써, 내담자는 세상에 대한 역기능적 이해 방식으로부터 거리감을 두기 시작한다. 그러나 이것은, 기저에 깔린 핵심 신념들과 상정 내용들을 관찰하기 위한 목적으로 자신의 경험 "바깥"에서 있을 어떤 능력을 전제로 하는 것이다. 다시 말해서, 반복적 도식활성화는 인간은 실제를 동시에 경험하고 관찰할 수 있다는 전제를 가지고 있다. 이런 전제적 상정 내용은 모든 내담자들에게 똑같이 잘 적용되지는 않는다.

성격장애들을 가진 내담자들은 자신들의 인생을 경험할 강력한 능력을 보유하고 있지만, 그것을 관찰할 능력에 심각한 한계들을 지닌 사람들이다. 관찰이란 혹자가 대안적 관점을, 적어도 잠시나마 수용할 수 있음을 함의하는 말이다. 그러나 세계에 대한 완고하고 융통성이 없는 이해를 가진 사람들에게 이것은 있음직하지 않는 일이다. 맥윌리엄스(McWilliams, 1994)가 언급했듯이, "치료사는 끊임없이 계속해서 관찰적 자아에 접근을 시도하지만, 본 환자는 그것을 단 한 개도 보유하고 있지 않다"(p. 63). 증상과 도식중심적 접근법들은 성격장애를 가진 내담자들에게 도움이 될것 같지 않다.

IP 영역 3은 일부 내담자들은 상태를 분명히 다르게 보기 위해서 치료사의 관찰적 자아를 먼저 반드시 "빌려야"만 한다는 신념 위에 건설된 치료 영역이다. 이것은 신뢰하며, 비밀을 털어 놓는 관계—이런 관계는 시간이 오래 걸린다—에 속한 사람을 요구한다. 이와 같은 치료법적 관계 자체가 IP 영역 3에서 변화를 위한 초점이며 적극적 구성 요소이다.

실제로는 치료사가 내담자가 상상하는 것만큼 선하지도 않고, 그 응급실이 그렇게 나쁘지도 않다. 경험이 부족한 치료사라면 내담자의 도식으로 쉽게 끌려들어갈 수 있다.

마 크: 음, 제 생각에 한 가지 할 수 있는 선택은 당신이 제 이동전화기로 전화를 거는 겁니다. 난 대개의 경우 휴대폰을 소지하고 다니거든요.
수 지: 대단히 감사합니다. 선생님께선 이해하시리라 생각했어요. 당신은 정말 좋은 분이세요. 감사합니다! 번호가 어떻게 되지요?

자, 이제 우리는 한 혼란스러워 하는 내담자와, 입에 발린 말을 하면서 내담자의 미로 안에서 함께 헤매고 다니는 치료사의 경우를 살펴보자. 더 좋은 대안은 치료사가 상위의 관점을 유지하며 이것을 치료법적 기회로 바라보는 것이다. 궁극적으로 내담자는 더욱 강한 자기-돌봄 전략들을 발달시킬 필요가 있다. 아마 내담자는 산책을 오래하기 혹은 따뜻한 목욕, 혹은 친구에게 전화하기와 같은 다른 대안들을 모두 다 탐구해보지 않았을 것이다.

마 크: 저는 우리가 가지고 있는 그 계획에 머물러 있을 필요가 있다고 봅니다. 당신은 제가 준 그 전화번호로 전화하세요. 그리고 제가 당신 전화를 받는다면, 당신과 이야기할 수 있어서 전 행복할 거예요. 만일 제가 전화를 안 받으면, 당신은 위기를 경험하게 될 것이고, 그러면 당신은 그 응급실로 전화를 하세요.
수 지: 제가 방금 한 말 못 들으셨어요?
난 그 응급실이 아주 싫어요.
마 크: 네, 저도 들었어요. 그리고 당신이 이 대목에서 어쩔줄 몰라 하고 있다는 것도 알고 있어요.
수 지: 당신은 왜 나를 돕지 않습니까?
마 크: 난 당신을 정말 많이 돕기를 원합니다. 설사 간혹가다가 그런 느낌이 들지 않을 때조차도 말이예요. 화요일로 돌아가 봅시다. 당신이 이러지도 저러지도 못하게 된 이유가 무엇인지 생각해 보세요. 아마 당신과 내가 머리를 맞대고 지난

화요일에 떠오르지 않았던 다른 어떤 대안들에 대해 이야기할 수 있을 거예요.

이런 방식으로 응답하는 것은 내담자 안에 좌절을 야기시킬 수 있다. 그러나 이것은 최선의 장기적 결과를 향해 가는 데에 있어서 필수적이다.

성격장애를 가진 내담자들은 다른 사람들과 사회적 관계를 효과적으로 가지지 못하는 경우가 자주 있다. 그래서 그들은 어려우며, 실패로 점철된 관계 역사를 가지고 있다. 성격장애의 종류는 많고 다양하다. 이것은 다양한 대인관계 스타일들을 반영하고 있다. 그러나 각각의 경우에 있어서, 해당 당사자는 관계들에 대해 완고하고 역기능적인 접근법을 취한다. 어떤 사람은 충동적이고 조종적일 수 있고, 또 다른 성격장애자는 의심이 많고 고발을 잘하며, 세 번째 유형은 다른 사람들의 필요들을 고려할 능력이 없는 등의 내담자들이다.

이것은 도전적이면서 참으로 지독히도 중대한 치료 관계를 만든다. 치료(therapy)는 치료사가 적절한 보살핌, 좋은 경계선들, 구체적인 피드백, 그리고 장기적 견실성을 모델화할 때에, 여러 다른 종류의 관계가 경험되는 한 장(場)이 된다. 요약하자면, 치료사는 은혜와 진리의 관계를 살아가는 전문의이다. 시간과 그리고 장기적인 안정적 관계에서 일어나는 치유의 성품과 더불어, 내담자는 부적응도식들로 이루어진 그 미로와는 별개로 동떨어져서 삶을 바라보는 어떤 능력을 득하게 된다.

상담 조언 10.4: 옛날 옛적에

치료사가 한 때 필요했었기 때문에 존재하고 있는 완고한 도식들이 현존한다는 점을 명심하는 것은 중요한 일이다. 성격장애들을 가진 내담자들은 특별히 어려움을 겪으며 힘든 유년시절들에서 생겨난 경우가 자주 있다. 예를 들어, 다른 사람들을 원초적인 범주들 즉, 일부를 "좋은 사람들"로 그리고 다른 사람들은 "나쁜 사람들"로 규정하는 어떤 사람은 유년시절에 외상을 경험했을 것이다. 그래서 누가 신뢰할 만하고 누가 그렇지 못한가를 아는 것이 어려워진 사람들이다. 이런 점은 치료사가 내담자가 어려워하고 있을 때조차도 공감의 입장을 유지하도록 도와준다는 것을 명심하라. 그 점은 또한 치료사로 하여금 치료 중에 이중(dual) 초점을 유지할 것을 상기시켜준다. 즉, 이것은 과거의 어려움들에 초점을 두면서 그리고 현재의 관계적 도전들에도 초점을 두는 것을 말한다.

3. 관계적 변형(變形)

관계중심적 통합적 심리치료에서 실용되는 상정 내용은, 관계들이 사람을 변화시킨다는 점이다. 영성작가들은 사랑의 변화시키는 힘에 대해 집필하기를 좋아한다. 그런데 사랑은 실제로 형질 변화적이다. 그러나 혼돈적 관계들과 남용적인 것들, 그리고 공공연히 지나치게 힘든 요구를 하는 그 어떤 것들이 그러한 것처럼, 미움 역시 형질변화적이라는 점을 언급할 가치가 있다. 요점은, 관계들이라는 것은 끊임없이 인격을 변화시키며, 인생의 가장 이른 시기 때부터 관계들을 항상 가진다는 사실이다.

자신의 부적응적 핵심 신념들을 이해하기 위해서, 롭(Rob)은 애초에 삶을 그 핵심 신념들에 주었던 관계적 역동을 엄밀히 조사할 필요가 있었다. 그는 브론크스 지역 거리에서 어린 아이가 된다는 공포를 이해하고 재경험할 필요가 있었다. 그리고 궁극적으로 그는, 자신을 이용하는 치료사가 없다면 공격에 취약하고 두려움을 느낄 수 있었던 곳에서 어느 치료사와의 안전한 관계를 경험할 필요가 있었다. 치료는 롭에게 있어서 형질변형적이었다. 왜냐하면 그 치료법적 관계가 새로운 상위의 관점을 설정해 내는 것을 도와주었고, 그것을 통해 롭은 자신의 성격과 다른 사람들과의 상호기능들을 관찰할 수 있었기 때문이다.

우리 두 저자가 언급해 온 본 기독교 신앙이라고 하는 것은 궁극적으로 관계를 통한 형질변형에 대한 것이다. 구약성경 전반에 걸쳐서, 하나님은 자신이 택한 백성과 관계를 추구하신 전능하신 창조자로 계시되어 있다. 하지만 하나님의 백성은 계속해서 여러번 그들의 등을 돌리고 이리저리 방황했다. 인내와 집요함으로 하나님은 이 방황하는 사람들을 추적했고, 그들이 회개할 때마다 용서해주시고 다시 환영해 맞아주셨다. 그런데, 다른 상태로는 평범한 어느 날에 평범한 베들레헴 여관 뒤 낡은 헛간에서 비범한 일이 일어났다. 하나님이 나타나셨다. 영원하신 그 말씀이 육신이 되셨다(요 1:14), 잃어버린 인간과의 관계를 회복하시기 위하여 오신 것이다.

신학자들은 어떻게 그리스도의 속죄가 발생했는가에 대해 논쟁한다. 어떤 신학자들은, 그리스도가 증명해 보였던 사랑의 완벽한 형태인 그리스도의 도덕적 영향력에 강조점을 둔다. 다른 신학자들은 악에 대한 하나님의 승리에 대해 언급한다. 즉, 성육신으로, 하나님이 세상 안의 모든 어둠의 힘들에 대한 궁극적인 승리자이심을 우리 인간들은 보아 알게 된다는 것이다. 또 다른 신학자들은 하나님께서 인간의 죄에 대한 값을 요구하셨다는 것을 강조한다. 또 다른 신학자들은 여전히 첫째 아담과 둘째 아담, 혹은 언약의 회복에 대해 언급하고 있다. 아마도 신학자들로 하여금 그리스도의 속죄에 대한 세부사항들을 설명하도록 하는 것이 최선일 것이다. 그러나 깜짝 놀랄 일은 하나님이 잃어버린 인간과의 관계를 어느 정도까지 소중히 여기는가 하는 그 범위를 아는 것이다.

예수 그리스도의 성육신은, 우리 인간과 새롭게 된 관계를 확립하실 목적으로 인간의 더러움 속에 기꺼이 오셔서 그 안에서 사시고, 인간의 잔인함으로 몸이 찔리시고 기꺼이 죽으시는 하나님의 한 속성을 드러내보이는 사건이다. 그런데 이것은 모든 것을 변화시키는 사건이다. 그것이 의미하는 바는 종교의 중심은 관계 안에 있다는 점이다. 그것이 의미하는 바는 우리 인간이 하나님의 관계적 형상의 완벽한 본을 소유하고 있다는 사실이며, 그런 형상은 예수 안에서 드러나졌다는 점이다.

그것이 의미하는 바는 수많은 세기에 걸쳐서 신념의 성인들이 그렇게 해왔던 것처럼, 우리 인간은 그리스도의 능력으로 변형될 수 있다는 점이다. 그리고 만일 하나님이 이렇게나 많이 관계들을 소중히 여긴다면, 그것이 의미하는 바는 우리 역시 그것들을 소중히 여기며, 그것들에 전념해야 함을 뜻한다.

4. 대인관계이론들

수많은 심리학자들과 정신과의사들이 인간관계들과 성격문제들 사이의 관계를 설명하는 데 도움이 되는 이론들을 발달시켜왔다. 때때로 기독교 상담사들과 치료사들은 이 이론들에 저항한다. 왜냐하면 그것들은 세상에 대한 명시적인 기독교적 이해를 결여하고 있기 때문이다. 그러나 우리 두 저자는 진리와 지혜는 사방팔방에서 발견될 수 있다는 것을 인정하기 때문에 그것들을 면밀히 살펴보고자 한다. 관계들을 소중히 여기는 하나님은 관계들이 중요한 세상을 창조하셨다. 그러므로 인간에 대한 기민한 관찰자라면, 그리스도인의 여부와 상관없이 인간관계들에 대한 중요한 진리들을 관찰할 능력을 소유하고 있다.

1) 대인관계의 정신의학(Interpersonal Psychiatry)

두 명의 초창기 성격이론가들인 캐런 호니(Karen Horney)와 해리 스택 썰리반(Harry Stack Sullivan)은 자신들의 전문인으로서의 삶을 인간의 심리학적 어려움들을 가진 대인관계의 역동성에 대한 이해와 설명에 헌신했다(인지치료와 관계하여 썰리반의 도움되는 토론을 원하면 싸프란(Safran, 1998를 보라). 호니(Horney, 1945)와 썰리반(Sullivan, 1953) 이 두 학자들은 강한 대인관계의 불안을 많은 심리학적 증상들의 뿌리로 기술했다. 호니가 그것에 명칭을 붙인 것과 같이 이 "기본 불안"(basic anxiety)이, 적대감, 얕잡아 보기, 지배, 지켜지지 않은 약속, 홀대, 과보호 혹은 불안을 촉진하는 다른 요인들을 포함한 어려운 가족환경을 경험할 때, 어린 아이가 내면화하는 디스트레스의 뿌리 깊은 느낌이다. 대인관계의 불안은 사람이 안전함을 느낄 때나 다른 사람과의 관계 속에서 안녕감을 느낄 때 경감된다.

프로이드(Freud)와 달리, 호니와 썰리반 이 두 학자들은 대인관계의 관계성들에 연관되어 있는 그런 불안은 충족되지 않은 육체적 결핍과 연관된 그런 불안만큼이나 뿌리 깊다는 것을 공리(公理)로 간주했다.

썰리반과 호니는 대인관계 유형들이 불안을 경감시키고 자기-존중을 유지하거나 강화하는 한 방편으로서 발전한다는 중요한 개념을 더욱 발전시켰다. 다시 말하자면, 사람들은 반복된 행동 유형들에 연루된다. 왜냐하면 이런 행동들이 근원적으로 불안을 줄여주었기 때문이다. 중요한 뜻을 지닌 말은 "원래"(originally)라는 단어이다. 왜냐하면 때때로 인생 초기에 불안을 경감시킨 바로 그 똑같은 대인관계 행동들이 인생 말년에는 다른 사람들을 결국엔 소외시키는 것이 되기 때문이다.

호니와 썰리반은 모든 사람들은 유년기 가족 경험에서의 그 기본 불안에 대처하기 위한 전략들을 발달시킨다고 제안했다. 이런 전략들은 유년시절 가족생활 내에서는 불안을 경감시키고, 우리들의 디스트레스를 완화시키고, 그리고 자존감을 유지하는 데에 성공적이었다. 분명한 점은 어떤 개인들은 다른 사람들보다도 처리해야 할 불안을 훨씬 더 많이 가지고 있다는 사실이다. 이것은 가족원들 간의 디스트레스적인 상호기능들의 본질에 달려 있다.

롭의 나르시시즘은 그의 유년시절 삶의 경험에 대처하기 위한 한 방편으로 발달한 것이다. 자기 스스로에 대한 그의 웅대하고, 지나치게 호언장담하는 자존감은 자신의 불안을 낮추어 주었고, 어린 시절 지속적으로 성공적인 사람이 되기 위해 필요했던 자신감을 그에게 부여해 주었었다. 불행하게도, 시간이 지나면서, 그 자신의 나르시시즘은 다른 사람들에게 견딜 수 없는 것이 되었다. 그리하여 치료소 안에 그 자신이 스스로 나타났을 즈음에는 그 자신이 완전히 따로 떨어져 홀로 존재하는 외톨이가 되어 있었다.

호니(1945)는, 우리 인간은 불안을 낮추기 위해 고안된 다른 사람들에게 반응하는 세 가지 일반적인 방법들을 가지고 있다고 결론지었다. 그 중 하나인 대인관계 전략이란 우리 인간이 염려로 가득할 때 사람들을 향하여 움직여 간다는 것이다. 우리 인간들은 모두 어느 정도 이렇게 행동한다. 우리가 사업차 어딘가로 비행기를 타고 갈 때나, 우리가 호텔 안으로 투숙해 들어 갈 때, 집에 전화를 거는 것은 이상한 일이 아니다. 친숙한 목소리와 재연결하는 것은 양자 모두에게 재확인하는 행위이다. 이야기한 후, 혹은 논문을 발표한 후에 우리는 잘 수행된 일종의 직무 확인을 구한다. 이러한 대인관계 의사소통들은 스트레스가 많은 사건들에 대한 인간의 불안을 낮추기 위해 고안되어진 것들이다.

불안을 다루기 위한 또 다른 대인관계 전략은 사람들에게 대항적으로 움직여가는 것이다. 시간의 압박을 느끼는 사람은 매우 집중하게 되고, 조직적으로 짜여진 시간 활용을 할 것이며, 다른 사람들을 제어하게 될 것이다. 마감 시간을 맞추기 노력하는 사장은 사원들에게 짖어댈 것이며, 종업원들이 급히 잘 서둘러 주기를 요구할 것이다. 마감기한이 창출한 그 불안감을 경감시키기 위해서 그 사장의 정상적인 감각은 일시적으로 보류되어진 상태이다.

호니가 기술한 세 번째 전략은 불안을 감소시킬 목적으로 사람들로부터 멀리 옮겨가는 반응 방식이다. 우리 모두는 사람들이 "난 단지 그 모든 것들로부터 동떨어져서 휴식을 취할 필요가 있어"라고 말하는 것을 듣는다. 다른 사람들을 멀리하고, 위로를 찾으며, 휴식을 취하는 것은 스트레스를 감소시키는 한 일반적인 방법이다.

호니는 이런 전략들이 불안을 감소시키는 정상적인 방법들이라고 관찰했다. 그러나, 한 가지 전략만이 다양한 상황들에서 완고하게 사용될 때 그것들은 문제가 된다. 다른 사람들 쪽으로 언제나 움직여가는 사람은 남에게 너무나 매달려 살아가는 의존적인 사람이 된다. 확약과 재보증을 지나치게 받아 내고자 하는 시도들은 다른 사람들을 성가시게하게 되고, 결과적으로 상처받은 일들에 대해 말하거나 연결을 구하는 당사자를 무시해버리며 그 사람들은 도망가버리게 된다.

항상 다른 사람들에 대항적으로 움직여가는 사람은 매우 조작적이고, 요구적이며, 그리고 권세를 뻐기는 성품이 되어, 남들이 그런 사람과 어떤 관계 속에 있고 싶어 하지 않게 된다. 언제나 다른 사람들에게서 멀리 멀어져가는 사람은 멀리 떨어져서, 고립되어, 외로운 사람이 된다. 건강한 개인은 상황에 의거하여 이런 대인관계 전략들을 번갈아 사용한다. 반면에, 정상적으로 제 구실을 하지 못하는 개인은 한 가지 전략을 완고하게 계속해서 반복적으로 사용해서 더 큰 대인관계 문제들을 만든다.

2) 대상관계이론

성격장애 발달이해에 유용한 다른 대인관계이론은 대상관계이론이다. 이 복합이론은 프로이드의 심리 분석 형식화의 외연이며 그것에서부터 출발한 이론이다. 프로이드는 마음의(mind) 내적 역동성을 강조했으며, 대부분의 정신병리학은 원초아의 욕망들, 초자아(超自我)의 비현실적 제한들, 그리고 자아의 현실적 평가들 사이의 내적 갈등의 결과였다는 사상을 발전시켰다(Jones 1961). 그는 관계들의 중요성을 인정했으나, 갈등이라는 내적 세계를 강조했다. 그의 심리 성적 발달이론은 중대한 관계적 양상들을 지녔었다.

예를 들어, 그는 오이디푸스 콤플렉스와 엘렉트라 콤플렉스의 갈등을 아이와 그/그녀 부모 사이의 일촉즉발의 정서적 관계로부터의 발산으로 기술했다. 마찬가지로, 심리치료(심리분석)에 대한 그의 이론은 일촉즉발의 정서적 관계의 특별한 종류(감정의 전이)를 심리학적 변화와 성장에 중요한 것으로 기술했다.

이와 같이, 대인관계 이해는, 언제나 프로이드의 정신병리학과 심리치료의 역동성 이해의 중심에 있어 왔다.

고전적인 심리분석과는 대조적으로, 대상관계이론(object-relations theory)에서의 강조는 중대한 대인관계의 관계성의 내면화에 있다(Hamilton, 1988). 이 이론은 어떻게 어린 유년기의 대인관계 경험이 그 이후의 대인관계 경험의 원형으로서 역할을 하는지에 대한 형식화를 제공한다.

진료소에서 10.1: 처음 몇 분 안에 방향을 잡아 나아가기

잦은 경우에, 치료사 첫 몇 분간이 내담자의 대인관계의 불안을 관리하는 방법을 관찰하는 데에 유용한 순간들이 될 수 있다. 다가가는 움직임, 대항적인 움직임, 그리고 멀어져가는 움직임이라는 호니의 분류법을 사용하면서, 다음의 마크(Mark)와 케이티(Katie) 사이의 상호 대화 내용을 숙고해 보자.

마 크 : 내가 어떻게 도움이 될 수 있을까요?
케이티 : 음, 당신을 극구 추천을 하더군요. 내 친구 한 명이 여러 해 전에 선생님께 진료를 받았어요. 그런데 그녀가 선생님이 얼마나 도움이 많이 되었는지 그냥 끝도 없이 이야기하더군요. 그래서 선생님이, 제가 어떤 도움을 받아야겠다라고 결정했을 때에 제가 연락을 취한 첫 번째 분이세요.
마 크 : 당신 친구가 도움을 받았었다는 것을 알게 되어 기쁘군요. 이번에 당신이 도움을 구해야겠다고 결심하도록 인도한 것이 어떤 일입니까?
케이티 : 전, 제 인생이 정말로 불행해요. 모든 면에서 말입니다. 직장, 결혼, 아이들 모두요. 오랜 세월 동안 전 너무나 불행했어요[눈물을 흘린다]. 전 지금 너무나 외로워요. 그래서 몇 주 전에 이 친구와 전 대화를 나누었었죠. 그녀가 말하기를 만일 누군가가 도움을 줄 수 있다면, 바로 선생님께서 그럴 수 있으신 분이라고 하더군요.

케이티가 자신의 불안을 관리해가기 위해 사용하는 "다가가는 움직임"을 취하는 경향을 주목하라. 이것은 자신의 초기 불안증세에 대한 단지 어떤 반영일 수도 있다. 이런 반영을 그녀는 듣기 좋은 칭찬과 불행함에 대한 표현들을 통하여 관리해나가고 있다. 그러나 만일 그 반영이 완고한 상호기능 스타일이라면, 그 반영방식은 그녀의 삶에서 다른 사람들을 성가시게 하고, 소원하게 만들 것이다. 관계맺기의 비효과적인 유형들로 빠져드는 것을 피하기 위해서 무슨 일이 벌어지고 있는지에 대해 치료사가 자각하는 것은 중요한 일이다. 다음은 그 상담 거의 끝 부분의 대화이다.

케이티 : 대단히 감사합니다. 제 친구가 선생님을 왜 그리도 높이 칭찬했는지 알겠어요. 당신은 매우 친절한 분이시네요. 이야기 나누기가 참 편했어요. 전 정말 너무도 제 인생이 불행해요, 그래서 정말이지 선생님께서 저를 도와주시기를 바라고 있어요.

마 크 : 치료가 당신에게 도움이 되기를 바라 마지않습니다. 다음 중에 뵙겠습니다.
케이티 : 제가 오늘 상황들에 대해 올바르게 이야기를 했나요?
　　　　이런 상담을 전엔 해본 적이 없어요.
마 크 : 정말 잘 하셨어요. 제 생각에 당신은 치료가 대단히 융통성이 있다는 것을 발견하게 될 것이고, 당신이 잘했고 못했고 관해서 당신 스스로를 평가할 필요가 없음을 곧 느끼게 될 거라고 봅니다.
마 크 : 오, 좋아요. 감사합니다. 다음 주에 상담하러 오겠습니다.

내담자는 치료사의 기술들에 대해 다소 너무 많은 감정을 내보인다. 그리고 그런 다음, 유사한 칭찬을 치료사로부터 요구한다. 치료사는 사무적인 무미건조한 대답으로 이에 응대한다. 왜냐하면 케이티의 "쪽으로 다가가 움직이는" 관계 스타일에 기반하여 본 치료법적 관계 쌓기를 회피하기 위한 목적에서이다.

상담 조언 10.5 : 갈등에 응답하기

갈등에 내담자가 응답하는 방법에 대한 세심한 관찰은 불안에 대처하는 그의/그녀의 전형적인 대응 방법을 드러낼 것이다. 갈등에 대한 대응으로서, 다른 사람들에게로부터 멀어져 가기, 다가가기, 대항하여 움직이기라는 명백한 방법들뿐만 아니라, 빈틈없는 관찰자는 이러한 대응들이 표현되는 더욱 미묘한 방법들을 알아차릴 것이다. 내담자는 침묵함으로써 혹은 주제를 바꿈으로써 다른 사람으로부터 멀어져갈 것이다. 소리내 엉엉 울기나 불평하기는 다른 사람들 쪽으로 다가가 움직이며 도움을 이끌어 내는 방법들이 될 수 있다. 내담자는 또 다른 사람에게 동의하지 않거나 도전함으로써 대항적으로 움직여갈 수 있다. 이런 것들이 더욱 미묘한 형태의 반응 형태들로 치료소 내에서 관찰됨직한 것들이다.

프로이드가 그랬듯이 생물학적 동인(動因)들의 역할을 강조하기 보다는 오히려, 이 분야 이론가들은 관계적 기대들과 애정대상의 역할을 강조한다. 이 모델에서는, 사랑이 동기를 부여하는 행동에 있어서 성(性)보다도 더욱 두드러진 요인이 된다.

결합(integration)과 차별이라는 심리학적 기제들을 통하여, 성격발달이 이루어지고 있는 어린이는 돌봐주는 자들의 어떤 특성들은 통합하고, 어떤 다른 특성들은 버린다. 인간은 자신 스스로와 다른 사람들(객체)에 대한 마음의 이미지들(형판[型板]들, templates)을 어린 유년시절에 형성한다. 이것들을 통하여 인간은 대인관계 세계를 이해하고, 관계적 기대들을 발달시킨다. 어떤 경험은 통합(incorporation), 섭취(introjection), 동일시(identification)라는 기제들을 통하여 통합된다. 반면에 다른 경험은, 투사(projection), 분열(splitting), 평가절하(devaluation)를 통하여 구별지어진다(거부된다). 인간은 이러한 통합과정들을 통하여 부모님의 성격들을 "흉내 내고", 반면에 구별 짓기 기제들을 통하여 다른 성격들을 버린다.

어린 유년기 시절 어머니와의 롭의 경험은, 그의 나르시시즘 발달에 심오한 영향을 끼쳤다. 압도당하고 우울증에 빠진 자신의 어머니와 동일시하기보다는 오히려, 그는 그것을 평가절하고, 개인적 약점으로 느끼는 것을 그가 조종하고자 시도했던 타자들에게 투사했다. 결과적으로 그는 모든 약함이 제거된 웅대한 자신감을 가진 상태가 되게 되었다.

3) 가족체계이론

우리 인간의 사고에 영향을 미치는 세 번째 대인관계이론은 가족체계이론(family systems theory)이다(Kerr & Bowen, 1988). 대상관계 역동성에 대한 이 형식화는 가족들 내에 있는 역할들과 법칙들이 어떻게 우리 자신의 필요보다도 그 가족체계의 필요를 충족시키는 특정한 행동들을 진작시키는가를 우리들이 이해하도록 도와준다. 이러한 행동들은 초기 가족체계에서는 효과가 있지만, 인간이 발달시키는 그 이후의 관계들 안에서는 그것들이 거의 잘 작동하지 않는다. 그 대신에 그것들은 종종 심각한 디스트레스로 이어진다.

모든 개별 가족이 규칙들을 가지고 있지만, 대부분의 규칙들이 명시적이기 보다는 암묵적이다. 명시적 규칙들은 귀가 시간이나 허드렛일들에 대한 기대들과 같이 분명히 언급되어진 것들이다. 먹는 것과 관련된 일들, 즉 언제 먹어야 하는지, 냉장고에서 음식을 자유롭게 꺼낼 수 있는 사람은 누군지, 식사 준비는 누가하는지, 누가 깨끗이 설거지 하는지, (좌석이 하나 있다면)누가 식탁에 앉는지 등과 같은 규칙들처럼, 다른 규칙들은 더욱 암묵적이다.

그런 규칙들을 발견해내는 가장 명쾌한 방법은 그것들 중 하나를 위반하는 것이다. 당신은 아이들이 어째서 수영장 벽에 붙은 규칙사항들을 읽어 보지도 않는지 그 이유를 눈치채 본 적이 있는가?

그들은 단지 뛰어 돌아다닌다. 그런데 담당 안전요원은 호루라기를 불 때, 아이들은 자신들이 뛰지 말아야 한다는 것을 배운다. 때때로 가족규칙들도 이와 마찬가지이다. 우리는 그것들이 위반될 때 그것들이 무엇인지 알게 된다.

가족들 안에 있는 많은 규칙들은 유년시절에 내재화되는 경향이 있다. 어린 아이는 착한 아이는 조용하고, 순종하며, 결코 앙앙 울지 않는다는 것을 배우게 된다. 이런 행동규칙들은 어린 유년시절에 확립되며 명시적이지 않은 것들이다. 그 아이가 성장하면서, 이런 규칙들이 그 이후의 관계들 안에서 도움이 될 수도 안 될 수도 있다.

네드(Ned)는 강한 감정들과 관련된 문제들을 토론하지 않는 기독교 가정에서 성장했다. 그의 부모님들은 그에게 강렬한 감정은 나약한 신앙의 징조라고 말했다. 그러므로 허용된 단 유일한 감정이라곤 적당한 행복감이었다라고 말했다. 네드가 결혼했을 때, 그의 새 아내는 그의 감정의 힘에 감탄했으며, 그를 그녀의 "반석"으로 지칭했다. 그는, 정서적인 대전이(大轉移)가 규범이었던 혼란한 가정 출신인 그녀가 필요로 했던 바로 그 사람이었다. 불행하게도, 그들은 갈등들이 해결하기가 어렵다는 것을 발견했다. 그 반석은 말이 많지 않은 사람이기 때문이다. 시간이 지나면서, 그들의 대화는 점점 더 적어졌다. 왜냐하면 더 많은 화제들이 풀리지 않은 갈등들과 연루되어 있었기 때문이다.

가족들 역시 구성원들을 위한 역할들을 진작시킨다. 체계적 역할들이란 그 가족의 평온함(equilibrium)을 유지하는 것들이다. 가족들은 다양한 스트레스들을 처리해야만 한다. 재정적 도전들, 성장하는 어린이들, 다른 가족들과의 연루, 학교의 요구사항들, 그 외 여러 가지들이 있다. 혼란과 와해에 저항하기 위하여, 가족들은 항상성(恒常性)을 유지한다. 가족규칙들의 경우와 마찬가지로, 이런 균형을 유지하는 그 역할들도 명시적이기보다는 암묵적인 경우가 더 잦다. 이런 체계적인 역할들의 일부는 영웅, 어릿광대, 마스코트의 역할들로 규명되었다. 어린아이들은 이런 역할들을 무의식적으로 받아들이며, 안정을 위한 그 가족의 필요들을 이행한다. 롭(Rob)은 가족들을 위하여 영웅의 역할을 수행했다. 그의 어머니는 혼자였고, 자녀들의 기본 필수품들을 제공하기에 고군분투했다.

> **상담 조언 10.6 암묵적 가족 규칙들에 대해 토론하기**
>
> 암묵적 규칙들의 한 성격은 그것들이 공개적으로 논의되지 않는다는 것이다. 그러므로, 내담자들은 전형적으로 자신들의 어려움들과 연관되어 있을 수 있는 그 규칙들에 대해 생각하지 않는다. 가족규칙들에 대해 생각하도록 내담자들을 돕는 한 가지 방법은 가정에서 생일 축하하는 방식들을 기술하게 만드는 것이다.
> 그것이 큰 축하였는가 아니면 비교적 약소했는가?
> 사람들이 큰 소리를 내는지 아니면 다소 조용했는지?
> 선물들, 생일카드들, 그리고 생일케익과 아이스크림이 있었는가?
> 초대를 하는 공식파티였는가?
> 특별 식사가 준비되었었는가?
> 친척들을 불렀는가?
> 우리 모두는 규칙으로 기능하는 가족들의 축하잔치에 대한 기대치들을 내재화하는 경향을 가지고 있다. 가족 축하잔치에 대한 토론내용은 가족규칙들에 대한 다른 토론들에까지도 일반적으로 적용될 수 있다.

롭의 열정적인 슈퍼맨 상의 추구는 어머니에 대한 자부심의 원천이었다. 이 자부심은 그의 어머니에게 존재에 대한 어떤 희망감을 안겨 주었던 것이다. 롭은 자신의 경쟁적이고 성취적인 특질들이 어떤 영웅에 대한 어머니의 필요에 의해 부지중에 강화되어졌다는 점을 깨닫지 못했다. 이 미묘한 강화는 중대성에 대한 그녀의 필요를 대신 실현시킨 것이다.

4) 요약

이런 다양한 대인관계 이론들의 종합은 대인관계 패턴들이란 타자에게 관련하는 안정적이고 예견 가능한 방법들이라고 제안한다. 이런 패턴들은 대인관계 불안을 경감시키고, 타자들과의 관계 속에서 자신에 대한 지속적인 자각을 유지하는 한 수단으로써, 그리고 가족의 삶을 안정시키는 한 수단으로써 인생 초기에 형성된다. 대인관계 행동패턴들이 변하기가 어렵다는 것은 놀라운 점이 아니다.

감사하게도, 완고하고 융통성이 없지 않는 한, 우리는 많은 행동패턴들을 바꿀 필요는 없다. 관계적 디스트레스를 낳는 것은 바로 대인관계 패턴들의 불요성(inflexibility)이다. 유년시절과 사춘기 때에 효과적이었던 것이 대학에서나 새로운 결혼생활에서 더 이상 효과적이지 않을 수 있다. 그리고 대인관계 디스트레스가 가장 두드러진 시기는 바로 (가정을 떠나기, 결혼, 새로 태어난 아이, 새 직장, 은퇴와 같은) 인생 전환 시기들에서이다.

5. 인지치료 모델에 대한 질문들

인지치료에 친숙한 독자는, 왜 우리 두 저자들이, 기능적 영역과 구조적 영역에서 그랬던 것과 같이 관계적 영역 내에서 어떤 인지적 모델을 계속 추구해 가지 않는가에 대해 궁금해 할 것이다. 인지치료를 이용한 성격장애 치료에 관한 왕성한 일군의 연구 문헌들이 존재한다(Beck, Freeman 외, 1990; Beck, Freeman & Davis, 2003; Rasmussen, 2005).

왜 인지치료의 그런 관점을 포용하지 않는가?

우리 두 저자가 많은 관계들을 매우 손상시키는 땅 속 깊이 참호를 파고 자기 입장만을 지키는 대인관계 패턴들에 대한 문제를 본격적으로 다루기에는, 현재 모습 그대로의 인지모델은 부적절하다는 사실을 발견했기 때문에, 성격장애들을 개념화하고 치료하는 것에 대한 현재의 그 인지모델을 거부하는 것은 너무 심한 일이 아니다.

3장에서 기술했듯이, 인지치료는 동기부여에 관한 설명에 설득력이 없다. 반복적인 자멸적 패턴들로 사람들을 관계시키도록 몰고 가는 강력한 원동력들이 역기능적 도식들에 의해 충분히 설명되지 않는다. 벡과 그의 동료들(1990)은 대인관계 전략들에 대한 동기부여를 기술하기 위하여 진화론적 개념들에로 입장을 바꾸고 있다. 라쓰무쎈(2005)은 성격 발달을 추진시키는 "진화론적 명령"(evolutionary imperatives)을 기술하기 위하여 밀론(Millon)의 관상학(Millon & Davis, 2000)을 채택하고 있다.

이 두 인지적 접근법은 대인관계 행동을 진화론적 필요에서 유래한 도식들에 묶는다. 도식들이란 강하고, 깊이 파묻힌 것이고, 인간 경험들을 해석하기 위한 반복된 친숙한 방법들을 제공하는 것임에 틀림이 없다. 그러나 왜 도식들 스스로가 한 개인으로 하여금 지나친 의존성을 유지하도록, 명백히 다른 사람들을 해치도록, 혹은 관계적 죽음의 순간에까지 타자들에 대한 통제력을 추구하도록 동기부여하는가를 알기 어렵다. 이렇게 중대한 동기부여의 개념화를 위하여, 우리 두 저자는 대인관계이론으로, 그리고 인간 본성에 대한 우리들의 성경적 이해로 방향을 돌린다.

우리 두 저자들 역시 성격장애들에 대한 인지적 접근에 대해 다른 중대한 질문들을 가지고 있다.

첫째, 핵심 신념들은 인생 초기에 학습된 정적(static) 의미들이라는 상정 내용에 문제를 제기한다. 바르트(Barth), 브루너(Brunner), 그렌즈(Grenz), 그리고 다른 신학자들이 어떻게 하나님의 형상은 한 개인 내에 온전히 내포된 한 구조물일 수 있는가에 대해—하나님의 형상은 관계들 속에서 관찰될 수 있는 것이라고 대신 제안하면서—질문을 제기한 것처럼, 그렇게 우리 두 저자들도 핵심 신념이 단지 한 개인 안에 있는 어떤 구조물인가에 대해 이의를 제기한다. 핵심 신념들이 동적이며 관계적이고, 끊임없이 모양 지어져 가고, 현재의 관계들에 의해 재정의된다고 보는 것이 더욱 합리적으로 보인다.

"나는 언제나 최고가 되어야지만 해"라는 롭(Rob)의 신념을 숙고해 보자. 롭은 어떻게 이런 핵심 신념을 발달시켰으며, 그리고 그것은 왜 변화에 그렇게나 저항적인가?

만일 핵심 신념들이 본질적으로 구조적이라면, 그렇다면 정답은 그 도식은 가르쳐진 것이거나 인생 초기에 롭에게 모델화된 것임에 틀림이 없다. 이런 대답은 일부 치료사들을 만족시키겠지만, 관계적 측면에 초점을 둔 치료사들은 그것이 궁극적으로는 얄팍하다는 것을 발견한다. 인간은 유년시절과 사춘기 때에 운동화 끈을 어떻게 매어야 하는지, 야구하는 방법, 기말 에세이 작성법, 자동차 운전법 등과 같은 많은 것들을 배운다.

그러나, 단순히 어떤 것을 배우는 것이 우리들에 대한 막강한 힘을 그것에 부여해 주지는 않는다. 그러나 핵심 신념들은 사람들에 대해 믿을 수 없을 정도의 힘을 소유하고 있다. 때때로 절망적인 감정 상태들로 사람들을 몰고 가기도 하고, 충동적이고 부주의한 행동들로, 심지어는 자살, 살인, 혹은 테러행위로까지 몰고 갈 정도로 강력한 힘을 가지고 있다. 핵심 신념들은 학습된 것일 뿐 아니라, 그것들은 관계들 속에 내재되어 있다. 그리고 관계들은, 대다수의 심리학자들보다도 기독교 신학자들이 더 잘 이해하고 있는 한 이유 때문에, 정서적으로 어마어마한 중요성을 지니고 있다. 그 이유는 바로 인간은 관계 속에 존재하도록 창조되어 있기 때문이라는 것이다.

둘째, 우리 두 저자는 마치 치료관계 안에 내재된 치유하는 힘에 대한 고려 없이도 어떤 치료가 제공될 수 있는 것처럼, 인지적 변화들에 국한되어 있는 개입의 실시(實施)에 이의를 제기한다. 스트럽(Strupp, 2001)은 의료-돌봄 패러다임을 비판한다. 왜냐하면, "치료가 일어나는 인간적 관계와는 독립적으로 심리치료법적 치료가 개념화될 수 있다고 가정하기"(p. 605) 때문이다. 인지치료사들은 내담자들의 생각을 전환시킴으로써 사람들이 더 좋은 기분을 느끼도록 도와준다. 그러나 때때로 그 전문의들은 관계라는 정황 안에서 내담자들의 생각들이 모습을 드러내 보이고, 평가되고 있음을 망각한다.

롭은 더욱 합리적으로 되기 위하여 치료받으러 오지 않았다. 그가 찾아 온 이유는 자신의 삶이 산산이 부수어지고 있었고, 그는 또 다시 위험한 세상에서 도움 없는 존재됨의 공포를 어렴풋이 감지하고 있었기 때문이다. 이런 것을 그는 브론크스거리들에서 처음 알았다. 롭의 인생의 위험들은 언제나 관계적인 것들이었다. 애초에 그에게, 부적응적 핵심 신념을 발달시키도록 야기했던 것이 바로 유년시절의 관계적 외상이었고, 슈퍼맨이 되도록 그의 욕망을 강화시켰던 것은 바로 또래 친구들에 대한 관계적 응답이었고, 그의 실직으로 이끌었던 것은 바로 관계 도식의 실패였으며, 그리고 롭으로 하여금 힘겨웠던 인생시기를 항해하도록 하고 어느 정도의 성격 변화를 경험하도록 도움을 주었던 것은 바로 치료의 관계적 속성이었다.

셋째, 우리 두 저자들은 과학적 학문이 인지-행동 치료들을 방어하기 위하여 때때로 사용되는 그 방식에 문제를 제기한다. 일부 학자들은 인지행동 접근법을 진작시켜왔으며, 마치 과학이 객관적이고 가치독립적인 것처럼, 어느 치료법을 심리치료사들이 사용할지에 대한 유일한 중재자는 과학이어야 한다고 논박함으로써 관계적 접근법이 중요하지 않다고 제안했다(예를 들어, Perez, 1999). 우리 두 저자는 다른 사람들이 그런 것처럼(예를 들어, Garfield, 1996), 이런 관점에 머리칼이 다 곤두선다.

> ### 상담 조언 10.7: 논문의 방법론 부분을 기억하라
>
> 심리치료사들은 심리치료에 관한 과학적 문헌을 따라가려고 노력하거나, 또는 적어도 그들은 그렇게 해야만 한다. 그러나 개별 논문의 글자 하나하나를 다 읽을 시간 내기가 어렵다. 심리치료사 효율성에 관한 논문을 정밀히 살펴 볼 때에, 논문 초록을 읽고, 서론 마지막 단락–흔히 이 부분에서 본 연구의 질문이 발견되는 곳이다–을 살펴보고, 그리고 결론들을 정밀히 살펴보고, 임상의들을 위한 함축 의미들을 발견하기 위하여 토론부분을 훑어보는 것이 중요하다. 그러나 본 연구를 위해 어떤 성과 척도들이 사용되어졌는지를 발견하기 위해서 "방법론"부분을 들여다보는 것 역시 중요하다. 성과척도들이 증상축소에만 근거해 있는 것이 가장 흔한 경우들이다. 증상들을 계량화하는 것이 중요한 작업이지만, 대다수의 개업의들은 다른 현안들–성격 형성, 내담자의 삶에 있어서의 관계들 등–에 대해서도 역시 함께 고려하고 있다. 그리스도인 임상의들도 영적인 문제들에 대해 관심을 가지고 있다. 그런데 영성은 심리치료 결과 연구에서 거의 치수화되지 않고 있다.
> 이 분야의 연구자들은 심리치료에 대한 자신들의 접근이 "효과적이다"고 결론짓지만, 효과적이라는 것이 어떻게 정의된 것인가?
> 정황판단이 예리한 임상의는, 증상축소가 효율성의 단일척도라는 점을 알아차리게 될 것이고, 이에 대해 염려하게 될 것이다.

왜냐하면, 과학은 가치–독립과 너무나 거리가 멀기 때문이고, 그리고 심리치료 연구 분야에 내재되 내려온 결함들은 의료적 패러다임치료법들에 대해 완전한 낙관주의를 허용하지 않기 때문이다. 비록 인지치료가 특정 장애들의 경우 증상중심개입들에 대해 잘 듣는 것은 명백하다고 할지라도(Butler & Beck, 2001), 인지치료의 원래 형태가 더욱 복합적인 임상적 외양들을 위한 선택치료인지는 분명하지 않다.

연구실험실들은 심리치료소들보다는 다른 장소들이다. 증상중심적 인지치료들은 연구실험실들에 이상적으로 어울린다. 왜냐하면 본 치료법들은 단기적이고 편람화되기에 충분히 단순한 처치들이다.

그러나, 상대적으로 몇 안되는 임상의들만이 자신들의 매일의 진료활동에서 치료메뉴얼들을 사용하고 있다(Addis & Krasnow, 2000). 연구자들은 종종 내담자들로 참가하는 사람들에 대한 엄중한 배제기준들을 가지고 있어서, 가장 복합적인 문제들을 가진

사람들은 해당 연구들 안에 포함되어지지 않고 있다. 치료사의 진료소에 찾아온 많은 사람들이 대부분의 연구 실험실들에서 사용하는 배제기준들을 성공적으로 통과하지 못할 것이다(Safran, 2001). 연구자들은 특정장애들에 대한 특정치료법들에만 초점을 두는 경향이 있다. 반면에 임상의들은 치료법적 관계들에 대해 더 많이 생각하는 경향을 가지고 있다.

흥미롭게도, 치료관계의 본질은 사용되는 특별한 기법들보다도 치료결과에 더욱 밀접히 연관되어 있다(Lambert & Barley, 2002). 스트럽(Strupp, 2001)은 "개별 치료적 양자관계는 각각 독특한 것이며, 치료를 표준화된, 현실에서 유리된 개체로 취급하는 연구는 우리들의 이해에 공헌하지 못할 것이다"(p. 605) 라고 논했다.

6. 대인관계 문제점들의 역동성

대인관계이론들은 대인관계 문제점들의 발달에 대한 통찰력을 준다. 그러나 어떻게 이런 문제점들이 관계들 속에서 유지되고, 그리고 어떻게 그것들이 성격장애라는 완고한 패턴의 성격으로 발전하는가?

유년시절부터 관계적 역동을 내재화하고 현재적 관계들에서 그 역동성을 재현하는 과정을 우리가 이해하는 데에 도움을 주는 세 가지 대인관계모델들로 우리 두 저자는 눈을 돌린다.

1) 대인관계 과정 접근법

테이버(Teyber, 2006)의 모델은 대인관계 불안과 불안전성에 대한 3단계 내재화를 포함하는 접근법이다.

첫째, 아이의 욕구들이 충족되어지지 않거나, 그 아이가 간과되거나, 외상을 입거나 혹은 학대를 당했을 때, 혹은 안전과 애착(attachment)에 대한 내재적 갈망들이 원가족 내에서 좌절되어졌을 때, 그 아이는 높은 정도의 불안을 경험한다. 그 아이가 이러한 거절과 판단적이며 무효로 만드는 경험들을 내재화하는 것과 그 혹은 그녀 자신을 유사한 방식들로 바라보기 시작하는 것은 불가피하게 일어나는 일이다.

둘째, 그 아이는 마찬가지로 해를 끼치는 방식으로 다른 사람들을 대하기 시작한다.

셋째, 관계들은 반복해서 해를 끼치는 방식들로 계속 반응하는 사람들과 유지된다. 그렇게 본 3단계 과정은 어린 유년기에 시작하여 성인기에로 계속된다. 어린 유년시절 해를 끼치는 대인관계 패턴들의 반복된 형태들의 모습으로 개인은 자신과 타자들에게 반응한다. 이런 행동패턴들이 자신과 타자들에게 관계하는 고통스러운 방법들이긴 하지만, 익숙한 방법들이고, 불안전성과 불안이라는 강한 감정들에 대한 어느 정도의 통제력도 제공해주는 방법들이다. 아픈 거절과 판단적 반응들을 다른 사람들로부터 이끌어 내지만, 다시금 그것들은 예측 가능한 친숙한 반응들이고, 산더미처럼 쌓여만 가는 대인관계 갈등의 불안을 경감하는 기능을 한다.

반복적인 아픈 대인관계 패턴들은 계속된다. 왜냐하면 그것들은, (1) 친숙함이라는 감각을 제공하고, (2) 잠정적으로 위협적인 상황들에 대한 통제감을 제공해주며, (3) 관계들 속에서 높아져만 가는 긴장을 감소시켜주기 때문이다. 이 요인들은 성격장애들에서 관찰되는 융통성없는 완고한 성질을 진작시킨다. 다양한 방식들로 문제점들을 해결하고 불안을 경감하도록 관계하기보다는 오히려, 이런 개인들은 친숙한 행동유형들에 호소한다. 외부에서 볼 때, 이 패턴들은 명백히 자멸적이지만, 내부에서 볼 때, 그것들은 이치에 닿는 것들이다. 이러한 행동패턴들이 본 성격장애를 입은 개인에게 이치에 닿도록 허용하는 한 흥미로운 현상이 발달한다.

즉, 그들은 자신들의 대인관계 패턴들이 특별하거나 독특하다고 해석하게 된다. 재보증을 추구하며 남용적인 관계들 안에 머물러 있는 지나치게 의존적인 사람은, 그녀의 행동을 사랑스런 혹은 비이기적인 희생으로 본다. 끊임없이 타자들에 대항적으로 움직이는 그런 사람은 그의 행동을 그 일이 완료되기 위하여 필요한 것으로, 또는 그 조직의 임무에 필수적인 것으로 바라본다(심지어 그 조직이 교회이거나 혹은 다른 종교 단체인 경우에도 그렇다!) 멀리 떨어져 있는, 즉 다른 사람들로부터 멀리 움직이는 그런 사람은 그의 행동을, "큰 사고를 하는" 혹은 자신의 염려들에 대해 "더 깊이 느끼기 위한" 그런 공간을 자신에게 제공하는 것으로 간주한다.

성격장애를 가진 사람들의 자기-인식에 동반하는 특별함, 필요성, 혹은 독특함이라는 감정은, 어떻게 사람들이 그렇게 명백한 자멸적인 행동을 유지할 수 있는지를 우리가 이해하는 것을 도와주는 참으로 흥미로운 양상들 중에 하나이다. 행동의 영향에 초점을 두기보다는 오히려, 그들은 자신들의 행동의 의도에 초점을 두며, 자존감을 유지하는 긍정적인 태도로 그것을 해석한다. 이런 의미에 있어서, 모든 성격장애들은 나르시시즘과 연관되어 있다. 붙임, 소속감, 특별함, 혹은 중요성이라는 감각을 그것들이 유지한다는 점에서 그것들은 모두 자기 이익만 챙기는 장애이다.

이러한 나르시시즘은 나르시시즘의 명백하고 극단적인 현시인 자기애성 성격장애(narcissistic personality disorder)와 똑같은 것이 아니다. 오히려, 이런 나르시시즘은 단지, 반복된 상처를 주거나 자멸적인 대인관계 행동들에 연루되어 있는 사람들의 자기-정의에 대해 설명을 해줄 뿐이다. 만일 치료사가 그런 신념을 치료 과정에서 너무 일찍이 찔러대면, 내담자는 자기중심적 상처를 경험하게 될 것이다. 따라서 그와 같은 사람들에게 치료적으로 반응하는 시기와 태도가 중요한 현안이 된다. 이것은 다음 장에서 더욱 완전하게 토론될 것이다.

2) 순환적 부적응 패턴들

현대 심리역동이론가들은 순환적 부적응 패턴들(cyclical maladaptive patterns: CMPs)이라는 개념을 소개해 왔다. 이것은 치유하는 치료관계를 이해하고 정교하게 만드는 데 있어서 유용한 개념이다(Levenson, 1995). 한 순환적 부적응 패턴들은 내담자가 다른 관계들 속에서 계속 반복적으로 유사한 문제를 재창조하는 한 악순환을 말한다. 물론 내담자는 이런 일을 의도적으로 행하는 것이 아니다. 거의 대다수가 관계들 속에서 어려움들을 의도적으로 야기시키는 목표를 가진 이는 없다. 하지만 이런 패턴들은 잠재의식 수준에서 기능하고 있다. 전형적으로 그것들은 삶의 더 이른 시기의 상황들에 대한 재연(再演)이다.

레빈슨(1995)은 순환적 부적응패턴들은 네 가지 범주들로 조직될 수 있다고 제안한다. 자신의 행위들, 다른 사람들의 반기능들에 대한 기대들, 자신을 향한 다른 사람들의 행위들, 그리고 자신을 향한 자신의 행위들이 그 네 범주들이다. 이런 네 범주들은 롭(Rob)과 그의 치료사 사이의 다음 대화 속에서 관찰될 수 있다. 먼저, 롭은 치료사를 향해 공격적으로 자기 자신을 표현한다.

롭 : 그 검사는 "내가 곧 너를 잡겠다"라고 말하듯이 나를 막 노려보고 있었어요. 난 저쪽으로 걸어가서 바로 저기에 그를 때려눕히고 싶었어요. 풀을 먹여 빳빳한 와이셔츠와 철사틀에 넣은 안경, 그리고 400불짜리 서류 가방을 가진 정말이지 자칭 의인인 척하는 놈이죠. 나를 대적하는 놈은 바로 그 사람이지요, 전 그 사람에게 조만간 뭔가를 좀 보여줄 거예요.

클락: 잠시나마 당신은 브론크스 지역의 거리들로 돌아온 것처럼 보입니다.

롭 : 무슨 말씀을 하시는 거예요?

당신은 언제나 브론크스지역 시절을 생각나게 하고 있잖아요. 마치 내가 아직도 갱단 같은 데에 속해 있는 것 마냥 말예요. 이점을 확실히 하실 수 없습니까? 우리는 지금 브론크스 지역에 있지 않아요. 난 더 이상 열네 살이 아니라구요. 전 오늘 오전에 법정에 있었어요, 난 감옥에 갈 것 같아요. 그런데 당신은 브론크스지역 시절에 대해서 이야기만 하고 있어요.

부지중에 롭은 치료사가 옳다는 것을 증명해 보이고 있다. 그는 자신의 전투적인 어린 시절 환경 속에서 배웠던 바로 그 똑같은 패턴들을 재연하고 있는 것이다. 이제 분노를 감지하고 있는 치료사는 선택을 해야한다. 그 해석을 방어하고 롭이 예상하는 순환적 부적응패턴에로 옮겨 가던지, 또는 롭과 연결되기 위하여 이해받고자 하는 욕망을 포기하고 순환적 부적응패턴을 찢어발긴다.

클락: [잠시 멈춘다] 이 시간이 당신에게는 불안을 주는 때입니다.

롭 : 물론 그렇지요. 당신은 깜짝 놀라시지 않으셨어요?

클락: [침묵한다]

롭 : 제가 여기 혼자 있는 것 같군요. 마치 나를 끄집어 내리고 싶어 하는 어떤 매우 커다란 세력들에 제가 직면해 있는 것 같아요.

클락: 그런데 내가 브론크스 지역 이야기를 생각나게 할 때, 난 그것을 진정으로 이해하지 못한다는 것을 느껴요. 난 오늘, 지금 당장, 이것이 얼마나 거대하고 무시무시한 것인지 이해하지 못하겠어요.

롭 : 맞아요.

그 검사와의 직면과 현재 치료사와의 직면은 어린 시절 학습된 패턴들의 재연들이다. 롭은 세상이 적대적이라고 지각하고 있다. 그래서 그는 위험스러운 브론크스라는 이웃들 속에서 배운 대로 공격적으로 행동한다.

둘째, 일단 롭은 행동한다, 그리고 그 다음 그는 다른 사람들이 어떻게 반기능할지를 기대한다. 그는 그 검사가 자신을 노려보고 있음을 알아차리고 있다. 이것은 그가 타자들로부터 전투적이고 적대적인 반응을 기대하고 있음을 보여주는 것이다. 법정이 전투적이고 호전적일 것이라는 것은 매우 당연한 사실일 수 있다. 그러므로 그의 기대들이 올바르다고 증명될 개연성도 있을 것이다.

치료 중에도, 롭은 역시 자신의 치료사가 호전적이고 전투적인 방식으로 반기능하리라 기대한다. 치료사들은 자신들의 정서적인 반기능 혹은 행동적인 반기능, 또는 양자 모두의 측면에서 내담자의 순환적 부적응패턴 속으로 끌려들어 가는 일이 자주 발생한다. 이 예에서, 치료사는 자연스럽게 롭의 순환적 부적응패턴 안으로 정서적으로 끌려들어가서 분노를 경험한다. 그러나 치료사가 행위적으로 끌려들어가는가?

그렇게 되기가 얼마나 쉬울 수 있었겠는가를 주목하라.

롭 : 무슨 말씀을 하시는 거예요?
　당신은 언제나 브론크스지역 시절을 생각나게 하고 있잖아요. 마치 내가 아직도 갱단 같은 데에 속해 있는 것 마냥 말예요. 이점을 확실히 하실 수 없습니까? 우리는 지금 브론크스지역에 있지 않아요. 난 더 이상 열네 살이 아니라구요. 전 오늘 오전에 법정에 있었어요, 난 감옥에 갈 것 같아요. 그런데 당신은 브론크스역 시절에 대해서 이야기만 하고 있어요.

치료사는 본 순환적 부적응패턴 안으로 정서적으로 끌려들어가고, 분노를 느낀다.
순환적 부적응패턴의 세 번째 부분은, 자신을 향하여 다른 사람들이 어떻게 행동하는가이다. 상대편이 예상했던 대로 행동할 때, 위 예의 왼쪽에 예시되어 있는 것처럼, 그렇다면 본 순환싸이클은 영속된다. 치료사가 예상되지 않은 어떤 방식으로 반응할 때, 그렇다면 본 순환싸이클은 깨진다. 롭은 두 번째 공격적인 코멘트로 그 순환적 부적응패턴을 연관시키려고 다시 시도한다. 그러나 여전히 치료사는 그것을 회피한다. 만일 치료사가 그 순환적 부적응패턴을 자각하고 있고 그것에 빠지기를 피하고 있다면, 롭은 세상이 어떻게 작동하는지에 대한 자신의 관점을 궁극적으로는 재평가할 필요가 있다.

순환적 부적응패턴에 행동으로 끌려들어간 경우	순환적 부적응패턴을 행동으로는 회피한 경우
클락: 들어 보세요. 만일 당신이 원한다면, 우리는 이것을 논박할 수 있습니다. 하지만 당신이 지금 당장 나에게 반응했던 그 방식조차 전투적이고 경쟁적입니다. 마치 당신이 어느 갱단에 속해 있고 난 다른 갱단에 속해 있는 것 같이 말예요. 뒤이어 논쟁이 일어난다.	클락: [잠시 멈춘다] 이 시간이 당신에게는 불안을 주는 때입니다. 롭은 치료사를 그 CMP 속으로 끌어들여 다시 노력한다. 롭 : 물론 그렇습니다. 당신은 깜짝 놀라지 않으셨어요? 여전히 치료사는 그것을 회피한다. 클락: [침묵한다]

마지막으로, 순환적 부적응패턴의 네 번째 부분은 자기 자신이 스스로 어떻게 반응하는가이다.

롭은 자신이 만들어 놓은 순환적 부적응패턴 재연들을 어떻게 설명하고 어떻게 그것들에 반응하는가?

법정에서 그는 그 검사를 상대로 심하게 노려봄으로써 본 순환적 부적응패턴을 재연했다. 그리고 그의 궁극적인 결론은 "나를 대적하는 놈은 바로 그 사람이지요, 전 그 사람에게 조만간 뭔가를 좀 보여줄 거예요"였다. 여기에서 우리는 순환적 부적응패턴가 그의 자애(自愛)적이고 경쟁적인 충동들에 의해 강화된다는 것을 알 수 있다. 이런 자애적 충동들은 향후 그가 공격적으로 행동하는 데에 더욱 편향되도록 만들 것이다. 그런 다음 이것은, 그를 다시 첫 번째 범주—자신의 행위들—로 데리고 감으로써 순환적 부적응패턴을 영구화한다.

이와 대조적으로, 치료사가 본 순환적 부적응패턴에 행동적으로 연관되지 않을 때,

롭은 자기 자신에게 다른 방식으로 반기능해야만 한다. 그는 치료사를 본 순환적 부적응패턴에 연관시키고자 두 차례 시도한다. 그런데 두 번의 노력 모두 실패할 때에, 그는 자신의 자애적 방어를 훨씬 넘어서 움직이게 되고, 자신의 감정들에 대한 뭔가를 드러내 보이게 된다.

롭 : 내가 여기 혼자 있는 것 같은 기분이 드네요. 마치 나를 끄집어 내리고 싶어 하는 어떤 매우 커다란 세력들에 제가 직면해 있는 것 같아요.
클 락: 그런데 내가 브론크스 지역 이야기를 생각나게 할 때, 난 그것을 진정으로 이해하지 못한다는 것을 느껴요. 난 오늘, 지금 당장, 이것이 얼마나 거대하고 무시무시한 것인지 이해하지 못하겠어요.
롭 : 맞아요.

이 예에서 우리는 롭을 돕고 있는 치료사가, 그의 자기애적 방어 스타일 기저에 있는 바로 그 감정들을 보기 위하여 그의 순환적 부적응패턴에서부터 한 걸음 멀리 물러나는 것을 본다.

내담자에 의해 선동될 때, 방어적이고 화난 방식으로 반응하기보다는 오히려, 유능한 치료사들은 내담자의 순환적 부적응패턴 바깥으로 걸음을 옮기고 예상치 못한 방식으로 반응할 줄 안다. 이런 유능함은 치료사의 입장에서 볼 때 자아-자각성과 함양된 덕(德) 양자 모두를 요구하는 것이다. 11장에서 우리 두 저자는 그리스도에 의해 펼쳐진 덕목들 중 두 가지-은혜와 진리-에 대해 토론할 것이다. 그리고 이것들이 어떻게 통합적 심리치료의 관계적 영역에 연결되는가를 보일 것이다.

3) 상호역할 절차들

현재 발전하고 있는 인지분석(cognitive-analytic)치료에서, 라일(Ryle, 1990)은 그가 상호 역할 절차들(reciprocal role procedures; RRPs)라고 일컬었던 어떤 것을 공리로 주장했다. 비록 이 모델에 대한 종교적이거나 신학적인 기초에 대해 라일이 명확하게 언급하지는 않았지만, 그의 생각들과 바르트(1945/1958)가 자명한 원리로 주장한 하나님의 형상(Imago Dei)의 관계적 관점 사이의 중첩됨을 목도하는 것은 매혹적인 일이다. 바르트(Barth)는, "나-너"(I-Thou)의 관계들이 하나님의 형상(Imago Dei) 이해에 중심이라고 제안했다. 개별 인간은 다른 사람과 연결되도록 창조되어 있다. 한 사람은 타자와의 관계 속에서 자신을 보지 않고서는 인간 존재의 정수(精髓)를 완전히 이해할 수 없는 존재이다. 라일은 이점을 보울비(Bowlby, 1988)의 애착이론(attachment theory)과 다른 대상관계들 사상들에 의존하면서 발달적 관점에서 토론한다.

모든 개별 어린 아이는 다른 사람들과의 관계 속에서 자신을 경험하는 것을 배운다. 처음에 이것은, 마치 유아들이 자신들의 육체 내부에 있는 그런 특질들과 능력들을 그 밖의 장소에 있는 것들과 구별하는 것을 배우는 것처럼 꽤 미숙할 수 있다. 이것은 다른 사람에 대한 원시적이고 파편적인 관점으로 연결될 수 있다.

예를 들어, 유아들은 모유가 자기 자신들의 원천들 외부에서부터 유래하다는 것, 즉 그들이 후에 어머니로 알게 되는 누군가로부터 기원한다는 것을 배워 안다. 그러나 그들은 어머니가 어떤 존재인지에 대한 미묘한 관점을 결하고 있다. 처음에 어머니는 음식을 제공하는 한쪽 가슴일 뿐이고, 음식을 먹이는 동안 바라보는 한 쌍의 눈일 뿐이다.

그러나 유아들이 자라면서 역시 어머니에 대한 그들의 관점들도 자란다. 시간이 흐르면서, 사람은 자기가 끝나고 다른 사람이 시작되는 더욱 세련된 개념들을 발달시키기 시작한다. 성장하는 아이는 지금의 나(the I)와 지금의 너(the Thou) 사이의 붙임을 유지할 목적으로 타자와 관계하는 방법들을 배운다. 그에 따라서, 그 아이는 자율과 연결됨의 어떤 균형을 허용하는 특정 역할들을 배운다. 그러나 이 역할들 각각은 상호적이다.

다시 말해서, 그것들은 상대편에서의 반응으로 충족되는 것이다. 초기 반응과 상호 반응 이 두 가지는 발달하는 아이 안에서 내재화된다. 예를 들어, 수잔(Susan)이 편안함에 대한 욕구 표현이 자신의 필요에 대해 공급하시는 그녀 부모님들로 인하여 충족된다는 것을 배워 아는 건강한 가정환경 안에 있는 어린 아이라고 상상하자. 여기서 수잔의 역할(도움을 요청하며 앙앙 울어 대기)과 그녀 부모님 입장에서의 상호 역할(편안함을 제공해 주기) 두 가지를 우리는 볼 수 있다.

조작적 행동주의자는(operant behaviorist), 수잔의 앙앙 울어 대기가 강화되고 있고,

그녀는 자기 자신의 욕구들을 보살피는 방법을 결코 배우지 못할 것이라고 염려할 수 있다.

상담 조언 10.8 : 난 그런 짓 결코 하지 않을 거야

많은 어린이들과 청년들은 부모님에 의해 짜증을 내게 되고, 혼잣말로 내가 어른이 되면 난 절대로 저렇게 행동하지 않을 거야라고 말한 경험을 가지고 있다. 그러나 놀랍게도, 그들이 나이가 들면서, 자신들도 스스로 결코 하지 않겠다고 맹세한 바로 그 똑같은 일들을 행하고 있음을 발견한다. 이런 현상은 상호적 역할 절차를 예증해 보이는 것이다. 다른 사람의 성가시도록 짜증나는 역할들조차도 내재화되고, 그리고 더 나이가 들어서 그것들을 자주 수행에 옮기게 된다.

그러나, 대상관계들이 관점은 다르다. 시간이 흐르면서, 수잔은 자신의 도움-구하는 역할과 그녀 부모님의 위로하는 역할 둘 다 내재화한다. 그리고 그녀는 욕구 표현하기와 그녀가 경험하는 욕구들에 대한 자기-돌봄을 제공하기 두 가지 모두에 능력을 갖추게 된다. 그녀 부모님들의 은혜롭고 친절한 반응들은 수잔으로 하여금 인생 후반기에 도전적인 상황들에 직면하게 될 때에 자기 자신에게 은혜롭도록 허용한다.

불행하게도, 많은 가정들이 쑤잔의 가정처럼 호의 관대(好意寬待)하지 않다는 점이다. 그래서 더욱 가혹한 상호역할절차들이 내재화된다. 롭은 위로를 구하는 울어재치기들이 조롱으로 충족됨을 학습했다. 그래서 그는 자기 어머니와의 어떤 외형적 애착을 유지할 목적으로 자신의 욕구들을 억눌렀다. 역시 롭은 조소가 나약함에 적절한 반응이라는 그런 상호적 역할을 학습했고 내재화했다. 그 다음 이런 상호적 역할들은 언제까지나 머무르게 된다. 즉, 사람은 누구나가 자신들의 관계적 관점에 따라서 친구들과 애인들을 자연스럽게 선택한다.

롸일(1990)은 비교적 단기적인 심리치료 형태에 대해서 이 상호역할절차들 개념을 사용한다. 그러나 우리 두 저자는 더 장기적인 관계-중심적 치료 정황에서 그 개념이 더욱 도움이 된다는 것을 발견한다. 나-너 규칙들(I-Thou rules)의 본래 일습(一襲)이, 내담자의 형성적 관계들 안에서 심하게 뒤틀려졌을 것인데, 치료사와의 장기간의 관계라는 정황 안에서 서서히 재학습된다. 일부 치료사들은 이것을 재양육(reparenting)이라고 지칭한다(예를 들어, Young, Klosko & Weishaar, 2003).

이 용어는 불행하게도 온정주의(溫情主義)적[3]으로 보인다. 하지만 그들은 본질적으로 같은 개념을 가리키고 있다. 치료사는 내담자와의 관계에서 새로운 역할 절차들의 한 세트를 살아내야 하는 존재이다.

롭의 예로 되돌아가 보면, 그는 고통의 표현들이 조소로 충족되는 것을 기대하고 있다. 만일 치료사가, 롭이 자신의 고통을 표현할 수 있고 그런 다음 치료사가 조소보다는 오히려 측은조지심(惻隱助之心)으로 반응한다고 롭이 느끼는 그런 안전한 환경을 만들어 낼 수 있다면, 치료는 그로 하여금 이런 기대를 재평가하도록 야기시킨다.

롭 : 내가 여기 혼자 있는 것 같은 기분이 드네요. 마치 나를 끄집어 내리고 싶어 하는 어떤 매우 커다란 세력들에 제가 직면해 있는 것 같아요.

클락 : 그런데 내가 브론크스 지역 이야기를 생각나게 할 때, 난 그것을 진정으로 이해하지 못한다는 것을 느껴요. 난 오늘, 지금 당장, 이것이 얼마나 거대하고 무시무시한 것인지 이해하지 못하겠어요.

롭 : 맞아요.

클락 : 이곳은 이런 법적 문제들과 실직에 직면해 있는 당신에겐 외로운 장소임에 틀림이 없어요. 막 일분 전에 당신은 나 역시도 당신에게 적대적으로 일하고 있는 것처럼 느끼고 있었다.

롭 : 제 인생에 오신 것을 환영합니다. 세상에 그토록 많이 적대적으로 살아온 것은 지금까지 항상 저였었어요.

클락 : 치료 중에 있다는 것이 어떤 기분이세요?
그리고 당신에게 적대적이지 않고 당신과 함께 진정으로 일을 같이 하기를 원하는 누군가와 대화하고 있다는 것에 대해 어떤 기분이 드세요?

롭 : [잠시 머뭇거린다]. 어떻게 반응해야 하는지에 대해 나는 항상 확신이 없는 사람이에요. 상황이 달라 보여요. 그러나 전 그것 역시 좋아합니다. 상황들에 대

---

3 (역주) 'paternalistic', 즉 온정주의(溫情主義)적이란 말은 아랫사람에게 따뜻한 마음으로 대하려 하는 생각이나 태도를 뜻하는 말이다.

해 당신과 이야기하지 않고 이런 호된 시련을 직면하고 있다면, 견디기 어려웠을 거예요.

이 대화에는 드라마틱한 획기적 돌파구는 없다. 그런데 많은 진전이 이루어진 것처럼 보이지조차 않는다. 하지만 롭과의 치유 관계가 신속히 성취되지 않을 것이라는 점을 명심하는 것은 중요하다. 장기간에 걸쳐서 상황은 많은 대화들을 통해서 서서히 발전해 갈 것이다.

4) 요약

이 세 가지 모델들은 대인관계 문제점들이 대개의 경우 원가족 내에서 인생 초기에 시작되고, 현재의 중요한 관계들 안에서 유지된다는 점을 보여준다. 통합적 심리치료에서 외상적 경험, 무시, 혹은 융통성 없는 관계적 패턴들로 연결되어진 관계적 상처들에 대해 원가족을 평가하는 것은 중요한 일이다. 라인핸(Linehan, 1993)은 이런 류의 가족환경을 넓은 의미에서 무효화시키는 환경으로 묘사하고 있다. 마찬가지로, 이런 패턴들이 어떻게 유지되고 그리고 성격장애들 안으로 어떻게 깊이 파묻혀 있는지에 대해 알아내기 위해서 현재의 관계들을 평가하는 것도 중요하다. 통합적 심리치료에 적합한 네 가지 주요 관계들은 원가족, 현재의 중요한 관계들(종종 혼인이나 고용관계들이다), 치료법적 관계, 그리고 하나님과의 관계이다.

7. 성격 문제점들에 관한 기독교적 관점

그리스도인 치료사는 인간 본성과 성격에 대한 다양한 이론들을 배울 수 있다. 그러나 이것들은 사람에 관한 기독교적 관점을 참조하는 가운데서 가장 잘 조망되는 문제들이다. 통합적 심리치료에서 우리 두 저자는 인간 본성에 대한 우리의 이해를 역사적 기독교적 정황 내에서 유지되고 있는 성경적이며 신학적인 토대 위에 건설하려고 시도한다. 1장에서 우리 두 저자는 인간 본성에 대한 우리의 이해의 핵심을 형성하는 세 가지 넓은 기독교적 주제들에 대해 기술했다. 창조, 타락, 그리고 구속이 그 세 테마들이다. 우리 두 저자는 성격 문제점들의 발달을 고려하고자 하면서, 바로 이 대목에서 이 세 가지 테마들에로 되돌아간다.

1) 창조

인간은 하나님의 형상으로 지음 받은 존재이다. 1장에서 하나님의 형상(*Imago Dei*)에 대한 세 가지 관점들을 기술했다. 기능적 관점은 인간은 우리 자신들과 우리들을 둘러싼 세계를 제구실하게 하고, 경영하며, 그리고 관리하기 위한 목적으로 다른 어떤 피조물도 소유하고 있지 않은 하나님이 부여해 주신 능력들을 보유하고 있다는 점을 지적하고 있다. 하나님의 창조세계를 돌보기 위할 목적으로 인간이 이런 방식으로 제 역할을 할 때, 인간은 우리의 창조주에게 영광을 돌리게 된다.

구조적 관점은, 다른 피조물과 달리 생각하고 결정하는 인간의 능력에 대해 언급하는 시각이다. 인간이 하나님의 영광을 위하여 이런 능력들을 사용할 때, 우리는 이 세상 안에 하나님의 상을 만들게 된다.

마지막으로, 관계적 관점은 인간은 그 어떤 피조물과 같지 않은 관계적 존재자들로 지음 받았다는 점을 강조하고 있다. 인간의 욕망들과 갈망들은 서로를 상대로 하는 관계, 그리고 궁극적으로는 하나님과의 관계를 위한 것들이다. 인간이 서로 더불어 친교 안에서 사회적 관계를 가질 때, 우리는 하나님의 창조물인 인간성에 경의를 표하게 된다.

하나님의 형상(*Imago Dei*)에 대한 관계적 관점은 통합적 심리치료의 제3영역과 대인관계 행동 패턴들에 대한 이 논의에 거의 적합하다. 인간은 타자들과 애착 혹은 연결을 맺고자하는 자연적인 본능적 욕구를 가지고 태어난다. 신학자들과 기독교 저술가들이 수세기에 걸쳐 지금까지 기술해 온 바가 최근에 심리학자들에 의해 관찰되고 그리고 묘사되고 있다(Bowlby, 1988).

타자들과 연결을 맺고자 하는 인간의 자연적인, 하나님이 부여해 주신 성향(性癖)은 우리들로 하여금 인간적 관계들, 우정들, 성적 관계들, 그리고 양육을 사랑하도록 인도한다. 이러한 갈망들은 또한 인간을 하나님께로 인도한다. 즉, 인간을 완전히 아시고 인간을 완전히 사랑하시는 그 유일하신 분과 더불어, 초월적이지만 인격적인 관계를 추구하도록 이끄는 것이다.

인지이론들에서 대인관계패턴들에 대해 부적절히 개념화된 그 동기부여 구성 성분을 제공하는 것이 바로 이런 갈망들이다. 관계들은 본유적으로 동기부여를 한다. 인간의 대인관계 갈망들을 실현시키는 것은 우리들에게 친밀을 추구하고, 이타주의와 공감과 같은 덕스러운 특질들을 발달시키도록 동기부여한다.

불행하게도, 죄의 결과와 인간의 욕망들을 뒤트는 죄의 영향의 결과로서, 인간은 잘못된 이유들을 추구하는 관계들을 갈구한다. 잘못된 이유들이라고 언급하는 이유는 성격장애인들은 지난 과거의 해를 끼치는 친숙한 행동패턴들을 되풀이하기 때문이다. 죄의 결과로서, 인간은 그것, 즉 안전한 어떤 것을 위하여 고귀한 행동을 희생한다.

죄의 결과로, 인간은 우리들에게 가장 가까운 사람들에게 상처를 준다. 관계를 향한 인간의 갈망들은 타자들의 죄, 우리 자신들의 죄, 그리고 세상의 단절성을 통하여 뒤틀려져 있다. 그래서 재앙적인 결과들이 계속해서 일어나고 있다. 사랑과 돌봄을 반복적으로 보여주는 발달시키는 성격패턴들 대신에, 인간은 타자들에게 해를 가하고 궁극적으로는 우리 자신들을 파멸시키는 패턴들을 반복하는 경향을 보유하고 있다.

2) 타락

타락의 결과로 인간 세상은 죄악된 상태가 되었고, 인간 본성은 죄악된 행위들을 향하는 고질적 성향을 가지게 되었다. 인간은 깨어진 세상에서 살아가는 연결이 단절된 사람들이다. 인간 단절의 종국은 타자들에게 상처를 준다는 것이다. 인간은 해로 가득한 말을 하고 해로 가득한 일들을 행한다. 그런데 우리 인간은 놀라울 정도로 그것을 정당화한다. 치료사들이 수행하는 가장 어려운 일 중 일부가 성격장애를 가진 내담자들을 대상으로 치료활동하는 것과 연루되어 있다.

축 1상에 열거된 장애들을 보이는 내담자들과, 돌봄과 공감적 관계를 발전시키는 것은 어렵지 않다. 비록 그들의 정신적 고통이 종종 매우 뚜렷하고, 그들의 삶 속에서의 역기능이 심각할 수 있을지라도, 그들은 자신들의 잘못들에 대해 책임을 지고, 그리고 자신들의 고통과 고투의 한가운데서 서서히 성장해 가는 것이 전형적인 경우이다.

> ### 치료소에서 10.2 : 순수 이성적 효과와 성격장애들
>
> 죄의 순수 이성적 효과에 대한 신학적 관념은 심리학적 함축 의미들을 지닌다. 우리 인간들이 우리들의 약함과 일탈을 자주 자각하지 못할 정도로 죄는 우리들을 맹목적으로 만든다. 이것이 바로 죄를 부지중에 서서히 심각한 치명상을 입히는 존재로 만드는 것이다. 즉, 죄는 우리들로 하여금 우리들의 죄를 보지 못하게 막는다. 심리학적으로 이점이 의미하는 바는, 우리 인간들은 우리들의 문제들에 대해 책임을 받아들이기보다는 다른 사람들을 탓하기 쉬운 경향을 가지고 있다는 것을 의미한다. 이러한 경향은 특별히 성격장애들을 가진 사람들 사이에 언명된다.
>
> 우리 모두는 삶 속에서 근심거리들을 직면한다. 때때로 이 근심거리들은 우리의 통제력을 넘어 주위 환경에서 기인한 것들도 있고, 때론 우리가 우리 자신들의 문젯거리들을 야기시키기도 한다. 가장 흔한 경우는 이 두 가지 원인들이 복합된 근심거리들이다. 성격장애를 가진 내담자들은 그들의 문제들에 대해 책임지기를 회피하고, 대신에 다른 사람들이나 삶의 환경들의 탓으로 돌리기를 선호한다. 내담자들이 기꺼이 질 의향이 있는 책임의 정도를 평가하기 위하여, 치료 초기에 질문들을 제기하는 것이 종종 도움이 된다. 다음은 렉스(Rex)와 클락(Clark) 사이의 대화이다.
>
> 렉 스: 우리들은 처음에 정말로 행복했어요. 그러나 최근 들어 만사가 정말 추하고 고통스럽고 그리고 어려워 보여요. 우리가 뭔가에 대해 서로 고함치지 않고서는 단 하루도 거의 그냥 보내는 법이 없어요.
>
> 클 락: 당신과 쌘디가 많은 갈등을 겪고 있는 것처럼 들리는군요.
>
> 렉 스: 예, 그녀는 내가 집에 충분히 머물러 있지 않는 것에 대해 완전 흥분해 있고, 그리고 항상 나에게 퇴근 후 집에 곧장 오라고 똑같은 말을 뇌고 또 뇌대요. 그녀는 자기가 내 엄마라고 생각해요.
>
> 클 락: 그녀가 당신을 너무나 밀접하게 감시하고 있다고 느끼고 계시군요.
>
> 렉 스: 예, 제 말은요 전 성인남자라구요, 그리고 내가 무엇을 할지 그리고 내가 언제 그것을 할지에 대해 내가 <u>스스로</u> 결정들을 내릴 거라는 겁니다.
>
> 클 락: 갈등 중에 당신은 어떤 류의 역할을 하세요?
>
> 렉 스: 무슨 말씀이세요?
>
> 클 락: 음, 당신은 쌘디가 무엇을 하는지 기술하고 계시잖아요. 당신을 너무 가까이 감시하고 있으며, 퇴근 후 집에 곧장 오라고 요구하고 있는 등등 말예요. 제가 지금 궁금한 것은 그 갈등 상황에서 당신은 무슨 대사로 어떤 역할을 하는가 하

> 는 거예요.
> 렉 스: 전 단지 그녀가 날 가만 혼자 내버려 두기를 바랄 따름이예요.
> 클 락: 쌘디 입장에서 상황을 더 어렵게 만드는, 당신이 행동으로 보이거나 말로 하는 어떤 것들이 있습니까?
> 렉 스: 난 단지 모든 남자들이 하는 것을 할 따름이예요. 즉, 다시 말해서 통제하려고 하는 여자로부터 얼마간의 자유를 얻으려고 노력할 뿐이지요. 그녀가 변했다구요. 지금의 쌘디는 내가 결혼한 그런 여자가 아니예요.
>
> 렉스는 그 문제에서 자신의 역할을 직시하는 데에 어려움을 겪고 있다. 현 단계에서 그가 어떤 성격 장애를 가지고 있다고 진단내리는 것은 시기상조이다. 그러나 치료사는 이런 가능성을 마음속에 간직하고 있기를 원할 것이다.

대조적으로, 성격장애들의 기준을 충족하는 내담자들은, 그들이 치료를 받기 위해 내원할 때, 자신들의 증상들에 대한 개인적 책임을 거의 드러내지 않는다. 그들은 아픔을 느낄 수 있고, 그리고 너무나도 느끼고 있지만, 잦은 경우 그 아픔은 그들이 다른 사람들로부터 이끌어 낸 행동의 결과 때문이다. 더 많은 경우 그들은 다른 사람들의 삶 속에 아픔을 만들어낸다. 그런데 도움을 구하는 전형적인 위탁된 사람은 정신적 고통상태에 있는 배우자나 고용주의 확고부동한 주장을 알게 된다.

우리 두 사람은 성격장애들을 드러내보이는 우리 내담자들과의 나눔을 서로 관찰했다. 이런 작업의 가장 심오한 양상들 중 하나는, 그들의 행동에 대한 자기 이익만 챙기는 해석을 동반한 그들 자신의 입장만을 굳히는 대인관계 패턴들의 본질이다. 예를 들면, 다음과 같다.

> 한 어머니가 그녀가 해안가에서 개최된 어떤 세미나에 참석하고 있을 동안, 아홉 살 난 딸을 그녀의 동거하는 남자친구와 함께 주말동안 집에 남겨두고 떠났다. 그녀의 설명은 "나는 그들 두 사람이 서로 더 잘 알게 되는 기회를 가질 것이라고 생각했어요. 난 그가 그녀에게 성폭력을 행사하리라곤 결코 생각지 못했어요." 하지만, 더 깊은 이야기를 하자마자, 그 어머니는 이전에 성적학대 죄목으로 그가 체포된 사실에 대해 자각하고 있었음이 매우 명

확해졌다.

외도하고 있지만 아내에게 그 사건에 대해 말하거나 혼인 외 관계를 멈추기를 꺼려하는 한 남편이, 우연히 자기 아내와 자신의 한 독신친구와의 만남을 주선하게 된다. 비록 그는 그 날 저녁 동안 그들을 홀로 남겨두고, 그 날 밤 집에 돌아올 계획도 없었지만, 그녀가 자신의 친구와 잤다는 것을 그가 알았을 때 그는 "상처를 입고 충격을 받았다."
"그녀가 나에게 정절을 지키지 않다니 난 믿을 수가 없어요. 난 단지 그녀가 이야기를 나눌 수 있는 누군가를 만나도록하려고 노력했을 뿐이예요."

어느 목사는 네 교회에서 연속적으로 방출당했다. 매번 회중 안에 있는 갈등관리에 대한 무능력이 드러난 뒤에 일어난 일들이다. 그 문제 안에 있는 자신의 역할을 보기보다는 오히려, 각 교회의 회중들 중 주요 몇 사람들이 의도적으로 그의 목회를 고의로 파괴했다고 그는 주장한다.

앞서 기술한 대로, 성격장애를 가진 내담자들은 자기 자신들의 행동을 긍정 태도로 해석하는 경향이 있다. 그들은 자기 자신들을 상처 입고 다른 사람들의 행동에 의해 희생당한 것으로 진술한다. 비록 그와 같은 행동을 그들 자신이 유도해 냈음에도 그렇게 진술한다. 치료를 어렵게 그리고 장기적으로 만드는 요인이 바로 이런 내담자들의 속성인 맹목적인 자기이익만 챙기는 특질이다. 이런 나르시즘은, 타락과 그것의 많은 관계적 귀결들의 직접적인 결과이다.

스콧 펙(Scott Peck)은 그의 책 『거짓의 사람들』(*People of the Lie*, 1983)에서, 인간의 악을 "자아도취증의 특별한 한 변종"(p. 77)으로 기술하고 있다. 나르시즘에 대한 그의 기술은, 우리들로 하여금 사람들이 다른 사람들에게 악을 행하고도 그것을 악으로 보지 않는 공통된 방식들을 이해하도록 도와준다. 나르시즘은 다음과 같이 정의할 수 있다.

우리 인간의 본유적 죄성과 불완전성을 비현실적으로 부인하는 일종의 자만심이다-사람들로 하여금 자기 자신들의 부적합성에 대한 일상적인 증거에 의해 함의된 판단을 거절하고 심지어 공격까지 하도록 사상과 감정을 불어넣는 거드름 피우는 자만, 즉 일종의 오만이다(p. 80).

가장 노골적인 형태에서의 자기애성 성격장애를 가진 사람들은 너무나도 스스로에게 몰입되어 있어서 그들은 타자들에 대한 자신들 행위들의 영향을 모르거나, 타자들의 감정들을 경험하지도 못할 수 있다. 그렇게 자기 자신으로 가득 차 있기에, 다른 사람의 관점에 대한 내적 공간이라곤 존재하지 않는다. 성격장애와 다소 관련된 반사회적 성격장애는, 양심의 가책이나 공감의 감정들이라곤 전혀 없이 다른 사람들에게 해를 끼칠 수 있는 사람의 성격을 말한다.

이사야 5:20-21은 정직과 통찰력의 결핍에서 유래하는 자기기만(self-deception)에 대해 한 국가에 대해 경고를 하고 있는 말씀이다.

악을 선하다 하며 선을 악하다 하며 흑암으로 광명을 삼으며 광명으로 흑암을 삼으며 쓴 것으로 단 것을 삼으며 단 것으로 쓴 것을 삼는 자들은 화 있을진저 스스로 지혜롭다 하며 스스로 명철하다 하는 자들은 화 있을진저 (사 5:20-21, 개역개정).

자신의 행동의 영향에 대한 자기도취적 통찰 결핍과 해악을 끼치는 행동에 대해 자기이익만 챙기는 합리화는 이 세상에서 죄에 의한 손상의 증거이다.

3) 구속

대인관계 문제들과 더욱 극단적인 성격장애의 근원은 죄로 물든 인간 세상에서 경험들이자 원가족 내에서의 가장 두드러진 삶의 초기 경험들에서 유래한다. 앞서 기술한 바와 같이, 대인관계 문제들은 고도의 불안과 낮은 안정감의 성격을 지닌, 정당성을 인정하지 않는 어떤 환경에서 태동한다. 아이의 욕구들이 이런 정황에서 충족되지 않을 때, 그 아이는 안정감을 획득하고 불안을 감소시킬 방도들을 추구하게 될 것이다. 그런 후 이런 행동적 패턴들은 그 가족의 역동성이 재현될 때에 결과로서 일어나는 중요한 관계들 안에서 반복된다.

무엇이 그와 같은 행동적 역동성이 발달하는 것을 막는가?

그 대답은 은혜와 지지로 가득 찬 사랑하는 가정이다. 이것은 사실이면서 너무나 간략화된 답변이다. 사랑스럽고 은혜가득한 가정이, 누구라도 대인관계 문제들을 발달시킬 개연성을 감소시킬 것이라는 점은 사실이다. 그러나 올바른 환경은 그와 같은 역동성으로부터 아이를 영구적으로 보호할 것이라고 생각하는 것은 지나치게 단순화된 사고이다. 누구도 세상의 깨어짐에서부터 아이를 완전히 보호할 수는 없다.

그러므로 조만간에 정신적 외상, 갈등, 상처입기, 그리고 악과 같은 가혹한 실재들이 경험될 것이다. 뿐만 아니라, 부모와 아이들은 죄의 본성을 가지고 있기 때문에, 최고의 가정환경 안에서조차도 그들은 조만간 상처를 입히게 될 것이다. 인간은 죄가 우리들의 삶 속으로 가져온 엉망진창의 상태를 모면할 수 없다.

하지만, 구속(救贖)은 우리들에게 바로 희망과 안전성을 경험할 기회를 부여해준다. 인생 초기관계경험들이 잘못된 대인관계 패턴들을 형성하고, 현재의 관계들은 이런 행동들을 떠받치고 있을 뿐만 아니라, 건강한 관계들도 역시 잘못된 대인관계 패턴들을 재형성하는 데에 도움을 준다.

기독교 정신은 관계적 터 위에 놓인 신념으로서, 사람들이 예수 그리스도를 통하여 하나님과 실재(實在)적 관계를 경험한다는 것을 사실로 받아들이는 신앙이다. 이 신앙은, 일부 심리분석 치료사들이 제안하듯이, 아버지라는 형상을 향한 세상 사람의 기원(祈願)적 성격을 지닌 어떤 단순한 이상적 투사물이 아니라, 살아 계신 하나님과의 실재(實在)적 관계를 말한다. 그리스도인들은 지금까지 수 세기 동안 영적 방향성 그리고 영적 형성물에 연루되어 왔다. 이것은 하나님에게 관계됨이 사람들을 변형시키고, 이전의 관계적 상해로부터 그들이 회복되는 것을 도와준다는 깊은 확신을 반영하고 있다. 물론 다른 사람들에게 관계됨 또한 중요하다.

건강한 인간관계는, 호의관대(好意寬大)하고 사랑이신 하나님에게 관계됨이란 관념을 이해할 수 있기 전에도 때때로 필요한 것이다. 구속적인 인간관계들은 다양한 장소들에서 발견된다. 커피가게들, 목사님 연구실들, 심리치료실들, 예배당들, 소그룹들, 기도 예배실들, 그리고 전 세계 일터들에서 발견된다. 누군가 다른 사람이 더 건강한 관계적 패턴들에로 성장하는 것을 도와줄 때마다, 그것은 영혼 돌봄의 한 유형이라 간주되어 질 수 있다.

기독교 신앙은 장구한 영혼 돌봄 전통을 가지고 있으며, 심리치료는 여러 가지 이용 가능한 방법들 중 하나이다. 따라서, 우리 두 저자는 제11장에서 심리치료관계의 치유 역할에 대해 우리들의 주의를 돌리고자 한다. 강한 치료관계는, 내담자가 정당성을 인정하는 관계적 환경을 경험하기 위해 필수적인 안전성, 안정감, 그리고 격감된 불안감을 제공한다. 이런 류의 관계는 그리스도와의 관계 안에서 발견되는 구속적 특질들을 반사하고 있다. 치료사가 그리스도의 형상을 가진 자이기 때문이 아니라, 우리 모든 사람들이 서로서로를 그리스도가 우리들을 대접했던 것처럼 대접하도록 부름 받았기 때문이다.

참고문헌

Addis, M. E., & Krasnow, A. D. (2000). A national survey of practicing psychologists' attitudes toward psychotherapy treatment manuals. *Journal of Consulting and Clinical Psychology, 68,* 331-39.

Barth, K. (1945/1958). *Church dogmatics* (Vol. 3, Part 1) (J. W. Edwards, O. Bussey, & H. Knight, Trans.). Edinburgh: T & T Clark.

Beck, A. T., Freeman, A., & Associates. (1990). *Cognitive therapy of personality disorders.* New York: Guilford.

Beck, A. T., Freeman, A., & Davis, D. D. (2003). *Cognitive therapy of personality disorders* (2nd ed.). New York: Guilford.

Benner, D. G. (2004). *The gift of being yourself: The sacred call to self-discovery.* Downers Grove, IL: InterVarsity Press.

Bowlby, J. (1988). *A secure base: Parent-child attachment and healthy human development.* New York: Basic Books.

Butler, A. C., & Beck, J. S. (2001). Cognitive therapy outcomes: A review of meta-analyses. *Tidsskrift for Norsk Psykologforening, 38,* 698-706.

Garfield, S. L. (1996). Some problems associated with "validated" forms of psychotherapy. *Clinical Psychology, 3,* 218-29.

Hamilton, N. G. (1988). *Self and others: Object relations theory in practice.* Northvale, NJ: Aronson.

Horney, K. (1945). *Our inner conflicts: A constructive theory of neurosis.* New York: W. W. Norton.

Jones, E. (1961). *The life and work of Sigmund Freud.* New York: Basic Books.

Kerr, M. E., & Bowen, M. (1988). *Family evaluation.* NewYork: W. W. Norton.

Lambert, M. J., & Barley, D. E. (2002). Research summary on the therapeutic relationship and psychotherapy outcome. In John C. Norcross (Ed.), *Psychotherapy relationships that work* (pp. 17-32). New York: Oxford.

Levenson, H. (1995). *Time-limited dynamic psychotherapy: A guide to clinical practice.* New York: Basic Books.

Linehan, M. M. (1993). *Cognitive-behavioral treatment of borderline personality disorder.* New York: Guilford.

McMinn, M. R., & Wade, N. G. (1995). Beliefs about the prevalence of Dissociative Identity Disorder, sexual abuse, and ritual abuse among religious and non-religious therapists. *Professional Psychology: Research and Practice, 26,* 257-61.

McWilliams, N. (1994). *Psychoanalytic diagnosis: Understanding personality structure in the clinical process.* New York: Guilford.

Millon, T. (1990). *Toward a new personology: An evolutionary model.* New York:

Wiley.

Millon, T., & Davis, R. D. (2000). *Personality disorders in modern life*. New York: Wiley.

Peck, M. S. (1983). *People of the lie: The hope for healing human evil*. New York: Simon & Schuster.

Perez, J. E. (1999). Clients deserve empirically supported treatments, not romanticism [comment]. *American Psychologist, 54,* 205-7.

Rasmussen, P. R. (2005). *Personality-guided cognitive-behavioral therapy*. Wash-

Strupp, H. H. (2001). Implications of the empirically supported treatment movement for psychoanalysis. *Psychoanalytic Dialogues, 11,* 605-19.

Sullivan, H. S. (1953). *The interpersonal theory of psychiatry*. New York: W. W. Norton.

Teyber, E. (2006). *Interpersonal process in therapy: An integrative model*. Belmont, CA: Brooks/Cole.

Yarhouse, M. A., Butman, R. E., & McRay, B. W. (2005). *Modern psychopathologies: A comprehensive Christian appraisal*. Downers Grove, IL: InterVarsity Press.

Young, J. E., Klosko, J. S., & Weishaar, M. E. (2003). *Schema therapy: A practitioner's guide*. New York: Guilford.

제11장
관계중심개입들 적용하기

사람들은 오늘날 측정 가능한 결과들을 원한다. 사업 투자가들은 수익성과 성장을 찾고 있고, 교육가들은 능력들과 결과물들을 평가하고, 그리고 건강관리 제공자들은 경험적으로 지지받는 치료 절차들을 진작시키고 있다. 심리치료의 실천도 역시 점점 결과물 지향적으로 되어 왔음은 놀랄 만한 일이 아니다. 정신건강보험업자들은 자신들의 돈 1달러, 1달러가 현명하게 사용되는 것을 보고 싶어한다. 그런 연고로 그들은 빠른 증상 완화를 제공하는 단기적 개입들을 늘 주장한다. 정신건강 서비스들의 소비자들도 종종 똑같은 것을 원한다.

그런데 우리가 그 사람들을 소비자들이라고 칭하는 것이 흥미롭지 않은가?

추측컨대, 그것이 측정 능력 싸이클을 완성하기 때문에 우리들도 그렇게 한다. 치료사는 측정 가능한 재정적 원천들에 대한 교환으로 측정 가능한 결과들을 제공한다.

측정 능력은 의료-돌봄 패러다임 내부로부터 볼 때 좋은 것이다. 그것은 치료사들로 하여금 설명 가능하게 만들고, 중요한 연구에 박차를 가하고, 그리고 건강관리 변제체계들을 비용 효율적으로 유지하도록 도와준다. 우리 두 저자는 임상개업원들을 운영하고 있다. 이들은 부분적으로 이런 의료-돌봄 패러다임 안에 뿌리를 두고 있다. 그리고 우리는 증상중심적 그리고 도식중심적 통합적 심리치료치료모델이 이 점에 있어서 매우 유용함을 발견한다.

그러나, 일부 내담자들은 심리치료에 빨리 반응하지 않거나, 또는 그 내담자들은 증상확인목록표들이 측정할 수 있는 것보다 더 깊은 종류의 변형을 기대하고 있는 분들이다. 따라서 우리들도 역시, 이런 더 복잡한 임상적 상황들 때문에 장기적인 관계중심개입들을 소중히 여기게 되었다. 심리역동 연구자이며 치료사인 한스 스트럽(Hans Strupp, 2001)은 다음과 같이 기록하고 있다.

> 현대 심리치료 형태들—특별히 시간-제한적이거나 "간략한" 변형치료법들—과 심리분석 지향적이고, 시간-무제한 치료법 사이에 기본적인 차이점이 있다. 전자는 전형적으로 "의료적 모델"을 추종하고, 반면 대개의 경우 상당한 시간과 노력의 투자를 요구하는 후자는 교육적인 모델을 받아들인다.... 의료적 모델과 교육적 모델은 분기하여 서로 다른 목표들에 찬동한다는 점을 인식하는 것은 중요하다. 전자는 주로 증상완화에 맞추어 기제들이 조정되어 있으며, 반면에 후자는 그것의 본질적, 객관적 성격 변화로서의 목표들을 가지고 있다.... 본 저자가 믿기로는, 이 점이 바로 증상완화요법이 성격 변화를 위해 사용되는 것과는 매우 다른 척도를 필요로 하는 이유들 중 하나라고 본다. 이 차이점에 대한 인식의 실패는 그 분야 내에 군림해 있는 혼란에 눈에 띄게 공헌해 왔다(pp. 610-11).

관계중심적 통합적 심리치료모델은, 스트럽(Strupp)이 주장하는 심리분석모델 위에 구축되어 있지 않다. 하지만 이 두 모델들은 공통으로, 내적변화는 상당한 시간을 필요로 하고, 단순성과기준으로 측정될 수 없다는 전제를 공유하고 있다.

의료모델과 교육모델 사이의 스트럽의 구별은 전반적으로 관계중심적 통합적 심리치료모델과 모순되지는 않는다. 그러나 두 가지 차이점들에 주목할 가치가 있다.

첫째, 스트럽은 마치 한 전통에서 임상훈련된 치료사들은 특별한 한 종류의 치료를 제공하고, 그리고 다른 전통에서 임상훈련된 사람들은 전적으로 다른 어떤 것을 제공하듯이, 두 가지 치료유형들 사이에 명확한 양분됨을 함의하고 있다.

통합적 심리치료에서 우리 두 저자는 장기적 치료를 그 두 접근법들의 혼합치료법으로 간주한다. 치료는 일반적으로 증상 해결로 시작하고, 만일 내담자와 치료사가 필요하고 적절한 것으로 판단한다면, 그 다음엔 더욱 깊은 변형의 형태들로 진행해 나아간다.

우리 두 저자는 일부 치료사들은 의료-돌봄 패러다임에 더욱 지대한 관심을 가지고 있고, 다른 분들은 영혼-돌봄 패러다임에 더 큰 관심을 가지고 있음을 인정한다. 그러나 우리 두 저자는 비록 그 궁극적인 목표들이 이것보다 더욱 클지라도, 증상중심적 그리고 도식중심적 일로 시작하는 모든 치료법들에 있는 가치를 목도한다.

둘째, 스트럽은 관계 지향적 치료들을 교육적 모델 위에 구축된 것으로 지칭하지만, 우리 두 저자는 그것을 영혼-돌봄 패러다임이라 칭하기를 선호한다. 비록 교육이 관계 중심적 통합적 심리치료에 분명히 연루되어 있지만, 우리 두 저자는 교육보다 더 이상의 무언가를 내포하기를 원한다.

1. 영혼돌봄으로서의 관계중심적 통합적 심리치료

혹자들은 인간 영혼을 마치 그것이 전인(Whole Person)보다 못한 것처럼 생각한다. 이것은 인간이 사람의 육체와 별개의 어떤 영혼을 소유하고 있다는 것을 함의한다. 이것은 프랑스철학자 르네 데카르트의 관점이었다. 그는 인간의 몸을 질료로, 그리고 인간의 영혼을 비질료적인 것으로 간주했으며, 심지어 영혼과 육체가 상호기능하는 특별한 분비선이 몸 안에 있다고까지 제안했다. 오늘날 대부분의 철학자들과 신학자들은 그것의 환원주의와 영혼에 대한 제한된 관점 때문에 이와 같은 완전한 이원론을 거부한다.

인간 영혼을 한 사람으로 보는 것이 더욱 타당한 관점이다. 존재자 '나'(one)가 영혼을 소유하고 있는 것이 아니라, 존재자 '나'는 바로 영혼인 것이다. 그러므로 영혼 돌봄이란, 영적 의의(spiritual significance)와 육체적 본질(physical substance) 이 두 가지를 소유하고 있는 전인(全人)에 대한 돌봄과 필연적으로 연관 되어 있다.

그러나 우리 두 저자는 영혼이란 자아 그 이상의 것이기 때문에, 이것을 한 발자국 더 멀리 가져갈 필요가 있다. 영혼은 사람의 여러 가지 차원들—사고, 감정, 선택, 몸, 그리고 관계—을 영적 의미에서 의의와 의미를 가진 삶으로 통합 시킨다(Willard, 2002). 따라서 **영혼**(soul)이란 말은 **사람**(person)과 단순히 비슷한 어휘가 아니라, 그 말은 전체가 그것의 부분들의 합보다 더 크다는 사실을 함의한다. 영혼은 전인의 의미를 조직화하고 만들어낸다. 그것은 윌라드가 "자신의 가장 내면 깊은 부분"이라 일컫는 것이다(2002, p. 37). 마찬가지로, 베너(Benner, 1998)도 "영혼들에 대한 돌봄은 사람들을 인격체들로서 인정할 뿐 아니라, 또한 가장 깊고 심오한 그들 삶의 인간적 측면들에서 그들과 연관되고 말하는 방식들로 이루어진 사람들에 대한 돌봄이다"(p. 23)라고 서술하고 있다.

의료-돌봄 패러다임은 사람의 한 차원을 분석하고, 어떤 교정하는 치료를 제공하는 경향이 있다. 예를 들어, 외과의사들은 생물학적인 것에 초점을 맞춘다. 대부분의 정신과의사들도 마찬가지다. 인지치료사들은 인지적인 것에 초점을 맞춘다. 이 모든 것들이 모두 결정적으로 중요할 수 있지만, 그들 중 어느 것도 전인(全人)을 대상으로 일하는 것은 하나도 없다. 스트럽(2001)이 기술하고 있는 교육적 모델은 의료적 모델보다도 더욱 더 포괄적이다. 왜냐하면 교육은 사고기능, 감성, 선택사항들, 신체 그리고 관계들에 필연적으로 연관되어 있기 때문이다. 그럼에도 불구하고 여전히 교육은, 이 모두를 조직화하고 그것들에 의미를 부여하는 더욱 큰 영적인 관점을 소홀히 하고 있는 것으로 보인다.

영혼돌봄은 사람의 다양한 모든 차원들을 다 포함하고 있으며, 역시 동시에 각 사람은 하나님의 창조세계 안에서 중요한 의의를 가지고 있음을 인정한다. 클렙쉬와 재클(Clebsch and Jaekle, 1964)은 영혼들 치료를(그들은 "돌봄"(care)보다도 "치료"(cure)라는 용어를 더 선호한다), "괴로움에 처한 사람들—이들의 골칫거리들은 궁극적인 의미들과 염려들의 정황 안에서 대두 되는데—의, 치유, 부양, 인도, 그리고 화해에 대하여 방향설정이 된"(p. 4) 그리스도인들에 의한 돕는 행위들로 정의한다. 여기에서 우리는 영적 고투들을 지닌 전인(全人)으로서의 영혼 관념을 발견한다(Emmons, 1999를 보라).

관계중심적 통합적 심리치료를 영혼돌봄으로 기술하고자하는 우리 두 저자들의 선택은, 20세기 현대심리학의 상당부분이 성격과 행동 변화라는 세속화된 어휘로 인간영혼이란 언어를 대신 탈취했기 때문에, 어색하게 보일 것이다. 그러나 시대의 변화하는 풍조는 지난 세기 말 무렵에 영성과 심리학에 대한 관심의 회복을 가져왔다.

그리고 현재 우리는 심리치료사들이 『영혼돌봄』(*Care of the Soul*, 무어(Moore), 1992), 『영혼들 돌봄』(*Care of Souls*, 베너(Benner), 1998), 『영혼을 위한 돌봄』(*Care for the Soul*, 맥민 & 필립스(McMinn & Phillips), 2001), 그리고 『영적 방향과 영혼들 돌봄』(*Spiritual Direction and the Care of Souls*, 문 & 베너[Moon & Benner], 2004)와 같은 서적들을 출판하는 시대에 살고 있다.

우리 두 저자는 이런 것을, 영적 측면에 방향이 설정되어있는 심리학자들이 심리치료가 영혼돌봄일 수 있다는 관념을 재주장하는 것을 허용하는 긍정적인 운동으로 간주한다. 그러나 모든 형태들의 영혼돌봄이 심리치료이지는 않기 때문에 식별하는 것 또한 중요하다.

2. 영혼돌봄의 기독론적 핵심

심리치료는 영혼돌봄의 여러 형태들 중 하나일 뿐이다. 베너(Benner, 1998)는 기독교 공동체 내에서만 여덟 가지 형태들을 확인하고 있다. 가족 내에서의 돌봄, 상호관계들, 목회적 돌봄, 평신도상담, 기독교적 상담, 목회 상담, 영적 방향, 그리고 기독교 심리치료가 그것들이다. 우리 두 저자는 본장 뒷부분에서 심리치료와 다른 형태들의 영혼돌봄 사이를 구별할 것이다. 하지만 먼저 어떤 본질적인 공통점을 찾아보는 것이 중요하다. 모든 형태의 기독교적 돌봄은 공통적으로 일종의 삶을 진작시키는 관계라는 점을 공유하고 있다.

우리는 영혼돌봄 관계의 본질을 어떻게 간주해야 하는가?

우리 두 저자는 그리스도의 생애와 사역 안에서 그 출발점이 발견된다고 말한다. 우리는 상호연관성 있는 여러 가지 기독교적 관점들 위에 기초하여 이런 결론에 도달한 것이다.

1. 하나님의 형상(*Imago Dei*)에 대한 관계적 관점은, 하나님의 형상(*Imago Dei*)의 충만은 한 개인 안에서 드러나는 것이 아니라, 둘 혹은 그 이상의 사람들 사이의 관계 속에서 나타나는 것이라고 주장한다(Grenz, 2000). 아담과 이브 그 누구도 하나님의

형상(*Imago Dei*)의 유일한 소유자는 아니었다. 그러나 그들은 함께 같이 그것을 소유한 자들이었다. "하나님이 자기 형상 곧 하나님의 형상대로 사람을 창조하시되 남자와 여자를 창조하시고"(창 1:27).

2. 죄는 그 하나님의 형상을 타락시켰다. 그래서 인간관계들은 더 이상 하나님의 성품에 대한 합당한 반영을 제공하지 못한다. 이제 관계들은, 죄악 된 욕망들과 하나님의 형상을 뿌옇게 하는 자기 이익만 챙기는 지각들로 악에 물들어져 있다. 그러나 한 가지 예외가 존재한다.

3. 예수님은 유일한 죄가 없는 인간, 즉 "그는 보이지 아니하시는 하나님의 보이는 형상"(골 1:15)이시고, 하나님의 형상을 충만한 영광을 반영해 보이신 둘째 아담(고전 15:45-47)이셨다.

4. 그러므로 만일 우리가 인간관계들에 대해 무엇이 좋고 올바른 것이지 알고자 한다면, 우리 논의의 출발점은 그리스도 그분과 그의 사역이어야 한다. 그리스도는 "기독교 신학의 가장 중심"에 계시는 분이시다(Erickson, 1985, p. 661).

예수님은 세상을 변화(Transformation)시키셨다. 그는 이 사역을 군대도, 정치 권력도, 혹은 국가 간의 협력도 없이 수행하셨다. 그는 관계의 능력을 통하여 세상을 변형시켰다. 그는 자기 주위에서 열두 명의 제자들을 모았고, 그들과 함께 3년간 순회 사역을 보내셨으며, 그리고 이들 중 열한 명의 제자들에게 영향을 매우 심오하게 미쳐서 그들은 교회를 설립함으로써 세상을 변화시키기 위해서 계속 나아갔다.

이 사도들은 매우 완전하게 변화되어서 그들은 예수님을 위하여 순교자의 죽음들로 죽었다. 이 땅에서의 예수의 삶 이후 수 세기동안, 기독교 교리의 신뢰성은, 예수의 제자들의 가르침에 얼마나 밀접하게 한 사상이 연결되어 있는가를 기준으로 확립되었다.

---

1 (역주)(Col 1:15) Christ is the visible image of the invisible God. He existed before anything was created and is supreme over all creation.(New Living Translation)

왜냐하면 그 사도들이 예수 그 자신과 관계 속에 있었기 때문이다.

혹자는, 21세기 심리치료 분야에서 2000년 전에 살았었던 한 남자를 치유하는 관계의 본보기로 선택하는 것에 반대할 것이다. 현대 과학이, 심리치료 훈련 과정들이 학생들 안에 서서히 주입시킬 더욱 적합한 특질들을 확실히 규명해 왔다는 합리적인 생각을 하면서 반대할 수 있다. 우리 두 저자도 심리치료훈련의 중요성을 인정하며, 이 장 뒷부분에서 우리는 치료관계를 정밀하게 만들기 위한 구체적인 전략들 쪽으로 논의의 방향을 돌릴 것이다. 하지만 모든 영혼돌봄의 형태들에 공통적인 관계적 핵심을 인정하는 것 또한 중요하다. 정평이 나 있는 반더빌트 I 연구(Vanderbilt I study)에 대해 심사숙고해 보자.

이 연구보고서에서, 스트럽과 해들레이(Strupp and Hadley, 1979)는, 골칫거리대학생들에게 직업적인 치료사들 혹은, 따뜻하고 정이 있지만 심리치료 분야에 공식적인 훈련이 없는 대학 교수님들과 대화를 나누라는 숙제를 주었다. 그 두 그룹은, 통제그룹들과 비교했을 때 좋아졌다. 그러나 직업적인 치료사들과 만난 그룹은, 대학교 교수님들을 만난 보다 더 나은 어떤 진척이 없었다.

스트럽(1993)은, 전문훈련이 차이점이 전혀 없다는 성급한 결론을 회피하기 위하여 여러 가지 이유들에 주목을 하면서, 이런 결과들을 해석하는 데 있어서 주의 깊다. 그럼에도 불구하고, 본 연구는 소위 비상세적 요소들(2장에서 기술한 공통 요소들과 비슷하다)의 중요성에 대해 분명히 말하고 있다. 스트럽과 해들레이의 연구에서 변화의 주요 구성성분들은, 두 인간 존재자들 사이에 공유된 관계들—즉, 도움을 필요로 하는 한 사람과 온정적인 돌봄을 제공하는 나머지 다른 한 사람이라는 관계들—과 상관이 있고, 대학원에서 가르치는 특정한 관계적 혹은 치료법적 기술들과는 상관이 없다.

반더빌트 I 연구서 이래로, 심리치료에서 관계적 요소들의 중요성을 확언하는 더 많은 연구들이 보고되었다(Norcorss, 2002). 건강한 관계적 패턴들을 규명하는 데 있어서 그리스도인들이 가진 최고의 원천은, 죄에 의해 손상되지 않은 단 한 분, 예수의 삶을 관찰함으로서 얻어진다.

기독론학자들은 **아래로부터의 관점**(view from below)과 **위로부터의 관점**(view from above) 사이를 구별한다. 전자는 예수의 본질에 대한 어떠한 신학적 전제들을 만들지 않고 역사적 예수의 삶을 바라본다. 이 유리한 관점에서부터, 우리는 다른 사람들과 겸손과 친절과, 단언(斷言), 그리고 사랑으로 관계를 가졌던 한 남자를 볼 수 있다.

대조적으로, 위로부터의 관점은, 그의 삶, 죽음, 그리고 부활에 뒤이어 처음 수세기 만에 교회에 의해 확립된 예수님에 대한 신학적 전제들로 시작한다. 위로부터의 관점을 취함으로써, 우리는 예수님을 바라볼 때에 효율적인 관계적 기술들을 소지한 훌륭한 남자를 볼 뿐만 아니라, 인간적인 형태 속에 드러난 흠 없는 하나님의 형상을 본다.

상담 조언 11.1: 단지 거기에 앉아 있지만 말고, 뭔가를 하라.

오늘날 우리가 살아가는 기술 문명 사회에는, 인간 삶을 마땅히 더 쉽고 더욱 효율적으로 만들기로 되어 있는 장치가 모든 것에 다 있는 것처럼 보인다. 그러나 어떤 문제들에 대해서, 기술은 정답이 아니다. 우리는 학생들이 다음과 같이 말하는 것을 듣는다: "난 이 내담자를 위해서는 아무것도 하지 않고, 난 단지 경청하고, 그리고 어떤 관계를 형성하려고 노력할 뿐이야." 우리 인간들은 우리의 문화 내에 있는 관계들의 가치를 평가절한다. 그리스도는 기술도, 베스트셀러 책 한 권도, 혹은 혼자 독백하는 코미디 완성작 한편도 없이 세상을 변형시켰다. 관계들은 능력이 있다. 경청하기, 주목하고, 연관되고, 그리고 진정성 있기는 기술이 제공할 수 없는 인간적인 특질들이다.

우리는 하나님께서 하셨던 것과 똑같은 방식으로 다른 사람들에게 관계를 가졌던 한 사람을 본다. 왜냐하면 참으로 예수님은 완전한 하나님이요 완전한 사람이었기 때문이다. 아래로부터의 관점 안에서도 배울 것이 많이 있다. 그러나 신념으로 우리는 예수님을 고찰함에 있어서 위로부터의 관점을 선택하는 바이다.

위로부터의 관점을 취하면서 브루너(Brunner, 1932/1947)는, 기독론적인 논쟁들을 구축해 갈 때에 요한복음과 사도 바울의 글들에 특별히 주시할 것을 제안했다. 왜냐하면 이것들이 그리스도의 삶과 사역에 대한 신학적 해석들을 내포하고 있는 글들이기 때문이다. 요한복음 1:14보다 시작하기 더 좋은 곳은 없다. "말씀이 육신이 되어 우리 가운데 거하시매 우리가 그의 영광을 보니 아버지의 독생자의 영광이요 **은혜와 진리가 충만하더라**"(요 1:14, 개역 개정역).

1) 은혜

은혜(grace)는 은혜를 받을 만한 값어치 있는 일을 할 수 있는 것이 아무것도 없는 사람에게 친절을 베푸는 것이다. 은혜로 충만한 분 예수님은 모세의 율법 아래에 살고 있었던 사람들에게 풍성한 친절과 분외(分外)의 친절을 제공해 주셨다. 우리 인간들 중 그 누구도 하나님에게 도달할 수 없다. 우리 인간의 가장 고상한 노력들로도 불가능하다.

그러나, 예수님은 인자하게 우리들을 하나님에게로 회복시키신다. 우리 인간들 중 그 누구라도 마땅히 그럴만한 값어치가 있어서가 아니고, 예수 안에 충만히 계시된 하나님의 은혜 때문이다. 사도 바울은 예수님이 "너희를 거룩하고 흠 없고 책망할 것이 없는 자로 하나님 앞에 세우셨으니"(골 1:22, NLT 역)라고 기록하고 있다. 요한 역시 그것을 아름답게 기술하고 있다.

"우리가 다 그의 충만한 데서 받으니 은혜 위에 은혜러라"(요 1:16).

바울과 요한은 예수 안에서 치유하는 관계들이 가진 가장 중요한 특질들 중 하나를 목도하고 있다: 그것은 바로 은혜이다. 예수님이 은혜로 충만하신 것처럼, 그렇게 우리들도 역시 서로에게 은혜롭도록 부름받은 것이다. 우리들의 말과 행동으로 다른 사람들에 대한 온정적이며 이해, 용서, 축복으로 관대하도록 부름 받았다.

은혜의 마음은 사랑이다. 자신의 복음설명 전반에 걸쳐 요한은 자기 자신을 예수님이 사랑했던 이로 지칭한다. 요한의 삶은 그리스도의 사랑에 의하여 변형되어졌다. 그리고 그가 나중에 자신의 첫 서신서를 기록했을 때에, 그는 사랑을 그의 신학의 중심주제로 삼았다:

> 사랑하는 자들아 우리가 서로 사랑하자 사랑은 하나님께 속한 것이니 사랑하는 자마다 하나님으로부터 나서 하나님을 알고 사랑하지 아니하는 자는 하나님을 알지 못하나니 이는 하나님은 사랑이심이라 하나님의 사랑이 우리에게 이렇게 나타난 바 되었으니 하나님이 자기의 독생자를 세상에 보내심은 그로 말미암아 우리를 살리려 하심이라 사랑은 여기 있으니 우리가 하나님을 사랑한 것이 아니요 하나님이 우리를 사랑하사 우리 죄를 속하기 위하여 화목 제물로 그 아들을 보내셨음이라 사랑하는 자들아 하나님이 이같

이 우리를 사랑하셨은즉 우리도 서로 사랑하는 것이 마땅하도다 어느 때나 하나님을 본 사람이 없으되 만일 우리가 서로 사랑하면 하나님이 우리 안에 거하시고 그의 사랑이 우리 안에 온전히 이루어지느니라(요일 4:7-12).

요한은 그리스도 안에 계시된 하나님의 형상의 충만을 열정적이며 성실한 사랑으로 경험했다. 아마도 그는, 갈릴리 바닷가의 대화 속에서, 한 마을에서 다른 마을로의 먼지 구덩이 노정에서의 온정적인 일별들 속에서, 혹은 예수님이 제자들의 발을 씻기시고 새 계명—"새 계명을 너희에게 주노니 서로 사랑하라 내가 너희를 사랑한 것 같이 너희도 서로 사랑하라"(요 13:34)—을 가르치셨던 다락방에서 예수의 사랑을 마주쳤다. 그것이 어떻게 일어났던지 간에, 요한은 변화되었고, 사랑의 중요성에 대해 다른 사람들을 지도해야 한다는 것을 알았다.

바울 역시 예수의 사랑을 강조한다. 에베소에 보내는 그의 서신에서, 그는 불가능하고, 역설적인 가르침을 준다.

> And may you have the power to understand, as all God's people should, how wide, how long, how high, and how deep his love really is. May you experience the love of Christ, though it is so great you will never fully understand it. Then you will be filled with the fullness of life and power that comes from God(Eph 3:18-19).

> 모든 하나님의 백성들이 마땅히 해야 할 일인 것처럼, 너희가 그리스도의 사랑이 참으로 얼마나 넓고, 얼마나 길며, 얼마나 높고, 그리고 얼마나 깊은지 이해할 능력을 가지기를 구하노라. 비록 그리스도의 사랑이 매우 커서 너희들이 결코 완전히 그것을 이해하지 못한다 할지라도, 너희가 그리스도의 사랑을 경험하기를 구하노라. 그러면 너희가 하나님으로부터 오는 삶의 충만과 능력으로 가득해 질 것이다(엡 3:18-19. 역자 직역).

만일 우리 인간이 가장 풍성한 삶과 그것으로부터 유래하는 관계의 치유 능력을 경

험하기를 원한다면, 우리는 먼저 그리스도의 사랑을 경험해야만 한다. 그러나 여기에 역설이 존재한다. 왜냐하면 바울은 우리들에게, 그리스도의 사랑이 너무나 광대하여 이해할 수 없다는 점을 상기시키고 있기 때문이다. 우리는 그것을 향해 나아가고, 그것을 이해하려고 노력할 수 있다. 그러나 인간의 유한함과 단절됨으로 우리는 신적 사랑의 온전한 크기를 이해하지 못한다. 우리 인간들은, 죄의 무게 하에 몸이 구부정해져 있으며, "모든 두려움을 내쫓나니"(요일 4:18) 이런 사랑을 경험하는 것을 어렵게 만들고 있는, 두려움에 찬 사람들이다.

그리스도의 사랑 안에 뿌리박힌 은혜의 가능성을 버리고 현재의 삶을 집약적으로 보이는 수치와 두려움을 취하는 것은 매우 쉽고, 겉보기에도 매우 자연스러워 보인다. 영혼돌봄은, 하나님의 사랑과 은혜 안에 기반을 둔 돌아보는 인간관계를 통하여 경험된 더 좋은 방법의 희망을 제공해 준다. 틸트베이트(Tjeltveit, 2004)는 은혜와 심리학에 관한 자신의 사려 깊은 논문에서 우리들에게 다음을 상기시키면서 결론을 맺고 있다.

> 우리 인간들은 늘 은혜의 결핍에 처해 있다. 그리스도의 십자가를 통하여 은혜는 늘 우리들에게 이용가능하게 된다. 인간 존재 이해를 위한 우리들의 노력들에서, 그것이 모든 것 중 가장 심오한 사실일 것이다(pp. 116-117).

예수님은 인간이 서로를 어떻게 대접해야 하는가를 증명해 보이셨다. 하나님의 사랑 안에 뿌리박힌 은혜로서이다. 그는 손을 뻗어 문둥병환자들을 만지셨고, 병자들을 고치셨으며, 배고픈 사람들을 먹이셨고, 잠을 희생하시고 궁핍한 자들을 돕기 위하여 피로와 싸우셨다. 그리고 궁극적 사랑의 표현으로서 심지어 자신의 생명을 포기하셨다(롬 5:6-8).

그러나, 이 사랑을 베푸시고, 은혜로우시며, 두려움이 없으신 예수님이 수동적인 태도와는 너무도 거리가 멀었다는 것에 주목하라. 그는 불의에 대항하여 일어나셨다. 그는 채찍을 수세공으로 만들어 성전 밖으로 장사꾼들을 몰아내셨다.

그는 멀리 한적한 곳으로 가서 기도하고 혼자 계심으로써 자기 자신을 돌볼 줄 아셨다. 예수님은, 자신으로 하여금 사람들을 부드럽게 돌보고 그리고 정의를 위한 추구에 있어서 두려움이 없도록 야기시켰던 사랑에 대한 포괄적인 이해를 가지셨다. 그의 사랑은 은혜와 진리로 가득했다.

> ### 상담 조언 11.2 : 거기에 그러나 나는 하나님의 은혜를 향해 가리.
>
> 상담사들은 삶의 추한 국면을 대하며 일한다. 우리 상담사들은 질병, 비뚤어진 생각, 부패한 동기들, 그리고 악한 욕망들을 매일같이 본다. 이러한 일상적 노출의 결과로, 상담사가 달갑지 않은 태도를 발달시키기 쉽다. 우리 상담사들은 타자들에 대한 우리들의 관점에 있어서 냉소적이고 비관적이 될 수 있으며, 그리고 우리 자신들에 대한 우리들의 관점에 있어서 우리 상담사들은 우월적이고 교만하게 될 수 있다. 이런 것들이 우리 직업의 잠재적인 부정적 부기능들이다. 매일 하나님의 은혜에 대한 상기가 이런 태도들과 싸우는 데 있어서 도움이 된다. 하나님의 은혜는 가장 극악한 죄의 속량에도 충분하다. 그리고 만일 하나님의 은혜가 없다면, 우리 모두는 희망이 없었을 것이다.

2) 진리

예수님은 은혜로 충만하실 뿐 아니라 진리(truth)로도 역시 충만하셨다. 그는 다른 사람들에 대하여, 그들에게 동의하지 않을 때조차도 올곧고 명료하였다. 만일 진리가 건강한 자기주장을 기준으로 측정된다면, 그렇다면 분명히 예수님이 그 본보기이다. 즉, 그는 정직했고, 자기 이익보다는 오히려 사랑의 발로에서 동기부여된 그의 의사소통에서 솔직담백하셨다. 그러나 요한이 "진리"라는 표현을 나타내기 위해 사용한 헬라어(Greek word)의 의미는 단언적이고 정직한 표현 그 이상을 뜻하는 어휘이다. 연추(鉛錘) 벽(plumb wall)이 진실이라는 의미에서 예수님은 진실이었다. 그는 하나님의 뜻에 완벽하게 방향이 맞춰져 있었고, 그의 관점들에 있어서 완벽히 신실했고 옳았으며, 온전히 성실한 인격이셨고, 죄의 변색(變色)효과에 의해 타협하지 않으신 분이었다. 바울은 에베소 교회 교인들에게 보내는 글에서 진리를 나타내는 똑같은 단어를 사용했다.

너희가 [그리스도]에 대해 모든 것을 들었고 예수 안에 있는 그 **진리**에 대해

> 배웠으니, 너희들의 옛 악한 본질, 곧 이전의 너희들의 삶의 방식을 던져버리라. 그것은 철저히 썩어져 있고 색욕과 기만으로 가득 차 있는 것이라. 그 대신에, 너희들의 사고와 태도에 반드시 영적 새로움이 있어야만 한다. 너희들은 반드시 새로운 본질을 나타내 보여야만 한다. 왜냐하면 너희들은 하나님의 닮은 모습으로, 곧 의와 거룩과 **진리**로 창조된 새사람이기 때문이다 (엡 4:21-24, 이탤릭체는 첨가한 것임; 역자 직역).

진리의 마음은 충성스러운 순종이다. 요한은 제자들에게 하신 예수의 말씀들을 기록하고 있다.

> 그러므로 예수께서 자기를 믿은 유대인들에게 이르시되 너희가 내 말에 거하면 참으로 내 제자가 되고 진리를 알지니 진리가 너희를 자유롭게 하리라 (요 8:31-32).

일부 사람들은, 마치 예수님이 우리들로 하여금 우리 내면을 바라보고 우리들의 가장 강한 흥미를 돋우는 욕망들을 발견한 다음, 이 욕망들을 존중함으로써 우리들 자신 스스로에게 진실하라고 가르치는 것 처럼 예수의 말들을 다 거꾸로 뒤집어 놓았다.

이와는 정반대로, 예수님은 하나님의 욕망들에 맞는 충성스러운 순종 안에서 발견되는 더 큰 진리를 가리키고 계셨다. 예수님은 순전히 성실한 삶을 살도록 그의 제자들을 부르신다.

우리의 치료문화에서, 은혜를, 고투하는 영혼이 균형과 희망을 성취하도록 도와주기에 적합한 유일한 덕으로 간주하고자 하는 사람의 마음을 당기는 유혹이 있다. 자비와 친절 그리고 사랑은 치유로 가는 유일한 통로로 여겨지고 있다.

이것은 부분적으로 옳다. 즉, 은혜는 희망과 치유로 인도하는 진정한 향유(香油)이다. 그러나 진리 역시 중요하다. 그리스도인들은 하나님에 대한 충성스러운 순종의 방향으로 자라나도록 부름받은 사람들이다. 그런 연유로 영혼돌봄은 사람들이 거룩하고 올바른 생활의 삶으로 향하는 것을 도와준다.

치유관계들은 은혜와 진리가 만나는 그런 장소에서 발견된다. 본서 집필을 함께 했을 뿐만 아니라, 우리 두 저자는 현재 친구이고, 수십 년 동안 그렇게 지내오고 있다. 우리 우정의 한 가지 척도는, 우리 두 사람은 서로에게 은혜롭다는 것이다. 우리 중 한 명이 낙심하거나 확신이 없을 때, 다른 한 명은 친절과 희망을 제공해 준다.

그러나 우리 우정의 똑같이 중요한 한 양상은 진실이다. 우리 두 사람은, 달리 살았을 수 있는 것보다 더욱 진실된 삶들을 살아가고자 지금까지 서로 도와왔다. 모범과 시기적절한 상담으로 서로를 격려해왔다. 물론 우리 둘 그 누구도 삶의 스타일에서 완전한 진리를 획득한 사람은 아무도 없다. 성실은 이 깨어진 세상에서 현실 그 이상의 포부이다. 그러나 우리들의 상호우정은 우리들로 하여금 진리를 향하여 움직여 나아가는 데 지금까지 도움을 주었다.

상호우정은 기독교 공동체들 안에서 영혼돌봄의 한 형태이고, 심리치료는 또 다른 형태이다. 그러나 모든 경우들에 있어서, 기독교적 영혼돌봄이, 그리스도 안에서 온전히 계시되었던 그 진리를 향해 사람들이 움직여 나아는 데 도움을 주는 것이다. 이것이 의미하는 바는, 영혼돌봄 패러다임에서부터 일하는 그리스도인 심리치료사들이 증상완화뿐만 아니라 성격 형성에도 관심이 있음을 뜻한다.

만일, 그리스도가 기독교 정신의 정중앙에 있다면, 그렇다면 그리스도 역시 변형적인 기독교적 관계들의 정중앙에 위치해 계신다. 관계중심적 통합적 심리치료에서, 치료사는, 그리스도의 은혜와 진리를 반영하기 위하여, 그리고 내담자들이 은혜와 진리를 향하여 움직여 나아가도록 돕기 위하여 끊임없이 고투를 벌이고 있다.

3. 영혼돌봄의 다른 표현들

그리스도가 모든 영혼돌봄의 중심이다. 그러나 특정한 치유관계들의 본질은, 제공되는 영혼 돌봄의 종류에 따라서 다양하다. 마찬가지로, 신약 성경에 있는 자신의 서신서들을 통틀어, 사도 바울은 어떻게 서로서로 대접해야 하는가에 대한 일반적인 지도사항들과, 특별한 관계유형들에 대한 특정한 가르침들을 제공해 주고 있다.

일반적인 의미에 있어서, 우리는 겸손하고 온유해야만 하고(엡 4:2), 이기심을 회피해야 하고(빌 2:3), 다른 사람들을 사랑해야 하고(고전 14:1), 근면한 삶(살전 4:11) 등등을 살아야만 한다. 바울 역시 남편들과 아내들이 어떻게 서로에게 관계를 맺어야 하는가에 대해, 자녀들과 부모들이 어떻게 상호기능해야하는가에 대해(엡 6:1–4), 나이 든 여자들과 더 어린 여자들이 어떻게 관계를 맺을 수 있는가에 대해(딛 2:5–6), 교회지도자들이 어떻게 처신해야 하는가(딤전 3:1–13) 등등에 대해 더욱 상세한 안내를 제공해준다(엡 5:21–33).

이 모든 세밀한 가르침들은, 그리스도인들이 어떻게 서로서로에게 관계를 맺는가라는 일반주제들에서부터 나온 것들이다. 즉, 친절로, 겸손하게, 점잖게 그리고 사랑으로 관계를 맺을 것을 말하고 있다. 유사하게, 그리스도의 은혜와 진리는, 영혼돌봄이 어떻게 일어나야만 하는가에 대한 일반적인 지도사항으로서 역할을 한다.

하지만, 다양한 형태들의 영혼 돌봄은 다양한 관계적 강조들과 기술들을 요청한다. 기독교적 심리치료는—영혼돌봄의 한 형태인데—영적 지도와 같은 영혼돌봄의 다른 형태들에 비해서 다양한 관계적 스타일들과 우선순위들에 연루되어 있다.

우리 두 저자는, 심리치료와 영적지도를 함께 융합하는 현재의 동향에 대해 회의적이다. 베너(Benner, 2005)는 중증 영혼돌봄을 심리치료와 영적지도의 혼합형태로 추천한다—이것은 그가 한 때 옹호할 수 없는 것으로 생각했던 혼합 치료형태이다.

> 사상을 감히 활자화하는 사람은 누구든지, 자신이 공개적으로 제안한 입장들을 바꿀 때에 강제된 겸손의 경험을 대비하여 준비되어 있어야만 한다. 『심리치료와 영성추구』(*Psychotherapy and the Spiritual Quest*, Benner, 1988)에서, 본인은 심리치료와 영성지도는 초점과 목표들에 있어서 상당히 달라서 개업의들이 그것들을 통합하려고 시도해서는 안된다고 주장했다. 그 책과 『영혼들 돌봄』(*Care of Souls*; Benner, 1998) 사이의 10년이 흐르면서, 이 두 가지 영혼 돌봄형태들을 통합하는 것이 가능도 하며, 일부 상황들에서는 바람직하기도 했다라고 본인은 확신하게 되었다(Benner, 2005, pp. 287–288).

영적지도와 심리치료를 통합하는 베너의 창의적인 방법은 놀라운 일이다. 우리 두 저자는 그와 그의 연구에 엄청난 존경심을 가지고 있다. 그럼에도 불구하고, 우리 두 저자는 이 두 가지 영혼돌봄 유형들을 섞는 것에 대해서 낙관적이지 않다. 치료법적으로 공개적으로 촉진되고, 자격증을 가진 정신과의사에 의해 제공되는 어떠한 활동 안에서 그것은 어쨌든지간에 낙관적이지 않다.

심리치료는, 그것을 영적지도와 별개로 구별하는 유일한 초점을 가지고 있다. 스페리(Sperry, 2004)는 심리치료와 영적지도 사이의 여러 가지 차이점들을 규명하고 있다. 영적지도에 있어서, 초기 사정평가는 영적기능하기에 있지만, 심리학적 기능하기는 심리치료사의 초기 사정평가의 초점이다. 영적 지도자들은 변형을, 하나님 안에서 진정한 자기 자신을 발견하는 평생에 걸친 과정으로 간주하는 반면, 심리치료사들은 변형에 대해 더욱 편협한 관점을 가지는 경향이 있다. 즉, 특별한 관계패턴이나 성격스타일에 국한된 관점을 가지고 있다. 영적 지도자들은 종종 충고하기를 다른 사람들이 하나님께 가까이 가는 새로운 방법들을 배우도록 돕는 한 방법으로 사용한다. 이와 정반대로, 심리치료사들은 자신들의 내담자들에게 조언을 거의 하지 않는다. 그들은 안내 발견법, 재언급, 해석 등과 같은 방법들을 사용할 개연성이 훨씬 더 높다.

영적 지도자들은 다른 사람들이 하나님의 인도하심을 분별하는 것을 도와주지만, 심리치료는 훨씬 더 치료사와 내담자 사이에 상호협력에 관한 것이다. 베너(2002)도 영적 지도와 심리치료 사이의 차이점들을 규명하고 있다. 그는, 치료는 문제-중심적인 반면에 영적지도는 성령-중심적이고, 치료사들은 내담자에게 자신들의 공감의 초점을 맞추고 있지만, 영적 지도자들은 성령에 초점을 두고 있다, 그리고 치료사들은 기록과 메모들을 계속하지만, 반면에 영적 지도자들은 이것이 하나님에 관한 초점에서 주의를 딴 데로 돌리게 한다는 것을 발견한다.

영적지도와 심리치료 사이의 이러한 차이점들에 대한 분명한 언급을 한 뒤에, 스페리(Sperry, 2004)와 베너(Benner, 2005)는 화해에 대하여 개방성을 보인다. 대조적으로, 우리 두 저자는 통합적 심리치료를 심리치료와 영적 지도의 혼합형태로 간주하지 않는다.

통합적 심리치료는, 영적 훈련과 기독교적 형이상학에 의존하는 통합적 심리치료 모델이다. 그러나 그 목표들과 절차들은, 영적 지도가 아니라 심리치료사 영역 안에 정확하게 맞아 들어간다.

심리치료와 영적 지도를 결합하고자 시도할 때에 수많은 윤리적 도전들이 발생한다. 그리고 비록 이 대부분의 문제들이 해결될 수 있다 할지라도(Tan, 2004를 보라), 해결될 수 없는 을씨년스레 느껴지는 한 문제점이 있다. 바로 교회 권위의 문제이다. 영적 지도는 역사적으로 교회의 권위 하에서 지금까지 제공되어 온 것이다. 영적 지도자와 피지도자 양자는, 영적 지도가 어떤 경험적 변덕으로 흘러가는 것으로부터 지키는 데 도움을 주는 특정한 신학적 관점들과 교회적 예배식들에 대해 설명할 의무가 있다. 역사적으로 영적 지도자들은, 그들의 지혜와 분별력이라는 재능들에 대해, 자신들이 책임졌던 일군의 사람들에 의해 인정되어진 만큼 그렇게 많은 훈련을 받지는 않았었다.

상담 조언 11.3: 영적지도와 심리치료

비록 우리 두 저자가 심리치료와 영적지도를, 융합하는 것을 찬성하지 않는다 할지라도, 우리들은 양자에 대하여 호의적 성향을 가지고 있다. 영적 지도자들은 그들의 영적 피지도자들이 하나님과 더 가까운 관계를 경험하도록 돕는다. 이것은, 비현실적인 성취목표들, 미친듯이 죽이려고 날뛰는 소비자 중심주의, 그리고 비현실적인 면혀 기준들로 질식할 것 같은 세상 안에서 자신들의 길을 찾고자 노력하는 사람들에게 어마어마하게 뜻 깊고 도움이 될 수 있는 사역이다.

마치 영적 지도자들이, 그들이 수행하는 것을 심리치료와 구별하고, 그리고 우연히 잘못된 진료소를 만난 사람들을 심리치료사에게 추천하는 데에 주의 깊은 것처럼, 바로 그렇게 기독교 심리치료사들 역시 유사한 구별을 하고 그리고 일부 내담자들을 목회자들, 신부들, 혹은 영적 지도자들에게 추천해야만 한다. 주된 관심사가 하나님과 그의 혹은 그녀의 경험에 있으며, 심리학적 장애의 명시적 증상들을 전혀 보이지 않는 내담자는, 반드시 내담자의 신앙전통을 가진 후원 하에 사역하고 있는 영적 지도자에게 추천되어야만 한다.

이와 대조적으로, 심리치료사들은, 자격증을 공인하고, 윤리기준들을 설정하고, 추종을 단속하는 단체들을 조정하는 국가의 권위 하에 있다. 영적 지도를 그것의 권위있는 정신적 지주들로부터의 제거함과, 다른 종류의 권위에 해명의 의무를 가진 심리치료사들의 손에 그것을 쥐어줌이 뜻하는 함축 의미들은 문제의 발단이 되었다는 것을 뜻한다.

영적지도를 제공하는 심리치료사들은, 자신들의 영적지도활동을 자신들이 속한 조정기관들에 계속 숨기는 경향이 있거나, 혹은 아마도 그들은 영적지도 만남들을 심리치료와 구별되는 것으로 인식하고 있다. 그런 연유로 그들은 그 어떤 권위에 대해서도 해명할 의무가 전무한 채 영적지도를 실시하고 있다.

보험료 청구서작성, 다역(多役)관계들, 치료기록들의 내용이라는 당면 문제들이 상당한 문젯거리가 된다. 그러나 책임있는 해명이라는 더욱 큰 의구심이, 심리치료와 영적지도의 통합에서 기인하는 그 어떤 유익보다 더 큰 것 같다.

그런 까닭에, 우리 두 저자는 집요하게, 통합적 심리치료는 심리치료모델이고 영적지도의 한 형태가 아니라는 점을 주장하는 바이다.

이상을 요약하고자한다. 영혼돌봄은, 넓은 의미에 있어서 전인격체들에 대한 돌봄의 범주를 말하며, 이것은 여러 가지 돕는 활동들을 포함한다(도표 11.1을 보라). 효과적인 기독교적 영혼돌봄모델은, 은혜와 진리로 가득하셨던 예수의 미덕들을 좇아서 만들어진다. 심리치료와 영적지도 양자는 영혼 돌봄의 형태들이지만, 우리 두 저자들의 의견으로는, 그들은 서로 겹침이 없는 활동들이 되어야만 한다. 통합적 심리치료는 심리치료패러다임 내에 잘 어울리는 치료 모델이다. 물론 다른 형태들의 영혼돌봄이 있지만, 단순성을 위하여 우리는 도표 11.1에 열거해 놓지는 않았다. 이런 종류들엔 목회 상담, 평신도상담, 후원 그룹들 등등이 포함된다.

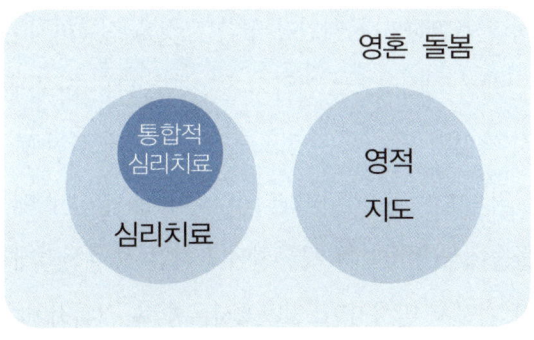

도표 11.1. 영혼 돌봄, 심리치료, 그리고 영적지도

4. 영혼돌봄에서 치료법적 고려사항들

지금까지 우리 두 저자는, 영혼-돌봄 패러다임이 관계적 측면에 초점을 두고 있는 통합적 심리치료를 이해를 위해서 적절하다는 것과, 기독론적 핵심은 모든 영혼-돌봄 활동들을 위한 이상적인 토대를 제공한다는 점을 논쟁하였다. 이것은 지금까지 사람에 대한 기독교적 이해 위에 전제를 두고 논의한 것이고, 그리고 비변증학적으로도 그런 방식으로 논의되어 왔다. 대부분, 우리 두 저자는 체리(Charry, 2001)에 동의한다. 체리는 "기독교적 영적 건강은, 혹자가 배양하는 기술들 안이 아니라, 그것들이 배양되는 더욱 깊은 신학적 토대 안에 기초해 있다"고 결론을 내리고 있다.

그러나, 만일 혹자가, 심리치료는 독특한 활동이며 여러 측면에서 다른 형태들의 영혼돌봄과 별개의 것이라는 우리들의 전제를 받아들인다면, 그렇다면 심리치료사들이 변화가 어떻게 일어나는가에 대한 몇 가지 중요한 차원들을 발견했다고 가정하는 것 역시 합리적이다. 이점은 심리치료사들의 종교적 확신과 상관없이 그러하다.

1장에서 우리는 "모든 진리는 하나님의 진리"라는 어구를 언급했으며, 이 어구가 상당히 많은 해악을 끼쳐왔다는 점을 강조했다. 비록 가능하면 언제든지 일반계시와 특별계시 양자를 우리가 검토해야 한다는 것이 사실이라 할지라도, 진리의 두 원천들이 모든 상황 속에서 공히 믿을만하거나 권위가 있다는 것을 신봉하지는 않는다. 어떤 것들은 계시의 한 원천 안에서 직접적으로 언급되어지지만, 다른 한쪽에서는 그렇지 않다.

예를 들어, 이기적 욕심의 도덕 혹은 성도덕의 기준들에 관한 토론에 관해서 말하자면, 특별계시가 최후의 수단이다. 왜냐하면 이런 것들은 성경에 매우 분명히 언급되어 있기 때문이다. 식물들에서 일어나는 광합성이나 혹은 중추신경계에서 쎄로토닌 재흡수메카니즘들 이해에 관해서 말하자면, 일반계시는 더욱 권위적이다. 권위의 두 원천들 사이의 이런 구별들은 도움이 될 수 있지만, 일부 연구영역들은 특별계시와 일반계시 양자 안에서 언급된다. 그러므로 양 원천들이 반드시 심사숙고되어야 한다.

치유관계들에 대한 이해는 일반, 특별 양 계시에 그 뿌리를 두고 있다. 그러므로 우리는 효과적인 심리치료관계들을 이해하기 위하여 양자를 주시해야만 한다. 성경은 효과적인 관계들에 대한 실천적 가이드로 가득 차 있다. 따라서 현명한 그리스도인 심리치료사는 성경을 공부하고 잘 이해해야만 한다. 뿐만 아니라, 심리치료사들은 치유관계들이 어떻게 작동하는가에 대해 오늘날까지 상당한 지혜를 공헌해 왔다. 이 역시 가치 있는 정보 원천의 하나이다―이제 우리 두 저자는 바로 이것에 주목하고자 한다.

영혼돌봄의 정수(精髓)는, 변형은 치유관계와 필수적으로 연관되어있다는 사실에 있다. 관계들은 사람들을 변화시키며, 강한 관계의 능력은 심오한 대인관계의 변화들을 초래한다. 심리치료에 있어서, 변형적 관계는 치료법적 동맹, 치료법적인 틀, 그리고 관계적 역동성의 관점에서 기술될 수 있다.

1) 치료법적 동맹(Therapeutic alliance)

치료법적 동맹(therapeutic alliance)은 모든 형태의 심리치료에 필수적이다. 그것은 치료사와 내담자 사이에 존재하는 결속의 힘에 대해 기술한 것이다. 통합적 심리치료에서 치료법적 동맹은 각각의 세 영역들 안에 존재한다. 하지만 가장 중요한 동맹은 영역 3 안에서이다. 왜냐하면 그 관계 자체가 변화의 주요 도구가 되기 때문이다. 도표 11.2는 명백한 기법들이 덜 중요하게 되고, 치료가 영역 1에서 3으로 이동하면서 동맹관계가 더욱 중요하게 됨을 보여준다.

치료법적 동맹은, 내담자가 이해함을 받고 있다고 느껴지는 안전하고 신뢰하는 관계와 연관되어 있다. 안전과 신뢰는 내담자들이 자신들의 내적 사고들과 감정들을 비위협적인 관계 속에서 세밀히 탐구하는 것을 허용한다. 정확한 공감은(Rogers, 1957) 어떤 내담자라도 자신이 이해받고 있다고 느끼도록 허용한다. 보울비(Bowlby, 1988)는 이런 종류의 관계를 안전보장을 제공하는 일시적 보유환경(holding environment)이라고 기술했다. 사람이 치료사의 주목 안에 "붙들림"(held)을 느낄 때(글자 그대로 붙잡힌다는 뜻이 아니다), 내담자는 안전과 신뢰를 경험한다.

벡(Beck), 뤄쉬(Rush), 쇼(Shaw), 그리고 에머리(Emery)(1979)는 강한 치료법적 동맹에 필수적인 것으로 협력을 강조했다. 치료사와 내담자 사이의 협력은, 초기 심리학자들에 의해 개념화된 위계관계(hierarchical relationsh통합적 심리치료)와는 다른 동반자관계 (partnersh통합적 심리치료)를 의미한다. 협력적 관계는, 치료사가 내담자에게 뭔가를 행하는 수동적인 입장보다는 오히려 내담자에 의한 적극적인 참여를 촉진한다.

협력적 관계는 내담자의 방어를 축소시키고, 내담자의 관찰들과 해석들이 중대한 가치를 가지고 있다는 신념을 주입시킨다. 치료사가 치료 초기에 협력적인 치료법적 동맹을 확립하여 그 결과 내담자가 치료에 있어서 적극적인 동업자가 되는 것은 중요한 일이다. 이것은 관계(결속), 성취될 목표들, 그리고 그 목표들을 촉진할 과업들의 본질에 관하여서 치료사와 내담자 사이에 동의를 수반할 것이다(Bordin, 1979).

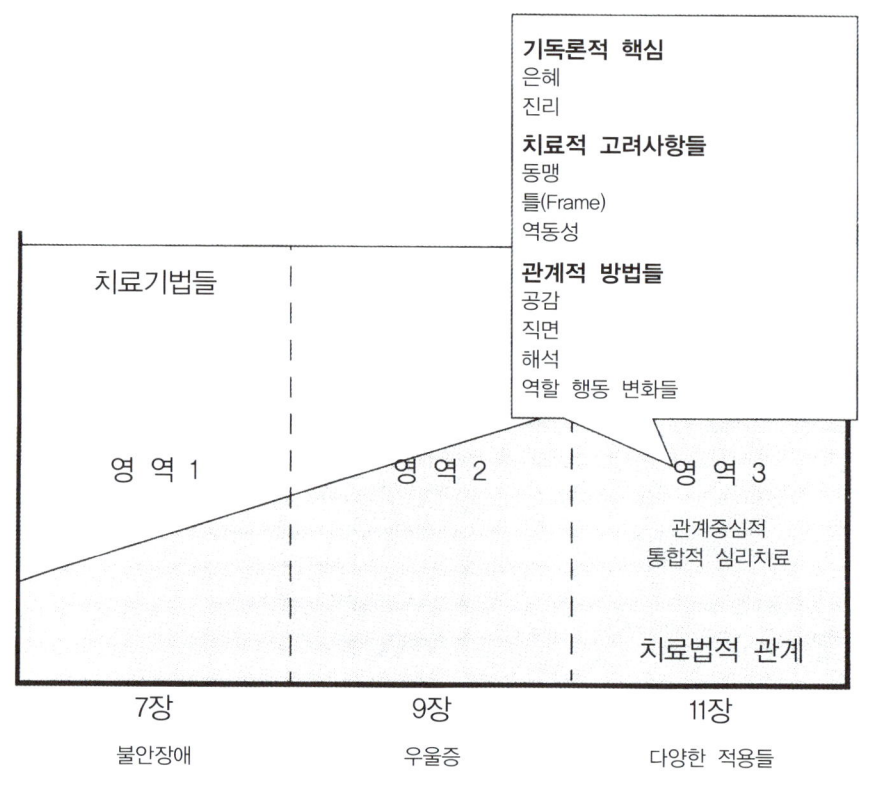

도표 11.2. 치료기법들과 관계에 있어서 개입영역들

2) 치료법적 틀

치료법적 틀(therapeutic frame)이란, 치료로 전도(傳導)되는 설정(setting)을 의미한다. 이런 설정은 실제상의 치료법적 환경과 그리고 그 외 훨씬 더 많은 것들과 필연적으로 연관되어 있다. 그 틀은, 치료법적 관계를 정의하는 일반적인 경계영역들과 관련이 있다–시간, 장소, 그리고 제공된 조력에 대한 수수료와 관계가 있다. 기밀유지와 관련되어 있는 기대들과 치료사와 내담자의 역할들도 역시 그 틀의 일부분들이다.

경험이 쌓인 치료사들은 일관성 있는 개업활동이 매우 중요함을 인식한다. 치료사가 치료 과정의 시종일관된 기대치들을 유지할 때—즉, 그 치료가 똑같은 장소에서 똑같은 평범한 시간대에 일정한 수수료를 댓가로 일어날 것이라면,—그 틀에 대한 방해들은 의미있는 태도로 해석될 수 있다.

바이온(Bion, 1962)이 최초로 치료법적 관계를 한 용기로 묘사했다. 이 은유로 그가 의미했던 것은 훌륭한 치료의 작업틀은, 그 속에서 내담자가 충분히 안정감을 느껴서 모든 문젯거리가 되는 사고들, 감정들, 혹은 기억들을 드러내는 그런 어떤 안전한 정황을 제공한다는 것이었다. 내담자들에 대한 공통된 초기 경험은, 그들 자신이 소유한 사고들과 감정들에 의해 깜짝 놀라게 된다는 것이다.

심각한 죄책 경험은 내담자로 하여금 죄에 대한 그의 고투를 기술하지 못하도록 막을 수 있다. 압도적인 슬픈 감정은 또 다른 내담자로, 만일 그녀가 엉엉 울기 시작한다면 그녀는 결코 그 울음을 그치지 못할 것이라는 점을 두려워하도록 인도할 수 있다. 치료법적 틀이 효과적인 용기와 연루될 때, 이런 생각들과 감정들이 용기에 담겨질 수 있고 내담자는, 치료사가 위압적인 경험들을 효과적으로 다룰 수 있음을 알게 될 때에 안전을 느낄 수 있다.

치료법적 동맹과 틀은, 효과적인 치료확립에 있어서 중대한 역할을 하는 유사한 개념들이다. 동맹이란 협력적 파트너 관계를 가진 강한 결속을 의미한다. 틀이란 치료 과정들과 치료사의 전문가적 행동에 대한 일관된 기대치들을 의미한다. 강한 동맹과 틀은, 내담자가 치료사로부터 벗어나고, 불안전을 느끼며 자기-방어적이 될 때, 치료에서 발생하는 사고들인 치료적 파열(therapeutic rupture)을 예방하는 것에 도움을 준다.

파열은 빈약하게 확립된 동맹이나 틀에서, 치료사와 내담자 사이의 오해에서, 또는 내담자나 치료사에 의해 분명히 드러나는 생각들과 감정들의 강렬함에 대한 두려움에서 기인한다. 이런 파열들이 치료사에 의해 신속히 규명되고 언급될 수 있을 때, 본 치료는 성공할 개연성이 더욱 더 크다(Safran, 1998).

> ### 상담 조언 11.4: 설정 제한들
>
> 치료법적 틀을 유지하는 것은 명백한 기대치들과 설정제한들을 내담자들, 특히 성격장애들(10장에서 토론함)에 대한 기준치를 충족시키는 사람들과 함께 확립하는 것과 연관되어 있다. 내담자가 과정 종료 불과 몇 분 전에 정서적으로 격해지기 쉬운 주제를 끄집어 낼 때, 치료사는, 추가로 그 과정을 십오 분에서 삼십분 더 연장하는 것보다도 정각에 그 상담 종료를 선택함이 좋다. 치료사는, 설사 있다손 치더라도, 내담자들로부터의 집전화 사용이 언제 수용될 지에 대한 분명한 가이드라인들을 가지고 있다. 또는 치료사는 정규적으로 계획 잡힌 진료시간들 외의 전화들에 대해서 수수료를 부과할 것이다. 아마 치료사는, 여러 과정 동안 지각하거나 혹은 더 일찍 와서 대기실에서 다른 내담자들에게 공격적인 질문을 물어보는 것에 대해 내담자와 정면으로 맞설 필요가 있을 것이다. 이 모든 예들은 치료가 일어나는 시종일관 된 어떤 한 틀을 예증한다. 설사 명확한 경계들을 설정하고자하는 치료사의 선택이 내담자를 화나게 할지라도, 그것은 지금까지 여전히 어떤 치료법적 유익을 가질 수 있다. 왜냐하면 그것이 자기-존중을 모델화하고, 치료사의 입장에 제한을 두고, 내담자를 실망과 좌절을 견뎌낼 수 있는 능력있는 성인으로 대하는 것이기 때문이다(McWilliams, 1994). 일부 내담자들의 경우에 있어서는, 엄청난 시간과 에너지가 경계-설정에 소요되는 것으로 보인다. 이것을 치료에 대한 방해로 간주하기보다는 오히려, 이것이 본 치료사 중요한 부분이라는 것을 실감하는 것이 더욱 좋다. 그 틀이 확립되어지면서, 내담자는 자기 자각을 얻게 되고, 어떻게 치료사가 은혜와 진리로 응답하는지를 관찰함으로써 효과적인 문제 해결을 배우게 된다.

3) 관계적 역동성

일단 치료적 동맹과 틀이 확립되고 나면, 통합적 심리치료에 연루된 회피할 수 없는 대인관계의 역동성이 의미심장하게 될 수 있다. 이 역동성들은 관계중심 영역에서 효과적인 치료를 위해 결정적으로 중대하다. 본 동맹과 틀의 확립 이전에 내담자에게서 나온 어떤 진술이나 행동을 정확하게 해석하기는 어렵다. 왜냐하면 본 관계의 지반규칙들(ground rules)이 분명치않기 때문이다. 그것은 당신 자신의 모래땅에서 야구를 어떻게 해야 할지 아는 것과 비슷한 것이다. 당신은, 그 구장, 그 둥근 웅덩이들, 그 부서진 유리조각, 그 이상한 용적, 그리고 그 땅이 변하지 않는 한 당신은 착실히 잘 놀 기회를 가지고 있음을 알고 있다. 다른 사람들이 놀기 위해 건너올 때, 그들은 당신의 모래땅이라는 제약들 내에서 놀 필요가 있다.

당신 마당의 지반규칙들을 아는 것이, 당신이 잘 연습하고 임무를 잘 수행하도록 허용해준다(당신 진정으로 위대한 야구선수인지 아닌지는, 표준조건하에 정식구장에서 당신이 게임을 할 때까지 결정되어지지 않은 채 남아 있다. 물론 이것이 심리치료 분야에서 연구의 초점이다―즉, 구장의 규칙들이 표준화되어지거나 통제될 때, 치료의 결과물들을 보는 것이다.) 치료적 동맹과 틀은, 더욱 정확한 행위해석들을 만들 수 있는 견실한 치료구장을 제공해 준다.

관계적 역동성은, 모든 밀접한 관계 안에서 일어나는 대인관계의 "춤"(dance)을 가리킨다. 심리치료는, 내담자의 기능하기를 개선하기 위해 설계된 일련의 대인관계의 주고받기와 연관되어 있다. 이러한 주고받기는(행동들과 의사소통들), 명시적이며 비명시적인 메시지를 묘사하는 특별한 방식으로서의 나타내 보여준ㅇ다. 와츨로비크(Watzlawick), 비이빈(Beavin), 그리고 잭슨(Jackson)(1967)은 동시에 일어나는 두 가지 수준(level)의 의사소통에 대해 기술했다―의사소통의 보고(report)와 명령 기능(command function)이다.

보고수준(report level)은 사용된 단어들로 구성되어 있으나, 명령기능(command function)은 그 단어들이 의도해서 논리적으로 이끌어낸 의미나 응답을 기술한다. 부모가 아이에게 "쓰레기통이 가득 찼다"(보고기능)라고 말할 수 있다. 이 표현의 진정한 의미는 "너 그 쓰레기통 밖으로 가지고 나가야 한다"(명령기능)이다.

사람들이 관계들을 발전시킬 때, 시간이 지나면서 이런 식으로 의사소통하는 경향이 있다. 이것은 명백히 오해와 조작의 감정들로 이어진다. 명령메시지들이 가장 중요하고 사실상 본 관계를 정의하는 것이다. 어떤 커플들이 치료받으러 와서, 겉보기에 악의없는 몇 마디 코멘트를 하더니 싸우기 시작한다. 비록 그 코멘트들이 치료사에게 중립적인 것처럼 보일지라도, 그 말들은 이처럼 더 깊은 수준에서 기능하는 의미를 전달한다.

견고한 치료적 동맹과 틀이 존재할 때, 이러한 의사소통을 의미있는 방식으로 해석하는 것이 가능하다. "나는 당신이 추천한 것에 싫증이 났고 그것은 내가 바랬던 것만큼 그렇게 효과도 없었어요"라고 말하는 내담자는 "난 당신이 매우 훌륭한 치료사라고 생각지 않아요" 혹은 "난 희망이 없어요"라는 의미를 표현하는 것이다. 상호교환은, 그

주고받기들의 명령기능들(어떻게 그 단어들이 해석되어 져야만 하는가)을 결코 말로 전달하지 않으면서 치료사와 내담자 사이에 오고 갈 수 있다.

기민한 치료사는 이러한 의사소통의 관계적 역동성에 주의한다. 왜냐하면 그것들은, 본 관계를 통제하기 위하여 설계된 중요한 코멘트들과 연관되어 있기 때문이다. 그런 역동성이 중요한 이유는, 관계 통제가 대상관계 문제점들의 한 중대한 양상이기 때문이다. 내담자들은 자신들의 과거에서 기인하는 논쟁점들을 현재의 관계들 안에서 혹은 치료법적 관계 안에서 재연하려고 시도한다.

우리 두 저자는 10장에서 세 가지 대인관계 모델들을 기술했다. 대인관계 과정접근법, 순환적 부적응유형들, 그리고 상호역할절차들이 그것들이다. 이 모델들은 여러 가지 유사점들과 상이점들을 가지고 있다. 그러나 본질적 공통점은, 세 가지 모두 사람들이 본 치료관계를 포함한 현재의 관계들 안에서 어떻게 이전의 유형들을 재연하는가에 대해 숙고한다는 것이다. 이 재연들은, 치료사가 내담자들과 어떻게 관계해야 하는가에 대해 의도적이고 신중할 수 있기 위하여 통합적 심리치료영역 3안에서 이해하는 것이 중요하다.

티이버(Teyber, 2006)는, 내담자들이 치료법적 관계 내에서 자신들의 초기 관계유형들을 재창조하는 세 가지 방법들에 대해 기술했다. 내담자들이 자신들 과거의 대인관계 문제점들을 재생하는(relive) 한 가지 방법은 유도 책략(eliciting maneuvers)들을 통해서이다. "유도책략은, 불안을 피하고, 확실히 바림직하고 안전한 반응들을 가져오는 대인관계 전략이다"(Teyber, 2006, p. 280).

다시 말해서, 내담자는 치료사로부터 특별한 반응들을 이끌어내도록 고안된 행동들을 나타내 보인다. 불안을 감소시키기 위하여 다른 사람들을 멀리하는 내담자는 약속을 취소하거나, 치료를 조기에 종결하고자 하거나, 또는 과정 중에 말이 없어진다. 이런 행동들은 치료사로부터 냉랭한 반응들을 제외한 돌봄—즉, 치료사가 내담자를 치료에 참여하도록 초청을 하지만 진정으로 그 치료에 연루되지는 않기를 희망하는 것과 같은 반응—을 유도하고자 하는 시도들일 수도 있다.

이와 유사하게, 다른 사람들에게 가까이 다가가는 내담자는, 상처받은 감정들에 대해 묘사하거나 혹은 스타 환자가 됨으로써 치료사로부터 친절하고 찬성하는 반응들을 이끌어내고자 한다. 다른 사람들에 적대하여 움직이는 내담자는, 치료사 안에 있는 복종적인 혹은 논쟁적인 행동들을 유도해 내기 위하여 치료사를 비판한다.

만일, 치료사가 이러한 대인관계 문제점들의 재연(reenactment)에 공모함으로써 내담자와 연루한다면, 그 치료사는 비효과적인 치료사가 될 것이다. 더 장기적인 치료에 있어서, 내담자들은 이러한 해묵은 행동 유형들을 이끌어 내려고 시도한다. 그러므로 치료사들은 유도된 반응을 단순히 제공해 버리지 않기 위해서 기민한 관찰자들이 될 필요가 있다.

따라서, 일부 내담자들과 논쟁하고, 일부 내담자들을 칭찬하며, 그리고 다른 내담자들을 귀찮게 따라다니는 일은 쉽게 일어나고 아마 자연스러운 일일 것이다. 이 "춤"이란 원래의 대인관계패턴들을 재연하고 똑같은 결과물로 인도하는 것을 가리킨다. 재연보다는 오히려 문제 해결로 인도될 수 있는 치료법적 반응은, 유도하는 행동 혹은 치료사가 느꼈던 반응을 비위협적인 태도로 단순히 기술하는 반응일 것이다. 아래에, 동일한 치료적 역동성이 두 가지 가능한 결과물들을 가진 것으로 제시되어 있다. 다음은 짐(Jim)과 클락(Clark)의 주고받기이다.

짐   : 나는 지난 상담에서 내가 계속해야하고 사장님에게 두 주 휴가를 요구해야 한다는 인상을 받았습니다. 그래서 전 그것을 요청했고, 그는 나에게 두 주 휴가를 주었어요.

클 락: 듣고 보니 확신에 차서 결심했던 것 같군요.

짐   : 전 또한 제 의사에게 항우울제약에 대해 말할 약속을 잡았어요. 왜냐하면 들어보니 그것 역시 도움이 될 것 같았어요.

클 락: 우리가 이야기 나눈 것들에 관해 계속 좇아감으로써, 더 좋아지기 위해 당신은 정말로 열심히 연구하고 있는 것처럼 보입니다.

짐   : 그러려고 저는 노력하고 있어요. 난 정말로 기분이 더 좋아지고 그리고 우리의 시간을 잘 활용하기를 원해요.

클 락: 그게 중요합니다. 모든 내담자들이 다 그와 같은 것을 쭉 다 따르지는 않지요.

짐   : 음, 난 여기 더 좋아지기 위해 왔고, 난 당신이 절 도와줄 수 있다고 믿어요. 그러므로 난 계속 다 따르기를 원해요.

클 락: 당신은 확실히 동기부여가 되어 있군요. 제가 믿기로 그 점이, 당신이 더욱 빨리 더 좋아지는 것에 도움이 될 것입니다.

찬성을 보여줌으로써 치료사는, 짐을 위한 대인관계의 역동성을 단지 재창조하고 있다. 그가 디스트레스될 때, 그는 사람들을 향하여 나아가고, 그들에게 연루되기를 추구하고, 그리고 그들의 찬성을 이끌어 낸다. 그가 찬성을 받을 때, 그의 디스트레스는 잠정적으로 가라앉는다. 그는 "훌륭한" 내담자이고,(쭉 다 따르며, 좋은 제안들을 하는 것으로 그 스스로를 생각하기를 역시 원하는 내담자들과 함께 일하기를 좋아하는) 치료사는 준비된 그의 찬성을 부여한다. 내담자와 치료사 양자 모두가 기분이 좋을 수 있으나, 대인관계의 변화는 거의 일어나지 않는다.

불과 처음 몇 번의 주고받기 이후에 치료사로부터 다른 피드백을 받은 동일한 상호기능을 숙고해보자.

짐　: 나는 지난 과정에서 내가 계속해야하고 사장님에게 두 주 휴가를 요구해야 한다는 인상을 받았습니다. 그래서 전 그것을 요청했고, 그는 나에게 두 주 휴가를 주었어요.

클 락: 듣고 보니 확신에 차서 결심했던 것 같군요.

짐　: 전 또한 제 의사에게 항우울제약에 대해 말할 약속을 잡았어요. 왜냐하면 들어 보니 그것 역시 도움이 될 것 같았어요.

클 락: 우리가 이야기나눈 것들에 관해 계속 좇아감으로써, 더 좋아지기 위해 당신은 정말로 열심히 연구하고 있는 것처럼 보입니다.

짐　: 그러려고 저는 노력하고 있어요. 난 정말로 기분이 더 좋아지고 그리고 우리의 시간을 잘 활용하기를 원해요.

클 락: 더 좋아지고자 하는 당신의 동기가 이 치료 과정에서 도움이 될 거예요. 그리고 진료소 밖에서도 당신은 열심히 노력하고 있는 것 같군요.

짐　: 음, 난 여기에 더 좋아지기 위해서 왔어요, 그리고 난 당신이 나를 도울 수 있다고 믿어요. 그러니까 난 계속 따르기를 원합니다.

클 락: 추천사항들에 관해 계속 다 따르는 것은 도움이 됩니다. 하지만 내가 당신이 하기를 원한다고 당신이 생각하는 것을 하려고 당신이 열심히 노력하고 있단 의미도 있어요.

짐　: 오, 전 그렇게 생각하지 않아요.

치료소에서 11.1: 두 레벨에서 경청하기

능숙한 치료사들은 항상 그들의 내담자에게 두 수준- 발화된 것(보고)과 그것이 취해지는 방식(명령)-에서 경청을 한다. 명령 수준은 순수-의사소통(metacommunication[12])이라 지칭된다. 왜냐하면 그것은 단어들 자체에 의존하지 않는 의사소통의 한 형태이기 때문이다. 순수-의사소통은 의사소통에서 사용된 실제 단어들을 늘 으뜸패로 이기며, 순수-의사소통은 관계에서 누가 힘을 소유하고 있는지도 항상 나타낸다.

홀리(Holly)는, 열다섯 살 된 아들의 우울증에 대한 커져만 가는 염려들 때문에 심리학자와 상담을 했다. 그녀는 그녀 아들(아론, Aaron)을 그 상담자리에 데리고 갔다. 마크(Mark)는 아론과 그의 어머니를 대기실에서 만나서 그들을 치료사무실로 초대했다.

마 크: 만나서 반갑습니다. 좋아하는 자리에 앉으세요.
홀 리: 아론, 너 여기에 앉지 않을래?
아 론: [노 코멘트. 엄마가 가리킨 곳에 앉는다]
마 크: 홀리씨, 당신이 아론에 대해 좀 염려하신다는 걸 제가 이해합니다. 그 동안 줄 곧 무슨 마음이 드셨습니까?
홀 리: 아론이 그 질문에 가장 잘 응답할 수 있을 것이라고 생각해요.[아론을 바라보며 말을 멈춘다.]
아 론: [침묵한다]
홀 리: 아론아, 말 하고 싶은 거 무엇이든지 말하는 것을 편안하게 느껴야 한다.
아 론: 글쎄요. 내 친구들이 우리 집에 놀러 오고 싶어 하지 않아요...
홀 리: [말을 가로막으며] 아론아, 우린 여기 네 친구 이야기 하러 온 게 아니다.
아 론: [침묵한다]
홀 리: 아론아, 난 네가 우울증을 느끼고 있고 말하는 데에 어려움을 가지고 있다는 걸 알아. 그러나 우리는 정말이지 네 문제들에 대해 이야기하러 온 거 란다. 너는 무엇이 그렇게 염려가 되니?

이 대본에서 홀리는, 아론이 어느 특정한 의자에 앉아야한다는 것을 함축하기 위해서 질문을 사용한다. 더 나아가, 그녀는 그녀 아들에게 무엇에 대해서도 말할 수 있음을 알려준다. 그러나 그가 무슨 말을 하자마자, 그녀는 말을 중단시키며 그의 마음을 도려내 버렸다. 쓰인 단어들은 아론이 자유를 가지고 있다는 것을 진술하고 있지만, 그 순수-의사소통은, 그는 조용히 있고 엄마가 원하는 것을 해야만 한다는 것이다. 홀리는, 이런 섬세한 조작을 통하여 그녀 아들에 대해서 대상관계 통제를 유지하고 있다.

클 락: 음, 복합적 욕구들을 고려하는 것이 유용할 수 있어요–더욱 좋아지고자 하는 욕구들과 그리고 내가 당신이 하기를 원할 수도 있다고 당신이 생각하는 것을 하려는 욕구들 말입니다.

두 번째 상호기능에서, 치료사는 짐의 마무리 행동들과 동기를 인정하지만, 찬성에 대한 그의 욕망에 관해 역시 의견을 말한다. 이것은 짐의 변명들 제기에 어떤 위험성을 주장하지만, 그것은, 짐이 다른 사람들로부터 받은 유도된 찬성을 통하여, 그 자신의 디스트레스를 경감하기 위해 추구하는 방법에 대한 더 이상의 설명을 위한 대로(大路) 역시 제공한다. 치료적 이득은 이 상호기능 안에 있는 어떤 가능성이다.

내담자들이 그들의 대인관계의 고투들을 치료에서 재창조하는 두 번째 방법은 행동시험하기를 통해서이다(Teyber, 2006). 유도하는 전략들은, 행동유형들을 재연하는 치료사로부터 응답들을 유도함으로써 대인관계의불안을 회피하기 위한 내담자–주도의 시도들이다. 시험하는 행위는, 대인관계의 딜레마들을 직시함으로써 그들의 불안에 접근하는 전략들과 필수적으로 연관되어 있다.

때때로, 내담자들은 치료를 새로운 무언가를 시도해 볼, 혹은 대안적인 대처전략들을 시도하고 발전시킬 좋은 장소로 간주한다. 불행하게도, 그들은 이것에 대한 그들의 시도들에 대해 언급하지 않는다. 하지만 대신에 시험하는 행위를 단지 재연한다. 이 시험들은, 치료관계에서 안전성을 사정평가하기 위하여 설계되어진 것들이며, 주로 치료 초반 경에 자주 발생한다.

치료사는 다른 형태로 변경하려는 내담자의 시도를 부지불식간에 무효로 함으로써 시험에 실패할 수 있다. 이런 경우에, 내담자와 치료사 모두가 실패한다. 내담자의 실패는, 새로운 대인관계 행동에서 그 시도가 새로운 대인관계 반응들로 연결되는 데 있어서 성공적이지 않았기 때문이다. 치료사의 실패는, 내담자가 잠정적으로 본 관계에 있어서 안전하지 않다고 느끼게 되고 후속적으로 뒤따르는 새로운 행동들을 시도할 개연성이 적어질 수 있기 때문이다.

역으로, 치료사가 시험을 통과하고 내담자의 성장을 진작시킬 수 있다. 이 경우에는 내담자와 치료사 모두가 "승자들"이 된다. 타자들을 향하여 움직여 가고 그리고 고분고분함으로써 불안을 경감시키는 상호관계패턴들을 가진(위에 기술한) 짐이 가진, 과정중에 시험하는 행동에 대해 심사숙고해보자. 그의 이런 행동들은 다음 차례로, 승낙과 감사를 타자들로부터 유도해내는 것이 전형적이다.

클 락: 짐, 이번 주 만사가 어떻게 잘 돌아갔었나요?
짐　 : 좋았어요, 하지만 전, 제 의사와 약속을 잡으라는 당신의 제안에 대해 더 많이 생각했었어요. 하지만 이번엔 그렇게 하지 않기로 결정했어요.
클 락: 당신은, 항우울증약이 우울증 증상들 치료에 있어서 매우 도움이 될 수 있음을 나타내는 많은 증거가 존재한다는 것을 알고 있고 계십니다.
짐　 : 제가 압니다만, 제 생각에 당분간은 이것을 쭉 따라 일하려고 노력을 계속하고자 합니다.
클 락: 당신은 증상들에 대해 당신 의사에게 꼭 이야기해야만 합니다.
짐　 : 글쎄요, 아마 제가 다음 주엔 그렇게 할 수 있을거예요.
클 락: 진료 상담 밖에서 당신이 해야하는 목록 중에 그것은 정말이지 제 일 순위입니다. 다음에 당신 의사와의 예약에 대해 제가 다시 질문하겠습니다.

이 대본에서 시험하는 행동은, 치료사에 의한 제안에 관해 짐의 끝내지 않음에 포함된다. 고분고분하며 요구받은 것을 하기보다는 오히려, 그는 자신이 시키는 대로 하지 않을 경우 무슨 일이 벌어질지 알아보기 위해 치료사를 시험하고 있었다. "아마 제가 다음 주엔 그렇게 할 수 있을거예요"라는 그의 응답은, 대단히 어물쩍거리는 태도이며, 그가 요구한 것을 함으로써 치료사를 기쁘게 하고자 하는 오래된 욕망을 가리킬 뿐 아니라, 또한 고분고분하고 그 자신의 생각들을 주장하는 그의 시도가 연약함을 드러내는 것이다. 치료사의 응답은 가혹하고 엄격하다. 십중팔구 이전의 권위 있는 인물들로부터의 유사한 응답들을 재연하는 것 같다. 짐과 그의 치료사 모두는 실패자들이다. 대안적인 상호기능은 다음과 같은 방식으로 진행되었을 것이다.

클 락: 짐, 이번 주 만사가 어떻게 잘 돌아갔었나요?
짐　 : 좋았어요, 하지만 전, 제 의사와 약속을 잡으라는 당신의 제안에 대해 더 많이 생각했었어요. 하지만 이번엔 그렇게 하지 않기로 결정했어요.

클 락: 듣자하니 당신은 그 제안을 다소 심각하게 생각을 하시고 현재는 쭉 다 붙좇아하지 않기로 결정하신 것 같이 들리네요.

짐 : 네, 제 생각에 나는 한 동안 본 치료를 계속 할 것 같아요.

클 락: 그건 당신의 결정이예요, 짐. 그러나 당신의 증상들에 계속 주목하며, 만일 그 증상들이 계속 지속된다면 대안들에 대해 계속 같이 이야기합시다.

짐 : 좋아요.

동일한 시험하는 행동이 발생한다. 그러나 이번에는 치료사가 내담자의 자율성과 순순히 따르지 않기로 시도하는 결정을 정당함을 인정한다. 치료사는, 내담자가 그의 제안을 따라야 한다고 주장하지 않음으로써 그 시험을 통과한다. 그리고 내담자는 치료사로부터 예상했던 것보다 다른 응답을 획득한다. 치료사의 지지라는 안전성을 가진 새로운 다른 반응들의 시도 확률은 높아진다.

이 대본은 특별히 신중을 요한다. 제안에 관해 쭉 따르지 않음에 대해 치료사들이 내담자의 결정을 지지해주는 것은 전형적인 경우가 아니다. 그것은 반직관적인 것처럼 보인다(만일 당신이 그가 그것을 하기를 원치 않는다면, 그렇다면 그것을 애초에 추천하지 말아라). 그러나 이 경우에, 내담자의 불출석하는 스타일(default style)이 다른 사람들을 따르고 기쁘게 하는 것이라는 것을 아는 지식이, 내담자가 새로운 응답을 시도할 때 치료사가 다르게 반응하도록 불러일으킨다.

또한, 이것은 우울증치료에 약물을 다루는 내용이기 때문에 예민한 예이다. 명백히 만일 우울증의 증상들이 심각하다면, 내담자의 시험하는 행동에 상관없이 치료사가 약물평가에 관해 주장해야하는 시기가 찾아온다.

그런 상황에서 치료사는 최상의 증상치료(약물)을 진작시키지만, 잠재적으로는 본 환자의 과거에서 유래하는 대인관계 패턴 재연의 위험을 무릅쓰고 모험한다. 다른 사람들은 활동을 역설하는 반면에, 그 과거에 의해 내담자는 수동적이고 고분고분하다.

심리치료에서 대인관계의 역동성이 재창조되는 세 번째 방법은 감정전이(transference)와 감정의 역전이(countertransference)를 통해서이다. 심리치료 분야에서 감정의 전이개념은 오랜 역사가 있다. 1800년대 후반에 프로이드(Freud)는 심리분석으로 알려진 것을 가지고 히스테리를 가진 환자들을 치료하기 시작했다. 그의 많은 환자들이 그에 대해 비현실적인 감정들—긍정적인 것들과 부정적인 것들—을 발달시켰다는 점을 그는 발견했다. 일부 환자들은 그와 사랑에 빠졌고, 일부 환자들은 그를 미워하는 것으로 보였다.

그는 이런 감정들이, 이 환자들이 부모님 같은 인물들을 향하여 가졌던 강한 감정들에 그 뿌리를 두고 있다고 믿었다. 그리고 그것들은 밀접한 관계 한 가운데에서 그에게 전이되어졌다. 만일 그가 떨어져 있을 수 있고 그 감정전이를 분석할 수 있다면, 그가 그 환자들에게 그들이 기분이 더 좋아지는 데 도움이 되는 해석들을 만들어 줄 수 있다는 것을 그는 발견했다.

그 해석들은 그 환자들이 그들의 강한 감정들을 적절한 원천(그 환자)에게로 방향을 고치는 것에 도움을 주었다. 그리고 그런 까닭에, 그 감정들을 관리하는 편파적이고 비효율적인 방법으로서 발달했던 그 증상들은 더 이상 필요치 않았다.

감정의 역전이는 심리분석가들이 본 환자에 대해 가졌던 비현실적인 감정들에 대해 기술한 것이다.

우리 두 저자는 프로이드가 주장했던 것처럼 통합적 심리치료치료사들이 환자들에게서 분리되어 있기를 제안하지 않는다. 그러나 우리 두 저자는, 대인관계의역동성 이해에 있어서 감정전이를 주의 깊게 심사숙고할 것을 강력히 추천한다. 심리분석가들의 분리됨은, 내담자의 모든 반기능들, 감정들, 그리고 지각들은 이전의 중대한 관계들의 비뚤어짐들이라는 그들의 관점에 공헌했다.

현대적인 관점은, 내담자들의 많은 반기능들과 감정들은 실재-기반된(reality-based) 것이며, 비록 뒤틀림들이 있다고 할지라도, 감정전이에 대한 핵심진리가 있음직하다는 것이다(Teyber, 2006). 감정전이는 매일 생활 속에 흔한 일이다.

우리 두 저자는 수많은 대학원과 학부 과정들을 가르쳐왔으며, 학생들이 가진 경험들을 경험 해 왔다. 그들의 반기능들 중 일부는 부분적으로 비뚤어진 것들이었다. 우리는 어떤 한 강의에서, 어느 시험 상에서, 혹은 어느 한 상호기능에서 학생들의 기대치들을 충족시키지 못했다. 때때로 우리는 비현실적으로 영광을 받아왔고 그리고 때로는 비현실적으로 비방을 받아왔다. 동일한 현상이 많은 삶의 영역들에서 경험되고 있다. 특별히 목회자들은 교구교인들의 비뚤어진 지각내용들의 수신자들이다.

감정전이는, 내담자가 강한 코멘트를 하거나 혹은 치료사에게는 상대적으로 일상적인 것으로 보이는 무언가에 극단적인 반기능을 가질 때, 대부분의 치료사들에 의해 인정된다. 내담자는 약속시간의 변화에 혹은 수수료가 매겨지는 방식에 반응한다. 더욱 구체적으로, 내담자는 지난주에서 기인하는 이야기를 공유하고 상처를 느낄 수도 있고, 혹은 그 이야기에 대한 치료사의 반응에 의해 의기양양하게 느낄 수도 있다.

내담자의 과장된 반응은, 감정전이가 작동하고 있다는 표시이다. 내담자의 반기능 안에 진리의 핵심이 종종 있다는 것을 기억하라. 그러므로 이 반기능들에 대한 비뚤어진 구성 요소들뿐만 아니라, 실재성분(reality component)을 면밀히 탐구하는 것이 중요하다.

감정전이 반기능을 완전히 이해하기 위하여, 내담자의 역사에 대한 지식을 가지는 것이 도움이 된다. 과거에 중대한 권위적 인물들이 누구였는가?

이 인물들과 내담자는 어떤 종류의 관계를 가졌었는가?

이런 관계들로부터 어떤 감정들이 내재화되었었는가?

어떤 종류의 도식들이 이 관계들 속에서 만들어졌었는가?

이 모든 정보들은, 내담자가 치료사의 진료사무실로 가져오는 기대치들을 이해하는 수단을 제공해 준다.

감정전이에 반응하는 데 있어서, 내담자의 반기능을 개인적으로 취하지 않고 방어적으로 대응(감정의 역전이)하지 않는 것이 중요하다. 만일 치료사가 개인적으로 혹은 방어적으로 반응한다면, 대인관계의 춤은 계속되고, 옛 관계하기 패턴들은 유지되어진다. 내담자는 치료사의 진료실을 다시 한 번 더 권위 있는 인물에 의해 상처받은 느낌을 가지고 혹은 잘해야 오해를 한 채 떠날 가능성이 있다. 치료사는 그 과정을 서투르다는 어떤 느낌과 분명히 오해받았다는 느낌을 가지고 끝마칠 가능성이 있다. 최고의 반응은, 내담자에 의한 탐구조사를 위한 문을 열어놓는 반응이다. 그런 연유로, "그거 강한 반기능이었네요" 혹은 "그것에 대해 당신은 다소 강한 감정들을 가지고 있네요"와 같은 어떤 말을 하는 것은, 더 이상의 진행을 위한 문호를 제공해 준다.

물론, 치료사는 감정전이 속에 있는 진리의 핵심에 개방적이어야 하며 내담자의 좌절의 일부를 기꺼이 소유해야만 한다.

상담 조언 11.5: 감정의 역전이 이해하기

치료소를 개설하는 치료사들은 종종 감정의 역전이를 항상 제거되어야만 하는 나쁜 것으로 간주한다. 경험이 더 많은 치료사들은, 그들의 역전이 감정들을 치료 과정에서 도움이 되는 것으로 평가하는 것을 배운다. 만일 어떤 내담자가 어느 치료사 내면에 분노나 좌절감들을 끊임없이 불러일으킨다면, 그것은 무엇을 의미하는가? 만일 어느 치료사가 어느 특정 내담자와 일할 때 반복해서 존다면 어찌될 것인가? 어떤 내담자들은 치료사 내면에 그 사람을 구출하거나 구원해 내고자 하는 욕망을 불러일으키기도 한다. 이 모든 것들은 그 치료관계에 대해 도움이 되는 정보, 특히 훌륭한 자기-이해감을 가진 치료사들에게 이로운 정보를 제공해준다. 역전이는 치료사로 하여금 내담자가 다른 사람들에 의해 어떻게 경험되고 있는가와, 치료적 역동성이 예전 패턴들을 어떻게 내담자의 삶 속에 재연하고 있는가를 이해하는데 도움을 준다. 역전이 감정들을 무시하거나 제거하려는 시도보다는 오히려, 그 감정들과 그것들을 본 치료가 계속 진행해 나아가는 데 도움을 주는 방식으로 이해하려는 시도를 받아들이는 것이 더욱 좋다.

여기서 다뤄진 대인관계의 역동성은, 유도하는 행동, 시험하는 행동, 그리고 감정전이 반기능들을 포함한다.(투사적 정체성(projective identfication)과 같은 다른 대인관계의 역동성들이 존재한다. 그러나 그러한 역동성에 관한 논의는 본서의 목적을 능가하는 것이다.) 이런 방식들로 내담자에 의해 시작된 역동성은 옛 대인관계의 패턴들을 재창조할 것이다. 그 유형들 중 일부는 다소 융통성이 있지만, 친숙한 방식의 반응하기이다. 반면에 다른 유형들은 성격장애들로 가장 잘 기술되어 질 수 있는 베낀 스타일들 안에 깊이 정착될 것이다.

이러한 역동성에 대한 치료법적 반응은, 치료법적 과정으로 혹은 치료법적 막다른 골목으로 연결될 것이다(Greenberg & Safran, 1987). 다양한 관계적 방법들이 치료법적 반응들을 촉진시키기 위하여 기술되어 왔다. 이제 우리 두 저자는 이것들에 주목하고자 한다.

5. 관계적 방법들(Relational Methods)

도표 7.1, 9.1, 그리고 11.2 모두는 기법중심적 개입들과 관계중심개입들 사이의 비교적 뚜렷한 구별을 암시한다. 어느 정도까지 이것은 지나치게 단순화되고 인위적인 구별이다. 왜냐하면 치료에서 일부 방법들은 기법 중심적이 되어 있으면서 동시에 관계적으로도 초점화 된 것들이기 때문이다. 우리 두 저자는 이것들을 관계적 방법들이라고 지칭한다.

관계적 방법들(Relational Methods)에 대해 그리스도인들은 낯선 이방인들이 아니다. 성경은, 관계들을 변형시키는 능력을 가진 다양한 개념들을 포함하고 있다. 이것들에는 용서(엡 4:32), 권면(골 3:16), 갈등 관리(마 18:15-17), 꾸짖기(딤전 5:1), 격려(살전 4:18; 5:11), 그리고 축복(롬 12:14)이 포함된다.

그리스도는 상한 마음을 가진 사람들에게 다양한 방법들로 응답했다. 그는 니고데모와 합리적인 토론을 했고(요 3:1-21), 엠마오로 가는 도중에 있던 제자들에게는 자유해답식의 흥미로운 질문을 하셨고(눅 24:13-35), 바리새인들과는 직면을 하셨고(마 12:22-37), 우물가의 여인(요 4:1-26)과 간음하는 현장에서 잡힌 여자(요 8:1-11)에 대하여는 측은조지심(惻隱助之心)을 보이셨고(요 4:1-26), 그리고 그는 딸이 악한 영에 사로잡혔던 가나안 여인을 처음에는 무시했다(마 15:21-28). 예수의 각양각색 반응들은, 다양한 구속적 응답들을 요구하는 필요들과 상황들이 동일하지 않음을 인정하는 것이다.

게다가, 기도, 명상, 그리고 금식과 같은 영적 훈련들은, 영적 지도자들과 목사들에 의해 수 세기 동안 승인되어 왔다. 이 훈련들의 요점은 경건하거나 금욕적 행동을 격려하기 위한 것일 뿐만 아니라, 하나님에 대한 인간의 이해와 경험을 변형하기 위한 것이다. 즉, 다시 말해서, 그것들은, 은혜와 진리 안에서 사람이 성장하도록 도와주는 관계적 방법들인 것이다.

넓은 관점에서 말하자면, 심리치료에서 관계적 방법들은, 심리학적 성장을 조장하기 위하여 설계된 지지와 직면(은혜와 진리)을 동시에 제공해 주는 전략들로 개념화 될 수 있다. 지지가 없다면, 어느 내담자도 존중 받는 느낌을 받지 못할 것이다. 그 대신에 두려움으로 뒤로 움츠러들 가능성이 있다. 직면이 없다면, 어느 내담자도 생각, 감정들,

그리고 행동에 변화를 생산하는 방법들로 도전받지 않을 것이다. 아래에 직면의 의미에 대해 더 자세히 언급될 것이다.

흥미롭게도, 사도 바울은, 지지와 직면의 개념들을 포함하는 성장과 성숙을 위한 단순하지만 심도 깊은 기제(mechanism)에 대해 기술하고 있다. 에베소서 4장 14-15절에 그는 다음과 같이 언급했다.

> 이는 우리가 더 이상 갓난아기들도, 세파들에 앞뒤로 떠밀려 다니지도, 그리고 온갖 가르침의 풍조와 속임수로 가득한 계략 안에 거하는 사람들의 교활함과 정교한 속임수에 의해 이리로 저리로 불려 날려 다니지도 않을 것이다. 그 대신에 **사랑 안에서 참된 것을 말하면서**, 우리는 모든 것들에 있어서 그에게까지 자라갈 것이다. 그는 머리시니 곧 그리스도시니라
> (엡 4:14,15, NIV, 역자 직역).

바울은, 교회 안에서 성숙을 진작시키기 위한 한 방법으로서 사랑 안에서 진리를 말할 것을 추천하고 있다. 사랑 없이 진리를 말하는 것은 매우 쉽다. 그리고 그렇게 할 때에, 다른 사람들을 공격하고 마음을 상하게 한다. 사람들이 선의의 사람들에 의해 "진리"로 남용당해왔다는 점은 불행한 일이다. 다른 한편, 혹자들은 진리없이 사랑을 말한다. 즉, 그들은 다른 사람들의 마음을 상하게 하기를 원치 않거나 혹은 인내심이 없는 것으로 해석될 수 있는 어떤 것도 말하지 않기를 원한다. 사도 바울의 도전은 사랑 안에서 진리를 말하라는 것이다.

즉, 사랑하는 태도로 우리 자신들을 진실되게 전달하는 것, 은혜와 진리 양자로 충만하게 되는 것이다. 바울이 말하는 것은, 지지와 직면으로 특징지어지는 이런 류의 담화는, 교회 안에서의 관계들 속에서 성장을 산출해 낸다는 것이다. 이 원리가 교회 밖의 많은 관계들에서도 역시 성장을 산출할 개연성이 있다고 우리 두 저자는 믿는다.

성경이 가르치는 명확한 공식이나 대응들의 세트가 존재하지 않음을 인정함으로써, 우리 두 저자는, 전문적 문헌들로부터 영혼돌봄과 통합적 심리치료에서 관계적 개입에 특별히 탁월한 네 가지 관계적 방법들에 대해 기술하고자 한다. 그 방법들은 사랑 안에서 진리를 말하거나, 혹은 지지와 직면을 제공해 주는 방법들로 여겨질 수 있는 것

들이다. 첫 세 가지 방법들은, 광범위한 이론적 동향들 내에서 폭넓게 인정되어진 것들이다. 반면 네 번째 방법은 가족 체계이론에 그 기원들을 가지고 있다.

1) 공감(Empathy)

공감은, 내담자의 경험에 대한 정확한 이해를 내담자에게 의사소통하는 능력이다. 그것은 내담자의 안목으로 세상을 바라보고, 그리고 내담자에게 그 관점을 답례로 소통하는 것과 필연적으로 연관되어 있다. 이것이 성취될 때, 내담자들은 이해받은 느낌을 가지고, 그들의 경험들에 대해 치료사를 더 이상 설득할 필요를 느끼지 않는다.

로저스(Rogers, 1957)는, 공감이란 "내담자의 개인적인 세계를 마치 당신 자신의 것인 것처럼 지각하지만 '마치 ~것처럼'의 특질을 결코 잃어버리지 않는 것-바로 이것이 공감이다. 그리고 이것은 치료에서 본질적인 것으로 보인다. 내담자의 분노, 두려움, 혹은 좌절을 당신 자신의 분노, 두려움, 혹은 좌절이 그것에 깊이 관여함이 없이 마치 당신의 것인 양 느껴 아는 것이 우리가 기술하고자 노력하고 있는 그 조건이다"라고 말했다(p. 99).

공감은 내담자에게 지지를 제공해 준다. 공감과 더불어, 내담자는 상담자가 자신의 이야기를 경청했고 이해해 주었다고 느낄 수 있다. 내담자는 또한 안전함을 느낄 수 도 있다. 왜냐하면 치료사가 '마치~인 것처럼'의 특질을 유지하고 있다는 감각이 있기 때문이다. 치료사는 내담자와 함께 감정들의 소택지(沼澤地) 안에서 길을 잃어버리는 것이 아니라, 내담자의 관점과 더불어 동시에 외적 관점을 유지한다.

비록 우리 두 저자는 치료사들이 하나님-같이 보이게 만드는 어떠한 은유도 거부하지만, 공감이 하나님이 사랑 안에서 우리들을 어떻게 붙들고 계신가와 비슷하다는 것을 주목할 가치가 있다.

하나님은 인격적이며, 우리들의 개인적인 세계를 아시고 우리들의 아픔을 이해할 수 있는 분이다. 하지만 하나님은 초월적 존재이며, 외적이며 상위의 관점을 보유하고 계시다. 치료에서, 공감은 치료법적 동맹을 촉진하며 내담자의 방어기제들을 낮추기 위해 필수적인 안전을 제공해준다. 최종적인 결과는, 공감은 통합적 심리치료에서 관계적 성장과 변형적 변화를 위한 정황을 제공해 준다는 점이다.

2) 직면(Confrontation)

심리치료사 정황에서 직면은 대부분의 정황들에서 그것이 가지는 동일한 의미를 전달하지 않는다. 그것은 어떤 사람에게 상세한 설명을 요구하고 강제로 "빛을 보게"하는 것을 의미하지 않는다. 그것은, 본인이 그 문제들을 계속 부인할 수 없을 정도의 충분한 증거를 가지고 내담자의 문제점들을 지적하는 것을 뜻하지도 않는다. 심리치료에서 직면은 내담자에게 모순된 점들 혹은 상위점(相違點)들을 점잖게 지적하는 것을 의미한다.

모순된 점들(inconsistencies)은 다음과 같이 언급된 것에서 발생한다.

"조안, 당신은 그를 떠나고 싶다고 말했었잖아요. 하지만 지금 당신은 그와 함께 머물러 있기를 원한다고 말하는 것을 제가 듣습니다."

또는 모순은 다음과 같이 무언가가 언급되는 방식 안에 존재한다.

"프레드, 당신은 당신 아내를 염려한다고 말을 하지만, 당신 얼굴 표정은 경멸하는 상입니다."

또는, 상위점(discrepancy)은, 어느 사람이 말하는 것과 그 혹은 그녀가 행하는 것 사이에, 혹은 겉보기에 상호적으로 배타적인 생각들이나 감정들 사이에 있다. 그 문제의 사실은, 때때로 우리 모든 사람들은 모순된 방식들로 생각하고, 행하고, 그리고 느끼며, 우리 경험에 대한 이런 양상들에 관한 명료성을 우리가 획득할 때에, 우리 인간은 개인적 통합과 성장을 위한 잠재력을 가진다.

성격장애들을 가진 내담자들과 함께 일하는 것에 아마 가장 적합한 상위점은, 의도와 행동의 영향 사이의 모순이다. 이전 장에서 기술했듯이, 성격장애를 가진 내담자들은 자신들 행동의 비융통성을 자각하지 못하는 것으로 보인다. 그래서 결과적으로, 그들의 행동의 의도는 자신들의 행동의 영향과 어울리지 않는다. 연극을 하듯 일부러 잘 꾸미는 사람은 우호적이기로 작정을 하지만, 그녀의 행동을 농탕치는 것으로 간주하지는 않는다. 편집증이 있는 사람은 주의 깊고 방심하지 않기로 작정하지만, 그의 행동이 다른 사람들에 의해 이상하게 간주된다는 것을 깨닫지 못한다. 의존적인 사람은 동정적이기로 작정을 하지만, 그의 행동이 들러붙고 불쾌하다는 것을 깨닫지 못한다. 이기적인 태도에서, 의도는 다양한 방어기제들을 통하여 긍정적으로 보여진다.

관계적 측면에 초점을 둔 통합적 심리치료개입은, 의도와 행동의 영향 사이의 불일치를 직면하는 것과 필수적으로 연관되어 있다.

관계적으로 초점을 맞춘 개입에서 직면되고 있는 것을 결정하는 것은 중요하다. 내담자가 전인(全人)으로서 직면된다고 느끼면 도움이 안 된다. 그것은 실효와 초기 정신적 외상의 재연이라는 감정들 혹은 정신적 갈등을 지닌 관계들로 연결된다. 도움이 되는 것은 두단계의 직면과정들이다.

첫 단계는, 내담자의 자신의 행동의 자각성을 고양시키기 위하여 내담자의 행위들의 영향이 직면되는 것이다. 내담자로 하여금 다른 사람들에게 자신들의 특정행동들이 어떻게 인식되는가를 물어보도록 시키는 것이 도움이 된다. 이것은 특별히 결혼문제치료에서, 한 배우자가 그 혹은 그녀의 행동이 그 관계에 어떻게 영향을 미치는가를 그 파트너에게 물을 수 있을 때 유용한 방법이다.

이것은, 영향보다는 오히려 행동의 의도에 초점을 두어 온 내담자를 위한 진지하게 하는 통찰력일 수 있다. 과거에 적절한 행동으로 지각했었던 것이 다른 사람들에게 정말로 해를 끼치는 영향력을 가지고 있음을 아는 것은, 인간 죄성의 실재에 관계되는 터득적 이해들에 도달하는 것과 유사하다.

이러한 직면은 바리새인들에 대한 그리스도의 직면에 대해 기록된 바와 유사하다. 그리스도는, 그들의 의도들을 추구하기보다는 오히려 그들의 행동과 다른 사람들에 대한 그것의 영향력에 직면하는 것으로 보였다. 바리새인들은 그들의 행동에 대한 많은 의로움을 가졌었다. 그리고 자신들의 의도들을 추구하는 것이 방어와 더 나아가 자기-의로움으로 연결된다고 믿었다. 반면에 그들의 행동에의 직면과 그 결과들은 변화의 가능성을 더욱 많이 생산하는 것으로 보였다.

일단 내담자의 행동의 영향이 직면되고 나면, 그 당사자가 의도에 초점을 둠으로써 자기-의로움에 미끄러져 들어가는 것은 매우 자연스러운 일이다.

마 크: 존, 그렇게 하라고 요청받은 적도 없이 당신의 이메일 파일들을 쭉 다 살펴보고 있는 맨디에게 어떻게 반응했습니까?

존　: 난 그것에 대해 대단히 끔찍한 느낌이 들었어요. 그녀가 나를 신뢰하지 않는다는 것과 같은 느낌 말예요. 아니, 그건 그보다 더한 느낌이었어요. 그건 그녀가 나를 존중하지도 않는다는 것 같은 느낌이었어요. 난 뒤돌아서 이 관계로부터 도망가고 싶다는 감정이었어요.

맨 디: 그것은 내가 의도했던 것이 전혀 아니예요, 난 단지 우리 관계가 여전히 좋다는 것을 알 필요가 있었어요-당신도 아시죠, 제가 아직 존에게 충분한 사람이라는 걸 말예요. 난 내가 또 다른 여자와 경쟁을 하고 있지 않다는 것을 확실히 하고 싶었어요.

영향력과 직면했을 때, 사람이 의도에 초점을 두는 것은 자연스러운, 거의 자동적인 일이다.

직면과정에 있어서 두 번째 단계는, 내담자가 이런 경향을 거부하도록 도와주고 그 행동의 영향력에 초점을 두도록 하는 것이다. 이것은 내담자를 강제로 본 관계 안에 있는 파트너의 관점에서 그 행동을 보도록 한다. 그리하여 공감을 촉진시킨다. 예를 들어:

마 크: 맨디, 당신이 의도했던 것에 대해 우리가 생각하기 전에, 존이 어떻게 그것을 경험했는가하는 방법을 가지고 이 대목에서 좀 머물러 있는 것이 좋을 거예요. 존에게 이것이 그에게 가졌던 영향력에 대해 다시 이야기하기를 시도하시오.

맨 디: 글쎄요, 난 당신이 내가 어떤 경계를 넘었다는 것을 느꼈다고 생각해요, 존. 난 그것을 그런 식으로 의미하지 않았어요. 그러나 당신은 그런 식으로 느꼈어요, 그렇죠?

존 : 네 난 정말이지 그랬어요. 당신은 윌 관계가 여전히 좋은지를 알아보려고 노력하고 있었어요. 하지만 그것이 나로 그렇지 않다고 생각하도록 만들었어요.

인지치료기법들은 관계적 직면 안에 있는 이 대목에서 유용할 수 있다. 예를 들어, 내담자들은 다른 사람들에 대한 자신들 행동의 영향력에 대해 글을 쓰고, 영향력 진술문들에 초점을 두는 동안 자신들의 감정들을 기록하라는 지시를 받을 수 있다. 뿐만 아니라, 인지적 기법들은, 자기 이익만 챙기는 역기능적 의도들에 직면할 때에 유용할 수 있다.

예를 들어, 다른 사람들에게 남용을 행해온 사람은, "그녀는 진실로 그것을 원했었다. 그녀는 그것을 좋아했다"라는 진술문에 직면할 것을 요구받을 가능성이 있다. 의존적인 사람은, "나는 내가 다른 사람들의 그 모든 필요들을 돌볼 때 도움이 되는 존재이다" 진술문에 직면하도록 지시 받을 수 있다. 연극 같이 일부러 꾸민 듯한 행동을 하는 사람은, "드러나는 의복을 입고 있을 때 내가 귀엽다고 사람들은 정말로 생각해요"라는 진술문에 직면할 수 있다.

정확히 역기능적 생각들의 위치를 지적하는 데 있어서 인지치료의 구체성은, 관계중심적 통합적 심리치료의 이 국면에서 매우 유용할 수 있다.

3) 해석(Interpretation)

해석은 내담자의 삶에 있어서 현재의 행동, 감정들, 그리고 이미지들을 이전의 것들과 연결하는 것과 연관되어 있다. 본래적 용법에서 해석이란 무의식적인 어떤 것을 의식적인 것으로 만드는 것을 내포했다. 이것이 여기서 논하는 해석의 의미는 아니다.

통합적 심리치료에서 해석에 대한 관념은, 해밀튼(Hamilton, 1990)이 "대등물들"(parallels)이라 일컫는 것과 유사하다. 치료사는 현재의 반기능들과 과거의 반기능들 사이에 대등물들을 이끌어 낸다. 과거의 반기능들은 전형적으로 내담자의 원가족 내에서의 경험들에서 기인한다. 그러므로 현재의 관계적 역동성은 이전의 관계적 현안들에 필적한다.

내담자들이 치료 중에 그들의 대인관계 문제점들을 재연, 시험하기, 혹은 감정의 전이를 통하여 재창조할 때, 그들은 보통 자신들의 현재의 반기능들과 유년시절 배운 복사(複寫)전략들 사이의 연결성을 의식하지 못한다. 해석은 내담자를 위한 연결을 만든다. 내담자들이 이런 연결들을 자각하지 못한다는 의미에서, 그것에는 무의식적 국면이 존재한다. 그러나 내담자들은 대개의 경우 그 이전의 복사전략들(coping strategies)을 확인한다. 그런데 해석들이 시기적절할 때, 내담자들은 그 연결을 본다. 그러므로 무의식적인 것들을 드러내기보다는 오히려, 해석이란 단지 의식을 끌어 올리는 것이다.

치료적 해석만들기의 핵심은 그것의 시기(timing)이다. 관념적 측면에서 볼 때, 해석이란 치료사에 의해 제공되는 것이 아니라, 오히려 내담자에 의해 만들어지는 것이다. 효과적인 치료사는 내담자를 현재와 과거의 연결로 인도한다. 그러나 내담자가 그 연결을 자기 자신의 말로 번역하는 것을 허용한다. 심리 분석적 관점에서, 해석은 효과가 있다. 왜냐하면, 그것은 무의식적 갈등을 드러내고, 그리고 그 갈등에로의 통찰은, 그 갈등에 묶여져 있었던 정신을 집중한 심령에너지(cathected psychic energy)를 방출하고 다른 심령활동들을 위해 그 에너지를 이용가능하게 만들기 때문이다. 통합적 심리치료관점에서, 해석은 효과가 있다.

왜냐하면 그것은 내담자로 하여금, 과거에서 기인한 갈등들이 아직도 현재 안에서 작동하고 있으며 그 갈등들은 본질적으로 관계적인 경향이 있음을 깨닫도록 도와주기 때문이다. 사람들은 갈등 중에 다른 사람들과 부지중에 연관되고, 현 관계들 속에 있는 갈등들이 종종 자신들의 과거에서 기인하는 그것들에 연결되어있음을 알지 못한다.

그 연결에 대한 통찰은 내담자에게 현재의 관계 갈등들에 대한 책임을 질 기회를 제공해 준다.

이 단락 초두에 언급했듯이, 공감, 직면, 그리고 해석은 여러 심리치료 모델들의 공통된 방법들이다. 그러므로 혹자는 이 방법들에 대해서 무엇이 진실로 관계적인 것인가에 대해 궁금해 할 것이다. 이 방법들의 관계적 기능은 그것들의 목적에 부속하는 데, 이것은 내담자-치료사의 관계적 역동성에 틀림없이 영향을 미친다. 만일 그 방법들이 통찰과 더 나아가 성장에서 절정에 달하는 관계적 역동성의 과정을 촉진시킨다면, 그렇다면 그 방법들은 그것들의 목적에 이바지한 것이다.

그러나 통합적 심리치료에서 이 관계적 목적이 다른 치료체계에서 이런 방법들의 목적과는 다르다. 어떤 심리치료 모델들에서, 공감은 "진정한" 치료의 역사가 일어날 수 있도록 치료법적 동맹을 진작시키기 위해서만 사용된다. 다른 심리치료체계에서, 직면은 비합리적인 신념들에 대한 논박으로서만 역할을 하고, 해석은 정신내적 갈등들의 해결 역할을 한다.

통합적 심리치료에서 이런 방법들은 대인관계의 변형이 일어날 수 있도록 관계적 역동성을 더욱 날카로운 초점으로 가져오는 데에 이바지 한다.

4) 역할 행동 변화들

역할 행동 변화(role behavior change)의 개념은 가족체계 연구 문헌들에서 유래한다. 사람들은 대인관계 갈등 안에 갇힌다. 왜냐하면 그들은 자신들의 결정된 관계적 역할들에 의해 제한받기 때문이다. 앞 장에서 언급했듯이, 우리 인간들은 중대한 관계들을 안정화시키는 데 이바지하는 행동유형들을 인생 초기에 배운다. 가족 내에서 위험을 감수하는, 그렇지 않다면 안전–과 안정감–의식적인, 모험가로 묘사된 소년에 대해 숙고해보자. 이 소년은 그 가족 내에서, 그렇지 않았더라면 다소 흔해빠진 존재였을 것을 상쇄시키는 모험을 위한 체계적인 기능을 완수한다. 그 가족들은 위험–무릎씀의 행위를, 그것을 지적하고, 그것을 다른 사람들에게 묘사하고, 그것에 대해 미소 지음으로써 교묘하게 독려한다. 그 소년은 이 역할을 내면화하고, 모험적인 태도로 행동할 때 기분좋음을 느낀다.

요컨대, 그의 정체성의 일부는 그 자신을 성급하다고 간주하는 것과 연관되어 있다.

그와 같은 소년이 대학에서 이런 역할로 계속해서 살아가고, 못된 장난들과 "위험한 경지 상의" 다른 행동을 즐기는 것은 낯설치 않을 것이다. 그것은 그 어린 성인에게 정상적이고 친숙한 느낌이 들 것이다. 이 "재미있는" 행동은 실제로 젊은 여성들의 주목을 끌 것이고, 그 남자는 조심성이 거의 없는 어느 여자와 결국에는 결혼할 것이다. 그는 그녀가 관계 속으로 가져오는 조심성과 주의 깊은 태도에 감사하고, 그녀는 그가 가져오는 그 재미와 즉흥성에 감사한다.

이 역할들은 결혼 초 몇 년 동안 내내 효과가 좋다. 그러나 아이가 태어날 때 미치듯이 날뛰며 행패부릴 개연성이 있을 것이다. 결혼관계에서 그와 같이 주요한 변화는 어린 아버지와는 다른 역할 행동들을 요구할 것이다. 이제 위험을 무릎 쓰고, 모험적인 그의 행동은 제멋대로 구는 것으로 해석될 수 있다. 그의 즉흥적 기쁨은 이제 미성숙한 것으로 간주된다. 그의 아내는 그에게, 아이의 필요들에 대해 도움을 주고, 단지 그 자신의 흥미를 위한 활동들이 아니라 그들 세 식구가 즐길 수 있는 것을 하기 위해 가정에 더 있을 필요가 있다고 그에게 말할 수 있다. 초기 역할 행동은 더 이상 효과가 없다. 그리고 그 관계 내에 갈등들이 명백히 있다.

두발(Duvall, 1977)은, 부부들이 그들의 관계기간 동안 발달단계들을 쭉 거치며 움직여 나아간다고 강력히 주장하는 가족생활주기(the family life cycle)의 한 모델을 제안했다. 여덟 가지 공통적으로 받아들여지는 단계들은 결혼 한 부부, 아이를 가진 가족, 취학 전 어린이들, 취학 어린이들, 십대들, 독립하는 자녀들, 중년 부모들, 나이든 가족 구성원들이다. 각 단계는, 성공적으로 발달의 다음 단계로 옮겨가기 위해서 그 부부가 협상을 하는 전이단계를 요구한다.

진료 사무실에서 11.2: 공감의 부가적 특질

심리치료사 구성성분들을 탐구하는 연구자들은, 효과적인 공감이 내담자의 경험에 무언가를 덧붙여 준다고 지적한다. 처음 시작하는 치료사들은, 공감이란 내담자의 진술들을 단지 말을 바꿔 설명하는 것이라 잘못 믿고 있는 경향을 가지고 있다. 효과적인 공감은 남의 말을 앵무새처럼 되뇌이거나 말을 바꿔 설명하는 것보다 훨씬 그 이상이다; 그것은 본 문제에 대한 내담자의 이해에 더해주는 것이다. 다음은 스티브(Steve)와 클락(Clark)의 상담대본이다.

스티브: 제 아내를 대하는 방식에 있어서 제 엄마는 정말이지 선을 벗어나 있었어요. 우리가 추수감사절 저녁만찬을 위해 온 가족이 모였었어요. 그런데 제 엄마는, 제 아내가 식사준비하는 것을 계속 방해했어요. 제 아내는 그 저녁 만찬을 위해 계획한 모든 것을 다 가지고 있었고 그런데 우리가 큰 집을 가지고 있지 않아요. 그래서 제 엄마가 개입했을 때 그게 그녀에게는 속을 뒤집어 놓는 일이었어요.

클 락: 그녀가 당신 아내의 영역 안으로 밀고 들어가서 관장을 하고 있었군요.

스티브: 네, 그녀는 마치 그게 그녀 자신의 부엌인 것처럼 행동했고 그리곤 그냥 접수해버렸어요.

클 락: 그녀가 계획했던 것이 그녀가 생각했던 당연한 방식으로 돌아가지 않은 것에 대해 당신 아내는 좌절감을 느꼈을 게 틀림없어요.

스티브: 그녀는 결국엔 부엌에서 제 엄마와 경쟁하려는 시도를 중지했어요. 그리고 제 엄마가 접수 하도록 두었죠.

클 락: 와우, 듣자하니 그녀가 마음에 상처를 받고 그 날 전개된 그런 방식 때문에 십중팔구 화가 났던 것 같군요.

스티브: 네, 그들이 떠난 후 그녀는 엉엉 울었어요. 내년에 그것을 다시 시도하고 싶지 않다고 말했어요.

클 락: 그녀에게 그것이 패배감이었군요. 십중팔구 그녀는 이것을 정말 맛있는 식사를 준비할 기회일 뿐 만 아니라, 당신 가족에 대한 좋은 인상을 만들 기회로 기대하고 있었을 겁니다.

스티브: 저도 당신 말이 옳다고 생각해요. 그녀는 우리 가족, 특히 제 엄마를 기쁘시게 하기를 그렇게나 많이 원했어요… 당신도 아시죠… 그들이 결코 가지지 못했던 일종의 그런 딸이 되기 위해서 말이죠.

> 클 락: 그러니까 그날 저녁이 그렇게 된 방식에 대해 마음의 상처를 받고 좌절을 맛 보고, 그리고 화가났을 뿐만 아니라, 그녀는 자신의 노력으로 그들을 기쁘게 할 수 없다는 것에 실망을 느꼈습니다. 그것은 마치 그녀가 그들에게 충분히 좋은 사람이 아니었다는 것과 같아요.
>
> 공감의 부가적인 특질이 상황에 대한 스티브의 이해를 확장시키고 있다. 단순히 말을 바꿔 설명하는 것은, 아내의 상한 마음과 실망의 크기에 대한 스티브의 이해로 연결되지 않았을 것이다.

예를 들어, 그 부부는, 독립단계에서 중년 부모단계로 성공적으로 전이해가기 위하여 그 아이의 독립적인 성인역할을 반드시 받아들여야만 한다. 그 전이가 성공적으로 협상되어지지 않을 때, 관계적 문제점들은 불가피하다(Goldenberg & Goldenberg, 2000). 그 가족생활 주기모델은 여러 해에 걸쳐서 상세화 되고 다양한 가족구조들을 포함하도록 확장되어졌다(Carter and McGoldrick, 1999).

내담자들은 관계적 고투들 때문에 치료를 찾는다("우리는 끊임없이 싸우고 있어요"; "난 그 집 주위에서 어떤 것을 하는 그를 이해할 수 없어요," "그녀는 언제나 뭔가에 대해 불평을 해요"). 종종 이런 고투들은 부부들이 가족생활주기 안에서 경험하는 전이들과 연결되어 있다. 관계들은 어려운 일이다. 그것들은 인내, 훌륭한 의사소통과 협상의 기술들을 요구한다. 인생 초기에 발달한 관계하기의 유형을 엄격하게 고수하는 사람은, 인생 후기에 많은 관계적 고투들을 직면할 개연성이 있다.

가족생활의 다음 단계로의 각 전이는 배우자들 사이의 협상에 필수적으로 연관되어 있다. 예를 들어, "부모역할들을 발달시키기"는 각 배우자가 부모가 되는 것이 무엇을 의미하는가에 대한 협상을 암시한다. 이것은 누가 허드렛일들을 하고 누가 그 아이의 필요들을(특별히 한 밤 중에) 제공해 줄지에 대한 검토를 요구한다. 가족치료사들은, 명시적 태도보다는 더욱 암묵적 태도로 일어나는 이 검토를 본 관계 내에서의 규칙들과 역할들의 재협상으로 기술하고 있다. 본 관계의 규칙들은 다음 발달단계를 성공적으로 관리하기 위하여 변해야만 한다.

매기(Maggie)는 심각한 우울증 증상들을 가지고 치료받으러 왔다. 그녀는 잠을 잘 잘 수가 없었고, 입맛도 없었고, 그리고 샤워와 옷 입는 것 외에 훨씬 더 많은 일을 할

에너지를 분출시킬 수 없었다. 그녀는, 그녀 남편과 두 살 된 딸을 위해 그녀가 기대했던 방식으로 제공해주지 못한 것에 대한 강한 죄책감을 기술했다. 그녀는 기진맥진한 느낌이 들고 다른 사람들로부터 물러서는 것에 대해 그녀 자신을 조롱했다. 그녀는 그녀 남편과의 그녀의 관계가 뒤틀려졌음을 간단히 진술했다; 그들은 종종 싸우고 있었고 친밀감이 거의 없었다. 만일 그녀가 도움을 받지 않는다면 그녀 남편이 떠날 거라고 위협했을 때, 그녀는 치료를 받으러 왔다.

영역 1에서 일을 하면서 치료사는, 잠자리에 들고, 음식을 요리하지 못하거나 쇼핑에 실패할 때마다 매기의 마음에 일어나는 자동으로 떠오르는 생각들에 역점을 두어 다룰 수 있었다("좋은 어머니는 항상 요리하고 쇼핑에 실패도 하지 않을 거야").

영역 2에서의 작업은 매기로 하여금 그녀가 이런 생각들에 부여하고 있는 부정적인 의미들을 이해하는 것을 도와주었다. 그녀는 이런 도식들이 어디에서 기인하는지, 그녀가 그녀의 원가족으로부터 좋은 어머니가 되는 것에 대해 무엇을 배웠는지, 그녀 어머니가 가족 안에서 기능했던 방식, 그리고 아내가 되고 어머니가 되는 것에 대해 그녀에게 주어진 섬세한 메시지들의 종류들을 바라보도록 독려 받을 수 있다.

영역 3의 작업은, 인생 초기에 배웠던 역할들을 재연하는 매기의 경향성들과 그녀의 가족생활에서 현재의 전이를—즉, 부부가 됨에서부터 부모가 됨 그리고 이 성공적인 이번 전이를 위해 필요한 규칙협상들의 종류들에까지 이동하면서—바라보는 것이다. 그녀는 결혼생활에 있어서 관계적 규칙들과 이 규칙들의 변화들이 현재의 우울증을 경감시키는 데 있어서 도움이 될 것인지를 자세히 탐구하도록 격려 받을 수 있다. 전형적으로 그녀 남편은, 검사와 어머니 구실에 대한 그녀의 조정(調整)을 촉진하기 위한 규칙들 재협상에 참가하기 위하여 치료에 참가하도록 요청 받을 것이다.

상담 조언 11.6: 이차–질서 변화

가족체계이론은, 발달단계들을 성공적으로 관통해 나아가기 위한 필수적 변화들을 이차–질서 변화들 혹은 긍정적 피드백으로서 언급한다. 이런 변화들은, 관계를 지배하는 규칙들의 변경들과 필수적으로 연관되어 있다. 그러므로 그것들은 일차–질서 변화들보다 더욱 중대하고 오래 지속한다. 그것은 긍정적 피드백이라 불리운다. 왜냐하면 해당 현안이 해결되어진 후 그 관계 자체가 변화하기 때문이다. 일차–질서 변화들은 더

> 욱 피상적이고 잠정적이다. 그리고 그것들은 부정적 피드백의 결과이다. 이것은, 부정적인 어떤 것이 언급되었다는 의미에 있어서는 부정적이지 않다. 그러나 이것은, 그 관계가 그 현안이 해결된 후 조차 동일하게 있다는 의미에 있어서는 부정적이다. 일차-질서 변화들은 좋은 감정들로 연결되지만, 그 관계가 작동하는 방식 내에서 실질적인 변화들로 이어지지는 않는다.
> 예를 들어, 남편이 그의 아내와 집 주위의 허드렛일에 대해서 논쟁을 하게 되었다. 그리고 그 다음 날 그는 기분이 나빴고, 그가 말한 것에 대해 사과했다. 그리고 그녀에게 꽃들을 가져다주었다. 그의 아내는 기분이 좋아지고 그의 친절에 대해 감사할 수도 있다. 그러나 그의 반응은 부정적인 피드백에 대한 반영일 가능성이 있다. 당면 문제는 해결되어지지만, 근본적으로 그 관계에 대해 변화된 것은 아무것도 없다. 가까이에 있는 현안은 역점을 두어 다루어지지만, 논쟁으로 연결되었던 허드렛일에 관한 본 관계 내에 있는 규칙들은 그렇지 않다. 만일 그 남편이, 집 주위의 허드렛일에 대해 새로운 협상 방법으로 연결 되었던 어떤 대화를 시작했다면, 그것은 긍정적인 피드백이었을 것이다. 그 관계의 이 영역을 지배하는 규칙들은 바뀌었었을 것이다.
> 치료에서 우리들은 내담자들 내면에 이차-질서 변화들을 추구한다. 우리는, 단순히 피상적인 긴장완화를 추구하는 것이 아니라, 그들이 관계들 속에서 그들의 행동규칙들에 대해 토론하고 변화하기를 원한다.

두발(1977)에 의해 기술된 가족들 내에서의 변화들의 자연스런 단계들에 덧붙여서, 규칙들과 관계들의 기대치들의 변화들을 요구하는 다른 삶의 주요한 전이들이 존재한다. 은퇴, 중한 질병들, 만성적으로 아픈 가족 구성원 돌보기, 혹은 마약-남용하는 가족 구성원 다루기 위한 학습하기는, 다른 사람들에게 관계하는 새로운 방식들을 요구하는 삶의 현안들의 예들이다. 사람들이 이런 상황들에 순응할 때, 그들은, 그들의 필요들이 충족되고 다른 사람들의 필요들을 충족시키는 새로운 방법들을 밖으로 드러내 보인다. 사람들이 새로운 방법들로 사회적 관계를 가질 수 없을 때, 그들은 갇히게 되고 그들의 정서적 성장은 저해된다.

통합적 심리치료에서 치료사는 가족생활에서 이러한 자연적 변화들을 인식하고, 새로운 역할행동들이 관계적 성장을 촉진하기 위하여 필요하다는 것을 깨달아 안다. 역할 변화들이라는 방법은, 현재 부부관계에 관한 요구들과 각 파트너가 관계적 갈등들에 공헌하는 방식들에 대해 공개토론을 요구한다. 서로에 대하여 집요한 패턴들로 사회적 관계를 맺음에 의하여서는, 그 부부의 문제-해결능력이 침체된다. 새로운 관계하기 방법들을 시도함으로써 그들은 문제 해결로 가는 신선한 대로들의 문을 열 수 있다.

6. 결론

영역 1에서 변화의 목표들(targets)은 증상들에 관련된 자동적으로 이는 생각들인 반면에, 영역 2에서의 변화의 과녁들은 개인적 의미들에 관련된 도식들이다. 그리고 영역 3에서의 변화의 과녁들은 내담자의 관계들이다. 관계적 변화를 초래하기 위해서는, 치료관계가 지극히 중요하다. 치료법적 관계 내에서 변형은, 치료사가 내담자의 과거에서부터 중요한 의미를 가진 다른 사람들과는 다르게 사정평가하고 반응함으로써 가능하게 된다. 내담자의 관계적 기대치들과 행동들의 변화들이, 현재 다른 관계들에서 변형적 변화들을 위한 기초를 설정한다.

영역 3의 상담 활동은 **하나님의 형상**(*Imago Dei*)에 대한 관계적 관점들과 연합되어 있다. 모든 사람들은 관계 안에 존재하도록 창조되어 있다. 그러므로 우리 인간은, 우리가 서로를 우리 각 사람 안에 있는 하나님-형상을 존경하는 방식으로 대할 때 가장 완전하게 기능하게 된다. 보이지 않는 하나님의 보이는 형상이신 예수님이, 어떻게 우리들이 서로서로에게 연결될 수 있는지에 대한 가장 명확한 그림을 제공해 주고 있다. 예수 안에서, 우리 인간들은 인간의 형태로 계시된 은혜와 진리를 본다. 예수님이 그 목표이다-즉, 우리는, 히브리서 저자가 우리들에게 상기시키고 있듯이(히 12:2), 그분에게 우리들의 시선을 고정시켜야 한다. 심리학의 여러 가지 이론들과 발견들은, 우리가 그리스도의 관계적 능력들을 심리치료로 알려진 구체적인 영혼돌봄의 종류에로 환원할 때 유용할 수 있다.

치료 사무실에서 11.3: 과거와 현재 사이의 대등물들

해석은, 내담자가 그 상황이나 관계의 뜻을 이해할 수 있도록, 내담자의 현재의 경험을 과거의 경험들과 연결하는 것이다. 대등물 이끌어내기와 내담자가 해당해석을 만들도록 허용하는 것은, 새로운 대인관계의 행동을 위한 통찰과 잠재력으로 연결된다.

김: 저는 제 논문에 관한 코닝(Corning) 박사의 코멘트들에 정말로 마음이 상했어요. 그는 제 논문이 잘 쓴 게 아니다 라고 딱 말할 수 있었었지만, 그는 실제로 말한 것은 내가 논문작업을 열심히 하지 않았다라고 말했어요. 전 그의 코멘트에 대해 화가 납니다.

클 락: 그의 코멘트가 정말로 당신을 공격한 것처럼 들리네요.

김: 네. 그렇습니다. 그런 것은 불필요했었고 사실이 아니예요. 저는 그 논문을 열심히 준비했어요. 하지만 그것이 어떤 차별성을 만들지는 못한 것이라 생각합니다; 난 그 수업을 그만 두기로 결정했어요. 내가 그를 인내할 필요는 없지요.

클 락: 그거 강한 반응이군요. 당신이 그 수업을 그만 두기로 결정하기 전에, 당신 논문에 관한 그의 코멘트에 대해 그에게 말할 가치가 없을 거라고 당신은 확신합니까?

김: 저도 그럴수는 있지만, 전 단지 그와 더 이상의 어떤 접촉도 가지기를 원치 않을 따름이예요. 솔직히 말해서, 그 사람 주위에서 제가 매우 안전함을 느끼는지 아닌지 난 모르겠어요.

클 락: 현재 당신이 안전하지 못함을 느끼는 것과 과거 당신의 경험들 중 어떤 것 사이에 대등물이 존재하는지가 저는 궁금합니다.

김: 무슨 의미지요?

클 락: 때때로 강한 반기능들은, 아무리 좋은 토대 위에 세워졌다 할지라도, 과거의 상한 감정들을 가리킵니다. 난 당신이 아빠에 대해서 다소 심각한 고투를 가졌다는 것을 알아요. 그래서 난 코닝 박사와의 당신의 상황이 어떤 대등물들이 존재하는가 궁금합니다.

김: 제 아빠가 함께 지내기 어려웠던 분이었다는 것을 저는 알아요. 그리고 나는 결코 그에게 가까워지지 않았던 것처럼 느꼈어요.

클 락: 이전 상담 중 한 번은, 당신은 당신 아빠에 의해 심판받은 느낌이었다는 언급을 했었지요. 마치 당신이 그의 기대치들을 충족시킬 수 없었던 것처럼 말이죠. 그리고 당신은 그에게 충분히 좋은 사람이 아니었다고 말했지요.

> 김: 네, 그리고 그것은 내가 지금 코닝 박사에 대해 느끼고 있는 것입니다. 그는 나를 불공정하게 판단하고 있어요.
>
> 시의적절한 해석으로, 치료사는 그 대등물을 이끌어내고 어떤 연결을 제시한다. 그러나 내담자로 하여금 실제적인 유사성들을 말로 표현하도록 격려한다.

참고문헌

Beck, A. T., Rush, A. J., Shaw, B. F., & Emery, G. (1979). *Cognitive therapy of depression*. New York: Guilford.

Benner, D. G. (1988). *Psychotherapy and the spiritual quest*. Grand Rapids, MI: Baker Books.

Benner, D. G. (1998). *Care of souls: Revisioning Christian nurture and counsel*. Grand Rapids, MI: Baker Books.

Benner, D. G. (2002). *Sacred companions: The gift of spiritual friendship & direction*. Downers Grove, IL: InterVarsity Press.

Benner, D. G. (2005). Intensive soul care: Integrating psychotherapy and spiritual direction. In L. Sperry & E. P. Shafranske (Eds.), *Spiritually oriented psychotherapy* (pp. 287-306). Washington, DC: American Psychological Association.

Bion, W. R. (1962). *Learning from experience*. London: Heinemann.

Bordin, E. S. (1979). The generalizability of the psychoanalytic concept of the working alliance. *Psychotherapy: Theory, Research & Practice, 16*, 252-60.

Bowlby, J. (1988). *A secure base: Parent-child attachment and healthy human development*. New York: Basic Books.

Brunner, E. (1932/1947). *The mediator: A study of the central doctrine of the Christian faith* (O. Wyon, Trans.). Philadelphia: Westminster Press.

Carter, B., & McGoldrick, M. (1999). *The expanded family life cycle: Individual, family, and social perspectives* (3rd ed.). Boston: Allyn & Bacon.

Charry, E. T. (2001). Theology after psychology. In M. R. McMinn & T. R. Phillips (Eds.), *Care for the soul: Exploring the interface of psychology & theology* (pp. 118-33). Downers Grove, IL: InterVarsity Press.

Clebsch, W. A., & Jaekle, C. R. (1964). *Pastoral care in historical perspective: An essay with exhibits*. Englewood Cliffs, NJ: Prentice-Hall.

Duvall, E. M. (1977). *Marriage and family development* (5th ed.). New York: Lippincott.

Emmons, R. A. (1999). *The psychology of ultimate concerns: Motivation and spirituality in personality*. New York: Guilford.

Erickson, M. J. (1985). *Christian theology*. Grand Rapids, MI: Baker Book House.

Goldenberg, I., & Goldenberg, H. (2000). *Family therapy: An overview* (5th ed.). Belmont, CA: Brooks/Cole.

Greenberg, L. S., & Safran, J. D. (1987). *Emotion in psychotherapy: Affect, cognition and the process of change*. New York: Guilford.

Grenz, S. J. (2000). *Renewing the center: Evangelical theology in a post-theological era*. Grand Rapids, MI: Baker Academic.

Hamilton, N. G. (1990). *Self and others: Object relations theory in practice.* Northvale, NJ: Aronson.

McMinn, M. R., & Phillips, T. R. (Eds.) (2001). *Care for the soul: Exploring the intersection of psychology & theology.* Downers Grove, IL: InterVarsity Press.

McWilliams, N. (1994). *Psychoanalytic diagnosis: Understanding personality structure in the clinical process.* New York: Guilford.

Moon, G. W., & Benner, D. G. (Eds.). (2004). *Spiritual direction and the care of souls: A guide to Christian approaches and practices.* Downers Grove, IL: InterVarsity Press.

Moore, T. (1992). *Care of the soul: A guide for cultivating depth and sacredness in everyday life.* New York: HarperCollins.

Norcross, J. C. (Ed.) (2002). *Psychotherapy relationships that work: Therapist contributions and responsiveness to patients.* New York: Oxford University Press.

Rogers, C. R. (1957). The necessary and sufficient conditions of therapeutic personality change. *Journal of Consulting Psychology, 21,* 95-103.

Safran, J. D. (1998). *Widening the scope of cognitive therapy: The therapeutic relationship, emotion, and the process of change.* Northvale, NJ: Aronson.

Sperry, L. (2004). Spiritual direction and psychotherapy. In G. W. Moon & D. G. Benner (Eds.), *Spiritual direction and the care of souls: A guide to Christian approaches and practices* (pp. 171-86). Downers Grove, IL: InterVarsity Press.

Strupp, H. H. (1993). The Vanderbilt psychotherapy studies: Synopsis. *Journal of Consulting and Clinical Psychology, 61,* 431-33.

Strupp, H. H. (2001). Implications of the empirically supported treatment movement for psychoanalysis. *Psychoanalytic Dialogues, 11,* 605-19.

Strupp, H. H., & Hadley, S. W. (1979). Specific versus nonspecific factors in psychotherapy: A controlled study of outcome. *Archives of General Psychiatry, 36,* 1125-36.

Tan, S-Y. (2004). Spiritual direction and psychotherapy: Ethical issues. In G. W. Moon & D. G. Benner (Eds.), *Spiritual direction and the care of souls: A guide to Christian approaches and practices* (pp. 187-204). Downers Grove, IL: InterVarsity Press.

Teyber, E. (2006). *Interpersonal process in therapy: An integrative model.* Belmont, CA: Brooks/Cole.

Tjeltveit, A. C. (2004). Understanding human beings in the light of grace: The possibility and promise of theology-informed psychologies. *Consensus: A Canadian Lutheran Journal of Theology, 29*(2), 99-122.

Watzlawick, P., Beavin, J. H., & Jackson, D. D. (1967). *Pragmatics of human communication.* New York: Norton.

Willard, D. (2002). *Renovation of the heart: Putting on the character of Christ.* Colorado Springs: NavPress.

제12장
결론적인 생각들

앞선 장들에서, 우리 두 저자는 심리치료에 대한 통합적인 기독교적 접근에 대해 명확하게 언급했다. 그것은 야심찬 노력이며, 그리고 불행하게도 심리치료사 영향력이, 많은 선진화된 세계에서 교회의 영향력보다 더욱 급속히 커져만 가고 있는 것처럼 보이는 시기에 많은 중요성을 가진 접근법이다. 우리 두 저자는, 이 책 제목에 내재된 세 가지 핵심개념들—통합적, 심리치료, 그리고 "포괄적인 기독교적 접근을 위하여"—에 대해 숙고함으로써 결론을 맺는다. 이 세 가지 용어들 혹은 어구들 각각은 통합적 심리치료의 본질적 부분의 외연을 의미한다. 반면에 역시 우리 두 저자가 지금까지 제시해 온 본 접근법에 대한 한계들을 암시하고 있다.

1. 통합적(Integrative)

통합적 심리치료는 두 가지 차원에서 통합적이다. 이론적이며 신학적인 차원들이 그것들이다. 그것은 심리학분야의 여러 가지 이론들을 함께 모으고, 그리고 그것은 사람들에 대한 기독교적 관점을 심리학적 이론과 실천과 함께 통합하고 있다. 양 차원들은 통합적 심리치료의 이론과 실천을 이해하는 데에 있어서 결정적으로 중요한 것들이다.

이론적 통합에 관하여, 존스와 버트만(Jones and Butman, 1991)은 상담과 심리치료에 대한 다른 접근법들을 결합하는 다양한 방법들을 기술하고 있다. **무질서한 절충주의**(chaotic eclecticism)라는 도구를 가지고, 치료사들은 치료법 방법들로 이루어진 구색 갖춘 방도에서부터, 자신들의 이론적 상정 내용들, 다양한 방법들이 어떻게 함께 어울리는지, 혹은 심지어 내담자의 최고 흥미거리들 속에는 무엇이 있는지에 대해 많은 생각을 해보지도 않은 채 결론을 끌어낸다.

그 선택은 어떤 것보다도 치료사의 변덕들에 더욱 의존해 있어 보인다. 아마도 어느 상담사가 새로운 치료기법에 관한 워크샵에 참석했다. 그런데 그 치료사는 그 다음에 관계적, 이론적, 그리고 신학적 함축 의미들을 쭉 생각해 보지도 않은 채, 그 새 기법을 모든 내담자들을 상대로 그 다음 달 내내 사용한다.

실용적 절충주의(pragmatic eclecticism)는 내담자들에게 가장 도움이 되는 것으로 보이는 것에 근거해서 치료사들이 여러 가지 이론적 체계들로부터 방법들을 선택할 때 존재한다. 이것이 개업 중인 임상의들 가운데 가장 흔한 절충주의의 형태이며, 그 이론적 근거가 매우 강력하다. 그들은 내담자들이 더 좋게 느끼고 더 잘 기능하는 것을 효과적으로 도와주는 방법들을 선택한다. 그러나 실용적 절충주의가 가진 여러 가지 문제점들이 있다.

그것은 상담에서 사용되는 다양한 방법들의 이치를 닿게 하는 것을 도와주는 이론적 핵심이 결여되어 있다. 그것은, 임상전문의들이 과학적 성과문헌에 뒤처지지 않고 따라간다고, 그리고 과학적 실험상황 안에서 만난 내담자들이 더욱 다양한 실제 상황들 안에 있는 내담자들과 유사하다고, 그리고 그것은 치료사들이 치료에 대한 다양한 많은 접근법들에 숙달할 능력이 있다는 낙관주의적 신념 위에 근거해 있다고 추정하고 있다.

변화 이론적 절충주의(transtheoretical eclecticism)에서, 치료사는 심리치료에 대한 모든 접근법에 실질적으로 관통하여 흐르는 공통된 가닥을 규명한다. 변화이론적 접근법은 칼 로저스(Carl Rogers, 1957)의 저작에서도 관찰된다. 그는 심리치료에서 변화를 위한 필요충분조건들을 규명하고자 시도했다. 제롬 프랭크(Jerome Frank, 1973)는 모든 치료에 공통적인 비명세적 요인들을 기술했다. 그리고 프로차스카(Prochaska)와 그의 동료들은 변화 과정들을 기술했다(Prochaska & DiClemente, 1983, 1984, 1985;

Prochaska & Norcross, 1994). 이론적 통합주의(theoretical integrationism)은 사람이 어느 특정 이론적 출발점에서 출발할 때 일어나고, 그 다음에 그 이론적 기초를 한 가지 혹은 그 이상의 부가적 이론들을 통합조직으로 짜 만듦으로써 확장한다(Norcross & Goldfried, 2005를 보라).

예를 들어, 라일(Ryle, 1990)은 심리역동사상을 통합시키기 위하여 인지치료를 확장했다. 핀소프(Pinsof, 1995)는 여러 가지 이론모델들을 한 통합 접근법 안으로 통합했다. 그리고 여러 명의 심리역동 치료사들은 치료목표들에 대한 인지행동적 사고를 시간-제한된 역동이론에 통합했다(예를 들어, Levenson, 1995; Strupp & Binder, 1984 이 있다).

이런 여러 가지 절충중의 형태들에 대해 기술한 후, 존즈와 버트만(Jones and Butman, 1991)은 이론적 통합주의는 "그리스도인 상담사를 위한 선택적 접근"이라고 결론을 맺는다(p. 395). 기독교 신앙이 우리로 하여금, 여러 가지 심리치료적 체계들을 비판하고, 치료를 위한 통합된 모델건설하는 것을 허용하는 결속적 핵을 제공해 준다고 그들은 주장하고 있다. 우리 두 저자는 이 주장에 동의한다.

통합적 심리치료는 이론적 통합주의의 한 본보기이다. 그러나 그것은 특별한 요령과 더불어 다른 이론적 동향들에서 훈련받은 공저자들을 가짐으로써 가능했다. 우리 중 한 명은 행동주의적이고 인지적인 치료 분야에서 훈련받았고, 시간이 지나면서 지금까지 성장해 오면서 치료에 대한 관계적 접근법들의 진가를 더욱 인정하게 되었다. 나머지 다른 한 명은 대인관계적이며 가족치료 분야에서 훈련받았으며, 시간이 흐르면서 인지 대인관계분야에 흥미를 가지고 특화된 훈련을 받았다.

이와 같이, 우리의 출발점들은 완전히 달랐고 상보(相補)적이었다. 통합적 심리치료는 우리 두 사람이 수년 간의 개업기간 동안 발달시켜온 확장되고 부분적으로 중복되는 이론적 토대를 표현하고 있다.

통합적 심리치료는 또한 신학적 차원에서 통합적이다. 통합적 심리치료는 존즈와 버트만이 변화이론적 절충주의라 부르는 것에 대등한 무언가를 반영하고 있지만, 심리학적인 우위의 관점보다는 오히려 신학적 관점에서 그러하다. 대부분의 변화이론적 심리학자들은 다양한 심리치료법들의 공통된 심리학적 요소들을 찾는 경향이 있는 반면에, 우리 두 저자는 여러 가지 상담과 치료방법들의 효과성을 설명하는 데에 도움을 주는 공통적인 신학적 주제(theme)을 찾고자 시도했다. 비록 죄와 구속이라는 기독교적 주제들을 이해하는 것 역시 중요하다 할지라도, 하나님의 형상으로 지음 받았다는 창조교리는 통합적 심리치료모델의 핵심에 이바지하는 것이다. 하나님의 형상(Imago Dei)에 대한 세 가지—즉, 기능적, 구조적, 그리고 관계적—관점들은 통합적 심리치료모델의 세 가지 영역들을 위한 토대들을 형성하고 있다.

통합적 심리치료에 대한 우리들 접근의 강점과 약점 양자가 이 점에 있다. 사람들에 대한 기독교적 관점 위에 우리 모델의 기초를 두는 것의 강점들은 본서 전반에 걸쳐, 특별히 1장과 4장에 그 윤곽이 설명되어 있다. 한계점들은, 우리 두 저자가 심리치료에 그 적용을 한정함으로써 하나님의 형상(Imago Dei)에 대한 좁은 관점을 제시했다는 것이다. 이점은 그 세 관점들 각각에서 다 관찰될 수 있다. 우리 두 저자는 하나님의 형상(Imago Dei)의 기능적 관점을 자기-통제와 자기-관리라는 개인적 문제들에 전유(專有)했다. 하지만 창세기 1:28에 있는 그 개념은 훨씬 더 크다. "하나님이 그들에게 복을 주시며 하나님이 그들에게 이르시되 '생육하고 번성하여 땅에 충만하라, 땅을 정복하라, 바다의 물고기와 하늘의 새와 땅에 움직이는 모든 생물을 다스리라 하시니라.'" 인간의 불안, 우울증, 그리고 관계적 패턴들을 정복하는 것은 하나님의 창조세계를 다스리는 것의 부분이지만, 단지 작은 일부분에 지나지 않는 것이다. 어떤 더 큰 관점도 우리 두 저자를 심리치료활동영역을 훨씬 뛰어넘는, 우리들의 전문 숙달 영역들 밖의, 그리고 본서와 같은 한 책을 위한 페이지 한계들을 넘어서는 더 넓은 영역으로 데리고 갈 것이다. 창조세계 관리에 대한 포괄적인 토론은, 동물학자들, 환경과학자들, 경제학자들, 인구통계학자들, 지질학자들, 식물학자들 등등과도 역시 필수적으로 연루되어 있다.

마찬가지로, 우리 두 저자는 하나님의 구조적 형상에 대한 토론을, 심리치료에서 엄청나게 중요한 개념인 도식들에 제한했다. 그러나 인간 존재론에 대한 더 큰 토론들에 비교해 보면 창백하게 옅어지는 개념이다.

하나님의 형상(Imago Dei)의 구조적 관점에 철저한 연결은, 철학자들, 수학자들, 신학자들, 예술가들 그리고 다른 학자들이 필수적으로 연관된다. 마지막으로, 우리 두 저자는 하나님의 관계적 형상에 대한 우리의 토론을 심리치료에서 마주친 관계 종류들에 한정했다. 누구든지 여러 가지 관계들의 폭과 깊이를 고려해 볼 때, 이 역시 매우 제한된 것이다. 모든 종류의 관계들은, 관계적인 하나님의 형상(Imago Dei)이 인간 본성 바탕구조 안으로 짜여져 있기 때문에 가능하게 만들어져 있다.

2. 심리치료(Psychotherapy)

모든 삶의 난문에는 변형의 문제가 있다. 사람이 A지점에서부터 B지점으로 옮겨가도록 야기하는 것이 무엇인가?

툭하면 싸우고 까다로운 사람이 어떻게 견실한 우정과 새로운 사회적 품위들을 갖춘 사람으로 서서히 변화해 가는가?

문제의 술꾼이 어떻게 알코올소비를 줄이고, 또는 끽연(喫煙)가가 흡연을 그만두는가?

왜 우울증이 희망에 꺾이고 불안이 평화에 물러나는가?

사람이 어떻게 기도로 하나님께 가까이 감을 배우는가?

사람들은 어떻게 분노나 욕정이나 탐욕이나 혹은 경멸을 더욱 잘 다루는 방법을 배우는가?

이런 질문들은 심리치료사들과 영적 지도자들을 위한 것들이다. 그러나 그것들은 기타 모든 사람들을 위한 질문들이기도 하다. 왜냐하면 우리 각 사람은 변화하고 여러 가지 방법들로 자라나기를 원하기 때문이다.

형질변화(transformation)는 많은 방식들로 일어난다. 좋은 설교들, 친절한 확언의 말들, 고난, 기도, 의약품, 묵상, 격려의 미소들, 비평, 한적하게 홀로 처함, 효과적인 가정교육, 비효과적인 가정교육, 자선적 기부, 그리고 위로의 껴안기는 모두 변화가 일어나는 수단들이다. 그리고 물론, 그 목록은 여러 페이지에 걸쳐 계속 나열될 수 있다. 심리치료는 변형의 단지 한 수단일 뿐이지만, 오늘날 사회에서, 그것은 중요하고 도처에 있는 수단이 되었다. 비록 심리학에 대한 의구심들이 많은 교인들과 교단들 안에 존속할지라도, 교회 내에서조차도 상담과 심리치료적 사역들에 대한 관심이 강하고 커져가고 있는 것으로 보인다.

교회-기반의 상담사역들은 이제 흔하다. 대부분의 목회자들과 교회 지도자들은 그들의 지역사회에서 치료사들에 대한 추천망(referral network)을 가지고 있다. 신학대학원들에서는 과정들을 제공하고 상담분야에서 학위들을 제공해준다. 그리고 후원 단체들과 동료-상담 사역들이 많은 교회에 확립되고 있다. 그것이 예수님이 다른 사람들 안에서 보았던 영적, 육신적, 관계적, 그리고 정서적 필요들에 대해 사역하셨던 것처럼 교회가 전인(全人)들을 돌보는 데에 도움을 주는 한에 있어서 이런 추세는 고무적이다.

그러나, 심리치료와 교회라는 이본(異本)을 한 데 썩어버림으로써 야기될 혼란과 상처줌의 잠재력 또한 존재한다. 심리학적 주제들(topics)의 인기를 가정할 때, 혹자들은 더 인기가 있는 자아-적응된(self-oriented) 관점을 위해 초월적 진리에 대한 교회의 역사적 증거를 무시했다. 복음이(대문자 G를 쓰는 Gospel은 예수 그리스도의 삶과 사역에 관계된 말이다) 자조(自助)와 자기-실현이라는 복음(소문자 g를 쓰는 gospel은 인간 자신의 삶과 사역에 관계된 말이다)으로 쉽게 대체된다.

우리 두 저자는 통합적 심리치료를, 설교들과 목회사역 활동들을 변형시키지 않는다는 희망과 기대를 보유한 심리치료사 한 모델로 권하는 바이다. 교회는 어두워진 세상 안에 진리를 선포하고 하나님의 사랑의 빛을 비추는 확립된 기관으로서 그것의 차별성을 유지할 필요가 있다. 심리치료는 교회의 돌봄사역의 중요한 일부분이 될 수는 있지만, 그것은 주변적 사역이고 중심적 사역으로 인식되어서는 안 된다.

심리치료와 교회학을 한가지로 융합하는 것은, 교회 배경들 내에서 상담 도움을 추구하는 사람들에게 상처를 줄 수 있다. 적절한 심리학적 훈련이 없는 선한 마음과 사역적 정신을 가진 개인들도 훌륭하게 일을 할 수 있다. 하지만 그들이 큰 상처 역시 끼칠 수도 있다. 우리 두 저자는, 싹트고 있는 기독교 상담운동의 꽤 큰 몫이, 심리치료를 제공하기에 적절한 훈련을 받지 않은 사람들이 거주케 되지 않은가?라고 제안을 감히 한다. 심리치료는 개념적으로 그리고 역사적으로 볼 때 독특한 종류의 도움주는 관계이다. 그것은, 국가와 지방의 사법권들, 특정한 윤리기준들, 임상훈련과 감독지도 지침들, 그리고 임상적 안전성 요구사항들에 의해 확립된 특별한 종류의 규정들이 설비되어 있다.

본서의 제목이 암시하듯이, 통합적 심리치료는 특별한 종류의 변형시키는 목회사역을 위해 의도된 모델이며 그 외의 목적으로 고안된 것이 아니다. 특별히, 우리 두 저자는 본서를, 심리치료를 공부하거나 개업 중인 사람들에게 권하는 바이다. 비록 우리 두 저자는 목회사역 현장에서 실천되는 통합적 심리치료개념을 환영한다 할지라도, 그것도 목회 상담가로 혹은 심리치료사들로서의 자격을 갖추고 신임을 얻은 사람들에게 제한되어야 한다. 우리는 본서가 신학대학원들, 기독교대학들과 종합대학들에서의 훈련 프로그램들과 기독교 상담사들과 심리치료사들이 훈련을 받는 기타 장소들에서 사용되기를 바란다. 우리는 또한 본서가 자신들이 수행하는 활동에 대해서 통합적이며 기독교적으로 사고하기를 바라는 개업활동 중인 심리치료사들의 손에 성공적으로 들어가기를 바란다.

3. 포괄적인 기독교적 접근을 향하여

비록 많은 부분이 완결되지 않은 상태로 있을지라도, 본서의 부제목은 포괄적인 기독교적 접근을 향한 운동을 의미한다. 혹자는, 우리 두 저자가 포괄적 접근이라는 그 숭고한 기준을 충족시켰는가에 대해 질문을 할 수 있다. 통합적 심리치료가 다소 포괄적인 여섯가지 방식들을 우리가 먼저 지적하고는 있지만, 본서 더 뒤 부분에 기술해 놓았듯이, 우리 역시 이것에 대해 질문을 제기해 왔다.

첫째, 사람을 바라볼 때에 기독교 정신과 심리학 양자가 심사숙고되고 있는 한에 있어서는, 통합적 심리치료는 포괄적인 모델이다. 우리 두 저자는 본서 전체에 걸쳐서 이 요점을 성취했으며 여기서는 그것을 장황하게 검토하지 않을 것이다.

둘째, 통합적 심리치료는 세 가지 다른 고려영역들을 제공한다. 내담자는 각기 세 가지 렌즈–기능적, 구조적, 그리고 관계적–들을 통하여 관찰된다. 이것은 이 관점들 중 어느 한 가지가 제공하는 것보다 더욱 완전한 그림을 제공해 준다. 책의 페이지들과 장들의 단선성은, 마치 기능적 관점들이 치료의 초기 단계를 지배하고, 구조적 관점이 그 다음 단계를, 그런 다음 관계적 관점이 그 다음 단계를 지배하는 것처럼, 우리로 하여금 이 세 영역들을 순차적으로 제시하도록 요구한다. 어느 정도까지 이것은 사실이다. 내담자들이 디스트레스를 야기하고 있는 고통을 주는 증상들을 극복하기를 구하기 때문에 기능적 고려들이 초기에 등장한다. 치료가 도식중심적 활동으로 옮겨가면서 구조적 관점들이 초점 안으로 들어온다. 그리고 변화에 대한 관계적 방법들이 장기치료를 위해 요구된다.

그러나, 대본에 쓰여진 단선적 접근법을 따라 하기보다 오히려 숙련된 치료사들은 끊임없이 세 가지 영역들 사이를 앞뒤로 옮겨 다닌다. 관계적 고려점들은 신규 과정의 첫 순간들부터 명백하다. 기능적 문제들은 전 치료 과정을 통틀어 재방문된다. 그리고 구조적 관점들은 끊임없이 역점을 두고 다루어진다.

만일, 각 영역이 한 세트의 유리들로 나타내진다면, 시작하는 치료사는 처음 여섯 과정들 동안 기능적 렌즈들을 착용하고, 그런 후 그 다음 여러달 동안 구조적 렌즈들을 끼고, 그런 후 관계적 렌즈들을 그 치료가 완료될 때까지 사용하는 것으로 설명할 수 있다.

대조적으로, 경험있는 노련한 치료사는, 매 과정마다 내내 렌즈 유리를 끊임없이 교체하며, 때때로 한 번에 두 개 혹은 세 개의 안경을 동시에 착용할 것이다.

셋째, 통합적 심리치료는 심리치료 내에서 복합적인 차원들 사이에 다리를 놓아 길을 만드는 노력에 있어서 포괄적이다. 몇 몇 심리치료들은 그 동향을 주로 현재에 두고 있고, 다른 것들은 주로 과거에 두고 있다. 통합적 심리치료는 양자를 모두 고려함으로써 이 경간에 다리를 놓고자 시도하고 있다. 어떤 심리치료모델들은 감성들에 초점을 두고 있고, 어떤 것들은 인지기능에, 그리고 어떤 것들은 행동들에 초점을 맞추고 있다.

하지만 통합적 심리치료모델에서 우리 두 저자는 이 세 가지 모두를 초점으로 가져오고자 시도하고 있다. 어떤 치료법들은 치료법적 관계를 변화를 위해 필수적인 것으로 간주하고, 다른 접근법들은 치료법적 기법을 중심적인 것으로 간주한다; 하지만 통합적 심리치료모델에서 그것은 둘 다로 본다.

넷째, 통합적 심리치료는 중요한 과학적 관점을 취한다. 그러나 심리치료에 대한 관계적 접근법들의 가치를 떨어뜨림은 없다. 불행한 분열이 임상심리학자들 사이에 발생한다. 그래서 우리 두 저자는 통합적 심리치료모델을 이런 분열의 한 가운데에 위치시키고자 시도했다. 어떤 심리학자들은 과학의 중심됨을 강조하고, 측량 가능한 성과를 가진 단기치료법들에 자연히 끌린다. 이 심리학자들은 학교나 연구실험실들에 채용되는 경우가 잦다. 또 다른 심리학자들은 전문 개업활동 배경에 종사하고 치료법적 관계들을 과학적 열심보다 더 강조하는 경향을 가진다.

실험연구실에 있는 과학자들과 달리, 전문 임상의들은 특별한 기준들을 충족시키지 않는 내담자들을 배제할 수 없다. 예를 들어, 불안장애와 성격장애를 가진 사람은 실험실연구에서부터 배제될 수 있다. 왜냐하면 성격장애는 연구 결과들을 복잡하게 할 개연성이 있기 때문이다.

　이와 대조적으로, 전문직업적 개업의는 그런 내담자들과 함께 일하기를 택할 것이다. 순박한 연구조건들은 개업활동 환경 내에 필수적이지 않거나 혹은 심지어 바람직하지도 않다. 결과적으로, 전문활동 환경에서 관찰된 내담자들이 연구조사에 참여하고 있는 사람들보다 더욱 복잡한 경향이 있다.

　시간이 흐르면서, 임상심리학자들 사이에 그렇게 포착하기 힘들지 않는 분할이 발생했다. 한 그룹은 단기치료법들을 위한 경험적 성과연구들을 존중하고, 그리고 나머지 한 그룹은 실험실과학에 대해 관심을 가지고, 복잡한 성격들과 증상패턴들을 가진 내담자들에게 효과적인 관계적 개입들에 더 흥미를 가지고 있다. 통합적 심리치료는 단기적, 장기적 치료전략들을 모두 제공함으로써 이런 간극에 다리를 놓는 시도를 하고 있다. 일부 단순 문제들은 열두 과정 혹은 그 보다 더 적은 과정으로 직접적인 치료법적 기법들로 해결될 수 있다. 다른 문제들은 더 복잡해서 장기적인 시간을 두고 관계적인 측면에서 초점을 맞춘 개입을 요구한다.

　다섯째, 영혼돌봄을 위한 모든 기독교적 모델은, 만일 그것이 기독론-중심적이라면 최고로 포괄적이다. 통합적 심리치료는, 그리스도 안에서 완벽히 계시되어진 **하나님의 형상**(*Imago Dei*) 개념 위에 토대를 두고 있기 때문에, 통합적 심리치료는 여러 가지 방법들로 기독론을 강조한다. 가장 위대한 의사(the Great Physician)이신 예수님은 전인(全人)들, 즉 몸과 영혼을 돌아 보셨다. 이것은 통합적 심리치료모델에서 초기에 제공되는 기능영역 개입들과, 구조적-영역개입들에 있어서의 지력보다도 더 많이 연루하기에 신임장을 준다. 그리고 관계적 영역 내에서, 우리 두 저자는 영혼 돌봄에 대한 기독론적 핵심을 강조했고, 이 대목을 11장에서 기술했다. 은혜와 진리로 충만하신 예수님은 어떻게 우리 인간이 서로서로를 대해야 하는 가에 대한 유일하고 완벽한 모범의 역할을 하고 있다.

　통합적 심리치료는 영적으로 민감한 치료법일 뿐만 아니라 그것은 그리스도 안에 확고히 뿌리를 두고 있는 치료모델이다. 우리의 가장 큰 자유는, 우리 자신들을 하나님의 사랑을 받은 자녀들로, 즉 예수 그리스도 안에 완벽히 드러나 있는 **하나님의 형상**(*Imago Dei*)에로 재형성되고 있는 사람들로 규명함으로써 발견되는 것이다. 다음은 골로새서 2장 6-7절 말씀이다.

> 그리고 이제 너희들이 그리스도 예수님을 너희들의 주로 받아들인 것처럼, 너희들은 그에게 순종함으로 계속 살아가야만 한다. 너희들의 뿌리를 그 안에 깊이 두고 자라도록 하라. 그리고 그 분에게서 영양분을 흡수하라. 그러며 너희들은 신념 안에서 자라나고, 너희들이 배운 진리 안에서 강하고 원기 왕성할 것이다. 너희들의 삶이 그가 행하신 모든 것에 대한 감사로 넘치게 하라(골 2: 6-7, 직역).

여섯째, 통합적 심리치료는 그리스도인과 비그리스도인 내담자들 양자 모두에게 사용될 수 있다는 점에서 포괄적이다. 이점은 얼핏 놀라워 보일 수 있다. 그러나 다른 경우를 살펴보자—즉, 어느 그리스도인 치료사가 그리스도인 내담자들을 이해하기 위하여 한 이론틀를 사용하고, 비그리스도인 내담자들을 이해하기 위해서는 다른 어떤 이론을 사용하는 경우를 고려해 보자. 두 가지 이론 틀들을 가지는 것은 불필요하다.

왜냐하면, 통합적 심리치료는 그리스도인 심리치료사들에게 신학적으로 그리고 이론적으로 알려진 세계관을 제공하고 있다. 그리고 이 세계관이 치료에서 대화의 명백한 화제가 되든지 안 되든지 상관없다. 모든 내담자들은 치료에서 고려할 기능적, 구조적, 혹은 관계적 문제들을 가지고 내원한다. 그리고 통합적 심리치료는 그들이 골칫거리들을 이해하고 말하도록 도와 준다. 통합적 심리치료는 다양한 신앙적 설득력들을 가진 내담자들에게 어울리는 반면에, 그것은 비그리스도인 치료사들에 의해서 사용되지 말아야 한다. 왜냐하면 그 기저에 깔린 세계관이 철저하게 기독교 교리 안에 흠뻑 잠겨 있기 때문이다. 이것은 테이블 12.1에 요약되어 있다.

테이블 12.1의 왼쪽 상단 사분면이 통합적 심리치료를 위한 이상적인 시나리오이다. 내담자와 치료사 양자는 기독교적 세계관을 공유하고 있으며, 치료 중에 신앙-관련 현안들과 염려들에 대해 이야기하는 것이 자연스럽고 편안하게 만들 수 있다. 때때로 치료사는 기도와 성경말씀과 같은 영적 개입들을 사용할 수 있다. 일부 내담자들은 자기 자신들을 영적인 방어기제들과 의식들을 사용함으로써 심리학적 아픔으로부터 보호한다는 점을 명심하면서 이것들은 신중하게 사용되어야 한다(McMinn, 1996). 그러나 만일 정당하게 적용된다면 영적개입들은 심오할 수 있다.

그리스도인 내담자들은 통합적 심리치료의 교리적 토대들을 존중할 개연성이 있다.

그러나 개입 원리들은, 종교적이고 영적 가치들과 상관없이 폭넓은 범위의 다양한 개개인들에게 사용될 수 있다. 테이블 12.2의 왼쪽 하단 사분면은, 그리스도인 치료사가 비그리스도인 내담자를 위하여 도움을 제공하고 있을 때 발생한다. 우리 저자들은, 이런 상황들 하에서 통합적 심리치료가 여전히 적절한 개입 모델이라고 제안한다. 왜냐하면 이론은 내담자들보다 치료사를 더 인도하기 때문이다. 많은 치료사들과 내담자들은 폭넓은 범위의 다양한 세계관들을 보유하고 있다. 하지만 그들은 두 가지 조건들이 충족되는 한 함께 일을 잘 할 수 있다.

도표 12.1 그리스도인 그리고 비그리스도인 내담자들에게 통합적 심리치료 사용하기

	그리스도인 치료사	비그리스도인 치료사
그리스도인 내담자	통합적 심리치료는 적절하다. 신앙에 대한 명확한 토론들이 공통되고 유용하다.	통합적 심리치료는 적절치 못하다.
비그리스도인 내담자	통합적 심리치료는 적절하다. 초기 동의가 획득된다. 치료사는 비강압적이고 신앙의 차이점들을 존중한다.	통합적 심리치료는 적절치 못하다.

첫 번째 조건은 동의이다. 모든 치료사는 종교적이든 아니든 어떤 세계관을 보유하고 있으며, 모든 내담자들은 그것이 무엇인지를 알 권리가 있다. 통합적 심리치료세계관은 비변증학적으로 기독교적이고 내담자들은 이 점을 통보받아야 한다(상담 조언 5.2.를 보라).

두 번째 조건은 존중이다. 자신들이 무슨 신앙을 가졌더라도 치료사들은, 다른 가치관을 보유할 그들 내담자들의 자유를 존중할 필요가 있다. 심리치료는, 만일 그것이 강압이나 우정복음전도와 혼동하게 된다면 쉽게 붕괴되고 해(害)를 야기 시킬 수 있는 특별한 종류의 돕는 관계이다. 비그리스도인 내담자들과 신앙토론이 있게 될 때, 치료사는 존중하고 비강압적일 책임을 떠맡는다. 만일 내담자가 기독교 정신학습에 흥미를 표현한다거나 기독교로 개종할 것을 표현한다면, 종교적 교육에 연루되기 위하여 심리치료법적 관계의 본질을 변화시키는 것보다 오히려 내담자의 삶에 새로운 관계-예를 들

어 목사님이나 신부님과―를 도입하는 것이 가장 좋다.

도표 12.1의 오른쪽 상단과 하단 사분면들은, 비그리스도인 치료사들에게 통합적 심리치료가 좋은 선택이 아님을 제안하고 있다. 치료사는, 마치 운동선수가 잘 수행해 낼 확신을 가지고 있어야 하는 것과 같이, 이론이 효과적이기 위하여 그 이론에 확신을 가지고 있어야만 한다. 비그리스도인 치료사가 통합적 심리치료를 이론적 모델로 사용하는 것은 도리에 맞지 않는다. 왜냐하면 그들은 창조, 타락, 그리고 구속에 대하여 그 기저에 깔린 전제들을 받아들이지 않기 때문이다.

우리 두 저자는 지금까지 통합적 심리치료가 포괄적인 모델이 되는 여섯가지 방법들에 대해 개략적 설명을 했다. 그러나 다른 관점들에서 그것은 아직 포괄적이지 않다. 예를 들어, 대부분의 우리가 토론해 온 것은, 불안, 짜증, 그리고 성격장애들을 직면하고 있는 성인들을 대상으로 하는 개별 심리치료에 관계해 있다. 우리 자신의 임상활동의 대부분은 이 영역들에 초점이 맞춰져있다. 그러나 다른 종류의 적용들은 역시 통합적 심리치료에 적합할 수 있다. 그런데 이것들은 본서에서 상대적으로 자세히 탐구되지 않고 남겨져 있다.

예를 들어, 우리 저자들은 어린이들과 사춘기 남녀들과 함께 일하는 것에 대해 지금까지 언급한 적이 없으며, 어떤 세부적인 전략들에 대해 기술함이 없이 결혼과 가족치료를 단지 언급만 했다. 비록 우리가 후속 저작에서 더욱 복잡한 변이들에 대해 언급할 수 있을지라도, 우리는, 성인들을 대상으로 하는 개별 치료에 관해 초점을 둠으로써 통합적 심리치료기본모델을 이 책 분량으로 제시하는 쪽을 선택했다.

게다가, 10장과 11장에서 관계적으로 초점화된 개입들에 대한 우리의 토론은, 대인관계 문제들과 성격장애들을 가진 사람들을 치료하는 쪽으로 심한 비중을 두고 있다. 이것들은 통합적 심리치료영역 3을 위한 알맞은 적용들이다. 그러나 영역 3개입들에 대한 다른 사용들 역시 존재한다. 어떤 내담자들은 훌륭한 대인관계 조정능력을 가지고 있으며, 그리고 그들 삶의 이야기들, 관계적이며 영적인 갈망들, 연기된 비탄, 중독들, 해결되지 않은 갈등들 등등에 대한 더욱 깊은 이해에 도달할 목적으로, 성격장애에 대한 증거가 없지만 관계적 측면에 방향을 두고 있는 치료 안에 머물러 있기를 선택한다.

삶 속의 많은 어려움들은 진단이나 치유에 그것들 스스로가 적극적으로 나서지 않는다는 것이다. 이런 상황들 속에서, 어려움을 겪은 사람들은 종종, 문제를 진단하고 치료할 전문가보다 오히려 옆에 나란히 걸어갈 동요가 필요하다. 관계적 측면에 초점을 둔 개입의 이런 다른 형태들은, 우리가 이 개론서에서 제공해 줄 수 있었던 것보다 더욱 세심한 주목을 받을 가치가 있는 것들이다.

포괄적인 심리치료는 그 효과성을 증명해 보이는 실질적인 연구후원을 가지고 있어야한다. 통합적 심리치료의 국면들은 이런 종류의 후원을 즐긴다. 7장에서 기술한 바와 같이, 증상중심적 영역의 많은 부분은 견실한 경험적 후원으로 뒷받침되고 있다. 이 개입들은, 더욱 시간-집중적인 영역 2와 3의 개입들보다 연구하기가 훨씬 더 쉽다 도식중심적 그리고 관계중심개입들은, 그것들의 효과성을 증명하는 어떤 사전 예비적인 연구후원을 가지고 있지만, 더 많은 연구후원이 필요하다.

마지막으로, 어떤 심리치료모델도 다른 학자들과 임상전문의들이 그것을 비평하고 개선점들을 제시할 때까지 포괄적일 수 없다. 우리 두 저자는, 본서가 유용한 대화를 생성할 것이라는 소망과 기대를 가지고 본서를 출판한다. 이런 대화들은 학부와 대학원교실들 안에서, 전문적 회의들에서, 그리고 학문적인 저널들의 페이지들 내에서 일어날 수 있다. 모든 대화가 본 통합적 심리치료모델을 개선할 잠재력을 가지고 있고 예수님의 이유에 이바지하고 있음을 알기 때문에, 우리는 논평, 비평, 그리고 재평가를 환영한다. 다음은 잠언 27장 17절말씀이다.

> 철이 철을 날카롭게 만드는 것처럼, 친구가 친구를 날카롭게 만드느니라
> (잠 27:17).

참고문헌

Frank, J. (1973). *Persuasion and Healing* (rev. ed.). Baltimore: Johns Hopkins University Press.

Jones, S. L., & Butman, R. E. (1991). *Modern psychotherapies: A comprehensive Christian appraisal*. Downers Grove, IL: InterVarsity Press.

Levenson, H. (1995). *Time-limited dynamic psychotherapy: A guide to clinical practice*. New York: Basic Books.

McMinn, M. R. (1996). *Psychology, theology, and spirituality in Christian counseling*. Wheaton, IL: Tyndale House.

Norcross, J. C., & Goldfried, M. R. (2005). *Handbook of psychotherapy integration* (2nd ed.). New York: Oxford University Press.

Pinsof, W. M. (1995). *Integrative problem-centered therapy: A synthesis of family, individual, and biological therapies*. New York: Basic Books.

Prochaska, J. H., & DiClemente, C. C. (1983). Stages and process of self-change of smoking: Toward an integrative model of change. *Journal of Consulting and Clinical Psychology, 51*, 390-95.

Prochaska, J. H., & DiClemente, C. C. (1984). *The transtheoretical approach: Crossing traditional boundaries of change*. Homewood, IL: DowJones/Irwin.

Prochaska, J. H., & DiClemente, C. C. (1985). Common processes of change in smoking, weight control, and psychological distress. In S. Shiffman & T. Wills (Eds.), *Coping and substance abuse*. New York: Academic Press.

Prochaska, J. H., & Norcross, J. C. (1994). *Systems of psychotherapy: A transtheoretical analysis* (3rd ed.). Pacific Grove, CA: Brooks/Cole.

Rogers, C. R. (1957). The necessary and sufficient conditions of therapeutic personality change. *Journal of Consulting Psychology, 21*, 95-103.

Ryle, A. (1990). *Cognitive-analytic therapy: Active participation in change*. New York: Wiley.

Strupp, H. H., & Binder, J. L. (1984). *Psychotherapy in a new key: A guide to time-limited dynamic psychotherapy*. New York: Basic Books.

색인

그래함(Graham, S. R.) / 73
그렌츠(Grenz, S. J.) / 54
극심한 공포치료/ 85
긍정심리학/ 228
기능적 상대주의/ 147
기능적 영역/ 13, 35, 36, 186, 463
꿈분석/ 106

ㄱ

가족치료 / 43, 93, 134, 542, 551
강박 / 90, 133, 141, 175
개입영역들 / 59, 109, 115, 161, 200, 305, 387, 388, 508
경계선성격장애 / 437
고전적 / 133
고전적 조건화 / 255, 256
공황발작 / 78, 176, 264, 267, 268, 269, 270, 271
공황장애 / 250, 306, 307, 308, 309
관계역동 / 239
관계요인들 / 149, 453
관계적 역동 / 242, 243, 467
관계적 영역 / 35, 36, 58, 165, 172, 174, 463, 474, 548
관계중심개입/ 189, 251, 304, 306, 328, 364, 367, 387, 437, 441, 442, 443, 488, 489, 522
광장공포증/ 307, 311, 313
구조적 영역/ 35, 165, 171, 174, 195, 234, 244, 250, 346, 463

ㄴ

나우웬(Nouwen, H. J. M.) / 329
내담자 요인들/ 101, 102, 205, 218, 223, 228
내수감각수용노출/ 310, 323
노출치료/ 306, 316, 319, 321, 323, 324
니들만(Needleman, L. D.) / 357, 366

ㄷ

단극우울증/ 108
대상관계치료/ 6, 11, 16, 17
대인관계 과정 접근법/ 468
대증의학/ 248
데이비스(Davis, R. D.) / 447
데카르트(Descartes, R.) / 144, 490
도식중심개입/ 27, 183, 184, 188, 189, 190, 304, 334, 339, 341, 367, 376, 381
도식활성화와 비활성화/ 349, 383
두발(Duvall, E. M.) / 530, 534

디클레멘트(Diclemente, C. C.) / 97
뜨베르스끼(Tversky, A.) / 137

ㄹ

라인핸(Linehan, M. M.) / 477
라일(Ryle, A.) / 474, 542
램버트(Lambert, M. J.) / 95, 100, 101, 104, 105, 106
레븐슨(Levenson, H.) / 542
레이네키(Reinecke, M. A.) / 93
로빈슨(Robinson, M.) / 195
로저스(Rogers, C. R.) / 103, 143, 524, 541
로젠츠바이그(Rozenzweig, S.)/ 107
로페즈(Lopez, S. J.) / 229
루이스(Lewis, C. S.) / 64
루터(Luther, M.) / 52
뤼쉬(Rush, A. J.)/ 507

ㅁ

마호니(Mahoney, M. J.) / 93, 345, 425
만성적 저수준우울증/ 385
맥민(McMinn, M. R.) / 11, 14, 15, 16, 17, 18, 240, 361
맥윌리엄즈(McWilliams, N.) / 404
메이첸바움(Meichenbaum, D.) / 93, 135
메타분석/ 88, 89, 90, 92, 93, 108, 328, 388, 391

모리슨(Morrison, K.) / 328, 388
몬로(Monroe, P. G.) / 60, 208
문제통찰력/ 224, 244
물질남용/ 217
미스첼(Mischel, W.) / 135
밀론(Millon, T.) / 447, 464

ㅂ

바르트(Barth, K.) / 54, 55, 58, 191, 464, 474
바이온(Bion, W. R.) / 509
반두라(Bandura, A.) / 135, 226
반복적 도식활성화/ 450
반사회적 성격장애/ 66, 483
발로우(Barlow, D. H.) / 93, 304, 324
방어기제/ 250, 418, 524, 525, 549
방어하기/ 265, 266, 269, 270, 277, 278
버트만(Butman, R. E.) / 15, 23, 35
버틀러(Butler, A. C.) / 108, 466
번즈(Burns, D. D.) / 119
베너(Benner, D. G.) / 491, 492, 502, 503
베타 실수/ 152, 153
벡(A. T. Beck) / 120, 121, 122, 134, 136, 356, 391, 392, 464, 507
벡(J. S. Beck) / 414
벡(Judith Beck) / 93
보울비(Bowlby, J.) / 474, 479, 507
보코벡(Borkovec, T. D.) / 327

부적응적 기저상정 내용/ 122
부적응핵심 신념/ 189
분트(Wundt, W.) / 48
뷰틀러(Butler, A. C.) / 223, 227
브루너(Brunner, E.) / 54, 58, 464, 495
비이빈(Beavin, J. H.) / 511
비형식론자 / 401

ㅅ

사례 개념화 / 27, 35, 200, 222
사례개념화 / 203, 204, 205, 220
사정평가 / 203, 204, 205, 207, 208, 210, 211, 212, 213, 214, 215, 217, 218, 221, 222, 223, 225, 229, 234, 238, 240, 243
상호역할 절차들 / 474
샐리그만(Seligman, M. E. P.) / 90
생체 내 실제노출(in vivo exposure)기법 / 310
성격장애 / 387, 437, 446, 447, 448, 450, 451, 452, 457, 463, 464, 467, 468, 469
성과에 대한 연구 / 213
성과연구 / 226
쇼(Shaw, B. F.) / 507
순환적 부적응유형 / 512
쉬나이더(Schneider, S. L.) / 431, 432
스나이더(Snyder, C. R.) / 105, 229
스키너(Skinner, B. F.) / 114, 256
스타프로스(Stavros, G.) / 326

스트럽(Strupp, H. H.) / 465, 467, 489, 490, 491, 494
스페리(Sperry, L.) / 503
신체적 장애들 / 108
실용적 합리주의/ 144, 145, 148, 149, 152, 155, 156, 157
심리분석 / 227, 459, 460, 484
심리사회적 단계들 / 369
심리사회적 발달 단계들 / 366
심리역동치료법 / 133, 188
심리치료계약서 / 212
심리치료의 지속적 효과 / 96
심리학적 테스트하기./ 205, 215
썰리반(Sullivan, H. S.) / 455, 456
씨갈(Segal, Z. V.) / 136, 404

ㅇ

아브라함 매슬로우(Abraham Maslow)/ 133
아이젠크(Eysenck, H. F.) / 88
알파 실수/ 152, 371
애착이론/ 32, 56, 172, 474
어거스틴(Augustine) / 60, 61, 62, 68, 69, 81
에릭슨(Erickson, E.)/ 46, 366, 367, 369
에머리(Emery, G.)/ 507
엘리스(Ellis, A.)/ 93, 117, 119, 120, 134, 135, 136
엡스테인(Epstein, S.) / 422
역기능적 관계/ 106, 223, 349

역기능적 사고/ 119
역동-놀이/ 278
역전이/ 519, 520, 521
역할극하기/ 413
역할-놀이/ 278
영(Young, J. E.) / 361, 362
영혼돌봄모델/ 505
올리어뤼(O'Leary, T. A.) / 324
와츨로비크(Watzlawick, P.) / 511
외상 후 스트레스장애/ 108, 133
용적 합리주의/ 145
웨스턴(Westen, D.) / 328, 388
웨슬리(Wesley, J.) / 289, 291, 293, 295, 296, 298
웨슬리안 신학의 사중복음 / 289, 300
윌리엄즈(Williams, J. M.) / 357, 404
유머 넘치게 방어하기/ 277
유전적/ 390
의미론적 인지치료법/ 115, 116, 124, 127, 128, 142, 205
의식적 제어 체계/ 356
이레니우스(Irenaeus)/ 52
인도된 발견법/ 414, 415, 416, 418
인본주의 심리학/ 6
인본주의치료법/
인지과학/ 53
인지 오류/ 139
인지적 재구성/ 260, 266, 272, 278, 286, 296, 301
인지치료/ 54, 56, 93, 133, 308, 309, 327
인지치료 모델/ 463
인지행동치료/ 93, 131, 311, 327

인지혁명/ 114
임상적 실용주의/ 134

ㅈ

자기효과/ 226
자동으로 떠오르는 생각/ 230, 234, 343
자동으로 떠오르는 생각들/ 234, 376, 533
잭슨(Jackson, D. D.) / 511
적극적 경청/ 254
적응 행위/ 60
전이/ 196, 227, 242, 340, 459, 519, 520, 521, 528, 532
제임스(James) / 50, 181
조울증/ 385
조작적 학습이론/ 133
존스(Jones, S. L.) / 131, 135, 162
중간단계 신념들/ 186
증상중심개입/ 249, 250, 252, 253
증상중심개입/ 175, 196, 303, 304, 305, 328, 339, 341, 377
진화론적 심리학/ 50
질남용/ 133

ㅊ

체리(Charry, E. T.) / 374, 428, 506
치료계획/ 220, 242, 243, 261
치료관계/ 305, 494, 512, 516, 521,

535
치료외적 요인들/ 100, 101
치료적 관계/ 56, 148, 190
치료적 동맹/ 510, 511

프랭크(Frank, J.) / 104, 541
프로이드(Freud, S.) / 335, 455, 519
프리만(Freeman, A.) / 93
플라시보 효과/ 100, 104
플라시보효과/ 104
플라시보 효과의/ 105
핀소프(Pinsof, W. M.) / 542

ㅋ

카니만(Kahneman, D.) / 137
카이퍼(Kuyper, A.) / 401
칼빈(Calvin, J.) / 52, 374
쿠퍼(Cooper, T. D.) / 207
크라스크(Craske, M. G.) / 324
클라킨(Clarkin, J. F.) / 223, 227
클레멘트(Clement, P. W.) / 91
터너(Turner, S. M.) / 93
터크(Turk, C. L.) / 314, 316
테이버(Teyber, E.) / 468
통찰중심치료법/ 180, 188, 189
트라우마/ 77, 108, 320, 323, 364
티쓰데일(Teasdale, J. D.) / 404
틸트베이트(Tjeltveit, A. C.) / 498

ㅎ

해들레이(Hadley, S. W.) / 494
해밀튼(Hamilton, N. G.) / 528
핵심 신념/ 122, 167, 185, 187, 189
행동 개입/ 308
행동개입/ 255, 309
협력적 경험주의/ 145, 269, 295, 376
협력적 경험주의(/ 269
형성적 관계/ 476
호니(Horney, K.) / 455, 456, 457
호크마(Hoekema, A. A.) / 57, 58

ㅍ

파스칼(Pascal) / 143
패데스키(Padesky, C. A.) / 93
패커(Packer, J. I.) / 44
패터쓴(Patterson, B.) / 329
퍼슨즈(Persons, J. B.) / 93
펙(Peck, M. S.) / 483
포스티마(Postema, D.) / 417

CLC 기독교 상담 시리즈

죄와 은혜의 기독교 상담학
마크 R. 맥민 지음 | 전요섭, 박성은 옮김 | 신국판 | 232면

　기독교 신앙의 핵심적인 주제에 대한 통합적 패러다임 책 소개 본서는 죄와 은혜에 대한 기독교적 견해가 기독교 상담과 어떻게 연관되어 있는가를 탐구하고 있다.

기독교 상담 심리학 개론
Paul D. Meier 외 3인 지음 | 전요섭 외 5인 옮김 | 크라운판 양장 | 465면

　본서는 기독교적 관점에서의 상담심리의 적용과 실천에 대한 내용을 담고 있으며, 특히 복음주의적 맥락에서 성경이 가장 중요한 상담심리의 원천임을 강조한다.

기독교 심리학
에릭 L. 존슨 지음 | 전요섭 외 옮김 | 신국판 양장 | 808면

　본서는 영혼 돌봄을 기독교 상담에서 어떻게 이해해야 하는지, 어떤 이론과 논란이 있는지 상세하게 다루면서, 심리학에 대한 기독교적 입장을 명쾌하게 해설하고 있다.

영혼 돌봄의 상담학
마크 맥민, 티모디 필립스 편집 | 한국복음주의 기독교 상담학회 공역 | 신국판 양장 | 560면

　이 책은 신학과 심리학이 교차되는 영역을 다루고 있으며 양자 사이에 놓은 다양한 쟁점들을 다루면서 그 해결책을 제시하고 있다.

공동체 돌봄과 상담
마가렛 짚스 콘펠드 지음 | 정은심, 최창국 옮김 | 신국판 양장 | 672면

　본서는 공동체가 그 구성원의 치유를 위해 돌봄과 상담을 제공하는 데 있어 통전적인 접근을 해야 함을 강조하며 다양한 실천적 대안을 제시해 주고 있다.

통합적 심리치료

Integrative Psychotherapy:
Toward a Comprehensive Christian Approach

2016년 11월 20일 초판 발행

지 은 이 | 마크 맥민·클락 캔벨
옮 긴 이 | 전형준·남병철

편　　집 | 변길용, 조광수
디 자 인 | 이수정, 장선률
펴 낸 곳 | 사)기독교문서선교회
등　　록 | 제16-25호(1980. 1. 18)
주　　소 | 서울시 서초구 방배로 68
전　　화 | 02) 586-8761~3(본사)　031) 942-8761(영업부)
팩　　스 | 02) 523-0131(본사)　031) 942-8763(영업부)
홈페이지 | www.clcbook.com
이 메 일 | clckor@gmail.com
온 라 인 | 기업은행 073-000308-04-020, 국민은행 043-01-0379-646
　　　　　예금주: 사)기독교문서선교회

ISBN　978-89-341-1588-5 (93230)

* 낙장·파본은 교환해 드립니다.

이 도서의 국립중앙도서관 출판시 도서목록(CIP)은 서지정보유통지원시스템 홈페이지(http://seoji.nl.go.kr)
와 국가자료공동목록시스템(http://www.nl.go.kr/kolisnet)에서 이용하실 수 있습니다.
(CIP제어번호: CIP2016023396)